에로틱
그로테스크 넌센스

Erotic Grotesque Nonsense: The Mass Culture of Japanese Modern Times
by Miriam Rom Silverberg

Copyright © 2007, 2009 The Regents of the University of California
Published by arrangement with University of California Press
All rights reserved

Korean Translation Copyright © 2014 Hyunsil Publishing Co.
Korean edition is published by arrangement with University of California Press through Corea
Literary Agency, Seoul

이 책의 한국어판 저작권은 Corea 에이전시를 통해 University of California Press와 독점계약한
현실문화연구에 있습니다.
신저작권법에 의해 한국 내에서 보호를 받는 저작물이므로 무단 전재와 복제를 금합니다.

에로틱
그로테스크 넌센스

근대 일본의 대중문화

미리엄 실버버그 지음 | 강진석·강현정·서미석 옮김

현실문화

{ 차례 }

일러두기

1. 본문 아래에 달린 각주는 옮긴이 주이며, 저자 주는 각 장의 마지막 부분에 모아 실었다.

2. 본문과 주석, 참고문헌에서 인명, 지명, 영화명과 잡지명 등 일본어 자료를 인용한 부분은 가능한 한 원출처를 확인해 일본어로 표기하고, 한글로 옮긴 경우 외래어 표기법을 따랐다.

3. 지은이가 일본어를 강조하기 위해 영어로 음차하거나 이탤릭으로 표기한 경우, 의도를 살리기 위해 고딕체를 사용했다.

4. 주석과 참고문헌에 실린 문헌의 약어 목록은 참고문헌 첫 부분에 모아 실었다.

들어가는 말

에로틱 그로테스크 넌센스를 정의하기

1930년대부터 일본 대중매체들은 독자들에게 바야흐로 "에로틱Erotic 그로테스크Grotesque 넌센스Nonsense"의 시대임을 알렸다. 이 말은 곧 '에로 그로 넌센스'라는 말로 축약됐으며, 이는 빨라지는 시대의 속도와도 절묘 하게 맞아떨어진 것처럼 보였다. 카페 같은 새로운 공공장소와 대로를 바 삐 오가던 이른바 모던걸의 분주한 발걸음은 일본 산업계가 요구하는 가 속화에 대한 숨 가쁜 반응이자 동시에 더욱 자유로운 에너지의 표출이기 도 했다. 그러나 진주만을 공습하기 10년 전부터 무장동원이 확고해졌던 것처럼 이 세 단어는 빠르게 수용되어 오랫동안 당연한 말로 여겨졌다. 에 로 그로 넌센스라는 말은, 정당 정치에 대한 고발이나 거리에 팽배한 호전 적 분위기를 무시한 채 감각적 쾌락이 빚어내는 퇴폐에 심취한 것처럼 보 였던 데카당트로 표현되는 문화를 이해하기 위한 수단이었다.

나는 1930년대 초반, 좀 더 확장한다면 1931년 만주 사변이 일어나기 몇 년 전부터 1941년 진주만 공습 이후 몇 년까지를 포함한 시기가 에로 틱 그로테스크 넌센스의 시대였음에 전적으로 동의한다. 그러나 그 이유

가 일본의 온갖 인쇄물과 시각매체가 이 용어를 반복적으로 썼기 때문만
은 아니다. 분명 1930년대는 에로 그로 넌센스의 시대이지만, 이 시기가
포르노(용어선정에 대한 논란은 잠시 접어두자)적인 의미에서 에로틱하거나,
기형적이거나 지나칠 정도로 보기 흉한 모습이라는 의미에서 그로테스크
하거나, 심지어 말이 안 될 정도로 우스꽝스러웠고 그래서 무의미한(넌센
스) 시기였기 때문은 아니다. 나는 내가 '일본의 근대'라고 부르는 기간 동
안에 활동한 일본 대중매체들의 표현을 독자적으로 해석한 후 에로틱, 그
로테스크, 넌센스에 대해 내 나름대로 정의하게 되었다. 이 책의 이어지
는 각 장에서, **에로틱**은 에너지 가득하고 생생한 활력을 함축한다. **그로
테스크**는 노숙자와 거지들이 겪은 빈곤에서 비롯된 문화이다. 마지막으
로 **넌센스**는 영화감독 이타미 만사쿠伊丹万作*가 보여주었듯이 다양한 의
미를 만들어낸다. 근대 일본에서 그랬듯이, 통속적인 예능 프로그램(보드
빌)**이 보여주는 왁자지껄한 분위기는 한 계급이나 문화 혹은 민족국가
가 다른 상대를 억압하는 관계를 위협할 수도 있다.

---

* 1900~1946. 쇼와 초기에 활약했던 영화감독으로 일본 영화의 기초를 다진 감독 중
하나로 꼽힌다. 해학과 익살이 풍부한 작풍으로, 시대극에 근대적 감각을 불어넣
었다고 평가된다. 대표작은 〈국토무쌍国士無双〉, 〈적서려태赤西蛎太〉 등이 있다.

** 춤과 노래 따위를 곁들인 가볍고 풍자적인 통속 희극.

요약하자면, 에로 그로 넌센스는 1920년대에서 1940년대로 접어들 때까지의 일본 문화의 활기를 드러낸 표현이다. 이 시기의 문화는 자본주의의 부침에 따라 밑바닥 인생으로 전락한 이들을 포함해, '소비 주체들'에 의해 만들어지고 소비되었던 판타지, 언어, 제스처들을 적잖이 포괄하는 문화이다. 몽타주를 통해 이 시기를 다방면으로 보여주려는 나의 작업이, '넌센스'가 현실을 외면한 것이 아니라 오히려 매우 정치적인 표현이었음을 보여주길 바란다. 넌센스는 권력이 식민지 건설을 위해 어떻게 문화적인 영역들을 파고들었는지 매우 정확히 인식하고 있었다.

　　이것은 역사에 대한 하나의 견해이다. 끊임없이 회자되는 동시에 여전히 아니 오히려 더욱 분명하게 북소리처럼 우리 주위에서 울리고 있는데도 잊혀지고 있는 역사 말이다.

로스앤젤레스에서

2005년 9월 11일

시작하며

1932년 5월 14일, 찰리 채플린이 일본에 도착했다. 그리고 이튿날 저녁, 일본 수상이 군부에 의해 암살당한다.[*] 이 두 사건은 우연의 일치가 아니었다. 해군 간부들과 육군 장교들과 일부 민간인들의 사주를 받은 해군 중위 고가 기요시古賀清志는 원래는 수상 이누카이 쓰요시犬養毅가 마련한 찰리 채플린 환영식에서 공격을 감행할 작정이었다. 국수적인 야마토 정신大和魂[**]을 정치에 불어넣으려 했던 이들은, 그 주동자가 법정에서 증언한 바를 보건대 대중문화의 정치적 속성을 이미 인지하고 있었다. 그들은

---

[*] 　1932년 5월 15일 일본제국 해군의 청년 장교를 주축이 되어 일으킨 반란사건. 무장한 해군 청년 장교들이 수상관저에 난입해 이누카이 쓰요시犬養毅 수상을 암살한 것으로 5·15사건이라고 불린다.

[**] 　일본 고유의 혼, 정신을 가리키는 말이었으나, 메이지시대 이후에 내셔널리즘과 민족주의의 부흥과 함께 과도한 의미가 부여되어, 제2차 세계대전 때에는 군국주의적인 색채를 강하게 띠면서 현실을 타파하는 돌격정신을 고무하는 의미로 사용되었다. 따라서 일본의 패전 후, 일본 문화·사상계에서 추방되었다.

미국과의 전쟁을 촉발시키고 국내의 불안을 가중시키기 위해서 찰리 채플린을 살해할 계획이었다고 증언했다. 이들은 '복고restoration'를 외치며 천황의 이름으로 혁명을 꾀했다. 결국 이 극우주의자들은 찰리 채플린 환영회에 반드시 참석하게 될 자본주의자들과 정당 정치인들을 비롯해 일본 지배 계층을 암살한다면 충분히 승산이 있을 것이라고 판단했던 것 같다.[1]

찰리 채플린은 막바지 일정에 차질이 생겨 환영식 일자 공표가 늦춰진 덕분에 목숨을 건질 수 있었다(공격이 벌어진 시각에 채플린은 수상의 아들과 스모 경기를 참관하고 있었다). 채플린은 사건 현장을 시찰하고 언론에 의례적인 애도문을 발표한 후, 일본 문화들을 접해나갔다. 그러나 그것들은 외국인 소비자를 위해 엄선된 것으로 결코 일본의 본질에는 닿을 수 없는 것들이었다. 그가 제일 먼저 접한 일본 문화는 덴푸라, 게이샤, 가부키였다. 그는 또한 이 책에서 '일본 근대의 현장'이라 부르게 될 곳들도 방문했다. 가령 일본 모던걸들의 유희 공간이었던 긴자대로를 산책했고, 긴자의 고급 카페에서 카페 여급들에게 접대를 받기도 했다. 찰리 채플린은 에로틱한 영화 문화의 중심 아이콘이었으므로 모든 계층 사람들에게 미각, 감각, 시각적인 즐거움을 제공하던 도쿄 동쪽 끝 유원지 아사쿠사도 방문했다.

채플린은 앞서 언급한 곳들과는 다소 다른 근대적 공간인 1930년에 지어진 형무소에도 들렀다. 그가 쇠창살을 굽어보고 있는 중앙 시계탑이 특징인 고스게 형무소小菅刑務所의 감시를 위한 건축 원리를 이제껏 봐왔던 다른 형무소들의 특징과 비교해 메모했는지는 알 수 없다. 다만 그가 그곳에 감금된 성범죄자의 수를 물었다는 기록이 있다. 채플린은 여행하는 곳마다 그곳의 성범죄자 수를 가늠해보는 것을 좋아한다고 설명했다. 그의 말로는, 성범죄자 수가 국민성을 이해하는 실마리였다. 채플린은 풍자적으로 말한 것일까? 다시 말해, 그는 정말 성범죄에 관심이 있었던 것일까, 아니면 4년 후에 만든 영화 〈모던 타임스Modern Times〉에서 표현한 장소인 근대적 감옥을 통해 국가가 휘두른 처벌에 더 관심을 두고 있었던 것일까? 즉, 그가 국민성에 대한 관심을 표명했을 때, 그의 숨은 의도는 아래로부터 생겨나는 새로운 관습에 대한 관심이었을까, 아니면 위로부터 새로운 관습을 억압하는 것에 대한 관심이었을까, 혹은 둘 다에 대한 관심이었을까? 채플린은 이 일본 방문에 대해 쓰면서(야마토 정신에 사로잡힌 암살 미수범들을 풍자적으로 재가공해) 일본인들이 일상의 소소한 순간들을 더이상 즐기지 못하게 만들 '서양 문명의 바이러스'에 대해 언급한다. 나는 그의 평가에 동의하지 않을뿐더러, 내가 이 책에서 참조하는 근대 일본의 문화 평론가들도 그랬을 것이다. 그러나 채플린은 자신이 맛본 덴푸라를 넘어서 1930년대 초의 그로테스크한 분위기를 감지했고, "서구적 기업이 양산하는 암울한 분위기"를 제대로 주목했다. 그는 자신의 자서전에 "한쪽에서는 식량이 썩어가고 물자가 산더미처럼 쌓여 있는데도 수백만 명의 사람들이 실업에 허덕이고 일거리가 점점 줄어드는 가운데 굶주린 사람들이 주위를 배회하고 있는 현실을 보았다"고 기록했다.[2]

근대 일본에 대한 우리 역사 교과서에서는 찰리 채플린이 일본을 방문하고 이누카이 쓰요시가 암살당한 순간에 그나마 명목상으로나마 남아 있던 정당 정치가 종말을 맞이했다고 설명하지만, 내 견해는 좀 다르다. 나는 자의식 강한 근대 일본 문화에 대한 지성사를 통해 그것을 설명해보려고 한다. 나는 대중문화가 지닌 정치력의 지속성과 천황에게 절대권력을 부여하는 입헌 구조의 정치적인 지속성이라는 문화 지속성의 두 가지 측면을 부각시키는 관점에서 문화의 정치학과 정치 문화를 고찰한다. 하지만 1932년 이후 정치적 풍경은 정치 질서의 그러한 지속성과 변화를 모두 보여주었다. 1929년에 히트한 노래 〈도쿄행진곡東京行進曲〉*을 패러디한 〈정당몰락행진곡政党没落行進曲〉에서 그러한 변화가 드러난다. 원곡인 〈도쿄행진곡〉은 도쿄의 박력 있는 도시 문화를 찬양한다. 작사가 사이조 야소西条八十**는 행진곡 템포에 맞춰 재즈 리듬, 카페에서 홀짝이는 술 한 잔, 그리고 러시아워에 운행되는 지하철과 버스를 언급한다. 이와는 대조적으로, 마루야마 데쓰오丸山鉄雄***는 이런 가사를 농담조로 패러디해 옛 긴자의 버드나무를 정당 정치에 대한 향수어린 열망으로 바꾸었다. 영화를 보러 가거나 "오다큐선을 타고 도망가자"던 가사는 이제는 시대에 뒤떨어

---

* 〈도쿄행진곡〉은 1929년에 만들어진 미조구치 겐지의 동명의 영화 주제가이자, 일본 최초의 영화 주제가이다. 1929년 5월 빅터레코드에서 발매되어 25만 장이 팔렸다. 사이조 야소 작사, 나카야마 신페이中山晋平 작곡, 사토 치요코佐藤千夜子가 노래했다.

1절: 옛날이 그리운 긴자의 버드나무/한 많은 중년여성을 누가 알까요/재즈에 맞춰 춤을 추고 술로 밤을 지새요/날이 밝으면 댄서는 눈물비를 흘려요.

2절: 사랑의 마루노우치 빌딩 그 창가에/눈물로 편지를 쓴 사람도 있어요/러시아워 속에 주운 장미를/결국엔 그녀에 대한 추억으로.

3절: 넓은 도쿄도 사랑하기엔 좁아요/세련된 아사쿠사에서 남몰래 만나요/당신은 지하철을, 나는 버스를 타요/사랑이 멈춰요 뜻대로 안 돼요.

4절: 영화를 볼까요 차를 마실까요/차라리 오다큐선을 타고 도망갈까요/달라진 신주쿠 저 무사시노에는/달도 백화점 지붕에 뜨네요.

** 1892~1970. 일본의 시인이자 작사가이며 프랑스문학자로 〈도쿄행진곡〉을 작사했다.

*** 1910~1988. 예능 프로듀서이자 음악 평론가. 쇼와 9년에 NHK에 입사해 22년에 사회풍자극으로 큰 인기를 모았던 〈일요 오락판日曜娯楽版〉을 제작. 일본 콜롬비아 이사를 지내고 44년에 콜롬비아 음악 예능 사장을 역임했다. 1973년에 〈격동의 쇼와激動の昭和〉를 기획, 제작해 제15회 일본 레코드대상 특별상을 받았다. 〈도쿄행진곡〉을 패러디해 〈정당몰락행진곡〉을 작사했다.

진 두 거대 정당의 의회 정치인들을 향해 "뇌물을 받을 수도 없고 게이샤를 껴안을 수도 없으니 만주로 떠나라"고 제안하고 있다. 이제 내각이나 정당의 지지를 받지 못하는 수상을 군대, 관료, 금융계가 마음대로 주무르고 있었기 때문에 적어도 "떠나라"고 표현한 부분에서 정당정치에 대한 작사가의 그리움이 조금은 느껴진다. 나는 표면적으로나마 정치적 대의권을 발휘할 기회가 있었던 1920년대에 투표권을 행사하지 못했던 대중들이 이 패러디 가사에 많은 지지를 보냈다고 생각한다. 몇몇 역사가들이 지적했듯이 정당들은 대중적 기반을 갖지 못했다. 게다가 〈정당몰락행진곡〉에서도 넌지시 언급된 신군부세력은, 불황이 초래한 심각한 사회적 조건들에 대한 불만 속에 대두하여 우리가 태평양 전쟁 전의 정치와 관련짓는 일련의 사건들에 맞추어 강화되어갔다. 그 일련의 사건들은 1931년의 만주사변, 그다음 해에 만주의 꼭두각시 정부 설립, 1936년 2월 쿠데타의 실패, 1937년 중국과의 전쟁, 전쟁을 위한 경제적·정치적 동원, 1941년 진주만 공습을 꼽을 수 있다.[3]

이러한 변화 과정과 그 변화를 일본 대중이 인식하고 있었음은 그 20여 년 동안 바뀌고 있던 유행어를 보면 알 수 있다. 1926년에 '(유행하고 있는) 현재'를 뜻하는 '모단もだん'이라는 말은 '모다루もだる'라는 타동사를 만들어낼 정도로 널리 퍼져 있었다. 1933년에는 군부에서 '비상 속보'라는 표현을 유포시키자, 아이들까지도 금세 '비상시'라는 말을 사용했다. 1937년에 대중은 중국과의 전쟁에 '정신적으로 동원'되었고 1938년에는 국가총동원법이 확대되면서 '국내 전선'의 물자까지 동원되기 시작했다. 또한

---

* 일본어의 동사는 끝이 루る로 끝나는 것이 일반적이다. 일본어로 모던은 '모단'이라고 발음되는데, '모단'에 '루'를 붙여 동사 형태로 만든 것을 말한다.

"국내 전선을 지켜라" 같은 자막들이 모든 영화 상영에 앞서 스크린 위에 영사됐다. 같은 해 고노에 수상은 "아시아의 새로운 질서"를 선언했다. 그리고 2년 후인 1940년, 일본 제국주의 신민들은 이웃 국가들을 전격적으로 침략한 나치를 모방해 단일 정당을 통한 강력한 중앙집권을 이루어내려는 일부 지도자들의 열망을 지지하며 "버스를 놓치지" 말자고 서로 독려했다. "대동아전쟁"이 발발한 후 1년이 지난 1942년, (전쟁 정신이 확실히 고취되었는지 입증하기 위해 신문사가 주최한 표어창작 대회에서 수상한) "승리할 때까지는 아무것도 바라지 마라"라는 표어는 소비문화의 종말을 고했다. 그러나 1944년에 처음으로 전쟁 중의 잔학행위를 언론에서 질타하기 전까지는 "사악한 미국인과 영국인"을 비방하는 언급은 없었다.

이 책은 역사학자들이 지금껏 잘 기록해온 변화들, 즉 이런 표현들 속에 함축되어 있는 제도적 변화들을 물론 다루긴 하지만, 그보다도 1930년대 초반 전환이 시작된 시기에 만들어진 〈도쿄행진곡〉의 패러디 노래가 묘사하고 있는 정서와 같은 대중들의 정서 변화에 더 관심을 두고 있다. 대중문화에 대한 글들과 그러한 문화 형성기에 유통되었던 저작들을 검토함으로써 이때가 얼마나 전환적인 순간이었는지를 알게 될 것이다. 다시 말해, 내가 의도하는 것은 1930년대에서 1940년대까지 국가의 법령, 정책의 입안과 실행을 기록해온 역사학자들과는 다른 방식으로 동원에 대해 생각해보는 것이다. 비록 자본주의 지배구조라는 틀 안에 있긴 하지만, 1920년대, 1930년대, 1940년대 국가 이데올로기와는 다른 방식의 대중동원에 관심을 가지고 있다.[4]

나는 1920년대와 1930년대 일본 근대기의 일본 대중문화가 가지고 있던 양면적 성격을 부각하기 위해 당시의 남성과 여성과 아이들을 소비 주체라 부를 것이다. 소비자는 천황의 신민인 동시에 천황제가 허용하는 한에서 자율적으로 행동할 수 있는 행위주체였다. 일본 여성과 남성은 모두 대중문화가 제공하는 유희의 네트워크에 은밀히 연결되어 있는 동시에 표현과 소비의 자유를 점점 더 억압하는 국가의 통제 아래에 있었다. 또한 그들을 제국의 신민으로 본다면, 우리는 제국의 통치력이 세대를 불문하고 다른 식민지에까지 미치고 있었음을 알게 될 것이다.

나는 이 시대의 일본 문화에 대해 몽타주 원리가 대중 의식popular consciousness을 이해하는 주요 단서라고 생각한다. 일본 소비 주체들의 다양한 문화적 절합articulation은 잡지의 레이아웃이나 무대 의상, 언어와 같은 문화 현장에서 서로 다른 개념들과 개체들이 지속적으로 혼용되는 식으로 행해졌다. 이는 문화가 시공간에 따라 파편적으로 나타났기 때문이다. 일본 안팎의 다양한 문화에서 선택된 파편들 간의 활발하고 때론 복잡한 이합의 과정은 이 책의 '코드-전환code-switching'을 다루는 절에서 자세히 설명했다. 나는 또한 1920년대 초부터 1940년대 초의 근대 시기가 '기록' 충동documentary impulse 덕분에 잘 알려지게 되었다고 생각한다. 이것은 팬들에게 늘 새로운 몽타주를 요청하고, 일본의 소비 주체들의 욕망을 채워주는 대중매체에 의해 더욱 고무되었다. 일본 근대 시기의 기록 충동은 자본주의화 과정과 매우 밀접한 관계가 있다.

찰리 채플린이 일본을 방문한 무렵 정당 정치도 종말을 맞이했지만 그 시기는 그 자체가 이미 몽타주인 '에로틱 그로테스크 넌센스'라는 말이 가장 널리 퍼지고 있었던 때이기도 했다. 오늘날, 일본 문화를 연구하는 학자들은 '전시wartime 모더니즘'으로까지 그 연구를 넓히고 있으므로, 1930년대 초 에로틱 그로테스크 넌센스의 출현은 일반적으로 '모더니즘' 시대와 '파시즘' 시대 사이의 데카당트한 것들의 중심으로 여겨진다. 그럼에도 지금까지 에로틱 그로테스크 넌센스라는 개념은 그 용어 자체에 대한 진지한 고찰이 없었다. 이는 아마도 이 용어가 단지 데카당트한 것으로만 간주되었기 때문이라고 생각한다. 이 책은 일반적으로 1~2년 동안 시대를 풍미한 것으로 여겨졌던 에로틱 그로테스크 넌센스의 시기를 확장해, 이것이 더 오랜 시기에 걸쳐 있음을 보여주기 위해 각각의 시대를 나누어 고찰하고자 한다. 1920년대 중반의 모던한 시기the modern, 1930~1931년대의 포르노적인 의미로서의 에로틱한 시기the erotic, 1930년대 중국과의 전쟁에 이어 1940년대에는 미국과도 전쟁을 치르는 비상시국으로 그 시기를 나누어볼 수 있다. 나는 이 시기가 정치에 무관심해지거나 완전히 관심을 잃었던 것이 아니라 오히려 깊은 정치적 의미를 띠고 있는 문화 현상이 강렬하게 표출된 시기라고 생각한다. 나는 이 시기가 대략 1923년부터 1938년까지 지속되는 것으로 보지만 그 영향은 1940년대까지 이어졌다고 생각한다. 즉, 일본 학자들은 일본의 만주침략부터 무조건 항복에 이르기까지를 15년전쟁이라는 개념으로 받아들인 반면, 이 책에서는 물론 전쟁이나 천황제가 막을 내리는 시기와 겹치는 부분은 있지만 또 다르게 설정한 15년을 보여주고자 한다. 나는 일본 근대문화의 역사를 간토대지진이 발생한 1923년(만주사변 8년 전)부터 태평양 전쟁이 끝나기 약 7년 전까지로 설정한다. 그러나 에로틱 그로테스크 넌센스라는 문화적 양상은(찰리 채플린의 〈모던 타임스〉에 표현된 문화적 분위기와 너무도 비슷하다) 태평양 전쟁 시기까지도 계속되는 측면이 있었다고 생각한다. 왜냐하면 그때까지도 일본 황국의 소비 주체들은 모던한 시대에서 벗어나길 원치 않았기 때문이다.[5]

10년 넘게 나는 근대기의 기록들을 따라 이 책에서 에로틱 그로테스크 넌센스의 현장으로 고찰한 거리, 카페, 가정, 극장, 노동자들의 뒷골목들을 살폈다. 이러한 현장들이 이 책의 각 장을 구성함으로써 일본 근대 대중문화를 몽타주할 수 있도록 했다. 이 일본 근대문화의 현장들은 이 책의 제2부와 제3부에 다음과 같은 차례로 전개된다. (1) 거리를 활보하는 모던걸(그러나 실제로는 미디어가 만들어낸 허상이었다), (2) 타인의 욕구를 채워주기 위해 일했지만 정작 자신의 욕구는 거의 충족할 수 없었던 카페 여급, (3) 판타지를 파는 영화 잡지, (4) 근대 가족과 근대 잡지에 드러난 근대 주부, (5) 좌절과 해방의 에너지가 공존하는 근대의 현장으로서의 아사쿠사. 아사쿠사는 에로틱 그로테스크 넌센스의 홍키통크한 사례라고 할 수 있다. 밤낮을 가리지 않는 놀이문화로 가득 찬 이 에로틱한 근대 유원지는 이 책에서 제3부 전체를 할애해 다룰 가치가 있었다. 아사쿠사를 다루는 지면은 마치 몽타주 안의 또 다른 몽타주처럼 세 부분으로 나누어 살핀다. 첫 번째 장에서는 에로틱한 감각적 쾌락을 제공하는 장소로, 두 번째 장에서는 밑바닥으로 전락한('그로테스크'라 할 수 있는) 하층계급의 만남의 장으로, 세 번째 장에서는 대중극장에서 에로틱하고 그로테스크한 주변 분위기에 맞추되 비판을 가한 정치적 '넌센스'를 만들어내는 장소로 아사쿠사를 다루었다.

　방법론에 관해 짧게 말하면 다음과 같다. 나는 다음 장에서 주로는 대중매체에, 부차적으로는 사회비평가와 관료들의 말에 드러난 것을 집중적으로 살펴봄으로써 1920년대와 1930년대의 모던한 행위들을 조명하고자 한다. 당시 미디어에 드러난 표현에 독자들이 어떻게 반응했는지를 보면 그들이야말로 근대 일본문화의 생산자였다고 생각하게 된다. 그들은 모두 유포되고 있던 이미지들과 은밀히 연관되어 있었다. 다시 말해 생산은 소비를 전제로, 소비는 생산을 전제로 이루어졌다. 그러나 의식은 처음 인지했던 순간에서 기억을 통해 재형성되고 몇 겹으로 이루어지기 때문에 《주부의 벗主婦の友》*을 읽는 카페 여급이, 《주간 아사히週刊朝日》에 실

린 사진을 보는 가정주부가, 《킹ｷﾝｸ》*의 페이지를 넘기던 사무직 노동자가 실제로 어떤 반응을 보였는지를 기술하는 것은 불가능하다. 그 대신 나는 의미가 어떻게 만들어지고 유포되었는지를 알기 위해 텍스트를 꼼꼼하게 독해하고자 한다. 또 세 단어가 합쳐진 에로 그로 넌센스라는 말을 각각 분리해 변형해보며 그 의미에 대해 주의 깊게 생각해봄으로써 그 시기의 문화사에 대해 현존하는 문헌에만 의존하지 않고 그 이상으로 확장해보고자 한다. 근대 일본의 대중매체와 소비 주체 의식을 이해하는 핵심이 몽타주라고 생각하는 만큼 나는 내 연구방식에도 몽타주 방식을 활용했다.

근대 일본 문화의 역동성과 단절 의식을 포착하기 위해, 나는 이 책을 구성하는 데에서 두 가지 방식으로 몽타주의 원리를 활용했다. 우선 내가 장segment이라고 부르는 챕터들을 구성하는 수준에서 몽타주를 활용했다. 각각의 장은 일본 근대문화의 양상을 하나씩 다룬다. 그러나 나는 총체적으로 문화를 모두 아울러 볼 생각이 없을뿐더러 독자도 그렇게 종합해 보리라고는 생각하지 않는다. 제1부에서 논의하겠지만 세르게이 에이젠슈타인이 상정한 관객들처럼, 독자들이 각각 자신만의 부분적 의미를 만들어내길 바란다. 몽타주는 결코 하나의 의미만 생산하지 않으며, 특히 계

---

* 　주부의벗사主婦の友社가 발행한 여성용 월간지. 1917년 창간되었고 2008년 휴간되었다. 《주부와 생활》, 《부인구락부》와 함께, 오랫동안 대표적인 주부잡지가 되었다. 여성지 최초로 '가계부'를 부록으로 주었다.

* 　전전戰前 일본에서, 현재의 고단샤講談社의 전신인 대일본웅변회고단샤大日本雄辯会講談社가 발행한 대중오락잡지이다. 1924년 11월에 창간되어 1957년 폐간되었다. 전전 고단샤의 간판잡지였으며 일본출판사상 최초로 발행부수 100만 부를 돌파한 국민잡지였다.

급, 문화, 성별 간에 갈등을 겪은 시기를 다룰 때는 더욱 그렇듯이 '모든' 시간이나 '모든' 장소를 포괄하는 역사는 없다는 사실을 염두에 두었으면 한다. 이 장들은 모던과 에로 그로 넌센스가 일상에 대해 말하는 데 사용되었던 시기의 모습들을 나열할 것이다. 독자들은 (자주적이고 문란한 모던걸, 고분고분한 카페 여급, 현명한 주부 같은 이상적인 여성들 간의 차이점같이) 부조화를 눈여겨보거나, 꼭 그럴 필요는 없지만 영화라는 환상의 세계에 등장하는 루돌프 발렌티노Rudolph Valentino*와 사무라이 중 누구를 선택할지 고민해야 할 것이다.

두 번째로, 영어를 일본어로 음역한 차용어를 이탤릭체로 표기함으로써 몽타주 형식을 사용했다. 이는 일본 근대기의 고유어를 이해하는 데에서 매우 중요하다. 예를 들어, 영어 'modern'은 일본어 'モダン(모단)'으로 표현되었고, 일본어 'モダンガール(모단가루)'는 영어 'modern girl'을 음역한 말이다. 근대의 구어체 일본어에서 영어가 어느 정도로 침투하거나 변형되었는지 독자들이 인지할 수 있도록 차용어를 발견할 때마다 영어로 표기하되 이탤릭체로 표시했다. 가령, 이탤릭체로 'modern'이라는 단어를 쓴 경우에는 1920년대 중반에 일본어의 일부가 되어버린 '모단'이라는 단어를 언급한 것이다.**

끝으로 내 방법론에 관해 언급하자면, 기록을 맹신하고 그에 따라 역

---

*   1895~1926. 영화 역사상 최초의 남성 섹스 심벌로 불린다. 〈무슈 보케르〉(시드니 올콧, 1924), 〈더 이글〉(클라렌스 브라운, 1925) 등에 출연했으며, 절세의 미남으로 무성영화 시대 초기 최고의 스타였으나 절정의 인기를 누리던 시기에 급사했다.

**   이 번역서에서는 한글로 옮기고 고딕체로 표기했다. 가령 고딕체로 '모던'이라고 된 것은 저자가 일본어 음차를 알파벳으로 'modan'이라고 쓴 경우거나 이탤릭체로 'modern'이라고 쓴 것이다.

사학자의 권위를 믿는 사람들이 보기에는 기초 자료에 대한 나의 분석이 결코 포괄적이라고 할 수 없다는 점은 솔직히 인정한다. 그러나 좀 더 겸손하게 말한다면, 해석학적 글쓰기를 중요시해온 역사학자로서 특히 (어리석게도) '지성사'와 '문화사'를 구분해왔던 데서 생겨난 의식의 문제를 다룰 때는 (근대기 전후에 쓰여진) 영화 기록들과 근대기의 엄선된 각본들을 읽으며 느꼈던 흥분을 독자들도 느낄 수 있을 것이다. 나는 서구 문화를 빌려 일본인의 모방성을 설명하는 전형적인 글쓰기와는 정반대의, 예를 들면 곤 와지로今和次郎의 『모더놀로지: 고현학モデルノロヂオ: 考現学』 같은 자료에 고무되었다. 둘째로, 나의 분석은 《영화의 벗映画の友》에 나온 농담처럼 소비자 문화가 파시즘이 임박하자 퇴폐적이고 포르노적인 도피적 쾌락주의로 바뀌었다는, 아직까지 널리 받아들여지고 있는 주장에 도전한다. 셋째로, 《주부의 벗》에서도 드러나듯이 나는 분석을 통해 식민지 시기도 근대기에 포함된다는 결론을 확신하게 되었다.

어찌 보면 모던을 둘러싼 일본어 표현을 본격적으로 다루게 된 것은 나카노 시게하루中野重治에 대한 연구를 끝내면서 얻은 아이디어였다.* 나는 그 책을 끝내면서 나카노 시게하루가 계급을 고착시키는 근대의 대량 상품 문화와 "해외에서는 제국을, 국내에서는 사교 수단을 만들어내는" 주

---

* 실버버그는 이 책 이전에 나카노 시게하루의 마르크스주의를 고찰한 『Changing Song: The Marxist Manifestos of Nakano Shigeharu』(1990)를 저술했다. 나카노 시게하루(1902~1979)는 도쿄대에 입학해 마르크스주의와 프롤레타리아 문학운동에 참가했으며, 1931년 일본공산당에 가입했다가 검거되어 1934년에 전향했다. 전후, 다시 일본공산당에 들어가 《신일본문학新日本文学》 창간에 가담했다. 히라노 겐平野謙, 아라 마사히토荒正人와 함께 '정치와 문학논쟁'을 일으키고, 전후 문학을 확립시켰다. 1947년부터 1950년까지 참의원 의원을 지냈으나 1964년에는 일본공산당과 정치이론으로 대립해 제명되고 『일본공산당 비판日本共産党批判』을 출판했다.

범이었던 자본가 계급을 비판한 "근대 마르크스주의자"라고 결론 내렸다. 또 나는 마릴린 아이비Marilyn Ivy가 세계의 근대성 안에서 일본의 "동시적" 근대성을 규정하고 1920년대와 1930년대 일본 마르크스주의 문화를 다이쇼大正 문화의 중요한 부분으로 개념화한 것을 강조했다. 나는 이 다채로운 문화 공간에서는 혁명적인 여배우들이 찰스턴 춤*을 추는 것이 그렇게 이상하게 여겨지지 않았음을 지적했다. 대중문화는 마르크스주의 문화와 떼어놓을 수 없는 관계였던 것이다. 이 책은 마르크스 혁명보다는 찰스턴 춤을 추는 여인들에게 더 주의를 기울이는데, 그 이유는 영화 속 여인들을 중심으로 모던이라고 지칭된 일상의 현상들을 바라보기 때문이다. 그런데 그러한 현상들은 혁명적이 아니라 위협적인 것으로 생각되었다.[6]

이 밖에 다른 다양한 방식으로도 일본 근대문화를 구성해볼 수 있다. 예를 들어, 또 다른 몽타주를 통해 모던을 식민지에 적용해보거나 영화나 아동 문학이나 탐정 소설을 분석해볼 수도 있다. 일본의 새로운 학자들은 그렇게 해석을 하는 데 도움이 될 만한 흥미로운 작업을 이미 진행하고 있다. 그들은 새롭게 일본 역사의 장을 펼쳐놓았다. 여기에 그들의 작업을 싣지 못한 것이 아쉽다. 이 책이 나오기까지 참으로 오랜 시간이 걸렸다. 책을 쓰는 내내 언급해야 할 인용문들은 계속 등장할 것이었으므로 결국에는 어느 한 순간 문헌들을 더 이상 들춰보지 않기로 매듭지어야만 했다.[7] 따라서 독자들은 매우 중요한 참조 자료들도 더러 빠져 있다는 것을 고려하고 이 역사서를 읽어주기 바란다. 덧붙여 1920년대에서 1940년

---

* 미국에서 발생한 사교 재즈 댄스. 빠른 템포의 댄스로 독특한 싱코페이션 리듬을 지녔으며 양쪽 무릎을 붙인 채 발을 좌우로 번갈아 뛰면서 춤을 춘다.

대의 일본 문화를 알리거나 혹은 그것과 관련된 많은 잡지, 다양한 장르, 단체들, 정치 현안들이 연구 과제로 남아 있다는 것도 알아주길 바란다. 내가 연구를 시작할 때만 해도 근대 지성사를 탐구하는 학자들은 이를테면 내가 가지고 있는 대중 영화 잡지 같은 자료들을 제대로 연구한 적이 없었다. 이런 이유로 연구 과정 내내 기록들과 발행물들을 사전 조사하는 것처럼 느껴졌다. 이 글이 비슷한 연구에 관심을 가지고 있는 다른 사람들에게 도움이 된다면 좋겠다.

여전히 연구해야 할 부분이 많지만, 다음과 같이 결론을 내릴 수 있을 것이다. 1920년대와 1930년대 근대 일본의 문화 질서의 특징은 엄청난 에너지, 창조 욕구, 현실에 대한 신랄한 도전이다. 대중매체의 이미지를 통해 영화와 일본 근대성 사이의 관계를 보는 통찰력, 할리우드 판타지, 전례 없이 흔한 에로틱한 몸짓, 노동자 계급 관객층, 일제강점기의 관음증, 나치식의 영화 통제를 이해할 수 있는 통찰력이 생기기 시작할 것이다. 그 시대의 기록 충동은 유산으로 남아 현재 일본의 망각 의지와 미국의 외면 의지에 도전하는 데 이용할 수 있는 기록들을 제공한다. 미국의 외면 의지는 1997년 7월 6일자 《뉴욕타임스》에 실린 〈쉘 위 댄스Shall We Dance〉의 리뷰에 고스란히 드러난다. 리뷰는 "일본 영화 〈쉘 위 댄스〉는 근대적 삶에 위협당한 사람들이 어떻게 일탈을 배워나가는지 보여준다"고 썼다. 나는 위협이 아니라 혁신과 실험으로 정의된 '근대의 삶'을 면밀히 보여주고자 한다. 일본의 망각 의지는 영화 〈프라이드 — 운명의 순간 プライド·運命の瞬間〉(일본인을 아시아 동포의 구원자로 묘사한, 도조 히데키東条英機에 대한 영화)*의 제작자가 1년 후 브리즈번 국제영화제에서 한 발언에서 잘

---

* 1998년 이토 슌야伊藤俊也가 감독하고 도에이東映에서 제작한 영화로 제작자는 아

24

드러난다. 그는 관객들에게 역사에 대한 정확한 설명을 제시할 수 있게 되어 기쁘다고 했다. 관객은 적어도 이 발언에 동조하지 않았고, 회의적이었으며 당연히 비판적인 사람들도 있었다. 나는 대체로 이러한 비일본인 독자를 염두에 두고 이 책을 썼다. 따라서 이 작품이 일본이 평온했고, 1945년 이전에 문화적으로 고립되어 있다고 보는 서구의 인식을 흔들어 놓을 수 있다면 무엇보다 기쁠 것이다. 그렇지만 문화적 표현의 반대 세력이 거의 사라졌을 때, 수정론자들의 목소리가 그 반대 세력마저 압도하고 있을 때, 일본의 독자들에게는 이미 친숙한 문화적 이미지가 다른 방식으로, 좀 더 논쟁적인 관점에서 나타났으면 한다.

이 프로젝트를 추진하면서 개인적인 과제가 있었다. 일본의 것이 아닌 물건들과 이미지와 몸짓들을 일본이 전용한 것을 '미국화'가 아니라 일본 고유의 역사 과정으로 이론화하려 한 것이 그것인데, 그 덕분에 나는 유년기는 일본에서 보내고 성인이 되어서는 미국 학계에 자리 잡은 사람으로서 영어에서 일본어로, 일본어에서 영어로 코드를 전환하고 일본과 미국 문화의 양상들을 코드 변환해온 나만의 의식적·무의식적 역사를 이론화하는 방법을 찾게 되었다. 내가 죽 열거하는 것들은 내가 경험한 기호와 신호, 내 역사의 흔적들에서 나온 것이다. 나는 이것이 다른 사람들의 역사에도 의미를 주기를 바란다.

사노 카쓰아키浅野勝昭. 도조 히데키(1884~1948)는 일본 육군 대장을 지냈으며 진주만의 미국함대기지를 기습 공격해 태평양 전쟁을 일으킨 인물이다. 그는 개전 후 독재를 강화했고, 한국에서는 징병제와 학도병 지원제를 실시했다. 종전 후 자살을 기도했으나 미수에 그치고, A급 전쟁범죄자로 극동국제군사재판에 회부되어 교수형에 처해졌다.

주석

1   채플린의 도착과 암살에 관해서는 千葉伸夫, 『チャプリンが日本を走った(채플린이 일본을 달렸다)』(靑蛙房, 1992), 37-100쪽. Charles Chaplin, *My Autobiography* (London: Penguin Books, 1992), 369-70쪽.

2   채플린은 오스카 와일드의 감옥을 방문했던 것을 언급했다. 千葉伸夫, 같은 책, 118-21쪽. Chaplin, 같은 책, 371쪽.

3   〈도쿄행진곡〉의 역사에 대한 논의는 Miriam Silverberg, *Changing Song: The Marxist Manifestos of Nakano Shigeharu*(Pinceton, NJ: Princeton University Press, 1990), 125-26쪽. 〈도쿄행진곡〉가사는, 堀野羽津子 편, 『思い出のメロディー(추억의 멜로디)』(成美堂出版, 1992), 17쪽. 이것의 패러디는, 千葉伸夫, 「政党没落行進曲(정당몰락행진곡)」, 『チャプリンが日本を走った』, 100쪽. 나는 세부적인 정치사나 경제사는 포함시키지 않았다. 이는 문화가 정치적 구조 혹은 경제적 구조를 반영하는 상부구조라는 일반적인 인상을 남기는 것을 피하기 위해서이다. 나는 독자들에게 1920년대 말의 불황과 외국인 정책, 국내의 정치적 갈등에 대한 명확한 논의를 제공하는 입문서인 미나미 히로시의 「昭和文化の背景(쇼와문화의 배경)」을 추천한다. 南博, 社会心理研究所 편, 『昭和文化(쇼와문화)』(이후 SB로 표기: 勁草書房, 1992), 4-52쪽. 1930년대의 근대 일본의 구조적 요인들에 대한 가토 슈이치의 논의는 정당이 왜 대표성을 가지지 못했는지에 대한 최고의 해설 중 하나이다. 천황에게 직접적인 힘을 행사하는 군대의 자치권과 함께 정당 권력이 가진 극심한 한계를 명쾌히 해석한 것으로는 加藤周一, *Taishō Democracy as the Pre-Stage for Japanese Militarism*, Bernard S. Silberman and H.D. Harootunian 편, *Japan in Crisis: Essays on Taishō Democracy*(Princeton, NJ: Princeton University Press, 1974), 225-26쪽, 229쪽. 저메인 호스턴은 책의 서문에서 "맥락화"에 대한 마르크스 사상의 분석을 소개하면서 가토 슈이치의 논의를 빌려 정당 지도자들을 능가하는 관료제의 힘에 주목한다. 그녀는 또한 1925년에 보편적인 남성 참정권이 통과된 이후임에도 대중이 왜 정당 정치에서 소외된 채로 남아 있었는가 하는 것을 부분적으로는 그것을 정착시키는 데에 엄청난 비용이 들었다는 것과 함께 논의한다. Germaine A. Hoston, *Marxism and the Crisis of Development*

in Prewar Japan(Princeton, NJ: Princeton University Press, 1986), 14-15쪽.

4　榊原昭二, 『昭和語: 60年世相史(쇼와어: 60년세상사)』(朝日新聞社, 1986), 8-80쪽; 稲垣吉彦, 吉沢典男, 『昭和ことば史60年(쇼와 언어사 60년)』(講談社, 1985), 74쪽, 84쪽. 이는 그리 독특한 접근은 아니다. 최근의 역사학자들도 우리가 "다이쇼 데모크라시"라고 묶어놓은 것들에 대해 재검토를 하고 있다. 특히 Sheldon Garon, *Molding Japanese Minds: The State in Everyday Life*(Princeton, NJ: Princeton University Press, 1997)와 Andrew Gordon, *Labor and Imperial Democracy in Prewar Japan*(Berkeley: University of California Press, 1991)를 보라.

5　赤沢史朗・北河賢三 편, 『文化とファシズム(문화와 파시즘)』(日本経済評論社, 1993), 4쪽; 南博・社会心理研究所, 『昭和文化』, 1992 참조.

6　Silverberg, *Changing Song*, 219-20쪽, 227-28쪽. 마릴린 아이비는 국민국가와 근대와의 관련성은 근대성의 필수요소라고 말한다. "이것은 국민국가의 문제점과 일본이 19세기 중반부터 글로벌한 지정학적 배열 안으로 들어갈 수 있게 해준 국민국가와 자본주의적 식민지주의와의 상관관계를 드러낸다. 또 이것은 다음과 같은 요인들에 영향을 받은 정체성과 주체성의 변화들을 보여준다. 개인주의의 부상과 내부성의 새로운 양식들, 시간성과의 관계 속에서 진보적인 역사의 자리와 반대되는 '전통'의 부상, 그리고 푸코가 개인화와 전체화라고 부른 것을 통한 일상화된 절차, 관료주의적 관계, 테일러화된 생산양식, 이미지 표상의 소설형식, 대중매체, 과학적 지식들." 나는 일본의 근대 시기를 이러한 근대성 안에 위치시킨다. 또한 나는 위에 열거한 요인들에 젠더 관계의 변화와 가족 형태의 변화를 추가하고자 한다. 더불어 부르주아 정치와 문화의 약세를 강조함으로써 일본의 근대성과 1920~30년대 일본문화를 서유럽의 근대성과 구분할 것이다. Marilyn Ivy, *Discourses of the Vanishing: Modernity/Phantasm/Japan*(Chicago: University of Chicago Press, 1995), 4-5쪽.

7　지난 몇 년 동안 출간된 관련 서적들의 목록을 작성하려고 하면 몇몇 새롭고 중요한 작업들이 제외될 수 있는 위험이 있다. 그러나 이 책의 관심사와 매우 비슷한 세 개의 작업은 꼭 언급해야겠다. 독자들이 조던 샌드의 혁신적인 작업을 참고하길 바란다. Jordan Sand, *House and Home in Modern Japan: Architecture, Domestic Space, and Bourgeois Culture, 1880-1930*(Cambridge, MA: Harvard University Asia Center; distributed by Harvard University Press, 2003). 또 문학연

구 분야에서는 세이지 리피트가 내가 이 책에서 논의한 주제와 문헌들을 내가 접근하지 못한 방식으로 논의했다. Seiji Lippit, *Topographies of Japanese Modernism* (New York: Columbia University Press, 2002)를 보라. 바바라 사토의 초기 작업은 왜 내가 계속해서 이 근대 시기 미디어의 페르소나에 관한 참고문헌들을 찾아야 하는지 설명해준다. 그녀는 이제 확실히 모던걸을 '신여성(new woman)'의 자리와 나란히 위치시켰다. Barbara Sato, *The New Japanese Woman: Modernity, Media, and Women in Interwar Japan*(Durham, NC: Duke University Press, 2003)를 보라.

제1부

일본의 모던 타임스

근대세계와 일본의 근대성

　나는 '에로틱 그로테스크 넌센스' 시대가 1920년대와 1930년대의 세계 근대문화의 범주에 속하며, 그 20여 년 동안의 일본 근대문화는 메이지시대의 국가 주도의 근대화 정책에서 20세기 후반까지 이어지는 일본의 근대성 범주에 속하는 것으로 본다. **모던**과 **포스트모던** 사이의 구분, 그리고 **모더니즘**modernism, **근대화**modernization, **근대성**modernity 사이의 구분에 관해서는 존 프로우John Frow의 견해에 부분적으로 동의한다. 그에 따르면 모더니즘은 "대립 관계에 있기도 한 갖가지 문화적 행위"다. 또 근대화는 "사회 및 문화에 영향을 미친 경제 변화"이며, 근대화 과정과 중첩이 되기도 하는 근대성은 "후기 전통사회의 시간성temporality을 지칭하는 철학적 범주에 속하는 말"이다. 우선, 모더니즘에 대한 존 프로우의 정의는 1920~1930년대 일본에 만연한 용어인 '생활生活'에 해당한다. 왜냐하면 두 용어 모두 일상과 관련되어 있기 때문이다('생활'은 원래 '삶'이나 '생계' 등을 뜻했지만, 앞으로 보게 되듯이 1930년대 무렵에는 의식주와 관련된 일용품이나 사치품과 연관이 있게 된다). 두 번째로, 경제 변화임을 강조하는 존 프로우의 근대화는 1920년대와 1930년대 일본에 과학적 경영관리제도가 도입되면

서 촉진되었다가 1940년대에는 나치식의 합리화 정책과 합쳐진 합리화 같은 일련의 과정과 대비된다.[1] 세 번째로 일본어 '근대近代'는 존 프로우가 근대성을 정의하면서 강조한 현재적 시간성을 의미한다. 이 용어들에 덧붙여 네 번째로 내가 추가하고 싶은 말은 일본어 'モダン(모단)'이다.[*] 이 단어는 존 프로우의 근대화와 마찬가지로 국경이나 변치 않는 관습에 얽매인 것이 아니라 자본주의의 끝없는 개방성과 역동성으로 가득 찬 탈전통사회를 전제로 한다.[2]

　일본에서 미나미 히로시南博[**] 등은 미나미가 모더니즘이라 칭한 것의 역사를 기술하는 데 매우 적극적이었다. 이 용어를 굳이 쓰고 싶지는 않지만 미나미의 '모더니즘'에는 내가 주목하는 것과 매우 흡사한 면이 있다. 근대 일본 문화사 연구의 선구자인 미나미는 다양한 종류의 일본 '모더니즘'을 인식하고 그것을 두 가지 측면으로 나누었다. 즉 합리적이고 기술주의적인 측면과, 서구 특히 미국 영화가 가져온 "새로운 풍속에 의한 해방"으로 특징지어지는 측면이다. 내 생각에 일본 근대문화를 제대로 보여주는 것은 후자의 측면이다. 미나미 히로시의 연구는 일본 모더니즘에 대한 다른 연구들보다 더 역사주의적이다. 가령 『나고야의 모더니즘名古屋の モダニズム』 같은 삽화집은 아르데코 풍의 가구나 '노리타케 아르데코' 같은

---

[*]　이에 대해 저자는 "이후에는 모던으로 쓰고, 발음을 강조해야 할 경우만 모단으로 표기한다"는 단서를 달았지만, 이는 modern이 일본어로 근대/모단으로 번역된 것을 구별하기 위한 것이다. 그러나 한국어 역시 modern은 근대/모던으로 번역되기 때문에 modern이 모단으로 표기된 경우, 모던으로 옮기되 고딕체를 사용했다.

[**]　1914~2001. 사회심리학자. 일본여자대학 교수, 히토쓰바시一橋대학 사회학부 교수, 세이조成城대학 교수를 역임. 대표적인 저서로 『일본인론 — 메이지부터 오늘날까지日本人論－明治から今日まで』(1994), 『행동이론・정신분석・철학行動理論・精神分析・哲学』(2004) 등이 있다.

생활용품의 그림과 사진을 풍부하게 실어 당시 물질문화의 한 측면을 보여주긴 하지만, 에로틱 그로테스크 넌센스의 시기 일본의 근대를 다룬 이런 많은 글들은 놀이문화를 포함해 물질문화를 형성하는 풍속을 강조한다. 여기에는 물론 기술이나 합리화, 산업에 관한 논의도 있지만 음식, 카페, 공원, 대로에 관한 논의에 비하면 턱없이 적다.[3]

1930년대 무렵 근대라는 말은 종종 모던이라는 말과 함께 쓰였는데, 모던은 이 책의 주제이기도 한 새로운 도시 생활과 훨씬 밀접하게 관련되어 있었다. 더욱이 근대는 그 나름의 역사를 지닌 말이었다. 예를 들면, 1912년부터 1916년까지 발간된 무정부주의적 사회주의 경향의 잡지 《근대사상近代思想》의 편집장이었던 아라하타 간손荒畑寒村과 오스기 사카에大杉栄는 잡지명의 의미에 대해 명확히 정의하지 않았다. 천황 암살을 모의했다는 죄명으로 11명의 동료와 함께 유죄 판결을 선고받은 무정부주의자 고토쿠 슈스이幸德秋水의 떠들썩한 재판과 처형이 있고 난 후 일본 좌익이 전투 태세에서 벗어나기로 결정했다는 아라하타의 회상을 들으면 아라하타와 오스기가 당시 왜 '지금', '이곳'에 관심을 가지게 되었는지 이해가 된다. 두 젊은이는 사회운동을 재개할 수 있을 때가 오기를 '마냥 기다리기'보다는 '그 순간을 직접 만들기로' 결심한 것이다. 그래서 《근대사상》 각 권의 표지는 두 팔을 벌린 채 묶인 사슬에서 벗어나려는 웃통 벗은 노동자의 목판화 이미지 아래 "근대사상"이라는 활자가 인쇄된 동일한 형태였다. 이러한 노동자 이미지와 근대사상이라는 잡지명 아래에는 자극적인 짤막한 문구가 달렸다. 가령 "도덕의 창조道德の創造"라는 표제가 붙은 1913년 2월호의 표지는 근대를 현재의 것으로 만들자는 과제를 제시했는데, 이는 '불온하다'고 여겨지는 인물들이 새로운 도덕관을 만들어내고 결국은 역사를 앞으로 전진시킨다는 의미다.[4]

《근대사상》의 근대가 의식의 해방과 도덕을 암시했다면 또 다른 잡지 《근대생활近代生活》의 '근대'는 물질문화 안에서 생겨난 근대의 관습을 가리킨다. 이 잡지에는 중요한 용어로 '생활'이 등장하는데, 이 용어가 지닌 물질적 의미는 1920년대 전에는 아주 적절한 것이었다. 일찍이 1914년 3월에 잡지 《생활生活》에 실린 한 기사는 "화석화하는 현대 일상"에 대응해 의식주의 "혁신"을 요구했는데, 그 덕분에 의식주 세 분야는 '생활'과 관련 있는 말이 되었고 1920년대와 1930년대에도 같은 상황이 이어졌다. 한편 일상은 유희와 연결 지을 수도 있다. 1914년 4월 발행된 《생활》 "박람회"(도쿄 다이쇼 박람회)* 특별호를 보면 생활이 자본주의 생산과 여가 시간의 소비 활동과 모두 관련 있었음이 분명히 드러난다. 박람회에는 건물은 건물끼리, 상품은 상품끼리 전시되었는데, 상품들은 그 원산지별로 배치되었다. 가령 오사카관이 영화 관련 물품에 주력한 반면 나고야관에서는 시계와 바이올린을 전시하는 식이었다. 《생활》은 단순히 물건을 생산한다는 점이 아니라 대량으로 생산한다는 점을 높이 샀다. 부록으로 달린 "새로운 도쿄" 안내서는 도쿄의 "즐길거리"를 만끽할 수 있는 수많은 장소를 소개했다. 예를 들면 다양한 형태의 극장과 맛집을 간략히 소개한 후 식당 분위기가 떠들썩하고 통로에 정렬해 놓은 나막신 수가 많을수록 음식 맛은 별로라는 경고도 덧붙였다. 따라서 1929년에 잡지 《근대생활》의 창간호에서 "모던 라이프"를 다루었을 때, 모던 라이프란 대개 도시의 향락과 관계가 있었고, 여자, 영화, 음식의 향유에 속도감이 추가되었다. 그 결과 근대라는 말 대신 외래어 모던이 사용되었다.[5]

1920년대 후반에 이르면 무수히 많은 토론에서 '모던'이라는 말과 물질

---

* 1914년 도쿄 우에노 공원에서 열린 박람회.

문화의 관련성을 밝히려고 애썼다. 1928년 "모던생활만담회モダン生活漫談会"라는 이름으로 열린 좌담회에서 남녀가 한 그룹을 이루어, 1923년 9월 1일에 일어난 엄청난 대지진 이후 일상에서 새롭게 느끼는 정서(생활기분生活気分)에 대해 토론했다. 이 좌파 비평가들은 모던이 미국에서 유래했다는 점과, 유럽과 일본이 미국화되고 있다는 데 동의했다. 그들은 미국에서는 국가의 전통이 부재한 까닭에 표피적이고 일시적 특성을 띤 모던 라이프밖에 양산되지 않는다는 점에 동의하면서도, 무라야마 도모요시村山知義가 제기한 "모던이 미국에서 유래했다면 미국의 모던은 어디에서 유래했는가?"라는 질문에는 답하지 못했다. 오야 소이치大宅壯一는 일본의 모던 라이프モダンライフ가 그 내용과 역사, 감정, 도덕, 이상을 결여하고 일본의 "진짜 문화" 위에 억지로 포개져 피상적이라고 비판했는데, 이는 오늘날까지 당연하게 받아들여지고 있다. 나는 이러한 전제에 도전하려고 한다. 무라야마 도모요시가 자신의 질문에 "모던은 미국에서 유래했다. 미국이야말로 세계에서 가장 큰 자본주의 국가이기 때문이다"라고 답했던 것처럼 말이다. 무라야마는 또한 자본주의화된 일본과 자본주의화된 미국을 역사적으로 구별했다. 그에 따르면, 일본사회는 최근까지도 일시성이 강한 것으로 규정되어왔지만 이제는 어떤 상황들이 형성되기 시작했음을 인식할수 있다는 것이다. 새롭고 근대적인 물질문화는 그렇게 빨리 사그라지지 않았다.[6]

1923년의 위력적인 간토 대지진으로 인한 파괴에서부터 진주만 공습의 직접적인 여파가 시작되기 직전까지 20여 년에 걸친 일본의 모던한 시기는 국가 재건이라는 근대화 프로젝트 속에서 등장했다. 이 기획은 19세기 말 이래로 계몽주의와 유럽의 기술에 의해 고취된 것이었다. 하지만 여기에도 일본만의 독특한 특징이 있다는 점에 주목해야 한다. 예를 들면, 일본의 이러한 근대성은 두 가지 상반되는 근대성이라는 마타이 칼리니스쿠Matei Calinescu의 개념과 부분적으로만 일치한다. 메이지 국가의 근대성은 과학과 기술 발전의 산물이자 산업혁명의 산물, 자본주의에 의해 촉발된 "광범위한 경제적 사회적 변화들"의 산물이었다. 이런 의미에서 일본의 근대성은 칼리니스쿠가 제시한 첫 번째 개념 "부르주아" 모더니티와 일치한다. 그러나 일본의 자본주의 질서는 주로 위에서, 또 외부로부터 강요되었기 때문에 "급진적 반부르주아적 태도"로 정의되는 칼리니스쿠의 두 번째 개념인 "문화적" 모더니티는 유럽에 비해 훨씬 적다. 일본 프롤레타리아 예술 운동의 범주에서 유래한 문화적 급진파들이 일본의 부르주아적 질서를 비난했을 때, 공격의 대상이 된 것은 일본인의 부르주아적 감성이 아니라 오히려 계급 차이로 빚어진 경제적 차별이었다. 일본의 부유한 신흥 부르주아 계층의 감성은 유럽의 부르주아적인 감성과는 달리 새로운 생활 방식에 개방적이었다. 유럽의 부르주아들은 매우 의례적이고 개인화된 사적 공간을 점유한다는 이유로 아방가르드 예술가와 지식인, 반란파의 반대에 부딪혔다.[7]

근대를 둘러싼 이러한 담론은 근대성과 모더니즘에 대한 데이비드 하비의 설득력 있고도 종합적인 해석과 유사하지만, 차이는 있다. 유럽과 미국의 근대성의 차이에 대한 하비의 설명 덕분에 나는 일본의 근대에 대해 내린 정의를 가다듬을 수 있었다. 예를 들어 미국에서는 "전통주의자들(봉건주의자나 귀족)의 저항과 그에 상응하는 대중들의 수용"이 부재했기 때문에 유럽의 해당 세력에 비해 정치력이 훨씬 약한 아방가르드가 만들어졌다는 그의 지적은 일본에도 해당된다. 하지만 이는 일본 언론에서 종종 "아메리카니즘"이라고 표현되는 미국식의 근대성이 어떻게 퍼질 수 있었는지는 설명하지 못한다. 결국 변화를 환영하며 받아들이는 미국식의 개인주의 및 자유주의 이념은 일본의 가족 이데올로기와는 매우 달랐다. 가족 이데올로기는 법과 사회적 관례에 의해 지지되었으며, 필요하다면 일본 천황제의 문화 정치학을 구성했던 잔인한 폭력마저 동원되었다.[8]

하비가 근대성의 "촉매"라고 규명한 "물질적 실천", 즉 기계·새로운 교통수단 및 통신수단의 등장, 고층빌딩과 교량의 건설 등은 1920년대 일본에서 매우 확연히 드러난다. 혁신과 사회 변화에 따른 불안도 만연했다. 실례로, 근대의 인구 변화의 결과를 살펴보자. 인구조사 통계수치를 연구한 미나미 히로시는 1930년대에 어떻게 일본인 네 사람 가운데 한 사람이 도시에 거주할 수 있었는지, 어떻게 도쿄 같은 주요 도시의 인구가 3분의 1 이상 증가할 수 있었는지 알려주고 있다. 그 10년 동안 지방의 인구증가율은 고작 6퍼센트에 지나지 않았다. 그리고 미나미 히로시는 인구의 대다수가 소작농 또는 소규모 가내수공업이나 여전히 전근대적인 형태의 상회商会에 종사하는 서비스 노동자로 고용되었다는 사실을 강조하며, "시골의 관습과 생활 방식, 사고방식"이 남아 있었다는 결론을 내리게 되었다. "시골에서 도시로의 대규모 유입, 농부에서 도시 노동자로의 대규모 변화"에 대한 미나미의 역사 서술에는 이론의 여지가 없지만, 나는 그 규모의 유사성과 유사한(혹은 허구적으로 유사한) 풍속들이 사고방식과 행동 양식으로까지 이어졌다고 추정하는 결론을 내리기에는 자신이 없다. 오히려 다음의 두 가지 이유로 이러한 추정에 이의를 제기해보고자 한다. 우선 근대에 노동자들은 시골에서 도시의 문화 공간으로 끊임없이 이주했지만 한편으로는 다시 시골로 돌아갔다는 점이다. 미나미가 언급한 소규모 상회에 고용된 노동자들은 가족과의 인연을 지키고 배우자를 찾기 위해, 또 (불황기에 흔히 그랬듯이) 도시에서 경제 활동을 해도 조금의 경제적 안정조차 얻지 못할 때는 시골로 돌아갔다. 이것은 시골 가족 단위 안의 일꾼들의 관계가 도시 가족 소유 기업 안의 가족 관계와는 달랐다는 것을 의미한다. 여기서 소작농이 노동자로 바뀌면서 의식과 풍속들이 변해간 역사를 구성하자는 것은 아니다. 더욱이, 도시에서 농촌 공동체로 돌아가는 사람들이 가지고 간 물건들의 목록을 통해 사회사를 다루려는 것도 아니다. 그러나 그들이 소지한 잡지나 최신 유행품 같은 물건들의 이동은 모던이 시골로 전파된 한 가지 경로였다고 생각한다. 따라서 나는 이 새로운 도시인들이 물질문화와 관련된 판타지와 함께 이 물건들을 도시에서 시골로 전하고, 그럼으로써 결국엔 모던 문화까지도 전파했을 가능성을 상상해보라고 독자들에게 권하고 싶다.[9]

내가 보기에 미나미 히로시는 도시 문화에 농촌 공동체가 끼친 영향만을 과하게 강조한다. 그의 주장에 이의를 제기하는 두 번째 이유는, 당시 일본 대중문화, 특히 대중 잡지에서 다룬 문화의 민족적 측면에 있다. 미나미 히로시는 1923년 대지진 이후, 도쿄 문화가 일본 전 지역에 독점적으로 영향력을 행사하는 시대는 끝이 났다고 강조했고, 제프리 헤인스 Jeffrey Hanes는 계급별로 차별화되고 나누어진 오사카의 대중문화 시장에 대해 논의했지만, 나는 이들과 달리 잡지 및 영화(비록 일부 관객은 잡지에 나온 영화의 스틸 사진으로 영화를 접했지만)의 마케팅과 유통 덕분에 계급 및 지역적 경계들이 허물어졌음을 강조하고 싶다. 당시 농업협동조합 운동을 대변하는 잡지 《가정의 빛家の光》*은 1925년 창간 이후 꾸준히 농촌 가

---

* 1925년(다이쇼14) 4월, 산업조합법 공포 25년을 기념해 산업조합 중앙회에 의해 창간된 농촌가정용 잡지. 당시 조합원의 70~80퍼센트가 농업 종사자였기 때문에 조합원과 그 가정을 대상으로 산업조합 운동 교육을 실시하고, 농촌생활을 향상시키는 것이 주 목표였다. 초기에는 산업조합이 배포했으나, 1947년(쇼와22) 이후에는 농업협동조합 조직을 통해 배포되었다. 판매부수는 1931년(쇼와6)에 10만 부

정에서 구독했다. 그러나 발행인들이 도시 독자들을 위한 별도의 판본을 발행했다는 사실은 도시 문화가 단순히 시골의 풍속들이 도시로 전달된 것 이상이었음을 시사한다. 또한 시골을 겨냥한 판본에는 시골 젊은 층에서 근대문화가 무척이나 인기를 얻고 있음을 드러내는 기사들이 실렸다 (금지된 문학작품까지도 결국에는 간접적으로나마 언급되었다). 사무직 노동자와 그 가족들만 도시의 신흥 중산층을 겨냥한 잡지를 소비했다고 치부해 버리는 것도 너무 단순하다. 가토 슈이치加藤周一를 인용해 쓰루미 슌스케鶴見俊輔가 다음과 같이 알려주는 말을 보면 사정이 그렇지 않기 때문이다. 1920년대, 1930년대, 그리고 1940년대에 "잡지《킹》은 사장이든 수위든 직급에 상관없이 모두 읽었고, 100만 부나 팔려나갔다." 카페 여급은《주부의 벗》에서 매우 두드러지게 다루어졌던 할리우드 영화를 포함해 근대문화와 자신을 동일시했다. 손님이 아무리 벼락부자일지라도 대부분의 카페 여급은 분명히 노동계급이었다. 이 노동계급의 젊은 여성들은 카페에 들어온 행상에게서 손님이 산 것과 똑같은 대중 잡지를 구입했다. 이 여성들은 대개 지방, 혹은 시골 출신이었으므로, 그들이 고향을 방문하거나 눌러앉기 위해 돌아갈 때, 구매한 잡지와 더불어 할리우드에 대한 것이라고 생각되는 물건들도 가지고 갔다고 추측할 수 있다. 하지만 이는 상이한 계급들이 모두 같은 방식으로 근대문화를 이해했다는 의미는 아니다. 또한 노동자들이 문화를 받아들인 것과 중산계급이 받아들인 것을 비교할 생각도 없다. 그렇게 한다면 사회적 불안정성을 인정하는 나의 의견에 어긋날 것이기 때문이다. 나는 근대적인 것에 대한 담론의 연속성과

를 돌파하고, 1933년에는 100만 부 보급 운동을 펼쳤으며, 이에 자극받아 1944년 인쇄부수는 150만 부를 넘었다.

편재성에 주목하고자 한다. 이 두 가지는 모두 공식 이데올로기를 불안정하게 만드는 것들이다.[10]

근대 일본에서는 하비가 보들레르로부터 차용한 "일시적 순간성"에 대한 강조가 조금 더 추상적이지만 널리 퍼져 있었다. 일본 근대는 1923년 간토 대지진을 계기로 근대 국가에 의해 만들어진 전통을 포함한 과거와 단절되기 시작했다. 겉으로는 여전히 천황이 군림한 시기지만, 많은 기록들이 보여주듯이 사람들의 삶은 지진 전후로 나뉘었다. 그러나 하비가 논의한 보들레르의 또 다른 개념 ― 영원히 지속되는 인류라는 개념 ― 을 일본 근대문화 속에서 발견하기는 어렵다. 물론 가족과 선조들을 통해 일본 국민을 제국에 예속시켰던 「교육칙어」에 요약되어 있는 공식 이데올로기는 영원하고 지속될 개념인 효孝 개념에 근거하고 있다. 국가의 근대화 프로젝트는 유교적 가족관계로 표현된 영원한 질서라는 개념에 부분적으로 근거해 확립되었다. 그러나 일본 대중매체에는 '속도와 움직임에 대한 매혹'이 도처에서 드러났다. 템포라는 단어는 공식적으로 드러나는 여러 문헌에 끊임없이 번갈아가며 등장했다. 하비가 다룬 서구의 근대문화들과 마찬가지로 일본 근대문화는 국제적이었던 동시에 사회주의를 옹호한 점에서는 흔히 선동적이었다. 일본의 구조주의는 사회주의 리얼리즘과 나란히 등장했다. 레이먼드 윌리엄스Raymond Williams가 제시한 모더니즘의 이미지도 잘 들어맞는다. 윌리엄스는 모더니즘이 "문화를 양산하는 매체 역사상 가장 큰 변화"라고 평가했는데, 그가 열거한 매체인 "사진, 영화, 라디오, 텔레비전"은 근대 일본 문화에서 확실한 성공을 거두었다. 일본에서는 이때가 기술의 힘을 빌려 현실을 재생해내는 시대가 시작된 때였다.[11]

유럽 문화와의 이러한 비교에도 불구하고 내가 일본의 모던(일본의 현상임을 구분해 보여주기 위해 일본어 '모단'을 재번역한)을 언급할 때, 서구의 미학적(혹은 문화적) 모더니즘으로서의 의미는 없다. 이는 윌리엄스가 열거한 아방가르드 운동이 1920년대와 1930년대 일본에 나타나지 않았기 때문이 아니다. 사실 유럽의 '반反 부르주아' 예술가들과 개인적으로 친분이 있었거나 윌리엄스가 "망명자emigrés"로 지칭한 예술가들과 감정적으로 유사하게 느끼고 있던 일본 지식인이 만든 잡지들에는 구조주의와 더불어 미래파, 초현실주의, 다다이즘이 모두 나타나 있다. 게다가 대중잡지들은 몽타주로 대표되는 모더니즘의 균열의 미학을 사용했다. 나는 1920년대의 모더니즘 시와 일본인들의 근대 가족생활에 관해 삽화를 곁들여 쓴 기사들이 동일한 정치적, 문화적, 지적 국면에서 출현한 대중잡지의 특성을 보여주고 있으며 새로운 관습과 전혀 새로운 사회적 관계들을 다루는 담론의 모습을 띠고 있었음도 충분히 인정한다. 그러나 나는 그 당시의 대중문화, 즉 물질문화와 관련이 있었던 대중문화에서 모던이 무엇을 의미했는지 파악하는 것에 더 관심이 있다. 즉 내 목적은 문화가 갖는 자율성의 정치학과 그것이 1920년대부터 1940년대에 이르기까지 일본의 정치적 동원과 맺는 역학관계에 대해 알아보는 것이다.[12]

일본에 구조주의를 소개한 인물로 아방가르드 예술가이자 극작가인 무라야마 도모요시는 가정의 일상 영역의 중요성을 보여주는 것으로서 모던에 대한 한 가지 설명을 제시했다. 구조주의에 관한 그의 연구들은 아방가르드 모더니스트 예술가와 근대적인 것들을 소비하는 소비자가 중첩되는 중요한 지점을 드러낸다. 그것은 바로 생활, 즉 반복되는 관습과 대중의 혁신으로 구성되는 일상에 대한 관심이었다. 무라야마의 주장에 따르면, 생활은 '현재'의 가장 기본적인 문제였고, '예술지상주의자'들은 새로운 일상을 만드는 데 방해가 되었다. 이 구조주의자 무라야마는 방에 물건들을 매일 새롭게 배치하는 것에서도 그러한 예술을 발견했다. "당신이 방구석에 **타자기**나 **재봉틀**을 놓을라치면 가정주부는 다가와 이렇게 말할 것이다. '제발 거기에 그런 물건을 두지 마세요. 그게 내 방의 조화로움을 깬다구요.' 그녀는 엽서, 우표, 파이프, 티켓, 요강, 우산, 수건, 의자, 침구, 손수건, 넥타이 등 아주 사소한 것에조차 예술적인 가치를 들먹였다."[13]

무라야마가 주부를 새로운 일상을 방해하는 '예술지상주의자'처럼 이해한 것은 의아하다. 나는 주부야말로 일상 속에서 근대문화를 수행한 주체였다고 생각하기 때문이다. 그러나 새롭게 만들어지는 일상생활을 바라는 그의 열망은 일본 근대문화를 바라보는 나의 관점과 일치한다. 무라야마와 다른 이들이 강조한 것은 새로운 도덕관이 지진 후에 형성되었기 때문에 후기 전통사회의 성격을 띤다는 점이었다. 현재와 미래는 끝없이 열려 있기에 그들이 얼마든지 만들어갈 수 있는 것이었다.

전에 없던 **풍속**風俗(관습이라는 의미로 많이 사용된) 중에서도 가장 주목을 받은 것은 새로운 몸짓들이었다. 언어를 부호화하고 해독하는 새로운 방식을 포함해 이 몸짓들은 의심의 여지 없이 영화, 특히 미나미가 지적했듯이 대부분 미국영화들과 관계된 것이었다. 일본인들이 동시대의 서구인들에 비해 움직임이 적다는 것을 지적한 미디어는 많았다. 그러나 내가 관심을 갖는 것은 그러한 언급을 글자 그대로 이해하기보다는 일본과 서구를 그렇게 비교했다는 사실이다. 새로운 움직임과 표현들이 사용되기 시작하고 있었다는 증거들이 있다. 영화에서 표현된 몸짓들과 몸짓의 필요성에 대한 언급들은 내가 일본 근대 시기의 "기록 충동"이라고 부르는 것에 도움이 되었다. 『영화, 표현, 형식映画, 表現, 形式』을 보면 "문화 영화" 같은 선전 활동을 통해 영화 산업을 국가차원에서 재편하고 난 후인 1942

년까지도 영화 속 몸짓은 여전히 힘을 가지고 있었음을 알 수 있다. 무엇보다도 "언어, 소리, 조형이 인간의 표현 수단"이었던 것처럼 영화도 인간의 표현수단이 되었다. 무라야마는 이보다 훨씬 더 직설적으로 1936년에, 영화 기술로 드러난 새로운 몸짓에 대해 언급했다. 그는 제스처ゼスチャー라는 용어를 사용해, 유성 영화의 발화 속도를 칭찬했다('템포'는 '첨단'에 있는 새로운 것들과 함께 가장 환영받은 근대 시기의 특성 중 하나다). 대사와 제스처는 서로 반대로 표현할 수도 있었다. 그리고 지금까지는 일상에서 그러한 감정이 부재했던 탓에 일본 배우들에게 결여되었던 제스처와 언어의 표현력을 요구했다. 비록 무라야마는 일본의 영화 관객에 대해서는 명쾌하게 설명하지 않았지만, 당시 모던 라이프를 살고 있던 여성, 남성, 아이들에게로 관심을 돌려보자.[14]

대중문화와 소비 주체

파치지Parcheesi*와 비슷한 보드게임인 일본의 신년 게임 스고로쿠双六**는 전쟁 전 일본의 대량판매전에 안성맞춤인 증정품이었다. 선명한 색상의 미로는 제1차 세계대전이 발발하기 전부터 일본이 중국을 침공하기까지의 20여 년 동안 도시의 소비 주체들이 겪은 경험을 잘 나타내고 있기 때문이다. 스고로쿠를 하는 플레이어의 운은 일본 경제가 제1차 세계대전 당시 유례없는 호황을 누린 후 그랬던 것처럼 진퇴를 반복했다. 논평

---

*　인도 왕실의 전통 놀이로 우리나라의 윷놀이와 유사하다.

**　주사위를 던져 나온 숫자만큼 칸을 이동해 종착지에 다다르는 보드게임.

가들은 전쟁을 두고 "하늘이 주신 선물"이라 했는데, 실제로 일본은 유럽 열강이 빠진 군수 시장에 뛰어들며 빠르게 도시화와 산업화를 이루었으므로 이보다 더 적절한 세속적인 평가는 없었다. 종업원이 5명 남짓한 소규모 공장의 노동자 수는 1914년에서 1919년 사이에 94만 8000명에서 1700만 명으로 급증했고, 1920년 무렵에는 인구의 18.1퍼센트가 도시에 거주했다(이 수치는 1930년 무렵 24.1퍼센트까지 증가한다). 조선 및 철강 산업을 필두로 한 중공업과 직물업이 팽창하고(전쟁이 끝날 무렵, 일본은 영국 다음가는 면 생산국이 되었다) 유럽, 미국 및 아시아 국가들과 새로운 무역 관계를 맺게 된 결과, 일본은 채무국에서 채권국으로 그 지위가 바뀌었다. 전후의 호황이 1920년에 처음으로 하강 국면을 맞이하기 시작했는데, 금융기관이 대출을 무리하게 확장한 것이 화근이었다. 경제는 1922년에 조금 회복되었지만 1923년의 대지진으로 인해 다시 황폐화되었다. 1924년에 시작된 재건 붐은 1927년의 금융위기로 끝이 나고, 2년 후 불어닥친 세계 대공황으로 더욱 악화되었다. 이러한 경기 하락으로 1931년 농촌 지역에서는 비단과 쌀 가격이 폭락했고, 이 때문에 불황은 더욱 골이 깊어지며 1934년까지 지속되었다. 그러다 경기부양책의 일환으로 실시된 군비 지출에 따라 1934년부터 1936년까지 경제가 호전되기 시작했고, 1937년 무렵에는 사실상 완전고용이 이루어졌다.[15]

러일 전쟁기에 처음으로 등장해 1920년 무렵 인구의 7~8퍼센트를 차지한 월급쟁이, 관료, 교사 등 사무직 신흥 부유층은 1923년의 지진으로 큰 타격을 입게 된다. 하지만 1920년대 초반의 생활비 인상은 1924년의 재건 붐으로 상쇄되었으므로 1920년대에 사무직 월급쟁이들은 대체로 넉넉한 삶을 유지할 수 있었다. 평균 80엔의 월급을 받던 대졸 노동자들은 넉 달치 월급에 해당하는 보너스를 받았기 때문에 기성복, 라디오, 축

음기, 카메라, 전기다리미 같은 새로운 소비재를 쉽사리 구입할 수 있었다. 당시 맞춤 정장 상의는 10엔이었고 월세는 20엔 정도였다. 1엔이면 교외에 있는 자신의 '문화 주택'으로 가는 전차를 타기 전에 영화를 보고 저녁으로 사케 한 병을 곁들여 장어구이도 먹을 수 있었다. 그러나 그들의 부가 완전히 보장된 것은 아니었다. 1920년대에 월급과 물가인상률은 변동이 없었지만 1920년대 후반에 이르면 새로 유입된 도시 소비자들 다수가 '기업 합리화'의 희생양이 되어 실업에 직면한다. 오즈 야스지로小津安二郎의 1929년 인기 영화 〈대학은 나왔지만大学は出たけれと〉과 보너스를 받은 날 해고당한 회사원이 등장하는 1928년 작 〈회사원 생활会社員生活〉은 새로이 누리게 된 좋은 생활이 언제든 위태로워질 수 있음을 보여준다.[16]

이 변화과정에서 중요한 점은 이러한 소비문화가 중산층에게만 한정된 것이 아니었다는 사실이다. 이시카와 히로요시石川弘義가 보여주듯이 구멍가게 주인들과 공장 노동자들 역시 소비자였다. 이시카와는 사회적으로 뚜렷하게 구별되는 세 지역을 설명했는데, 먼저 **시타마치**(下町, 보통 '다운타운'으로 번역된다)는 자영업을 하는 수공업자들과 임대주택에 사는 서민들로 이루어진 빈민가 지역이다. 그리고 **야마노테**山手는 관료, 군무원, 교사, 사무직 노동자 등 중상류 계급들이 모여 사는 지역이다. 마지막으로 "스미다 강隅田川 건너편"은 소규모 공장의 노동자들과 도시 사회의 하층부에 해당하는 인력거꾼, 짐수레꾼, 넝마주이, 일용직 노동자들이 모여 사는 곳이었다. 1919년에서 1922년까지는 실질임금이 상승하고 이에 따라 소비 수준이 160퍼센트 증가하는 등 생활수준이 눈에 띄게 높아졌다(주거비가 10.3퍼센트에서 16.3퍼센트로, 의류비는 9.7퍼센트에서 15.5퍼센트로 증가했다). 1922년 이후에는 주거와 음식에 집중되었던 욕망이 이시카와가 말한 "사회, 문화적 욕망"으로 바뀌었다. 1920년대와 1930년대의 자료를 토대로 이시카와는 숙련노동자들의 새로운 오락거리를 보고했는데, 그들은 1920년대 초부터 스포츠, 여행, 독서로 여가를 즐겼다.[17]

미나미 히로시와 그의 동료들이 행한 방대한 연구는 대중大衆이라는 용어에 대해 이중의 의미를 만들어내는 대중문화의 범주에서 연관 관계들을 도출해냈다. 이 저작들에서 대중은 대량 생산, 분배, 소비라는 기술적인 측면과 더불어 생산자와 소비자의 측면을 모두 가리킨다. 더욱 중요한 것은 (아마 의도하지 않았겠지만) 이러한 어원들이 계급과 물질문화의 관계를 그럴싸하게 설명하기 위해 대중이라는 용어가 어떻게 사용되었는지 드러낸다는 점이다. 그러한 역사를 면밀하게 살펴보면 (천황으로 구현된) 국가와 문화생산 간의 관계도 파악할 수 있다. 주거, 의복, 신문, 책, 잡지, 영화, 음반, (밤놀이를 포함한) 볼거리, 국가 이념, 정책 등 대량 생산된 물질문화가 소비 주체를 기반으로 하는 한편 소비 주체를 만들어냈다는 것은 명백하다. 이 모든 것은 서로 복잡하게 연관되어 있었다.

제1차 세계대전 후에는 백화점이 생활용품, 의복, 심지어 가족의 새로운 여가활동의 장이 된 대중 카페테리아까지 갖추게 되면서 소비와 생산이 모두 합리화되었다. 1919년, 시로키야白木屋, 마쓰야松屋, 다카시마야高島屋, 소고総合 등의 대형 백화점은 도시의 소비자와 지방에서 올라온 구경꾼들에게 즐거움을 주었다. 뒤이어 1920년에는 마루부쓰丸物와 다이마루大丸 백화점이 생겨나고 1922년에는 이세탄伊勢丹 백화점도 세워진다. 1923년 4월, 전국적인 소비자 조합이 출범하고, 그다음 해에 미쓰코시三越 백화점의 소비자들은 입구에서 신을 벗는 대지진 이전의 관습을 폐기할지 여부에 관한 투표 요청을 받았다. 대량생산된 의류나 새로운 형태의 집은 월부로 구입하며 당연히 사무직 소비자만 구매할 수 있었는데, 이들은 인구의 10퍼센트도 되지 않았다. 나아가 호텔은 관광을 촉진하는 길들이 모이게 하고, 민간 철도 노선은 승객들을 놀이공원, 여성단원으로만 구성된 다카라즈카宝塚 극장, 음악홀, 철도 종착지에 편리하게 위치한 백화점들과 이어주었는데, 이 도로와 철로는 전국적인 소비자 활동 망을 형성해 더 많은 수익을 창출해갔다. '샐러리맨' 같은 신흥 사무직 노동자로 이루어진 새로운 핵가족의 범위를 넘어 영향력을 미치는 네트워크가 분명히 존재했는데, 그것은 바로 고도로 상품화된 인쇄 매체와 영화를 포함한 방송 미디어 네트워크였다. 비록 소비 대상 품목들을 구입할 수는 없었어도, 소비 주체들은 누구나 백화점에 가거나 영화 구경을 하러 갈 수는 있었다. 무엇보다 중요한 것은 도처에 깔린 인쇄 매체에 실린 상품의 사진들을 즉시 손에 넣을 수 있다는 점이었을 것이다. 다시 말해, 일본 근대문화에서 중요한 점은 물건 그 자체보다는 그 물건의 이미지를 소비하는 것이었다고 할 수 있다.[18]

1920년대 무렵에는 인쇄 문화가 거의 보편화되었다. 독자들은 신문, 잡지, 1엔짜리 책 등에 실린 광고를 통해 신간 소식을 접했다. 그리고 19세기 후반에는 학교 제도 덕분에 글을 읽고 쓸 수 있는 독자층이 넓어졌고, 중일전쟁과 러일전쟁을 둘러싼 선전분위기는 새로운 소식을 갈구하는 대중의 열망에 불을 지폈다. 그럼에도 불구하고 언론의 힘에는 양면성이 있었다. 즉 국가를 선전하기도 하지만, 1918년 쌀 소동 때 '어촌 여성들의 봉기"* 소식으로 많은 사람들이 거리로 뛰쳐나왔던 것처럼 불안한 소

....

* 1918년 7월 22일 도야마현富山県 우오즈시魚津市에서 쌀값 폭등에 분개한 어촌아낙들이 항구의 쌀 출하를 멈추자고 합의하면서 일어난 여성 봉기. 이 소식이 《니가타일보新潟日報》(1918년 7월 24일자)에 전해지면서 1918년 7월 25일에는 홋카이도北海島로 쌀을 출하하려는 증기선 이부키마루息吹丸의 출항을 '영세민 등'이 저지하는 사건이 일어나기도 하고 시베리아 출병 선언이 나왔던 다음날인 8월 3일, 도야마

식을 퍼뜨릴 수도 있었다. 한편 1905년 163만 부였던 신문 판매부수는 1924년에 625만 부로 급증한다(이는 6가구 중 1가구에 해당한다). 그리고 1931년에는 새로운 형태의 오락거리를 제공하는 판매 전략 덕분에 6500만 인구가 1000만 부의 신문을 구매했다. 종교, 농업 관련 칼럼과 더불어 유명 여성 작가가 쓰는 고민상담 칼럼은 신문 판매량을 늘리는 데 일조했다. 일어로 번역되어 실린 〈매기와 지그스Maggie and Jiggs〉* 같은 연재만화 속 영웅은 뉴스 잡지 판매의 일등공신이었다. 1923년 11월 《호치신문報知新聞》에 연재된 〈게으른 아버지ノンキナトウサン〉**를 통해 매체 사이의 관계도 고찰할 수 있다. 이 연재물에는 노동계급 독자들을 처음으로 즐겁게 만든 인물이 등장한다. 안경을 쓴 통통한 몸집에 기모노와 기모노 겉옷을 점잖게 잘 차려입은 사람 좋아 보이는 이 주인공은 라디오 방송과 실업전선 같은 근대적 개혁의 산물에 직면한다. 〈게으른 아버지〉의 인기는 만화로 33권까지 이어졌고, 연극으로도 제작되었다.[19]

현 니시미즈하시西水橋 마을에서 어촌 아낙들이 중심이 된 소요사건이 발발하는 등쌀 소동의 시초가 되는 소규모 민중폭동이 시작되었다. 고모리 요이치 외 지음, 일본근대와젠더 세미나팀 옮김, 『내셔널리즘의 편성』, 소명출판, 2012, 217쪽 참고.

* 원제는 〈Bringing Up Father〉. 만화가 조지 맥마너스George McManus가 1913년부터 2000년까지 무려 87년간 연재했으며, KFS(King Features Syndicate)에서 배급했다. 우둔한 남편 지그스와 현명한 아내 매기를 중심으로 펼쳐지는 이야기로 두 주인공의 이름을 따서 '매기와 지그스' 혹은 '지그스와 매기'로도 많이 불린다.

** '둔하고 요령도 없고, 모처럼 얻은 취직자리도 놓쳐서 실업을 반복'하는 게으른 아버지와 '이웃집 대장'이 콤비를 이루어 펼치는 소동을 그린 4컷짜리 만화. 아소 유타카麻生豊의 대표작이다. 세계 공황과 간토 대지진의 타격으로 어두워져 있는 사람들의 마음을 밝혀줄 수 있는 것을 찾던 당시 《호치신문》 편집국장이 신인 만화기자였던 아소 유타카에게 만화의 연재를 부탁해, 많은 사람들의 인기를 모았다. 만화판과 실사판으로 영화화되기도 했다.

1900년대 초반에 이르러 잡지는 대중매체의 일부가 되었고, 초등학교 남학생이나 부르주아 주부같이 세심하게 구분된 독자층을 위해 180종이 넘는 잡지가 발행되었다. 1920년대 후반에는 이러한 전문 잡지들이 전문 기자나 평론가들이 벌이는 토론과 연재소설을 싣는 종합잡지總合雜誌들과 판매 시장을 놓고 경쟁을 벌인다. 《새터데이 이브닝 포스트Saturday Evening Post》*를 모델로 한 잡지 《킹》은 대대적인 광고를 벌인 결과 1925년 발행된 초판이 무려 74만 부나 팔렸다. 창간호에는 스고로쿠 게임이 부록으로 포함되어 있었다. 1년 사이 《킹》의 판매 부수는 100만 부를 돌파한다. 1918년부터 1932년까지, 국가에 등록된 정기간행물 수는 3123종에서 11만 118종으로 3배 이상 뛰었다. 엔폰(円本, 1엔짜리 책) 경쟁에 뛰어든 출판사들은 '하버드 클래식'**에서 힌트를 얻어 문학이나 다른 종류의 책을 여러 권으로 묶어 선집으로 내놓았다. 이러한 시스템 때문에 소비자들은 전권을 세트로 구입할 수밖에 없었고, 덕분에 작가들은 즉시 호화로운 빌라를 구입하거나 해외여행을 즐길 수 있을 정도의 부를 하룻밤 사이에 축적할 수 있게 되었다.

　물질문화와 관련된 광고는 일찍이 1907년에 시작되었다고 할 수 있는데, 미쓰코시 백화점이 의류 유행의 변화를 알리는 "유행 선도 집단"을 만들려고 유명 예술가와 작가를 초대한 것이 그 출발이었다. 제1차 세계대

---

* 　1821년에 창간된 미국의 일반 종합잡지(연 9회 발행). 1969년에 경영부진으로 폐간되었다가 1971년 6월 복간되었다. 다루는 내용은 서평, 소설, 가정의학, 종교 등 분야가 광범위하다.

** 　원래 '엘리엇 박사의 5피트 책장Dr. Eliot's Five Foot Shelf'으로 알려져 있는 '하버드 클래식'은 하버드 대학 총장이었던 찰스 W. 엘리엇Charles W. Eliot이 세계 고전 문학을 선정해 51권으로 편집하고 1901년에 출간한 선집이다.

전 무렵 와세다 대학교에 생긴 광고학회(1916년에 조직) 같은 단체들과 스코트Scott의 『광고 심리학Psychology of Advertising』을 소개한 《실업세계実業世界》, 1916년에는 《광고잡지広告雑誌》, 1917년에는 《광고연구 잡지広告研究雑誌》 같은 무역 관련 출판물에 의해 광고 산업은 제도화되었다.[20]

영화는 강력한 홍보 매체였다. 러일전쟁을 영웅적으로 그린 다큐멘터리 영화의 인기에 힘입어 일본 자국의 영화 산업이 1907년 전후로 형성되기 시작했다. 1926년에는 일본 영화와 서구 영화를 상영하는 영화관이 무려 1056개나 되었다. 한 극장의 평균 관객수는 6만 명에 이르렀는데, 개중에는 군수 공장 노동자들이 단체 영화관람 후 공장으로 돌아가니 고용주로부터 직장폐쇄를 당하는 일도 수차례 있었다. 기쿠치 간菊池寬이 1928년 6월부터 1929년 10월까지 《킹》에 연재했던 소설 『도쿄행진곡東京行進曲』을 원작으로 닛카쓰日活 영화사가 영화를 제작했다. 주요 잡지에 사진 광고를 싣고, 히트곡 〈도쿄행진곡〉을 동원해 대대적으로 광고했다. 또 다른 크로스오버는 새로운 장르의 유행가를 연극과 영화로 대중화한 것이었는데, 그 시작은 1914년 제국극장에서 제작한 톨스토이의 〈부활〉에서 마쓰이 스마코松井須磨子가 부른 주제곡 〈카추샤의 노래カチューシャの唄〉*라고 할 수 있다. 이러한 노래들은 "우리 부인은 콧수염이 있어요"라는 가사나 고로케コロッケ(서구의 크로켓을 새롭게 일본식으로 변주한 요리)만 만드는 "나의 마누라"에 대한 신랄한 비난처럼 혈연을 중시하는 유교적 이데올로기

---

* 　1914년(다이쇼3)에 발표된 일본의 가요곡. 같은 이름으로 같은 해에 제작된 단편 영화도 있다. 작사는 시마무라 호게쓰島村抱月와 소마 교후相馬御風, 작곡은 나카야마 신페이中山晉平. 다음해인 1915년(다이쇼4)에는 〈부활창가復活唱歌〉라는 제목으로 마쓰이 스마코가 부른 앨범이 발매되었다. 가사 중에 "카추사 귀여워 이별은 괴로워"가 폭발적인 유행어가 되었다. 마쓰이 스마코에 대해서는 201쪽 옮긴이주 참고.

와 공식적인 문헌들이 자랑하는 소위 일본인들의 행동방식에 이의를 제기했다.[21]

이러한 인기곡들은 새로운 음악을 들을 수 있는 도시의 카페를 광고하기도 했다. 노래에서 카페는 당시의 대중문화를 거의 다 갖추고 있는 공간으로 언급되었다. 전국에 4만 개의 카페가 운영되고 있던 1933년 무렵에는 카페를 통제하기 위한 국가의 법규들이 제정되었지만 카페의 인기는 사그라지지 않았다.

미디어 네트워크에서 대중문화의 또 다른 고리는 라디오 방송이었다. 1925년 3월 시작할 때부터 국가가 독점한 NHK를 통해 통제를 받았는데도 라디오 방송이 대중문화가 될 수 있었던 것은 신문을 통해 라디오 기분이라는 새로운 개념이 널리 확산되었기 때문이다. 라디오로 방송된 창가는 주로 대중 잡지, 사무라이 이야기, 그리고 과장된 고전 액션으로 전근대 시기를 미화해 대단한 인기를 누렸던 마쓰노스케松之助의 영화에서 발견되는 민간 전통들을 재가공한 변형물이었다. 1922년에 3500호에서 이듬해 2만 4500호로 늘어난 라디오 청취가구는 라디오에서 서구의 음악을 듣고, 〈소리로 그린 만화音で描いた漫画〉와 같은 프로를 청취하기도 했다. 이 소리 만화는 "백화점에서의 봄날" 같은 제목으로 방송되기도 했고, 찰리 채플린을 보기 위해 할리우드를 방문했다가 소매치기를 당하기도 하고 호텔 옆방에서 무용 공연단이 리허설을 해대는 통에 뜬눈으로 밤을 새우는 일본인 커플의 이야기에서와 같이 문화적 차이들을 표현한 것을 다루기도 했다.

한 대중매체가 다른 대중매체를 홍보하는 경우도 흔히 있었다. 예를 들어 백화점에서 미술이나 사진 전시회를 열기도 했고, 《부인의 벗婦人の友》 같은 잡지는 콘서트나 전시회를 후원했다. 1930년대 초반에 사진작가들은《포토 타임즈フォトタイムス》나, 몽타주가 특징인 아방가르드 잡지《광화光画》를 제작하기 위해 실무팀까지 조직했다. 그들은 1931년에는 라즐로 모홀리 나기László Moholy-Nagy*의 작품을 포함해 870장의 사진을 독일로부터 들여오는 순회사진전 같은 행사를 조직하는 책임도 맡아서 진행했다. 이러한 행사에서는 국가와 소비자 문화가 늘 명확히 구분되어 있지는 않았다. 예를 들어, 일찍이 1907년에 교육부가 후원한 미술전시회의 어떤 작품들을 보고 미쓰코시 백화점에서는 연례 광고 행사의 모티프를 얻기도 했다.[22]

소비 주체에게서 나타나는 이 문화의 특징, 그리고 내가 이 소비자들을 단지 '소비자'일 뿐 아니라 동시에 신민이라고 파악해야 한다고 주장하는 이유 중 하나는, 이 모든 형태의 대중문화가 시장에서 수익을 창출하기 위해 경쟁을 벌이는 동시에 검열을 받고 있었기 때문이다. 일본 소비자들은 언제나 소비자인 동시에 신민이었다(말할 필요도 없이, 소비자가 오로지 그저 소비자일 수만은 없다. 소비자라는 용어는 언제나 차이들을 감추고 있다).

출판물은 통제체계가 아직 정립되어 있지 않았고 또 이들이 검열에 성공적으로 저항을 한 덕분에 대중매체 가운데 가장 간섭을 받지 않았다.

----

*   1895~1946. 헝가리 태생. 시각예술 전반을 아우르는 전방위 예술가이며 독일 바우하우스의 교수를 지냈다. 1928년 바우하우스 교수직을 사임하고 베를린으로 가서 피스카토르Piscator 등의 무대디자인을 담당하고, 컬러사진과 영화, 혁신적인 그래픽 디자인, 레이아웃, 포스터 디자인 등 다양한 분야를 실험했다. 1937년 미국 시카고에 뉴 바우하우스New Bauhaus를 열어 미국의 디자인과 사진 발전에 결정적인 기여를 했다. 주요 저서로 『회화, 사진, 영화Painting, Photography, Film』(1925), 『새로운 시각 : 재료에서 건축까지The New Vision: from Material to Architecture』(1929), 『움직임에서의 시각Vision in Motion』(1947)과 그 밖에 바우하우스 총서로 여러 권의 책을 남겼다.

그러나 일본 내무성 관리는 간행물의 발행을 연기시키거나 특정 판의 유포를 금지할 수 있었고, 출판에 앞서 특정 문구를 책과 잡지에서 삭제하도록 명령할 수도 있었다. 간행물의 편집자들은 나름의 술책을 써서 이러한 통제를 피해 갔다. 가령 검열용을 제출하기 전에 미리 배포하거나, 검열관에게는 자체 검열본을 제출하고 인쇄 직전에 내용을 다시 쓰는 식이었다. 또는 가명을 사용하거나, 틀림없이 검열에 걸릴 법한 단어나 문장은 첫 글자만 넣거나 비워두는 방법도 있었다. 신문 역시 사전 경고 prepublication warning라는 예측할 수 없는 통제 아래 있는 처지였지만 주요 신문사들은 이를 무시했다. 그들은 정식 경고를 받기 전에 금지된 판본을 배포하거나 아예 경고를 무시해버렸다. 그중에서도 가장 꼴불견이었고 국가와 대량생산 소비자 문화 사이의 긴장 및 소비와 신민의 관계의 모호성을 가장 잘 드러낸 것은 산업과 국가의 이름 아래 조직된 박람회였다. 광고도 잘되고 조직도 잘 갖추어진 1914년 도쿄다이쇼박람회는 게이샤를 진행요원으로 기용한 부스, 일본 최초의 에스컬레이터, 가스로 데우는 욕조, 히터, 가스레인지(도쿄가스회사에서 제공한) 등의 신상품, 식민지였던 대만관, 조선관이 특징이었다. 8년 후에 열린 도쿄평화박람회에서는 수상 비행기를 소개하고, 대만관과 조선관에서 다른 식민지의 모습을 보여주던 것에 "남태평양관"을 추가함으로써 제국을 선전했다. 세 번째 박람회는 지진 후 재건사업의 완료를 기념해 1930년에 개최된 도쿄제국수도부흥제帝都復興祭였다.[23]

라디오 검열은 방송국 관료가 방송 전에 검열관에게 전화로 방송 내용을 요약해 알려주면 방송 허용 내용에 대한 지침서가 라디오 방송국으로 하달되는 방식으로 방송국 관료가 자체 검열을 거쳤다. 그리고 NHK 검열관은 상업광고가 불법적으로 삽입되거나 덜 흔하긴 했지만 정치적 허

위사실이 언급될 경우 바로 방송을 중단시킬 수도 있었다. 명백히 정치적인 이유로 입막음을 하는 경우는 비교적 적었는데, 이는 공중파에서 정치 토론을 하는 것 자체가 금지되어 있었기 때문이다. 국가는 내용뿐 아니라 형식에 대해서도 예민하게 반응했는데, 이는 ('냉정하고 중립적인') 아나운서의 어조를 규제하는 규정, 주제가 무엇이든 "극도로", "절대로"라는 단어의 암묵적 사용금지 같은 규제에 드러나 있다. 1936년부터는 〈잊어버리면 싫어요忘れちゃいやよ〉 같은 매우 유명한 노래조차 노래하는 스타일이 에로틱하다는 이유로 금지되었다. 그러나 구슬픈 후렴구를 가진 노래 장르가 이른바 "'제발, 제발ねね' 노래들의 시대"를 열었던 것을 보면, 그러한 통제는 분명히 제한적인 영향밖에 미치지 못했다는 것을 알 수 있다.[24]

영화는 노래보다 이른 시기부터 훨씬 철저하게 내무성 규정에 의한 규제를 받았는데, 규정에 따르면 모든 영화는 상영 전에 국가의 검열을 받게 되어 있었다. 공공의 평화, 예의, 도덕, 건강을 저해하는 영화들은 금지되거나 잘려나갔다. 재편집하라고 반려되거나, 상영금지 권고를 받거나 상영이 제한되는 경우도 있었다. 영화는 반군 정서를 비롯해, 정치 체제에 대한 어떤 비판도 표현해서는 안 되었고, (야쿠자 간의 싸움을 포함해) 계급이나 집단 간의 갈등을 언급하는 것도 허용되지 않았다. '민족'으로서의 일본인에 대한 신뢰를 위협하거나, '외교관계의 친선에 피해'를 주는 것, 범죄를 저지르거나 은닉하는 것을 보여주는 내용도 금지되었다. 가령 키스톤 캅스Keystone Kops* 같은 부류의 영화들은 경찰에 대한 경외를 해

* 　1912년, 영화계에 코미디 팀이라는 용어를 창조한 인물인 맥 세네트Mack Sennett 는 동료 연기자들에게 동일한 경찰복장을 입혀 일명 '키스톤 캅스'라는 개그단을

친다는 이유로 금지되었다. 도덕적 범주에서 보면 (유혈이 낭자한 전투신이나 신체 기형 묘사를 비롯해) 잔인하고 추한 장면은 금지되었고, "키스, 춤, 포옹, 나체, 희롱, 성적 농담, 쾌락 추구" 등등과 "기타" 외설적인 장면도 허용되지 않았다. 그뿐 아니라 "실직과 관련된 사항", 교사의 권위에 도전하는 등 교육에 지장을 주는 장면, 가족-국가 이데올로기에 직접적으로 도전하는 장면도 모두 삭제 대상이었다. "신성한 가정의 관습에 위배되는" 것은 무엇이든 금지되었고, 황실을 암시하거나 언급하는 것도 허용되지 않았다. 황권을 나타내는 표상이나 황실가문 사람, 심지어 선대 천황까지도 영화에 등장시킬 수 없었다. 사무라이 문장을 비롯해 황실의 국화 문장紋章을 연상시키는 어떠한 이미지도 보여줄 수 없었다. 따라서 12장에서 25장의 꽃잎으로 이루어진 꽃 문장은 황실의 문장이 아니라고 명확히 구분될 경우에만 찍을 수 있었다.* 천황에 대한 기록 영상 역시 매우 철저한 감독을 거쳐야 했다. 황실가문 사람을 찍을 때는 그들 특유의 말투가 온전히 잘 드러나도록 정확히 촬영되어야 했고, 황실 경호 차량에서 배기가스가 나오는 장면은 보여줄 수 없었다.[25]

그럼에도 불구하고 1910년대 무렵에는 황실의 관례가 대중문화 시장으로 흘러들었다. 이러한 발전은 이전 메이지시대의 문화적 조건들과 극명한 대조를 이룬다. 캐롤 글럭Carol Gluck이 매우 충실히 입증했듯이, 메이지시대는 새롭게 신민으로 길들여진 사람들이 천황에게 친숙해지도록 대

발족시켰다. 무성영화시절 이 '키스톤 캅스 시리즈' 영화는 슬랩스틱의 원조를 보여주면서 이후 코미디 팀이 우후죽순으로 탄생되는 자극제가 된다.

* 황실의 국화 문장은 16개의 꽃잎으로 이루어져 있어 십육엽 야에기쿠八重菊라고도 부른다.

중문화를 동원한 시기였다. 그리고 다카시 후지타니T. Fujitani가 지적했듯이 이제는 새로운 문화적 전통 때문에 천황과 국민이 대중적 기억에 자리잡게 된 것이다. 상품문화가 어떤 영향력을 발휘했는지 보여주는 일례는 1915년 11월에 거행된 두 번째 근대 천황의 즉위식과 관련해 나타났다. 즉위식은 미쓰코시 백화점의 국화와 오동나무 무늬가 새겨진 물건들에 대한 대대적인 홍보와 "즉위식을 기념"하기 위한 다른 상품들의 광고로 기념되었다. 이 국가의례와 관련된 행사들은 서양 복식 차림의 남성들을 익숙하게 느껴지게 만드는 한편, 황실 행렬의 원색적인 차양을 상징하는 최신 유행색의 국산 실크 제품을 파는 데에도 이용되었다(이듬해에는, 안목 있는 소비자라면 따뜻한 색감의 상품을 사야 한다고 재촉했다. 소비자의 욕망이 끊임없이 바뀌도록 조장하는 패션 수사학이 이미 정착되어 있었다). 또 1921년 3월에는, 11월부터 시작될 섭정에 대비해 6개월간의 세계 순방길에 오른 황태자의 사진들을 널리 퍼뜨리며 미래의 쇼와 천황을 "젊은 왕자"로 추켜세우는 대대적인 언론 홍보전이 시작되었다. 신문과 잡지에 실린 사진으로 새로운 천황은 대중문화에서 여성 독자들에게 어필하는 매력적인 남성의 모습으로 자리 잡았다.[26]

이 늠름한 황태자는 일용품을 팔기 위한 수단으로 어느 정도까지 상품화되고 있었던 것일까? 또는 반대로, 대중매체는 얼마나 국가를 위한 홍보수단이 되었던 것일까? 대중매체는 학생이라면 누구나 암송했고 다분히 국가이데올로기가 반영된 「교육칙어」를 분명히 전하는 데 동원되었는가? "그대들, 신민이여"라는 명령으로 시작하는 교육칙어는 "천하에 비길 것 없는 황국의 번영을 수호"하기 위해 자식 된 도리를 지키고, 헌법을 존중하고, 법을 준수하며 만약에 비상사태가 생긴다면 국가를 위해 "용기있게" 헌신할 근거로 황실 선조들의 업적을 찬양했다.

당시에 쓰인 텍스트들을 면밀히 분석한다면 위 질문에 대한 답을 찾을 수 있을 것이다. 1920~1930년대에 노동자 계급과 중산층 계급의 여성 모두에게 사랑받은 잡지 《주부의 벗》과 조금 더 부르주아적이었던 잡지 《주간 아사히》를 예로 들 수 있다. 이러한 대중잡지들은 소비되어야 할 물건과 새로운 관습에 대한 기사를 제공함으로써 근대적 소비 주체의 수행성을 더욱 강조하며, 소비 주체 형성이 소비자가 주도하는 쪽으로 바뀌어가는 변화를 보여준다. 비록 나는 근대 시기에 대해서 이 문화적이고 역사적인 현상을 이데올로기와 관습 사이의 괴리라고 바꿔 말하기는 하겠지만, 캐롤 글럭이 이데올로기와 경험 사이의 괴리라고 논의했던 것의 한 사례가 여기에 드러난다.[27]

나는 몽타주가 근대 시기 대중매체와 소비 주체 의식의 중심이었다고 보기 때문에 몽타주 형식은 나의 접근 방법에서도 매우 중요하다.

몽타주로서의 에로틱, 그로테스크, 넌센스

에로 그로 넌센스라는 말은 1930년대 초기 몇 해, 특히 1930년의 특징을 규정하는 데 사용되었고, 현재도 여전히 그렇다. 이 말은 1930년 가와바타 야스나리川端康成의 "에로티시즘과 넌센스와 스피드와 시사만화식의 유머와 재즈송과 여자의 다리"라는 말에 압축되어 있듯이 변화무쌍하게 바뀌는 장소나 동작을 연상시킨다.[28] 나는 이 말을 내 임의로 1920년대 중반부터 1940년대 초반까지를 아우르는 용어로 확장했다.

....

*   가와바타 야스나리, 홍영의 옮김, 『어둠의 거리』, 도서출판 혜림사, 1999, 49쪽.

일본의 근대성을 연구하는 정치 이론가 마루야마 마사오丸山真男*는 1923년 대지진 이후 나타난 도쿄의 중요한 변화들을 인식했다. 그러한 변화들로는 "라디오 방송의 시작(1925), 바·카페·찻집의 확산, 시내버스와 교외선의 급속한 성장, 지하철 운행 시작(1927), 백화점과 근대적 사무실의 증가"를 꼽을 수 있는데, 이것들은 일상의 질서의 문화적 관습들을 확립했다가 바꾸고 다시금 새롭게 만들어냈다. 마루야마는 그 자신이 이름 붙인 "대중사회mass society"의 성장을 열거한 항목들에 대중 문학과 (광고를 포함해) 대량생산된 간행물들을 추가한다. 또 사무직 노동자들이 "'넓진 않지만 행복한 나의 집'으로 꿈꾸는, 빨간 지붕에 작은 정원을 갖춘" 문화주택과 모던걸(모가), 모던보이(모보)도 포함시켰다. 마루야마에 따르면 이러한 환경에 대학생 자녀를 둔 부유한 부모들은 당시 젊은이들이 빠지기 쉬운 두 가지 유혹에 두려움을 느끼고 있었다고 한다. 그들은 긴자거리를 목적 없이 쏘다니는 모가와 모보처럼 '에로티시즘, 그로테스크, 부조리'에 심취하거나, 좌익혁명을 부르짖는 진지한 유형의 '마르크스보이'와 '엥겔스걸'이 될 수도 있었다. 마루야마가 보기에 이 두 가지 선택안은 완전히 상반되는 것이었다. 젊은이, 특히 부르주아 젊은이들은 성적 쾌락에 탐닉하는 '핑크'(부모들은 차라리 이쪽을 선호했다)가 되거나 '불온한 사상'을 신봉하는 '레드'가 될 수도 있었다.[29]

나는 이 시기가 근대 일본에 대중사회가 출현한 순간이었다는 마루야마 마사오의 의견에 동의한다. 사실 '대중'은 마르크스 이론을 프롤레타리

---

* 1914~1996. 일본 정치학자, 사상사가. 마루야마의 학문은 '마루야마 정치학', '마루야마 사상사학'이라고도 불린다. 그는 황국사관과는 달리, 서양철학과 사회학을 토대로 한 학술적인 일본정치사상사를 폈다고 평가받는다.

아식으로 응용해 갖다 붙인 것이라고 생각하는 사람들과, 대중들에게 상품 자체는 아니더라도 이미지를 제공할 수 있는 소비자 문화에서 이득을 얻는 사람들이 모두 사용한 그 시대의 키워드였다고 할 수 있다. 그러나 매체들이 즐겨 써먹었던 문구인 에로 그로 넌센스를 다루는 방식은 마루야마의 방식과는 다르다. 내 결론은 말이 지닌 선정성의 의미를 밝히는 것만으로는 충분하지 않다고 보기 때문이다. 확실히 에로라는 말은 당시 대중매체 여기저기서 오르내렸는데, 종종 성적 문란에 결부되기도 했고, 여자의 (때로는 남자의) 신체 형상과 결부되기도 했다. 이것은 어느 수준에서는 차이와 욕망에 대해 끊임없이 말하라는 일종의 명령처럼 보였던 것 같다.[30] 하지만 에로는 다양한 종류의 감각적 희열이나 신체 표현력, 사교적 친밀감의 긍정을 암시하며 훨씬 광범위한 의미로 사용되었고 또 사용될 수 있었다. 나는 두 의미 모두에서 에로를 살펴볼 것이다. 또 다른 두 단어 그로와 넌센스는 그 의미와 중요성이 대중매체에서는 거의 다뤄지지 않았지만, 똑같이 중요하게 다룰 것이다. 그로테스크를 축약한 그로는 기형적인 것 혹은 외설적인 범죄와 함께 연상되었지만, 일본 근대문화를 분석하면서 나는 다른 관점으로 그로테스크를 다루고자 한다. 즉, 사회적 불평등과 그로 인한 불황이라는 경제적 궁핍으로 정의되는 소비자 문화 안에서 살아갈 수밖에 없는 사람들의 사회적 관습들과 관련지어 살펴보고자 한다.

나는 넌센스를 기존의 의미와는 훨씬 다른 의미로 다룰 것이다. 당시에는 이 말을 정의하기조차 귀찮아한 몇몇 자료들이 그랬듯이 넌센스를 단지 슬랩스틱 코미디의 재미를 반영하는 것으로만 취급하기보다는 이 단어를 서구 관습이 지배한 근대성이 가져온 변화 같은 주제를 표현한 정치적 풍자 유머와 결부시키려고 한다. 요컨대 에로틱, 그로테스크, 넌센스는 개별적으로 살펴보기도 하고 또 한데 묶어서 다루어야만 한다. 특히, 1920년대 후반과 1930년대 초 "최고로 모던한high modern" 순간을 이해하기 위해서는 더욱 그렇다. 이러한 이해를 돕기 위해 나는 근대 일본에서 활발했던 기록 문화에 사용되었던 몽타주 형식에 의지한다. 내가 몽타주 기법을 차용하고 더불어 코드전환이라는 용어를 사용할 때, 여기에는 행위성agency과 역동성movement이 함축되어 있다.[31]

다른 사회계층에 속한 소비 주체들과 지식인들은 모두 아래로부터 또 안팎으로부터 만들어지고 있는 사회를 목도했다. 근대 시기의 자료들에서 구성construction에 대한 비유는 시각예술뿐 아니라 조립fabrication이나 구축building 같은 용어를 사용할 때도 나타났다(이와 관련해 일상을 만들어나간다는 의미가 담긴 단어 생활이 있지만, 새 시대를 구성한다는 개념을 가장 잘 표현하는 용어는 몽타주였다).

몽타주와 매우 밀접한 관련이 있는 작품을 만든 소련의 영화감독 세르게이 에이젠슈타인은 언젠가 몽타주를 "의미를 지닌 두 요소를 병치하는 작업"이라고 불렀다. 그는 정치적 변화 속에서도 살아남은 "봉건적인 사고"의 산물이라 칭한 가부키의 "고풍archaism"을 1920년대 후반의 정치 경제와 자본주의에 의해 형성된 의식의 차이들을 반영한 "몽타주적 사고"와 병치했다. 에세이 「영화의 원리와 표의문자」에서 에이젠슈타인은 의미를 지닌 한자 단어를 분리한 후 글자들이 결합되는 과정이 "영화적 배열"과 유사하다고 봄으로써 "몽타주 원리를 일본 표현 문화의 기본 요소로 규정할 수 있다"고 주장했다. 그는 계속해 "말로 옮겨진 상형문자 같은" 시에 대해서도 설명했다. 그러나 나는 1920년대 후반 일본인들의 행위가

....
* 『사유 속의 영화』, 이윤영 엮고 옮김, 문학과지성사, 2011, 24쪽.

"봉건적 잔재"에 기초하고 있다는 그의 진부한 개념을 고수하지는 않는다. 또한 에이젠슈타인의 문자문화의 낭만적 표현에도 관심이 없다. 비록 유사한 병치들이 영화나 대중 극장을 비롯해 다른 매체에서도 드러나기는 하지만 오히려 몽타주가 일어난 주된 현장이라고 내가 생각하는 것은 새로운 인쇄 문화다. 따라서 에이젠슈타인과는 다른 이유에서, 나는 당시 일본 문화를 내 스스로 익혀 이해하기 위한 수단으로 몽타주를 차용한다. 나아가 에이젠슈타인과 마찬가지로 나 역시 관객, 혹은 소비 주체를 의미의 생산자로 생각한다(다시 말해, 일본의 문화소비자들은 몽타주 방식을 체험적으로 익혀나갔다). 다시 에이젠슈타인을 인용하자면, "몽타주 원리란 정확히 말해 재현과는 구분되는 개념으로서 관객 스스로가 만들어내도록 요구되는 것이다. 그리고 이런 의미에서 몽타주 원리는 정보를 주거나 사건을 기록하는 데서 끝나버리는 일과 감정적으로 흥미를 불러일으키는 일을 구별할 줄 아는 **관객** 안에서 커다란 창의적 충동의 힘을 불러일으킨다."[32]

나는 인쇄 문화에서, 그리고 거리에서의 몽타주가 근대 일본 소비 주체들 사이에 활기를 불어넣었을 것이라고 추측한다. 1934년 주요 일본어 사전에 '몽타주モンタージュ'로 등재되어 있는 이 용어는 사전에서는 **조립하다**assemble, **조합하다**combine라는 단어와 연관되어 있지만 나는 **몽타주**라는 용어를 형식, 이론, 정치와 관련해 쓰려고 한다. 나는『웹스터 뉴 월드 사전』에 정의되어 있듯이 **몽타주**를 다음과 같은 의미로 의도적으로 사용하고 있다. "여러 가지 다른 그림 또는 그림의 부분들을 하나로 구성하거나 배열해 하나의 합성 그림을 만드는, 즉 하나의 그림에 다른 그림을 중첩시킴으로써 그림들이 서로 구별되면서도 혼합된 전체를 구성하는 과정 또는 그런 예술." 다시 말해서 나는 확연히 드러나는 부조화보다도 '혼합

된 전체'와 여전히 서로 '구별'되는 중첩된 이미지들 사이에 빚어지는 긴장에 관심이 있다.[33]

포토몽타주는 아방가르드 예술가, 다큐멘터리 사진작가, 동서유럽, 미국, 일본의 광고제작자들이 1920년대에서 1940년대에 사용한 자의식 강한 근대의 미적 표현법이었다. 그리고 1930년대 이후 몽타주 수용 이론들은 포토몽타주 형식에 함축되어 있는 파열rupture 원리를 강조했다. 하비에 따르면 몽타주는 현 상태의 덧없음과 인지된 '효력' 사이의 긴장과 동시성에 관한 것이었다. 한편 발터 베냐민Walter Benjamin도 몽타주의 변증법에 관해 유사한 지적을 했다. 그에 따르면 "이미지의 관념적인 요소들은 조화되지 않은 채 그대로 남아 있기" 때문에 그것이 삽입된 "맥락the context"의 흐름을 끊어놓는다.* 비동시성을 다룬 이론가 에른스트 블로흐 Ernst Bloch는 몽타주를 "선취 의식"**과 결부시키며 분열과 단절에 가치를 두었다.[34]

1932년과 1933년 아방가르드 잡지 《광화》에 실렸던 일본 사진평론가들은 한나 회흐Hannah Höch, 존 하트필드John Heartfield 등 유럽의 다른 예술가들의 작품을 모방하지 않고 독자적 입장을 유지한 역사가이자 비평가들이었다. 그들의 과제는 호리노 마사오堀野正雄가 《광화》에 기고하며 "포

---

* 수잔 벅 모스, 『발터 벤야민과 아케이드 프로젝트』, 김정아 옮김, 문학동네, 2004, 96쪽.

** 1918년에 출판된 『유토피아의 정신』에서 블로흐는 "한 번도 의식되지 않았던 것도 의식될 수 있다. 태고의 시작보다는 새로운 시작이 중요하며, 심적인 태곳적 동굴에서 더 이상 의식되지 않았던 것 대신에 아직 의식되지 않은 것이 중요하며 또한 현존하는 의식의 정점에 있는 그 내용이 중요하다"며 '선취의식'의 철학적 프로그램을 제시했다. 김우창, 『103인의 현대사상』, 민음사, 2003, 363쪽 참고.

토몽타주의 사회적 특성"이라고 지칭한 것과 "시대의 기록이자 일상에 대한 보고서"가 될 수 있는 기록 매체로서의 사진의 사회적 특성을 찾는 것이었다. 호리노 마사오는 포토몽타주가 주는 정서의 특징이 근대의 '템포'라는 데 주목했으며, 각각의 사진에 매우 역동적인 효과를 줄 수 있기 때문에 포토몽타주는 사진작가들이 쓸 수 있는 가장 혁신적인 작업이라고 정의했다. 또 다른 비평가 하라 히로무原弘는 신문사진과 새로운 잡지가 인기를 얻을 수 있었던 이유는 근대에서 누릴 수 있는 일상생활에 제한이 있었기 때문이라고 보았다. 독자들은 좀 더 여유롭게 읽을 시간도, 물리적 수단도 없었기 때문이다.[35]

더 최근에, 몽타주를 다루는 역사학자들은 "조합, 반복, 오버랩"의 실행을 언급했는데, 이는 "내러티브의 단절"에 대한 인식, 역사의 단절 및 권력의 급격한 재편성을 잘 알고 있는 근대 시민들이 경험한 "시간 전개"의 가속화에 대한 인식, 몽타주를 보는 사람들이 의미의 층위를 재정립하기 위해 대상들 간의 관계를 다시 생각하도록 만드는 방식에 대한 인식을 일깨운다. 두 부분으로 이루어진 표상을 제시하는 마우드 라빈Maud Lavin에 따르면 몽타주는 첫째로 부분들의 병치로 구성된 개별 작업인 동시에, 둘째로 부분들의 병치에 의존하는 유기적인 체계가 되어야 한다. 이 정의에 따르면 잡지나 신문도 몽타주로 간주할 수 있게 된다. 일본의 근대기에 중간계층 지식인들이 즐겨 찾던 사진과 그림이 곁들여진 두 잡지《주간 아사히》와《아사히그라프ァサヒグラフ》에서는 세 가지 형식의 몽타주를 볼 수 있다. 한 지면에 주제와 관련된 부분들을 병치해놓은 실제 포토몽타주, 같은 권호 내에 여러 포토몽타주들을 병치한 것, 마지막으로 한 권호를 잡지의 다른 권호들 또는 같은 회사에서 발행하는 주요 신문들과 병치하는 것이다. 처음 두 형식의 예로는,《아사히그라프》1928년 6월호에서 근대의 강렬한 욕망을 묘사한 한 쌍의 포토몽타주, 〈모가의 꿈モガの夢〉과 〈샐러리맨의 꿈サラリーマンの夢〉(그림 2, 3)을 들 수 있다.[36]

"움직이는 몽타주"라는 개념은 영화, 패션, 음식을 비롯해 서구적인 것으로 의미화될 수 있지만 원래 의미를 잃고 모던으로 재규정된 소비품들에 대한 일본 소비자들의 해석과 선택들을 보여준다. 다시 말해 이러한 움직이는 몽타주 문화는 코드변환transcoding 과정을 수반하는데, 이는 외국의 제스처, 물건, 단어들 안에서 움직이거나 새로운 몽타주를 만들어낼 때 그것이 외국의 것이라는 정체성을 소비자가 계속 인식할 수 있게 해준다. 나는 츠베탕 토도로프Tzvetan Todorov가 제시한 의미로 코드변환이라는 말을 쓰고 있다. 그는 "문화는 이종문화 간의 연결로 이루어지고", 문화는 연령, 성별, 출신지와 같은 기준으로 정의되는 사회의 하위집단에 의한 끊임없는 "번역" 또는 "코드변환의 노력으로 구성된다"고 결론 내렸다. 토도로프가 문화는 유기적인 통합체가 아니라 "다양한 기원을 가진 부분들의 합성" 또는 집합이라고 한 의견에는 동의하지만 나는 여기에 '코드전환code-switching'이라는 언어학적 개념을 추가하려 한다. 이 개념은 언어들 사이의 변화와, 한 언어의 단어들이 다른 언어의 말 속에 삽입되는 것과 같은 코드변환을 언급한다.[37]

이 지점에서 나의 주된 관심사가 특별히 언어학적인 것은 아니지만 코드전환이라는 메타포는 상당히 유용하다. 왜냐하면 그것은 문화적 '차용'이라는 개념에 이의를 제기하고 문화적 전략으로 대체하면서 주체성 agency과 유연성을 강조하기 때문이다. 다시 말하자면 에이젠슈타인이 말한, 의미를 만들어내는 관객들과 마찬가지로 동시대 언어학자들이 논의한 개인들은 "자신이 선택할 수 있는 것들 가운데에서 자신만의 언어를 창출"한다. 언어 사이에 변환이 일어날 때, 한 언어에서 가져와 삽입된 단어는 다른 언어에 완전히 고착된다. 한 언어학자의 말을 빌리자면 "모든 외래어들은 코드전환으로 시작"한다. 화자는 억양, 리듬, 제스처, 태도 등과 함께 코드전환을 이용해 문맥을 만들어낸다. 늘 다면적 의미를 띠는 몽타주의 경우와 마찬가지로 코드전환은 중의성ambiguity, 즉 하나 이상의 사회적 정체성을 유지하길 원하는 화자가 전략적으로 사용할 수 있는 중의성을 수반한다.[38]

「코드전환과 언어의 정치학Code-Switching and the Politics of Language」이라는 글에서 모니카 헬러Monica Heller는 "언어 관습은 권력관계를 만들어내고, 행사하고, 유지시키고, 변화시키는 것과 매우 밀접한 관련이 있다"며 언어의 주체성에 관해 언급했다. 또 헬러는 피에르 부르디외Pierre Bourdieu를 인용해, 코드전환은 개인들이 상징 자원이나 물질 자원을 추가로 얻을 수 있게 하는 "상징 자산"의 형식이기 때문에 정치적이라고 말한다. 헬러의 주장을 빌려 나는 다음과 같은 결론을 내리려 한다. 일본인 화자, 작가, 예술가, 소비 주체는 "화자가 듣는 사람과 계속 상호작용을 하는 가운데 대화의 사회적, 상황적 맥락에 듣는 사람의 주의를 환기시키도록 사용된 문맥화 신호와 규약을 기반으로 사회적으로 합의된 것"을 활용했다. 여기서 중요한 사실은 전환된 신호를 듣거나 받아들이는 상대방이 그 신호를 해석할 수 있었다는 점이다. 나는 여기서 두 가지 별개의 기호 체계의 관계는 고려하지 않고 있다. 가령 일본 문화에 삽입되어 있는 미국 문화를 다루려는 것이 아니다. 그보다는 일본 내의 서로 다른 집단이 사용한 단어, 상품, 내러티브 등의 복잡하고도 지속적인 움직임에 초점을 맞추고자 한다. 일본의 근대 언어 혹은 문화를 구성하는 단일한 체계가 있었던 것은 아니다. 패션, 요리를 비롯해 당시의 논평가들이 예민하게 적응했던 일상생활의 다른 양상들의 변화무쌍한 규칙을 포함해 많은 언어 또는 문화 체계가 있었다. 따라서 내가 사용하는 코드전환에 따르면, 영어 단어를 일본어 단어로 된 문장 안에 삽입한 것은 당시 의상을 전근대 의상과 병치했던 것이나 여성 잡지에서 일본적인 것으로 인식되는 새해 의식 옆에 유럽의 요리법을 나란히 배치했던 것만큼 중요한 전략이다. 그러나 사실 이러한 전략이 너무 일반적이어서, 서문에서 설명했듯이 이렇게 사용된 영어 단어는 모두 이탤릭체로 표기*하는 방법을 택했다.[39]

코드변환과 코드전환에 관한 논의를 통해 문화의 이동에 대해 말할 수 있게 되었지만, 이것만으로는 문화 자체가 가진 특징을 온전히 설명할 수 없다. 이는 당면한 과제이다. 왜냐하면 당시에는 문화가 서구로부터 빌려와 형성되었다는 견해가 지배적이었는데, 이러한 인식은 일본 고유의 역사에서 형성된 주체성의 중요성을 고려하지 않은 것이기 때문이다. 한 가지만 조심하면서 토도로프의 "복합" 문화 개념을 보았으면 한다. 토도로프에 따르면 복합 문화는 지배 문화에 의한 통합 과정과 다양성의 발견이라는 결과를 전제로 한다. 다시 말해, 자본주의 대중문화는 국가의 지배 이데올로기에 의해 전파되기도 하고 위협받기도 한다는 의미. 외부에서 유입된 문화만 있는 것이 아니라 일본 문화 내에서도 다양성이 공존했다. 내가 가장 관심을 두고 있는 부분은 일본 문화 내에서의 발전과 그러한 문화가 형성되는 과정에서의 발전이다.

나는 문화에서 정치는 떼려야 뗄 수 없는 것이라고 생각하기 때문에, 문화와 권력의 관계를 중시하고 이데올로기적인 구조를 포함해 지배구조에 대한 직간접적인 도전을 잊지 않고자 한다. 대중문화 연구는 너무나도 자주 하찮은 것으로 취급받는다. 그러나 1936년, 일본의 마르크스주의 철

---

*   이 번역서에서는 고딕체로 표기했다.

학자 도사카 준戸坂潤이 독자들에게 설명했던 것처럼, 문화, 특히 검열 아래 있던 문화는 결코 가볍게 다루어서는 안 된다. 도사카 준은 풍속의 규제가 왜 사상의 규제가 되는지를 설명한다. 그는 영화, 카페, 댄스홀, 뮤지컬 레뷰에 대한 삼엄한 통제가 풍기풍속을 온정적으로 보호한 것으로 치부되었지만 실상 사상의 자유를 억압하고 있음을 은폐한 것뿐이라고 주장했다. 예를 들어 만일 남녀가 서로 몸을 섞는 것이 매우 위협적인 것이라면 유곽들이 아직까지 국가 차원의 보호를 받을 까닭이 없다는 것이다. 대중의 품행을 개선시켜야 한다고 부르짖는 것은 마치 며느리를 휘어잡고 싶은 시어머니가 온정을 베푸는 척하는 것과 다를 바 없는 짓이다. 또 제스처나 복장에 대한 염려가 단순히 대중의 품행을 걱정하는 것으로 받아들여져도 안 된다고 주장했다. 도사카는 두발 규제가 어떻게 다른 식으로 이용될 수 있는지 주목함으로써 일상의 풍속에 스며든 정치 문제를 명확히 보여주었다. 즉 중학교 학생들에게 강요된 두발 규제는 그들의 일상생활을 감시하기 위한 것일 수 있지만 같은 규칙이라도 직업학교나 대학교 학생들에게 적용되었을 때에는 청소년 범죄를 예방하기 위해서라기보다 오히려 학생들의 사상을 검열하기 위한 것이었다고 볼 수 있다. 글을 마치며 도사카는 일상에 가해진 파시스트적 행위들을 가차 없이 고발한다. 그가 말하길, "세계의 파쇼들"은(일본과 다른 나라를 구분하지 않고) "풍기 매매자들"이다. 이 "풍기 매매자들"은 심지어 "복장까지 이상한 제복을 입히고 싶어"했으므로, "사상에까지 이상한 제복을 입히는" 것쯤은 그들에겐 너무나 쉬운 일이었다. 도사카는 다음과 같이 자신의 견해를 정리했다. "사상은 풍속으로 나타나고 풍속은 사상을 상징한다." 도사카는 덧붙여 풍속이 왜 국가의 통제 대상이 되었는지에 대해서도 설명했다. 그의 추론은 근대 일본 문화에서는 단절감이 중요했다는 나의 결론을 실례로 보여준 것이다. 그의 설명에 따르면 위협적으로 생각되었던 것은 춤을 추는 것이나 그 뒤에 이어질 남녀 간의 행위가 아니라 댄스홀에 가는 것과 같은 풍속이 매우 새로운 것이었다는 데 있었다.[40]

정치로서의 일본 근대문화

내가 어떤 면에서 정치적인 것으로 문화에 초점을 맞추는 것은 앤드루 고든Andrew Gordon이 1920년대 일본의 "분쟁 문화dispute culture"에 대해 논의한 것을 보완한다. 비록 앤드루 고든은 이 문화의 정치적인 측면에 초점을 맞추었음을 명확히 밝혔지만 말이다. 이와는 대조적으로, 나는 이 책에서 문화적인 것을 가지고 대체로 정치적인 것으로 생각되지 않았던 역사적 관습들로서의 언어, 상징, 이미지, 제스처의 정치적 의미들에 집중해보려 한다. 이런 의미에서 이는 '일상생활 개선운동'에 대한 셸든 가론Sheldon Garon의 관심 및 일상생활을 합리화하려는 일본의 공식적인 시도들과도 겹치는 부분이 있다. 그러나 나는 가론과 달리, 그가 국가의 "도의적 권고moral suasion"라고 칭한 것의 억압적인 성격에는 관심이 없다. 물론 1920년대부터 1940년대에 걸쳐 그러한 국가 계획이 점차 확장되었다는 것은 인정하지만, 새로운 형태의 일상 관습들을 규제하는 것이 억압적인 만큼 해방적일 수 있었다는 것이 나의 생각이다. 즉 대중매체와 다른 근대 놀이공간들은 소비 주체들에게 다양한 선택안을 소개했고, 그것들은 우리에게 그 선택안이 무엇이었는지 보여준다. 예를 들면, 가론은 국가가 승인한 가정 경영의 정보를 100만 가정에 유포시키는 원천으로 《가정의 빛》이 가진 영향력을 제대로 지적했지만, 지방의 협동조합운동에 대한 잡지를 자세히 들여다보면 근대성을 다루고 있는 또 다른 측면이 드러난다. 가론이 국가의 합리화 정책을 예증하는 데 이용한 《가정의 빛》의 1934년 몽타주는 "일상생활의 혁신"이라는 이름으로 새롭고 효율적인 옷을 입은 여성 농민과 함께 공동 시계, 공동 요리, 매우 기능적으로 디자인된 부엌을 보여주는데, 이는 통제적인 조직을 나타낸다. 그러나 《가정의 빛》에 실린 어떤 기사들은 시골에서 근대문화가 인기 있었음을 직간접적으로 드러내기도 한다. 1939년이 되어서야 농촌의 정신동원을 옹호하는 한 논설은 네온사인과 카페들에 대해 반감을 표현하는데, 이는 그러한 근대적 시설들이 오히려 꾸준한 인기를 얻고 있음을 반증한다. 마찬가지로, 카페 여급으로 일하기 위해 대도시로 가는 젊은 여성의 비극적 운명에 대한 언급은 모든 시골 여성들이 국가가 승인한 근대적 삶을 이상적 생활로 받아들이고 있었던 것은 아니었다는 사실을 말해준다.[41]

앞에서도 언급했듯이, 나는 근대 시기 정치를 '천황제'에 국한시키고자 한다. 미국 역사학자들의 정치적 분석에 일부 동의를 하면서도 이 점에서 나는 이 용어(일본 역사학자들이 만든)를 구식으로 취급하며 비판해온 그들과는 견해가 다르다. 고든처럼, 나 역시도 천황 중심의 정치체제의 중요성을 인정하고, 20세기 초부터 1940년대에 이르기까지 천황과 제국을 고수한 지속성도 알고 있다. 또한 나는 저항의 정치학에도 흥미가 많다. 그러나 저항은 대개 풍자, 패러디, 대중문화 속의 새로운 일상의 관습들을 기록한 것에 가장 선명하게 표현되어 있다. 따라서 나의 연구는 이 문화의 소비 주체였던 중간계급과 노동계급을 모두 망라한다. 가론은 고든보다 더 천황제를 조목조목 분석해 비판해왔다. 나는 천황에 대한 충성이나 그러한 충성심을 심어주려는 시도들을 연구하는 것만으로는 당시의 정치학을 확실히 밝히기에는 충분치 않다는 데 동의한다. 사실 이 책은 매우 다른 대안적 견해를 보여주려는 시도이다. 하지만 가론은 천황의 위치에 대한 체계적인 시각에 반대하면서도 그 권력을 실현시키는 기관들을 간략하게 정리해 제시했다. "국가의 학교체계, 군대, 국립신사조직, 계급적으로 조직된 수많은 협회들"이 그것이다.[42]

가미시마 지로神島二郎의 정의는 딱 들어맞는데, 그의 표현을 빌리면, "천황제는 상징으로서의 천황을 중심으로 하는 정치체계를 지칭"한다. 바꿔 말하면, 나는 근대문화가 결코 완전히 억압되지 않았음에도 궁극적으로는 거의 모든 활동들이 천황의 권력에 의해 강요당했다는 것에 동의한다. 이 책에서도 언급했고, 캐롤 글럭이 메이지 이데올로기에 대한 연구에서 밝혔듯이 당시 일본에는 다양한 이데올로기 입장들이 있었다. 그러나 가족 국가의 힘이라는 이데올로기는 메이지기에 만들어졌고, 태평양 전쟁을 거치며 (이후 수정된 형태로) 계속되었다. 그래서 근대 시기와 그 종말을 이해하기 위해서는 이 사실을 고려해야만 한다. 1920년대에 제국의 국가적 기념비들이 만들어졌고, 의례 양식들은 익숙한 것이 되었다. 다카시 후지타니가 매우 설득력 있게 주장했듯이, 메이지시대에 규율을 바로잡으려는 계획이 완성되었고, 근대기에 대중매체들이 강요한 새로운 "관객의 행위 규범"이 나타났다. 후지타니와 다른 학자들은 천황제가 항상 젠더에 관한 것이었고 가족에 관한 것이었으며, 이 젠더 이데올로기가 근대 시기와 맞아떨어진 것이므로 우리는 국가와 그에 대립되는 대중 사회라는 단순한 이분법적 반대를 강요하지 말고, 공식 이데올로기를 남성성, 여성성, 가족에 관한 대중에 기초한 개념들과 결부시켜야 함을 분명히 밝혔다. 가노 미키요加納実紀代가 편집한 자전적 에세이 선집, 『여성과 천황제 女性と天皇制』에 실린 일본 여성들의 글에는 젠더 이데올로기가 여러 층으로 이루어져 있음이 드러난다. 이 책은 구체적인 일상의 이야기를 싣고 있는

데, 가령 한 여성은 자신에게 천황제는 아버지가 행사하는 권력 안에 내재되어 있었다고 회고한다.[43]

물론 근대 시기 천황제 이데올로기를 살펴볼 수 있는 다른 주요한 자료들도 있다. 1928년 당시 남자 고등학생들을 대상으로 만들어진 도덕 교과서는, 모든 사람은 다르게 태어났지만, 인류는 물질적으로만이 아니라 정신적으로 관련되어 있다고 가르쳤다. 비슷한 종류의 여학생용 교과서는, 뒤에 이어질 부분에서 더 자세히 다루겠지만, 남학생용 교과서와 근대에 대한 담론에서는 빠져 있는 범주와 가르침을 규정해놓았다. 여학생들은 아내로서의 역할은 물론 민족문화民族文化의 중요성, 천황과 신민들의 조화, 하나의 거대 가족으로서의 천황 일가와 국가라는 존재에 대해 교육받았다. 여기서 매우 모호한 용어인 민족民族의 대중화된 개념이 있는데, 이 말은 테사 모리스-스즈키Tessa Morris-Suzuki가 지적했듯이 국민-국가와 민족ethnos의 동일성identity을 전제로 하지만 다양한 방식으로 해석된다. 비록 테사 모리스-스즈키는 좀 더 최근의 시대를 지칭하고 있기는 하지만, 그녀의 말은 1920년대와 1930년대 일본 근대문화에도 들어맞는다. "게다가 동일성의 층위는 러시아 민속 인형 마트로시카처럼 서로 깔끔하게 포개지는 것이 아니라 (심지어 가장 통합된 사회에서조차) 서로 겹치거나 엎치락뒤치락 한다. 자아 인식은 그렇게 생겨나고 일상생활의 행위에서 동일성의 여러 층위들을 한데 모으려는 끊임없는 투쟁으로부터 재형성된다." 그 결과 그녀는 "문화는 언제나 동일성에 상반되는 정의들의 강점들을 모으려는 노력이 불완전했다"는 결론을 내린다. 몽타주가 세계를 보는 지배적인 방식인 시대에서는 "강점을 모으려는" 노력이 덜 발생했을지 모른다. 따라서 내가 관심을 갖는 것은 민족, 젠더, 가족 정체성에 대한 국가 이데올로기와 1920년대와 1930년대 대중매체에 의해 전파된 메시지들

간의 괴리이다.[44]

1930년대 후반에는 심지어 삽화가 많이 실린 출판물에 자국의 팽창주의 문화가 점점 짙어지면서, 이 출판물들은 천황제 치하의 사회에 대해 후지타 쇼조藤田省三[*]의 설득력 있는 분석과는 양립할 수 없는 이데올로기적 메시지를 내보내고 있었다. 후지타에 따르면, 경계나 구별けじめ은 없었다. "일본 천황제의 원리는, 인간 사회에서는 자연 세계와 대중 사회는 대립된 관계가 아니며, 국가는 가족, 마을이나 지방 조직과 공적으로 대립된 관계가 아니고, 국가에 대한 충성은 사사로운 감정과 대립 관계가 아니고, 전체와 개인은 공적으로 대립 관계가 아니라는 데 있었다. 그러한 경계가 없으면, 시작과 결과 간의 구별이 명확하지 않은 채, 전체가 어떻게든 서로 붙어 있다."[45] 이러한 유기체론은 이상에 불과했고 현실은 그렇지 않았다. 이는 1940년 당국이 발견한 다음과 같은 생생한 낙서를 보면 알 수 있다. "일본인들은 천황이라고 하는 이 남자를 숭상하는데, 왜 그러는 거야? 그런 천황은 때려죽여서 구워 간장에 푹 찍어 먹어버려야 되는데." 우리가 인육을 먹을 정도의 이 살벌한 감정을 그저 강렬한 느낌을 단순히 표출한 것에 불과하다고 이해한다고 해도, 이것을 쓴 사람이 1000명의 추종자들의 도움을 받아 그러한 계획을 실행에 옮기기로 마음먹었던 것을 보면 그의 정신 상태가 의심스럽다. 그럼에도 불구하고 이러한 기록과 또 이와 비슷한 극심한 비난들은 천황제 이데올로기가 완전한 주도권을 장악하지는 못했음을 보여준다. 천황과 부랑자가 다르지 않다는 1939년에 발견된 낙서나 이듬해 체포된 45세 도둑의 발언을 보면 일본 소비주체가 천황을 신처럼 생각했다고 상상하긴 힘들다. 그 범인은 천황의 연

---

[*] 1927~2003. 일본 사상사가, 정치학자. 전후를 대표하는 자유파 지식인.

간 수입이 300만 엔이나 되므로 천황이 한 짓은 자기가 한 짓과 똑같다고 진술했다. 이런 말들은 "멍청한 천황을 죽이자"거나 "황후는 색녀다"라는 표현과도 일맥상통한다(이 불경한 표현들은 존 다우어의 '사상경찰Thought Police' 기록에서 추려냈다).[46]

　마찬가지로, 천황 일가의 이미지가 대중매체에 상기되고 있던 바로 그 무렵에, 매체에서의 담론들은 적극적으로 저항하는 수준까지는 아니더라도 천황제에 대한 항의를 표현했다. 천황의 위풍당당한 이미지를 상기시키는 기사와 황제의 권위에 도전하는 기사가 한 매체에 실리는 일이 종종 있었다. 1940년대 초에 천황제는 이데올로기적인 요소까지는 아니었지만 그 체제 자체는 독자들을 비롯해 영화, 카바레, 여기에서 언급하고 암시한 극장 관객과 청중들 사이에 안착했다. 나는 일본 근대기의 대중문화들이 제공하는 방대한 기록들을 살펴봄으로써 결론을 내리고자 한다.

기록 충동

　일본 근대 시기에 대중매체들은 에세이, 만화, 조사, 소설들을 활용했다. 나아가 포토저널리즘은 일본의 남성과 여성이 — 빈민계급과 노동계층에서 천황 일가에 이르기까지 — 역사, 영토, 젠더, 문화를 통해 차별화된 일본적인 것과 '저 너머'의 서구적인 것 사이의 관계를 통합하는 방식을 보는 새로운 시각을 열어주었다. 대중매체를 잘 들여다보면, 우리는 흔히 서구로부터의 차용을 조사하거나 일본의 소비 주체가 화이트칼라로 대변되는 서구적 문화와 기모노로 대변되는 전통 문화 사이에서 갈팡질팡하는 이중생활에 대해 말하는 일반적인 접근법에서 벗어나 한 걸음 나아갈 수 있게 된다. 그 당시 일본 지식인들은 공유된 상징들이나 영향, 태도, 제스처 등의 수용 및 형성 과정을 예리하게 인식하고 있었는데, 이 책에서는 다섯 가지 근대 현장의 맥락에서 그들의 작업을 살펴볼 것이다. 코드전환에 대한 그들의 예리한 인식 덕분에 독자들은 수동적으로 움직이는 아시아를 만나는 역동적 서구와 관련된 손쉽고 안일한 이분법적(이고 대립적인) 가정들로부터 자유로워질 것이다. 언론계에 종사하던 이러한 사회비평가들과 문화비평가들은 일본 근대기의 기록 충동에 직접 관여하거나 그러한 문화를 조장했다. 그럼으로써 그들은 새로운 것을 익숙하게 만들었다.

내가 여기서 '기록 충동'의 산물이라고 언급하는 자료들은 이른바 사실에 대한 공식문서들과 윌리엄 스토트William Stott가 논의한 "인간적human" 차원의 기록들을 모두 포함한다. 스토트가 보기에 "인간적 기록"들은 독자들을 감동시키려고 의도하면서도 동시에 "공적인 사건들과 사회적 관습"에 대한 정보를 제공하는 "완전히 개인적인 것"이었다. 스토트는 자신이 미국의 "기록 운동documentary movement"이라고 부른 것이 대공황의 산물이라고 생각했다. 근대문화를 구성하는 일본의 기록들도 어느 정도는 비슷하게 경제적으로 어려운 시기의 산물이긴 했지만《주간 아사히》같은 잡지나《주부의 벗》에서 많이 드러나듯이 일상의 새로운 사치에 대해서 언급하기도 했다. 잡지 속 사진들은 새로운 관습들에 대한 "사실"을 보여주면서도 한편으로 이야기와 광고들을 섞어 허구적 묘사와 사실적 묘사들을 모호하게 만들었다. 기록 충동의 결과로 나온 인기 있는 보도 기사 reportage는 테두리가 있는 이미지들끼리, 전단과 편지 같은 자료들의 대조적인 서체들끼리 코드전환했다. 예를 들면 1926년의 교도인쇄쟁의共同印刷[*]를 보도할 때는 도쿠나가 스나오德永直의 소설『태양 없는 거리太陽のない街』[**]

같은 프롤레타리아 문학을 실었다. 영화 비평가들은 기록과 환상을 섞어 할리우드 영화에 대해 이야기했다. 심지어 일본의 불황기 동안 밑바닥으로 전락한 노숙자들을 조사 보도한 관료 구사마 야소오草間八十雄의 보고서는 속어들을 사용하기도 했다. 사실을 쫓아 기록한 보도 기사들을 이해하는 데 내가 최대한 활용한 것들은 바로 그런 기록들이다.[47]

무라야마 도모요시가 구성에 대해 언급할 때는, 그 시대를 기록한 많은 사람들의 의식, 다시 말해서 자신들이 무엇인가를 재구성하는 것이 아니라 새로이 만들어낸다는 생각으로 작업하고 있음을 표현한 것이었다. 이것은 무라야마가 동일시한 1920년대 소비에트 예술가들의 이데올로기를 알려주는 접근법이기도 하다. 안드레아스 후이센Andreas Huyssen은 대중문화는 모더니즘이 억압되어 나타난 다른 모습이며, 유럽 아방가르드와 대중문화는 변증법적 관계에 있다고 논하면서 대중문화가 인간의 신

----

*   1926년에 일어난 대규모 노동쟁의. 교도인쇄주식회사의 작업시간 단축과 단축시간만큼 임금을 절감한다는 발표에 화가 난 노동자들이 일본노동조합 평의회의 지도하에 파업에 돌입했다. 그러나 회사 측은 폭력단이나 임시 직공들을 공장으로 불러들여 작업을 재개했다. 파업에 대한 전국적인 지원이 이어져 60일간 이어진 끝에 3월 18일 종결되었으나, 약 1700명의 노동자가 직업을 잃으면서 노동자 측의 패배로 끝이 났다.

**   1929년 6월호부터 잡지 《전기戰旗》에 실렸다. 저자인 도쿠나가 스나오가 경험한 1926년 도쿄 교도인쇄쟁의를 제재로 한 작품이다. 당시 프롤레타리아 문학가들은 고학력이 많았는데, 심상소학교를 졸업하고 바로 노동 현장으로 들어간 저자의 경험도 작품의 이야깃거리가 되었다. 이 작품은 파업의 실태나 노동자들의 투쟁을 현실감 있게 그려내 발표 직후부터 문단에서도 주목을 받았고, 게재가 완료되자마자 1929년 12월에 단행본으로 간행되었다. 이 쟁의의 중심에 있었던 도쿠나가 스나오는 소설 『태양 없는 거리』의 이와나미 문고판 〈해설〉(1950)에서, 이 쟁의는 처음부터 패배를 예감한 비장한 것이었다고 회상했다.

체와 물질세계 사이의 변화하는 관계를 어떻게 재가공하는지 살펴볼 것을 요구했다. 이것은 일본에서도 과제였다. 마르크스주의식 사회 개념이 지배적인 지식인층 일본 작가들은 자본주의 아래서 상품을 맹목적으로 숭배하는 모습들을 기록했다. 동시에 그들은 인간의 몸이 물질세계와 맞물려 있는 현장으로서의 일본 상품 문화를 비평하는 과정에서 몸치장, 계산된 제스처, 집 안 장식, 도시 놀이공간을 전전하는 것과 같은 형식으로 이루어지는 행위들도 함께 다루었다. 근대성을 기록한 일본 지식인들은 동시대 소비자 문화 안에서 의미, 상징, 이미지를 두고 갈등이 일어나고 있었음을 인식했다. 그들의 글을 보면 근대문화가 형성되는 과정에서 일본 소비 주체들에게 열려 있는 여러 선택들과, 존 프로우가 대립 관계에 있기도 한 갖가지 문화적 관습들이라고 정의한 모더니즘과 일본의 신조어 모던 사이에 중첩되는 부분이 있음이 드러난다.[48]

다음에 이어지는 지면에서는 사회 변화에 관심을 가지고 가장 정교하게 세부사항을 기록하는 일을 했던 두 일본 지식인을 다시 언급하려고 한다. 곤 와지로(1888~1973)와 곤다 야스노스케(1887~1951)는 메이지기의 생산적 풍조 대신 소비를 강조했다. 나아가 그들이 계급, 문화, 젠더의 차이들에 민감했고 매끄러운 문화적 전통을 거부했다는 것은 그러한 차이들에 대한 근대 일본의 민감성을 표현한다. 대중잡지에 대한 규범적인 접근법과 마찬가지로 언어, 제스처, 옷이나 물질적 환경을 통한 자기 치장의 변화들과 역사적 변화들을 기록한 그들의 작업은 행위 규범들에 접근할 수 있는 길을 제시한다.[49]

간토 대지진 이후, 곤 와지로는 도쿄를 거닐며 자신이 면밀하게 살펴보아야 할 새로운 인공물들artifacts과 전례 없는 발전들이 있음을 의식했다. 10만 명 이상의 사상자와 50만 명 이상의 부상자가 발생하고, 약 70만

가구의 주택이 파괴되었으며 뒤이어 일본에 거주하던 6000명 이상의 조선인에 대한 사냥, 고문, 처형이 일어난 1923년 9월 1일의 대참사에 대한 그의 첫 반응은 우후죽순 생겨난 바라크バラック나 임시 건물들을 조사하고 "바라크 장식사バラック装飾社*"를 조직하는 일이었다.[50]

곤 와지로는 '조선인 사냥'에 대해 알 필요가 있었지만, 문화 혁신의 기회라고 치켜세우면서도 근대의 이면에 있는 식민주의적, 인종차별적 면들은 인정하지 않았다. 지진 후에 일어난 화재는 그가 연구한 지역 인근의 노동계급 주민들에게 마찬가지로 끔찍한 일이었으므로 곤은 조선인 학살에 대해서 모를 리가 없었다. 좁은 공간에 따닥따닥 붙어서 지어진 목조 임대주택에 살던 수천 명의 매춘부와 노동자들이 죽음을 맞이했다. 자경단원들은 '조선인 방화 용의자들'을 교양이나 언어 능력으로 색출해내기 위한 검문소를 설치했다. 9월 2일 무렵에는, 도쿄지역에서 자경단이나 경찰관들로부터 안전한 조선인은 한 명도 없었는데, 이들은 조선인이 폭탄을 던지고 우물에 독을 풀었다는 전혀 근거 없는 소문들을 기록하고 퍼트렸다. 경찰들이 자경단을 교도하면서 조선인을 체포해 "보호할" 권리를 갖게 되자, 소문이 거짓이었다는 보도가 나가도 대학살을 멈출 수는 없었다. 자경단원들은 칼, 곤봉, 죽창, 불 도끼, 곡괭이, 쇠망치, 낫, 톱 등으로 무장하고 다녔으며 여기서 일일이 열거할 수 없을 정도로 잔인한 고문을 자행했다고 기록되어 있다. 더욱이 조선인들은 이러한 폭력으로부터 보호받기는커녕, 경찰에 의해 강제로 구치소에 끌려가 감금당하거나

---

*   간토 대지진 발생 직후인 1923년 9월, 곤 와지로가 미술학교 후배와 젊은 예술가들과 함께 '바라크를 아름답게 하기 위한 작업'을 책임지고 결성한 운동체이다. 주택이나 상점 등의 바라크에 페인트로 벽화를 그리는 등의 활동을 전개했다.

죽임을 당했다. 곤은 구치소가 안전하지 않다는 것을 몰랐을 수도 있다. 그러나 대중매체를 읽어보면 일본 당국이 9월 중순까지도 일본인이 연루된 폭력에 대한 기록은 단속하면서 조선인이 폭력을 저지르고 있다는 소문들은 언론을 통해 계속 유포할 것을 명령했음을 알아챌 수 있었을 것이다.[51]

그런데도 곤은 지진 후 발생한 폭력을 식민지 관계 및 대중의 인종차별주의와 결부시키지 않았다. 그러나 1924년 혼조에 도쿄제국대학 사회복지관 건립 계획을 구상하는 데 몰두했을 당시 그는 노동계급이 처한 어려운 상황에 대해서는 언급했다. 또한 식민지 정부의 보호 아래 있는 조선인 농가에 대한 보고서를 펴내기도 했다. 즉 그는 자신의 근대적이고 식민주의적인 학문 기법을 활용해 조선(식민 속의 근대)을 다루었지만, 일본에 사는 조선인들의 풍속(근대 속의 식민)은 다루지 않았다. 그 대신 1925년 봄, 그는 디자이너 요시다 겐키치吉田謙吉와 함께 '고현학'이라는 이름으로 알려지게 될 도시 생활에 대한 일련의 공동 조사연구를 시작했다. 곤은 고현학을 인류학이나 민속학 연구와 구별했는데, 근대 이전 사람들의 생활은 주된 관심사가 아니었기 때문이다. 그의 연구 대상은 현재의 개화된 사람들의 일상(생활)이었고, 그래서 그는 이를 "원시 인류학"에 반대되는 "문화 고현학"이라고 이름 붙였다.[52]

곤은 사람들의 행위와 관련된 물건들, 주택, 옷들을 연구함으로써 전통을 유행 및 새롭게 형성되는 관습과 결부시키고자 했다. 이 현상들 중 어느 것도 따로 떼어 볼 수는 없었고 모든 것이 흐름 안에서 연구되어야 했다. 예를 들어, 곤은 도시에서 보이는 다양한 걸음걸이 속도, 건설 노동자들의 움직임, 일할 때와 쉴 때 농부와 어부들의 자세, 축제에서 또는 카페 구석에서의 사람들의 움직임과 같이 일련의 구성이라는 관점에서 인간의 행위들을 연구하고 싶어했다. 그가 스케치한 많은 그림들 중 하나는 1925년 초여름, 긴자 거리의 남성과 여성들이 입은 전통의상 대 서양옷의 비율을 비교 통계적으로 분석한 것이다. 곤은 규범상 차이점들의 상호 작용에 대해 지적했지만 그 그림과 분석이 실린 지면은 동양과 서양 사이의 단순한 이분법을 거스르는 효과를 냈다. 중절모나 클로시* 또는 하이힐, 외투가 단순히 차이점만을 드러낸 것은 아니었다. 동양과 서양을 구분하게 하는 차이점들은 너무도 많았다. 넥타이를 매거나 외투를 입는 데에는 다양한 연출법이 있었고, 기모노에 어울리는 일본 여성들의 머리 모양에도 다양한 연출법이 있었다.[53]

장소, 공간, 대상, 움직임의 선택이라는 관점에서 보았을 때 곤은 소비 주체에게 열려 있는 선택권에 관심을 가졌는데, 이는 벚꽃놀이 기간에 교외지역에 있는 이노카시라井の頭 공원으로 나들이(피크닉이라는 용어로 표현) 나온 사람들의 관습을 조사한 것에 분명히 드러난다. 일련의 생생한 장면들이 매우 간단명료하게 기록되어 있는데, 예를 들면 이런 식이다. 세 아이들이 "모여 있는 세 군인들을 응시"한다. "소풍에서 먹다 남은 음식들과 함께" 여덟 명의 보이스카우트 소년들이 보인다. "누군가는 성경을 읽고 있다." 그러나 그 풍경들을 짧막하게 요약하며 곤은 문화적 변화에 주목했다. 소비된 피크닉 음식은 대부분 일상적인 것이었지만 도너츠는 최근에 등장한 것이었다. 그는 또한 더 중요한 차이점에 주목했다. 소풍객들은 모두 벚꽃놀이라는 공통된 목적에서 놀러 나온 것이었기 때문에 서로 다른 계급의 사람들이 공원에서는 한데 어울리고 있었다는 점이다.[54]

혼조·후카가와本所·深川**에 사는 노동계급의 풍경은 이 근대학자에게

---

* 1920년대 주로 썼던 종 모양의 여성용 모자.

중산층 지향의 긴자만큼이나 중요했다. "집들은 작고, 옷을 말리는 바지랑대들은 높기도 하고 많은데, 공장의 굴뚝과 대조를 이루며 각 집마다 우뚝 솟아 있다." 노동계급 문화에 대한 곤의 관심은 긴자에 대한 그의 또 다른 연구서 「혼조·후카가와 빈민굴 부근 풍속 채집本所深川貧民窟付近風俗採集」에서 가장 두드러진다. 그 책에서 곤은 빈민굴 지역이 스미다 강 동쪽 전 지역에 미칠 만큼 커졌다는 점을 강조했다. 그는 또한 이러한 팽창이 지진 시기까지 거슬러 올라갈 것이라 추측했다. 곤은 독자들에게 "당시 빈민들의 풍속"을 고찰하거나 평가할 때 조심할 것을 경고했는데, 이들의 풍속은 "당시의 개화된 사람"의 풍속과는 매우 다르기 때문이다. 가령, 크고 고급스러운 가게들이 거리에 줄지어 있어도 골목길 안쪽으로 들어서면 "빈민들의 생활 터전nest이 골목길 바로 앞에 펼쳐져 있다." 이 학자는 "풍속의 차이들은 자연 환경이 다른 곳에서는 역사적인 전통으로 나타난다"고 둔감하게 표현했지만 이러한 차이들은 또한 "부자와 빈민 사이의 차이"에서 비롯한 결과이기도 하다. 이러한 전제의 한 가지 성과는 혼조·후카가와에 거주하는 여성과 남성들이 동네 가게에서 가격이 붙여져 전시되어 있던 물건들을 갖고 싶어하는 선호도가 성별에 따라 달라지고 있음을 상세하게 보여주고 있는 도식이다. 곤은 산업 지역 인근의 빈민가

** 에도시대에 혼조 주변은 후카가와와 나란히, 확대되는 대도시 에도의 신흥주거구역의 하나가 되었다. 혼조의 택지화가 진전된 것은 겐로쿠시대元禄(에도시대 중기)였지만, 그래도 아직 당시는 외진 땅이었다. 메이지시대에 들어와, 이 혼조에서 이름을 딴 혼조구本所区가 설치되었다. 혼조구는 쇼와 22년(1947)에 무쿠시마구向島区와 병합되어 오늘날의 스미다구墨田区가 되었다. 공장입지로 좋았던 탓에 메이지시대에는 점차 공업지대화가 진행되었다. 다이쇼12년(1923)의 간토 대지진으로 혼조를 포함한 혼조구의 9할이 소실, 약 4만 8000명의 사망자가 발생했다. 또 도쿄 대공습으로도 막대한 피해를 입은 지역이다.

를 연구할 때는 차이가 생길 수밖에 없음을 분명히 했다. 그는 건설노동자, 손수레꾼, 직공들, 행상인들의 풍속에 차이점이 있다는 점을 지적했다. 그는 집 없는 일용직 노동자들이 묵는 싸구려 여인숙과 부인이 집안일을 하는 동안 근처의 공장으로 출퇴근하는 노동자들의 가정을 확실히 구분했다. 그의 연구 결과 중에서 사실상 차이가 없었던 한 가지는 노동자들이 일본 옷과 양복을 전혀 구분하지 않았다는 것이었다. 노동자들에게 중요한 것은 유용성이 전부였다. 결론을 내리며 곤은 차이에 대해 좀 더 심도 있는 연구를 바란다고 밝혔다. 즉, 단추들은 어떻게 채우게 되어 있는가? 옷은 어느 부위에서 찢어지는가? 옷은 자유롭게 움직일 수 있어야 하며 계층과 지위에 맞춰 신체를 드러내는 표현으로서 현장에서 드러나야 했다.[55]

곤은 백화점에서의 행위에 대한 연구에서 물건을 계급, 장소, 관습과 관련지었다. 구매력이 있는 사람들에게 고급 제품을 판매하는 계산대에서의 상호작용을 관찰함으로써 이 근대학자는 자신의 사적인 공간에서 흔히 드러나는 상류층 고객의 행위를 짐작할 수 있었다. 또 다른 판매대에서는, 마치 중산층 가정의 뚜껑이 열리기라도 한 것처럼 소비 주체들은 실크 무늬의 견본들을 초조하게 비교하고 있었다. 진열대 안의 상품들은 아마도 박물관의 고대 유물을 대하는 존중심에 버금갈 정도로 조심스럽게 다루어졌을 것이다. 그러나 백화점이 자유롭게 물건을 사고파는 장소로 간주되어도 중산층 고객들은 간절하고 열렬히, 곤의 표현대로라면 부단히 상류층을 흉내 내려고 했다. 지하의 특가품 판매대에서 그러한 몸부림은 한층 더 치열했다.[56]

「신가정의 물품조사新家庭の品物調査」에서 곤은 물건들이 실제로 사용되었을 때 지역과 계급에 따라 물건들에 어떤 일이 일어나는지, 또 물건을

사거나 생겼을 때의 첫 기쁨을 뒤로하고 어떤 조건 아래서 사용했는지 물음으로써 물건들을 계급적 맥락에서 또 다른 각도로 포착했다. 곤은 자신의 태도가 건축가의 태도와는 차이가 있다고 주장했다. 그는 마치 무덤 안의 구역들을 조사하는 고고학자처럼 집 안을 방마다 샅샅이 훑으며 모든 물건들을 기록해나갔다. 그는 현장에서 조사한 상품들에 대해 약간의 은밀한 경멸감은 물론 존경심을 표출했다. 원하는 것이 무엇이든, 누군가가 끊임없이 물건을 사들인다면, 그것들이 더 이상 쓸모가 없어졌을 때 이 모든 물건들은 어떻게 될 것인지 그는 묻고 있다. 스케치와 조사 자료를 곁들인 그의 논의는 마르크스주의 지식으로 알게 된 자본주의 비평으로 읽힐 수도 있다. 예를 들면 그는 물건들과, 그 물건들이 교환되는 장소로서가 아니라 소비의 현장에서 부여된 효용들에 대한 기록을 남기길 원했는데, 그것은 마르크스가 교환가치와 사용가치를 구분한 것에 대한 주석으로 볼 수 있다.[57]

미셸 드 세르토Michel de Certeau처럼, 곤은 도시의 보행자들이 써놓은 도시풍의 문장에 가장 관심을 보였다. 또 미셸 드 세르토가 찰리 채플린을 "지팡이의 가능성을 다양화시켰다, 즉 같은 물건을 가지고 다른 것들도 해낸다"는 이유로 극찬한 것처럼 곤 역시 심지어 자살의 경우에서도 일련의 선택권에서 비롯되는 관습의 다양성을 고찰했다. 그러나 천황제나 다른 체제에 대한 분석에서는 그러한 선택권이 들어설 여지가 없었다.[58]

곤 와지로와 마찬가지로 여가활동 전문 관료인 곤다 야스노스케権田保之助는 지진을 겪은 후 인식이 완전히 바뀌었다. "현재의 사회 현실들"에 대한 연구를 통해 그는 누구나 놀이 "구조"를 이해할 수 있다고 생각하게 되었다. 지진 전에 시작되어 1930년대 동안 계속된, 대중오락에 대한 그의 연구는 영화 구경, 교외에서의 여가활동, 그리고 아래로부터 생겨난 관습이

표출된 유랑 연예단이라는 하위문화까지 망라했다.[59]

심지어 지진이 일어나기 전에 곤다는 "대중오락" 또는 "민중오락"이 근대 생활에 없어서는 안 될 부분이라고 생각했다. 이는 "이봐, 나 잠깐 민중오락하러 갔다 올게おい君, 僕はちょっと, 民衆娯楽に行ってくるからね" 같은 말에서 볼 수 있듯이 언어 안에 이미 들어와 있었다. 곤이 민중이라는 용어를 사용했을 때, 그는 아무 구분이 없는 대중이 아니라 기본적으로 돈과 자유 시간을 원하고 자신만의 유흥을 즐기고 싶은 프롤레타리아를 주로 지칭한 것이었다. 지진 이후, 곤다는 바라크 숙소 근처에서 파는 사케를 처음으로 마시며 새로운 삶을 만들어가고 있던 남녀들이 도시 도처에 늘어놓은 물건들의 겉모습을 추적했다. 곤다에 따르면, 지진 직후에는 "오락 없이" 일주일을 보내고, 그다음 2주간은 "오락을 꺼리며" 보내다가 다음 2주간은 "오락을 미친 듯이 갈망했다"고 한다. 그러고 나서 오락은 관계 당국에 의해 이후 4주 동안 마치 쌀처럼 할당되었는데, 4주가 지나자 마침내 사람들은 자율적으로, 자기 주도적으로 "오락을 즐기는" 단계에 이르렀다.[60]

곤다는 기술적으로 진보된 자본주의 소비자 문화가 조작하는 범위에 대해서는 정확히 알고 있었다. 유행은 화장품이나 여성이 휴대하는 물건들의 차원을 넘어섰다고 단언했다. 지식인 세계조차 "사상을 향한 경주"로 상품화되고 있었다. 곤다는 사물들things의 의미가 진정한 욕망의 실현에 의해서가 아니라 오히려 구매력에 의해 결정된다고, 즉 구매하는 과정이 삶을 중요하게 만들었다고 비난했다(따라서 사물에서 얻는 진정한 만족감이 있을 리 없다). 소비 주체들 사이에서 만들어진 그러한 욕망들을 충족시키기 위해 끝없는 모방이 형성되고 있었다. 마르크스의 상품에 대한 맹목적 숭배 이론에 마치 주석이라도 달듯 매우 흡사하게 들리는 말에서, 곤다는 사람들이 사물을 결정하지 않는다고 선언했다. 그의 말을 빌리자면

"사물이 있고" 나서 사람들이 나타난다. 그는 "사람들의 머리에 맞춰 모자가 만들어지는 것이 아니다. 사람들이 머리를 모자에 맞춰 쑤셔 넣는 것이다"라고 분개했다.[61]

곤 와지로와 마찬가지로 곤다 역시 현재를 '모던'으로 보았고, 모던에 신랄한 비판을 가하며 거리에서 보이는 '모던한 관습'들을 비난했다. 그는 대로나 거리의 생활이 유럽 부르주아들의 삶의 방식과 같다고 여김으로써 모던한 관습들이 근대 유럽의 관습들과 같다고 생각했다. 카페, 바, 레스토랑, 영화관, 댄스홀은 이러한 거리 생활이 단순히 확장된 것이었고, '집'이나 '가정'으로까지는 번질 수 없었다. 가정의 영역에서 배제된 것은 이 새로운 형태의 문화만은 아니었다. 곤다는 나아가 이러한 거리의 관습들이 "생산이나 노동의 일상 관습과 아무 관련이 없는 부류의 사람들에 의해 가장 순수한 형태로 구성되어 있다"고 결론지었다. 프롤레타리아들의 오락은 동경의 대상이었지만 부르주아들의 오락은 그렇지 않았다.[62]

곤다가 대중문화를 노동계급의 문화로 면밀하게 분석해낸 데에는 유토피아적인 측면이 없지 않다. 역사화된 일상 행위의 중요성을 변하지 않는 '국가의 특성'에 부여한 한 에세이에서 곤다는 스시나 사케 같은 일상적인 물건이 단순히 경어를 만드는 접두사 '오ぉ'가 붙음으로써 어떻게 소비대상으로 바뀌는지 지적했다. 바꾸어 말하면, 스시는 음식이지만 오스시는 일반적으로 단순히 스시를 정중하게 표현한 것으로만 여겨지지 않았다. 오히려 오스시는 다른 물건을 의미했고 오락의 영역 안에서 다른 행위를 의미했다. 곤다가 관심을 가졌던 것은 도시에서 오락의 대중화를 통해 형성된 오락의 새로운 '프롤레타리아화'였다. 심지어 변사(영화의 대사와 행위를 설명하는, 영화광들에게는 나름 스타였던)와 노동자들은 15분 정도의 휴식시간에 야구팀을 조직하고 있었다. 곤다의 「노동자 오락론」은 노

동자를 위한 오락이 어떻게 시간 때우는 일이 아니라 일상 행위가 선택으로 표출된 것이었는지 기록했다. 곤다는 노동자들이 어떤 읽을거리를 선택했는지, 일요일에 카페에 가는지 여부를 기록했다. 그리고 일하는 여성이 남성보다 더 영화 구경 가는 것을 선택한다는 것을 확인했고, 또한 남성 노동자, 여성 노동자 모두 담배나 단 것sweets을 일종의 오락거리로 생각하고 소비한다는 사실을 알았다. 그는 여기서 계급차이는 매우 중요하지만, 동양과 서구로 나누는 이분법적 견지에서 보면 국가적 차이는 그다지 중요하지 않다고 주장했다.[63]

영화에 대한 곤다의 접근을 보면 그가 오락을 일본 것과 다른 나라 것의 범주로 나누지 않았음을 알 수 있다. 그는 대중오락이 전적으로 서구에서 온 것은 아니지만, 일본의 대중오락은 맥 세네트Mack Sennett와 D. W. 그리피스 프로덕션의 작품에 곁들여 들어온 서구의 음악에 대한 이해를 전제로 구성되었다고 언급했다. 그는 일본 영화 역사에 대해 간략하게 이야기하며 일본 관객들을 영화로 끌어들인 원동력이 무엇이었는지 고찰했다. 이에 대한 그의 결론은 다음과 같다. 일본의 관객들은 서구 방식에 익숙해져갔지만, 1923년 무렵 찰리 채플린과 패티 아버클Fatty Arbuckle의 전성기는 지나갔다. 서구의 영웅들인 찰리 채플린과 패티 아버클은 드라마 최신작과 더 새로운 유행물에 밀려났는데, 새로운 유행물은 일본 것일 수도 서구의 것일 수도 있었다. 바꾸어 말하자면, 서구의 체면은 일본 영화와 서구 영화 간의 코드변환 혹은 코드전환의 과정을 통해 겨우 유지되었다. 실제로 꼬마 아이조차 수상의 이름은 몰라도 찰리 채플린과 검객 영화의 우상이라 할 수 있는 마쓰노스케는 쉽게 알아보았다. 곤다는 일본과 서구 영화 스타들의 이름을 줄줄 외는 소년, 소녀들을 인터뷰한 내용을 발표했다.[64]

근대문화에 대한 곤다의 시각은 국가가 제시한 국수적 이데올로기를 쉽사리 설명할 수 없었다. 1935년 후반까지도 「민중오락의 붕괴와 국민오락의 준비民衆娯楽の崩壊と国民娯楽への準備」라는 협동조합주의 논문에서 그는 '일본다움Japanese-ness'이라는 본질주의 이데올로기에 동의하지 않았다. 그 대신, 당시 대중 언론에서 매우 명확하게 드러난 코드변환의 원칙을 고수하며 영화, 서구 음악, 춤에 기반을 둔 새로운 일본의 지방 문화를 요구했다. 여기서 중요한 점은 그가 서구 음악을 받아들였다는 사실이다. 심지어 그는 자신의 초기 전제들을 재정비하는 와중에도 일본의 문화 경험에서 서구 문화를 분리해내는 이분법에 의지하지 않았다. 문화는 새롭게 형성된 고유의 오락 전통으로부터 구성되며 지방의 오락이 된 영화와 춤처럼 서구(그리고 이제는 일본의 도시)에서 엄선된 측면을 도입함으로써 부흥할 수 있다고 생각했기 때문이다. 도시와 지방의 문화를 연결시키려는 곤다의 관심은 근대문화(혹은 종종 근대문화를 향한 욕망)가 도시에만 국한된 것이 아니었음을 여실히 보여준다.[65]

여러 가지가 혼재된 근대문화를 주장하던 곤다의 견해는 완벽한 사회에 대한 비전으로 점차 바뀌게 된다. 1935년에는 계급의 범주를 '일반 대중들'로 대체했다. 그리고 1941년에는 '민중오락'에 흥미를 잃고 국가가 조직한 '국민오락'에 관심의 초점을 맞춘다. 곤다는 과거에 '민중'으로 파악했던 주체를 이제는 '국민'으로 바꾸었다. 의심의 여지 없이 그는 일본 고유의 전통으로 회귀하는 대중의 전향転向 혹은 문화적 선회를 열렬히 지지하게 되었는데, 이러한 추세는 이미 이 무렵 대중언론에 확고히 자리 잡고 있었다. 1940년 그는 "기쁨을 통해 힘을 추구하는 나치 사회"나 "국가 보건 운동에 나타난 나치의 특성" 같은 주제들을 설명함으로써 나치의 정책을 찬양했다. 방대한 양의 책과 글들을 통해 사회 계급 간의 차이를 주목하던 논조가 불과 10년이 안 되는 사이에 "국민생활" 같은 용어들이 주를 이루는 논조로 바뀌어버렸다.[66]

　누군가는 곤다의 전향이 내가 지칭한 일본 근대에서 일본 문화가 벗어나고 있음을 상징적으로 보여주는 것이라 말할지도 모르겠다. 물론 이때가 보편적이면서도 차별화된 신흥 관습들이 찬양되고 있던 시기이긴 했지만, 다른 많은 사람들처럼 곤다 역시 시대를 거스르는 전체주의적 국민문화를 강제로 대변하는 데 집중했다. 그럼에도 불구하고, 일본 근대 생활이 이루어지던 장소와 행위들은 계속 기록되어왔으므로 이제 우리는 에로틱으로, 그로테스크로, 그리고 넌센스처럼 간주된 문화로 코드화된 모던으로 되돌아가 살필 수 있다. 내가 채플린을 인용하여 1부 제목으로 쓴 것을 오해하지 말기 바란다. 이 책은 파생적인 차용어의 역사를 밝힌 것이 아니다. 이 책의 첫 장에서 논의된 일본의 근대에 대한 논평에서 나는 이 시기에 대단한 독창성, 판타지, 정치적 에너지를 갖춘 역사가 있었음을 이미 밝힌 바 있다. 전통으로 간주되던 것과 새로운 것을 충분히 식별할 수 있게 속도를 늦추고 독자들이 어조, 유머, 의도된 시간의 넘나듦을 인식할 수 있기를 바라면서, 일본 근대에 대한 논의를 이어가고자 한다. 이어질 제2부와 제3부에서는 일본 근대기의 다섯 장소를 둘러볼 것이다. 여기에는 에로틱, 그로테스크, 넌센스가 매우 밀접하게 연관되어 있었던 곳인 아사쿠사 공원도 당연히 포함된다.

주석

1 William M. Tsutsui, *Manufacturing Ideology: Scientific Management in Twentieth-Century Japan*(Princeton, NJ: Princeton University Press, 1998), Tatsuo Naruse, 「Taylorism and Fordism in Japan」, *International Journal of Political Economy2*, 3호(1991년 가을호), 32~48쪽.

2 나는 '글로벌'이라는 말을 통해, 자본과 제국이 국민국가에 의해 생성되고 공고하게 자리 잡은 19세기 후반, 동시적이면서도 서로 다른 국민들의 역사를 다루고자 한다. John Frow, 「What Was Post-Modernism?」, Ian Adam · Helen Tiffin 편, *Past the Last Post: Theorizing Post-Colonialism and Post-Modernism*(New York: Harvester Wheatsheaf, 1991), 139쪽. 존 프로우에게 시간은 근대화의 구성요소이다. 그는 "봉건제의 닫힌 시간에서 자본주의의 열려 있고 역동적이며 신이 없는 시간(구체적으로 말하자면, 자본의 수익 즉 자본축적을 위한 미래지향적 시간성)으로의 전환"과 함께 "시간과 공간을 계산 가능한 단위들로 분할하는 것"을 이론화한다(Frow, 「What Was Post-Modernism? 2」). 미나미 히로시는 모던, 현재, 첨단 같은 용어들이 미디어에서 같은 의미로 사용되고 있다는 것에 주목했다. 南博, 『日本モダニズムの研究: 思想, 生活, 文化(일본모더니즘의 연구: 사상, 생활, 문화)』(ブレーン出版, 1982). 나는 조사를 통해 그중 모던과 첨단이라는 말이 가장 많이 쓰였다는 것을 알아냈다. 근대로 접어드는 시기의 가정에 대해 연구한 조던 샌드의 주목할 만한 작업은 생활에 초점을 맞춘 근대기의 새로운 행위들을 보여준다. Jordan Sand, 「At Home in the Meiji Period: Inventing Japanese Domesticity」, Stephen Vlastos 편, *Mirror of Modernity: Invented Traditions of Modern Japan*(Berkeley: University of California Press, 1998), 191-207쪽; *House and Home in Modern Japan*을 참고하라.

3 사진가 이나 노부오의 작업은 이러한 과정에 대한 논의를 보여주는 한 예가 될 수 있다. 이나 노부오는 대량생산과 커뮤니케이션에 의해 만들어진 대중문화가 대중에게 예술과 대량 생산을 하나로 묶어 제공한다고 지적한다. 이나 노부오는 "현대사회, 즉 자본주의 체제와 사회주의 체제 아래서 기술화에 의한 기계화와 변형은 산업사회의 가장 두드러진 특징"이라고 말한다. 伊奈信男, 「写真に帰れ(사진으로

돌아가)」, 《光画(광화)》 1호(1932), 1-14쪽 참고. 히라바야시 하쓰노스케가 기술에 대해 쓴 글도 좋은 예이다. Barbara Hamill, 「日本モダニズムの思想: 平林初之輔を中心として(일본모더니즘의 사상: 히라바야시 하쓰노스케를 중심으로)」, NMK, 89-114쪽 참고. 잡지의 삽화들은 기술적 진보를 보여주는 가장 좋은 예가 될 것이다.

4   모더니즘(モダニズム)이라는 용어는 물질문화와 대중 오락의 혁신을 가리키는 모던과 종종 함께 쓰였다. 그러나 나는 일상적 근대문화의 변형에 관한 담론이 태평양 전쟁 전 근대문화와 따로 다루어져온 일본의 문학적 모더니즘과 혼동되는 것을 방지하기 위해 '모더니즘'에 관해서는 언급하지 않으려 한다. 공시적인 현상으로서, 그것들은 동시대적인 특성을 가지고 있지만 여기서 나는 당시를 좀 더 의식적으로 접근하기 위해 보다 해석적인 방법으로 시대를 구분한다. 1930년 10월《부인공론》은 모던 유행어사전을 첨부했다. 잡지 편집자들은 모던과 함께 "현재의"로 정의되고 "근대주의(현재 상태에 대한 지지를 함축하는)"로 번역되는 모더니즘도 용어사전에 포함시켰다. "근대"라는 용어는 모던과 동의어로 쓰였다. 「モダン流行語辞典(모던유행어사전)」, 《婦人公論》, 1930년 10월, 378쪽.
문학사의 측면에서 조금 더 자세히 모더니즘을 다룬 것은 Lippit, *Topographies of Japanese Modernism,* H. D. Harootunian, 「modernism in Japan's interwar period was produced in a conjuncture that prompted the recognition of a vast field of economic and cultural unevenness that it sought to resolve, overcome, and even repress」, *Overcome by Modernity: History, Culture, and Community in Interwar Japan*(Princeton, NJ: Princeton University Press, 2000), xxi쪽을 보라. 하루투니언은 자본주의가 초래한 불균등한 발전은 일상적인 삶에서 과거를 경험하게 만드는 매우 핵심적인 방식이라고 한다. Harootunian, *History's Disquiet: Modernity, Cultural Practice, and the Question of Everyday Life*(New York: Columbia University Press, 2000), 21쪽, 57쪽; 荒畑寒村, 「刊行者としての思い出(간행자로서의 추억)」, 『近代思想復刻版(근대사상복간판)』(地六社, [1913] 1960), 5쪽; 「道徳の創造(도덕의 창조)」, 《近代思想》, 5호, 1913년 2월, 1쪽.

5   志村源太郎, 「化石したる現代生活(화석이 되는 현대생활)」, 《生活》, 1914년 3월 1일, 23쪽. 「近代都市を切断して: 近代生活座談会(근대도시를 절단해: 근대생활 좌담회)」, 《近代生活》, 1929년 4월, 64-82쪽, 「近代人の快楽生活(근대인의 쾌락생활)」, 《近代生活》, 1929년 6월, 29-43쪽. 자동차, 영화, 카페는 《중앙공론》의 1918

년 9월호에서 "새 시대의 유행을 상징"하는 것으로 다뤄졌다. 같은 호에 실린 谷崎潤一郎,「新時代流行の象徴としてみたる'自動車'(새 시대 유행의 상징으로 볼 '자동차')」와「'活動写真'と'カフェ絵'の印象('활동사진'과 '카페그림'의 인상)」참조.

6   新居格, 片岡鉄平, 三宅禎子 외「モダン生活漫談会(모던생활만담회)」,《新潮(신초)》, 1928년 1월, 123-47쪽; 大宅壮一,「モダンライフ再吟味(모던라이프 재음미)」,《中央公論》, 1929년 2월, 177-82쪽; 井上喜一郎,「モダン快楽生活の再吟味(모던쾌락생활의 재음미)」,《中央公論》, 1932년 1월, 127-31쪽; 大宅壮一,「モダン層とモダン相(모던층과 모던상)」,《中央公論》, 1929년 2월;『大宅壮一全集(오야 소이치 전집)』(재판본, 蒼洋社, 1981), 2: 5-8쪽. 오야 소이치의 글은 당연히 많은 영향을 미쳤고 이 글을 포함해 같은 제목으로 된 책까지 출판되었다. 이 책에는 모던걸을 주제로 쓴 글과 일상에서의 샐러리맨, 돈과 사랑의 관계에 관한 글도 포함되어 있다. Richard Gid Powers, 加藤秀俊, *Handbook of Japanese Popular Culture*(New York: Greenwood Press, 1989), 311-12쪽.

7   Matei Calinescu, *Five Faces of Modernity*(Durham, NC: Duke University Press, 1987), 41-46쪽. 일본 부르주아에 대한 경제학적 정의의 출현은 1911년『공산당 선언』을 번역하면서 고토쿠 슈스이와 사카이 도시히코가 제안한 용어 '신사(紳士)'를 좀 더 문화적으로 변형한 것이다. 나카노 시게하루는 계급 관계를 재현하는 만화적인 특성을 비판하기도 했다. Silverberg, *Changing Song,* 46쪽, 152쪽 참고. 미나미 히로시의 연구에 따르면 다이쇼기의 중간 계급, 중등 교육 이상을 받은 대도시 거주자, 대다수 중하위 관료들, 선생, 중소기업 경영자, 새로운 화이트칼라 노동자들은 대중의 7퍼센트에 불과했다. 이 새로운 중간 계급은 에릭 홉스봄이 정책과 사회관계 속에서 설명한 부르주아 문화의 생산자와 소비자들과 닮은 지점이 있다. 그러나 일본의 중간계급의 숫자가 훨씬 적었다는 것과 홉스봄이 부르주아에게 원인이 있다고 생각한 정치적 자율성이 일본의 중간계급에겐 결여되어 있었다는 점은 차이라고 할 수 있다. Eric Hobsbawm, *The Age of Capital 1848-1875*(London: Weidenfeld and Nicolson, 1975), 230-50쪽. 유럽 부르주아 문화에 대한 더 많은 글은 *From the Fires of Revolution to the Great War,* Michelle Perrot 편, *A History of Private Life* vol.4(Cambridge, MA: Harvard University Press, 1990)을 보라.

8   David Harvey, *The Condition of Postmodernity*(Cambridge: Blackwell, 1989),

10-38쪽. 인용은 27쪽에서[한국어 출판본은 데이비드 하비 지음, 구동회·박영민 옮김, 『포스트 모더니티의 조건』(한울, 1994), 46쪽]. 메이지 이데올로기에 대해서는 Carol Gluck, *Japan's Modern Myths: Ideology in the Late Meiji Period*(Princeton, NJ: Princeton University Press, 1985); Takashi Fujitani, *Splendid Monarchy: Power and Pageantry in Modern Japan*(Berkeley: University of California Press, 1998)을 보라. 일본에서는 발견되지 않는 미국 근대주의자들의 이데올로기 중 하나는 소비 행위에 덧씌워진 "치료적 기풍"에 대한 믿음이다. 이에 대해서는 T. J. Jackson Lears, 「From Salvation to Self-Realization: Advertising and the Therapeutic Roots of the Consumer Culture, 1880-1930」, Richard Wightman Fox, T. J. Jackson Lears 편, *The Culture of Consumption: Critical Essays in American History: 1880-1980*(New York: Pantheon, 1983), 1-38쪽.

9   미나미 히로시에 따르면 1920년에 도시에 사는 인구는 전체 인구의 18.1퍼센트였다. 이것이 5년 후에 21.7퍼센트로 증가했고 1930년에는 24.1퍼센트에 이른다. 南博 외, SB, 19쪽.

10   참고로 마리코 타마노이가 새로운 관습이 불가피하다는 것을 인지한 "농촌 모더니티"에 대한 보수적인 농촌 담론 속의 "전통적인" 여성과 "진정으로 모던"한 여성을 날카롭게 대조한 작업은 Mariko Tamanoi, *Under the Shadow of Nationalism: Politics and poetics of Rural Japanese Women*(Honolulu: University of Hawaii Press, 1998), 151-56쪽을 보라. 미나미 히로시는 잡지 《킹》이 어떻게 재향 군인, 은행원, 마을 수장 등을 포함해 계급이 다른 이들에게까지 선전할 수 있었는지를 주목했다. 南博, SB, 304쪽.

11   제국 교육칙어의 영어 번역과 그에 대한 해박한 분석은 Gluck, *Japan's Modern Myths,* 120-27쪽 참고. 내가 영원성의 측면이 결여되어 있다고 말하는 것은 일본의 모던에 대한 담론에 대해서지, 존 프로우의 모더니티 혹은 근대화 개념을 가리키는 것이 아니다. 여기에서 하비가 도시의 예술로서의 모더니즘을 논하며 "모더니즘의 역사지리학" 내의 분화를 강조한 것을 참조할 필요가 있다. Harvey, *The Condition of Postmodernity,* 10-13쪽, 24-25쪽을 참조. 그 밖에 「geography of modernism」, Malcolm Bradbury, James McFarlane 편, *Modernism: 1890-1930*(New York: Penguin Books, 1976), 95-190쪽; Raymond Williams, *The Politics*

of Modernism(London: Verso, 1989), 31-48쪽 참고.

모더니즘에 대한 페리 앤더슨의 논의는 이와 유사하다. 또 일본의 경우는 그가 "문화의 힘이 미치는 분야(culture force field)"에서 제시한 세 가지 규범 중 두 개를 만족한다고 할 수 있다. 일본은 '전화, 라디오, 자동차 등 핵심적 기술의 출현'과 '사회 변혁의 상상적 근접성'이라는 측면에서는 여기에 해당했다. 하지만 귀족 지주 계급이 통치하는 '국가와 사회체제 속에서 시각 및 여타 예술들의 고도로 형식화된 전통주의(academicism)'는 빠져 있었다. Perry Anderson, 「Modernity and Revolution」, Cary Nelson, Lawrence Grossberg 편, *Marxism and the Interpretation of Culture*(Urbana: University of Illinois Press, 1988), 324-25쪽 참고. 20권의 시리즈로 된 미나미 히로시의 책 『日本モダニズムの'光'と'影': 近代庶民生活(일본모더니즘의 '빛'과 '그림자': 근대서민생활)』(三一書房, 1984)은 앤더슨이 제시한 두 번째 범주에 들어맞는 주요한 자료를 제공하며 관습에 대한 연구도 수반하고 있다. 이 책들은 일본 학자들이 제시한 '모더니즘'과 관련된 주제들을 모두 아우른다. 가령 '야간 놀이지역', '여가활동', '사랑, 결혼, 가정' 등을 모두 다루고 있는 것이다. 일본 미술사학자들과 문학사학자들은 모더니즘을 언어나 디자인에 주의를 기울이는 서구의 문화적 모더니즘 혹은 하이모더니즘과 동일시된 모더니즘을 나란히 대조시켰다.

12 "모더니즘" 시에 대해서는 中野嘉一, 『モダニズム詩の時代(모더니즘 시의 시대)』, 宝文館, 1986을 참고. 종종 모던과 모더니즘의 경계는 확실하지 않았다. 이 예는 林房雄, 「モダニズムの生理: 生理的な, あまりに生理的な(모더니즘의 생리: 생리적인, 너무나도 생리적인)」, 《中央公論》, 1934년 6월호, 311-13쪽에 실린 댄스홀의 목록이나 모더니즘의 쇠퇴를 "스키 타는 것"으로 표현한 것에서 볼 수 있다. 또한 미나미 히로시는 선집의 서문에서 "일본 모더니즘"은 미술, 여성의 행동, 합리주의와 같은 다양한 미디어에서 저절로 나타났다고 논한다. 南博, NMK, vii-x iv쪽.

13 더 직접적으로 '매일의 삶'을 뜻하는 '일상생활'이라는 말이 존재하기 때문에 나는 '매일의 삶'에만 집중되지 않고 '일상(quotidian)'의 중요성을 함축하고 있는 또 다른 번역어인 생활을 선택했다. 나는 토착적인 느낌도 전달하고 싶었다. 이후부터 이 책에서 나는 '생활'을 영어 'everyday life'와 'daily life'와 같은 뜻으로 사용할 것이다.

1926년, 무라야마가 이 글을 썼을 때, 그는 공산주의 사상으로 돌아서면서 다다이스트들에 대한 지지를 철회했다(그가 1924년에 출간한 저널 《Mavo》에서 그는 다다이스트들을 가장 열렬하게 지지했다). 그의 자서전에 따르면, 1925년 12월 6일 일본 프롤레타리아 예술 동맹 회의에 참석했을 때, 자신이 사회주의에 대해 아는 것이 거의 없다는 것과 "부르주아 예술보다 프롤레타리아 예술을 더 선호한다"는 것을 깨달았다고 한다. 村山知義, 『演劇的自叙伝 2 : 1922-1927(연극적 자서전 2: 1922-1927)』, 東邦出版社, 1971, 317-19쪽. 인용은 村山知義, 『構成派研究(구성파연구)』, 中央美術社, 1926, 37-38쪽.

14 5년 후, 미나미는 할리우드의 중요성에 대해 다시 한 번 피력했다. 제일 먼저 NMK에서 그는 "모더니스트" 쇼와문화의 두 가지 핵심적인 측면으로 대중매체의 빠른 발전과 미국 영화의 압도적인 영향을 지적했다. 南博 외, SB, 593면. 나 역시 이 두 가지를 전제로 일본 근대문화를 논할 것이다. 長江道太郎, 『映画・表現・形式(영화・표현・형식)』, 京都 : 教育図書株式会社, 1942, 6-7쪽. 村山知義, 『演技評論集(연기평론집)』, 7-9쪽.

15 G. C. Allen, *A Short Economic History of Modern Japan, 1867-1937*(London: George Allen & Unwin, 1946), 90-144쪽. Satou Takeshi, 「モダニズムとアメリカ化(모더니즘과 미국화)」, 南博, NMK, 20-21쪽; 南博・社会心理研究所 편, 『大正文化(다이쇼 문화)』(이후 TB로 표기), 勁草書房, 1965, 66-80쪽; 南博 외, SB, 19쪽.

16 南博편, NMK, 153쪽; 南博외, SB, 68쪽. 今井清一편, 『日本の百年(5) 震災にゆらぐ(일본의 백년(5) 진재에 흔들리다)』(筑摩書房, 1962), 155-60쪽. 데이비드 보드웰은 오즈 야스지로의 중산층 묘사 방식을 논하고 많은 오즈 영화의 시놉시스를 제공했다. David Bordwell, *Ozu and the Poetics of Cinema*(Princeton, NJ: Princeton University Press, 1988), 33-35쪽, 193-94쪽.

17 石川弘義 편, 『娯楽の戦前史(오락의 전전사)』, 東京書籍株式会社, 1981, 50-56쪽, 97-98쪽, 104-9쪽.

18 南博 외, TB, 253-54쪽, 361쪽. 어떻게 '소비주의의 절정'이 '일본 백화점에 집중'되었는지에 대한 논의는 吉見俊哉, 「近代空間としての百貨店(근대공간으로서의 백화점)」, 吉見俊哉 편, 『都市の空間 都市の身体(도시의 공간 도시의 신체)』, 勁草書房, 1996, 137-64쪽. 다카라즈카에 관해서는 Jennifer Robertson, *Takarazuka: Sexual Politics and Popular Culture in Modern Japan*(Berkeley: University of California Press, 1998). 동시대 대중문화인 철도역에 자리한 백화점과 다카라즈카

레뷰를 창립한, 아직까지도 영향력이 있는 고바야시 이치조의 기업가적 수완에 대해서는 南博 외, TB, 143-44쪽. 신용거래의 출현과 관련해서는 南博 외, SB, 68쪽.

19 신문 통계자료는 Sharon Nolte, *Liberalism in Modern Japan*(Berkely: University of California Press, 1987), 19쪽. 〈게으른 아버지〉에 관해서는 前田愛 · 清水勲 편, 『大正後期の漫画(다이쇼 후기의 만화)』(筑摩書房, 1986), 70쪽. 큰 사업으로 상업화된 신문에 대해서는 23-24쪽을 보라.

20 좌파 언론의 영향을 포함한 대중 잡지에 관한 논의는 Silverberg, *Changing Song,* 163쪽. 신문법하에서 등록된 잡지들의 통계수치는 Gregory J. Kasza, *The State and the Mass Media in Japan, 1918-1945*(Berkeley: University of California Press, 1988), 28쪽. 엔폰의 기원에 대한 하나의 가설은, 소설가이자 노동자 운동을 조직한 후지모리 세키치가 노동자들에게 저렴한 값으로 책을 공급하라고 카이조샤 출판사에 요청했다는 것이다. 南博 외, SB, 287-303쪽. 광고에 관해서는 南博 외, TB, 132-33쪽.

21 제2차 세계대전 동안 일본 영화 산업에 등장한 영어의 초창기 역사에 대해서는 Joseph L. Anderson · Donald Richie 편, *The Japanese Film: Art and Industry* (New York: Grove Press, 1959), 21-158쪽; Peter B. High, 「The Dawn of Cinema in Japan」, *Journal of Contemporary History 1,* 19호, 1984년 1월, 23-57쪽. 1920년대 중반의 합리화 정책과 문화적 억압을 보여주는 예로서 〈도쿄행진곡〉에 관해서는 Silverberg, *Changing Song,* 125-26쪽 참조. 영화 〈부활〉이 상영되었던 곳은 1910년대 소비자 문화 초창기에 가장 자주 반복되던 슬로건 "오늘은 미쓰코시, 내일은 제국극장(今日は三越, 明日は帝劇)"으로 유명한 제국극장(帝劇劇場)이었다. '유행가'에 관해서는 市川孝一, 「流行歌にみるモダニズムとエログロナンセンス(유행가로 본 모더니즘과 에로그로넌센스)」, 南博, NMK, 257-84쪽 참조.

22 南博 외, SB, 439-40쪽; TB, 162-63쪽.

23 다이쇼 박람회에 대한 간단한 개괄은 竹村民郎, TB, 講談社, 1980, 40-43쪽 참조. 개조한 식민지관, 평화탑, 비행기, 볼거리로 지어진 두 개의 구조물-대나무로 지은 건물과 "평화 다리"와 연결된 연못가는 前田愛 · 清水勲, 『大正後期の漫画』9쪽에 열거되어 있다. 또, Edward Seidensticker, *High City, Low City: Tokyo from Edo to the Earthquake*(Tokyo: Tuttle Books, 1983), 257쪽도 참고하라.

24 Kasza, *The State and the Mass Media,* 29-38쪽, 89-90쪽, 92쪽; 南博 편, NMK,

280-83쪽.

25 Kasza, *The State and the Mass Media,* 55, 57쪽; 61-70쪽; 南博 외, SB, 169쪽, 395-412쪽.

26 南博외, TB, 162쪽, 164쪽, 166쪽, 225쪽; T. Fujitani, *Splendid Monarchy.*

27 Gluck, *Japan's Modern Myths,* 121쪽, 267쪽. '신민'에서 '시민'으로의 변화에 대한 설명은 南博 외, TB, 150-54쪽.

28 川端康成, 『浅草紅団(아사쿠사 구레나이단)』, 先進社, 1930.[복사판, 近代文学館, 1980, 33] (이후 KY로 표기).

29 丸山真男, 「Patterns of Individuation and the Case of Japan: A Conceptual Scheme」, *Changing Japanese Attitudes toward Modernization,* Marius B. Jansen 편, Princeton, NJ: Princeton University Press, 1965, 517-22쪽. 카페 여급이 어떻게 역사적 관습으로 재공식화하고 있었는지에 관한 논의는 내 글 「The Café Waitress Serving Modern Japan」, Vlastos 편, *Mirror of Modernity,* 208-25쪽.

30 푸코는 자신의 억업가설은 서구를 언급한 것이라고 했으나, 일본에서는 서구가 매개된 형태로 시험대에 올랐다. 다시 말해, 에로에 관한 담론을 문자 그대로 해석해 겉으로 드러난 면만을 취한다면, 이성에 대한 강박은 성에 관한 서구의 "자극적"인 말들의 변용으로 나타날 것이다. 이는 검열의 대상이 되는 성과는 다르게 적정 수준으로 조절된 것이다. 나는 에로틱 그로테스크 넌센스 문화의 이러한 측면을 인식하고 있는 반면에 강조하는 부분은 다른데, 이 점은 명확해져야 한다. Michel Foucault, *The History of Sexuality, Vol. 1: An Introduction,* Robert Hurley 역, New York: Vintage Books, 1978, 22-23쪽.

31 앤드루 고든은 *Labor and Imperial Democracy*에서 소비자 문화에서 노동계급의 욕망에 주목한다. 다카하시 아키라는 에로틱에 초점을 맞춰 그것의 긍정적인 힘을 인식한 몇 안 되는 학자 중 한 명이다. 그는 1931년에 쓴 글을 인용한 'Urban Culture and Machine Civilization'에서 에로틱이 가정 파괴, 결혼의 파탄, 여성 노동의 사회화 등과 연결되는 에로틱 그로테스크 출판물들을 비판한다. 또 같은 글에서 그는 '넌센스'를 전통, 권력 및 모든 허식을 파괴할 수 있는 것으로 파악한다. 다카하시는 종합잡지 《講座(강좌)》10(1931)에 실린 요코미조 세이시(横溝正史)의 '탐정, 엽기, 넌센스(探偵, 猟奇, ナンセンス)'를 언급한다. 高橋徹, 「都市化と機械文明

(도시화와 기계문명)」, 『近代日本思想史講座6 自我と環境(근대일본사상사 강좌 6 자아와 환경)』, 筑摩書房, 1960, 192쪽.

32 에이젠슈타인은 끊임없이 몽타주의 원리를 고민했지, '몽타주의 개념'을 갖고 있지는 않았다는 논의와 에이젠슈타인의 몽타주의 정의에 관해서는 Jacques Aumont, *Montage Eisenstein*, Bloomington: Indiana University Press, 1987, VIII-IX쪽, 151-56쪽, 171쪽. 가부키와 "몽타주적 사고"에 관해서는 Sergei Eisenstein, 「The Unexpected」, *Film Form: Essays in Film Theory and The Film Sense,* Jay Leyda 편/역, Cleveland: World Publishing Company, 1957년, 18-27쪽. 「영화의 원리와 표의문자」는 *Film Form,* 28-44쪽(여기서 인용한 문장은 28쪽). 이 글에서 에이젠슈타인은 몽타주를 "충돌(conflict)"이라고 부르고 "일군의 몽타주 조각들의 대형"을 "내연기관 엔진의 연쇄적 폭발"에 비유하면서 "영화 전체"를 앞으로 전진시키는 것으로 설명했다(「The Cinematographic Principle」, *Film Form,* 38쪽). 그는 더 서사적인 측면에서 몽타주를 "개별적인 장면들을 가지고 어떤 생각을 풀어내게 하는 수단"이라고 정의했다(Eisenstein, 「A Dialectic Approach to Film Form」, *Film Form,* 49쪽). 이것은 주제를 표현하고 보여주는 것과 관련한 그의 고민을 말하는 것이기도 했다. Eisenstein, 「Synchronization of Senses」, *Film Form,* 69쪽. 인용은 Eisenstein, 「Word and Image」, *Film Form,* 35쪽.

33 下中弥三郎 편, 『大事典』(平凡社, 1934); Claude Lévi-Strauss, *The Savage Mind* (Chicago: University of Chicago Press, 1966), 21쪽, 33쪽.

34 Harvey, *The Condition of Postmodernity,* 21쪽. 베냐민과 관련해서는 Susan Buck-Moss, *The Dialectics of Seeing: Walter Benjamin and the Arcades Project*(Cambridge, MA: MIT Press, 1991), 67쪽. 마우드 라빈은 블로흐의 개념인 "비동시성(nonsynchronism)"과 관련된 "선취의식"을 "더 나은 미래를 바라는 삶의 증거들"로 설명한다. Maud Lavin, *Cut with the Kitchen Knife: The Weimar Photomontages of Hannah Hoch*(New Haven, CT: Yale University Press, 1993), 29쪽.

35 原弘, 「絵-写真, 文字-活字, そしてTypofoto(그림-사진, 문자-활자, 그리고 타이포포토)」, 《光画》(2), 3호(1933), 32-33쪽. 호리노 마사오에 따르면 《아사히그라프》는 1931년의 《중앙공론》이나 《改造(카이조)》, 《経済往来(경제왕래)》를 비롯한 많은 잡지들 가운데 포토몽타주를 도입한 첫 번째 잡지였다. 그는 포토몽타주에 특히 적

극적인 잡지로 범죄를 다루는《犯罪科学(범죄과학)》과 거기서 파생된 잡지《犯罪公論(범죄공론)》을 들었다(堀野正雄, 「グラフモンタージュの実際(그래프 몽타주의 실제)」,《光画》(1), 3호(1932), 52-53쪽). '사진기술'을 기록이자 보고(report)라고 한 노부오의 언급은 제1차 세계대전 이후, 기계, 중공업, 기술에 의존하는 새로운 자본주의, 제국주의 시대에 '템포'가 빨라진다는 맥락에서 나온 것이다. 伊奈信男, 「写真にかえれ(사진으로 돌아가)」,《光画》(1), 1호(1932), 1-14쪽.

36 Matthew Teitelbaum, 「Preface」, *Montage and Modern Life,* Matthew Teitelbaum 편(Cambridge, MA: MIT Press, 1992), 7-8쪽; Lavin, *Cut with the Kitchen Knife, 9,*《アサヒグラフ(아사히그라프)》, 1928년 6월 20일, 복간된『アサヒグラフに見る昭和の世相(아사히그라프로 보는 쇼와의 세태)』, 朝日新聞社 편, 朝日新聞社, 1975, 102-3쪽.

37 Tzvetan Todorove, *The Morals of History,* Alyson Waters 역(Minneapolis: University of Minnesota Press, 1995), 77-78쪽; Penelope Gardner-Chloros, 「Code-Switching in Community, Regional, and National Repertoires: The Myth of the Discreteness of Linguistic Systems」, *One Speaker, Two Languages: Cross-Disciplinary Perspectives on Code-Switching,* Lesley Milroy · Pieter Muysken 편(Cambridge University Press, 1995), 68-77쪽; Peter Auer, 「The Pragmatics of Code-Switching: A Sequential Approach」, ibid., 117-30쪽.

38 관객들에 대한 에이젠슈타인의 더 많은 논의는 Aumount, *Montage Eisenstein,* 167-69쪽, 196쪽. 오몽은 에이젠슈타인이 "하나의 개별적인 단편(fragment)으로 남겨두면서, 여러 단편들로 이루어진 하나의 몽타주는 결코 단일한 의미를 만들지 않는다"는 것을 알고 있었다고 말한다(169쪽).

39 Monica Heller, 「Code-Switching and the Politics of Language」, Milroy · Muysken, *One Speaker, Two Languages,* 158-61쪽. 언어의 메타포를 좀 더 전개하기 위해 나는 존 검퍼즈의 이론을 토대로 한다. 존 검퍼즈는 "대화의 코드전환은 다른 문법체계를 가진 말을 교환할 수 있는 같은 의미의 말들을 병렬한 것으로 정의할 수 있다"고 말한다(John J. Gumperz, *Discourse Strategies*[Cambridge: Cambridge University Press, 1982], 59쪽). 헤이든 화이트는 코드의 위계(hierarchy) 측면에서 코드전환을 논한다. 가령 *The Education of Henry Adams*에서 그가 찾은 역사, 과학, 철학, 법, 미술의 코드들은 "사회적 코드, 문화적 코드, 예절, 프로토

콜 등등"에 따른 것이다. 화이트에 따르면 텍스트가 "메시지를 발산"하는 것은 코드에 의해서이다. Hayden White, 「The Context in the Text: Method and Ideology in Intellectual History」, *The Content of the Form: Narrative Discourse and Historical Representation* (Baltimore: Johns Hopkins University Press, 1987), 193-212쪽.

40 戸坂潤, 「検閲下の思想と風俗(검열하의 사상과 풍속)」, 『日本のモダニズム: エロ・グロ・ナンセンス(일본의 모더니즘: 에로 그로 넌센스)』, 《現代のエスプリ(현대의 에스프리)》 vol.188, 南博 편, 至文堂, 1983, 44-47쪽. 원전은 戸坂潤, 『世界の一環としての日本(세계의 일환으로서의 일본)』, 白揚社, 1937(그러나 쓰여진 것은 1936 년이다).

41 고든은 노동운동에서의 패러디와 풍자에 관한 몇몇 흥미로운 예들은 포함시켰지만, 가정생활이나 여가의 경우는 연구에 포함시키지 않았다고 밝혔다. Gordon, *Labor and Imperial Democracy*, 47-49쪽, 158-59쪽; Garon, *Molding Japanese Minds*, 11쪽, 126-27쪽. 영화 〈마담과 여보〉의 그림으로 된 줄거리는 《家の光(가정의 빛)》, 1931년 9월, 67-71쪽. '속도'에 대한 찬사는 Shibata Kiyohiko, 「競争の汽車汽船(경쟁의 기차기선)」, 《家の光》, 1930년 10월, 71-74쪽. 정신동원에 대한 논의는 「精銅の生活刷新運動(정동의 생활쇄신운동)」, 《家の光》, 1939년 9월, 121-26쪽.

42 Gluck, *Japan's Modern Myths,* 15-16쪽, 237쪽, 281-85쪽, Garon, *Molding Japanese Minds,* 6쪽, 15쪽을 보라.

43 久野収, 神島二郎 편, 『'天皇制'論集('천황제' 논집)』, 三一書房, 1976. 특히, 가미시마(神島)가 쓴 '후기', 229-36쪽; 加納実紀, 『女性と天皇制(여성과 천황제)』, 思想の科学社, 1979; Garon, *Molding Japanese Minds,* 5쪽; Fujitani, *Splendid Monarchy,* 229-36쪽.

44 友枝高彦, 『中学修身(중학수신)』, 5호, 富山房, 1922, 1928. 深作安文, 『改訂現代女子修身(개정현대여자수신)』, 4호, 大倉広文堂, 1931, 5쪽, 23쪽, 29-30쪽. Tessa Morris-Suzuki, *Re-Inventing Japan: Time, Space, Nation*(Armonk, NY: M. E. Sharpe, 1998), 97-98쪽, 104쪽, 158-59쪽.

45 藤田省三, 「昭和 8 年を中心とする転向の状況(쇼와 8년을 중심으로 한 전향의 상황)」, 『共同研究 転向(공동연구 전향)』, 1호, 思想の科学社 편, 平凡社, 1959, 35쪽.

46 加納実紀代・天野恵一, 『反天皇制(반천황제)』, 社会評論社, 1990, 133-36쪽; John

Dower, 「Sensational Rumors, Seditious Graffiti, and tone Nightmares of the Thought Police」, *Japan in War and Peace: Selected Essays*(New York: New Press, 1993), 123-45쪽.

47 '차용(borrowing)'이라는 개념을 사용한 예로는 사이덴스티커의 "double life"라는 개념을 보라(Seidensticker, *Low City, High City,* 90쪽). 나의 '기록 충동'이라는 말은 윌리엄 스토트의 '기록동기(documentary motive)'라는 용어보다 더 자발적이고(spontaneous) 더 구어체에 가깝다. Stott, *Documentary Expression and Thirties America*(London: Oxford University Press, 1973), 3-73쪽. 또한 德永直, 『太陽のない街(태양 없는 거리)』(新潮文庫, 1953), 원전은 《戰旗(전기)》, 1929년 6월호~11월호에 있다.

48 무라야마는 '세계의 새로운 예술 잡지'에서 그가 소유한 잡지 《마보》도 포함시켰다. 그렇게 함으로써 일본의 운동을 세계적인 구성주의 운동 안에 자리 잡게 했다. 즉, 《마보》가 발행되는 도쿄의 주소와 함께 파리의 《De Stijl》, 바르샤바의 《Blok》, 프라하의 《Stavba》의 주소들을 나란히 실었다(《Mavo》, 1924년 6월호와 7월호, 1925년 6월호와 7월호). 무라야마의 연구물인 『구성파 연구』와 그가 극장과 예술에 대해 쓴 글, 또 그가 1925년에 몽타주한 '컨스트럭션(コンストラクション)' 그리고 일본인이 제작한 〈*From Morning to Midnight*〉의 무대 세트는 생활의 기계화를 드러내고 찬양하는 소비에트 아방가르드 조각가, 건축가, 세트 디자이너들의 영향을 받았음을 증명한다. 村山知義, 『現在の芸術と未来の芸術(현재의 예술과 미래의 예술)』(大文堂, 1924);『構成派研究(구성파연구)』(中央美術社, 1926);『日本プロレタリア演劇論(일본프롤레타리아 연극론)』(天人社, 1930);『プロレタリア美術のために(프롤레타리아 미술을 위해)』(アトリエ社, 1930). 무라야마가 말하는 일본의 구성파들은 "예술 작업의 의미는 그림이 얼마나 잘 재현하고 있는가가 아니라 그 자신이 가진 그림적인 요소들(pictorial elements)과 그들의 상호 관계와 상호작용에 있다"는 소비에트 구성주의자들의 이상을 표현했다. 또한 소비에트 구성주의자들에게 구성은 '불균형을 만들어내는 움직임'에 기반을 둔, 다이내믹한 것이어야 했다. Barron · Stephanie · Maurice Tuchman 편, *The Avant Garde in Russia: 1910-1930*(Cambridge, MA: MIT Press, 1980), 29쪽. David Elliott, *New Worlds: Art and Society 1900-1937*(New York: Rizzoli, 1986), 21쪽, 110쪽. 안드레아스 후이센은 아도르노의 "문화 산업"이라는 개념에는 저항의 여지가 없다고 지적한

다. 대조적으로 일본 민속학자들은 후이센이 아도르노가 이르지 못했다고 생각한 곳까지 나아갔다. Huyssen, *After the Great Divide: Modernism, Mass Culture, Postmodernism*(Bloomington: Indiana University Press, 1986), 19쪽, 28쪽. 근대기 마르크스주의를 따른 일본 지식인들의 생활에 대해서는 Silverberg, *Changing Song,* 163-67쪽, 224-29쪽.

49 나에게 곤다 야스노스케의 작업들을 소개해준 니무라 가즈오에게 감사한다. 그리고 「Tokyo as an Idea: An Exploration of Japanese Urban Thought until 1945」, 《Journal of Japanese Studies 4》, 1호(1978년 겨울호), 45-80쪽에서 곤 와지로를 알려준 헨리 스미스에게도 감사를 전하고 싶다.

50 藤森照信, 「今和次郎とバラック裝飾社: 震災復興期の建築(곤 와지로와 바라크 장식사: 진재부흥기의 건축)」, *Karamu*, 88호(1983년 4월): 62-63쪽.

51 1923년 10월 20일, 새로운 법령은 조선과 관련된 모든 글들에 대한 금지를 해제했다. 그러나 이와 동시에 언론은 조선인 폭동에 대한 기사를 펴내는 데 열을 올렸다. 다음날 자경단과 폭력에 대한 공식적인 책임론이 언론에서 강조되었지만 이미 막대한 피해를 입은 뒤였다. 또한 상황은 이미 조선인의 범죄 행위에 대한 위협과 무정부주의자들의 위협을 연관시키는 새로운 캠페인이 시작되고 있었다. Miriam Silverberg, 「The Massacre of Koreans after the Great Kantou Earthquake」, 석사 논문, Georgetown University, 1979. 今和次郎, 『朝鮮部落調査特別報告 第一冊 民家(조선부락조사특별보고)』, Seoul: 朝鮮総督府, 1924; 今和次郎, 「考現学とは何か(고현학이란 무엇인가)」, 今和次郎, 吉田謙吉, 『モデルノロヂオ: 考現学(모더놀로지: 고현학)』, 353-55쪽.

52 今和次郎, 『モデルノロヂオ: 考現学』, 357-58쪽.

53 今和次郎, 「考現学とは何か」, 「東京銀座街風俗記録(도쿄긴자거리 풍속기록)」, 今和次郎, 吉田謙吉, 『モデルノロヂオ: 考現学』, 357-58쪽, 1-66쪽.

54 今和次郎, 「井の頭公園春のピクニック(이노카시라 공원 봄의 피크닉)」, 今和次郎, 吉田謙吉, 『モデルノロヂオ: 考現学』, 144-46쪽.

55 川添登, 『今和次郎 その考現学(곤 와지로 그 고현학)』, リブロポート, 1987, 221쪽. 今和次郎, 「考現学総論(고현학 총론)」, 今和次郎, 吉田謙吉, 『考現学採集: モデルノロヂオ(고현학 채집: 모더놀로지)』, 32쪽. 今和次郎, 「本所深川貧民窟付近風俗採集(혼조후카가와 빈민굴 부근 채집)」, 今和次郎, 吉田謙吉, 『モデルノロヂオ: 考現

学』, 69쪽, 78-79쪽. 今和次郎, 「小樽市風俗調査(오타루시 풍속조사)」, 今和次郎, 吉田謙吉, 『考現学採集: モデルノロヂオ』, 302쪽.

56 今和次郎, 「デパート風俗採集(백화점 풍속채집)」, 今和次郎, 吉田謙吉, 『モデルノロヂオ: 考現学』, 206-16쪽. 곧 와지로는 백화점을 욕망을 생산하는 곳으로 연결지은 최초의 해설자였다. 1909년 초기의 권위 있는 글 'Tokyo Learning'에서 그러한 연결 고리들을 만들었다. Silverberg, 「Constructing a New Cultural History of Prewar Japan」, *Japan and the World,* Masao Miyoshi・H. D. Harootunian 편 (Durham, NC: Duke University Press, 1991).

57 和次郎, 「新家庭の品物調査(신가정의 물품조사)」, 今和次郎, 吉田謙吉, 『モデルノロヂオ: 考現学』, 155-73쪽. 今和次郎, 「考現学総論」, 今和次郎, 吉田謙吉, 『考現学採集: モデルノロヂオ』, 16-23쪽.

58 今和次郎, 「井の頭公園自殺場所分布図(이노카시라 공원 자살장소 분포도)」, 今和次郎, 吉田謙吉, 『モデルノロヂオ: 考現学』, 281-85쪽. Michel de Certeau, *The Practice of Everyday Life,* tran. Steven Rendall, Berkeley: University of California Press, 1984, 98쪽.

59 権田保之助, 「社会生活に於ける娯楽の一考察(사회생활에서 오락의 제고찰)」, 権田保之助, 『権田保之助著作集(곤다야스노스케 저작집)』(이후 GYS로 표기)에 「社会生活と民衆娯楽(사회생활과 민중오락)」으로 재수록됨, 2: 183-254쪽(文和書房, 1974-1975; 원본 간행은 《大原社会問題研究所雑誌(오하라 사회문제연구소 잡지)》, 1924). 또한 権田保之助, 『民衆娯楽論(민중오락론)』(嚴松堂書店, 1931), GYS 2호에 재수록, 権田保之助, 『民衆娯楽の基調(민중오락의 기조)』(同人社書店, 1922); 権田保之助, 『娯楽業者の群(오락업자 무리)』(実業之日本社, 1923), GYS도 참고하라.

60 権田保之助, 「民衆の娯楽生活に現れたる国民性情(민중의 오락생활에 나타난 국민성정)」, GYS, 4: 35-37쪽(원전은 《解放》, 1921. 4월); 権田保之助, 『民衆娯楽の基調』, 371-74쪽. 権田保之助, 「復興の都を眺めて(부흥의 도시를 바라보며)」, GYS, 4:130-46쪽(원전은 《中外商業新報(추가이상업신보)》, 1924. 1월, 11-18쪽); 또 権田保之助, 「社会生活に於ける娯楽の一考察」, GYS, 2: 186-87쪽, 239쪽.

61 権田保之助, 「資本主義社会と流行(자본주의사회와 유행)」, GYS, 4:57-67쪽(원전은 《解放》, 1922. 7월).

62 権田保之助, 「社会生活に於ける娯楽の一考察」, GYS, 2: 242-43쪽.

63 権田保之助,「民衆の娯楽生活に現れたる国民性情」, GYS, 4: 35-37쪽(원전은 《解放》, 1921. 4월); 権田保之助,『民衆娯楽の基調』, 371-74쪽. 権田保之助,「労働者娯楽論(노동자오락론)」, GYS, 4: 255-80쪽(원전은 《大原社会問題研究所雑誌》, 1933. 9월).

64 権田保之助,「民衆娯楽(민중오락)」, GYS, 4:75쪽(원전은 《中外商業新報》, 1923. 1월); 権田保之助,『民衆娯楽の基調』, 400-401쪽. 権田保之助,「映画説明の進化と説明芸術の誕生(영화설명의 진화와 설명예술의 탄생)」, GYS, 4: 119-29쪽(원전은 大島秀雄 개인 출판, 1928년 8월).

65 権田保之助,『国民娯楽の問題(국민오락의 문제)』GYS, 3: 13-14쪽(원전은 1941년에 간행됨).

66 같은 책, 3: 13-14쪽, 19쪽. 대중매체에서의 이러한 180도 변화는 오카모토 잇페이가 그린 만화들의 문화적인 메시지에 잘 드러난다. 오카모토 잇페이의 만화들은 이 변환의 시기와 "근대(modern)"기에 삽화가 많이 실린 다양한 잡지들에서 매우 눈에 띄었다. 그러나 근대의 일상적인 생활들을 그린 그의 캐리커처들은, 그가 모던걸을 그린 것에서도 알 수 있듯이 풍자적이면서 동시에 매력적으로 보일 수도 있었다. 쓰가네사와 토시히로(津金沢聡広)는 곤다 야스노스케가 나치 정책에 완전히 동의한 것은 아니었다고 말한다. 그러나 쓰가네사와 토시히로가 이를 뒷받침하기 위해 제시한 곤다의 저작들 가운데 곤다 야스노스케가 1942년에 정책에 대해 쓴 책은 제외되어 있기 때문에 그렇게 주장하는 것은 불가능하다. 나치 정책들을 언급하는 1942년에 쓴 글 두 편도 제외되어 있다. 모두 곤다 야스노스케의 저작 목록에 있는 것들이었는데도 말이다. 津金沢聡広,「解説」, GYS, 3: 442-43쪽; 田村紀雄,「解説」, GYS, 4: 476쪽; 鶴見俊輔,「民衆娯楽から国民娯楽へ(민중오락에서 국민오락으로)」, 《思想》, 624호(1976년 6월호), 285쪽. 제외된 책과 두 개의 글은 権田保之助,『ナチス厚生団(나치스 후생단)』, 栗田書店, 1942; 権田保之助,「kdfとナチス的性格(나치스적 성격)」,《ドイツ》, 1942. 7월. GYS, 4: 465-66쪽을 보라.

제2부

일본 근대의 현장

1장. 도발적인 모던걸, 거리로 나서다

여러분은 전형적인 모던걸이 있다고 어떻게 단정할 수 있습니까?
― 가타오카 뎃페이
기왕 하는 김에 까짓거 전부 벗어버리죠
― 하야시 후미코

모던걸은 세계대전 이전의 일본 역사에 잠깐 등장한다. 1920년대 후반 도시의 유희공간을 무대로 옷차림, 흡연, 음주를 즐기며 인습을 무시한 모던걸은 화려하고 퇴폐적인 중산층 소비자였다. 서구의 말괄량이 의상을 걸친 혈기 왕성한 20대로 구현된 모던걸은 대등한 남성 상대인 모보(모던보이)의 팔짱을 끼고 긴자 거리를 쏘다녔다. 그러나 우리는 단지 일본의 모던걸을 말괄량이 같다고 여김으로써 일본의 모던걸에게 몹쓸 짓을 하고 만다. 그 이유는 서양 역사에는 모던걸이 존재하지 않았기 때문이다. 더욱이, 대중 매체가 만들어낸 이 모던걸이 독자들을 자극하던 근대기에는 그녀의 모습이 어떤지 쉽사리 정의되지 않았다. 이 모던걸은 누구란 말인가? 무엇이 그녀를 모던걸로 만드는가? 일본의 모던걸과 동시대에 살던 사람들이 제기한 이 두 가지 의문은 내가 일본의 에로틱 그로테스크 넌센스를 몽타주한 이 제2부에서 제기한 두 가지 문제이기도 하다.[1]

모던걸은 1923년 대지진 이후 10년 동안의 사회, 문화적 대격변기에 그들이 누구인지를 두고 언론인들이 논쟁을 벌이는 과정에서 만들어진

고도로 상품화된 문화적 복합개념이다. 무엇보다도 누가 모던걸이었는 지를 물음으로써 나는 그 시대 젊은 여성의 실제 생각이나 행위보다는 당대 일본 문화의 가장 두드러진 여주인공으로 모던걸을 표현하는 데 더 관심을 두고자 한다. 그러므로 나는 이 여주인공을 별명인 '모가'로 부르지 않을 것이다. 왜냐하면 그러한 호명은 그들이 마땅히 받아야 할 완전한 존중을 거부하는 것이 되기 때문이다(앞으로 살펴보면 그 이유를 알 테지만, 카페 여급을 새로운 여가활동과 동일시하고 동시에 새 시대의 가정주부에게는 카페 여급에 정신이 팔린 남편을 집에서 기다리며 신식으로 바뀐 가사를 수행하기를 기대했지만, 언론이 집착한 여성의 에로티시즘이 가장 상징적으로 구현된 존재는 바로 모던걸이었기 때문이다).

무엇이 그녀를 모던걸로 만드는가라는 질문은 '경향'이나 좌파가 되어버린 1930년의 흥행작 〈무엇이 그녀를 그렇게 만들었나何が彼女をそうさせたのか〉라는 제목에서 가져온 것이다. 후지모리 세키치藤森成吉의 연극을 원작으로 한, 범죄자가 된 고아를 다룬 이 이야기에서 여주인공은 호색한인 정부 관료를 위한 가사노동을 비롯해 다양한 예속 상태를 겪다가 결국에는 말썽피우는 소녀들을 수용한 기독교 시설에 불을 지름으로써 복수를 하고 만다. 1927년에 출간된 후지모리 세키치의 무대연출에 따르면, 여주인공이 불을 지른 순간에 불길 위 허공에 전구로 밝힌 "무엇이 그녀를 그렇게 만들었나"라는 연극 제목 위로 막이 내리며 끝나게 되어 있었다. 쇼를 보기 위해 아사쿠사(곤다 야스노스케가 기록한, 도쿄 인근의 유흥가)로 몰려들었던 신흥 월급쟁이 중산층, 비번인 게이샤와 남녀 노동자들로 구성된 영화 관객은 이러한 질문에 제 나름대로 답을 생각해낼 수밖에 없었다. 역사가들 역시 1920년대가 저물어가는 그 몇 년 동안 모던걸이 왜 그렇게 왕성하게 활동했는지 질문하게 된다면 스스로 답을 생각해내야만 한다.

이 질문에 답하려면, 모던걸을 당대의 정치 경제와 사회 변화의 한 부분으로 파악해야만 한다.[2]

모던걸은 누구인가?

기타자와 슈이치北沢秀—는 그의 글 「모던걸モダンガール」에서 모던걸의 성격을 정치에는 무관심하지만 과격하리만치 자립적이라고 규정했다. 모던걸은 여성권리의 확장이나 참정권을 옹호하지는 않았지만 더 이상 남성에게 예속되려고도 하지 않았다. 자존심이 강한 모던걸은 오래된 전통과 인습으로부터 자유로워지고 이제는 어떤 논쟁이나 설명 없이 갑작스럽게 남성과 나란히 걷기 위해 같은 출발선에 서게 되었다. 기타자와 슈이치는 젠더의 재편이 이러한 힘의 재배치를 동반하는 것으로 보았지만 여성이 정신적, 신체적으로 남성과 더 비슷해지고 있다는 사실에 애석해하지는 않았다. 모던걸이 우아함은 잃어버렸지만 그 대신에 새롭게 드러난 활기를 얻었기 때문이다.[3]

처음 "モダンガール(모던걸)"이라는 용어를 사용했다고 여겨지는 니이타루新居格는 또 다른 여성 잡지 《부인공론婦人公論》 1925년도 발행지에 실린 글 「모던걸의 윤곽モダンガールの輪郭」에서 이 말을 썼다. 그는 기타자와 슈이치가 설명한 모던걸과 마찬가지로 매우 생기발랄한 모습으로 그리고 있다. 모던걸은 밝고 경쾌한 동시에 놀랍게도 이중성과 다른 에로틱한 도발을 좋아했다. 예를 들면, 한 젊은 여인은 니 이타루를 한 번 만나고 나서 "나는 오늘 너무 외로워요. 부디 와주세요"라고 쓴 쪽지를 보냈다. 니 이타루는 이 메시지를 어떻게 받아들여야 할지 몰랐다고 했지만, 어쨌든 그

시대의 젊은 여성들이 모두 '표현의 자유와 해방'을 갈구하는 변화의 과정에 있음은 확신할 수 있었다. 니 이타루는 당시 일본의 젊은 여성들이 적극적이고 에로틱하다는 것을 인정했다. 하지만 그가 어디로 튈지 모르는 이성과 의지, 감성의 덩어리에 비유했던 동시대 유럽의 젊은 여성들과 이들이 과연 같다고 볼 수 있을까? 무정부주의적인 모던걸은 혁명적 가능성을 품은 프롤레타리아의 표상으로 찬양받은 존재였던가? 아니면 좀 더 부유한 사회계층 출신이라는 이유로 쇠락하는 계급의 최후의 발악으로 매도되어야 했는가? 니 이타루는 독자들에게는 질문에 답을 선택하라고 제시하고 있지만 정작 자신은 입장을 정하지 않았다.[4]

니 이타루의 이렇게 모호한 태도는 일본 대중 언론의 논조에 영향을 미쳤다. 1925년부터 1930년대 초반에 이르기까지 작가들은 적극적인 모던걸과 수동적인 모던보이를 다룬 연재 만화 《모가코와 모보로モガコとモボロ》*를 비롯해 선정적인 신문 기사, 상담 코너, 남녀를 모두 겨냥한 인기 잡지 특별호 같은 인쇄 매체들은 니 이타루가 그린 모던걸의 윤곽을 더욱 구체적으로 묘사하려고 시도했다. 여전히 모호한 부분이 있지만 1920년대와 1930년대 기자들과 페미니스트 비평가들이 쓴 기사들을 선별해서 읽어보면 모던걸의 모습이 구체적으로 드러난다. 더욱이 대중 언론의 발행부수 통계 자료는 모던걸이 전국적으로 퍼져 나가는 위력을 보여준다. 모던걸을 팔던 사람들은 이미 20세기로 접어들 때부터 존재해왔던 전국 유통망을 활용했다. 예를 들면 1941년에 이르기까지 식민지와 일본 농촌의 절반이 넘는 가정에서 구독한 농업협동운동 잡지인 《가정의 빛》은, 에로틱

---

* 일본에서는 주로 여성의 이름 뒤에 '코ㄷ'를 붙이고 남자의 이름 뒤에 '로ろ'를 붙이는 데서 모가와 모보를 이름으로 다뤄 '코'와 '로'를 붙인 것이다.

그로테스크 넌센스의 담론이 최고조에 달한 1931년도에는 발행부수가 10만 5000부나 되었다. 이러한 성장세에 힘입어 1935년도에는 100만 부로 늘어났다.[5]

모던걸은 대체 누구인가? 다른 무엇보다 모던걸은 신체, 특히 짧은 머리와 길고 쭉 뻗은 다리로 정의되었다. 프롤레타리아 작가인 가타오카 뎃페이片岡鉄平는 「여자의 다리女の脚」라는 단순한 제목의 짧은 글에서 비록 일본 역사에서 다른 시대에도 아름다운 다리가 관심을 끈 적이 있었지만 모던걸의 다리는 그 사람의 외모를 형성하는 정신력의 결과라고 주장했다. 즉 모던걸의 다리는 여성의 새로운 삶을 창조하는 그녀의 능력 신장을 상징하고 있다는 의미다. 작가는 움직이는 모던걸을 격려하는 평가로 논쟁을 끝마쳤다. "전진하라! 춤춰라! 다리! 다리! 다리!"[6]

또 다른 기사 「모던걸 연구モダンガールの研究」에서 명백하게 나타나듯이 패션에 관련된 논의는 여성의 신체에 대한 이야기가 될 수밖에 없다. 기요사와 기요시清沢洌는 모던걸을 정의하려는 과정에서 모던걸의 볼록한 엉덩이의 중요성을 강조함으로써 이러한 전제들을 명확히 보여주고 있다. 그는 띠를 더 올려 착용하는 모던걸이 허리 장식 또는 엉덩이 부분을 감추기 위해 기모노에 두르는 넓은 띠인 오비帯의 전통적인 기능을 내버렸음에 주목한다. 모던걸이 이렇게 의상에 열중한 것을 보면 로잘린드 코워드Rosalind Coward의 "여성의 몸과 의상으로 덧붙여지는 메시지들은 섹슈얼리티를 사회적으로 정의하고 있는 저장고와도 같다"는 논제가 확인된다. 가타오카 뎃페이에 따르면 모던걸의 심플한 헤어스타일은 격렬한 포옹을 쉽게 하기 위한 전략적 결정의 결과였으며 과감한 색상과 패턴의 의상은 서양인들이 발산하는 관능적인 활기에 모던걸이 끌리고 있음이 드러난 것이다. 모던걸은 연애의 육체적 쾌락을 추구했다. 즉, 불장난 같은 연애

flirtation를 통해 '관능적' 자극을 추구했는데, 당시 "불장난 같은 연애"는 미국에서부터 영국, 프랑스, 일본에 이르기까지 널리 퍼져 있었다(작가는 주로 일본어에서 외래어를 표기하는 가타카나로 음역한 후 영어로 'flirtation'을 괄호 안에 표기함으로써 두 번의 코드전환을 하고 있다). 모던걸의 불장난 같은 연애를 작가는 다음과 같이 설명하고 있다. 모던걸은 붐비는 기차에서 다른 사람의 어깨나 손을 잡으려고 하다가 자신의 동작에 사람들이 노여워하면 "어머, 죄송해요. 너무 붐벼서 그만"이라고 정중하게 항변하며 뒤로 물러났다. 이 뒤섞인 메시지는 댄스홀과 극장에서도 드러난다. 이러한 장소에서 음탕한 모던걸은 정신적인 아름다움보다 남성의 육체를 추구했다.[7]

모던걸은 에로의 화신이었다. 다른 남성 작가들과 마찬가지로 모던걸의 신체와 의상, 그럼으로써 그녀의 섹슈얼리티에 대해 언급했던 가타오카 뎃페이는 모던걸의 문란함을 강조하려고 했다. 이와는 대조적으로 페미니스트 기자이자 비평가인 기타무라 가네코北村兼子는 에세이 「이상한 정조怪貞操」에서 여성의 부도덕한 행동에 대한 대중의 큰 비난에 명백히 이중적 잣대가 있음을 지적하며 모던걸을 옹호하고 있다. 그 이유는 남성과 어울리며 놀아난 여성이 나쁘다고 생각되었기 때문인데, 하지만 남성과 함께 도덕을 어긴 여성이 있다면 그런 여성과 놀아난 남성이 틀림없이 있게 마련이다. 기타무라 가네코는 모던걸을 성적으로 문란한 사람으로 정의하는 것에 반대했다. 여성이 남성에게 정신적, 육체적으로 더 가까이 접근한다고 본 기요사와와 마찬가지로, 또 남녀의 새롭고 서로 다른 문화를 찬양하면서 젠더의 구분은 여성과 남성이 각기 사랑에 대해 보이는 태도의 차이에 근거를 두고 있다고 주장한 가타오카 뎃페이와 마찬가지로, 기타무라 가네코는 여성적인 것과 남성적인 것이 무엇을 의미하는지는 확실치 않다는 것을 받아들였다.[8]

모던걸을 개념화하려는 노력과 젠더가 문화적으로 재구성되는 것 사이의 긴밀한 관계는 기요사와 기요시의 글 「남성의 교육과 여성의 교육」에서 명확해진다. 작가에 따르면, 1920년대 일본에서 젠더의 구별은 태어날 때부터 시작된다. 여아는 붉은 기모노를 입히지만 남아는 복숭아 소년 모모타로桃太郎*의 신화적인 이미지로 장식된 기모노를 입힌다. 예닐곱 살이 되면, 남자 아이는 꾸지람을 듣고 우는 것은 남자답지 못한 행동이라고 질책을 받게 된다. "이게 뭐야, 사내가……" 소년과 소녀는 성인이 될 때까지 완벽하게 다른 사회에서 교육을 받게 되는데, 이는 마치 큰 강에 의해 나뉘어 각기 다른 도덕규범에 따라 살아가는 두 개의 인종races과도 같았다. 기요사와 기요시는 이런 상황에 모던걸 방식의 해법을 제시했다. 즉 소년과 소녀를 처음부터 동일선상에서 시작하게 하는 것이다.

모던걸은 대담한 몸짓으로 젠더의 구분을 허물었지만, 그 용어를 만들어낸 사람들에 따르면 모던걸은 의심할 여지 없이 여자이다. 하지만 모던걸을 문화적으로 정의하자면 그렇게 확실하지가 않다. 니 이타루는 「모던걸의 윤곽」에서 이 문제는 회피했는데, 그는 유럽 방식이 일본의 일상에 침투했다고 주장하면서도 동시에 서구의 모던걸과 일본의 모던걸을 동등하게 보기를 거부했다. 기요사와 기요시는 또한 유럽과 미국의 모던걸과 일본의 모던걸을 구별했다. 서구의 모던걸들이 "낡은 관습에 맞서 싸우기 위해 변화하는 시대의 선봉에" 서 있었던 반면 일본 모던걸들에게 이러한 저항은 소기의 목적이 아니라고 그는 생각했다. 모던걸의 짧은 머

---

* 　모모타로는 일본 전설의 대중적인 영웅이다. 이름인 모모타로는 복숭아를 뜻하는 모모와 일본의 남자 아이 이름인 타로가 합쳐져 만들어진 이름으로, 복숭아 소년, 또는 복숭아 동자로 번역해 부른다.

리는 사실상 저항의 상징이 아니라 아직도 남성의 행위와 결정에 따라 살아가는 데 만족하는 여성의 "퇴폐를 보여주는 표지"에 지나지 않은 것일 수도 있었다.[9]

일본의 모던걸은 일본인이었을까, 유럽화되었던 것일까, 아니면 세계인이었을까? 짧은 머리의 모던걸을 신체와 의상, 긴자 거리를 활보하는 빠른 걸음걸이로 정의한 근대 서양화가 기시다 류세이岸田劉生가 보기에 모던걸은 세 가지 측면을 모두 갖고 있었다. 기시다의 이 말은 단지 1퍼센트의 여성만이 서구 의상을 입었다고 주장한 곤 와지로의 결론과 일맥상통한다. 기시다는 모던걸이 대부분 일본식 의상을 입은 반면 원래 일본 여성의 얼굴인 이 미인이 아주 자연스럽게도 서구식 얼굴로 보이는 데 전혀 어색하지 않았음에 주목했다. 그러나 모던걸은 이전 시대처럼 강요된 유럽화의 물결에 휩쓸리지 않았다. 오히려 모던걸은 "모든 물질문명이 불가피하게 일본을 유럽화하는" 과정의 일부였다고 기시다 류세이는 결론을 내렸다. 일본은 정체성을 잃지 않았다. 오로지 일본이 철저히 유럽화되고 난 이후에야 일본의 문화는 유럽의 그늘에서 벗어날 수 있었던 것이다.[10]

문화적 측면에서 모던걸이 누구였는지 애매한 상황을 타파할 대안은 1924년《오사카아사히신문大阪朝日新聞》과 1925년《여성女性》에 연재된 다니자키 준이치로谷崎潤一郎의 소설『치인의 사랑痴人の愛』의 다형도착중 성격의 여주인공 나오미라는 인물에 구현되어 있다. 소설 속에서 정체를 알 수 없는 한 젊은 기술자는 카페 여급으로 일하던 어린 소녀를 카페에서 빼내온 후 신부로 삼고 그녀의 몸과 의상에 집착하게 된다. 여주인공 나오미의 몸과 욕망이 무르익어가자 남자는 관능미에 압도당하며, 끊임없이 바뀌는 나오미에게 당황하면서도 깊이 빠져든다. 나오미의 이러한 모습은 젠더와 문화에 대한 고정관념에 도전하는 것이었다.[11]

젠더와 문화의 구분을 허무는 대담한 모습 때문에 여주인공 나오미는 모던걸로 비춰지고, 이것은 남성의 몸에는 큰 의미가 부여되지 않는 데 반해 여성의 몸에는 여성과 남성의 섹슈얼리티에 대한 사회적 정의가 어떻게 투영되는지 해석한 로잘린드 코워드의 설명을 증명하는 예시가 된다. 남성의 옷을 입는 것에서 드러나듯이 나오미가 성 정체성의 경계를 무시하며 노는 행위는 결국에는 안주인-노예의 관계로 바뀌게 되는 권력 놀이로 변질된다. 이야기의 말미에 이르면 나오미는 전에 자신을 지배하던 남자의 권위에 도전하기 위해 남성적 언어를 구사한다. 역할이 전도된 남편의 말투는 이에 대한 반응으로 여성화되는 것이 아니라 오히려 어린 아이처럼 바뀐다. 그는 나오미가 자신에게 무엇을 원하든 그 요구에 순순히 응한다. 마치 잘 길들여진 사내아이처럼, 고작해야 외마디 대꾸를 할 뿐 별 불평 없이 말이다.[12]

나오미의 가장 큰 욕망은 서구인처럼 행동하고 보여지는 것이었는데, 이 열망이 처음에 생겨나게 된 동기는 메리 픽포드Mary Picford*를 닮은 나오미를 양키걸이라 불렀던 남편 때문이었다. 외관상 고상한 댄스홀에 드나드는 무도 사교회로 진출하고 싶은 그녀의 신분상승 욕구는 계급 차별에 도전하고, 남성의 말투를 좋아하는 그녀의 어투가 화자에게는 위협적으로 느껴지며, 서양인이 아닌데도 서양인 같은 그녀(유라시아에서 기원한

---

* 무성영화 시대의 여배우로, 캐나다 출신이지만 '미국의 애인'으로 불렸다. 〈불쌍한 부잣집 소녀〉(1917), 〈서니브룩 농장의 레베카〉(1917), 〈키다리 아저씨〉(1919)처럼 어린 소녀를 주로 연기했다. 메리 픽포드는 토키가 도입된 후 네 편의 영화에 출연했는데, 모두 예전의 틀을 깨는 과감한 시도들이었고 관객의 뜻에 어긋나더라도 새롭고 현대적인 이미지를 만들어내는 일에 몰두했지만 무성영화 시절의 인기를 회복하지는 못한 채 1933년 영화계에서 은퇴했다.

것 같지만 확실치는 않은, 출처를 알 수 없는 '나오미'라는 모호한 이름에 표현되어 있다)의 외모는 그녀를 공격적으로 보이게 했다. 메리 픽포드, 글로리아 스완슨Gloria Swanson,* 폴라 네그리Pola Negri**와 비슷한 이미지로 보이는 나오미가 자극적으로 느껴진 때는 남자 주인공이 하이칼라 생활방식에 끌리는 동안뿐이었다. 하이칼라 생활방식은 이 두 사람이 서양 건물이며 "심플 라이프"를 겨냥한 수입 가구를 갖추었다는 이유로 선택한 "문화주택"에서 전형적으로 드러난다. 그러나 결국, 남자 주인공은 "순" 일본식 주택에 끌리고 전통적 결혼관과 가족관으로 돌아가게 된다. 무도회에서 춤을 추는 장면은 동서양이 충돌하는 싸움터처럼 그려지는데, 이 장면에서 나오미는 마치 알아볼 수 없는 유령처럼 흰 얼굴을 하고 있다. 그리고 여기서 작가의 두려움은 사실 서양의 "냄새"가 나는 모든 것과 그래서 그것이 진정한 일본 가정을 위협하고 있다는 사실에 자신이 불편해한 것이었음이 드러난다. 다니자키 준이치로는 자신이 느끼는 이러한 두려움을 전통으로 돌아가려는 남자 주인공을 누르고 사실상 승리를 거두는 모던 걸에게 투영한 것이다.[13]

다니자키처럼 많은 언론인들이 모던걸의 확인되지 않은 성행위, 젠더

....

* 1899~1983. 시카고 출생. 1914년 이래 M. 세네트 희극영화의 '수영복미인' 중 한 사람이다. C.B. 더밀 감독에게 발탁되어 〈남편을 바꾸지 마라〉(1918)에서 주연을 맡은 후 〈남성과 여성〉(1919), 〈아나톨〉(1921) 등에서 사교계 여성역으로 출연했다.

** 1894~1987. 폴란드 출신. 1914년 폴란드 영화 〈사랑과 정열〉로 데뷔했다. 이후 독일 에른스트 루비치 감독의 〈마담 뒤바리〉(1919)에 출연하면서 주목받기 시작해 미국의 러브콜을 받고 파라마운트와 계약했다. 그러나 이후 네그리는 연기활동보다는 언행의 방종함으로 언론의 주목을 받았으며 찰리 채플린과의 약혼 발표, 연인 루돌프 발렌티노의 장례식장에서의 기절과 같은 돌발적인 행동으로 언론의 초점이 되었다.

정체성, 문화적 동일시에 대해서는 의견이 분분했지만, 모던걸이 분명한 자주성을 갖고 있다고 주장하는 데에는 거의 한 목소리를 냈다. 기타무라 가네코에 의하면 모던걸에 대해 문란하다는 맹렬한 비난은 여성들의 활동의 새로운 공적 특성에서 비롯되었다. 기타무라 가네코는 다니자키의 소설에 드러난 이러한 비난들을 발췌해 다음과 같이 열거해놓았다.

> 그녀는 한 남자와 나라奈良 공원으로 산책을 나갔다. 나는 그녀를 도톤보리 카페에서 본 적이 있다. 그녀는 댄스홀에서 뒤꿈치를 들어올리며 춤을 추고 있었다. 나는 영화관으로 들어가는 그녀를 발견했다. 내가 지켜보는 동안 그녀는 오른쪽, 왼쪽 다리를 번갈아 움직이며 걷고 있었다. 나는 하품하는 그녀를 보며 남자를 기다리는 데 지쳐 있는 것이라고 판단했다. 그녀는 모자에 꽃 한 송이를 꽂고 있었다. 그녀가 그 꽃송이를 누구에게서 얻었는지 궁금했다. 그녀는 재채기를 했다. 그녀는 남자와 함께 있느라 피로한 것이 분명했다. 기타 등등.[14]

기타무라 가네코는 범죄는 어두운 곳에서 은밀히 일어나는 반면 모던걸들의 이른바 추잡한 짓들은 백주대낮에 벌어지고 있다는 데 주목했다. 일본 여성은 더 이상 가정이라는 좁은 울타리에 갇혀 있지 않고, 남성과 나란히 일하고 놀며 열린 공간에 있었다. 모던걸의 진짜 죄는 바로 이것이었다. 모던걸은 자신을 가정에 매어놓는 구별된 가사 임무를 받아들이지 않았던 것이다.[15]

그러므로 이 남자 저 남자를 전전한다고 떠벌려진 모던걸의 문란함이란 모던걸의 자기만족의 한 측면에 지나지 않았다. 모던걸은 혈연이나 애착, 또는 연인, 아버지, 어머니, 남편이나 아이들에 대한 책임으로부터 자

유로운 행위자인 것처럼 보였다. 이는 학교에서 가르치는 도덕 교과서와 민법에 문서화된 국가의 가족 이데올로기와는 놀랄 정도로 대조적인 것이었다. 한 비평가에 따르면, 모던걸은 단순히 모성을 포기하는 것이 아니라 반反모성적이었다. 1차 대전 시기의 페미니스트 이론가였던 히라쓰카 라이초平塚らいてう마저도 이에 동의했다. 히라쓰카 라이초는 모던걸을 신여성의 딸로, 또한 자신만의 사고와 감성, 행위, 일상생활을 통해 미래를 만들어갈 수 있는 힘을 가진 존재로 그렸음에도 모던걸이 누군가의 어머니가 된다는 것은 상상하지 않았다.[16]

출퇴근길을 '활보하는' 모던걸의 자주성은 그녀의 경제적 자립감에서 비롯된다. 가타오카 뎃페이는 모던걸이라는 용어가 제1차 세계대전 이후 회사와 상점에 고용되어 일하는 도시 여성에 붙여지곤 했던 "저런 부류의 여자"라는 모호한 꼬리표의 대용품으로 생겨났다고 추정했다. 기타무라 가네코는 "짧은 치마와 얼어붙는 다리를 참는 능력을 모던걸의 가장 긴급하고 중요한 요소로 잘못 판단하는 것은 문제가 될 수 있다"고 경고했다. "일하는 신여성들"의 도덕과 일은 "구세대 여성"의 도덕과 일과는 다르기 때문이다. 기타무라 가네코에 따르면 모던걸은 재정적으로 독립한 덕분에 국가와 가족의 통제를 벗어나 있었다. "예전 윤리는 깨어졌지만 새로운 윤리가 아직 도래하지 않았고, 정숙에 대한 새로운 기준도 아직 세워지지 않았기 때문에, 그들의 사고 체계에서 볼 때 일하는 여성들은 일종의 유목민이다. 유목민은 법이나 국경이 없다. 그들이 할 수 있는 것은 신념이 이끄는 대로 움직이는 것뿐이다."[17]

곤 와지로는 모던걸에 관한 연구에서 모던걸이 도시 공간을 활보하는 방식에 관심을 두었다. 또 다른 고현학자인 고이케 도미히사小池富久는 저널 《모더놀로지モデルノロヂオ》에 실린 글「마루빌딩 모가 산보코스丸ビルモガ

散歩コース」에서 모던걸의 신체와 의상, 자주성에 관심을 집중했다. '모던걸이란 무엇인가?'라는 철학적 질문에 답하기 위한 이 짤막한 연구는 복합적인 모던걸의 표상을 제시하고 있다. 아홉 가지 유형의 모던걸들이 도시 공간을 활보하는데, 이 가운데 첫 번째 유형인 모가 유형만이 남성과 어울렸을 뿐이다. 나머지 유형들인 강렬한 오렌지색 옷을 입은 부유한 젊은 여성, 기모노를 입은 여성, 튤립으로 장식한 모자를 쓴 빵빵한 모던걸, 사무원, 여학생, 자주색 의상을 차려입고 친구들과 어울리다 서둘러 헤어지는 모던걸, "교사 모가", 모던한 기모노를 입고 멋스러운 양산까지 갖춰 든 가정주부(?!)는 모두 자신만의 "산보코스"를 만들어냈다. 고이케 도미히사는 각 유형별 모던걸의 모습을 그린 스케치와 그들이 선택한 산책코스 지도를 보여주었다. 그가 신체 언어에 대한 관심을 표현하는 동안(예를 들면, 초록색 우비를 걸친 열네다섯 살가량의 여학생이 활기차게 책가방을 흔들고 있다), 그의 흥미를 끄는 것은 바로 모던걸들이 가장 모던한 건물의 갖가지 상점들에 가거나 드나드는 움직임이었다. 다시 말해서 그가 주목했던 것은 쇼핑 또는 윈도쇼핑이었고, 그 안에는 공공연하게 물건을 들여다보거나 살 자유가 포함되어 있었다.[18]

다니자키의 소설에 등장하는 나오미 역시 소비자로 그려진다. 비록 그녀의 영화 취향이나 신중하게 골라 주문하는 서양/일식 요리 취향은 다양한 부류의 남자친구를 사귀고싶은 욕망에 어울리는 것으로 그려졌지만, 많은 설명에 따르면 모던걸은 단순히 수동적인 중산층 문화의 소비자는 아니었다. 그녀가 상품, 서비스, 새로운 관습을 만들어내는 것으로 묘사되었기 때문이다. 이런 면에서 모던걸은 이전 시대의 이른바 신여성New Woman과는 구별되었다. 신여성은 시대에 뒤처진 전통에는 저항했지만 일상생활에 새로운 모델을 제시하지는 못했기 때문이다. 지적인 신여성들은 현실적이기보다는 낭만적이었다. 그녀들은 돈보다 이상에 약했다. 또한 여성에게만 별도로 한정된 삶을 만들어가려고 시도하기보다는 오히려 남성의 습성을 모방했다. 이와 반대로 모던걸은 일상적인 삶의 물질적 측면을 구현하는 데 더 관심이 있었다. 새로이 합리화된 소비자 문화에서 소비자인 동시에 상품화된 여성을 떠올리게 하는 레이첼 볼비Rachel Bowlby의 용어를 빌려 표현하자면 모던걸은 "단지 겉으로 보이는 모습"이 전부는 아니었다는 사실은 아무리 강조해도 지나치지 않다. 대부분의 묘사가 모던걸을 남성이나 상점의 진열장을 바라보며 긴자를 거니는 세상물정에 밝은 산책자로 그리는 반면, 어떤 이들은 모던걸의 일상이 소비 못지않게 생산에 의해서도 구현되고 있음을 인식했다. 그러한 저자들은 신여성의 자립 가능한 이 후계자가 새로운 근대 시기, 즉 대지진 이후의 경제적, 사회적, 문화적 재건의 시대에 틀림없이 전방에 서 있었다는 데 동의했다. 또한 당시에는 "자유롭게 살아가며 자유로운 사고방식"을 가진 모던걸이 어느 정도는 스스로 돈을 벌 수 있었다는 이유로 역사를 만들어가고 있었다는 견해가 일반적이었다.[19]

물론 마르크스주의 페미니스트였던 야마카와 기쿠에山川菊栄처럼 이러한 인식에 반대하는 이들도 있었다. 야마카와는 『모던걸, 모던보이モダンガール, モダンボーイ』에서 해변에 누워 뒹굴다 수영복을 입은 채로 도심지를 어슬렁거리는 소극적인 인물로 모던걸을 묘사하고 있다. 긴자 거리를 쏘다니거나 영화관 혹은 극장에서 흔히 볼 수 있었던 모던걸과 모던보이들이 공산주의자들이 특권층의 아이들을 방탕으로 이끌어 나약하게 만들려는 음모의 일환이라 주장하는 우파 언론의 보도에는 동의하지 않았지만, 야마카와는 밝은 색조로 화장을 하고 반쯤 벌거벗은 채 주전자 모양의 모자와 나팔바지를 걸친 소년들과 함께 걸어가는 이 소녀들이 일본 봉건제 시기 막

바지에 타락한 관료들의 "퇴폐적인 관습과 부질없는 쾌락"을 추구하는 짓들을 떠올리게 한다는 관점에는 동의하고 있다. 육체적 쾌락을 추구하는 것 외에는 모든 것에 냉담했던 이들의 모습은 쇠락하는 지배 계층을 암시했다. 이 때문에 모던걸의 에로티시즘을 또 다시 비난하게 된 것이다.[20]

젠더나 섹슈얼리티 문제를 받아들이지 못한 마르크스주의의 무능함과 일맥상통하는 야마카와 기쿠에의 원색적 정의는 일본인이지만 서구적인 모던걸에 대한 설명에 들어 있는 중의성과 모순을 무시했다. 이와는 반대로 다른 작가들은 즐거운 소비주의와 성적 유희의 이미지와 자신들을 옭아매는 전통을 버리고 저항의 긴장감을 드러내는 임금노동자로서의 면모를 보여준 모던걸의 정체성과 일치시키려고 시도했다. 이 작가들은 모던걸과 **진정한** 모던걸이라는 양의적인 정의를 사용했다. 기요사와에 따르면 일본의 모던걸은 다채로웠지만 정치에는 무관심한 반反지성적 모조품에 불과했고, 진짜 모던걸은 일본에 사는 모던걸이 아니라고 판단했다. 『100퍼센트 모가百パーセントモガ』에서 오야 소이치는 세 가지 형태의 모던걸을 제시했다. 첫 번째는 약삭빠르고, 교묘하고, 지적인 모던걸이다. 이들은 외출, 심지어 외박까지도 거리낌 없이 일삼고 친구와 연인을 가리지 않고 사귀었다. 이 모던걸은 소비자였지만 생산자는 아니었다. 그녀는 마치 마네킹과 같았다. 두 번째 유형의 모던걸은 집단 지향적이고, 생산적이며, 자의식을 가졌다. 세 번째 유형의 모던걸만이 "100퍼센트 모가"에 해당되었는데, 이들은 수없이 투옥되었던 영웅적 좌파 활동가의 후계자로 인정되었다. 그래서 이 유형의 모던걸에게는 정치, 감옥, 거리에 비해 가족에 대한 의식은 전혀 없었다. 이른바 전통에 매인 여성의 도덕성에서 해방된 이 모던걸은 새로운 시대의 이데올로기, 언어, 몸짓을 분명히 표현했다.[21]

에세이 「모던걸이 가져야 할 태도かくあるべきモダンガール」에는 히라쓰카 라이초의 이상화된 유형의 여주인공이 등장한다. 히라쓰카 라이초에 의하면 이러한 여주인공에는 두 가지 유형이 있다. 첫 번째 유형은 긴자 거리의 카페에 드나들기 위해 서양 의상과 그에 어울리는 모자로 화사하게 차려입을 수 있는 시간과 돈을 가진 젊은 여성이다. 그러나 겉으로 보기에 해방된 것처럼 보이는 이 여성은 자유롭지 못했다. 이 부류의 여성은 남성의 육체적 욕망의 대상이었고, 명랑해 보여도 사실은 우울했다. 이와 반대로 진정한 모던걸은 사회적 양심을 가지고 있었다. 비록 1920년대 당시 일본에서는 그러한 모던걸을 찾지 못했지만 히라쓰카 라이초는 언젠가는 그러한 여성들이 "패션에 사로잡힌 노예들"이 아니라 "사회적 여성"으로 조직된, 일하거나 노동하는 프롤레타리아 여성들 중에서 등장할 것이라고 예측했다. 이러한 근대 여성의 모델로는 아나키스트 페미니스트인 다카무라 이쓰에高群逸枝*가 꼽힌다.[22]

요컨대, 모던걸을 둘러싼 담론은 사회 변화의 기록에 관한 것이라기보다는 새로운 일본 여성의 형상화에 관한 것이었다. 이러한 이유로 가타오카 뎃페이는 주제가 반복되고 있지만 명확히 정의된 이미지가 없음을 시인했다.

---

* 1894~1964. 일본의 시인, 민속학자, '여성사학女性史学'의 창설자. 젊었을 때부터 시인으로 활약하고 《규슈신문九州新聞》 등에서 단가短歌나 시를 발표했다. 후에 도쿄에서 활약하기 위해 이동해, 아나키즘을 만나 여성사 연구에 뜻을 두게 된다. 히라쓰카 라이초와 함께 여성운동을 시작하고 여성사 연구를 계속해 『모계제 연구母系制の研究』나 『데릴사위 연구招婿婚の研究』 등의 업적을 남겨, 여성사 연구분야의 발전에 기여했다.

우리 시대에 모던걸이 존재한다고 말할 때 우리는 특별히 미스 아무개 또는 미세스 아무개라는 이름을 가진 특정 개인을 지칭하고 있는 것은 아니다. 오히려 우리는 어쨌든 우리 시대 모든 부류의 여성들의 삶 한가운데서 어제의 분위기와는 다른 새로운 시대의 분위기를 감지할 수 있는 사실에 대해 말하고 있는 것이다. 그렇다. 도대체 전형적인 모던걸이 어디에 있다고 말할 수 있는가? 바꾸어 말하자면 모던걸은 단지 사회의 모든 여성들의 삶의 분위기에서 감지되는 새로운 정취를 추상적으로 암시하는 용어에 지나지 않는다.[23]

모던걸은 정의되기를 거부했지만, 전문가들은 계속해서 모던걸을 규정하고자 했다. 1928년 2월, 《신초新潮》에는 근대적 삶의 다양한 측면들에 대해 논하는 좌담회 기사가 실렸다. 이 토론에 참여한 이들은 도시화와 새로운 형태의 "조음, 표현, 언어, 몸짓, 글쓰기, 의상"에 대해 말하는 데에는 동의했지만 모던걸에 대한 주제를 모른 체할 수는 없었다. 그들은 모든 것을 아우르는 하나의 포괄적 정의로 모던걸을 꿰어 맞추려는 욕망에 사로잡혀 있었다. 이 비평가들은 모가에 대해 다음과 같이 결정했다. (1) 모던걸은 신경질적이지 않다. (2) 모던걸은 직설적인 언어를 사용한다. (3) 모던걸은 직설적이고 적극적인 섹슈얼리티를 가지고 있다 ― 그녀는 남자가 자신에게 어울릴지 확인해본다. (4) 모던걸은 정절을 비웃는다 ― 그녀에게 남자를 갈아치우는 것은 깨끗한 흰색 셔츠로 바꿔 입는 것과 같기 때문이다. (5) 부자만 모던걸이 되는 것은 아니다. 지금은 옷이 비싸지 않기 때문이다. (6) 모던걸은 계급과 젠더라는 이중의 속박으로부터 해방되었다. (7) 모던걸은 아나키스트이다. (8) 모던걸은 기차요금이 필요할 때 남자에게 접근해 말을 건다. (9) 모던걸은 자유자재로 표현할 수 있는데, 이러한 표현은 영화를 보고 익힌 것이다. 그리고 마지막으로 이러한 인물의 자주성에 대한 간접적인 논평에서 그들은 모던걸의 짝으로 간주되는 모보는 "꽝zero"이라고 선언했다.[24]

1928년 7월부터 1932년 6월까지 발간된, 여성을 위한, 여성에 의한 이례적인 잡지 《여인예술女人芸術》*의 여성 작가들은 '모던걸'이라는 용어를 쓰지는 않았다. 하지만 이들은 여성의 창의성, 섹슈얼리티와 자주성을 당당하게 찬양함으로써 모던걸과 그녀의 에로티시즘을 긍정적 시각으로 보았고 모던걸을 정의하는 과정에 크게 공헌했다. 주요 쇼핑 중심지에서 살아 있는 부유한 마네킹들이 광고하는 《여인예술》은 여성에 대한 대중 매체의 조작이 여성 문화 혁명가들이 만든, 자의식을 반영하는 듯한 고급 잡지의 대중 홍보를 통해 전복될 수 있다는 예리한 분석을 전제로 하고 있다.

잡지의 논조는 창간호가 발행되기 하루 전인 1928년 6월 20일에 정해졌다. 이날 선구적인 여성 사상가들은 더러는 기모노를, 더러는 양장을 입고 우에노에 있는 레인보우 그릴에서 기자회견을 가졌다(스스로를 표현할 힘을 의식하고 있던 소수의 사람들을 모아놓고 정치적, 지적인 프로젝트를 발표할 때 일본 남성이 쓰는 전통적 방법을 활용했지만 게이샤 하우스보다 좀 더 모던하면서도 성적 특성이 덜 두드러진 장소를 선택했다). 이 새로운 잡지의 과제는 창간호에 들어 있는 야마카와 기쿠에의 「페미니즘의 검토フェミニズムの検討」라는 제목의 선언문에 설정되어 있다. 야마카와 기쿠에는 여성의 문화를 참정권, 교육, 일에 대한 여성의 평등 요구와 경제 발달이라는 맥락 안에서 평가했다. 그러나 이러한 자주성 요구는 자신을 문화 생산자로 표현하고 있던 여성에 의해 모던걸 특유의 개별적이고 전례 없는 일상을 만들어낸

---

* 하세가와 시구레長谷川時雨를 주필로 1928년(쇼와 3) 7월부터 1932년(쇼와 7) 6월까지 48권을 낸 여성 문예잡지로 점차 여성해방의 이론적 색채를 띠어갔다.

다는 담론을 또 다시 바꾸어 말할 염려가 있었다.[25]

《여인예술》의 작가들은 좌파 여성들이 여성의 처지에 대해 다방면의 비평을 구성하기 위해 단결할 수 있음을 입증함으로써 우리 역사(그리고 그들 일본의 정치문화 역사)에 세워진 경계들을 부인했다. 일본공산당을 지지한 사타 이네코佐多稲子 같은 작가들과, 공산주의자는 아니었지만 명백한 마르크스주의자인 야마카와 기쿠에는 여성들이 긴자 거리에 막 출현한 살아 있는 마네킹 같이 취급당하지 않을 만한 문화적 공간을 요구하던 아나키스트 야기 아키코八木秋子와 (소수의 남성을 포함해) 수많은 여성 작가들, 시인들과 비평가들의 의견에 동조했다(마치 자신을 팔기라도 할 것처럼 백화점 쇼윈도에 서 있는 이들 여성에 대한 한 기사에서 야기 아키코는 이러한 새로운 직업을 인간을 상품화하는 극단적인 예로 들었다).[26]

《여인예술》에서는 1920년대 후반 대량 유통을 목적으로 만들어진 수많은 잡지들의 무기, 즉 그림과 사진, 소설, 이론적 글, 그리고 좌담회 등을 활용했고, 여성해방을 지지하기 위해 국내외의 자료에 의지했다. 모던걸의 문화적 정체성에 대해 우려하고 있던 남성 지식인들과 달리 이들 작가들은 서구의 모방과 '진짜 일본'의 경험을 구별하려고 시도하지 않았다. 에도시대의 삶과 국내 정치를 다룬 기사에 더해《여인예술》은 알렉산드라 콜론타이Alexandra Kollontai(그녀의 글은 자유연애를 옹호했다는 소문 덕분에 일본에서 큰 반향을 일으켰다), 캐서린 맨스필드Katherine Mansfield, 브로니슬로 말리노프스키Bronislaw Malinowski 그리고 랭스턴 휴스Langston Hughes 같은 사상가들의 글도 실었다.[27]

《여인예술》에 기고한 작가들은 단지 예술과 이론에 그치지 않고 그 이상을 이야기했다. 1920년대 여성 잡지들이 사랑과 연애에 관한 기사들을 실었듯이《여인예술》에서도 초창기에 발행된 시리즈에 비슷한 기사들을 실었다. 그중에 대표적인 토론 하나가 「다방면 연애 좌담회多方面恋愛座談会」였다. "질투의 느낌과 감각", "순결과 사랑", "불륜에 빠진 사랑", "사랑의 변치 않는 속성, 삼각관계와 다각관계의 사랑", "성적 욕망과 사랑"이라는 각각의 부제가 달린 토론에 참여한 열네 명의 여성 참가자들은 다부지고 기성가치를 비웃었으며 대중매체에 표현되어 있는 모던걸처럼 현실적이었다. 정치 활동가였던 가미치카 이치코神近市子는 사랑에 바탕을 둔 결혼으로 이어질 만큼 강렬한 감정이 50년의 결혼생활로 지속될 수 있는지 의문을 제기했다. 누구나 시간에 여유가 있다면 사랑은 훌륭하고 좋은 것이지만 자신은 가족과 일 때문에 바쁘다는 점을 지적했다. 또 다른 토론 참여자는 오직 짝사랑만이 영원하다고 주장했다.[28]

상상 속의 모던걸과는 달리, 토론에 참여한 근대적 여성들은 결합, 관계 맺기, 번식과 같은 현실적인 문제들에 부딪치고 있었다. 의미심장하게도, 모던걸로서의 과격함을 정의하는 과정에서 《여인예술》에 저자나 기사의 주제로 등장했던 많은 여성들과 마찬가지로 이들도 노동자로서 공적으로 밖에 드러난 모습으로 자신을 정의했다. 그들은 사랑과 일에 대한 자신의 감정을 분명하게 표출했다. 비록 '모던걸'이라는 이름이 붙지는 않았어도 여성들이 가정이라는 울타리를 벗어나 거리로 나와야 한다는 의견은 《여인예술》 독자들에게 친숙한 것이었다. 그 예는 1929년, 「모든 여성 진출 행진곡을 모으다全女性進出行進曲をつのる」라는 전국적인 노래 가사 공모전을 홍보하는 대형 광고물에서 찾아볼 수 있다. 노래의 제목은 같은 해 〈도쿄행진곡〉을 떠올리게 할 수 있지만 편집자들은 정서가 다르게 코드전환될 것으로 기대하고 있었다. 즉, 그들이 의도한 바는 모든 계급의 여성들에게 앞으로 나아가라고, 거리로 나가라고 요청하는 과격한 호출이었다. "여성들은 이미 그들의 무거운 족쇄를 벗어 던졌고 음울한 마음

의 감옥으로부터 탈출했다. 이제 우리가 해야 할 것은 해바라기에 든 빗방울처럼 거리로 뛰쳐나가는 것이다. 이제 남은 것은 귀청이 떨어져나갈 것 같은 공장의 굉음과 하늘을 찌를 듯한 생각의 소용돌이의 정점이다. 우리는 모든 사람들과 함께 나란히 서서 모든 생명체의 세상으로 전진해 나간다. 친구들이여, 가끔은 이렇게 우리를 위해 부르고, 권고하고, 찬양하고, 앞으로 나아갈 수 있게 만들 노래가 필요하다."[29]

　거리로 나선 모던걸의 이미지는 야기 아키코와 하야시 후미코林芙美子가 함께 쓴 여행기 「규슈여행에서九州旅より」에도 등장한다(하야시 후미코의 『방랑기放浪記』는 욕망에 이끌려 길을 떠난 일하는 여성의 선정적인 여행 '일기'인데, 당시 《여인예술》에 연재되고 있었다). 여행기는 야기 아키코가 하야시 후미코의 음주에 관심을 표현하는 것으로 시작한다. 그러자 다음에는 하야시 후미코가 나고야에서 "훤칠하고 모던한" 팬과 즐겼던 로맨스와 위스키, 그리고 그 군인과 별 진전이 없자 기차에 몰아넣고 그에게 했던 행동을 자랑한다. 두 몰락한 무사의 기묘한 기행을 그린 에도시대의 고전, 『도카이도 도보여행東海道膝栗毛』*의 최신판이라고 할 만한, 길 위의 두 여성 작가가 술, 남자, 노래에 관해 쓴 이러한 기록은 모험이 남성의 전유물이 아님을 입증했다. 다시 말해 『방랑기』의 원기왕성한 저자이자 주인공인 하야시 후미코는 벌거벗고 춤추는 여인을 서정적으로 그린 부분 등을 통해 밑바

----

*　1802년부터 1814년에 걸쳐 인쇄된, 지펜샤 이쿠十返舍一九의 골계본滑稽本이다. 당대는 물론 현재까지 꾸준히 읽히며, 주인공 야지로 베에弥次郎兵衛와 기타 하치喜多八를 지칭하는 '야지키타'는 파생하는 오락 미디어에서도 여전히 인기 소재다. 줄거리는, 에도에 사는 야지로 베에와 기타 하치가 액막을 위해 이세신궁에 가기로 결심, 에도에서 교토, 오사카를 거쳐 이세신궁에 이르는 도카이도를 여행하면서 벌어지는 대소동을 다루고 있다.

닥 떠돌이 여성을 자전적으로 그리는 데 열중했지만, 하야시 후미코 자신은 그렇게 이상한 사람이 아니었다. 관능과 자유로운 이동으로 표출된 모던걸의 저항은 두 근대 여성의 여행처럼 공동의 것이 될 수 있었다.[30]

《여인예술》은 예술, 사랑, 탐험에 관한 것들만 다루지는 않았다. 여성 공장노동자, 특히 소련연방의 노동자에 관한 기사에서 점차 분명히 드러난 계급의식은 이후의 문제들을 다루며 더 강화되었다. 《여인예술》이 발행되던 마지막 6개월 동안에는 1930년의 악명 높았던 동양모슬린 쟁의*를 연속으로 다뤘다. 이 파업은 또 다른 소설 속 여주인공들을 탄생시켰다. 파업에 참여한 여공들은 사타 이네코가 파업의 북소리를 들으며 공장 담 밖에 서서 파업을 지지하고 1년이 지난 후인 1931년에 출판한 단편 연작에 주인공으로 등장한다. 대중매체의 다양한 자료에 등장했던 4부로 구성된 그녀의 이야기는 젊은 여성 노동자들 사이에서 벌어지는 폭력뿐 아니라 일명 "정의의 부대"로 불리는 용역 폭력배들과 이 여성들 사이의 폭력에 대해서도 자세히 다루고 있다. 사타 이네코의 이 다큐멘터리적인 소설은 또한 공장의 경영진이 가부장제의 힘에 호소하며 여성 노동자들의 아버지와 오빠들에게 보내는 편지를 비롯해 양쪽 모두에서 만들어낸 선전의 몽타주를 보여주고 있다.[31]

자전적 이야기에 시를 병치하고 소설에 자전적 이야기를 겹쳐놓은 다

---

* 방적산업의 중견기업 동양모슬린이 1930년 2월과 9월, 가메이도龜戶 공장에서 약 500명의 구조조정 계획을 발표하자 이에 대한 저항으로 노동조합이 파업에 돌입했다. 가을에 발생한 2차 쟁의는 약 2개월간 파업이 행해져 지역 전체로 투쟁이 확대되었다. 쟁의에 참여한 2500여 명 가운데 2000명 이상이 '여공'이었다. 이 해에는 동양모슬린 쟁의 외에도 가네카부치鍾淵 방적, 후지가스富士瓦斯 방적 등에서 1000명이 넘게 참여하는 큰 쟁의들이 연이어 발생했다.

니자키 준이치로의 소설 『치인의 사랑』과 하야시 후미코의 몽타주 같은 『방랑기』처럼, 사타 이네코의 단편은 입말과 몸짓 언어로 관습을 어긴 책임이 있는 모던걸을 투사로 표현하고 있다. 그녀의 이야기에서 십대의 활동가들이 고분고분한 노동자라는 강요된 역할을 거부할 때, 근대문화에 대한 정의보다는 오히려 계급투쟁이 중요해졌다. 이들 젊은 여성들은 춤을 추고 쇼핑을 하고 활보하기 위해 거리로 나선 것이 아니었다. 오히려 그들은 남성 무리에 뒤지지 않을 열정을 가지고 떠들썩하게 싸웠다. 또한 자신들을 지칭하는 말로 거친 남성투의 단어 '오레ｵﾚ'*라는 말을 씀으로써 코드전환을 했다. 그들은 접시를 부수겠다고 위협했고, 이데올로기에 대한 문제들을 놓고 말 그대로 씨름했다. 투쟁과 새로운 대화 방식은 근대적인 제스처이다. 그리고 이들 젊은 여성들이 동료 남성 노동자들과 시시덕거릴 수 있는 시간을 가지면서 대중매체에 드러난 모던걸처럼 성적 욕망을 표출하지만, 이것은 분명히 사소한 기분전환에 지나지 않을 뿐이다. 이성과의 어울림은 그들의 지속적인 관심에서 잠시 벗어나 즐기는 것이고, 그들의 요구는 계속 일을 할 수 있게 해달라는 것이었다. 무엇보다도, 그들은 일하기를 원했다.

모던걸에 대한 다양한 논의를 보면 대중언론에 기고하는 남녀 작가들은 모던걸이라는 이 문화의 주인공들이 스스로의 선택과 자신만의 섹슈얼리티(모보의 섹슈얼리티와 더불어)를 결정하고 있다고 생각했음을 알 수 있다. 이 모던한 젊은 여성들은 계급, 젠더, 문화의 경계를 뛰어넘었다.

---

* 　일본어에서 일반적으로 '나'에 해당하는 일인칭 명사는 '와타시私'이다. 같은 뜻인 '오레'는 주로 남자가 같은 또래나 아랫사람에게 쓰는 일인칭 명사로, 약간 거친 말투이나 상대에 대한 친밀감을 나타내기도 한다.

그들의 저항이 항상 조직적인 것은 아니었지만 그럼에도 정치적임에는 틀림없었다. 기요사와 기요시 같은 논평자들이 인정했고, 일본 여성 운동의 선배들과도 전혀 다르게 "태평양의 거대한 파도 같았던" 모던걸은 세상의 파도들을 자신의 활동 반경으로 끌어들였다. 그들에게는 지도자도 조직도 없었지만 그들의 활동은 최초로 전국적 기반을 둔 여성 운동이었으며 여성의 저항을 처음으로 소리 높여 드러낸 결과였다.[32]

다시 말해 모던걸은 투쟁적이었다. 《여인예술》에서 제목에 '모던걸'이라는 용어를 사용한 유일한 기사는 여성들이 계급, 성, 문화의 경계를 뛰어넘은 것이 이러한 정치적 행위와 유사함을 암시한 기사였다. 이 짧은 기사, 「유치장의 모던걸留置場のモダンガール」의 주인공은 일하는 소녀들을 위한 방과 후 학교를 설립할 기금을 요청했다는 이유로 수감되었다. 주인공이 다른 여성과 함께 감옥에 갇혀 있을 때 그녀의 '범죄'는 다른 이들의 사소한 범죄 행위와 구별되지 않는다. 기사는 그들이 모두 정치범들이라고 결론짓고 있다.[33]

동양모슬린 쟁의에서 살아남은 사람들과의 인터뷰는 소녀들이 국가를 등에 업은 회사의 힘을 당해낼 수 없었기 때문에 거리 투쟁이 오래 지속되지 못했음을 지적하긴 했지만, 거리에서 투쟁하는 여성들로서 파업자의 이미지는 계속 살아남았다. 모던걸에 대해서도 같은 상황이었다고 말할 수는 없다. 공적 공간에서 일과 성에 대한 자신들의 욕망을 공공연히 표현했고, 그럼으로써 여자는 집에 있어야만 한다는 통념에 도전하며 어디에도 속하지 않았던 투쟁적인 여성들은 사라지고 없었다. 모던한 젊은 여성 노동자들이 무엇을 했는가라는 질문은 그들이 무엇을 하기를 기대했는가라는 질문과 더불어 투쟁과 욕망에 적극적인 다면적 여주인공의 출현과 소멸을 설명하는 데 도움이 된다.[34]

그녀는 무엇을 했는가?

이 모던걸이 어떤 행위를 했을 때 그녀가 왜 그런 행위를 했는지, 언제 그렇게 했는지 설명하기 위해서는 여성을 소비자, 생산자, 법적 주체, 정치 활동가로 보았던 1920년대와 1930년대의 일본 여성사와 모던걸에 대한 표현을 연관지어 살펴보아야만 한다. 모던걸은 일본여성들이 이러한 모든 역할들을 수행하던 역사적 시기에 등장했다.[35]

옷을 걸쳤든 걸치지 않았든 모던걸의 신체에 대한 논의는 1920년대의 여성의 물질문화가 보여주는 사회변화에 대한 기록들과 분리해서 생각할 수 없다. 예를 들면, 양장 바느질을 열성적으로 소개한 잡지 기사들을 보면 일본 전통의상에서 탈피하려는 변화가 감지된다. 가정에 매여 있는 기혼 여성들을 겨냥한 잡지 《주부의 벗》은 1917년에 양장을 만드는 첫 연재물을 게재했고, 1923년에는 「편안한 홈 드레스를 만드는 법」과 같은 기사에서 양장을 유행 상품으로 홍보하고 있었다. 그럼에도 불구하고 시인 하기와라 사쿠타로萩原朔太郎*의 딸은 1927년에 자신의 어머니가 작가 우노 치요宇野千代**에게 자극받아 양장 차림으로 처음 나타났을 때 이웃의 가정주부들이 "모던걸"을 조롱했던 일을 회고하고 있다. 사람들은 대중매체가 홍보하는 새로운 문구는 재빨리 받아들여 활용했지만 새로운 패션

---

* 1886~1942. 일본의 시인으로 다이쇼 시대에 근대시의 새로운 지평을 열어 '일본 근대시의 아버지'라 불린다.
** 1897~1996. 다이쇼, 쇼와, 헤세平成에 걸쳐 활약한 일본의 소설가, 수필가. 다재다능한 사람으로 유명해 편집자, 기모노 디자이너, 사업가로도 활약했다. 작가인 오자키 시로尾崎士郎, 화가인 도코 세지東郷青児, 기타하라 타케오北原武夫 등 많은 유명인들과 연애/결혼을 해 그녀의 파란만장한 생애는 여러 작품에 나타난다.

은 빨리 받아들이지 못했던 것 같다.[36]

1920년대 실제 일본 젊은 여성들의 정서생활이 사회적으로 변해간 역사를 자세히 말하기는 더욱 어렵다. 모던걸의 제스처가 영화의 이미지와 흡사하다고 한 니 이타루나 다른 작가들의 주장처럼 젊은 여성들은 실제로 생기발랄하고 문란했는가?《여인예술》의 여성 지식인들의 허세는 매체에 보도되었던 성과 이성에 대한 모던걸의 단호한 태도를 얼마만큼 반영하고 있었는가? 1930년, 통근 열차에서 어떤 여성과 남성이 주고받은 대화 기록은 당혹해하는 남성에게 말을 거는 모던걸을 목격한(또는 칭찬한) 호사가들의 입에 오르내리기 딱 좋은 대담한 행위를 아주 잘 보여주고 있다. 기차에 오르는 30대가량의 한 여성을 향해 잘 차려 입은 낯선 사람이 그녀의 곱슬거리는 파마머리가 "볼썽사납고", 화장기가 너무 짙다는 이유로 여염집 부인으로서 부끄러운 일이며 국가의 미덕을 위협하고 있다고 비난을 퍼붓는다. 그에 대한 여성의 반응은 즉각적이고도 가차 없었다. 그녀는 "실례지만 내가 여염집 부인인지 아닌지 당신이 어떻게 아시나요?"라고 반박했다. 그러고는 그의 명함을 요구하고 바로 그날 그의 집으로 찾아가겠다고 위협하며 꽁무니를 빼는 그를 따라 기차에서 내렸다.[37]

이 사건의 목격자가 주목했듯이 그 여성은 분명 양장 차림의 여성사무원들이 많기로 유명한 도쿄 금융가의 사무실이 밀집해 있는 마루노우치丸の內*에 가는 중이었을 것이다. 곧 와지로의 모가 산보 코스 연구의 주제이기도 했던 이 여성 근로자들은 1923년 초, 일본 최초의 미용실에서 파

---

* 도쿄도東京都 치요다구千代田区의 한 구역. 마루노우치 잇쵸메一丁目부터 산쵸메三丁目까지 있다. 도쿄역을 중심으로 북쪽의 오오테 거리大手町와 함께 오피스 거리로 발달했다.

마를 할 수 있었다. 당시 자료에 의하면 1924년 무렵 마루노우치로 출퇴근하는 사무직 노동자 3만 명 가운데 여성은 3500명이었다. 1920년대 후반부에 이르면 약 8200명의 여성들이 일본 도심에서 비서직과 서비스직에 종사하고 있었다.[38]

모던걸이 규정되고 있던 1920년대에 기자들과 관리들은 직업부인職業婦人에 대해 연구했다. 도쿄사회국東京社會局이 발표한 많은 연구조사들 가운데 하나인 1924년『직업부인에 관한 조사』에서 사용된 여섯 개의 범주와 부녀회婦女會에서 출간한 「모던걸 정신 감정」에서 사용된 범주를 함께 놓고 보면 모던걸 담론과 직업부인에 대한 반응은 동일한 사회경제사의 일부였음을 알 수 있다. 도쿄 관리들이 사용한 여섯 개의 범주는 교사, 타이피스트, 사무원, 점원, 간호사, 전화 교환수였고, 「모던걸 정신 감정」 또한 버스 안내양, 카페 여급 그리고 중산층으로는 분류될 수 없고 노동자 계층 출신인 도시 여성 서비스 종사자들을 포함하고 있다. 비록 직업부인 이라는 용어가 통상 사무직 여성 근로자나 공장에서 일하는 여성 노동자와 구별하기 위해 사용됐다고 할지라도 '직업부인'의 의미는 여전히 모호하다. 1932년이 되어서야 카페 여급을 사회적 관점에서 설명하기 위해 직업부인의 문제에 관한 몇몇 작품들을 읽은 한 시사평론가조차도 그 이름에 꼭 들어맞는 개념을 찾아내지는 못했다. 곤 와지로가 1929년 저작『신판 대도쿄안내新版大東京案内』에서 버스 안내양, 기사, 회사 대표, 기자, 사무직 근로자, 가게 점원, 주유소 직원, 종이성냥과 광고 전단을 나눠주는 여성, 새롭게 주목받던 엘리베이터걸, 1928년에 처음 등장해 당시에는 지방에서도 볼 수 있었던 마네킹걸 등을 명단에 포함시켰을 때는 작품에 실린 일하는 여성의 유형들 사이의 계급 구분이 희미해졌음이 명확히 드러난다.[39]

이러한 다양한 연구들로부터 상상 속의 모던걸에 대응되는 살아 있는 모던걸이 등장한다. 모던걸은 독신 혹은 결혼한 여성 임금 노동자이며 제1차 세계대전 시기, 경제 호황이 막을 내리면서 경제적으로 쪼들려 직업 전선에 내몰린 사람들이다. 그러므로 1920년대 후반과 1930년대 초반의 소설과 이야기들에 자주 등장하는 노동자 계급으로서의 카페 여급은 우리 역사 교과서에서 흔히 보이는 줏대 없고 생각 없는 소비자의 모습보다 모던걸의 진정한 주체성을 보여준다.[40]

가족에 대한 책임으로부터 자유로운 모던걸에 대한 묘사는 사실상 사회적으로 그럴 수밖에 없었다. 다니자키 준이치로 소설에서 학자들과 정부 관리들이 "소규모" 핵가족의 출현에 대한 반응으로 근대 일본 가정을 재편할 것을 적극적으로 생각하던 그 순간 주인공은 나오미와의 결혼을 재정립하려고 애쓴다. 모던걸을 언급한 시사평론가들은 오쿠 무메오奧むめお가 지적했듯이 "여성을 무시하는 법"은 효과가 없음을 인식하면서도 정부가 민법 개정에 대해 토론을 벌이고 있는 바로 그때 여성을 이처럼 위협하는 담론이 절정에 이른다는 사실을 모두 간과했다. 여성으로서의 시민의 의무를 부인하는 것은 생물학적 결정론에 따른 것이 아니라 가정 내에서의 좀 더 적절한 여성의 위치에 대한 견해가 전제되었으므로 여성의 새롭게 확대된 경제적 역할에서 비롯한 가정생활에서의 변화가 제도화된 이데올로기의 변화를 요구한 것 같다. 1924년, 일본 도시 지역에서 아내가 제기하는 이혼이 증가하는 상황에 직면하자 전문가들은 가정의 붕괴를 통탄했다. 1925년에는 1898년 당시 남성 세대주에게 전권을 인정했던 민법의 주요 조항들에 이의를 제기하는 법안이 임시법제심의회臨時法制審議会*에서 본격적으로 검토되었다(임시법제심의회는 1919년에 메이지시대 민법의 가족 조항 개정을 위한 특별 조사 위원회로 설치된 것이었다). 여성의 법적

권한은 발의된 변경사항 범위 안에서 인정받았다. 외견상으로는 결혼에 필요한 부모 동의 조건이 삭제되고 여성에게 이혼이 좀 더 쉬워졌으며 여성의 양육권이 확대되고 여성들 자신이 재산을 관리할 수 있는 권리를 보장받았다.[41]

이와 같이 모던걸의 악명은 역사적으로 가정 내에서의 여성의 지위에 대한 정부 정책의 변화와 일치한다. 마찬가지로 중요한 역사적 국면은 외관상으로는 정치에 무관심한 모던걸과 여성을 위한 정치 단체가 동시에 등장했다는 사실이다. 이 무렵 '부부싸움'이라는 말은 좀 더 이목을 끄는 '가정분쟁'이란 용어로 바뀌게 되는데, 이는 1920년대에 실제 가족의 현실이 국가의 이데올로기와 얼마나 동떨어져 있었는지 보여주며, 양차대전 사이에 밀접하게 연관된 다양한 정치적 '상황'들이 여성들 사이에서 정치화해야 한다는 집단의식이 점점 커지는 데 기여했다는 샤론 놀테Sahron Nolte의 의견을 확증해준다.[42]

여성들은 점점 더 스스로 결집해갔다. 1919년 진보적인 신부인협회新婦人協會와 1921년 최초의 일본 사회주의여성 조직인 적란회赤瀾會*의 설립 이후 1920년대에는 수많은 투쟁적인 페미니스트 조직들이 등장했다.

---

* 하라 다카시 내각原敬内閣이 1919년 7월 9일에 법률제도를 조사/심의하기 위해 설치한 자문기관이다. 1907년에 설치된 법률취조위원회는 이 심의회가 들어서면서 폐지되었다. 이 심의회를 설치한 직접적인 이유는 제1차 세계대전 후의 사회질서의 동요에 미리 대처하기 위해, 법제도를 재편성하는 것이었다.

* 1921년 4월 24일~1923년 3월 8일. 일본에서 최초로 여성에 의해 결성된 사회주의 단체. '적란赤瀾'은 붉은 파도를 뜻한다. 명칭은, "사회주의 운동의 한 흐름으로 작은 파도 정도는 일으킬 수 있지 않을까" 하는 것에서 붙여졌다고 한다. 일부 지식인 여성에 의한 운동이 아니라, 노동자 계급의 여성에게까지 호소했다는 것이 특징이다. 전쟁 전 일본에서 사회주의 운동과 여성해방운동에 커다란 파장을 일으켰다.

1922년에는 여성의 정치모임 참여 금지령이 철폐되었다. 1925년에는 부인참정권획득동맹婦人選擧得同盟이 결성되었으며 보통남성선거권의 선포에 이어 좌파 정당들이 창당된 결과 노동자 농민당의 간토부인동맹関東婦人同盟과 같은 여성보조단체가 생겨났다. 여성들은 또한 급진적이거나 중도적인 노동운동에도 적극적으로 참여했다. 소작권 운동, 부인소비조합협회婦人消費組合協会, 타이피스트 협회タイピスト協会와 같은 전문가 조직, 자체 발행지 《직업부인職業婦人》을 출간하는 직업부인사職業婦人社가 1928년에 설립되었다. 야마노 치에코山野千枝子는 마루노우치 빌딩에 미용실을 개업하고 6년 후인 1928년에 마네킹 클럽을 조직했다. 1922년 4월, 카페 여급동맹의 광고 조직은 조합원들을 오사카의 거리로 보냈다. 다섯 대의 자동차에 나누어 탄 20대 이상의 젊은 여급들은 주요 신문사를 방문하고 연대를 촉구하는 2만여 장의 전단지를 나눠주며 오사카의 거리를 누비고 다녔다. 현수막을 흔들면서 그녀들은 히라쓰카 라이초의 페미니스트 선언문의 시작 구절을 인용해 청중에게 "태초에 여성은 태양이었다元始女性は太陽であった"*는 것을 상기시키며 세계의 여성들에게 연대를 촉구했다.[43]

여성 노동자들의 투쟁은 다양한 모던걸의 면모만큼이나 다면적이었고, 1920년대의 여성들의 정치 참여 또한 여러 가지 형태를 띠었다. 그러한 형태들로는 야마카와와 히라쓰카 같은 활동적인 지도자들이 행한 언론 측면에서의 노력은 물론, 강연 조직, 정부 관료를 상대로 한 정치적 영향력 행사, 여성문제에 대한 연구 단체 조직, 프롤레타리아 여성 교육을

---

* 1911년 9월 《세이토青鞜》의 창간사에서 히라쓰카 라이초가 한 말로, 세상이 만들어지던 시절 여성은 태양이었으나 지금의 여성의 위치는 달과 같다며, 오랫동안 가려져 있던 태양을 찾아야 한다는 의미로 한 말이다.

위한 학교 설립, 정치에 영향력을 행사하기 위한 다과회와 전단지 사용 등을 꼽을 수 있다. 여성 노동자들은 또한 여성 노동자의 자유 같은 문제를 놓고 기숙사를 떠나 길거리로 나서기 위해 단합된 행동을 하기도 했다. 1928년 말에는 1만 2010명의 여성들이 노동운동에 참여했다. 여성들은 21개의 노동 활동을 단독으로 주도했으며 그해 발생한 397개의 노동쟁의 가운데 138개 쟁의에 참여했다. 1930년 동양모슬린 쟁의는 여성들이 적극적으로 참여한 329개의 노동쟁의 가운데 하나이다. 같은 해에 일어난 플로리다 댄스홀 파업은 1930년에 여성들이 단독으로 조직한 38개의 파업 중 하나인데, 이는 어떻게 계급투쟁이 공장에서뿐 아니라 여성 노동자가 소비자 역할을 하는 놀이 공간에서도 일어났는지 자세히 설명하고 있다.[44]

무엇이 모던걸을 그렇게 만들었나?

모던걸의 완강한 이미지가 일본의 투쟁적인 여성 노동의 역사와 나란히 자리매김하자 모던걸은 비로소 막연하고 탈정치화된 상태로부터 벗어날 수 있었다. 그러자 모던걸을 문란하고 비정치적인(이후에는 비정치적이며 빈둥거리는) 모습으로 과도하게 묘사하는 것은 일본 여성들의 실제적인 투쟁성을 감추는 수단으로 이해될 수 있다(마치 1920년대의 미국 여성들의 실제 노동이 매혹적인 신여성의 일에 대한 평가 절하에 의해 부인된 것처럼). 그러나 1920년대 중반 무렵 미국 여성 노동자들이 새로운 소비주의에 의해 스스로 탈정치화되었던 데 반해 1920년대 근대 일본 여성들은 정말로 투쟁적이었다. 이들의 투쟁성은 새로운 패션의 수용, 새로운 분야에서의 노동,

사회·경제·정치 구조와 관계에 의식적으로 이의를 제기하는 정치 활동들을 통해 명확히 드러났다. 이에 대한 일본 정부의 반응으로는 민법을 개정하려는 노력, 보통 선거권의 검토, 부인동지회婦人同志会와 같은 단체의 조직과 확장, 소녀회少女会의 전국 네트워크, 검열, 주동자 구속 등을 꼽을 수 있다. 대중매체는 모던걸을 만들어내는 것으로 반응했다.[45]

그럼에도 모던걸이 한층 더 자신을 드러냈던 것이 틀림없는데, 모던걸에 대한 대중매체의 이야기가 여성 운동의 급진성에 대한 심각한 우려를 불식시켰다는 결론으로는 모던걸의 다면성을 충분히 설명할 수 없기 때문이다. 왜 모던걸은 일본인이면서 서구적이고, 지식인인 동시에 노동자이며, 일탈적이면서도 본받을 만한 이들이었던가? 담론에서의 코드전환은 이러한 의문을 일으킨다. 이에 대해 나탈리 데이비스Natalie Davis는 『위민 온 톱Women on Top』에서 하나의 답을 제시하고 있다. 그녀는 근대 초기 유럽의 "통제 불가능한 여성", 즉 매춘을 하거나 사기를 치거나 흥정을 하는 여성이 사회 구조를 강화하는 동시에 공적, 사적으로 투쟁 활동을 하도록 여성들을 선동하는 데 공헌했다고 주장한다. 문화적으로 형성된 일본의 모던걸도 이 두 가지에 공헌했다. 문란한 상류 여성처럼 다면적 상징으로서의 모던걸은 질서와 복종의 관계에 의문을 제기하는 동시에 문화적 젠더 역할과 성적 문란함을 보임으로써, 질서는 유지되어야 함을 시사하면서 한편으로는 "섹슈얼리티의 특징과 젠더에 대해 탐구"하게 만드는 데 공헌한 것이다.[46]

물론, 일본의 모던걸은 근대 이전 유럽의 신여성을 닮지 않았듯이 당대 미국의 활동적인 신여성과도 닮지 않았다. 그러나 사타 이네코가 세계 대전 이전에 쓴 저작들에 자주 등장하고, 훨씬 이후에 인터뷰하는 동안 스스로를 조롱하듯 비판적으로 언급하며 사용했던 용어로 건방지다, 대담하다, 또는 뻔뻔하다는 의미의 나마이키生意気라는 말은 여성을 '문란한' 것으로 보는 관점과 매우 유사하다. 이 단어가 함축한 의미는 폭력적이지는 않지만 분명히 공격적이고 규범을 무시하는 듯한 뉘앙스를 풍긴다. 모던걸처럼 나마이키한 사람은 제멋대로 할 용기가 있다. 나마이키의 상징으로 젠더, 계급, 성도덕을 무시한 거만한 모던걸은 남성과 여성 모두를 위해 사회적 · 경제적 · 성적 권리 확장을 요구하는 사람들에게는 확실히 호소력이 있었다. 이런 의미에서 모던걸은 훌륭했다. 그러나 거꾸로 말하자면 모던걸은 할 일을 한 것뿐이다. 왜냐하면 노동자, 지식인, 정치 활동가로서 여성의 새로운 공적인 위치는 가부장적 가정과 이것의 이념적 토대, 국가 이데올로기에서 현모양처良妻賢母로 그려지는 공손한 여성을 위협했기 때문이다. 이런 식으로 왜곡된 모던걸은 위협적인 존재였다. 결국, 일본인이면서도 서구적인 또는 어쩌면 그 어느 것도 아닌 모던걸은 문화적 차이 또는 민족적 차이라는 원칙을 상대한 것이었다. 이런 식으로 본다면, 모던걸은 일상생활에서 일본의 것이 아닌 관습의 수용에 대한 논쟁을 강조하고, 일본 여성을 남성에게 종속시키는 본질주의(유럽의 우생학적 결정론에 대비되는)에 이의를 제기했다. 사실 이러한 논제는 페미니스트인 기타무라 가네코가 개진했다. 그녀는 "노동쟁의, 소작쟁의, 가정갈등, 남녀 사이의 투쟁"은 피할 수 없으며 최근에는 한 가지 싸움이 새로이 추가되었다고 주장했다. 그 새로운 투쟁이란 일본인을 서구 행위에 맞서 싸우게 하고 모던걸을 이용해 그 싸움을 해결하려는 '좋은 품행을 둘러싼 투쟁'이었다.[47]

그렇다면 이것은 태평양 전쟁 이전 일본의 역사라는 매우 넓은 상황에서 일본 모던걸이 차지하고 있는 중요성이다. 모던걸은 강력한 '모던' 또는 경제 위기와 사회 불안의 시대에 남녀 모두가 일으킨 탈脫일본적 변화의 중요한 상징이었다. 모던걸은 국가의 권위가 그 권위와 안정을 다시 세우려 노력하던 때의 변화를 상징하며 그럼으로써 현모양처의 역할을 바꾸어놓았다. 1800년대 후기에 남성들은 정치, 문화의 방식을 근본적으로 변화시키도록 장려된 반면에 이상적인 메이지 여성은 전통을 상징하며 "과거의 저장고" 역할을 했다. 이와는 대조적으로, 모던걸은 광범위한 문화 격변기에 전통에 도전하기보다는 이를 고수하기 원했던 비평가들에게 쓸모가 있었다. 이 비평가들이 남성이었다는 사실은 《여인예술》의 여성 작가들이 모던걸의 민족적 정체성 또는 문화적 특수성에 크게 신경 쓰지 않았다는 사실에 의해 두드러져 보인다.[48]

탈일본적이고 그럼으로써 지탄받아 마땅한 모던걸은 「철도청을 휩쓴 모던걸Modern Girls Swept Out of Ministry of Railroads」과 「모가와 모보 정복하기 Conquering the Moga and Mobo」 같은 신문기사에 실제로 숨어 있는 의미였다. 1925년, 짧은 머리와 서구식 옷차림을 한 '전위적 모가'가 그동안 사귀어 온 외국인 범법자를 살해한 혐의로 재판을 받았다. 언론에 대서특필된 이 사건은 성적으로나 문화적으로나 확실하게 규범을 어긴 사건이었다. 이 사건 및 유사한 다른 이야기들은 두 가지 작용을 했다. 즉 일본의 것이 아닌 관습에 대한 불편함을 드러냈고, 동시에 일본 여성들의 정치 활동을 부정했다. 다시 말해서, 모던걸의 범죄는 정치적으로 의도된 계획범죄가 아니라 문화적 색채가 가미된 치정에 얽힌 사건으로 포장되었다. 그래서 1920년대에 한 아버지는 좌파 아들에게 "빨갱이만 되지" 않는다면 "모던 보이 혹은 심지어 모던걸이 되어도 좋다"고 애원할 정도였다.[49]

문화 규범을 위반하는 자로서 모던걸을 가장 생생하게 보여주고 모던걸의 명성이 잦아들 것을 예고한 사례는 1932년에 출간된 《중앙공론中央公論》에 실려 있는 수묵화 시리즈에 드러나 있는데, 이 수묵화 시리즈는 근대 여러 시기에 따른 일본 풍습의 역사를 표현하고 있다. 메이지 사회를 나타내고 있는 첫 번째 그림에서는 기모노를 입은 두 여인이 파라솔 아래에서 잡담을 나누고 있고 그들 뒤로는 서양 군복을 입은 남자들이 말과 마차를 타고 지나고 있다. 이어지는 다섯 개의 그림들(하나만 제외하고)은 기모노를 입은 얌전한 인물을 정교하게 그리고 있다. 1932년을 나타내는 그림에서만 유일하게 네 사람 중 한 사람만이 서구식 옷을 입고 있다. 두 번째 여성은 긴 의자에 퇴폐적으로 기대어 있고, 세 번째 여성은 다리를 뻗고 팔꿈치를 드러낸 채 앉아 있다. 그러나 전통을 수호하려는 열성이 가장 잘 드러난 것은 제목에 곁들여진 그림이다. 색칠한 장식 서체로 쓴 제목 옆에는 기모노를 입고 모피로 휘감은 여인이 있다. 여자의 머리 위에는 '근대적 전통'이라는 글자를 가리키는 커다란 총이 그려져 있다.[50]

모던걸은 동시대의 여성을 대표했다. 그렇지만 현모양처가 전통의 지속을 상징해온 것처럼 모던걸은 다니자키의 소설 주인공 나오미와 마찬가지로 전통에 대한 위협으로 묘사되었다. 모던걸에 대해 이야기하는 것은 투쟁적이든 아니든 거리의 여성들에 대해 이야기하는 것이었으나 동시에 모더니티에 대해 이야기하는 것이기도 했다. 1920년대에 모던걸이 새로운 제국 통치기(쇼와시대)의 최첨단에 있다고 옹호한 사람들은 모던걸을 낙관적으로 보았다. 모던걸이 등장한 때가 1926년이라고 생각했던 한 기자는 모던걸이 완벽한 성취를 향해 발전하고 있다고 보았다. 이 기자는 세계대전 이전의 일본 남녀에 관한 역사를 쓰는 미래의 역사가들은 모던걸이라는 용어가 잡지와 신문에 등장하던 해를 "원년A.D.1"이라고 부를 것이라 예견했다. 그러나 태평양 전쟁이 발발하자 (계급은 부정하고) 젠더와 문화를 규정짓는 범위가 강요되었다. 여성이 남성의 옷을 입는 것이 법으로 금지되었고, 여성 잡지들은 엄격한 통제를 받게 된다. 그리고 파마를 포함해 서구의 데카당스의 기미가 있다고 간주되는 것들은 불법화되었다. 비록 모던걸이 그러한 규제를 벗어나 전후에 다시 등장했지만 이미 그때에는 분별없는 마네킹 같은 존재로 전락해 있었다.[51]

그 정체성이 처음부터 일하는 여성과 놀이에 빠진 중산층 청소년이라는 두 가지 이미지로 나뉘어 있던 모던걸은 사회관계에 대해 깊은 함축을 띠고 있는 일련의 새로운 몸짓을 표출했다. 그러한 몸짓들 중 어떤 것들은 곤 와지로의 작품이 기록하고 있듯이 실제로 일상생활에 근거를 두고 있었지만 대개 모던걸은 자신에게 투사되는 계급, 젠더, 문화에 관한 모순된 판타지를 상징했다. 그럼에도 모던걸은 그 무렵에는 또 다른 여성다움의 화신으로 대체되었다. 즉, 총후home front에서의 일본 여성은 '전통', 국가, 가부장제와 새롭게 결속되면서 현모양처로 탈바꿈되었다. 그러나 모던걸은 성공했다. 심지어 대륙으로까지 전쟁이 확산된 1930년대 동안에도 모던걸은 근대적인 것의 기표로서 대중매체에 등장했다. 모던걸의 모습은 다음 장에서도, 예를 들면 카페 같은 에로틱 그로테스크 넌센스의 또 다른 현장에서 다시 나타나게 될 것이다. 나는 모던걸이었으면서도 일반적으로는 모던걸과 별개로 다루어지고 있는 카페 여급이 투쟁적이지는 않았더라도 모던걸이 구현된 한 모습으로 생각한다.

주석

1   그 예로 Peter Duus, *The Rise of Modern Japan*, Boston: Houghton Mifflin, 1976, 187-88쪽을 보라. 高沢秀次 편, 《別冊太陽(별책태양)》 54호(1986) '일본의 마음(日本の心)' 126-28쪽의 모던걸에 대한 글도 참고하라['일본의 마음'은 일련의 시리즈로 그중 54호는 우노 히로시(海野弘)가 감수한 '모던 도쿄백경(モダン東京百景)'이다]. 또한 槌田満文 편, 『明治大正風俗語典(메이지・다이쇼 풍속어 사전)』, 角川書店, 1979에 실린 「モガモボ—外国かぶれの男女モード(모가모보-외국심취 남녀모드)」 325-26쪽을 보라. 미국의 신여성(flapper)이 앞 시대의 "사회적 어머니" 상을 대체했는지에 대한 분석은 Mary Ryan, *Womanhood in America: From Colonial Times to the Present*(New York: Franklin Watts, 1983), 220-23쪽을 보라.

2   스즈키 시게요시(鈴木重吉)가 연출한 동명의 영화는 개봉된 1930년 사상 최대의 관객을 동원했다. 이 작품의 흥행요인에 대한 논의는 田中純一郎 편, 『日本映画発達史2 無声からトーキーへ일본영화발달사2 무성영화에서 토키로』(中央公論社, 1968), 178쪽 참고. 〈무엇이 그녀를 그렇게 만들었나〉는 잡지 《改造(카이조)》 1927년 1월호에 처음 실렸으며, 그해 4월 쓰키지 소극장(築地小劇場)에서 〈彼女(그녀)〉라는 제목으로 상연되었다. 인용한 부분은 藤森成吉, 『何が彼女をさうさせたか(무엇이 그녀를 그렇게 만들었나)』, 改造社, 1927, 1-160쪽.

3   기타자와 슈이치의 기사는 サトウタケシ, 「モダニズムとアメリカ化: 1920, 1920年を中心として(모더니즘과 미국화: 1920, 1920년을 중심으로)」, 南博, NMK, 41-42쪽; 植田康夫, 「女性雑誌がみたモダニズム(여성 잡지가 본 모더니즘)」, 南博, NMK, 135-36쪽; Barbara Hamill, 「女性: モダニズムと権利意識(여성: 모더니즘과 권리의식)」, 南博, NMK, 215-16에서 인용된다. 모던걸의 외양에 관한 풍부한 역사는 Barbara Sato, *The New Japanese Woman*, 45-78쪽을 보라.

4   新居格, 「モダンガールの輪郭(모던걸의 윤곽)」, 《婦人公論》, 1925년 4월호, 24-31쪽. 니 이타루의 동료인 오야 소이치(大宅壮一)는 이 글이 니 이타루가 쓴 것으로 보았지만, 정작 니 이타루는 기타자와 슈이치를 인용했다. Barbara Hamill, 「女性: モダニズムと権利意識(여성: 모더니즘과 권리의식)」, 229쪽 참고.

5   마에다 아이는 모던걸(モダンガール)이라는 말이 신시대 여자(新時代の女)라는 꼬리표를 누르고 쓰이게 되었다고 말한다. 前田愛, 『近代読者の成立(근대독자의 성립)』, 有精堂, 1972, 214-15쪽. 우에다 야스오(植田康夫)는 1924년부터 1928년까지 잡지 《여성(女性)》에 실린 글들을 통해 모던걸에 관한 담론들을 추적했다. 그는 1928년 9월호 《주부의 벗》의 도입부에 실린 다나카 히사라(田中比左良)의 연재만화를 인용한다. 植田康夫, 「女性雑誌(여성 잡지)」, NMK, 115-30쪽, 127쪽을 보라. 모가(もが) 담론의 구성이 신문, 잡지, 영화 "광고"를 통해 강화되는 데에 대한 언급은 保篠竜緒, 「モダーン新聞雑誌映画漫談(모던 신문, 잡지, 영화, 만담)」, 《改造(카이조)》, 1929년 6월호, 42-45쪽을 보라. 南博, SB, 303-8쪽 참조. 전국적인 보급 정도에 관해서는 家の光協会 편, 『家の光の四十年(가정의 빛 14년)』, 家の光協会, 1968, 126쪽을 보라.

이 책의 4장 "가정, 근대생활의 현장이 되다"와 결론부에서 근대의 장으로서의 《주부의 벗》을 논하면서 모던걸의 위치를 상세히 논할 것이다.

6   片岡鉄平, 「女の脚(여자의 다리)」, "人間世間(인간세상)", 南博 편, 『近代庶民生活誌(근대서민생활지)』(이후 KSS) 제1권, 三一書房, 1985, 175-77쪽(원전은 1926년 10월).

7   清沢洌, 「モダンガールの研究(모던걸 연구)」, "人間世間", 南博 편, KSS, 143-58쪽. Rosalind Coward, *Female Desires: How They Are Sought, Bought, and Packaged*(New York: Grove Press, 1985), 30쪽. 로잘린드 코워드의 이 책은 여성 신체의 역사적 구성과 재현을 패션과 연관해 통찰력 있게 분석한다. 片岡鉄平, 「モダンガールの研究」, 南博, KSS, 1: 163-64쪽, 170쪽, 172쪽(원전은 1926년 9월 9일). 이 글은 또한 片岡鉄平, 『モダンガールの研究(모던걸 연구)』, 金星堂, 1927에도 수록되었다. 서구에서는 흔히 '사랑'으로 번역되는 '연애'라는 말은 '철학'이나 '사회' 같은 단어와 마찬가지로 메이지시대에 발명된 것이다. 남녀 간에 깊은 정동의 감정을 가리키는 연(恋, 일본식 발음으로는 코이)과 무언가에 끌리고 갈망하거나 그것에 대해 정을 느낌을 의미하는 애(愛), 이 두 한자어가 합쳐져 새로운 어휘를 만들어냈으며, 이는 이성 간에 서로를 원하는 경우에만 적용되었다. 田中寿美子 편, 『女性解放の思想と行動(여성해방 사상과 행동)』 戦前 편, 時事通信社, 1975, 166쪽.

8   北村兼子, 「怪貞操(이상한 정조)」, 南博 편, KSS, 1: 128-42쪽, 특히 131-34쪽(1927

년 출간된 원본). 植田康夫, 「女性雜誌」, NMK, 135쪽; 片岡鉄平, 『モダンガールの研究』, 161쪽, 168쪽; 北村兼子, 「怪貞操」, 133쪽.

9 기요사와 기요시(清沢洌)는 《Hibert Journal》에 실린 "Dr. Meyrick Booth"를 로마자로 인용한다. 清沢洌, 「モダンガールの研究」, 南博, KSS, 1: 152쪽, 155-57쪽. 新居格, 「モダンガールの輪郭」, 《婦人公論》, 1925년 4월호, 24쪽.

10 岸田劉生, 「新古細工 銀座通(신고세공 긴자거리)」, 『岸田劉生全集(기시다 류세이 전집)』 제4권, 岩波書店, 1979, 295-97쪽. 이 에세이는 1927년 5월 24일부터 6월 10일까지 《東京日日新聞(도쿄니치니치신문)》 석간에 연재되었다.

11 『치인의 사랑』은 1924년 3월부터 6월까지 《오사카조간신문》에 연재되었으며, 《여성》에는 1924년 11월부터 1925년 7월까지 연재되었다. 여기에서는 『谷崎潤一郎全集(다니자키 준이치로 전집)』, 中央公論社, 1967, 10: 1-302쪽을 인용했다. 영문판은 Tanizaki Jun'ichiro 지음, Naomi 옮김, *Anthony H. Chambers*(New York: Knopf, 1985).

12 Coward, *Female Desires*, 30쪽. 남자 주인공이 어떻게 나오미를 여러 모습으로 가장하게 하고, 역할을 뒤바꾸었는지를 묘사한 구절은 『치인의 사랑』 45쪽과 294쪽 참조. "정부-노예 관계"라는 개념에 대해서는 루시 노스에게 감사드린다.

13 다니자키 준이치로는 서구의 풍속을 지각없이 베끼는 것을 암시하는 명확하게 경멸적인 용어로 "모던걸"이 아니라 "양키걸"을 택했다. "양키걸"이라는 용어에 관한 논의는 植田康夫, 「女性雜誌」, NMK, 136-37쪽을 보라. 谷崎潤一郎, 『痴人の愛』, 126쪽, 264쪽. 다니자키 준이치로는 "하이칼라(high collar)"를 음차한 메이지 용어인 "하이카라(ハイカーラ)"를 모단 혹은 "모던(modern)"보다는 당시 유행하는 서구적인 것을 의미하는 것으로 사용했다. 학자들 사이에서는 모단이 하이카라를 대체했다고 보는 것이 일반적이지만, 하이카라라는 말은 1920년대까지 쓰였다. 문화 주택(文化住宅)은 제1차 세계대전에 이어 새롭게 등장한 중간 계급을 위해 세워진 서구화된 집들을 가리키는 용어였다.

14 北村兼子, 「怪貞操(이상한 정조)」, 南博 편, KSS, 1:131쪽.

15 같은 책.

16 패트리샤 쓰루미(E. Patricia Tsurumi)가 기록했듯, 방직 산업에 종사하는 여공들은 1910년경 민간 기업 노동자의 71퍼센트를 차지했다. 하지만 이러한 사회적 현실은 공식적인 이데올로기에는 반영되지 않았다. 가노 마사나오(鹿野政直)는 국가

(国家)라는 합성어의 두 부분이 두 용어들 사이의 유비를 상정하는 국과 가로 나뉠 수 있으며, 남성들은 국 안에, 여성들은 가 안에 자리 잡게 되었음을 보여주었다. E. Patrica Tsurumi, "Female Textile Workers and the Failure of Early Trade Unionism in Japan," History Workshop 18 (Fall 1984), 5쪽; 鹿野政直, 『戦前・'家'の思想(전전・'이에'의 사상)』, 創文社, 1983, 5쪽. 모던걸이 전통이나 운명론에 속박되지 않고 "무엇보다도 자신을 존중했다"는 평가에 관해서는, 《여성》 1924년 8월호를 보라(植田康夫, 「女性雑誌」, NMK, 135쪽에서 인용). 민법의 서두에는 일본 사회의 가족적 성격이 어떠한 개인성 개념보다도 우선하게 되므로 일본의 법은 서구의 민법과는 다르다고 설명하는데, 법전의 제4편 「친족법」은 여성을 가부장제 조직 안에 위치시켰다. 도덕 교과서에서 여성을 가족에 종속시키는 예로, 초등학생용 교과서에 나긋한 목소리로 바느질과 청소를 하는 충실한 신부와 임신부가 등장한 것을 생각해보라. 末松謙澄, 『小学修身訓(소학교 수신훈련)』 제2권, 제3권, 精華舎, 1892; 인용은 「家族制度(가족제도)」, 湯沢雍彦 편, 『日本婦人問題資料集成(일본부인문제자료집성)』(이후 NFMSS) 제5권, ドメス出版, 1978, 369-70쪽. 또한 Gluck, *Japan's Modern Myths*, 120-27쪽을 보라. 平塚らいてう, 「モダンガールについて(모던걸에 대해)」, 『平塚らいてう著作集(히라쓰카 라이초 저작집)』(이후 HRC로 표시) 제4권, 大月書店, 1983, 282-84쪽(원전은 大調和, 1927, 5월). 平塚らいてう, 「かくあるべきモダンガール(모던걸이 가져야 할 태도)」, HRC, 290-97쪽(원전은 《婦人公論》 1927년 6월호).

17 北村兼子, 「怪貞操」, 南博 편, KSS, 135-131쪽. 片岡鉄平, 『モダンガールの研究』, 162-163쪽.

18 小池富久, 「丸ビルモガ散歩コース(마루빌딩 모가 산보코스)」, 今和次郎・吉田謙吉, 『モデルノロヂオ: 考現学』, 131-37쪽.

19 Rachel Bowlby, *Just Looking: Consumer Culture in Dreiser, Gissing, and Zola*(New York: Methuen, 1985), 18-34쪽. 清沢洌, 「モダンガールの研究」, 南博, KSS, 1: 157-58쪽; 片岡鉄平, 「モダンガールの研究」, 南博 편, KSS, 1: 161-65쪽. 이 개념은 가타오카의 것이다. 片岡鉄平, 「モダンガールの研究」, 南博 편, KSS, 1:164쪽을 보라. 아방가르드와 급진(radical)을 의미하는 '전위'와 '첨단'이라는 용어는 일반적으로 모던걸에게 적용되던 말이었다. 이에 관련해, 南博 편, KSS, x쪽을 보라.

20 모던보이를 소외시키고 무시했던 다른 작가들과는 달리, 야마카와 기쿠에는 모던

결과 그 남자 상대를 똑같은 정도로 강조했다. 山川菊栄, 「モダンガール, モダンボーイ(모던걸, 모던보이)」, 田中寿美子 · 山川振作 편, 『山川菊栄集(야마카와 기쿠에집)』, 岩波書店, 1981-1982, 4: 268-71쪽(원전은 《経済往来(경제왕래)》 1927년 9월). 야마카와는 혁명적 낙관주의를 보여주면서 또 다른 유사성을 도출해낸다. 데카당트한 모던걸과 모던보이의 관심사는 무지한 농민들의 거친 손에 의해 자신들의 땅에 내동댕이쳐진 러시아 귀족과 지주들이 즐긴 오락과도 명백하게 유사하다는 것이었다(같은 책, 269-70쪽).

21 清沢洌, 「モダンガールの研究」, 南博, KSS, 1: 153-57쪽. 大宅壮一, 「百パーセントモガ(100퍼센트 모가)」, 『大宅壮一全集(오야 소이치 전집)』, 2: 10-17쪽(원전은 《中央公論》 1929년 8월). 하밀은 (진보적인) "진짜 모던걸"과 단순히 옷과 화장에만 관심을 가졌던 '실제' 모던걸 사이의 구분은 모던걸에 관한 대부분의 기술들에서 드러난다고 결론 내린다. Hamill, 「女性여성」, 南博, NMK, 210쪽을 보라.

22 平塚らいてう, 「かくあるべきモダンガール」, HRC, 4: 290-97쪽.

23 片岡鉄平, 『モダンガールの研究』, 南博, KSS, 1: 173쪽. '-코(こ)' 와 '-에(え)'같은 접미사들은 주로 여성에게 쓰는 어미이다.

24 "モダン生活漫談会(모던생활만담회)", 《新潮(신초)》 1928년 1월호, 123-47쪽.

25 모던걸이라 불리자 자살을 해버린 여성의 이야기는 아마도 사실이 아닐 테지만, 모던걸이라는 꼬리표를 받아들이지 않은 이러한 여성들의 전략적 결정은 히라쓰카 라이초의 회고록에서 어느 정도 설명된다. 자기 세대의 청탑사(青鞜社) 운동가가 "신여성"이라는 꼬리표에 적극적으로 저항했던 것처럼, 단발머리와 서양식 복장을 한 여성 누구도 자신을 "모던걸"이라 부르게 하지 않았다는 것이다; 平塚らいてう, 「モダンガールについて」, HRC, 4: 283쪽. 尾形明子, 『女人芸術の世界(여인예술의 세계)』, ドメス出版, 1980, 38-39쪽. 山川菊栄, 「フェミニズムの検討(페미니즘의 검토)」, 『山川菊栄集(야마카와 기쿠에집)』, 5: 167-74(원전은 《女人芸術(여인예술)》1, 1928년 7월호 no. 1, 2-7쪽).

26 八木秋子, 「言葉：表現(말 : 표현)」, 《女人芸術》2, 1929년 1월호 no. 1, 104-6쪽. 여성의 상품화에 대한 야마카와 기쿠에의 통렬한 비판은 山川菊栄, 「景品つき特価品としての女(경품 딸린 특가품으로서의 여성)」, 『山川菊栄集』, 5: 2-8쪽(원전은 《婦人公論》 1928년 1월호).

27 알렉산드라 콜론타이(Aleksandra Mikhailovna Kollontai)의 저작들 몇 편이 1927

년부터 1936년 사이 일본어로 번역되었다. *Red Love*, Murao Jirō 역(Seikaisha, 1927); *A Grand Love*, Nakajima Hideko 역(Sekaisha, 1930); *Great Love*, Uchiyama Kenji 역(Sekaisha, 1930); *Working Women's Revolution*, Ōtake Hakukichi 역(Naigaisha, 1930); *Motherhood and Society*, Ozawa Keishi 역(Lo-gosu Shoin, 1931); *Women and the Family System*, Yamakawa Kikue 역(Seibunkaku, 1936).

28 「多方面恋愛座談会(다방면연애좌담회)」, 《女人芸術》1, 1928년 9월호 no. 3, 2-22쪽.

29 「全女性進出行進曲をつのる(전여성진출행진곡을 모으다)」, 《女人芸術》2, 1929년 8월호 no. 8, 2-3쪽.

30 八木秋子 · 林芙美子, 「九州旅より(규슈여행에서)」, 《女人芸術》 2, 1929년 9월호 no. 9, 70-81쪽. 『放浪記(방랑기)』는 1928년 10월부터 1930년 11월까지 19회분에 걸쳐 연재되었다.

31 中本たか子, 「東洋モス第二工場(동양모슬린 제2공장)」(1-4부), 《女人芸術》 1932년 7월-12월호. 佐多稲子, 「幹部女工の涙(간부여공의 눈물)」, 《改造》 1931년 1월호; 「小幹部(소간부)」, 《文芸春秋(문예춘추)》 1931년 8월호; 「祈祷(기도)」, 《中央公論》 1931년 1월호를 보라. 이상의 글들은 모두 『佐多稲子全集(사타 이네코 전집)』, 講談社, 1977, 1: 219-78에 재수록되었다. 사타 이네코는 여공들이 자신에게 도움을 청했으며, 자신은 파업 기간 동안 가메이도(亀戸)에 있는 기숙사 밖에서 지냈다고 설명했다(필자는 1982년 10월 도쿄에서, 그리고 1986년 8월 가루이자와에서 사타 이네코와 인터뷰했다).

32 清沢洌, 「モダンガールの研究」, 南博, KSS, 1: 158쪽.

33 「留置場のモダンガール(유치장의 모던걸)」, 《女人芸術》2, 1929년 12월호 no. 12, 77-81쪽.

34 渡辺悦次, 鈴木裕子 편, 『たたかいに生きて: 戦前婦人労働運動への証言(투쟁 속에 살다: 전전 부인노동운동의 증언)』, ドメス出版, 1980, 『運動にかけた女たち: 戦前婦人労働運動への証言(운동을 택한 여자들: 전전 부인노동운동의 증언)』, 194-214쪽; 労働運動史研究会 · 労働者教育協会 편, 『日本労働運動の歴史(일본노동운동의 역사)』, 三一書房, 1960, 179-94쪽을 보라.

35 이러한 의미에서 일본의 모던걸은 바이마르 독일의 신여성과 다르지 않았다. 아티

나 그로스만(Atina Grossman)의 말을 빌리자면, "이 신여성은 단순히 미디어가 만들어낸 신화나 인구 통계학자의 편집증적 환상이 아니라, 연구되고 기록될 수 있는 사회적 실재였다. 신여성은 카페, 카바레, 영화 속에서와 마찬가지로 사무소와 공장, 침실과 주방에도 실존했다. 나는 우리가 신여성을 생산자로, 그리고 소비자일 뿐만 아니라 대중문화로부터 정체성을 형성하는 데 도움을 받으면서 동시에 그 안에서 거래되는 새로운 정체성을 구축하는 하나의 행위자로 보기 시작하는 것이 중요하다고 생각한다." ("Girlkurltur or Thoroughly Rationalized Female: A New Woman in Weimar Germany," Judith Friedlander · Blanche Wiesen Cook · Alice Kessler-Harris · Carroll Smith-Rosenberg 편, *Women in Culture and Politics: A Century of Change*, Bloomington:Indiana University Press, 1986, 64쪽.

36 植田康夫, 「女性雜誌」, NMK, 120쪽. 1924년에서 1930년 사이의 백화점의 보수와 확장은 또한 소비자 행동에서 변화의 척도 역할을 했다. 하기와라 사쿠타로의 딸 하기와라 요코의 회고는 萩原葉子, 『父: 萩原朔太郎(아버지: 하기와라 사쿠타로)』(1959), 今井清一 편, 『日本の百年(6) 震災にゆらぐ(일본의 백년(6) 진재에 흔들리다)』, 筑摩書房, 1961-1964, 165쪽.

37 水上滝太郎, 「帝都復興祭余興(제국수도부흥제 여흥)」, 《三田文学(미타문학)》, 1930년 5월호. 今井清一 편, 『震災にゆらぐ』, 166-68에 재수록.

38 今和次郎 편, 『新版大東京案内(신판 대도쿄안내)』(中央公論社, 1929; 批評社, 1986); 清沢洌, 『モダンガール(모던걸)』(1926). 두 글 모두 今井清一, 『震災にゆらぐ』, 162쪽에 인용되었다.

39 1931년 헨리크 입센(Henrik Ibsen)의 『인형의 집』에 등장하는 노라가 선구자였음을 씁쓸하게 인정한 한 신원 미상의 신사와 같은 정부 관료들과 야마카와 기쿠에 같은 전문가들에 의해 수행된 조사들은 이 새로운 사회적 현상을 과학적으로 분석하고 일하는 여성을 정의하는 데 높은 관심을 보이며 한 가지 지표를 제공하는 데 목표를 두고 등장했다. 山川菊栄, 「現代職業婦人論(현대직업부인론)」, 《新潮(신초)》 1부, 丸岡秀子, NFMSS 제8권, 334-44쪽; Margit Nagy, "Middle-Class Working Women during the Interwar Years," *Recreating Japanese Women, 1600-1945*, Gail Bernstein 편(Berkeley: University of California Press, 1991), 199-216쪽; 前田愛, 『近代読者の成立(근대독자의 성립)』, 岩波書店, 1993, 225-26쪽. 직업부인(職業婦人)이라는 용어는 러일전쟁(1904-1905) 후 제1차 세계대전에 수반해 찾아온 경

제적 호황에 따라 팽창한 3차 산업에서 수천 개의 일자리가 창출됨에 따른 중산층의 반응과 연관되었다. 그 예로, Margit Nagy, "'How Shall We Live?' Social Change, the Family Institution, and Feminism in Prewar Japan"(Ph.D. diss., University of Washington, 1981), 118-38쪽; 村上信彦, 『大正期の職業婦人(다이쇼기의 직업부인)』(ドメス出版, 1983). 하지만 많은 예에서, 일하는 여성은 모던걸 혹은 노동자 계급과 관련이 있었다. '모던걸'이라는 용어가 '직업부인'을 가리키기 위한 것으로 만들어졌다는 가타오카 뎃페이의 주장을 보라(片岡鉄平, 『モダンガールの研究』, 164쪽); 그리고 오바야시 무네쓰구(大林宗嗣)는 「女給'社会史('여급'사회사)」, 《中央公論》 1932년 4월호, 151-62쪽에서 "카페 여급은 직업부인인가"하는 질문을 던지고 있다. 今和次郎 편, 『新版大東京案内(신판 대도쿄안내)』, 281-82쪽, 291-92쪽.

40 마르기트 나기(Margit Nagy)의 글은 1920년대 결혼한 여성의 노동 인구로의 진입을 기록한다. 샐러리맨의 평균 월 지출과 수입에 관해서는, Nagy, "Middle-Class Working Women during the Interwar Years," Bernstein 편, *Recreating Japanese Women*, 156-58쪽을 보라. 봉급생활자의 소비는 전반적으로 일본 자본주의의 위기의 여파로 음식값과 집값이 하락하는 상황에 처해 있었다. 세계적으로 대공황이 일어난 1929년, 경제는 제1차 세계대전 이후의 불황, 1923년의 대지진, 1927년 공황 동안 예금인출 쇄도와 그에 따른 경기 침체의 충격에서 회복되지 못한 상태였다.

41 鹿野政直, 『戦前・'家'の思想(전전・'이에'의 사상)』, 創文社, 1983, 112-15쪽. 이 말들은 1923년 오쿠 무메오(奥むめお)의 비평 제목에서 따 온 것이다. 「家族制度(가족제도)」, 湯沢雍彦 편, NFMSS 제5권, 28쪽. 무라카미 노부히코는 이러한 방향을 견지하면서, 다이쇼 시대의 사랑과 로맨스에 대한 강조와 여성들이 교육과 일에 새롭게 참여하면서 도전받은 법제도의 현실 사이의 모순을 기록했다. 村上信彦, 『大正女性史(다이쇼 여성사)』, 理論社, 1982, 1-4쪽. 법의 개정을 둘러싼 논쟁과 이를 둘러싼 담론에 관한 훌륭한 기록으로, Nagy, "'How Shall We Live?'", 198-291쪽, 155쪽을 보라. 또한 丸岡秀子, NFMSS 제5권을 보라. 가족의 해체에 관한 1924년의 기사는 가부장제 붕괴의 세 가지 이유로 경제적 단위로서 가족의 종언, 국가의 권력 그리고 개인주의의 확장을 들었다. 河田四郎, 「家長性家族組織の崩壊 : 家族制度崩壊の気運(가부장 가족조직의 붕괴: 가족제도붕괴의 기운)」, "家族制度(가족제도)", 湯沢雍彦 편, NFMSS 제5권, 438-53쪽.

42 Sharon Nolte, "Women's Rights and Society's Needs: Japan's 1931 Suffrage Bill," *Comparative Studies in Society and History 28*, no. 1(October 1986): 18-19쪽. 무라카미는 민법에 명시되어 있는 가족 체계로부터 여성이 해방된 것은 그들의 조직된 저항 운동보다는 교육과 일하는 여성의 수가 늘어난 덕분이었다고 주장하지만, 다양한 정치적 이익집단들이 남성과 여성의 태도를 바꾸는 데 기여했음도 무시할 수 없다. 村上信彦, 『大正女性史』, 2쪽. 부부쟁의(夫婦争議)라는 용어의 사용에 관해서는 北村兼子, 「怪貞操」, 137쪽을 보라.

43 이와 관련한 훌륭한 연표로, 「近代日本婦人問題年表(근대일본부인문제연표)」, 丸岡秀子, 山口美代子 편, NFMSS 제10권을 보라. 후지메 유키(藤目ゆき)는 여급들이 대부분의 여성 조직들 혹은 그들을 성노동자로 다룬 대부분의 사회 평론가들이 진지하게 다루지 않았던 시기의 카페 여급 동원에 관한 통찰력 있는 역사를 제시한다. 藤目ゆき, 『性の歴史学(성의 역사학)』(不二出版, 1997), 288-94쪽[한국어판: 후지메 유키, 『성의 역사학』, 김경자·윤경원 역, 도서출판 삼인, 2004].

44 자세한 통계는 藤目ゆき, 『性の歴史学』을 보라.

45 루이스 배너는 신여성(flapper)이 혼합된 성적 메시지를 표출했다고 쓰면서, 신여성의 놀이와 일하는 여성의 경험 사이에 중요한 연관성을 도출한다. "이들 여성들의 삶에서 패션과 일과 후의 활동들에 문화적으로 초점을 맞춘 것은 여성들의 직장을 매력적으로 보이게 만들면서 동시에 그것을 비하했다."(Lois Banner, *American Beauty,* Chicago: University of Chicago Press, 1983, 279쪽, 280쪽). Rayna Rapp·Ellen Ross, "The 1920s: Feminism, Consumerism, and Political Backlash in the United States," Friedlander et al., *Women in Culture and Politics*, 52-61쪽을 보라.

46 동시대 여성의 다면적인 이미지의 한 가지 은유는 자신의 가정의 어둠으로부터 해방되어 주변에 동화되어가는 특색 없는 변덕쟁이에 관한 이야기였다. 北村兼子, 「怪貞操」, 135-36쪽. 세 명의 역사가들이 모던걸의 고정관념을 넘어 모순으로 이루어진 담론을 보려 했다. 모던걸을 신여성에 비유한 사토 다케시는 모던걸이 여성들의 새로운 관습의 상징에서 불량소년소녀의 이미지로 바뀌게 된 과정을 추적했다(サトウタケシ, 「モダニズムとアメリカ化(모더니즘과 미국화)」, 南博, NMK, 26쪽, 41-43쪽). 우에다 야스오는 여성 잡지들과 일본의 모더니즘 사이의 관계에 관한 논의에서 모던걸의 다양한 정의들에 주목했다(植田康夫, 「女性雑誌」, NMK, 137

쪽). 직업여성, 여성의 교육, 상담 칼럼, 여성 잡지를 다룬 광범위한 에세이를 통해 바바라 하밀은 우에다 야스오와 마찬가지로 담론의 측면에 관해 이야기했다. 하밀은 모던걸론(モダンガール論)이라는 용어를 쓰면서 모던걸에 대해 긍정적인 평가와 비판적인 평가가 공존함을 분석한다. 그녀는 이 담론에서 경멸적인 측면이 "모던걸"을 그저 일시적으로 유행하는 풍속의 표현으로 보았던 지식인들의 마르크스주의의 영향과 출판의 선정주의 때문이라고 보았다. 히라바야시 하쓰노스케(平林初之輔)와 같은 입장에 서서 모던걸이 전통적인 권력 관계의 속박에서 벗어난 "여성들의 새로운 의식의 출현"을 의미했다고 강조한다. Hamill, 「女性」, 南博, NMK, 208-25쪽을 보라. 나탈리 데이비스의 "무질서한" 여성에 관해서는, Natalie Zemon Davis, "Women on Top," *Society and Culture in Early Modern France: Eight Essays*(Stanford, CA: Stanford University Press, 1975), 143-45쪽을 보라. 비록 "권력 관계의 위계에서 꼭대기에 여성을 위치시키는 성적 전도의 정형화된 개념은 사적, 공적 삶의 원천이다"라는 데이비스의 주장이 완전하다고 할 수 없고, 이 책에서의 나의 논의 또한 모던걸의 주장이 정치적 행위를 독려한다기보다는 그에 따르는 것이었음을 주장하지만, 양차 세계대전 사이의 기간 동안 일본 여성들의 행동에 대한 미디어의 영향은 진지하게 다루어질 만하다. 이러한 측면에서 일본의 모던걸은 미국에 있는 자매격의 신여성(flapper)과 닮아 있다고 할 수 있는데, 파울라 패스가 보여주었듯이, 1920년대 미국에서 젊은 여성들은 남성들보다도 더 무질서와 저항을 상징했기 때문이다(Paula Fass, *The Damned and the Beautiful*, New York: Oxford University Press, 1977, 6쪽, 22쪽).

47 北村兼子, 「怪貞操」, 137쪽.

48 "과거의 저장고"라는 개념은 한나 파페낙(Hanna Papenak)이 이론적으로 구축한 틀 안에서 연구한 샤론 지페르스가 제시한 것이다. Sharon Sievers, *Flowers in Salt: The Beginnings of Feminist Consciousness in Modern Japan*(Stanford, CA: Stanford University Press, 1983), 17쪽.

49 サトウタケシ, 「モダニズムとアメリカ化」, 南博, NMK, 41-42쪽. 나는 '모던걸'이라는 용어가 처음에는 서구 관습을 의미했다가 후에는 범죄적인 행위를 의미하는 2단계의 전개를 보였다는 사토 다케시의 생각에 동의하지 않는다. 1920년대 중반부터 1930년대까지 모던걸의 행동들에 대한 긍정적이고 경멸적인 함의들에 관해서는 더 연구되어야만 한다. 市川孝一, 「流行歌にみるモダニズムとエログロナン

センス(유행가로 보는 모더니즘과 에로그로넌센스)」, 267쪽.

50   伊東深水, 「時代風俗絵解き(시대풍속 그림해설)」, 《中央公論》 1932년 4월호.

51   기타무라는 완수(fulfillment)의 의미를 담아 완성(完成)이라는 말을 사용했다(北村
     兼子, 「怪貞操」, 139쪽). 시대 구분과 관련해서는 淸沢洌, 「モダン ガールの研究」,
     南博, KSS, 158쪽을 보라. 예를 들어, *Modern Boy Modern Girl: Modernity in
     Japanese Art, 1910-1935*(神奈川: 県立近代美術館, 1998) 전시회의 카탈로그 87쪽,
     89쪽, 90쪽, 94-54쪽을 보라. 여기에는 신여성 복장을 한 여성의 관습적인 사진도
     있지만, 젠더의 모호함, ("프롤레타리아 모가"라는 말이 나타내는) 젊은 여성들의
     정치화, 누드 신체를 공적으로 보여주는 데 대한 새로운 태도들과 같은 이슈들을
     제기하는 풍자 만화도 있다.

2장. 카페 여급, 블루스를 노래하다

일본의 카페 여급은 노동계급으로 구현된 모던걸이었으며, 노동계급으로서 블루스를 노래했다. 좀 더 자세히 살펴보자. 모던걸은 두 가지 이유에서 문란하고 자율적이라고 생각되었다. 첫째로, 이제는 여성들이 노동자로서 또는 권리를 주장하는 여성으로서 거리로 나섰으며, 둘째로, 남성 비평가들이 여러 가지 새로운 '모던한' 풍속들을 인식하고 자신들의 두려움을 모던걸에게 투사했기 때문이다. 모던걸을 보는 두 가지 방식, 즉 중산층 소비자거나 정치화된 직업부인으로 생각했던 것처럼, 카페 여급 역시 두 가지 차원에서 고찰해볼 수 있다. 카페 여급은 에로틱한 대상으로 상품화되었지만, 동시에 자신들의 관능적 욕망을 표현하고 일터라는 공간적 제약에 대한 항의를 표출했다. 자유로운 움직임이 모던걸의 특징이었다면 카페의 문화적 환경에는 제약이 있었고, 모던걸과 달리 카페의 손님과 여급은 모두 젠더나 문화적 경계를 넘어서지 못했다.

내가 이 장에서 카페 여급이 블루스를 노래했다고 하는 것은 액면 그대로의 의미는 아니다. 당대의 블루스 여제 베시 스미스Bessie Smith*나 일

본 '블루스의 여왕'이었던 아와야 노리코淡谷のり子*와 달리, 카페 여급은 가수가 아니었다. 물론 카페 여급도 가끔 한두 가락 흥얼거렸을 수 있지만, 대륙에 파병된 일본 부대에게는 인기곡이었고 국내전선에서는 금지곡이었던 〈작별의 블루스別れのブルース〉나 〈빗속의 블루스雨のブルース〉 같은 히트곡을 부른 아와야 노리코처럼 음악 공연을 하는 유명 가수가 아니었다는 뜻이다. 따라서 카페 여급이 부른 노래는 미국 흑인들의 역사에서 직접적으로 생겨난 노래들과 본래의 음악 스타일이나 분위기가 전혀 달랐으며, 대부분 공격적인 문화적 정치성을 드러내지도 않았다. 오히려 나는 여기에서 은유적인 의미로 블루스를 사용했다. 랭스턴 휴스는 블루스를 흑인의 삶에 비유해, 슬프기는 하지만 그 아래에는 희망과 결의가 흐르고 있다고 보았는데, 이런 의미로 나는 블루스라는 용어를 쓰고자 한다. 또한 미국 흑인의 고통스러운 생존을 논의하기 위해 블루스에 대한 언급을 활용한 제임스 볼드윈James Baldwin의 의견도 따를 것이다. 미국 흑인의 역사에서 형성된 문화적 표현을 일본의 근대문화로 이동시키는 코

---

* 1894~1937. 미국의 흑인 여성 블루스 가수. 1920년대 중기에 '블루스의 여왕'으로 불렸으며 풍부한 성량과 소박한 창법으로 후대에게 많은 영향을 끼쳤고 160곡의 레코드 음반은 귀중한 블루스보컬의 자료로 평가된다. 미국 전체 흑인세대의 희망과 좌절을 노래로 표현한 그녀는 대담하고 자신만만해 마이크 사용을 경멸했으며, 뛰어난 미모의 소유자이기도 했다. 그녀의 당당한 체격과 미모는 영화 〈세인트루이스 블루스St. Louis Blues〉(1927)에 담겨 있으나, 한때 그 리얼리즘 때문에 상영 금지되기도 했으며, 현재 그 필름은 뉴욕근대미술관에 보관되어 있다.

* 1907~1999. 아오모리현 아오모리시 출신의 여가수, 소설가. 일본 샹송계의 선구자, 블루스의 여왕으로 불렸다. 데뷔 초기에는 곱고 아름다운 하이톤과 꾸밈없는 가창을 선보였다가 이윽고 알토 소프라노 창법으로 바꾸어 '쇼와모던'의 비애를 노래했다.

드전환의 전제는, 카페 여급은 남자 손님이 대상화하는 수동적인 종업원이라기보다는 하젤 카비Hazel Carby, 다프네 해리슨Daphne Harrison, 그리고 최근의 앤젤라 데이비스Angela Davis가 논의한 흑인 여성 블루스 가수들처럼 자신들을 "섹슈얼하게(나는 에로틱이라고 부르겠다) 보이게끔 조작하고 통제했다"는 사실이다.[1] 다시 말해 나는 일본 근대문화 속에서 노동계급의 일원인 이 여성들의 에로틱한 주관화가 어떻게 에로틱 그로테스크, 넌센스라는 문화의 사회적 관계를 바탕으로 일어났는지 명확히 드러내기 위해 블루스라는 개념을 사용하는 것이다. 제일 먼저, 우리는 가장 흔히 언급되는 일본 근대문화의 현장 가운데 하나인 카페에서 에로틱하게 변화된 카페 여급을 보게 된다.

근대 일본의 카페에서 일하던 동시대 일본인에게 미국 흑인들의 사회사를 추적한 다음과 같은 글을 여러 가지 면에서 적용해볼 수 있다. "수천 명의 시골 남녀가 비좁은 주택과 휘황찬란한 밤문화, 빨라지는 발걸음과 비인간적인 공기로 가득 찬 낯선 도시로 대거 유입되었다. …… 남자들은 물론 여자와 아이들마저 가정과 피붙이를 등진 채 더 나은 삶을 찾아 떠났다. 이 여성들은 유부녀보다는 처녀가 많았고, 실제로는 구하기 어려운 직업을 찾아 떠난 많은 이들이 가족을 부양하겠다고 약속했다. …… 노동계급이 급증하면서, 사람들은 새롭게 얻은 자유를 행사하기 시작했고 …… 도시에 우후죽순처럼 생겨난 작은 바와 카페에서 여흥을 추구했다." 그러나 이러한 유사성보다 더 흥미로운 것은 "블루스"라는 제목에서 풍기는 정서와 태도가 유사하다는 점이다. 즉 일본의 카페 여급은 자신이 저급한 성적 상품으로 에로틱하게 되었음을 인정하면서도 동시에 스스로의 성적 욕망을 크게 드러냈다.[2]

나는 일본 여성과 미국 여성의 체험이 역사적으로 각기 다르다는 점을 간과하고 싶지 않다. 하지만 제1차 세계대전 이후 미국의 흑인 여성 블루스 가수와 그 음악을 듣던 흑인 여성처럼(그리고 같은 시기 상하이에서 성매매를 했던 중국의 여성들처럼), 대개 도시 이주민이었던 일본의 카페 여급들 역시 일련의 지배관계에 휘말렸다. 이러한 관계들은 때로는 경제적이고 에로틱한 관계였으며, 때로는 남성권력에 도전하는 행위로 알려지기도 했다. 나는 저항을 낭만화하는 데 따르는 위험성을 인식하면서도, 카페 여급이 소비 주체이자 상품화된 성적 대상이 되어버린 자본주의 문화 안에서 자제력과 저항력을 모두 가지고 있었다는 면을 집중적으로 살피고자 한다. 따라서 섹슈얼하고 에로틱한 충동에 사로잡힌 카페 여급의 주체성을 강조하기 위한 전략적 수단으로 블루스 개념을 활용한다. 블루스 가수가 부른(그리고 청중들이 열광한) 블루스는 남녀 간, 그리고 여자들 간의 상호작용까지 아우르는 성경험의 표명이거나 표출이었다. 이와 유사하게, 일본 여급女給의 말과 행동들은 성적 지배라는 가정(그리고 환상들)에 따라 행해진 남성과 여성의 에로틱한 경험을 드러내는 것이었다. 이 모든 것들은 여성적 쾌락을 제공하거나 서비스하는 데 종사하는 일본 여성들이 남성들에게 제공하는 '유희'의 역사라는 궤적 안에서 일어났다.[3]

이 장에서는 카페 여급을 그러한 두 가지 방향에서 논의한다. 카페 여급은 다른 사람들에 의해 일본 역사에서의 노동계급(혹은 식민화된) 성노동자로, 또한 자신만의 에로티시즘을 표현하는 존재로 에로틱하게 변질되었다. 내가 강조하고 싶은 것은 여급이 카페 안과 밖에서 에로틱한 관계들을 맺었다는 점이다. 내가 '근대' 일본의 카페라는 맥락에서 에로티시즘을 언급할 때는 성 역할의 구축에 의해 실현되고 남성과 여성이 다르게 경험한 물리적 또는 정신적 쾌락과 관련해 역사적으로 구성된 타인(남성 또는 여성)과 유대감을 맺고 싶어하는 욕망을 말하는 것이다. 또한 나는 명백하게 성별이 구분된 타인을 지배하거나 타인에 의해 지배되고 싶은 욕망의 표출을 보게 된다. 에로틱한 존재로서 카페 여급을 연구하는 것은 에로 그로 넌센스에서 에로에 덧붙여진 의미에 접근하는 한 방법이다. 카페 여급이 자신에 대한 기대에 어느 정도로 순응했고 언제 어떻게 저항했는지 살펴봄으로서 우리는 근대 일본 문화의 성의 정치학에 대한 통찰력을 얻을 수 있을 것이다.

카페 여급의 에로틱화

《여인예술》 1929년 3월호에 실린 오사키 미도리尾崎翠의 단편소설에 등장하는 고독한 여주인공은 허름한 커피하우스에서 일하는 친구, 키미짱에게서 위안을 찾는다. 키미짱은 실의에 빠져 있는 여주인공에게 성냥불을 붙여주면서 어째서 찰리 채플린에게 빠지는 것을 용납할 수 없는지 설명한다. "이상형이 아닌 사람에게 열중하는 사람은 없어"라고 말하고는, "심지어 나는 발렌티노가 죽고 난 뒤에는 영화관에 가지 않는다"며 자신의 이상형(이로오토코)*이 누구인지도 덧붙인다.[4]

이 이상적이고 에로틱한 남성들에 대한 여성들 간의 상호 작용으로 여주인공은 카페 여급이 손님들에게 제공하는 것과 같은 종류의 서비스를 자신에게 해주는 여자 친구와 관계를 맺게 된다. 키미짱은 친구의 담배에

---

* 이로오토코色男는 여성에게 인기가 많은 남자, 얼굴이 잘생긴 남자라는 뜻으로 주로 외형적인 측면에서 미남자를 말한다. 한편 색을 밝히는 남자라는 뜻도 가지고 있다.

성냥불을 붙여주고 당대의 문화에 대해 이야기를 나누며 여주인공을 위로한다. 비록 배경이 카페는 아니지만, 이 장면은 1920년대와 1930년대의 연구, 소설, 여타의 다큐멘터리 보도에 나타난 모던걸의 모습만큼 널리 알려진 이미지를 가진 여급에 대한 묘사와 흡사하다. 이러한 자료들을 읽음으로써 우리는 카페 여급의 주체성과 능동성을 유추해볼 수 있다. 거꾸로 이는 이 시기 일본 여성과 남성의 관계, 역사적으로 (따라서 문화적으로) 근대성, 계급, 젠더, 에로티시즘의 특정한 구성과 에로틱하다고 생각되는 것의 판매로 드러난 관계와 관련된 일련의 쟁점들을 제기한다. 예를 들어, 그것은 카페 여급과 손님 사이에 상호작용이 일어나는 사회적 장소를 들여다볼 수 있게 만드는 동시에 일본 여성들이 에로틱한 남성(이로오토코)에게 부여한 의미들을 넌지시 드러낸다. 나의 주된 관심사는 모던 일본 카페 여급을 대상이자 소비 주체로서 에로틱 그로테스크 넌센스의 역사 속에 자리잡게 하는 것이다.

여기서 에로틱화eroticizing는 카페 여급의 존재가 남자 손님을 만족시켜주는 과정을 지칭한다. 그리고 노동자들이 거래 관계라고는 할 수 없는 자신들의 에로틱한 관계를 어떻게 경험했는지에 대한 논의를 복원하는 작업 역시 가리킨다. 동시에 일본 역사의 이전 단계들로부터 살려내야 할 감정적 유대에 대한 고고학적 연구가 쉽지 않기 때문에 궁극적으로는 진정한 복원이 불가능하다는 것도 인정한다. 나는 또한 특정 시간이나 장소에 고정된 것으로서 에로티시즘을 요점화하거나, 에로티시즘, 섹슈얼리티, 신체에 대한 서구적 개념의 양상들을 일본의 경험에 강요할 두 가지 위험을 보게 된다.[5]

내가 주장해왔듯이, 모던걸은 많은 사람들이 가정했던 것처럼 중간계급 소비주의의 실제적인 지표라기보다는 이데올로기적인 개념으로서 훨씬 중요하다. 반대로, 근대 일본의 대중문화는 일본역사에서 에로틱이 공공연히 정치색을 띠게 된 시점에 에로틱한 친밀감을 파는 노동계급 여성으로 카페 여급을 그린다. 도사카 준에 따르면 그러한 풍속들은 새롭기 때문에 위협적이었다. 엄밀하게는 일상생활에서 성별의 묘사와 성 사이의 관계가 재조정되고 있었던 까닭에 이러한 풍속들은 국가에 의해 정치색을 띠게 되었다. 그러나 1936년에 도사카 준이 지적했듯이, 사상적 억압의 핑계로 정치색을 띠기도 했다. 도사카 준은 카페, 레뷰, 무도장에 대한 감시가 불합리하다는 생각을 분명히 밝혔다. 그는 엉덩이를 실룩거리는 몸짓에 대한 규제를 인용하며 그러한 결정을 특유의 비꼬는 투로 "걸작"이라고 불렀다. 동시에 도사카 준은 명백히 모순된 상황을 지적하기도 했다. 즉, 무도장은 국민의 풍속과 도덕을 위태롭게 한다는 이유로 지탄의 대상이 되었지만 한편으로는 (성을 파는 장소로서) 유곽은 국가의 보호를 받았다. 셀든 가론이 지적했듯이 "카페 문화"를 일제 단속한 연대별 기록을 보면, 국가가 카페에 대해 지속적으로 감시했다는 것과 전시에 그러한 억압이 심해졌다는 것을 알 수 있는데, 이는 도사카 준의 해체 이론과도 들어맞는다. 다시 말해 1928년부터 1930년까지 도덕 캠페인이 일어난 데 이어, 1938년에 학생들이 카페에서 대규모로 검거된 것은 나라가 전쟁에 동원되고 있었기 때문에 벌어진 일이었다. 국가가 기독교 근절주의자 abolitionist들 및 다른 민간 시민단체들과 합세해 위반 행위를 색출해내는 데에 몰두한 것은 그러한 행위를 근절하거나 견제한 것처럼 보일 수도 있지만, 이는 게일 허새터Gail Hershatter가 분석한 '중국에서의 매춘에 대한 규제상의 담론'과 마찬가지로 국가가 젠더, 섹슈얼리티에 대해 공식적으로 우려하고 있었음을 분명히 보여준다. 하지만 이 지점에서 나는 오직 성 정치학의 협상의 표현으로 여급을 논의하는 데에만 관심이 있다. 이는 일본의 근대 대중 매체에서 발견한 여급에 대한 묘사를 말한다. 모던걸처럼 카페 여급 역시 좌절한 고객, 외로운 가정주부와 관련해서나 몰락한 카페 여급 자신들과 관련해서나 논의의 불안한 어조를 초래할 수 있었다. 그러나 모던걸과 달리 카페 여급은 문화적 경계를 넘어서지 않았다. 그녀들은 틀림없는 일본인이었던 것이다.[6]

여급이 노동계급으로 그려졌다는 사실은 카페라는 용어가 프랑스어로부터 코드전환된 말이었던 반면, 여급이라는 말은 한자로 구성된 일본어로서 '여성 접대부'를 의미했음을 설명할 수도 있다. 이 용어는 카페라는 근대적 환경에서 모던걸과는 거리를 둠으로써 여급을 덜 근대적이고 따라서 덜 위협적으로 보이게 하려는 시도에서 유래했을 수 있다. 또는 여급의 일이 그 특성상 일본 역사에서 이전부터 있었던 일종의 성노동의 연속선상에 있기 때문에 이 용어에서 코드전환이 일어나지 않은 것일 수도 있다.[7]

일본 카페 여급의 역사를 어떻게 구성할지 생각해내기 위해서는 일본의 외부로 시선을 돌리는 것도 유용할 것이다. 조앤 스코트Joan Scott에 따르면, 미국에서 여성사 연구는 과거 몇십 년간 네 단계를 거쳤다. (1) 여성의 희생자화에 대한 연구, (2) 여성의 주체성에 대한 연구(또는 주체로서의 여성에 대한 연구), (3) 여성의 묘사에 초점을 맞춘 연구(이는 처음의 두 단계에 연결될 수 있다), (4) '여성'과 '여자의 몸' 같은 존재와 문화적 차이와 레즈비언 관계의 구성에 대한 관심이 그것이다. 근대 일본 문화의 한 현장으로서 여급은 앞의 네 가지 접근법과 모두 관련되어 있다. 일본의 카페 여급이 타자에 의해, 또 스스로 에로틱하게 된 과정은 여전히 거의 기록되지 않은 역사이지만, 이 역사가 일본에 특정한 노동계급 여성들의 노동 조건에 대한 사회사인 동시에 전쟁 이전에 존재했던 여가와 유흥에 대한 문화

지성사임은 분명하다. 이 네 단계 구도를 따르며 나는 여급의 희생자화에 대해 연구했다. 나는 근대 시기 일본 자본주의의 정치경제를 재추적하거나 여급의 주체성을 이해하는 핵심인 시골과 도시 빈곤의 상황을 설명하는 방법에 의존하지 않겠다. 그보다는 많은 카페 여급들이 거주했던 임대주택의 하위문화 안에서 강박에 의한 희생자화(일종의 자기 희생자화라고 할 수 있다)를 살펴보겠다. 나는 또한 남성이 여급과 어울리기 위해 대가를 지불하면서 힘을 가졌을 때, 그 힘에 맞서기 위해 여급이 취한 전략을 살펴봄으로써 주체성을 고찰할 것이다. 세 번째로, 재현의 관점은 내가 민족지라고 일컫는 저작들에서 가져왔는데, 이 저작들은 당시의 기록 충동의 산물이다. 그리고 마지막으로 네 번째 접근법의 견지에서 보면, 이 절에서는 여성 신체의 구성보다 문화 간 비교가능성의 문제에 집중하려 한다(여성 신체가 구성되는 특성에 대해서는 다음 절, 영화 이미지의 소비를 다루는 부분에서 논의할 것이다).[8]

카페 여급이 일하던 현장으로 가보자. 1920년대와 1930년대 근대 카페 여급의 일터는 앞선 역사가 있다. 여성이 남성의 시중을 든 다이쇼 시기의 "밀크홀ミルクホール"*로 이어지는 이 역사가 시작된 데에는 1911년에 설립된 카페 프렝탕プランタン이 있었다. 카페 프렝탕은 예술가들의 열망과 지적인 취향의 고객이 들르는 공간임을 드러내는 낙서로 유명했다. 1930년경에 오사카에는 800여 개의 카페가 있었고, 카페 여급은 1만 명에 육

---

* 메이지, 다이쇼기 일본 시가지에 흔히 있던 음식점이다. 이름대로 주로 밀크(우유)를 제공하는 것이 목적이었던 음식점이다. 당시 정부가 일본인의 체질개선을 목적으로 우유를 마시는 것을 장려하면서 메이지 시기에 많이 생겨났다. 일본 최초의 밀크홀은 1872년에 개점했다.

박했다. 샐러리맨과 지식인들이 주로 이용한 이러한 카페들은 1933년에 이르면 그 수가 무려 3만 7000여 개나 된다. 통계에 따르면 3년 후 여급의 수는 11만 2000명에 이르렀고, 10여 년 동안 강력한 단속이 시행되었음에도 불구하고 1939년에도 9만 200명의 여급이 일했다(전쟁을 위한 "정신동원"의 시기에도 지속된 인기는 단속에 대한 두려움도 카페의 네온 불빛을 능가하지 못했음을 드러낸다).

여급은 다양한 형태의 업소에서 모든 계급의 시중을 들었다. 분위기와 메뉴로 보아 찻집보다는 주점에 가까웠던 카페로 남자 손님들을 가장 많이 끌어들인 것은 음식도 아니고 심지어 술도 아닌, 기모노와 앞치마를 단정하게 차려입은 카페 여급이었다. 그곳에서 일하는 여성들은 음식과 술을 서빙하고, 술을 따르고, 때로는 손님과 대화를 나누며 함께 술을 마시곤 했다. 카페 여급(과 그들의 고객)의 존재는 히로쓰 가즈오広津和郎의『여급女給』같은 인기 소설에서 화제가 되기도 했고 몇몇의 여급은 특유의 '볼거리 에로티시즘'을 팔았던 인기 영화배우와 연극배우에 비견될 정도로 유명세를 탔다. 다시 말해 여급은 언어와 시각이미지의 인쇄매체, 영화(히로쓰 가즈오의 원작소설을 바탕으로 한 〈여급〉을 포함해), 영화음악의 가사 속에서 영원히 살아남았다.[9]

여급이 카페 안에서 에로틱하게 느껴지고 그렇게 보이도록 만들어진 과정을 살피는 여급의 역사는 일본의 역사 속에서도 비교해 보아야 한다. 여급은 에로틱하도록 강요된 서비스를 (대개는 팁을 받기 위해서만) 제공하는 일종의 성노동자였다. 성관계를 맺지는 않았기 때문에 여급은 매춘부가 아니었다. 그러나 이러한 구별은 우리가 여급을 일본의 역사 속에서 돈을 받고 에로틱하게 된 다른 범주의 여성들과, 또 시대를 초월해 동시대적으로 연관 지었을 때 비로소 설명적인 가치를 지니기 시작할 것이다.

카페 여급의 노동은 에도 시기의 메시모리 온나飯盛女(문자 그대로 번역하면 '식사 시중을 드는 여성)*가 근대 초기에 한 일에서 전례를 찾을 수 있다. 이러한 접객 여성의 일은 표면상으로는 음식과 술을 지정된 기착지에서 제공하는 것이었지만 휴식과 여흥을 위한 이러한 장소에서의 다양한 관행을 정부에서 금지했다는 사실은 이 접객 여성들이 음식을 제공하는 것 이상의 일을 했음을 말해준다. 메시모리 온나는 "기착지의 매춘부"라 불렸으며, 정부의 규제들을 보면 유곽에서 일하는 고급 매춘부의 서비스와 메시모리 온나의 일이 구별될 필요성이 강조되었음을 알 수 있다.

고급 매춘부처럼(그리고 게이샤와는 달리), 메시모리 온나는 기예 교육은 받지 않았지만, 다양한 규정들을 보면 이 젊은 여성들이 스스로 몸단장을 하고 접객실과 침실 양쪽에서 서비스를 제공함으로써 이를 상쇄하고 있었음이 확실했다. 어떤 규정에서는 메시모리 온나가 유녀(매춘부)로 보일 수 있는 의복을 입지 말라고 명기하고 있는 반면, 어떤 규정들은 그녀들이 입어야 할(실제로는 입지 않았지만) 유니폼인 칙칙한 면직 의상에 대해 상세하게 묘사하고 있다. 유곽에서 사용할 법한 은이나 별갑으로 만든 머리 장신구 역시 금지되었으며, 지나치게 장식된 쟁반에 음식을 서빙하는 것, 고객들이 찬찬히 살펴볼 수 있게 성노동자들을 일렬로 세우거나 이름표를 다는 것 등 유곽에서 행해지는 모든 관행들이 금지되었다. 고객들이 메시모리 온나와 이틀 밤 이상 함께 보내는 것을 금지하는 규정도 있었는

---

* 　메시모리 온나 혹은 메시우리 온나飯売女는 근세(주로 에도시대를 중심으로 하는) 일본의 숙박업소에서 잡일을 하며 더부살이하는 명목 아래 묵인되어온 사창이다. 메시모리 온나라는 명칭대로 음식 준비를 하는 일에 종사하는 사람을 가리키기도 하며 무조건 매춘부만을 지칭하지는 않는다. 또 '메시모리 온나'는 속칭으로 1718년 이후 막부 법령에는 '메시우리 온나'라고 표기되어 있다.

데, 이로 보아 사실상 이 젊은 여성들이 몸을 팔았다는 것을 알 수 있다. 위에 나열한 규정들과 그것이 암시하는 상황으로 볼 때, 고용된 메시모리 온나(계약기간 동안 생존해 일할 수만 있다면 예속상태는 10년간 지속될 수도 있었다)는 명목상으로는 자유를 인정하는 자본주의 관계로 매여 있던 여급과는 다르다고 할 수 있다. 그러나 나는 소네 히로미曾根ひろみ의 "매춘 사회"로 개념을 확장해 시대는 다르지만 그들을 결부시키고 싶다.[10]

내가 강조하고 싶은 것은 메시모리 온나와 여급 둘 다 비록 연주 교육은 받지 않았지만 연예인처럼 공연을 하는 성노동자였다는 점이다. 메시모리 온나가 여관의 응접실에서 춤을 추거나 북을 치는 것을 금지하는 규정은 오히려 안쪽 밀실에서는 그럴 수 있었음을 역으로 말해준다. 여급 역시 이야기를 나누었고 때로는 노래도 불렀다. 마치 소네 히로미가 봉건시대의 성노동 — 은밀한 무허가 매춘부inbaita와 메시모리 온나와 더불어 불법 매춘, 매춘부(또는 유녀) — 을 '매춘 사회'라는 개념으로 결부시켰듯이, 나는 에로틱한 서비스를 파는 메시모리 온나를 여급과 결부시키고 싶다. 소네 히로미에 따르면 위에 언급된 모든 형태의 여성 노동은 매춘이었다. 이들 여성들은 모두 상업 경제, 현금 경제와 함께 출현한 이러한 '매춘 사회' 안에서 계약으로 합의하고 자신의 몸을 팔았다. 소네 히로미는 매춘의 등장과 지속을 가능하게 하는 사회적 조건을 구체적으로 언급하면서 매춘을 고려한 여성의 역사를 요구한다. 이러한 소네 히로미의 요구에 부응하자면, 출현의 측면에서 여급은 음식과 술, 섹스를 제공하는 여성 메시모리 온나가 공식적으로 사라진 뒤 반세기 만에 전면적으로 등장한 20세기 초의 현상이라고 말할 수 있다. 지속성의 측면에서 보면, 여급은 성관계는 아니더라도(그러한 거래가 있었을 수도 있지만) 에로틱한 사교 관계를 제공하기 위해 고용된 이들이었다. 메시모리 온나라는 용어는 대체로 봉건시대에 매춘부를 완곡하게 지칭한 어구였을 테지만, 이러한 손님 접대업무가 에로틱하게 변한 것은 여급이라는 개념이 의존하는 기반 가운데 하나였다.[11]

여급은 매춘부가 아니었다. 그런 일이 전혀 일어나지 않았던 것은 아니지만, 여급은 1920년대 일본 도시 소비문화의 시장에서 성행위로 자신의 몸을 팔려고 하지 않았다. 공유된 매춘(완곡하게 나뉜 서로 다른 범주들) 경험이라는 소네 히로미의 개념 대신 다른 전제를 적용해볼 수도 있을 것이다. 가령 일본 여성의 에로틱한 서비스를 파는 행위가 에로틱한 접대행위의 공통된 속성을 숨겨왔던 몇 가지 범주로 나뉘어져왔다(예컨대 요시와라 유곽에서 유녀의 위계질서에서 볼 수 있듯이)는 전제를 적용해본다면, 우리는 여급을 다른 나라의 유사한 존재들, 중세와 근대 초기의 전신, 게이샤들과 작부酌婦(술 따르는 여성), 공인된 매춘부와 무허가 매춘부를 포함해 (곤다 야스노스케의 연구대상이었던) 1920년대와 1930년대의 다른 "접대부들"과도 비교할 수 있을 것이다.[12]

수많은 역사가들과 이론가들이 우리에게 가르쳐준 것처럼, 에로틱한 관계에 대한 논의는 이브 세지윅Eve Sedgwick의 말로 표현하자면 **섹슈얼리티 혹은 섹스**는 "여성과 남성 모두에게 특정한 성감대를 중심으로 응집하는 경향이 있기는 하지만 반드시 그것으로만 정의되지는 않는 행위, 기대감, 이야기, 즐거움, 정체성 형성과 지식의 배열이라는 인식에 국한되어야만 한다". 프로이트와 푸코에 동의하면서, 세지윅은 "인간 섹슈얼리티의 독특한 성적 특성은 노골적으로 나뒹구는 생식을 뛰어넘거나 잠재적으로 다른 것과 관계가 있다"고 덧붙인다. 서구인들이 게이샤에 관해 자주 묻는 외설적인 질문들, 즉 "그녀는 하느냐, 하지 않느냐?"(즉, 고객들과 성관계를 맺는지 여부)는 질문은, 역사적으로 구축되어온 상호작용이라는 맥락에서 성노동자로서의 여급의 역사에 대한 것보다 푸코가 논의했던 섹스에 대한 서구인들의 집착, 토머스 라퀘르Thomas Laqueur가 기록한 성적 차이라는 가정을 이야기한다. 여급은 에로틱한 접촉을 파는 노동자로 비쳐졌다. 하지만 그녀들은 대개 매춘부와 동일시되지 않았을 뿐 아니라 그들의 성노동은 게이샤의 노동과 같은 것으로 여겨지지도 않았다.[13]

게이샤 교육과 실습에 관한 지식에 근거해 카페 여급을 언급한 전쟁 전 일본의 많은 기록들을 보면 카페 여급은 게이샤가 이루어낸 공연예술의 기술, 또는 기예(게이, 芸)를 갖추지 못했고, 따라서 여급이 매우 다른 종류의 서비스를 제공했다는 것을 알 수 있다. 카페 여급이 활동했던 시대의 문헌들은 대체로 그녀들이 에로틱해지는 교육을 받을 필요가 없었다는 이유로 거의 한결같이 게이샤와 구별하고 있다. 그러나 나는 카페 여급이 이미 에로틱하게 변해 있었다고 생각한다. 대지진 이후의 소비문화 속에서 젠더, 섹슈얼리티, 에로티시즘이 형성되었기에, 카페 여급은 게이샤와 비슷한 에로티시즘과 젠더가 부여되었다. 물론 차이는 매우 중요하다. 즉, 여성들이 서로 다른 성노동자 범주로 분류된 데에는 그럴 만한 이유가 있었다. 예를 들면, 창문에 붙어 있는 구인광고를 보고 일을 구한 카페 여급은 별다른 교육 없이도, 자기가 알고 있는 야구 관련 지식만 가지고도 돈을 벌 수 있었다. 와세다대학교와 게이오대학교의 연례 시합 정도만 알고 있어도 카페 여급 일은 따놓은 당상이었다. 여급에게 요구된 기술은 기성 문화의 규범이 아니라 고객들의 욕망에 의해 결정되었다. 오사카의 아사히디너朝日ディナー 카페에서 일하는 카페 여급들은 일본노동총연맹 지부의 진보적인 멤버들이었던 노동 조직가들과 함께 노동가를 노래하는 법을 배웠다(이렇게 손님들과 공유한 활동들이 활동가 여급 연맹을 조직하는 것으로까지 발전한다). 이러한 차이점이 있었음에도, 여러 형태의 성노동에 종사하는 여성들 사이에는 섹스와 젠더에 대한 실행과 추정이 계속

이어지고 있었다. 일본에서 성노동자를 지칭하는 접객부接客婦라는 말은 손님과 접촉하는 여성을 의미한다. 이는 매춘부, 게이샤, 작부, 카페 여급, 여급, 여관의 가정부라는 여섯 가지 직업과 연결되어 있다.[14]

음식과 술을 내온 다음 고객과 앉아 있는 접객부의 행위는 일본 문화사라는 맥락에서 이해되어야만 한다. 여성 접대부가 음식과 술시중을 들고 고객과 사교활동을 하는 행위는 뚜렷하게 일본적인 것이었다(이와는 대조적으로, 일본의 업소들이 겉보기에 모델로 삼고 있는 프랑스의 카페에서는 여성이 아니라 남성이 음식과 술시중을 들었다).

도시의 일본 남성들은 근대 초기 이래로 소비문화 안에서 자신들의 음주 욕구를 채워주는 순종적인 여성의 에로틱한 행위에 친숙해져 있었다. 여급이 함께 어울려주는 대가로 돈을 받는 것은 여성이 남성을 위해 술을 따르는 일에 함축된 에로틱한 의미의 역사에서 파생된 것이다. 전근대와 메이지 유신 이후의 일본에서 여자나 남자나 사람들은 남성 고객과 친밀하게 교류하는 고용된 여성들이 대화와 (갖가지 형태의 공연을 포괄하는) 유희의 시중을 드는 데에는 음주가 수반된다는 사실을 알고 있었다. 근대에는 카페에서 매치 서비스マッチサービス 같은 수법을 통해 고객을 두고 경쟁했던 것처럼 다양한 전략들이 등장한다. 매치서비스에 돈을 지불한 손님은 성냥에 불을 붙인 후 성냥이 다 타들어갈 때까지 "관능적인 미인이 주는 쾌락"을 즐길 수 있었다.[15]

1930년, 철학자 구키 슈조九鬼周造는 본질적으로 에도시대 성애극을 일본 고유의 문장으로 옮긴 것을 위협하는, 남녀의 만남에 관한 당대의 표현들을 지적했다. 구키에 따르면 이러한 에로티시즘은 여성의 맨발이나 매우 밝게 화장한 갸름한 얼굴 같은 특성으로 정의되는 생김새와 세로 줄무늬가 들어간 짙은 청색과 갈색 의상과 더불어 성적 타자에 대한 저항감

을 포함하는 다양한 모습들로 특성이 드러난다. 이러한 모든 것들은 일본 고유의 용어인 이키いき*라는 범주에 속한다. 역사가들은 곧 구키 연구의 포괄적인 성격에 대해서는 그를 재빨리 신뢰했지만, 그럼에도 그들은 도쿠가와 시대 동안 시간, 장소, 계급에 따라 변화하는 말로 이키를 역사화했다. 예를 들어, 니시야마 마쓰노스케西山松之助는 하급 무사들이 사무라이가 아니라 도시 거주자로 길들여진 시기이기도 한 18세기 중반 에도의 도시 상업 문화의 부상이라는 상황 속에서 이 용어를 자리매김한다. 그는 또한 이 용어가 세련된 에로티시즘과 함께 저항 정신을 함축하게 된 발전 과정을 추적한다. 나카오 데쓰로中尾達郎는 이키가 부유한 상인에게는 세련된 태도를 암시한 반면, 도시 노동자들에게는 예절의 법도를 벗어난 퇴폐적이고 탐욕스러우며 무질서한 미적 감각을 의미했다고 말한다.[16]

여기서 중요한 것은 구키 슈조가 역사주의적 접근법을 쓰지는 않았다고 하더라도 적절한 에로티시즘과 그것이 변질되는 데 대한 그의 관심이 역사적 단절을 드러낸다는 점이다. 다시 말해, 에도시대 내에서의 차이점들은 그의 관심사가 아니었던 반면, 그는 논문을 통해 독자들에게 여성이 남성과 맺는 에로틱한 관계는 근대문화에서 변화하고 있다고 말했다. 구키는 자신이 그려낸 여성의 모습에 적법성을 부여하지 않았을 테지만, 에

---

* 에도시대 미의식의 하나로, 자태가 세련되거나 멋있는 것을 가리킨다. 또 인정에 밝고 잘 놀 줄 안다는 의미도 포함한다. 구키 슈조는 『'이키'의 구조』(1930)에서 '이키'라는 에도 특유의 미의식을 처음으로 철학적으로 고찰한 사람이다. 그는 이키를 "다른 언어에서 이키와 완전히 일치하는 말을 찾을 수 없다"는 점에서 '이키'를 일본 고유의 미의식으로 자리매김했다. 외국어 중에서 의미가 가까운 것으로 "coquetterie(교태)", "esprit(기지)" 등을 들었으나 추상적이라는 점에서 이키와 다르며 이키는 경험적 구체적으로 의식할 수 있는 것이라 주창했다.

도시대의 여주인공과 관련된 그의 이미지만큼이나 주목하게 만드는 새로운 몸짓들을 생생하게 그려내고 있다. "이키의 얼굴 표정은 윙크하거나, 입을 삐쭉 내밀거나, 두 발로 재즈 춤을 추는 등 서양의 천박스러움에서 떨어져 나오는 것을 전제로 한다." 구키가 근대의 카페에서 연주되는 재즈 리듬에 따라 흐느적거리며 남성 고객들 사이로 누비고 다니는 새로운 유형의 성노동자를 비난하고 있었다고 상상하는 것이 터무니없는 일은 아니다. 재즈에 대한 언급은 구키가 다른 형태의 접대부를 지칭하고 있음이 아님을 말해준다. 새로운 에로틱한 몸짓들은 내가 여기에서 부르게 될 "근대의 에로티시즘 산업"에 종사하던 모든 접대부에게 해당되지만, 여급-고객 관계 안에서 상품화된 에로티시즘에 특수성이 있었음을 염두에 두어야 한다.[17]

여급의 에로틱화와 근대 에로티시즘 산업 내의 다른 업종에 종사하는 이들의 에로틱화 사이의 긴장은 1936년 애인의 성기를 절단해서 도망가려 했던 악명 높은 여인 아베 사다阿部定의 예가 가장 잘 보여준다.* 오시마 나기사大島渚의 영화 〈감각의 제국〉(1976)을 통해 서구에도 잘 알려진 이 근대 여성의 일화는 근대 시기 동안 제대로 배우지 못해 기꺼이 자신의 몸을 팔 수밖에 없던 여성들이 구할 수 있는 직업의 범위를 보여준다. 아베 사다는 게이코芸子(하급 게이샤)에서 열일곱 살에 창부娼婦가 된 불량소녀不良少女였다. 후에는 고급 매춘부高級淫売婦, 첩妾, 여급으로도 일을 했다. 아베

---

* 아베 사다 사건은 나카이(주로 술집에서 잔심부름이나 접대를 하는 여성)였던 아베 사다가 1936년 5월 18일 도쿄시 아라카와구 오구역 대합실에서 성교 중에 애인을 교살해 성기를 잘라낸 사건이다. 사건의 엽기성 때문에, 사건이 발각되어 체포(5월 20일)될 때까지 계속해서 호외가 나오는 등 당시 대중들의 관심이 들끓었던 사건이었다.

사다는 이 모든 직업을 전전하며 에로틱한 여성성에 대한 남성들의 기대에 부응했지만, 고베神戸에서 카페 여급 일을 그만두기까지 그녀가 실제로 여급 일을 한 것은 단 2주에 지나지 않았다. 어째서일까? 법정 증언에서 아베 사다는 여급으로 일한 것이 거의 타산이 맞지 않았다고 일축했지만, 첩이 되려고 했다고 밝혔듯이 에로틱한 개인적 욕구가 여급 일을 그만두게 한 강렬한 동기였을 수도 있다. 아베 사다에 따르면 매춘부로 일하던 시절 만났던 손님 두 명과 계속 관계를 유지했음에도 홀로 잠드는 것이 견딜 수 없었다고 한다. 남자가 곁에 없으면 그녀는 매우 초조해져서 의사를 찾아갈 정도였는데, 의사는 훌륭한 결혼생활과 정신을 함양하는 책들을 공부하면 별 일 없을 것이라고 말해주었지만 별 도움이 되지는 않았다. 육체적 접촉에 대한 아베 사다의 욕구를 다르게 표현하는 방법을 제시한 것은 그녀의 전기 작가들이었다. 그들은 아베 사다가 카페에서 생겨나는 낭만적인 분위기의 연출을 간파해 그곳에서 벌어지는 일들이 단순히 "관리된 로맨스"에 지나지 않으며 남녀 사이의 대화와 시선의 교환 등이 통제되고 있음을 인식하게 되었다고 말한다. 전기 작가들의 결론은 다음과 같다. 아베 사다는 성이 매매되는 상황에서 일하게 된다면 그러한 상호관계에 직접 접근하는 것이 더 "합리적"이라는 결정을 내렸던 것이다.[18]

카페 여급이었던 아베 사다가 (그녀의 가장 열정적인 "연인"의 집에서 일하는 하녀가 되기 전에) 경제상의 이유로 매춘으로 옮겨갔으며, 여급의 성노동이 이성과의 육체적 친밀감에 대한 욕망을 충족시킬 수 없었던 반면, 카페 여급 일에 대한 불만은 여급에게 요구된 전문적인 사교술과도 관련이 있었음이 틀림없다. 그녀의 전기 작가들은 이러한 상호관계를 "관리된 로맨스"라고 불렀다. 다시 말해, 아베 사다는 에로틱에 대한 개념들을 정돈해 그 개념들을 문화적 의미를 띠게 된 집적거림이나 희롱, 응시와 남녀 사이의 기타 행위들을 곁들이며 주고받는 대화라는 맥락 속에 적절히 배치하는 자신만의 능력에 의지할 수밖에 없었다는 주장이다. 나는 아베 사다가 그렇게까지 치밀했다고는 생각하지 않는다. 나의 결론을 좀 더 은유적이면서도 냉정하게 표현하자면, 아베 사다는 "블루스를 노래할 수" 없었다는 것이다. 그녀가 (격렬한 애정 행각으로 뜻하지 않게 빚어진) 범죄 현장을 떠나며 애인의 남근을 가지고 가는 것이 죽은 애인과 결합하는 것이라고 확신하면서 그렇게 문자 그대로의 행위 외에는 아무것도 할 수 없음이 분명히 드러나듯이 말이다. 만일 아베 사다가 "블루스를 노래했다면" 그녀는 에로틱한 폭력에서 나온 그런 행위가 아닌 다른 형태의 행위로 자신의 에로틱한 욕망과 고통에 반응할 수도 있었을 것이다. 그리고 이 장의 서문에서 인용한 소설 속 인물인 여급 키미쨩이 썼던 용어를 활용해 진정한 "이상형"과 열정적인 관계에 빠진 여성이라면 누구나 할 수 있는 지극히 자연스러운 행동을 했을 뿐이라고 주장하는 법정 증언으로 자신을 변호할 수도 있었을 것이다. 아베 사다는 그의 연인에 대해 묘사하면서 그를 "이로오토코"라고 부른 것이 어떤 의미였는지 설명한다. "정확히 이시다石田吉蔵의 무엇이 좋았냐고 묻는다면 나는 답할 수 없습니다. 그러나 그의 존재 방식과 태도, 그가 사물에 대해 느끼는 방식들을 언급하자면 그런 면에서 그는 흠잡을 데 없는 사람이었습니다. 나는 그런 이로오토코를 만나본 적이 없습니다."[19]

다른 모든 카페 여급과 그들의 고객과 마찬가지로 고객이 카페라는 공간으로 들어오기 전부터 이로오토코에 대한 추정이 그랬듯이 아베 사다에게도 젠더가 에로틱화되어 있었다. 가정에서 카페로 그리고 다시 가정에 이르기까지 남성과 여성들은 나름대로 추측과 기대감(과 실망감)을 분명

히 갖고 있었을 것이다. 가정에서 완전히 에로틱과는 거리가 먼 가족 관계를 상정하거나 간혹 결혼한 카페 여급이나 손님이 가정에서 나누는 대화에서 카페에 대해 주고받는 말을 분리하는 것은 카페가 문화적 장소라는 것을 은폐하고 1910년대에서 1930년대까지 일본의 가족 관계를 형성하는 인간 감정들의 복잡성을 단순하게 만든다. 근대 시기의 여성 잡지들, 여급들 사이에서 가장 인기가 많았던 잡지들을 대충 훑기만 해도 가족 내의 관계들과 가정과 카페와 같은 공적 공간 사이의 관계들이 중산층이나 셋방살이하는 사람들 사이에서도 원활하지 않았음을 볼 수 있다(대조적으로 대중매체에서는 대부분의 귀족과 황실 가족들을 차원이 다른 가족생활의 이상적인 모델로 다루었다). 이미 1916년에 《부인공론》은 카페 여성을 역사적 관점에서 다루는 기사에서 독자들에게 "카페 여성"에 대해 경고했다. "오랫동안 술은 술 따르는 여성들과 함께 등장했지만, 하얀색 앞치마를 두른 이 젊은 여성들은 근대 문명의 타락에 정신적으로 유혹되어 있기 때문에 손님을 유혹할 수도 있다." 가정부인들이 일련의 카페들을 현장 방문한 것을 직접적으로 언급한 《부인공론》의 기사는 가정과 카페 사이의 긴장을 집중 조명했다. 이로부터 20년 후 야마다 와카山田ゎゕ는 ("연애 문제"와 "부부 문제" 두 가지 범주로 구성되어 있는) 『나의 연애관私の恋愛観』의 서문에서 이러한 갈등이 지속되고 있음을 보여주었다. 야마다 와카는 카페에서는 아니더라도 당시의 많은 여성 잡지에서 중요하게 다루어지는 주제들을 제시하고 있다. "두 인물의 생활을 하나로 묶기"가 그것이다.[20]

　카페에서 젠더를 형상화하고 에로틱하게 만드는 방법 가운데 친밀감과 환상을 키우기 위해 공간을 활용하는 방법이 있었다. 당시 사진을 보면 긴자의 유명한 카페였던 카페 타이거의 아르데코풍 소파들이 배치되어 있는 것이 눈에 띈다. 일본식 초롱 모양의 전형적인 전등이 소파를 비

추고 있다. 신주쿠에 있는 카페 스타오브골드의 등받이가 높은 안락의자와 더불어 전략적으로 배치된 관목들, 그리고 입식 칸막이를 이용한 공간의 분리 등은 당대의 문화적 융합뿐 아니라 손님들이 어떻게 칸막이로 격리된 후 여급들과 어울리며 관리되었는지 보여준다. 카페 여급의 중국 의상을 비롯한 중국 취향은 제국주의 경험을 이국풍으로 만든 것임을 보여준다. 이러한 동양화東洋化는 또한 당시 일본 영화 잡지에서 볼 수 있는 이미지들의 일본식 변형이었다. 예를 들면, 대중 잡지 《영화의 벗》에는 기모노와 필수품인 부채를 비롯해 매혹적인 동양 의상을 입고 있는 할리우드 여자 스타들의 사진과 캐리커처로 표현된 중국인 남성의 사진이 실렸다. 긴자 팔레스銀座パレス의 일본 여급들은 식민지화되고 있던 2층의 살롱 만주에서 식민지의 生活 또는 일상에 대한 환상을 보여주는 데 딱 제격이었을 허세를 부렸다. 그런데 카페 여급과 고객 사이의 권력관계가 제국주의적인 것으로 치부될 수는 있었겠지만 사실 카페 여급은 그런 척할 수 있었을 뿐이다. 실상은 여급이 저항의 수단으로서 식민지 사람의 흉내를 낼 수 없는 따로 떨어진 식민지에서 온 것이 아니라는 점이다. 외국 의상들은 일종의 보조 장치로서, 여성성을 드러내기 위한 버팀목이었다.

또 다른 형태의 이국풍과 고유 전통의 복원에 더욱 심취된 긴자 팔레스의 손님들은 역시 2층에 있었던 살롱 모모야마를 애용할 수 있었는데, 이곳에서는 여급들이 봉건풍에 맞게 머리를 하고 기모노를 갖춰 입고 의자에 앉아 있었다. 그렇지 않으면 손님들은 등나무 의자들, 화분에 심겨진 화초들과 현대적이면서도 수수하게 쪽진 머리와 기모노 차림을 한 여급이 있는 같은 층의 제3의 업소를 찾아가 술을 마실 수도 있었다. 주인은 긴자에 큰 업소를 개업하면서 300명의 여급을 모집하는 광고를 냈는데, 수백 명의 젊은 여성들이 뽑힐 수 있었던 이유는 매력적인 여성으로 행동

할 수 있는 그들의 능력 덕분이었다.[21]

긴자에서는 가장masquerade이 모방보다 널리 퍼져 있었던 반면, 다른 곳의 카페들에서는 모방이 우위에 있었다. 일제 강점기를 근대 시기 안으로 편입시키는 데 더해, 예를 들어 일제강점기 대륙의 근대 일본풍의 바와 레스토랑, 회합 장소 등에서 중국과 조선 여성들이 동원되었던 사례에서 입증되듯이 식민지에도 또한 모던이 스며들었다. 이는 일본군에 의해 강제로 성노리개가 될 수밖에 없었던 이른바 '위안부慰安婦'가 겪었던 참상의 전사를 보여주는 한 가지 측면이다.[22]

식민은 성노동의 형태로 근대에 편입되었다. 조선인 식당 여성 종업원들은 1920년대에 함부로 드나들 수 없는 출입구 뒤로 고립되어 있는 조선 식당에서 조선인 노동자들의 수발을 들기 위해 삿포로, 홋카이도로 제일 먼저 차출되었다. (난징 대학살 이후 최초의 '위안소'가 공식적으로 운영되기 직전) 1935년과 1936년에는 이들 조선인 노동자들을 위한 식당이 여섯 곳 있었다. 이 식당들은 조선인 손님들에게 조선어로 접대하는 여성 노동자들에 관심을 갖는 일본인 손님들을 함께 받는 장소로 개조, 확장되어 그 수가 100여 곳을 넘게 되었다. 결국에는 '아리랑' 같은 업소 이름을 조금 더 일본적인 것으로 바꾸고 조선인 여급들의 복장을 한복에서 화복으로 갈아입힘으로써 이들 식민지 야간 업소들의 '조선성'을 지우려는 시도가 있었다. 중국 의상을 입은 일본 여성들은 이국적인 동양인으로 보일 수 있었지만, 동양인 조선 여성들은 그렇지 않았던 것이다. 이러한 변화들은 일본 내지内地에서의 근대문화와 식민 관계라는 문화사의 한 부분이다. 실제로 조선인 여성의 에로티시즘은 같은 조선인 여성을 일본인으로 여겨지게 할 수 있는 흉내보다 훨씬 위협적으로 느껴졌을 것이었다. 그렇지 않다면 이는 물질문화의 습속을 통해 남녀를 구분하지 않고 조선인을 일본인으로 만들고자 한 동화 정책의 한 사례였을 수도 있다.

어쨌든 홋카이도의 식당들에서 드러나는 관계처럼 '근대' 일본에서 그러한 젠더와 민족 관계는 남자/여자 혹은 내지/외지라는 단순한 이분법으로 간단히 구분되지는 않는다. 그들은 일본의 식민주의라는 상황에서 계급과 인종/민족의 갈등 구조로 복잡하게 얽혀 있었다. 그 이유는 비록 조선인 여성들에게서 조선 문화의 흔적을 지울 필요가 있었을지 모르지만, 조선 여성의 문화가 일본의 독자들에게 하나의 본보기로 여겨질 수도 있었기 때문이다. 이는 (구키 슈조의 에로틱, 미학, 정통성에 대한 논문이 발표된 해이기도 한) 1930년에 출판된 조선의 지리와 풍습에 대한 시리즈의 한 부분인 『신조선풍토기』에서 볼 수 있다. 이 안내책자에는 중절모에 한복을 입은 일본 작가와 전통의상을 입은 조선인 소녀, 그리고 1923년 간토 대지진 이후 대학살에서 학살당한 임산부를 비롯한 조선인 희생자들을 추모하는 사진들이 실려 있다. 이는 일본의 동양풍 작가들이 동양의 다른 나라로서의 조선과, 겉으로는 일본과 합병된 조선 사이의 모순을 어떻게 극복했는지를 이해하게 해준다. 그들이 한 일은 일본 여학생과 비교해 월등한 조선인 여학생의 아름다움, 조선 여성들의 몸짓, 조선 기생들의 솜씨 같은 주제들을 다루는 것이었다. 여기에는 두 가지 목적이 있었다. 하나는 조선인 여성을 포함한 조선인들을 일본 민족과는 분리해 규정하는 것이고, 다른 하나는 일본 여성들의 모던한 풍속을 반박하는 것이었다.[23]

여급을 에도 시기의 전신과 동시대 식민지와 대도시의 다른 성노동자들과 결부시키는 것에 더해, 비교 문화적 관점에서 여급의 의식을 여급의 에로틱화라는 일본 특유의 속성을 강조하는 수단으로 자리매김하는 것은 충분히 가치가 있는 일이다. 특히 당대의 민속지학자들도 그렇게 적고 있기 때문이다. 그것은 또 유럽, 미국, 중국의 전신들과 여급과 동시대 닮은꼴들은 모두 매력과 애정을 가장해 손님들을 즐겁게 하려고 애쓰는데 에로틱의 상품화를 활용한 젊은 여성 성노동자들이었기 때문에 가치가 있다.

피터 베일리Peter Bailey는 19세기 "자본주의 문화 관리자"들에 의해 가능해진 "드러내면서도 합법적인 섹슈얼리티"(베일리가 자신의 용어 파라섹슈얼리티parasexuality라고 정의한)의 역사 속에 배치한 빅토리아 시기의 여자 바텐더와 여급을 비교했다. 이 영국의 "문화적 원형" 역시 "직업부인의 등장으로 근대의 성적 소비주의와 계급과 성별의 구분이 모호해진" 상황에서 가벼운 농담과 술을 주고받는 "성적 사교"에 종사함으로써 다른 노동계급 여성보다 더 많은 돈을 벌 수 있었다(그러나 성별의 구분이 모호해진 것은 카페에서 일하는 여급의 상황보다는 모던걸의 역사에 대해 더 많은 것을 알려준다는 점에 주목해야 한다). 영국 여성 노동자의 역사와 일본 여급의 역사 사이의 결정적인 차이점은 바로 빅토리아 시대의 여자 바텐더와 일본 카페 여급의 일터에서 에로틱한 관계가 공간적으로 형성되는 데 있다. 베일리가 주장하듯이, 여급은 고객과 함께 앉아 있는 데 반해 여자 바텐더는 바의 뒤에 머무른다. 베일리에 따르면, 이러한 육체적인 거리두기는 손님과 종업원 사이의 성적 관계를 에로틱하게 만들기도 하고 통제하기도 했다. 그의 말을 빌리자면, "여자 바텐더의 성적 매력을 고조시키는 동시에 억눌러서 그녀를 매력적인 인물로 만드는 데 필요한 실질적이고 상징적인 거리감을 조성하는 것은 바로 바bar였다."[24]

여급 역시 매력적인 인물이었지만 그녀의 몸은 떨어져 있지 않았다. 가장 깊은 성관계가 항상 가능하지는 않다 하더라도, 친밀하게 가까이 할 수 있는 존재였다. 1920년대와 1930년대에 들어 몇몇 카페에서 여급과 손님 사이의 만남은 점점 더 성적으로 변질되어갔다. 카페 업주들 사이에 경쟁이 심해지다보니 앞서 언급한 '매치 서비스'라든지 여급의 치마에 손을 집어넣을 수 있도록 교묘하게 꿰매놓은 틈을 따라 손님의 손이 '밑'으로 들어가게 한 '지하철the underground' 또는 '지하철 서비스subway service'와 같은 행위들을 고안해냈다. 이러한 일본 역사에 대해서는 티모시 클라크T. J. Clark가 『근대 삶의 회화: 마네의 회화 속 파리와 꽃』에서 19세기 프랑스의 고급 매춘부, 창녀, 여자 바텐더가 속한 사회 문화적 범주에 관해 분석한 것이 베일리의 여자 바텐더의 '매력'에 대한 논의보다 더 시사하는 바가 많다.[25]

클라크에 따르면 고급 매춘부는 "없어서는 안 될 존재였고 여성, 욕망, 근대성이 응집된 형태"였다. 이 "수수께끼 없는 스핑크스 같은 존재는 정숙한 여인인 척했지만," 자신의 계급을 드러내지 않는 점을 비롯해 그러한 기교(여기서는 기예라는 일어가 적절할 것이다)는 쉽게 거짓으로 들통났다. 이러한 범주의 여성들을 '근대적'으로 만든 것은 바로 이 허위였다. 클라크는 성별에 따른 성욕의 정립과 계급에 기초해 맺은 매춘부와 고객의 관계에 관해 언급한다. 그들은 종종 계급 구분을 뛰어넘을 때도 있었고, 그들을 둘러싼 상황은 고객이 아마도 "여성에 대한 어떤 신비"에 다가간다고 느낄 수밖에 없는 "일련의 성애극"일 수도 있었다. 클라크는 매춘부가 자신을 매력적으로 만드는 "게임"에 협력했음에 주목했다. 매춘부는 이러한 협력이라는 덫에 빠져들기도 하지만, 자신이 프롤레타리아 계급에 속해 있으며, 자신의 노동력이 어떤 성과를 낼지 결정하는 시장의 힘에 좌우되는 "육체적 접대"를 파는 신분임을 알고 있기 때문에 그러한 관계로부터 비판적으로 거리를 두었다. 그러한 성애극에 대한 생각이나 협력과 그것을 경제관계 안에서 의식하는 것 사이의 긴장과 그러한 성애극에 대한 생각들은 위에서 언급했듯이 대부분 유일한 수입인 팁으로 받을 돈을 흥정했던 일본 카페 여급의 경험에도 적용해볼 수 있다.

파리의 여자 바텐더들은 클라크가 다룬 파리의 창녀나 프랑스의 고급 매춘부들보다는 일본의 여급과 가장 닮았다. 그 이유는 이 여성들이 음료, 오렌지, 그리고 클라크에 따르면 "아마도 자기 자신"마저도 팔았기 때문이다. 나의 비교문화적인 관점에서 볼 때 좀 더 결정적인 것은 비록 그녀들이 자신을 팔지는 않았더라도 고객들 가운데에는 그렇게 생각하는 사람이 있었다는 클라크의 주장이다. 클라크가 설명하는 역사를 보면 여자 바텐더는 자신의 출신 계급을 감추기 위해 "일종의 위장으로 유행복을 입었지만," 그럼에도 그녀가 짓고 있는 "평범한" 표정은 분명 부르주아의 것이 아니었다. 클라크는 여자 바텐더의 초연한 표정과 의상은 계급 정체성뿐만 아니라 그 어떤 정체성도 감추기 위한 것이었다고 주장한다. 결국 여자 바텐더의 자기표현은 고객에게 자신을 소비 대상으로 보여주는 것이었으며, 그녀의 일은 "이러한 환상을 유지"하는 것이었다. 요약하자면, 클라크는 "상품들이 자본주의적으로 연결되어 있는 상황"에서 여성 성노동자가 대상화되는 것에 주목했다. 그가 에로틱한 여성 노동자와 고객 사이의 "협력"이라고 표현한 용어는 완전한 자립은 아니더라도 자율성을 표출하고, 상품화된 관계에 절대적인 저항까지는 아니더라도 도전하는 것을 비롯해 경쟁의식을 갖춘 여급이 갖는 힘의 토대이기도 했다.[26]

여급은 또한 미국의 젊은 직업부인과도 어느 정도 공통점이 있었다. 케시 피스Kathy Peiss의 영향력 있는 책인 『싸구려 놀이: 세기 전환기의 직업부인과 뉴욕의 오락』에 등장하는 젊은 노동자들과 마찬가지로, 여급은 자신이 "개척해낸 쾌락의 현장"에 들어 있는 "직업부인의 문화"에 속해 있었다. 피스의 "이중적 시각" 개념은 노동계급 여성이 "자율성과 쾌락"을 추구했으면서도 "스타일, 패션, 연애, 섹스를 곁들인 유희"를 받아들이는 과정에서 "지속적으로 자신을 억압해왔음"을 설명한다. 일본 카페 여급이 빈곤했(고, 많은 여급들이 남편을 부양했)기 때문에, 비록 그것이 여급의 이미지를 패션과 섹스를 곁들인 유희라는 제한된 범주에 갇히도록 몰아붙이는 것이 될 수도 있을지 모르지만, "이중의 주관성"이라는 개념 덕분에 우리는 여급의 주체성이 극도로 제한되고 그녀의 쾌락이 판타지의 영역으로 한정되었음에도 카페 여급이 일본 근대문화에서 보았을 때 주체적 행위자였으며 그저 희생자만은 아니었던 것으로 이해할 수 있다. 특히나 중요한 것은 직업부인이 어떻게 "새로운 매너와 풍속들"을 만들어냈는지에 대한 케시 피스의 기록이다. 더구나, "여성의 방황"에 대한 피스의 논의는 가부장 구조와 이상으로부터 자유로운 여급의 자율성을 함축하고 있다. 일본 여성의 방황(또는 미국의 블루스 여성처럼 여행하는)의 가장 극단적인 경우는 하야시 후미코의 『방랑기』*에 등장하는 여주인공으로, 아래에서 논의하겠지만 여급의 주체성이 어떻게 유럽의 성노동자와 미국의 직업부인들에 대한 연구에 의해 제기되는 수많은 사안들을 거론하는지 보여주는 수단으로 읽힌다.[27]

---

* 　작가 하야시 후미코(1903~1951)가 자신의 일기를 바탕으로 방랑생활의 체험을 써내려간 자전적 소설. 하야시 후미코는 가난했던 어린 시절의 경험을 바탕으로 밑바닥 서민들의 삶을 애정 어린 눈으로 그리는 것으로 잘 알려져 있다. 『방랑기』는 제1차 세계대전 후의 암울한 도쿄에서, 기아와 절망에 괴로워하면서도 열심히 살아가는 '나'가 주인공으로, 온 힘을 다 쏟아부은 첫사랑 '섬 남자'와 이별하고, 야점상인, 셀룰로이드 여공, 카페 여급 등의 직업을 전전한다. 극심한 가난에도 풀이 죽지 않고 천연덕스러운 모습이 많은 독자를 끌어당겨 베스트셀러가 되었다. 기쿠타 가즈오菊田—夫 각본으로 1961년에 도쿄 예술좌에서 초연된 이래 같은 극장에서 공연을 계속해, 공연 횟수는 2009년 5월 9일에 2000회를 달성했다. 과거에 세 차례나 영화화되기도 했다.

클라크가 논의한 프랑스 부르주아의 사회 문화계는 근대 시기의 일본의 문화적 질서와는 달랐다. 일본 문화의 질서에서 새로운 중산층은 휴양지를 장악했을지언정 유럽의 경우에서처럼 사적 공간에서 흘러나온 문화의 확실한 결정권자는 아니었다. 그리고 여급은 계급을 기반으로 하고 계급 정보를 담고 있는 카페라는 여가 문화에서 상품화된 성적 정체성을 파는 동시에 노동계급 문화라는 맥락 안에서 젠더와 성적 정체성을 만들어냈다. 카페라는 용어는 긴자와 오사카의 도톤보리道頓堀에 있는 지식인, 예술가, 신흥 중산층 구성원들을 끌어들인 거대한 시설들과 사회적으로 지위가 좀 떨어지는 사람들을 위한 좀 더 작은 술집들을 모두 지칭했다. 이러한 카페에서 카페 여급은 점차 커지는 정부의 통제와 확장되는 일본 제국의 비호 아래 고객, 카페 업주, 다른 여급들과의 관계에서 욕망을 팔기도 하고 경험하기도 했다.

이 시기의 작가와 비평가들은 카페 안의 남녀가 여급이 일종의 에로틱한 근대 여성 노동자를 대변했다는 사실을 당연하게 받아들였듯이 제국역시 당연하게 받아들였음을 분명히 했다. 이러한 기록들이 서술을 통해알 수 있는 여급에 대한 추측을 깨어버리는 데 활용될 수 있음을 염두에두면서, 그들이 여급의 노동을 어떻게 기록했는지 살펴보자. 그러면 우리는 그들의 행위와 관계를 올바로 그려낼 수 없음을 깨달을지라도 그것들을 재구성해볼 수는 있을 것이다. 이 일이 역사가들에게 아무리 어려울지라도, 중요한 것은 묘사에 대한 올바른 분석이 그들의 행위에 대한 연구와 동떨어져 진행되어서는 안 된다는 점이다.[28]

카페 여급 기록하기

　히로쓰 가즈오가 1930년 8월부터 1932년 3월까지 《부인공론》에 연재한 소설 『여급』은 유명 작가 기쿠치 간이 작품에 등장하는 탐욕스러운 손님 가운데 한 사람이었음을 시인하면서 스캔들을 일으켰다. 하지만 이 소설은 주도면밀하게 자신의 전략을 강구한 것은 손님들만이 아니었음을 보여주는데, 자신의 서비스를 팔기 위한 여급들의 행위 역시 분명하게 드러나기 때문이다. 히로쓰 가즈오는 아주 치밀하게 조직된 여급 집단들(적赤, 청靑, 자紫의 세 조로 나뉜 10명의 여급)의 술책을 기록했다. 그들은 "손님 다루기"(티모시 클라크의 개념을 빌리자면 "성애극"에서의 "협력")를 구성하고 있는 교묘한 몸짓과 모션モーション에 이어 교태 섞인, 높은 어조의 내숭떠는 농담으로 아부하고 꼬드겨 남자들을 카페 안 자신에게 지정된 장소로 끌어들였다. 또한 히로쓰 가즈오는 당시 만연했을 여급의 한 유형을 제시했는데, 이러한 부류의 여급은 요부형ヴァンプ型으로서, 그들이 특정한 토론 주제들에 해박하다는 점에(어떤 사람들과는 스포츠에 대해서, 또 다른 사람들과는 최근의 문학 경향에 대해 이야기할 수 있었다) 주목했다. 게다가, 그는 라틴 아메리카에서 얻은 부를 과시했지만 동시에 대도시의 여성들에게서는 볼 수 없는 아량을 보여주는 식민주의 유형 여성을 비롯한 카페업주의 유형을 제시했다(다시 말하자면, 이 부분에서 자명한 것으로 받아들여진 일본 근대문화의 식민주의 사례가 있다). 이 여성들은 모두 히로쓰 가즈오가 카페의 가구들과 양복을 입은 카페 손님들을 지칭하는 데 썼던 용어이기도 했던 카페라는 근대 환경에서 흥정을 했다.

　히로쓰 가즈오가 뛰어난 여급이 되는 경험에 대해서 썼던 반면, 이 시기에 조금 더 자의식적으로 쓰인 기록 텍스트들은 여급의 목소리와 힘에 대해 훨씬 더 복잡한 의미를 부여한다.[29] 머잖아 곤 와지로와 요시다 겐키치는 카페 여급이 자신들의 훌륭한 연구 주제임을 인식하고는 『모더놀로지: 고현학』에 여급에 관한 두 편의 글을 발표했다. 첫 번째 글에서, 이 고현학자들은 미래에 "직업부인 풍속사"가 편찬된다면 긴자의 카페 여급의 의상들로 구성된, 1926년 이후에 그려놓은 자신들의 스케치가 그에 수록될 만한 가치가 있을 것이라 주장했다. 카페 라이온과 카페 타이거같이 긴자에서 가장 큰 일부 카페의 여급들이 포함된, 고용주의 이름으로 알 수 있는 갖가지 기모노와 앞치마를 걸친 12명의 수수한 젊은 여성들의 스케치와 작은 입상들은 실제로 기모노를 입은 여급들과 흰색 레이스로 장식한 검은 드레스를 입은 여급들 사이의 복장 차이를 생생하게 보여준다. 두 번째 글인 「여급들의 앞치마 측정」 역시 자축하는 태도를 보인다. 가정과 카페 사이의 관계를 의식하면서 두 민족지학자는 만약 틀에 박히지 않은 가정생활을 여전히 추구하고, 그래서 카페와 바가 존재한다면 자신들의 연구 대상인 여급의 앞치마가 향후 한 세기의 연구를 위해 유리관 안에 어떻게 보존되어야 할지 상상했다.[30]

   팁을 재빨리 넣을 수 있게끔 주머니 뒤에 따로 기워놓은 주머니에서 볼 수 있듯이, 이 두 번째 연구의 부분적 가치는 카페 여급의 궁핍함과 교묘한 고안품을 기록한 데에 있었다. 하지만 고현학 연구는 그러한 새로운 풍속들을 기록하면서도 분석은 거의 하지 않았다. 예를 들어, **직업부인**이라는 용어를 사용한 것은 아주 미미한 계급적 차이점들을 기록하는 데에 관심이 있었던 비평가들이 계급 차이를 의도적으로 회피한 것임을 보여준다(그 예로 공공장소에서 이동하는 남녀와 가정이라는 공간에서 그들의 소유물이 어떻게 배치되는지에 대한 곤 와지로의 연구조사를 보라). 게다가 팁의 뜻에 대해서는 설명하지 않았다. 곤 와지로와 요시다 겐키치가 **직업부인**이라는 용어에서 더 나아가지 못한 것은 의상이 계급 정체성을 보여주지 않으려는 일종의 위장이라는 티모시 클라크의 주장을 뒷받침하는 예가 될 수 있다. 그럼에도 이 두 비평가가 카페 여급의 노동과 단 한 번도 '직업부인'으로 여겨지지 않은 다른 성노동자들의 노동을 결부시키는 데 실패했다고 생각하기는 어렵다. 팁을 주는 행위 같은 새로운 풍속들을 일본 근대문화의 일상이라는 맥락 안에서 이해하며 '직업부인'의 범주에 문제를 제기하는 연구를 위해, 그로부터 몇 년 후 출판된 오바야시 무네쓰구大林宗嗣의 작품을 참조할 수 있겠다.[31]

여급의 일상: 여급생활 신연구

오바야시 무네쓰구의 『여급생활의 신연구女給生活の新研究』 조사는 1930년 4월부터 6월 사이에 진행되었으며, 곤다 야스노스케를 채용하기도 한 진취적 연구 기관인 오하라 사회문제연구소大原社會問題研究所에서 1931년에 출간했다.[32] 오바야시 무네쓰구는 여급이라는 '새 직업'을 여성의 직업 활동이라는 맥락에서 바라보며, 노동계급 여성으로서의 카페 여급을 여관의 객실 종업원이나 영화관 안내원들과 같은 범주로 분류하지 않았음을 분명히 밝혔다. 객실 종업원이나 영화관 안내원의 일은 훈련이 필요 없었다. 반대로 카페 여급은 업무상 여교사나 의사, **타이피스트**, 간호사 혹은 산파에게 요구되는 것과 같은 훈련이나 지식을 필요로 하지 않았음에도, 전문적인 직업부인으로 여겨졌다(OM, 11-13).

오바야시의 연구는 우선 이러한 새로운 형태의 직업부인을 위한 사회적 공간들, 즉 구내식당, 다방, 주점, 레스토랑, 카바레 등을 정확히 묘사했다. 연구는 515곳의 업소에서 받은 1949건의 응답들을 토대로 했다. 조사서 사본이 포함된 보고서에서 오바야시는 일본의 카페 여급을 다음과 같은 생활의 다섯 가지 범주로 분류했다. (1) 직장, (2) 지위 관계, (3) 이직, 업주들의 운영방식, 이전의 직업과 학습에 근거한 운영과 손님에 대한 생각과의 관련성 (4) 수입과 지출, (5) 취미와 (문화에 대한 조예나 교육을 제대로 받았는지를 지칭하는 일반적인 용어인) 교양과 같은 정보에 기초한 여급의 특성과 성향(OM, 1-5). 이러한 범주들을 통해, 오바야시는 여급이 하는 일의 정확한 특성을 분석하는 것보다 여급을 식구와 고용주와 손님들과의 물질적, 계급적 관계 속에 고정시키려고 했다. 처음에 오바야시는 여급의 노동을 전문적이고, 훈련받은 직업부인의 노동 및 공장과 광산에서 일하는 여성들의 노동과도 구별하면서, 여급의 노동이 사회적 관계에 의해 형성된다는 점을 들어 그들의 일에 에로틱한 차원이 있음을 암시했다. 즉, 업무상 "갖가지 부류의 인간군상들"과 관계를 맺을 수밖에 없었고, 그러다 보니 "상당한 지능 노동"과 "감정 활동"이 요구되었기 때문에 여급은 직업부인이었다고 주장한다. (OM, 12-13)

오바야시는 여급을 다이쇼 이후의 전국적 현상으로 단정했다. 카페 여급들은 근대 직업을 가진 근대 여성들이었다. 카페 환경에 대한 몇 안 되는 삽화들 가운데 하나를 제시하는 짧막한 메모에서, 오바야시는 이 현상이 새로워진 방식들에 대해 언급했다. 그의 설명에 따르면 100명이 넘는 여급을 고용한 오사카의 큰 카페들은 네온사인, 재즈 밴드, 스테이지 댄스, 철마다 바뀌는 장식 같은 근대적인 덫을 통해 즐거운 여가에 대한 욕망을 자극했다(오바야시는 새로운 것을 지칭할 때 모던이 아니라 근대적이라는 말을 사용했다). 카페 여급이 일하는 환경의 이 전례 없는 "근대성"은 상응하는 일본어가 없어 설명이 필요한 네온, 재즈 밴드, 스테이지 댄스 등을 언급할 때 이루어지는 코드전환에서 표현되었다.

한술 더 떠, 오바야시는 "손님의 구미를 당기는" 다른 형태의 노동에 필적할 만한 것이 없음을 내비쳤다(OM, 19, 22-23). 그러므로 여급은 손님들의 감각과 감정을 자극하는 "분위기"를 "상품화"하는 수단에 의해 에로틱하게 된 "근대" 유흥의 현장 안에 있었던 독특한 부류의 직업부인이었다.(OM, 28)

카페 여급은 자신의 남자 형제들이 주로 무직자나 학생이라고 답변했다. 개중에는 상업, (건설 노동을 포함한) 제조업 또는 농업에 종사하는 이들도 있었다. 비록 오바야시는 도시와 농촌을 분리한 가정에 특별히 관심을 두지는 않았지만, 농업에 종사하는 165명의 남자 형제들에 관한 기록은 상당수의 젊은 여성들이 일본 근대 도시문화를 누리기 위해 농촌을 떠나왔다는 사실을 알려준다. 그들의 언니들은 대개 무직 아니면 역시 여급으로 일하고 있었다. 그러므로 카페 여급은 대체로 형제자매들을 위해 일하거나, 이혼 후에는 자기 자식을 부양하기 위해 일을 했다. 그렇다면 여급이 노동계급일까? 조사 대상 가운데 20퍼센트가 넘는 여급의 아버지들이 상업에 종사했고 이들의 대부분이 상품을 팔았다는 정보 같은 자료를 토대로 한 연구에서 오바야시는 아니라고 대답했다. 오바야시가 보기에 "카페 여급은 카페업주들의 사업에 참여하는 유일한 투자자본으로 자신의 능력과 노동력을 활용하는 일종의 소사업가"였다(OM, 158).

여급이 노동계급 출신이거나 노동계급의 정체성을 가지지 않았다고 부인하는 오바야시의 주장은 이미 언급했듯이 프롤레타리아 계급에 속한 사람과 결혼하고 싶어한 경우처럼 여급이 노동계급 의식을 가졌다고 기록된 사례들과는 모순된다. 그것은 또한 여급이 카페에서 일하기 전에 거쳤던 직업들을 묵살하는 것이기도 하다. 오바야시의 연구결과들에 따르면, 대부분의 카페 여급들은 이전에 하녀, 사무원, 공장 노동자, 농업 노동자들이었다(OM, 71, 126). 오바야시는 또한 팁을 주는 제도에 비판적이었는데, 그는 팁이 여급과 고객의 입장에서 얼마나 절박하냐에 따라 정해지는 것으로 보았다. 오바야시에 따르면 팁 제도는 직업부인에게 중요한 문제였는데, 왜냐하면 여급들은 음식, 공중목욕탕, 냅킨과 앞치마 세탁, 이쑤시개 등에 들어가는 비용을 조달하기 위해 비번인 날 벌어들일 수 있는 돈과 팁으로 자신의 수입을 늘려야만 했기 때문이다. 비번인 날 벌어들인 수입 또한 생필품을 구매하는 데 쓰였다. 손님에게 제 값의 세 배에 음식과 음료를 주문하게 하고, 카페 여급에게 팁을 주도록 하는 이 제도로 꼼수가 생겨났다. 오바야시는 카페 여급의 농간을 젊은 여성의 아름다움을 상품화하는 것에 대한 반응으로 보는 분석에서 티모시 클라크만큼 확신에 찬 태도를 취하지는 않았다. 그는 여급이 손님의 욕망에 맞춰 놀아줌으로써 받은 팁에 보답하거나 이를 넘어서 자신의 몸까지 내주었는지까지는 알 수 없었지만, 여급의 행위가 에로티시즘이라는 용어로 정의되기에 이르렀다는 사실은 알고 있었다. 카페 여급은 구조적 현실에 갇혀 있었다. 즉 손님은 자신이 표면적으로 지불한 것 이상의 어떤 것을 바랐으며, 여급은 공식적으로 제공하도록 생각되는 것 이상으로 해줌으로써만 무언가를 얻을 수 있다는 사실이었다. 오바야시는 이러한 딜레마를 간결하게 요약한다. 남자들은 "상품을 서비스"받고자 한 것이 아니었다. 그들은 에로티시즘(에로)을 서비스받기를 원했다(OM, 186).

그러므로 이 연구는 고객과 카페의 운영에 의해 에로티시즘이 규정되는 방식, 모호하기는 하지만 널리 퍼져 있는 에로 서비스라는 용어, 이들 젊은 여성들이 애정 관계나 성관계를 맺고 싶은 자신의 욕망을 표출하는 방식에 대해 어느 정도 이해할 수 있게 해준다. 오바야시의 연구결과는 카페에서 엄격한 성별의 차이를 갈망하고 있음을 보여준다. 에로 서비스를 하는 여성은 남성적 느낌을 자극받기를 원하는 남성 고객에게 최고의 여성성을 발휘해 서비스하게 되어 있었다.

오바야시는 여급의 노동에서 에로티시즘이 갖는 의미를 드러내놓고 인정했다. 음식과 음료를 소극적으로 서비스하는 존재에 불과했던 여급은 "카페 자본가들"에 의한 자본주의 체제에서 역사적으로 변형되어온 이들이었다. 그는 18세에서 21세 정도인 여급들의 한창 피어나는 "여성미"와 함께 그들의 그윽한 에로티시즘과 향기를 언급했다(OM, 38-39). 이 에로티시즘은 네온과 재즈를 비롯해, 카페 장식이나 서양의 술이 제공하는 자극과 분위기로 더욱 고조되었다. 여타 에로틱한 행위들은 경찰의 문서에 간접적으로 기록되어 있기도 하다. 오바야시는 1930년 7월에 사흘 동안 경찰이 적발한 1275건의 "풍기 문란" 사건을 인용했다. 여기에는 손님의 좌석을 어둡게 하는 것과 밀실을 두는 것에서부터 옷을 벗거나 매춘행위를 하는 것에 이르기까지 다양했다(OM, 30-31). 오바야시는 (알몸 춤 금지를 포함해) 1929년 10월에 입법된 풍속을 규제하는 관례를 위반한 사례와 더불어 그러한 위반은 카페 여급보다는 카페 자본가들의 잘못임을 시사했다.

조사 자료와 뒤이은 보고서는 모두 도시 변두리의 작은 카페에 들락날락하는 노동자들과 오사카 도톤보리 거리의 커다란 카페의 부유한 사무원이나 학생 고객들은 구분하면서도, 카페에서 여성들 간의 또는 남녀 간의 지역, 문화, 계급 차이에 대해서는 상세히 밝히지 않았다. 하지만 왜 여급이 되었냐는 질문에 대한 답변에서는 여급의 소신감이 약간 드러나기도 한다. 대부분은 경제적인 이유를 들었지만, "시골이 지긋지긋해서"라는 이유도 있고, "예쁜 옷을 입고 싶었다", "남자에게 복수하려고" 같은 이

유도 있었다(OM, 80-82). 관습을 거스르는 모던걸의 이미지가 이 여성들과 비슷한 것 같다.

안타깝게도 복수의 성격이 기술되지는 않았지만, 클라크의 "성애극"의 배경에 견줄 만하고 음주가 중심이 된다는 것을 생각해볼 때, 위의 답변은 카페에서의 지배(와 조종) 관계에서 나온 것임을 짐작할 수 있다. 손님에 대한 여급의 의견을 보면 손님을 두둔하면서도 약간의 거리를 두는데, 대체로 "애주가들은 재미있어요", "술을 마시지 않는 신사들은 점잖아요", "나는 서비스를 잘해서 그들을 만족시키고, 정성껏 대접하죠"라고 답했다. 팁을 흥정하는 수단인 성애극에 관해 터놓고 논한 것과는 대조적으로, 여성들은 "그 사람들은 모두 당신을 속이는 거예요", "그건 마치 병자를 보살피는 것과 같죠", "요즘 젊은 사람들은 불량스러운 분위기가 있죠"와 같은 일반화로 남자들을 일축했다.

오바야시는 여급 응답자 대부분이 "유혹당한 경험"에 관한 질문을 제대로 이해하지 못했다고 하는데, 이러한 답변들을 보면 오바야시의 언급에서 얼핏 확고해지는 인상과 여급들의 매우 어수룩한 순진함이 드러난다. 그러나 그들의 제한된 답변만으로도, 이 젊은 여성들이 에로 서비스를 연애 관계나 성관계와 같은 것으로 생각하지 않았음이 확실하다. 오바야시에 따르면, 사실 설문지의 뒤편에 쓰인 다양한 응답들은 섹스 제공자로 보이는 여급의 대중적 이미지에 불만을 표출하고 있었다(OM, 152). 유혹에 대한 질문에 바로 "내가 유혹을 합니다"라고 한 여급의 답변에서 사랑이라는 감정을 "가지고 놀 수" 있는 자신의 능력에 대한 자신감을 볼 수 있다. 성차에 대한 카페 여급들의 생각은 "당신이 여성이라는 점을 잊지 마세요"와 같은 진술에서 드러난다. "당신의 일에서 좋은 점들을 적어주십시오"라는 문항에 대한 한 응답은 "남성에 대한 모든 것을 알아낼 수 있다"였다(OM, 127).

카페 여급은 읽을거리를 통해 젠더에 대한 관념을 형성하게 된 것이 틀림없다. 이 조사는 여급들이 《부녀계婦女界》의 부녀, 《주부의 벗》의 주부, 《부인클럽婦人クラブ》의 더 적합한 부인, 《소녀의 벗少女の友》의 소녀, 《부인의 벗》의 부인 등과 같이 다양한 형태의 여성성이 수록되어 있는 방대한 범위의 여성 잡지들을 구독했다는 사실을 보여주었다. 조사를 보면 이 노동자들이 중산층의 기혼 독자들을 겨냥한 여성 잡지들도 구독하고 있었다는 사실을 알 수 있다. 조사에서 산출된 (미혼모를 포함한) 기혼 및 이혼 여급의 수를 생각하면 이는 놀라운 일이 아니다. 일터에서는 독신 여성인 척할 수밖에 없었던 기혼 여급들이 여가시간에는 가정생활을 꾸리는 이상적인 방식에 관해 읽으며 보냈음이 분명하다.[33]

여성 잡지를 통해 갖가지 여성 군상들을 접할 수 있었는데도, 설문조사에 대한 응답에서 여급이 꼽은 "가장 좋아하는 인물好きな人物"은 (고전 시대 여성 작가인 무라사키 시키부紫式部*도 언급되기는 했지만) 남자가 압도적으로 많았다. 답변들은 (섹시한 이로오토코와 꼭 일치하지는 않더라도) 대부분 이상적 남성상이었다. 설문조사자들은 여급에게 (제일 좋아하는 인물로 선정된) 하마구치 오사치浜口雄幸** 수상, (천황에 대한 충성으로 유명세를 탄 메이지 시대 군사 영웅) 노기 장군*** 또는 '상인' 같은 좀 더 '추상적인 인물'이나 '남

* 헤이안 시대 중기에 활동한 여류작가로 『겐지모노가타리源氏物語』의 저자로 여겨지고 있다.
** 1870~1931. 일본 대장성(재무부) 관료, 정치가. 대장대신(제29, 30대), 내무대신(제43대), 내각총리대신(제27대) 등을 역임했다.
*** 노기 마레스케(乃木希典, 1849~1912). 일본 무사(초후번長府藩), 군인, 교육자. 육군대장 종2위·훈1등·공1급·백작. 제10대 학습원 원장. 노기대장 혹은 노기장

자다운' 인물이 여성의 호감을 사는 이유가 무엇인지 설명하도록 강요하지는 않았다.

이 조사는 민족적 차이에도 매우 민감했는데, 미국과 하와이 태생의 일본 여급이나 러시아와 중국인 여급의 존재를 언급할 때에 잘 드러났다. 대부분의 관심은 조선인 여급에게 집중되었다. 일류 카페에서 일하며 매달 200엔 이상을 버는(이 당시 평균 소득은 30엔이었다) 조선인 여급에 대해서 언급하면서, 오바야시는 일본의 조선인 여급에 관해 이미 말했던 것을 반복하는 데에 더 관심을 기울였다. 다시 말해, 그들은 조선인 손님을 상대로 조선인이 운영하는 카페에 일하러 오기 전까지는 조선에서 태어나 자랐다는 것이다. 보고서에는 이 조선인 여급들이 일본인 손님도 상대할 수 있을 정도로 두 가지 언어를 충분히 구사했기 때문에 그들이 일본인인지 아닌지 구별할 수 있는 것은 한복뿐이라고 두 번이나 언급했다. 이 조선인 여성들이 일본인으로 동화되는 것은 딱 그 정도였다(OM, 51-52).[34]

조선인 카페 여급이라는 문제에만 관심을 두느라 제국의 문화 정치가 무엇인지 밝혀내지 않았던 것처럼, 오바야시는 "만주와 몽골과의 무역에 종사하는 것"으로 인생의 목표를 분명히 밝힌 한 여급의 환상을 비판적 논평 없이 인용하는 데 만족했다. 미래의(혹은 현재의) 남편과 여관을 운영하는 것 같은 소시민적인 직업을 추구하는 여급도 있었다. 262명의 여성은 남자 친척과 동업하는 가게 주인이 되고 싶어했다. "수녀원에 들어가고

군 등의 칭호로 많이 불린다. 러일전쟁의 개전과 함께 사령관으로 여순 공격을 지휘했다. 1912년 9월 13일, 메이지 천황 장례식 밤에 천황을 따라 부인과 함께 자살했다. 유서에는, 메이지 천황에 대한 순사이며, 세이난 전쟁 때 연대기를 빼앗긴 것을 사죄하기 위한 죽음이라는 이유가 기록되어 있었다.

싶어요"와 "애인이 있으면 좋겠어요" 같은 답변들은 손님과 여급 사이에 흥정이 일어나는 카페라는 상황에서 일종의 도피나 애정 관계를 구하고 있던 것은 비단 손님만이 아니었음을 보여준다.

카페 여급은 자신이 사랑을 원한다고 솔직히 시인하며 블루스를 불렀을 뿐만 아니라, 비록 근대 속에서 식민을 수용하는 내용이거나 혹은 그 반대의 것이라고 할지라도 어쨌든 정치에 관해서도 이야기를 나누었다. 이 보고서에서는 "남성의 억압"을 혐오하고 "남녀의 평등한 권리"를 바라는 표현들과 함께 "나는 부르주아에게 분개해요"와 같이 계급에 기초한 정치적 표현들과 카페 여급 노동조합에 대한 희망을 찾아볼 수 있다(OM, 126). "미래에 대한 다른 희망들"로는 "남자다운 남자와의 결혼생활"에 대한 포부나 물장사(내가 에로티시즘 산업을 부르는 일상용어)를 하면서 성노동을 계속하겠다는 계획도 있었다.

오바야시에게 카페 여급이 근대적이라 여겨진 것은 그녀들의 정치가 아니라, 기예藝 혹은 게이샤의 기술과는 대비되는 기술 특유의 속성이었다. 오바야시의 시각으로 보면, 게이샤나 매춘부와 달리 카페 여급은 대중 속에 있으면서 현재에 대해 열려 있었기 때문에 근대적이었다. 카페 여급의 특성은 자신의 사무직 단골(노동자, 월급쟁이, 중학교 이상의 교육을 받은 많은 카페 여급들이 만족시켜주었던 지식인)과 관심사를 논할 수 있는 능력을 가진 "새로운 사회적 존재"였다. 오바야시는 여급을 단순히 성적 욕망의 대상으로만 볼 수 없다고 언급하며, 이 새로운 형태의 에로틱 매매를 받아들이려고 했다. 그는 허위에 기초한 "사랑 연기"의 위험성을 경고한 반면, 여급 자신이 사랑을 경험할 수도 있음을 고려하는 약간의 여지를 두었다. 커피 한두 잔 값으로 함께 있을 수 있고, 재즈 밴드의 모던한 음악, 레코드플레이어, 피아노, 라디오와 함께 딸려 오는 카페 여급은 그녀의 음악만큼이나 근대적이었지만, 오바야시의 연구를 보면, 카페 여급에게도 이미 자신의 역사가 있었음이 분명히 드러난다. 예를 들어, 카페 여급은 더 이상 곤 와지로나 요시다 겐키치가 기록한 앞치마를 입지 않았다. 도쿄의 서양 레스토랑이 대부분 카페로 바뀐 지 20년이 지났으므로 카페에 대한 개념이 사회에 잘 자리 잡게 된 것이다. 이러한 업소들은 여급이 밀크, 커피, 케이크를 서비스했던 밀크홀마저도 대체했다.

카페 여급은 시기적으로 대지진 이후에 등장했기에 근대적이었다. 그러나 오바야시의 노골적인 결론을 빼고 그의 조사 자료만 가지고 보았을 때도 그녀들은 근대적이라 할 수 있었다. 왜냐하면 그녀들은 늘 움직이고 있었으며, 그런 이동 속에 있는 그들의 존재가 그녀들이 블루스를 불렀다는 것을 생각하게 하기 때문이다. 이는 찰스턴 춤을 추는 데서 가장 잘 드러나는 모던걸의 부산한 움직임이 아니라 여기서 저기로 직업을 전전하는 여성들의 움직임이다. 여급들이 직업을 바꾼 이유는 블루스 가사처럼 "남자와 관련된 상황"이나 이혼을 탓하는 설명에서부터 "일이 나에게 맞지 않아서"와 같은 애매한 대답에 이르기까지 다양했다. 그런데 카페 여급이 새롭게 카페를 시작하는 요리사들에게 갈취당한 것이든, 단순히 카페 밖에 흔히 걸려 있는 구인 광고를 보고 응한 것이든, 이러한 여성들은 불황과 더불어 계속 확장되는 시장에서 직업을 바꿀 기회가 많았다. 다른 형태의 움직임도 묘사되었는데, 농촌에서 올라오는 여급의 이동이나 "여급 열차"를 타는 여급들의 통근 등이 이에 해당했다(사람, 생각, 물건의 움직임을 담아내는 사회사를 상상하는 맥락에서 이미 언급한 바 있는 시골-도시 관계의 유동성이 드러난 사례를 여기서 볼 수 있다). 눈에 띄는 것은 "만약 그들이 나를 제대로 대우해주지 않으면 다른 곳으로 갈 거예요"(OM, 74-80, 88)라고 대답한 응답자의 말에 담겨 있는 자율성이다.

"나라 안의 사람들이 모두 협력해 국세를 폐지하는 것"을 상상하는 여급이라든지 카페 여급 조합 연대를 원하는 여급의 경우와 같이 다른 이들은 위에 언급된 가장 좋아하는 인물들이 단순히 성적인 특성 때문에 꼽힌 것이 아니었음을 보여준다. 카페 여급은 블루스를 불렀을지는 몰라도 정치에 대해서도 말했던 것이다. 또한 "수녀원에 들어가고 싶어요"와 같이 종교적 열망을 드러내는 의견도 있었다. 앞서 인용한 "나는 부르주아가 혐오스러워요"라는 대답처럼 계급에 대한 적대적 표현들과 "남성의 억압"에 대한 증오심의 표출, "남녀의 평등한 권리"를 바라는 열망과 같이 오바야시의 조사에서 드러나는, 성의 정치학에 대한 분명한 표현들은 그러한 여급들에게서 나왔을 것이다(OM, 127). 결론에서 오바야시는 자본주의의 지배를 받는 가족생활에서 여성이 해방되는 역사 속에서 여급을 이해하려고 했다. 그는 또한 여급을 성차별, 관습, 법제도를 대하는 태도가 바뀌어가는 변화 과정에서 파악하려고 했다. 오바야시는 자신의 주된 관점을 일부 반복하는 계급 분석을 통해 게이샤의 기예를 카페 여급의 성취와 대비하는 데 관심이 있음을 강조했다. (부르주아 고객만을 상대했던) 게이샤는 "스포츠, 근대 문학, 예술, 노동 문제 등으로 이루어진 근대 세계"의 분위기와 "대중 지향의, 자유로운" 여급이 훤히 꿰고 있던 사회적 이슈들을 이해하지는 못했다. 그러한 기술들은 초창기에 행실 바른 젊은 여성이 카페 여급 모집 광고에 응했다가 실상을 알고는 경악했듯이 '상품의 서비스'가 아닌 '에로틱 서비스'였음이 분명하다. 오바야시는 어머니들과 함께 나온 아가씨御嬢さん(상류층의 젊은 여성)들이 무역회사에서 일하는 것인 줄 착각하고 "여자 보이女ボーイ"를 구하는 광고에 응시하지만, 알고 보니 여자 접대부로서 "성적 매력"이 있는 사람을 찾는 것임을 깨달았다고 자세히 언급했다(OM, 163, 175, 245-247).

긴자 들여다보기: 긴자세견

예술사가 안도 고세이安藤更生는 1931년 출간된 토착 민족지인 『긴자세견銀座細見』에서 남성들을 여급에게로 이끄는 문화적 행위들에 관해 오바야시 무네쓰구보다 훨씬 더 구체적으로 기술했다. 긴자의 카페에 대한 조사는 이번이 처음이 아니었다. 잡지 《긴자銀座》의 두 번째 발행호는 긴자의 건축물 조사에서 카페 기린의 장식이 찰스 1세부터 크롬웰에 이르는 엘리자베스 시대의 사조를 본뜬 것이라는 비평과 함께 영국의 역사를 간략하게 훑었다. 기사는 또한 근대기에 다수의 잡지에서 발견되는 근대 단어들을 나름대로 정리한 근대어휘집을 실었다. 이 근대어휘집에는 **카페, 팁 피스트**(3엔짜리 저녁을 주문하고 카페 여급에게 팁으로 10엔짜리 지폐를 놓고 가는 손님)와 같은 용어들이 포함되어 있었다. 영어 단어 **웨이트리스**waitress의 정의를 보면 그녀가 어떤 존재인지 드러난다. 즉, 여급은 옷에서 알 수 있듯이 게이샤나 전화 교환수는 아니며, 금시계를 차고 있지 않기 때문에 여배우도 아니고, 아침 일찍 일하러 나가는 타이피스트도 아니었다. 카페는 손님들이 술과 맛없는 음식으로 배를 채우는 장소이며, 사랑과 유혹의 현장이었다. 이 어휘집에 따르면 긴자 그 자체는 네 가지 의미를 지니고 있었다. 우선 긴자는 대지진 이후, 임시로 만든 판잣집(막사), 음식과 마실 것을 파는 포장마차와 콘크리트가 뒤섞인 곳이었다. 그리고 짧은 각반과 구멍 난 양말을 신은 신사, 십대 불량소녀, 아이들, 미망인들이 걸어 다니는 장소였다. 또한 비가 오면 진흙탕으로 변하는 거리이기도 했다. 마지막으로, 앞의 세 가지 정의의 어조로 볼 때, 일본의 팽창주의를 비꼬는 투로 언급하고 있음이 읽힌다. "일본 제국의 수도" 도쿄에 그러한 거리들이 있다니 말이다(오바야시가 카페 여급들에게서 받은 답변들은 인정하면서도 제국에 대한 언급들은 냉정해 보인다. 여기에서 이렇게 근대의 제국을 인용하는 것이 귀에 거슬린다. 마치 공식 발언들을 비꼬듯이 반복하는 것처럼 읽히기 때문이다).[35]

곤과 요시다는 카페 여급의 의상에 대한 조사에 더해 긴자의 카페에 대한 또 다른 안내서를 만들어냈다. 그들은 카페를 포함해 긴자의 모든 술집과 음식점을 알려주는 지도를 만들었다. 이 안내서는 닷새 만에 매진되어 재판을 찍어냈지만, 이 지도나 긴자에 대한 기사들 어디에서도 대로에서 활동하고 있는 카페 여급을 보여주지는 않았다(그들이 카페 여급의 발걸음을 측정하는 연구를 실행했다는 사실에 주목해야 한다). 손님과 가게 사이를 바쁘게 오가며 매일의 생존 전략을 구사하는 카페 여급을 긴자에서 제대로 알아본 것은 바로 안도 고세이였다. 낮은 나막신을 신은 채 몇 시간이나 자신을 기다리고 있는 손님을 지나쳐가는 카페 여급의 이미지를 스케치한 경우에서 볼 수 있듯이 안도는 특히 여급에게 매료된 남자를 세밀하게 그려내는 문화적 행위에 통달했다. 그의 민족지학적 작품은 또한 여급이 만들어낸 언어를 인용하기도 했는데, 다른 자료들로 확인할 수 있듯이, 일터를 오갈 때 가지고 다니던 작은 보자기ふろしき나 매듭으로 묶은 천 보따리로 여급을 긴자거리에서 알아볼 수 있었다.[36] 여급에게는 근대 이전의 요시와라吉原* 구역에서 쓰이던 방언이기도 한, 그들 고유의 방언里言葉이 있었다. 카페 여급은 실제로 동료들과 소통할 때 근대적인 언어 코드전환에 몰두했다. 예를 들어, 카페 문화에서 '핫 샌드위치ホットサンドイッチ'는 도리산鷄サン('치킨 샌드위치'의 줄임말)**으로 줄여졌고, 여급이 'un torisan****' 주문

---

* 에도시대에 에도 교외에 지어진 허가받은 유녀집이 모여 있는 유곽 및 그 일대를 말한다.

** 닭을 뜻하는 일본어 도리鷄와 샌드위치의 첫 글자가 합쳐진 말이다.

을 받을 때처럼 프랑스 용어의 특성이 가미되었다. 오바야시와 마찬가지로 안도 고세이는 자본주의 틀 안에서 카페의 모더니즘을 파악하며, 카페를 "자본주의가 실행되는 위험한 무대"로 규정했다. 수십 년 후의 티모시 클라크처럼, 안도는 여급과 손님 사이의 관계를 형성하는 몸짓들에 흥미를 가졌으며, 캐시 피스와 마찬가지로 자본주의 안에서 스타일이 형성되는 것을 기록하길 원했다. 결과적으로, 그는 우리에게 젠더와 섹슈얼리티에 따른 스타일의 관계와 카페에서 각기 다른 스타일이 우세하고 있음에 관해 몇 가지 알려주고 있다.[37]

안도 고세이에 따르면, 에로티시즘은 카페에서 각기 다른 양상을 띠고 있었다. 그는 에로틱하다고 생각되었던 스타일, 언어, 몸짓 등의 예를 들었다. 카페 라이온 같은 경우는 여급이 손님들에게 공손하게 행동했다. 화장이 더 짙고 기모노가 더 화려한 곳이나 여급이 조금이라도 대화에 끼어들고 싶어 손님에게 몸을 밀착시키는 다른 카페에는 에로틱을 찾는 이들이 모여들었다(안도는 젠더와 계급의식을 양립시키는 것 같은 용어인 요조숙녀형 여급의 요건에 대해 자세히 설명하지는 않았지만, 그것을 요부형 여급에 반대되는 말로 사용했다). 스타일을 섹슈얼리티, 취향, 암묵적으로는 계급과도 연관시키는 이러한 논의는 캐시 피스의 '스타일 입기putting on style'라는 개념과 비교할 수 있는데, 피스는 옷이 "위신respectability, 매력, 독립, 지위 같은 생각을 드러내고 적당히 다루며 특유의 정체성과 존재감을 드러내는 특히 강력한 방법"이라고 생각했다. 티모시 클라크가 외모를 표면적으로는 계급 부정과 연관 지었을 때처럼 역사가 루스 로젠Ruth Rosen에게서 차용해, 매춘부를 문화적 모델로 보는 캐시 피스의 개념이 떠오른다.[38]

*** 하나one를 뜻하는 프랑스어 "un"과 "도리산"이 합쳐진 말이다.

오바야시 무네쓰구의 조사에는 드러나지 않지만 안도 고세이의 긴자 안내서에 있는 또 다른 중요성은 신체 유형을 젠더와 섹슈얼리티와 관련지은 점이다. 거기에는 육체에 대한 고정관념이 있다. 예를 들어, 여급의 작은 키는 "육체적 단점"으로 여겨졌고, 다케히사 유메지竹久夢二*의 날씬한 여성상은 아름다운 것으로 생각되었다. 안도는 "오사카 에로티시즘"에 관한 흥미로운 논의에서 스타일이 지역적인 문제임을 명확히 보여주었다. "오사카 여급은 에로틱 공장에 근무하는 숙련 노동자이다"라는 우스갯소리로 그는 섹스에 대한 암시와 계급을 양립시켰으며, 오사카의 에로티시즘은 대중적인 성격이 그 특성임을 자세히 설명했다. 상품화된 대중 지향의 여가 형태들 간의 관계에 대해 생생하게 언급하면서 그는 모든 것들이 환영받았다는 데 주목했다. 오사카에 있는 카페에 들어가는 것은 체로키(백화점)에 들어가는 것과 같았으며, 안으로 들어서며 오사카의 손님은 (가정집에 오기라도 한 듯이) 자신이 고른 여급에게 "아무개야, 나 왔어!"라고 활기차게 소리쳤다. 도쿄 문화는 오사카 문화의 생활(일상 행위)과는 대조적으로 "관념적"이고 "지적"이었다. 게다가, 긴자 여급은 모던걸과는 달리 전통적이었다. 그러나 그럼에도 여급은 지적인 특성 덕분에 어느 누구와도 대화를 나눌 수 있었다.[39]

코르티잔(발음대로 쓰자면)으로서의 여급에 관한 안도의 분석은 계급에 기초한 과장된 행동에 대한 클라크의 분석을 연상시켰지만, 그는 자신이 이러한 "자유노동자들"에 비유하는 "예전부터 있었던 코르티잔"의 국가적 기원에 관해서는 모호한 입장을 취했다. 안도가 유럽 코르티잔의 역사

---

*   1884~1934. 만화가, 시인. 1907년경부터 15년간 퇴폐와 애수에 찬 서정화와 시문 詩文으로 소위 유메지夢二 시대를 이룩했으며, 미인화로 유명하다.

를 여급에 앞서는 것으로 옮겨놓았는지 또는 여급 고유의 계보를 지칭한 것인지 명확하지는 않지만, 여급이 어떻게 돈을 벌어들였는지에 대한 안도의 논의는 명확했다. 오바야시가 표현한 (유혹하는 사람으로서 자신의 권리를 주장하는 오만한 여성을 제외한) 여급이 대부분 수동적으로 보였다면(아마도 조사지의 질문과 답변이 따로 분리되어 있는 특성 때문일 것이다) 안도가 보여준 카페 여급은 소설 『여급』에 나오는 여성들처럼 "조용히 사랑과 육체를 가질" 수 있을 만큼 교묘했다. 안도는 히로쓰의 소설에도 묘사되어 있는 사회적 관행으로 여급들이 작당해 특정 손님에게 '아무개의 손님'이라고 딱지를 붙이고, 그럼으로써 집단의 한 구성원에게 소유권을 인정해주는 행태에 대해서 설명했다. 일터에서와 공중목욕탕(카페 라이온의 여급들은 한 곳을 단골로 삼았고, 카페 타이거의 여급 종업원들은 긴자 근처의 또 다른 공중목욕탕을 이용했다)과 같은 장소에서 비번일 때 공동체 의식이 형성되는 이 여성들 사이에는 하나의 행위 규범이 있었다. 이러한 장소들에서 여급은 손님의 잘못을 정신없이 쏟아내고 요리사들을 헐뜯으면서 거친 언어를 마음껏 사용했다(여기에서 '거친rough' 언어는 가장 일상적인 남성 은어로의 코드 전환을 의미한다).[40]

안도는 카페 여급이 훈련되는 과정으로서 일상의 그러한 측면, 손님들을 할당받고 유지하거나 빼앗기는 방식, 비번일 때의 활동을 논의했다. 간략한 조사는 잡지를 사는 여급의 일과에 대한 오바야시의 보고서를 확인해주고 기모노 상인 또한 카페에 들락거렸음을 보여준다. "카페 여급 쫓아다니기"라는 제목의 절에서는 근무 시간 후에 손님과 관련을 맺는 성향이 있음이 분명히 드러나 있다. 여기에서 안도는 고객의 여러 가지 테크닉에 대해 묘사했는데, 구체적으로 열거하자면 자기가 쫓아다니는 여급의 동료를 자기편으로 만드는 것, 카페 근처에서 기다리다가 여급이 걸어갈 때쯤 택시를 타고 "지나치거나" 근무가 끝난 후 허기진 여급들이 즐겨 찾는 단팥죽 식당이나 국숫집으로 가자고 불러내기 위해 교대가 끝날 때쯤 전화 걸기 같은 작전을 비롯해 "여급을 집에서 만나는" 갖가지 방법들이 있었다.

안도는 또한 여급이 이러한 권력관계 속에서 위에 언급된 갖가지 형태의 "유혹"들에 대응하는 자신만의 기술을 갖고 있음을 보여주었다. 그는 쉬는 날 찾아오겠다고 말하는 열성적인 손님에게 자신의 주소를 티켓 뒷면에 적어준 여급의 이야기를 들려준다. 손님이 팁을 듬뿍 준 데 더해 그녀가 좋아하는 것으로 한턱 내겠다는 제안에 여급은 (순진한 여성 특유의 말투로) "음, 아시다시피 저는 대구알을 좋아해요"라고 대답한다. 그러면 이 정중한 유혹남은 이튿날 오후 냄새나는 선물을 손에 든 채 택시를 타고는 있지도 않은 주소를 찾아서 배회하게 된다. 아마도 오바야시가 조사한 여급들은 유혹의 의미를 매우 잘 알고 있었기에 자신들의 영업 요령을 밝히고 싶지 않을 것이다! 그런데 하야시 후미코는 이를 모두 보여주길 원했다. 이것이 그녀의 『방랑기』가 1930년 세상에 나왔을 때 경이적인 베스트셀러가 된 이유 가운데 하나일 수도 있다.[41] 다시 말해, 독자들은 에로틱한 욕망, 에로틱한 지배, 에로틱한 동시에 경제적 속박에 제한적이긴 하지만 완강하게 저항한 여급의 경험에 대해 추측할 필요가 없었다.

방랑기

일기 형식으로 쓰인 하야시 후미코의 이 자전적 소설은 한 여인이 여급이 되어가는 과정을 보여주는 기록이다. 이 소설은 또한 일본의 근대기 동안 한 여인의 저항을 아름답게 적어 내려가고 있다. 이 작품을 가리켜 장황한 상담칼럼이라고 언급했을 때, 하야시 후미코는 여성 블루스 가수들처럼 "경험을 공유"하고 동시대의 미국 흑인들처럼 자신의 열렬한 청중에게(그리고 아마도 근대 일본의 뒷골목에서 살아가고, 일하고, 사랑하는 여성들에게) 개인적인 것이 어떻게 사회적인 것이 될 수 있는지 설명했다(HF, 307).[42]

내가 언급했던 그 어떤 남성 작가들보다도 하야시 후미코가 카페 여급의 문화를 잘 보여주고 있다는 결론은 그리 놀랍거나 정곡을 찌르지는 않는다. 이것은 제 나름대로의 생존법칙이 있는 셋방살이의, 카페의, 아무런 기술이 없는 여인들에게 가능한 몇 안 되는 선택들의 하위문화였다. 이것은 또한 1923년 대지진 전후의 하위문화이기도 했다.[43] 하야시 후미코는 경제적 지배와 성 지배가 카페에서의 관계를 결정한다고 생각했다. 돈을 내지 않고 도망친 손님에 대한 설명은 하야시 후미코가 "그것은 결국 손님과 여급 사이의 일대일 싸움에 지나지 않는다(카페에서 벌어지는 온갖 술수들을 생각만 해도 신물이 난다)"고 선언한 가장 직접적인 요인이었다. 한 여급이 손님들을 유대인에 빗대자, (일본 근대문화의 대중매체 여기저기에서 드러나는 반유대주의를 보여주며) 화자인 하야시 후미코는 일본 사회에서 모든 관계들이 탐욕으로 얼룩져 있다고 분명히 하며 여급의 말을 정정한다. 『방랑기』는 자본주의 체제에서 여급이 되어가는 과정을 추적한다. "완전히 여급이 되어버림"에 대해 말할 때에, 여주인공은 오바야시 무네쓰구나 안도 고세이가 암시했듯이 그저 기술을 습득하기 위한 훈련만을 언급한 것은 아니었다. 하야시의 여주인공은 자신이 접대하는 남성들의 욕구 못지않게 자기 자신의 에로틱한 욕망들을 염두에 둔 성애화의 과정을 말하고 있는 것이다(HF, 242).

날짜가 적힌 제목들은 여급이 "카페 여급 구함"이라는 간판이 걸려 있음직한 카페에서 처음으로 일을 구하는 시기부터 훈련을 받는 시기까지 그녀를 따라간다. 하야시는 공중목욕탕의 요금을 알고 있으며, 새로운 여급에게 물건을 깨서는 안 된다고 경고하면서 안주인, 주인, 여급, 요리사가 한 방에서 잔다고 말해준다. 화자는 자신과 다른 이들의 인생사들을 들려준다. 예를 들면, 식민지에 게이샤로 팔려갔다가 한 기자에 의해 만주에서 돌아온 하쓰짱의 이야기가 있다(여기에서도, 제국은 당연시되고 있다). 이러한 인생사들은 남녀 사이에 관한 것 못지않게 여성 사이의 관계에 관한 것이기도 하다. 하야시는 "자매 이상으로" 친밀한 하쓰짱, 기미짱과의 관계를 언급하고, 함께 둘러앉아 어떻게 러브레터를 쓸지 생각해내거나 "긴자로 상경하거나" 아사쿠사의 난잡한 업소의 여급에서 히비야의 고급 카페 여급의 지위로 올라가는 판타지를 통해 신분 상승을 상상하는 여성 모임을 묘사한다(HF, 85-86, 98, 100-101, 262).

여주인공이 자기와 다이코 씨가 자는 동안 서로 끌어안고 있었음을 걷다가 깨닫는 것을 짤막하게 언급한 구절에서 하야시는 여성들끼리의 관계를 에로틱한 분위기까지는 아니더라도 아주 친밀한 것으로 그린다. 하야시가 남녀 사이에서는 일어나는 것으로 보여주지 않은 다정함이 여성들 사이에는 있었다. 말하자면, 주인공은 동료 여급과 한 이불을 덮고 있을 때 행복했다. 게다가 그녀는 격렬하게 반항하는 두 여성 사이의 관계에 대해서 말한다. "똑같은 운명을 가진 여자가 / 똑같이 눈과 눈을 마주보고 쓸쓸하게 웃었던 것이다. / 이까짓 것! / 웃어라! 웃어라! 웃어라! / 단지 두 여자가 웃는다고 해서 / 야속한 이 세상에 걱정은 필요 없다."*
하지만 그 외의 경우에 주인공은 여성들에게 일련의 기회와 꼬리표를 주

....

* 하야시 후미코, 최연 옮김, 『방랑기』(상), 소화, 2001, 337쪽.

어 그들을 분류해온 사회 질서 안에 자리를 잡는다(HF, 279).

에로틱하게 된 여인은 이미 여성으로 형성되어왔음을 인식하고 있었기 때문에 하야시 후미코는 자신의 섹슈얼리티가 억압의 현장이라는 것을 부인하지 않았다. 이 여주인공은 "여자졸부女成金"가 되고 싶은 욕망을 드러내면서 부에 대한 욕망이 생길 필요가 있음을 깨닫는 시점인 열두 살 무렵부터 사회에서의 여성의 성 역할에 눈을 뜨게 된다. 그녀는 자신을 유명한 연극 속 여주인공 카추사로, 더 상투적으로는 "여자 주정뱅이", "여자 도둑", "여자 도박꾼", "여자 얼간이ぼろかす女"로 상상하면서 여러 여성들이 되어보는 공상을 하며 놀았다. 기자로서 직업을 얻게 되었을 때, 그것은 마치 "새롭게 떠오르는 여자 기자"와도 같았다. 분명 하야시는 여자다움에 대한 대중의 관습을 알고 있었으며, 또한 그러한 매력이 어떻게 표현되는지도 알고 있었다. 그녀의 이상적인 미인은 "사진에서 보는 것처럼" 마쓰이 스마코*였다(HF, 106, 131, 132, 23, 284, 303). 그녀가 "카페 같은 그런 곳에서야 그저 여자가 되기만 하면 괜찮아"**라고 말하는 장면에서

---

* 1911년, 〈인형의 집〉에서 주인공 노라를 연기하면서 인정을 받아 신극 운동의 선구자였던 시마무라 호게쓰島村抱月와 함께 1913년 예술좌를 시작한다. 〈부활〉(톨스토이 원작)에서 카추사 역을 맡고 이것이 대성공하면서 단연 인기 여배우가 되었다. 그녀가 부른 주제가 〈카추사의 노래(부활 창가)〉 음반은 당시 2만 장 이상 팔려 대히트를 치고 마쓰이 스마코는 일본 최초로 노래실력을 겸한 최고 인기 여배우가 되었다. 그러나 1917년 발매한 음반 〈다음에 태어난다면今度生まれたら〉은 가사 중에 "예쁜 여자와 자고"라는 부분이 당시 문부성에 의해 외설 취급을 받아 일본에서 발매금지 음반 1호가 되었다. 1918년 11월 5일 불륜관계였던 시마무라 호게쓰가 스페인독감으로 병사하자 2개월 후 예술좌의 소품실에서 목을 매고 자살했다. 그녀는 시마무라의 무덤에 함께 묻히길 바랐지만 이루어지지 않았다.

** 하야시 후미코, 『방랑기』(상), 최연 옮김, 328쪽.

하야시의 이야기는 여성성의 개념을 카페 여급의 역사와 연결시킨다. 하지만 하야시가 자신의 술친구인 도키짱이 야성적이고 예의라고는 전혀 모르는데도 그녀를 귀여운 처녀이자 좋은 구석이 있는 여자라고 생각하는 데 비해서, 카페라는 상황에서 "여자가 되는 것"이 남자들의 기대에 무엇을 암시하는지는 자세히 설명하지 않았다(HF, 261, 266).[44]

비록 하야시가 한 시점에 "남자라는 대양"에 뛰어들었지만, 그녀는 남자답게 만드는 것이 무엇인지에 관해 상세하게 밝히기보다는 남자를 원하는 자신의 에로틱한 욕망의 변화를 따르는 데 더 관심이 있었다. 그녀는 "노동자 출신인 것처럼 보이는, 손가락 하나가 없는 매춘부의 통통하고 팔팔한 젊음"*에 대한 간략한 묘사에서 드러나는 솔직한 언어를 사용하지 않는다. 그녀는 자신을 사랑하고 떠나간 남자들에 대해서는 그렇게 구구절절 언급하지 않는다. 그럼에도 그녀는 에로틱한 욕망에 사로잡혀 독자들에게 다음과 같이 밝힌다. "저녁 무렵 신주쿠 근처를 배회하다보니, 왠지 모르게 남자에게 매달리고 싶은 충동에 사로잡혔다. 지금의 나를 구해줄 사람은 아무도 없는 것일까……. 나는 어린아이처럼 딸꾹질을 하기 시작했다."** 하야시의 이야기에 실린 시 가운데 다음과 같이 생생하게 표현된 구절에서는 그녀의 성적 욕망이 덜 유치하게 드러난다.

가난한 딸들은
밤이 되면
과일처럼 입술을

---

* 　같은 책, 25쪽.
** 　같은 책, 38쪽.

넓은 하늘로 던져버린다던데

(HF, 24, 27-28)[*]

여주인공의 욕망은 아이러니한 감성에 의해 누그러진다. 그녀는 "고향으로 돌아가 시집이나 갈까"^{**}라며 공상에 빠진 척하면서도, 이것이 에로틱한 관계나, 음식과 술을 비롯해 몹시 갖고 싶어하는 상품에 대한 욕망을 충족시켜주지 못하리라는 것을 알고 있었다. "시집이나 갈까"라는 어구는 가정에 정착하고 제도화된 혈연 제도의 요구에 부응함을 암시했다. 하야시는 동시대 미국에서 블루스를 부르던 이들이 그랬던 것처럼, 집착으로 생겨난 폭력의 형태를 취하는 에로틱한 지배에 관해서 지나치리만치 솔직했다. 한 남성에 대한 집착 때문에 그녀는 카페를 전전하게 되었으며, 여급 생활을 청산한 후에 책의 후반부에서는 남성들 때문에 떠나왔던 카페 생활로 되돌아갈 수밖에 없게 된다. 그곳에서 그녀는 자신을 학대했던 죽은 남자를 저주하는 동시에 애도한다. 그리고 가난 때문에 어쩔 수 없이 자기를 집에 들인 정부처럼 취급하는 한 남자에게서 돈을 빌린다 (HF, 25-27, 263, 265, 282-283).

하지만 하야시의 여급은 블루스에서 1인칭 화자인 여주인공들처럼 사랑에 빠지는 운명에 저항하기도 하는데, 여주인공이 말하듯이(오바야시의 조사에서 나왔던 한 응답을 상기시키는) 그 이유는 어찌 보면 카페에서 일하다 보면 남성에 대한 환상이 사라지기 때문이었다. 굴욕감이 수반된 시비조의 반응을 보인 한 사례는 한 손님이 그녀가 왕중왕 맥주 10병을 마시지

---

[*]   같은 책, 43쪽.
^{**}   같은 책, 40쪽.

못할 것이라고 내기를 건 다음 일어난다. 근처의 모든 이들이 웃음을 터트렸고, 카페 주인은 그녀가 내기에서 이기자 반색한다. 그녀는 "모두가 증오스러운 자식들뿐이다. 아아 나는 정조가 없는 여자입니다. 한번 발가벗고 춤이라도 추어보여 드릴까요. 고상하신 분들이여. …… 남자에게서 얻어먹으려고 생각하면, 나는 한 100배쯤은 더 열심히 일해야 하지 않을까?"라고 말한다(HF, 103, 129).[45]

손님들의 지배에 맞서는 여급의 도전이 더 직접적으로 드러나는 예는 속임수였다. 하야시는 이것이 그저 많은 "유행" 가운데 하나였고 자신들의 접대에 돈을 지불하는 남성들의 권위에 대한 그러한 도전의 효과는 일시적이었다고 언급한다. "그 무렵, 여급들 사이에서는 쉬는 날 함께 보내기로 여러 손님들에게 약속을 한 다음 그들을 모두 한 장소에 모이게 한 후 바람맞히는 것이 유행이었죠." 저항해봤자 결국에는 별 소용이 없었지만(카페 문화는 당연히 그들의 항의에 끄떡없을 것이었기 때문이다) 여급은 계속 저항해야만 했다. "자칫 연기하는 듯한 모습으로 여자를 어떻게 해보려는 사람 중에, 쓸 만한 이는 없다. 이런 고상한 남자 앞에서는, 입을 크게 벌리고, 염치없이 마구 먹어대는 것이 제일이다. 나는 삶은 달걀을 탁자 모서리에 깨어 요시 씨와 먹었다."* 항의를 표명하려는 여주인공의 결심은 술에 취하자 일종의 연극 같은 모습을 보이는데, 에로틱한 흉내를 내는 것을 거부하기 때문이다. 카페 여급은 그녀가 찾아간 아파트집 주인인 친구와 마찬가지로 남자가 없는 여자였다. 친구의 집에서는 "벽장을 열자, 훅하고 여자 혼자 사는 쓸쓸한 살림 냄새가 났다"(HF, 138, 259-260, 265).**

---

*   같은 책, 135-136쪽.
**   같은 책, 327쪽.

일본의 카페 여급들이 노래한 블루스

제1차 세계대전 이후부터 1930년대에 이르는 시기 동안 미국의 여성 블루스 가수들에 대한 담론은 하야시 후미코에게는 낯선 문화에 속했지만 그녀의 의견은 일본 여급의 체험이나 미국 흑인의 체험이나 미국 흑인 여성의 체험의 특수성을 부정하지 않는 식으로 은유를 사용하고 싶을 만큼 강렬하게 느껴진다. 일본 여급은 동시대의 미국 흑인처럼 대도시로 몰려들어 와서, 작은 술집과 카페 한가운데서 살게 되었다. 헤이즐 카비와 다프네 해리슨이 보여준 것처럼 블루스는 문화에 종속된 섹슈얼리티와 젠더의 영향을 모두 받았으며, 일본 여급의 언어 또한 그러했다. 나는 세계 여성사를 만들어내기 위해서가 아니라 또 다른 언어의 관점에서 여급에 대한 관심을 조명하기 위해서 이 두 가지를 나란히 배치한 것이다. 예를 들어 하야시 후미코의 주제와, (도시 타입이라 불렸던) 베시 스미스와 1920년대에 전성기를 맞은 다른 블루스 여성들의 관심사들을 비교해보자. 다음의 것은 다프네 해리슨이 열거한, 여성들이 불렀던 블루스의 주제들이다. "혹사, 버려짐, 부정, 복수, 섹스, 소외, 떠날까 말까 또는 성적인 규범을 어길지 말지 망설임", 덧붙여 해리슨이 언급했듯이, "가난은 실연과 밀접한 관련"이 있었다. 블루스 여성들처럼, 하야시는 자신에게 상처를 준 바로 그 남자들을 향한 강렬한 성욕을 표출한다. 지배받는 가운데서도 자율을 갈구하는 그녀의 노력은 "혼자 있는 여자는 손쉽게 자율을 얻는다고 장담해요"와 같은 말에서 표출되며, "철저히 미친 듯이 행동"하고 싶을 때 그녀가 느끼는 강렬한 감정들은 블루스에 드러나는 남성 지배

*** 같은 책, 327, 333쪽.

에 맞서는 저항의 표현처럼 읽힌다. 사회적 항의의 정치학이 대중 매체 속에 잘 기록되어 있고 내가 논의하고 있는 일본 근대문화가 기록된 모든 현장에서 분명히 드러났던 저항들이 그랬던 것처럼, 억압(부인하거나 무시된 식민지 상황을 제외하고는)에 대한 하야시의 이야기에는 인종 정치학이 빠져 있다. 그러나 베시 스미스의 다음 시는 하야시 후미코의 일상을 잘 대변해준다.

> 그것은 낡아빠진 이야기, 언제나 망할 남자의 이야기.
> 그것은 낡아빠진 이야기, 언제나 망할 남자의 이야기.
> 하지만 언젠가 당신 차례가 되면, 당신은 이리저리 휘둘리겠지.[46]

많은 여성 블루스 가수들처럼 하야시는 자신이 "주변에서 유일하게 비참한 존재"라고 느꼈다. 그녀는 또한 자신이 믿었던 바로 그 남자들에 대한 불신감을 여급의 버전으로 보여주었다. "흥분한 상태의 남자를 보게 된다면, 그것은 정치인의 그것과 비슷하다. 모두 끝났다고 생각하면 그들은 더없이 냉정하지." 그러한 감정은 "주는 것은 쥐꼬리처럼 옹색하면서 요구하는 것은 그리도 많은" 남자에 대한 베시 스미스의 유명한 비난을 다르게 표현한 말이었다.

하야시의 **방랑**(끊임없는 움직임)은 여성 블루스 가수들의 주요 테마 가운데 하나였다. 앨버타 헌터Alberta Hunter의 가사를 보면 다음과 같다.

> 난 거닐고 싶지만 어디로 갈지 알 수 없죠.
> 그래요, 난 거닐고 싶다고요, 아무개 씨. 하지만 어디로 갈지 알 수 없죠.
> 다행히 여길 떠난다면, 다신 돌아오지 않을 것이 확실해요.

여러분, 나한텐 땡전 한 푼 없어요. 가여운 두 발로 서 있을 뿐이죠.

다른 사람이 되고 싶다면, 나는 이 마을을 떠나야 해요.[47]

하야시 후미코의 말은 다음과 같다.

오, 난 아무런 기술도 없어요.

그리고 남자를 원해요.

게다가 여행 때문에 감상적이 돼요.

하야시 후미코는 가난한 여급의 에로틱하고 젠더화된 체험을 언급한다. 그녀가 한 말과 수많은 조사, 만화, 근대에 대한 구성 소설들은 여급의 일터인 카페와, 근대 일본의 남녀가 서로 다투고 싸웠던 싸구려 셋방의 작고 어두침침한 다다미방에서 펼쳐진 여급의 역사를 이제 막 알기 시작한 지배와 저항의 구조 안에서 조명한다. 하지만 하야시 후미코의 "블루스를 노래하기"와 이 장에서 살펴본 여급에 대한 기타 기록들에 관한 연구에서 우리가 알 수 있는 것은 그 시대에 젠더의 이중성과 양성성은 존재하지 않았으며, 젠더의 극단성이 있었다는 점이다. 남자는 남성일 뿐이고, 그들이 쫓아다니는 여자들은 항상 여성이었다(여급이 남자 목소리로 말할 때처럼 성별이 모호할 때, 그것은 목욕탕이라는 사적인 공간에서 이루어진다는 사실에 주목해야 한다).

만약 우리가 남성과 가까워지길 원하는 여성의 욕망(이로오토코인 발렌티노에 대한 키미짱의 욕망에서처럼)을 가리키는 데는 이로色가 사용되었고, 지배가 가능할 정도로 여성과 신체 접촉을 즐기는 남성의 쾌락을 가리키는 데(매춘 알선 장소로 타락해버린 카페에서 행해지는 에로 서비스의 경우처럼)는 에로가 쓰였다고 정한다면, 이성애적 남녀 간의 협상에 대해 한 가지 해석이 가능해진다. 즉, 근대 일본의 카페와 대중 매체에서 에로에 몰두했던 것으로 설명될 수도 있는 여성들에 의해 이로는 그 의미가 재협상되고 있었던 것이다. 카페에서, 누가 여자이고 누가 남자인지, 또는 어떻게 알아볼 수 있는지 사람들은 혼동하지 않았다. 하지만 근대 시대가 에로틱 그로테스크 넌센스로 선정적으로 변질되어가는 과정과 카페 여급의 연기에서는 대체로 에로틱이 사라지고 있었다. 에로틱이 부인되어가는 복잡한 유산은 반세기가 지난 오늘날 일본 대중문화에서, 즉 블루스를 부르는 에로틱화된 일본 카페 여급에 대한 기억과 그녀가 노래를 부른 배경인 제국의 권력에 대한 느낌을 억눌러왔던 비에로틱한 문화에서 지배받는 여성의 비현실적이고 폭력적 묘사에 생생하게 드러나고 있다. 다음 장에서 주로 다루게 될 영화 잡지 《영화의 벗》에서 보겠지만, 팽창하고 있던 제국은 영화 문화에서 에로티시즘에 대한 찬양과 더불어 출현하게 되었다.[48]

주석

1 랜스턴 휴스는 Angela Davis, *Blues Legacies and Black Feminism: Gertrude "Ma" Rainey, Bessie Smith, and Billie Holiday* (New York : Pantheon Books, 1998), 145쪽에 인용되어 있다. Hazel Carby, "It Jus Be's Dat ... Way Sometime : The Sexual Politics of Women's Blues," in *Unequal Sisters : A Multicultural Reader in U.S. Women's History*, ed. Ellen Carol DuBois and Vicki L. Ruiz (New York : Routledge, 1990), 241쪽; Daphne Duval Harrison, *Black Pearls: Blues Queens of the 1920s* (New Brunswick, NJ : Rutgers University Press, 1998)을 보라. 아와야 노리코의 이력에 관한 개략은 淡谷のり子, 『わが放浪記(나의 방랑기)』, 日本図書センター, 1997을 참조.

2 Daphne Duval Harrison, *Black Pearls: Blues Queens of the 1920s*(New Brunswick, NJ : Rutgers University Press, 1998), 18-20쪽.

3 데이비스는 블루스를 "아프리카 문화의 연장선"에서 만들어진 노동계급의 형식으로 보면서, 1920년대의 가난과 인종주의, 노예제가 끝난 후 성적 관계의 변형, 노예 문화, 그리고 서아프리카 종교 등과 같은 요소들의 영향을 받았다고 말한다. (Davis, *Blues Legacies*, 33쪽, 49쪽, 67-69쪽, 74쪽). 공동체 구축과 같은 요소들은 여급 문화에서도 발견할 수 있다. 실제로는 "본질적으로는 적법한 지배 규범"들을 저항의 행위로 추정해 낭만화하는 데 대한 현명한 경고로 Gail Hershatter, *Dangerous Pleasure : Prostitution and Modernity in Twentieth-Century Shanghai* (Berkeley : University of California Press, 1997), 27-28쪽을 보라.

4 尾崎翠, 「木犀(목서)」, 『尾崎翠全集(오사키 미도리 전집)』, 創樹社, 1980, 159쪽(본래 《女人芸術(여인예술)》 1929년 3월호에 실렸다). 이 이야기에 대한 나의 해석은, Silverberg, "Osmanthus," *Manoa 3*, no. 2 (Fall 1991): 187-90쪽을 보라.

5 나는 일본에서 에로(ero)라는 용어가 채택된 것을 고려해, 섹슈얼리티보다 에로티시즘을 선택해 사용하고 있다. 염두에 둘 것은, 푸코의 "상상적" 집합체로서의 "성(sex)" 개념이 이 시기 대중 매체에서 시사되기도 했다는 것이다. 그는 "'성'이라는 개념은 해부학적 요소, 생물학적 기능, 행동, 감각, 쾌락을 인위적 단위에 따라 통합하게 해주었고, 그 허구적 단위를 인과의 원칙으로 활용할 수 있게 했다"고 설명한

다. (Foucault, *The History of Sexuality*, 154쪽).

6 나는 "섹슈얼리티가 보다 예리하게 경쟁하며 보다 명백하게 정치화된 역사적 시대가 있으며, 그러한 시대에서는 에로틱한 삶(erotic life)이 실제로 재협상된다"는 게일 러빈의 주장을 바탕으로 작업하고 있다. Gayle Rubin, "Thinking Sex", in *Pleasure and Danger : Exploring Female Sexuality*, ed. Carol Vance (Boston : Routledge & Kegan Paul, 1984), 267쪽. 戸坂潤, 「檢閱下の思想と風俗(검열하의 사상과 풍속)」, 46쪽; 「檢閱下(검열하)」, 45-46쪽. 또한 레뷰의 규제와 관련해서는 Seidensticker, *Tokyo Rising*, 77쪽을 보라. 가론의 연대기에 관해서는, Garon, *Molding Japanese Minds*, 107쪽을 볼 것. 근대 중국에서 매춘의 재현과 규제에 관한 풍부하고 포괄적인 논의로, Hershatter, *Dangerous Pleasures*를 보라.

7 후지메 유키는 일본 카페 여급의 성노동을 정치화된 노동사 속에서 다룬 내가 아는 유일한 학자이다. 藤目ゆき, 『性の歷史学(성의 역사학)』, 283-311쪽을 보라.

8 여성들의 역사의 단계들에 관해서는, Joan Scott, *Gender and the Politics of History*(New York : Columbia University Press, 1988), 15-50쪽을 보라. "여성(woman)"에 관해서는, Denise Riley, *"Am I That Name?" Feminism and the Category of "Women" in History* (Minneapolis : University of Minnesota Press, 1988).

9 카페 여급의 통계는 南博, SB, 78쪽, 169쪽, 477-78쪽. 그리고 藤目ゆき, 『性の歷史学』, 288쪽, 310쪽 참조. 히로쓰 가즈오의 소설 『女給(여급)』은 1930년부터 1932년까지 《부인공론》에 연재되었으며, 『広津和郎全集(히로쓰 가즈오 전집)』(中央公論社, 1998), 5:7-242쪽에 재출판되었다. '여급'이라는 제목으로 두 편의 영화가 제작되었는데, 첫 번째 것은 1930년 니카쓰 우즈마사(日活太秦)가 제작했으며, 두 번째 것은 1931년 제국키네마(帝国キネマ)가 제작하고 소네 준조(曾根純三)가 연출했다.

10 五十嵐富夫, 『飯盛女(메시모리 온나)』(新人物往来社, 1981), 72-84쪽, 140쪽.

11 五十嵐富夫, 『飯盛女』, 181쪽; 五十嵐富夫, 『日本女性文化史(일본여성문화사)』, 吾妻書館, 1984, 133-48쪽. 曾根ひろみ, 「売女'考-近世の売春('매춘녀'고찰-근세의 매춘)」, 女性史総合研究会 편, 『日本女性生活史(일본여성생활사)』 제3권(近世), 東京大学出版会, 1991.

12 요시와라의 위계, 복합적인 행위들과 관계들에 대한 충실한 인류학적 연구로

Joseph Ernest de Becker, *The Nightless City: Or, The History of the Yoshiwara Yukwaku*(Yokohama : Z. P. Maruya, 1899)를 보라. 이 연구를 단순히 오리엔탈리즘적 기록으로 일축하는 것은 역사의 변화를 자명하게 보여주는 풍부한 소재들을 무시하는 것이다. 예를 들어, "매춘부들의 계급"에 관해서 드 베커의 책 44쪽을 보라. 이러한 소재들은 色道論(색도론)과 연관되어 있음이 틀림없다. 얼 잭슨은 이를 "에로틱한 사랑의 방식에 관한 이론"으로 번역한다. 얼 잭슨이 인용한 근세색도론(近世色道論)에 관해서 좀 더 주목할 필요가 있다(Earl Jackson Jr., "Kabuki Narratives of Male Homoerotic Desire in Saikaku and Mishima," *Theatre Journal*, December 1989, 459-77쪽).

13 Eve Kosofsky Sedgwick, *Epistemology of the Closet* (Berkeley: University of California Press, 1990), 29쪽. 푸코는 성에 관해 서양이 조장해 온 "분석으로부터 기인하는 쾌락"을 예로 든 바 있다. Foucault, *The History of Sexuality*, 71쪽. 서양에서의 성적 차이를 역사적으로 다룬 것과 관련해서는 Thomas Laqueur, *Making Sex : Body and Gender from the Greeks to Freud*(Cambridge, MA : Harvard University Press, 1990) 참조. 다마노이 마리코(玉野井麻利子)는 또한 일본 대중문화에 대한 서구의 연구들이 오리엔탈리즘의 궤적을 따르고 있음을 분명하게 비판한다(여기에는 게이샤와 바 호스티스에 관한 연구도 포함된다). Tamanoi, "Women's Voices : Their Critique of the Anthropology of Japan," *Annual Review of Anthropology 19* (1990) : 17-37쪽.

14 藤目ゆき, 『性の歷史学』, 291쪽, 310쪽.

15 粟津潔・井伊多郎・穂坂久仁雄, 『昭和11年の女: 阿部定(쇼와11년의 여자: 아베 사다)』, 田畑書店, 1976. 작가들에 대한 서술을 보면, 쾌락은 보는 것에 한정되어 있었다는 것을 알 수 있다.

16 九鬼周造, 『'いき'の構造('이키'의 구조)』, 岩波書店, 1979(본래 《思想》 1930년 1월호와 2월호에 실렸다). 구키 슈조의 사상에 관한 면밀한 논의는 Leslie Pincus, *Authenticating Culture in Imperial Japan* (Berkeley : University of California Press, 1996)을 보라. 니시야마 마쓰노스케(西山松之助)는 『近世文化の研究(근세문화의 연구)』(吉川弘文館, 1983), 9: 388-89쪽에서 이키(いき)를 요시와라에서 여성이 상품화되어온 역사 속에서 파악한다. 그의 책 『江戸の生活文化(에도의 생활문화)』(吉川弘文館, 1983), 136쪽과 『江戸町人の研究(에도 초닌 연구)』(吉川弘文館,

1973), 64-65쪽 또한 참고하라. 구키 슈조가 이키를 여성의 아름다운 면과 동시에 존재하는 추파, 자존심, 세련됨으로 특징지은 것은, 西山松之助, 『江戸ことば百話(에도말 100화)』(吉川弘文館, 1980), 8-10쪽, 西山松之助, 『江戸っ子(에도코)』(吉川弘文館, 1980), 146-50쪽에 잘 정리되어 있다. 이키의 면모들을 후카가와에서부터 에도를 통해 추적한 역사학자의 접근으로는, 中尾達郎, 『すい・つう・いき : 江戸の美意識攷(스이, 쓰우, 이키: 에도의 미의식)』(三弥井書店, 1984), 169-70쪽을 보라.

17 九鬼周造, 『'いき'の構造』, 55쪽.

18 고급 매춘에 관한 설명으로는 粟津潔・井伊多郎・穂坂久仁雄, 『昭和11年の女: 阿部定(쇼와11년의 여자: 아베 사다)』, 121쪽을 보라. 이 글의 필자들에 따르면, 이들 무허가 매춘부들은 사업 수단으로 전화와 엔타쿠(택시)를 이용하면서 전문화하는 경향이 있었다. 예컨대, 간다, 와세다 그리고 혼고에서 하숙하는 학생들만 상대하는 매춘부들도 있었다[粟津潔・井伊多郎・穂坂久仁雄, 『昭和11年の女: 阿部定(쇼와11년의 여자: 아베 사다)』, 118-20쪽; 本の森編集部 편, 『阿部定: 事件調書全文(아베 사다: 사건조서전문)』, コスミックインターナショナル, 1997, 28-29쪽].

19 粟津潔・井伊多郎・穂坂久仁雄, 『昭和11年の女: 阿部定(쇼와11년의 여자: 아베 사다)』, 118-19쪽. 아베 사다에 관한 증언으로는 『阿部定(아베 사다)』, 61쪽을 보라.

20 『阿部定』, 121쪽 참조.

21 藤森照信・初田亨・藤岡洋保, 『失われた帝都(잃어버린 제국수도)』, 77쪽. 아르 데코(art deco) 양식을 잔뜩 활용한 느낌을 주는 카페의 외부와 내부 장식을 세밀하게 찍어놓은 일련의 사진들은 藤森照信・初田亨・藤岡洋保 편, 『失われた帝都東京: 大正・昭和の街と住い(잃어버린 제국수도 도쿄: 다이쇼・쇼와 거리와 주거지)』(柏書房, 1991), 76-95쪽에서 카페 부분을 참조할 것. Homi K. Bhabha, *The Location of Culture*(New York and London : Routledge, 1994), 85-89쪽, 121쪽, 167-68쪽. 이 저작이 "모방하는 남성"에 관해서는 논의하면서, "모방하는 여성"이 지닌 상호작용의 가능성에 대한 문제는 이론화하지 않고 있다는 점에 유의할 필요가 있겠다. 의심의 여지 없이 가장 성공적인 (여성) 가장(masquerade)이자 모방으로 받아들여지는 성애화된 가장의 예는 바로 표면적으로는 중국 영화배우였지만 실제로는 일본인이었던 리코란의 경우이다. Silverberg, "Forgetting Pearl Harbor, Remembering Charlie Chaplin, and the Case of the Disappearing Westerner," *positions*, vol. 1,

no. 1(Spring 1993), 24-30쪽 참조. 가장에 대한 상세한 논의는 이어지는 아사쿠사 에로티시즘 부분을 보라.

22 일본인과 조선인 성노동자들에 관한 설명과 젊은 여성들이 조선에서 조선인들에 의해 징발당한 역사에 관해서는 최정무가 편집한 *positions* 특별호의 *The Comfort Women : Colonialism, War, and Sex*(vol. 5, no. 1)을 보라. 나는 성노동과 성노예제를 동일시하지 않는다는 것을 명백하게 밝혀둔다. 하지만 이를 성노동의 식민시기 전사(pre-history)로 보면, 위안부 정책을 수립하고 실행하는 데 근간을 이루는 섹스, 젠더, 폭력, 국가 그리고 지배에 관한 추악한 가정들을 좀더 깊이 통찰해볼 수 있다. 성노동의 전사를 위안부 여성 문제와 관련짓는 논의로 Song Youn-ok, "Japanese Colonial Rule and State-Managed Prostitution: Korea's Licensed Prostitutes," *positions* (Spring 1995), 171-217쪽 참조.

23 "위안부 여성들"의 역사와 관련해, 일본에 성노동자로 끌려온 조선인 여성들에 관해서는, 從軍慰安婦問題を考える同胞 편, 『私たちは忘れない!朝鮮人從軍慰安婦(우리들은 잊지 않는다! 조선인 종군위안부)』(1991)를 보라. 더불어, 吉見義明, *Comfort Women : Sexual Slavery in the Japanese Military during World War II*, Suzanne O'Brien 역(New York : Columbia University Press, 2000)을 보라. 최근 일본 정부가 잘못을 시인하기 전 "위안부"에 관해 다룬 책 한 권 분량의 설명으로, 金一勉, 『天皇の軍隊と朝鮮人慰安婦(천황의 군대와 조선인 위안부)』(三一書房, 1976)를 보라. 민족지학적 안내로는 師尾源藏, 『新朝鮮風土記(신조선풍토기)』(万里閣書房, 1930)가 있다.

24 Peter Bailey, "Parasexuality and Glamour: the Victorian Barmaid as Cultural Prototype," *Gender and History*, vol. 2, no. 2(Summer 1990), 148-72쪽(인용은 152쪽).

25 일본의 여급의 경우가 분명히 시급한 사안이다. T.J. Clark, *The Painting of Modern Life: Paris in the Art of Manet and His Followers* (Princeton, NJ: Princeton University Press, 1984).

26 Clark, *The Painting of Modern Life*, 109-11쪽, 245-46쪽, 252-55쪽. 저항을 이론화하는 것은 어려운 일이다. 지배와 저항의 불가분성에 대한 나의 견해는 제임스 스코트(James Scott)의 *Weapons of the Weak*에 대한 티모시 미첼(Timothy Mitchell)의 비판 등에서 얻은 것이다. 미첼은 자아 대 외부 세계, 사적인 신념 대 공

적인 행위, 묵종 대 사적 자율성과 같은 이분법적 구분에 문제를 제기했다. "연극적 행동(on stage behavior)"이나 "전체 대본(full transcript)"과 같이 연극을 은유한 스코트의 개념에 대한 미첼의 비판은 스코트의 더 최근 저작인 *Domination and the Arts of Resistance: Hidden Transcripts*(New Have, CT: Yale University Press, 1990)에 대한 비판에도 활용되면서 논의에 기여한 측면도 있다. Mitchell, "Everyday Metaphors of Power," *Theory and Society*, vol. 19, no. 5(1990), 545-77쪽. 푸코의 저항 개념의 의미와 한계에 관한 세련된 분석에 관해서는 로버트 영의 푸코 해석을 보라. Robert Young, *White Mythologies: Writing History and the West*(New York: Routledge, 1990). 로버트 영은 "저항은 권력 외부에서 작동하거나 그 반대편에서 필연적으로 생산되는 것이 아니다. 저항은 권력 속에서 중첩되며, 끊임없이 권력을 방해하고 그에 반발하며, 때로는 권력을 완전히 깨부수도록 조작될 수 있는 것을 일컫는 불규칙한 용어이다(87).

27 Kathy Peiss, *Cheap Amusements: Working Women and Leisure in Turn-of-the-Century New York, 1880-1920*(Philadelphia: Temple University Press, 1985), 3쪽, 4쪽, 6쪽, 8쪽, 72쪽. Davis, *Blues Legacies*, 66-90쪽.

28 *A History of Private Life*, ed. Antoine Prost and Gerard Vincent, Arthur Goldhammer 역(Cambridge, MA: Harvard University Press, 1991)에 실린 *Riddles of Identity in Modern Times*, vol. 5를 보라. 여급에 관한 조금 더 종합적인 역사에는 물론 카페와 카페 노동자들에 대한 국가의 강력한 단속과 내가 여급의 전향(転向)이라고 부르는 것의 역사가 포함되어야 한다. 후자와 관련해 여급들은 1940년대 들어 사회적으로 가치가 있다고 여겨지는 직업으로 바꾸었고 재수립된 국가 정책에 포함되었다.

29 広津和郎, 『女給』, 234쪽.

30 今和次郎・吉田謙吉, 「銀座のカフェー女給さん服装(긴자 카페 여급들의 복장)」, 『モデルノロヂオ: 考現学』, 201-4쪽; 「女給さんエプロン実測(여급들의 앞치마 측정)」, 『モデルノロヂオ: 考現学』, 204-5쪽.

31 今和次郎・吉田謙吉, 「女給さんエプロン実測」, 204-5쪽.

32 大林宗嗣, 『女給生活の新研究(여급생활의 신연구)』, 大原社会問題研究所, 1931(이후 OM).

33 여성 잡지의 지위에 관해서는, 前田愛, 『近代読者の成立(근대독자의 성립)』과 木村

涼子, 「婦人雜誌の情報空間と女性大衆読者層の成立(부인잡지의 정보공간과 여성대중독자층의 성립)」, 《思想》 1992년 2월호, 229-52쪽을 보라.

34 이때 물론 조선인 위안부의 경우를 생각해 볼 수 있겠다. 하지만 여기에서 조선인 여급은 "위안부"라는 후안무치하기 짝이 없는 완곡 표현과 연관짓기에는 너무 이른 시기의 것이다. 비교 역사적 맥락에서 동화에 관한 일본 연구로는 小熊英二, 『'日本人'の境界: 沖縄・アイヌ・台湾・朝鮮植民地支配から復帰運動まで('일본인'의 경계: 오키나와・아이누・타이완・조선 식민지 지배에서 복귀운동까지)』, 新曜社, 1998을 보라.

35 山本拙郎, 「銀座 : 建築印象記(긴자: 건축인상기)」, 《銀座》 2호(1925년 6월호), 6-9쪽. 이 어휘들에 관해서는 「銀座通語編(긴자통용어편)」, 《銀座》 2호(1925년 6월호), 20-25쪽을 보라.

36 히로쓰 가즈오의 『여급』에서 주인공이 이를 부끄럽게 여기는 장면을 보라. 화장품과 갈아입을 옷을 담은 작은 바구니를 가지고 다니는 여급에 관한 언급은 前田一, 『職業婦人物語(직업부인 이야기)』, 東洋経済出版部, 1921, 193쪽을 보라.

37 安藤更生, 『銀座細見(긴자세견)』, 16-17쪽, 88쪽. "유곽 용어(郭-ことば)" 혹은 요시와라 방언에 관해서는 de Becker, *Nightless City*, 136-40쪽. 그리고 石井良助, 『吉原: 江戸の遊廓の実態(요시와라: 에도 유곽의 실태)』(中央公論社, 1967), 81-184쪽을 참조하라. 히로쓰 가즈오의 『여급』에서 손님들이 말하는 카페 방언의 예를 들면, 네코(ねこ: 고양이)는 카페 구로네코(黒ねこ: 검은고양이)의 줄임말이었고, 토라(ねこ: 호랑이)는 카페 타이거를 가리키는 은어였다(8).

38 安藤更生, 『銀座細見』, 79-83쪽.

39 간토 대지진 이후 나온 다양한 대중문화들 사이의 관계에 관해서는, 필자의 "Constructing a New Cultural History of Modern Japan," *Boundary* 2, 1991을 보라. 오사카와 긴자 카페 사이의 차이, 그리고 손님들 한 명 한 명에게 배정된 "오사카 스타일"로 행동하고 오사카 방언을 쓰는 여급들을 직원으로 둔 오사카 카페들이 긴자로 이동해 간 것에 관해서는, 安藤更生, 『銀座細見』, 115-20쪽을 보라. 藤森照信・初田亨・藤岡洋保, 『失われた帝都(잃어버린 제국수도)』, 77쪽. 이 밖에 긴자와 오사카 문화 사이의 비교로는 権田安之助, 「銀ぶらと道ぶら: 三都情趣(긴자 산책과 도톤보리 산책: 세 도시 정취)」, GYS, 4:68-71쪽[본래 《中外商業新報(추가이 상업신보)》, 1922에 실렸다]를 보라.

40 히로쓰 가즈오는 또한 손님들만 카페에서 카페로 여급을 쫓아다닌 것이 아니라, 카페 여급들 또한 다른 곳에 취직한 예전 동료들을 따라 이동했음을 보여준다.

41 林芙美子, 『放浪記』(新潮社, 1947; 1974)(이후 HF로 표기). 『방랑기』를 조금은 힘든 '여행기'로 번역한다면, 이 작품의 기록적 취지를 포착할 수 있을 것이고, 내가 강조한 '기록 충동'의 측면이 강화될 것이다. 하지만 나는 좀 더 관습적이면서 문학적인 번역을 통해 하야시의 독자들이 느낀 이 작품의 방언적이고 친숙한 특성을 강조했다.

42 안젤라 데이비스는 이러한 경험의 공유가 공동체 만들기의 양식이라고 말한다. 하야시 후미코의 공동체는 그녀의 독자들에 한정되어 있었다. 그 예로, Angela Davis, Blues Legacies, 10쪽, 91쪽을 보라.

43 이러한 문화는 Ruth Rosen, The Lost Sisterhood: Prostitution in America, 1900-1918(Baltimore: Johns Hopkins University Press, 1982)에서 상세하게 기술한 하위문화와 비교할 수 있다.

44 카추사는 초기 신극 여배우였던 마쓰이 스마코(松井須磨子)가 1914년에 부른 히트곡의 제목에서 따온 것이다.

45 벌거벗고 춤을 추는 것에 관한 언급은 마하스웨타 데비(Mahasweta Devi)의 단편소설 『드라우파디(Draupadi)』의 강렬한 대단원을 연상시킨다. 이 소설은 가야트리 스피박이 번역했다. Gayatri Spivak, In Other Worlds: Essays in Cultural Politics(New York: Methuen, 1987), 179-206쪽.

46 Harrison, Black Pearls, 18-20쪽, 39쪽, 70쪽, 75쪽, 77쪽. Carby, "It Jus Be's … Dat Way Sometime."

47 Harrison, Black Pearls.

48 "에로틱을 만화로 그리는 것"에 대한 앤 앨리슨의 통찰력 있는 분석은 일본의 "포르노그래픽한" 만화들에서 재현된(혹은 시사된) 관계들이 에로틱한 것에 대한 매우 다른 재협상이라는 것을 생각하게 해주었다. Anne Allison, Permitted and Prohibited Desire: Mothers, Comics, and Censorship in Japan (Berkeley: University of California Press, 1996) 3장을 보라.

3장. 영화의 벗(에로에서 제국까지)

1931년 1월에 창간된 대중적인 영화 잡지 《영화의 벗》은 독자들에게 근대의 일상적 몸짓들을 보여주었다. 《영화의 벗》은 매달 스타와 신인 배우의 은밀한 행위들을 사진을 곁들여 시시콜콜 캐내고, 영화계 현장에 대해 가십성 기사들을 쏟아내고, 국내외 영화들의 자극적인 광고들을 게재하면서 영화제작과 영화 관람을 생활 속에 확고히 자리 잡게 만들었다. 그런데 10여 년의 기간을 거치며 잡지의 강조점에는 중요한 변화들이 나타난다. 1931년에서 1941년까지 발행된 《영화의 벗》을 선별해 연대기적으로 꼼꼼히 읽으면, 생리학적 차이에 따른 남녀 구별을 근거로 한 감각적 쾌락과, 보편화universalizing를 역설하는 민족 차이에 대한 담론을 중점적으로 다루던 데서 일본의 중국 점령으로 생활이 옮겨지는 데 주목하는 것으로 관심이 바뀌었음을 확인할 수 있다. 이러한 변화와 함께 일상 경험의 일본 고유의 특성에 대해 점차 강조하게 되었다. 다시 말해, 에로에 대한 관심은 제국에 대한 보도로 대체되었다. 이 과정에서 일련의 사진 이미지들은 국가와 문화의 관계에 관한 결론을 도출하며 독자에게 코드전환을 하도록 요구했다.

《영화의 벗》은 국가의 노골적인 통제를 받기 전에는 제국이 팽창되는 일상의 경험들을 받아들이는 데 서서히 적응해갔다. 잡지가 (나치 모델에 근거해) 영화 관람 경험을 새로운 아시아를 건설하는 국가 정책에 부응할 수 있고 부응해야 하는 대중오락으로 다루고 있었던 1941년까지도 《영화의 벗》은 할리우드 판타지를 계속해서 다루었다. 이 잡지는 독자에게 영화 관람에 대해 구경꾼의 이미지와 이야기를 전하면서 문화의 중재자 역할을 했다. 다른 잡지 《주부의 벗》처럼 《영화의 벗》은 쉽게 읽히는 일상어로 쓰인 기사를 실으면서 독자들에게 커뮤니티를 제공했다. 또 《영화의 벗》은 영화배우와 (카페 여급을 포함한) 독자들을 친근하게 대했다. 이 잡지가 독자들의 반응을 재구성할 수 있게 하는 민속지학을 제공하는 것은 아니지만 독자들이 에로틱 그로테스크 넌센스를 어떻게 읽어들였고 일본의 근대성에서 영화가 어디쯤 위치하는 것으로 생각했는지 이해할 수 있게 해주는 한편 작가들이 모던에 대해 어떻게 기술했는지 알려준다.[1]

에로

1931년과 1932년에 《영화의 벗》의 키워드는 단연 에로였다. 1931년 2월 여배우 우라나미 스마코浦波須磨子는 요부 역할을 할 자질이 없다는 비판에 방어적으로 응답하면서 이로케色気(색기)와 에로를 보여줄 수 있도록 노력하겠다고 약속했다. 아베 사다의 애정이 듬뿍 담긴 호칭인 이로오토코色男(애인)와 일본말 이로케는 모두 에로티시즘을 가리키는 근대 이전의 단어인 이로色에서 파생한 말들이다. 그런데도 이 신인 여배우는 관능미를 한껏 발산하겠다고 약속하는 수단으로서 당시 유행하는 줄임말 에로를 기꺼이 사용했다. 두 단어를 모두 사용함으로써 그녀는 일본 근대 영화 문화에는 에로틱과 포르노 사이에 차이가 있음을 보여주었다. 이 경우 외국어인 에로는 포르노를, 이로케는 에로틱을 의미해온 것 같다. 그러나 우리가 관심을 기울이고 있는 근대 용어인 두 번째 용어 에로의 정의를 추론하기보다는, 출간 초기 2년간 《영화의 벗》의 지면과 제목, 논평에 함축된 의미와 더불어 명쾌하게 드러난 정의를 읽는 편이 훨씬 수월하다. 영화계가 에로를 어떻게 정의했는지 조사하는 작업은 사실 에로 그로 넌센스의 에로가 1930년대 초기에 어떻게 이해되었는지 파악하는 가장 쉬운 방법일 것이다. 때는 바야흐로 《영화의 벗》과 그보다 지적으로 무거운 잡지인 《영화평론映画評論》이 독자들에게 근대라는 배경 안에서 이 새로운 단어를 이해시키는 데 열을 올리고 있을 때였다.[2]

《영화의 벗》에서 1931년 4월부터 시작한 연재 기사 「에로 백과사전」 첫 회는 다음과 같은 어휘 목록을 제시하면서 1930년과 1931년 문화 전반이 얼마나 에로로 가득했는지를 보여주었다. "에로, 에로 레뷰, 에로 넌센스, 에로 댄스, 에로 100퍼센트, 에로 여배우, 에로 각선미, 에로 풍경, 에로 모양, 에로신, 에로 카페, 에로 여급, 에로 골목, 에로걸, 에로소녀, 에로녀, 에로부인, 에로/그로, 에로에로에로."[3] 글쓴이는 독자들에게 "그들이 이미 알고 있는 사실", 즉 그로가 그로테스크를 의미하는 것처럼 에로는 영어 에로틱의 약어로서 그리스 신화 사랑의 신 에로스에서 유래한 것이라고 설명했다. '영화계 에로티시즘 특집호'라고 떠들어댄 1931년 6월호에서, 한 기사만은 옛 말을 인용해 에로는 "지진을 일으키는 오나마즈"라고 부르며 에로를 "여자를 보고 아찔해지는" 남자와 남자를 보고 아찔해지는 여자로 요약하긴 했지만 에로라는 용어는 이제 더는 그 의미

를 구구절절이 설명할 필요가 없었다. 글은 계속해서 남자들에게는 "남자 특유의 냄새"가, 여자들에게는 "여자 특유의 냄새"가 있는데 이는 오직 이성만이 탐지해낼 수 있다고 언급하고 있다. 다른 기사들에서는 에로의 의미가 확장되고 있고, 「에로 백과사전(3)」에서는 다양한 최음효과들을 열거하면서 여성이 남자들에게서 어떻게 그 매력, 잇It을 찾는지 살펴보기 위해 코드전환을 활용했다. 에로틱한 매력을 뜻하는 할리우드 마케팅 용어 잇은 이미 일본 근대문화 속에 깊이 자리 잡고 있어 별다른 정의가 필요 없었다. 그러나 좀 더 난해한esoteric 용어들은 설명이 필요했다. 몇 개의 기사들로 구성된 에로틱 특집란에서 「영화인 에로은어 및 그 용법해설映画人エロ隠語―およびその用法解説」이라는 제목의 기사는 '모던보이'나 '뱅가드 걸'들이 받아들였던 영화계 용어들을 함께 소개하면서 에로틱을 자세히 설명했다. 신조어 로케이션은 먼 곳에서의 밀회를 가리키며, 세트는 이 밀회의 약속이 이루어지는 빌린 장소를 뜻한다. 또 여배우가 사용한 손수건 136개를 사들여 빤 후에 그것을 여배우의 하녀에게 돌려주는 한 남자와 이러한 페티시적 거래의 공범자가 등장하는 「스타들과 에로마니아」이야기에서 볼 수 있듯이 에로틱은 성도착을 의미하기도 했다.[4]

일본, 프랑스, 독일, 아프리카에서 볼 수 있는 "BOULE EROTIQUE"를 다룬 「에로 백과사전(13)」에 실린 검열당한 글과 앞서 언급한 "여성이 보는 남성의 잇"을 다룬 기사의 미완성 결론에서와 같이 여기저기에서 "에

---

*   오나마즈大鯰는 거대한 메기 모양을 한 일본 전설의 생물로, 지하에 살면서 몸통을 흔드는 것만으로도 지진을 일으킨다고 한다. 옛날에는 지진을 일으키는 것이 일본 열도 아래 누운, 또는 일본 열도를 둘러싼 용이라고 했었지만 에도시대 이후부터 오나마즈를 주로 언급한다.

로틱"은 여성의 쾌락을 가리키기도 했다. 그러므로 글쓴이는 세계의 여성들이 루돌프 발렌티노를 보고 보편적으로 내쉬는 한숨을 설명하지 못한다면 여성의 욕망은 남자들에게 영원한 미스터리로 남을 것이라고 주장했다.

때때로 《영화의 벗》은 「키스노트接吻ノート」와 같은 기사에서처럼 외국영화에 등장하는 모던한 관능적 몸짓이 근대 일본에서 어떻게 읽힐 수 있는지를 설명하기도 했다. 이 기사의 첫 구절은 일본인 독자들에게 이 몸짓을 깊이 생각해보라고 제안한다. "키스! 이것을 그저 남녀가 입술을 포개는 무의미한 몸짓이라고만 생각하지 말라. 근대인이라면 C. 우드의 『키스의 기술The Art of Kissing』이나 해브록 엘리스Havelock Ellis의 『섹스 심리학 연구Studies in the Psychology of Sex』에 쓰인 키스의 기원 등을 한번 읽고 좀더 키스에 대한 상식을 가지기 바란다."[5] 이 글을 쓴 오구라 고이치로小倉浩一郎는 키스의 어원에 대한 다양한 학설들을 설명하고, 프랑스, 독일, 중국과 초기 일본 역사에서 이 용어가 다양하게 변형되는 것을 드러냄으로써 독자들에게 그렇게 키스에 대해 교육시켜주려고 했다. 덧붙여 그는 키스의 앵글로색슨어, 바바리아어, 스페인어, 포르투갈어, 터키어, 페르시아어도 언급했다. 나아가 이것의 독일어식 변형과 함께 영어식 변형인 osculation과 smack(모두 영어로 썼다)을 소개한 후, 키스 행위 자체의 다양한 변주들에 대해 이야기했다. 그는 『카마수트라Kama Sutra』를 보면 남녀가 입술을 맞추는 행위에는 세 가지 형태가 있지만, 이뿐 아니라 친근함의 키스, 인사의 키스, 존경의 키스, 종교적인 키스도 있다고 독자들에게 알려주고 있다. 마지막으로 기사의 정해진 주제인, 영화 속에 등장하는 키스가 있었다. 일본 역사에서 입맞춤에 대한 기록은 볼 수 있었지만, 당대 일본에 가장 중요했던 것은 바로 키스라는 이 몸짓이었다. 오구라 고이치로는 직

접적으로 혀를 언급하기보다는, "날생선만을 상대할 것처럼 보이는 찻집 여자"처럼 속담 같은 예를 드는 완곡어법을 사용했다.[6]

종종 에로는 움직이는 여성이 아니라 여성을 각 신체 부위로 분리해 고정시키는 시각적 묘사를 의미했다. 여성이 남성에게서 잇을 인식하는 것을 연구 조사한 「에로 백과사전(3)」은 드물게도 남성의 신체를 분리해 묘사했다. 이는 아주 일반적으로 여성을 조명하던 방식을 명백히 뒤집은 것으로서, 남성을 목덜미, 턱선, 입술색 등으로 분리해 표현한 것이 우스꽝스러울 정도였다. 더 일반적인 예는 1931년 12월 「1931년 레뷰계에 대한 단상」에서 볼 수 있다. 이 글은 다카라즈카극단宝塚歌劇団*에서 활동하는 두 뮤지컬 레뷰 스타의 성공을 칭찬하는데, 무대 위에 선 두 스타의 풍채를 머리모양으로 요약한다. 예를 들면 이런 식이다. "이마까지 내려오는 다치바나 가오루橘薫의 곱슬머리"와 "미우라 도키코三浦時子의 물의 요정 같은 단발머리". 코미디언 후루카와 로파古川ロッパ**는 무용단의 무명 단원들에 대해 다음과 같이 말했다. "멋진 다리, 멋진 소녀." 한편 「영화 여배우

---

* 1914년 초연한 이래 오늘날까지도 인기를 모으고 있는 여성가극(소녀가극)단이다. 창설 초기부터 '남녀노소 누구라도 즐길 수 있는 국민극'을 목표로 했으며, 일본에서 처음으로 레뷰를 상연한 극단으로 일약 유명해졌다. 현재도 건전하면서도 모든 세대가 즐길 수 있는 공연을 중심으로 뮤지컬이나 레뷰를 상연하고 있다. 장르는 동서고금을 막론하고 역사극, 판타지, SF까지 다양하다. 극단원은 전원 미혼 여성으로 이루어진다. 따라서 남성역도 여성이 맡아서 하는데, 남성 역할을 '오토코 야쿠男役', 여성 역할을 '무스메 야쿠娘役'라고 부른다. 창설 초기에는 무스메 야쿠가 인기가 많았지만 지금은 오토코 야쿠의 인기가 압도적이다. 그렇기 때문에 오늘날은 무대구성도 오토코 야쿠를 중심으로 이루어지고 있다.

** 1903~1961. 1930년대 일본의 대표적인 코미디언이자 편집자, 에세이스트로도 활동했다. 본명은 후루카와 이쿠로古川郁郎.

나체미 연구」라는 글의 필자는 외국영화에서는 배우가 슈미즈*만 입고 나오는 것이 얼마나 흔한지 언급하고 영화에서는 일본 여성의 신체가 드러나지 않음을 한탄하면서 (영화 〈아스팔트Asphalt〉의 베티 아만Betty Amann처럼) 여성의 의상에서 느껴지는 에로티시즘과 여성 실루엣의 매혹을 입이 마르게 치켜세웠다. 그에게 에로틱한 나체 여성의 이미지는 "클라라 보Clara Bow의 가슴, 매리 던컨Mary Duncan의 등, 올가 바클라노바Olga Baclanova의 허벅지와 엉덩이 노출(더할 나위 없이 풍만한 엉덩이, 가슴, 허리 등등)"로 대표되었다.

물론 이러한 시선은 모던걸을 그녀가 입는 서양식 의상과 동일시한 경향과 일맥상통하지만, 더 핵심적으로는 머리모양과 다리에 동일시하고 있었음을 알 수 있다. 또한 이는 여성의 에로티시즘을 시각문화의 여타 표현들 속에서 신체 부위별로 나뉜 여성을 계속해서 동일시해온 것과도 맥락이 통한다. 가령 《영화의 벗》이 처음 등장하고 몇 년 뒤에 나온 『1938 사진 입문서』를 보자. 이 책은 각각의 여성이 저마다 다른 "비예술적이고", "평범한" 측면에서 아름답게 드러나게 한 후 여성을 분리하는 과정으로 나아갈 것을 주장한다. 그리고 나서 혹시라도 너무 뚱뚱하거나 마른 것 같은 여성의 신체는 퇴짜를 놓고, 여성 신체의 부분들을 인물 묘사를 통해 여성적인 것으로 잘 배치될 수 있게 유의하라고 지시한다. 이 입문서의 부제는 각각의 신체의 부위들로 배열되어 있다. 목(너무 뒤로 젖히지 않아야 하며, 사진작가는 대상의 "여성적인" 부드러운 우아함을 망치지 않아야 한다고 저자는 주의를 준다)이 먼저 나오고 다음에는 몸통 전체가 이어졌다. 또한 이 입문서에 따르면 "전체적으로 너무 마른 여성"을 제외하고는 몸

---

* 여성용 속옷 상의로 길이가 배와 엉덩이를 덮을 정도로 내려오는 스타일.

이 정면을 향하게 하면 안 된다. 특히 뚱뚱한 여성은 어깨를 내리도록 신경 써야 하는데, 이것이 "온몸으로서의 신체" 느낌에 영향을 줄 수 있기 때문이다. 하지만 온몸으로 전달되는 메시지가 무엇인지는 구체적으로 설명하지 않고 바로 몸의 다른 부위로 넘어간다. 손은 드러나서는 안 된다. 완전히 감춰야 할 필요는 없지만 "자연스럽게, 여성적으로 부드럽게" 촬영되어야 한다. 별도의 장을 할애해 "기품 있는 에로티시즘"을 구현하기 위해 양손을 어떻게 두어야 하는지 상세히 설명했다. 이어서 여성의 엉덩이에 대한 근대의 집착에 부합하듯 여성의 앉는 자세에 대한 지침들이 뒤따랐다. 몸가짐과 옷은 마지막 장에서 함께 다뤄졌는데, 이 장은 기모노 깃 주름의 배열, 발가락 끝의 노출, 다리, 전통복장을 입을 때의 머리 모양, 서양의복에 대한 논의 같은 주제들을 다루었다.[7]

같은 입문서에서 남자의 몸은 남성화되고, 다듬어지고, 보호되었다. 이상적인 남성상은 신체 부위에는 덜 의지하며, 체격보다는 사회에서의 모습에 좀 더 의존하는 별개의 계율에 기초하고 있다. 글에 따르면 남자는 뚱뚱할 수도 마를 수도 있었고, 체격에 제한이 없었다. 남성의 아름다움은 겉으로는 강건하고 안으로는 위엄이 있는 것이었다. 성별로 나뉜 상상 속 남성의 유형으로 군인, 정치인, 무용가가 있었다. 여성의 신체처럼 연출된 남자의 몸, 즉 얼굴과 목("지나치게 앞으로 숙여 너무 여성스러운 자세"를 취하지 말 것), 상체, 다리가 두드러졌다. 또한 남성의 신체 부위들은 신체를 어떤 자세로 움직이게 함으로써가 아니라 소품의 배치를 통해 성별이 드러나고 에로틱하게 표현되었다(대조적으로 여성은 몸으로 표현되고 있었기 때문에 다른 소품이 필요하지 않았다). 남성의 '넥타이'와 '손수건' 같은 물건들은 남성의 상반신과 동일시되었다(결국 상반신을 찍을 때는 가슴주머니에서 펜과 샤프를 모두 꺼낸 후 촬영해야 했다). 남성에게 요청되는 가장 좋은 손 자세는 펜을 들고 있게 한 뒤 그 자세에서 펜만 빼내는 것이었다. 그 자리에 담배를 들거나 혹은 무릎 위에 책이나 잡지를 올려놓을 수도 있었다. 소품들은 그의 일상생활과 취미를 표현하게 되어 있었다. 사진작가는 문관과 무관의 모든 장식과 훈장을 꼼꼼하게 찍어야 했다.[8]

남성 정장에 관한 장은 당시 근대 일본 활동무대에서의 키스를 다룬 기사와 마찬가지로 근대문화가 몸짓들을 어떻게 새롭게 만들고 있는지 보여준다. 일본 사람들이 감정의 몸짓을 할 수 있음을 보면서도 그러한 몸짓을 표현하지 말라고 독자들에게 금지하는 어정쩡한 메시지 안에서, 이 글은 비평가들이 암시한 당시의 새로운 표현들을 확인하고 비평한다. 작가의 지침에 따르면, 서양식 혹은 일본식 정장을 입고 포즈를 취하는 남자들은 이목을 끄는 포즈나 표현을 취하지 않도록 주의해야 했다. "서양 사람들과 달리 일본 사람들은 신체 표현력이 부족했는데, 표현을 겉으로 드러내는 것은 하층 계급들이나 하는 것으로 간주되었기 때문"이었다. 남자는 절대로 감정을 드러내서는 안 된다는 이 말은 근대에 《중앙공론》에 실린 광고에서 명확히 드러난다. 1920년대 후반에서 1930년대 초, 백화점 광고에서는 몸매에 대한 관심보다는 제복으로서의 양복에 관심이 집중되었다. 남성은 얼굴이 드러나지 않게 실루엣으로 처리되었으며(어떤 표정도 드러나지 않게 막을 수 있는 확실한 방법이었다!), 일에 열중할 때도 여가를 즐길 때도 양복을 걸치고 있는 모습이었다. 달리 말하자면, 더블브레스트* 정장을 종종 입고 나오는 권위적이고 무표정한 인물이 동시에 스키, 하이킹, 드라이빙을 즐기는 중산층 남성에게 어울릴 법한 복장을 하고 있기도 했던 것이다. 이러한 사진 속 인물을 외형상으로 변형시킨 것

----

* 옷섶을 깊게 겹치고 단추를 두 줄로 단 상의나 외투, 또는 그런 스타일.

도 있었는데, 그것은 바로 광고에 캐리커처(만화처럼 그리는 것)를 활용한 것이었다. 다시 말해, 부분적으로 보여주든 온몸을 보여주든 남성의 몸매를 드러내지 않게 해주는 수단 가운데 하나가 캐리커처를 활용하는 것이었다. 누군가 주장했듯이 캐리커처는 남성에게서 육체미와 에로틱한 개성을 없앨 수 있는 또 다른 형식이라고 할 수 있었다(1930년대까지 캐리커처는 광고에서 또 다른 과업을 떠맡았다. 단순한 선으로 묘사된 캐리커처 그림들은 전쟁 동원에 대한 점점 커지는 남성의 불안감을 표현하는 데 사용될 수 있었다).[9]

대중적인 어법에서 에로의 의미가 무엇이었는지 조금 더 단도직입적으로 정의하는 데 영화 저널인 《영화평론》의 지면을 참조할 수 있다. 이 잡지는 에로를 그로와 넌센스에 연결시키는 가장 포괄적인 분석을 제공했다. 《영화평론》의 편집자들은 《영화의 벗》보다 단연코 더 지식인층이며 좌파였다. 그럼에도 이 잡지는 1931년, 「러시아 영화 연구ロシア映画研究」, 「모홀리나기의 절대영화*론モホリナギの絶対映画論」, 「독일 노동자영화에 대해ドイツ労働者映画について」와 같은 글들을 실었고, 다작의 비평가 이지마 다다시飯島正가 미국과 일본에서 레뷰영화revue movie의 흥망성쇠에 대해 쓴 글도 실었다. 또 한편으로는 1931년 4월호를 보면 "에로틱 영화" 같은 주제에 지면을 할애하기도 했다. 이 4월호는 근대 일본 영화팬들 세계에서 에로

* 추상영화라고도 한다. 칸딘스키(Wassily Kandinsky, 1866~1944), 몬드리안(Piet Mondrian, 1872~1944)의 추상회화에 직접적으로 영향을 받아 1920년대 독일에서 일어난 영화의 한 경향으로, 당시 프랑스의 순수영화와 함께 영화에서 전위 운동의 하나로 자리 잡았다. 종래 영화의 재현적 기능을 부정하고 각본, 배우, 세트 등을 포기해 추상적 형태와 빛에 의한 율동적 움직임에 의해 보는 이에게 직접적인 감각을 통한 감동을 주려고 했다. 모호이너지(1895~1946)도 이 기간에 절대영화를 연구하고, 1942년 〈라이트 디스플레이, 흑색, 백색, 회색〉을 발표했다.

가 지닌 의미를 거론할 뿐만 아니라, 에로틱 그로테스크 넌센스라는 세 용어를 정면으로 다루는 시리즈 기사들을 통해 에로틱 그로테스크 넌센스에 관해 거의 단절되었던 논의들을 제시했다.[10]

「에로틱 영화」라는 글에서 야스다 기요오安田清夫는 "에로스가 없는 인생만큼 외로운 것은 없다"고 썼다. 그는 당시 카페에서 필사적으로 팔던 외설obscenity과 에로를 구분했다. 에로는 단지 모가의 다리를 즐기는 것에 한정되지 않았다. 그로를 에로와 관련지어 설명하는 야스다 기요오의 해석은 두 가지가 몸짓의 연속체에서 서로 다른 지점에 있음을 분명히 했다. "에로와 그로의 경계는 종이 한 장 차이이다. 똑같은 신체 행위라 해도 행하는 사람에 따라 느낌이 완전히 달라질 수도 있다." 그는 당대 일본 여배우들이 그들의 외모와 관계없이, 외국 여배우의 몸짓과 복장을 받아들였을 때 그랬던 것처럼 에로를 표현하는 데 완전히 실패했다고 주장했다. 야스다 기요오는 그 원인으로 일본 감독들을 비난하면서도 (전근대의) 유흥가 문화에 대한 통찰력이 있었고 또한 당대 온천 문화의 에로티시즘을 제대로 포착했던 고쇼 헤이노스케五所平之助*만은 예외로 두었다. 야스다 기요오는 "일본에는 일본 특유의 에로가 있다"는 말로 일본 감독들이 에로에 민족적 측면이 있음을 이해하지 못한 것을 암시했다.[11]

일본 근대문화에 대해 다시 생각할 때 중요한 것은 야스다 기요오나 다른 이들이 일본의 남녀배우가 외국의 몸짓을 연기하는 데 실패했다고 결론 내린 점이 아니다. 중요한 것은 그러한 새로운 몸짓들이 연기된 정

---

* 1902~1981. 영화감독. 일본 최초의 유성영화 〈마담과 아내〉를 감독했다. 다른 작품 〈사는 만큼 살 수 있는 자生きとし生けるもの〉에서는 사회파적 측면을 강하게 드러내기도 했고, 전시 중에 찍은 〈새로운 눈新雪〉은 흥행에서 대성공을 거두었다.

도와, 비평가들이 민족을 몸짓과 연결 지으려고 시도하다 보이고 만 모순을 드러낸다는 점이다. 예를 들어, 모던걸을 조사하던 시사평론가들처럼 야스다 기요오는 여성의 엉덩이를 묘사함으로써 외국의 에로티시즘과 국내의 에로티시즘을 대비시켰다. 그는 설명하기를, 서구와 대조적으로 일본에서는 여성들이 큰 엉덩이를 저속하게 여긴다고 했다. 동시에 "여성은 남성을 위해 살기" 때문에 자신의 늘씬한 몸매로 남성을 끌어들여야 했고, "하이힐"을 신은 서구 여성의 움직임과는 대비되는 "극도로 리드미컬한 동작"을 통해 남성들을 유혹했다. 전근대와 근대성 사이의 단절을 은연중에 부인하는 주장을 펴며 야스다 기요오는 이것이 맵시 있는 게이샤의 동작에서도 찾아볼 수 있는 도쿠가와 시대에 받아들인 동작 형태지만, 에로의 "존엄함을 모독하는" 바나 카페 여급들의 저속한 몸짓에서는 찾아볼 수 없는 것이라고 설명했다. 그는 일본의 남녀가 게이샤 문화에 빠질 때는 어떻게 일본인으로 코드화되고, 카페 문화에 빠질 때는 어떻게 서양인으로 코드화되는지 설명하려고 애쓰지 않았다. 그는 계급과 직업에 따라 에로가 다른 양상을 띤다는 것을 인정했다. 상상력이 없는 사람들과 상징을 이해하지 못하는 사람들은 절대로 할 수 없는 일이었다. 이 부분에서는 감독들의 실례를 들어 설명한다. "G.W. 파브스트* 영화의 에로는 기대에서 벗어났으며, 현실적이고, 에로의 색채를 띠기보다는 외설 그 자체를 표현했다." 이와 대조적으로 에른스트 루비치Ernst Lubitsch**는 상상

---

*   게오르크 빌헬름 파브스트(Georg Wilhelm Pabst, 1885~1967). 체코에서 태어났고 독일에서 활동했다. 대표작으로 〈버림받은 자의 일기〉(1929), 〈서푼짜리 오페라〉(1931) 등이 있다.

**   1892~1947. 프리츠 랑, 무르나우와 함께 독일 초기 영화사에 커다란 업적을 남긴 대표적 인물로, 많은 표현주의 감독들이 그랬던 것처럼 1922년 나치 정권을 피해

력과 깊이와 안목을 갖추고 있다. 야스다 기요오는 에로를 서구의 기술과 동일시했다. 그는 에른스트 루비치가 한 발 물러나 관객에게 에로를 드러내지 않으면서도 어떻게 에로의 분위기를 꾸며낼 수 있는지에 통감했다.[12]

야스다 기요오에게 전근대 일본의 게이샤는 여성 에로티시즘의 모델이었지만, 근대적 에로틱 남성의 모델은 일본 남성이 아닌 모리스 슈발리에Maurice Chevalier*였다. 야스다는 슈발리에가 정통성을 갖추고 있다고 암시하면서, 일본 남성들이 그 기준에 부합할 수 있는지에 대한 질문은 회피했다. 그는 슈발리에가 에로 오토코였으며 그의 에로티시즘은 모가를 미치게 만든 두 입술에서 나온다고 결론지었다. 야스다 기요오가 일본 고유의 에로틱만을 찾은 것은 분명 아니지만, 성역할에 대한 그의 편견은 관습적인 것이었다. 이러한 편견은 급속한 변화를 겪고 있는 사회에서 여성이 '전통적인 것'이나 변함이 없음을 나타낸다는 '모던걸' 부분에 인용되어 있는 단정에 부합된다. 동시에 야스다 기요오는 에로틱은 응시하는 사람의 눈에도 있다는 사실을 인정한다. 여성의 아름다운 다리에는 마음이

미국으로 이주해 폰 스트로하임, 세실 B. 드밀 등과 함께 1920년대 할리우드의 전성기를 구가했다. 주요작품으로는 혁신적인 촬영법으로 찬사를 받은 〈마담 뒤바리Madame Du Barry〉(1919), 〈안나 볼레인Anna Boleyn〉(1920), 〈파라오의 연인들 Das Weib des Pharao〉(1921) 등과 확고한 명성을 안겨준 〈인형Die Puppe〉(1919), 〈굴 공주Die Austernprinzessin〉(1919) 등이 있다. 할리우드로 넘어간 후 '루비치 류'라는 말이 유행할 정도로 가벼운 섹스 코미디는 그의 대명사가 되었다. 그는 파라마운트 사의 대표적인 감독으로 자리 잡으며 〈사랑의 행진The Love Paradise〉(1929), 〈몬테 카를로Monte Carlo〉(1930), 〈미소 짓는 중위The Smilling Lieutenant〉(1931), 〈사느냐 죽느냐To Be or Not To Be〉(1942) 등을 만들었다.

* 프랑스의 상송가수 겸 영화배우. 카지노 드 파리와 폴리 베르제르의 인기 가수로 활동했고 파라마운트 영화사에 픽업되어 1929~1935년 할리우드의 인기스타로 활약하다가 1968년 은퇴했다. 〈파리의 호인〉, 〈큰 연못〉 등 다수의 영화에 출연했다.

흔들리지 않지만 여성의 입술을 응시할 때는 자제력을 잃어버리는 사람도 있다는 것이다. 영화의 줄거리 또한 에로틱해질 수 있지만 에로 레뷰 영화들같이 "100퍼센트 에로"로 광고된 영화들은 전혀 그렇지 않았다. 야스다 기요오는 최근 범람하는 에로 영화 제목들과 그 패러디 제목들을 소개했다. 「사랑해줘요Please Love Me」, 「오, 바로 그때였어요Oh, It's at That Moment」, 「이제, 흥분하지 말아요Now, Don't Get Excited」 그리고 「요즘 기분이 묘해요I'm Feeling Strange These Days」 등의 제목은 「그래도 부끄러워요でも恥ずかしいわ」, 「구멍이 있다면 숨고 싶어穴があったら入りたい」, 「어머, 이런 거였어?あら、こんなものなの」로 바뀌었다. 그는 결론부에서 에로틱 영화를 최근 일본 역사로 편입시켰다. 과거 2~3년을 지나며 에로틱 영화는 매우 인기를 얻게 되어 이제 "에로 시기"에 이르러 검열관들은 이러한 주제에 맞설 힘이 없었다. 그럼에도 야스다가 언급했듯이 에로틱 영화가 우후죽순처럼 등장하게 된 이유 중에는 정부의 승인을 받았다는 것도 있었다. 정부는 에로 영화를 당시 좌익 '경향 영화'에 맞설 강력한 대항마로 생각했다. 말하자면 에로 영화는 일종의 아편과 같은 역할을 한 것이다.[13]

에로틱과 그로테스크는 종이 한 장 차이라는 야스다 기요오의 주장을 뒷받침하기라도 하듯이 《영화평론》의 편집자들은 그의 글 「그로테스크 영화」를 그가 에로틱에 관해 쓴 글 바로 뒤에 실었다. 그는 그로테스크를 구현한 영화로 〈오페라의 유령〉과 〈노틀담의 꼽추〉 같은 영화들을 꼽았는데, 단순히 이 영화들이 이상하고 기괴한 것을 보여주기 때문만은 아니었다. 그보다는 오히려 "사악한 자들, 저속한 자들, 음탕한 자들과 하층 계급은 외형적으로 기묘한 섬뜩한 자들에 포함되어야 했기" 때문이다. 야스다 기요오의 정의에 따르면, 하얗게 칠해진 흑인 여성은 전적으로 그로했다. 그녀를 그로테스크하게 만든 것은 그녀가 흑인이라는 사실이 아니라, 자신의 본모습에서 도망치려는 시도였다. 집요함은 또 다른 필요 요소였다. 이 점에 대해 야스다가 실례로 든 것은 누군가 이상한 얼굴을 가진 사람을 만났을 때, 이 사람이 여성들을 집요하게 좇고 있다면 그는 측은함과는 반대로 그로테스크하게 보인다는 점이었다. 그는 영화 속 그로테스크에 대해 자세히 열거하기에 앞서 한 가지 일반화를 추가로 제시한다. "그 존재가 궁금한 동시에 훔쳐보고 싶으면서도 어떤 사람을 외면하게 될 때 강한 혐오감이나 오싹한 감정에 이르게 만드는 것이 바로 그로의 아름다움이 탄생하는 지점이다."[14]

야스다 기요오는 영화 속에 나타난 그로테스크를 세 가지 유형으로 설명한다. 이야기가 그로테스크하거나, 배우의 연기가 그로테스크를 표현할 수 있거나, 의상이 그로테스크할 수 있다. 첫 번째 범주로 야스다는 〈지킬박사와 하이드〉와 같은 영화들을 예로 든다. 그리고 인간 행위에 나타난 그로테스크는 에리히 본 스트로하임의 〈그리드Greed〉에 확실히 드러나는데, 한 남자가 돈을 억지로 빼앗기 위해 여자의 손가락을 천천히 씹어 먹는 장면이 그렇다. "음란한 가혹행위"와 성도착도 이 행위를 그로테스크하게 만들었다. 그는 성적 욕망과 성도착과 관련될 때 연기가 가장 그로테스크해 보인다고 설명했다. 일본 영화의 한 예로, 주인공이 자신의 배꼽에 술을 따르는 사무라이 드라마의 한 장면을 언급하면서 독자들에게는 이 연기로 드러나는 어떠한 성적 욕망도 상기시키지 않았다. 야스다는 의상에서의 그로와 관련해 분장으로 크로테스크의 느낌을 전달하는 데는 론 채니Lon Chaney*를 따라올 사람이 없다고 평가했다. 야스다의 말

---

*   1883~1930. 말 못 하고 듣지 못하는 부모를 둔 론 채니는 어려서부터 수화와 팬터마임, 얼굴 표정 등으로 가족과 소통하며 자랐다. 명성이 정점에 이르렀을 때는 '천

을 빌리자면 그로테스크한 존재는 "다른 인간들로부터 고립되어 존재하며, 자기 혼자만의 방식으로 살아간다". 그는 그로테스크한 표현주의 영화를 만들어낸 독일인들에게 사랑받은 한 가지 예가 바로 남색pederasty이라고 암시했다. 독일인들만 그런 것은 아니었다. 남색은 에도 시기 특정 부류의 찻집에서도 있었고, 히비야 공원에서도 여전히 볼 수 있었다. 하지만 야스다가 강조한 것은 그로테스크가 성도착이나 에로틱 도착과 관련이 있다는 것이 아니었다. 또한 일본의 그로테스크가 독일의 그로테스크와 같을 수 있다는 것도 그의 결론은 아니다. 그에게 중요한 것은 실화 true stories를 선호하는 취향이 그로를 추구하는 것과 별반 다르지 않다는 점이었다.[15]

넌센스에 대한 논의를 보기 위해서 《영화평론》의 독자들은 영화 속 그로테스크에 대한 야스다의 논의가 끝나고 이어지는 「넌센스 영화에 대한 단상」을 계속 읽으면 되었다. 이 글의 필자는 일본에서 넌센스라는 용어가 당대에 힘을 얻게 된 상황을 세계대전 이후 미국에서 넌센스(슬랩스틱) 영화가 등장한 사실과 연결시켰다. 넌센스 영화는 의미를 가질 필요가 없었다. 그것은 그저 "이데올로기에 대해 말하는 심각한 사람들은 이해할 수 없는" 웃음을 유발하기만 하면 되었다. 넌센스 문학 장르는 이 장르의

의 얼굴을 가진 사나이'라고 불리기도 했다. 그는 대부분 스스로 분장을 했는데, 특이함부터 그로테스크함까지 인물을 실감나게 표현하는 분장 기술이 뛰어났다. 〈오페라의 유령〉(1925)에서는 눈알이 뿌옇게 보이도록 계란의 얇은 막을 눈에 붙였다. 귀는 접착제로 뒤로 붙이고 생선 껍질로 코를 뒤로 잡아 늘여 얼굴이 전체적으로 해골처럼 보여 오싹하게 만들었다. 인물을 더 그럴듯하게 만들기 위해서라면 고통도 기꺼이 참아냈다. 〈형벌〉(1927)에서는 다리가 절단된 광인을 연기하기 위해 다리를 뒤로 붙잡아매고 무릎을 가죽 의족에 밀어 넣기까지 했다고 한다.

매너리즘과 영웅 숭배를 조롱하는 당대 영화에 나타난 반사적인 풍자 요소와 함께 적절히 주목을 받았다. 필자는 넌센스 영화를 "아무것도 주장하지 않는 영화"라고 정의했다. 시대극과 오즈 야스지로가 만든 것과 같은 동시대 영화들로부터 넌센스 영화의 예를 찾을 수도 있겠지만, 그러한 영화들은 그 자체는 절대로 넌센스가 아니었고, 오로지 일부분에서만 넌센스였다. 필자는 일본 영화사들, 감독들, 관객들, 검열관들이 부분적으로 넌센스인 영화를 좋아했던 까닭을 민족적 특성에서 찾았다. 일본인들은 넌센스를 완전히 이해할 수 없으며, 마찬가지로 넌센스는 유럽인들에게도 그다지 매력적이지 않았다. 양키ャンキー들만이 넌센스를 완전히 이해한 유일한 국민國民이었다. 그러나 필자는 일본판 넌센스 영화가 일본에서는 상업적 성공가능성에 힘입어 한동안 그 인기를 유지할 수 있을 것이라 예측했다. 그는 대다수 사람들이 아무 의미가 없는 듯 보이는 넌센스적인 행위가 정치적 효과를 매우 잘 전달할 수 있다는 사실을 전혀 의식하지 못한 채, 넌센스란 '아무것도 아님'을 의미한다는 비이데올로기적인 말을 액면 그대로 받아들인다고 덧붙였다. 나는 이 전제를 좀 더 전개하고자 한다. 내 주장은 넌센스의 개념, (위협적인 모던걸의 가장에서 드러나는 것을 제외하고는) 에로와 그로의 개념, 그리고 에로 그로 넌센스의 조합이 정치와 무관한 것으로 잘못 인식되어왔다고 생각한다. 당시 《영화의 벗》과 같은 대중적인 매체에서 볼 수 있듯이 말이다. 1930년대 《영화의 벗》에 실린 기사들이 보여주는 서술의 궤적으로 돌아가, 일상에 대한 관심이 어떻게 에로에 대한 집착을 불러일으켰으며 또한 어떻게 그것을 대체했는지 추적해볼 수 있을 것이다.[16]

영화와 에로

에로에 대한 열렬한 관심은 《영화의 벗》의 지면에서 1930년대 초반까지 계속 이어졌다. 1933년 2월, 일곱 번째 연재기사 「에로 영화에 대한 단상」은 맨다리가 매력적이었던 모린 오설리반Maureen O'Sullivan*과의 황홀한 '러브신'을 위해 요의腰衣만 입고 타잔으로 분한 조니 와이즈뮬러Johnny Weissmuller**의 모습을 회고했다. 9개월 후에는, 「에로 백과사전」 21회 기사가 "일석이조"라는 제명으로 독자들의 흥미를 돋웠다. 이 기사는 알고 보니 유럽에서는 레즈비언을 낚아채는 사람이 자동적으로 다른 레즈비언과도 만나는 결과를 보였다고 전했다. 이 기사는 "일본 여성을 동성애에 몰두하는 독일 여성에 비길 수 있는가"라는 질문을 제기하면서도 그 질문에 대한 답은 싣지 않았다. 1934년 11월, 《영화의 벗》은 남성에 대한 좌담회와 여성에 대한 좌담회를 함께 실었다. 전자의 토론에 참여한 여성들은 동성애에 관해서는 각자 헐뜯으면서도, 범접할 수 없는 독일 남성들, 독일 배우들과 콘라트 파이트Conrad Veidt***의 흡연 스타일과 에드워드 G.로빈슨Edward G. Robinson****의 이마, 날렵한 콧대를 지닌 개리 쿠퍼의 매력들에 대해서는 친근한 어조로 이야기를 나누었다(남편을 간접적으로 한 차례

---

*　1911~1998. 아일랜드 출신의 미국 영화배우이며 〈타잔〉(1932)의 제인 파커 역할을 맡으며 스타덤에 올랐다.

**　1904~1984. 루마니아 출신의 미국 영화배우이며 〈타잔〉(1932)으로 스타덤에 올랐다.

***　1893~1942. 독일 출신의 배우. 〈칼리가리 박사〉, 〈프라하의 대학생〉, 〈최후의 중대〉, 〈회의는 춤춘다〉 등에서 성격배우로 활약했다.

****　1893~1973. 루마니아의 유대인 공동체에서 성장해 열 살 때 미국으로 이주했다. 〈리틀 시저〉(1931)에서 갱스터 역으로 흥행배우가 된 후 주로 악당 역을 맡았다.

언급한 것을 제외하고는 일본 배우들은 전혀 거론되지 않았다).

남성들은 "남자 같은 매력"을 풍기는 여성에 끌리는 것에 대해 이야기를 하면서 떠오르는 신예 시가 아키코志賀暁子*의 대담한 연기가 인조 속눈썹 덕분인지 궁금해 했다. 그리고 나서 그들은 "그레타 가르보"**와 캐서린 햅번의 성적 지향에 대한 의문으로 이야기를 옮겨갔다. 1934년 11월에 열린 토론에 참여했던 일본 남성들이 캐서린 햅번의 성적 지향에 대해 느꼈을지 모를 불안감은 그녀가 중성적이고, 그럼으로써 여성이지만 성적 매력이 없는 존재라는 결론으로 해소되었다.[17] 여성 그룹과 남성들의 모임 모두 동성애 관계에 관한 질문들을 제기했다. 에로틱은 젠더적 모호함에 관한 문제들과 연관된 것처럼 보였다. 이것은 다니자키 준이치로의 소설에서 남장을 한 섹시한 이성애자 여성으로 가장한 나오미가 제기한 이슈와도 다르고 카페라는 에로틱한 공간에서 여성 웨이트리스의 접대를 받는 남성 고객의 엄밀하게 정의된 이분법적 구별과도 명백하게 다른 것이었다.[18]

《영화의 벗》 좌담회 참가자들은 자극적인 추측들을 넘어 동성애 관계

---

* 1910~1990. 교토 출신. 여배우. 1933년, 〈새로운 하늘新しき天〉(아베 유타카阿部豊)에서, 혼혈아 에리코 역으로 데뷔했다. 1935년, 영화 〈안개피리霧笛〉에서 주연을 맡으면서 일약 스타덤에 올랐으나 낙태죄로 체포되어 징역 2년, 집행유예 3년의 판결을 받았다.

** 1905~1990. 스웨덴 출신. 무성 영화의 섹스심벌로 미국으로 건너갔으나 머지않아 신비로운 여신이자 유성 영화에서 가장 아이콘적인 스타로 재빠르게 변신한다. 몸집이 컸고 목소리는 거의 남성적이었으며 성격은 불가해하고 종잡을 수 없었다. 〈그랜드 호텔〉(1932)과 〈크리스티나 여왕〉(1933), 〈안나 카레니나〉(1935), 〈춘희〉(1936)를 거쳐 〈니노치카〉(1939)로 아카데미 여우주연상 후보에 오르고 〈두 얼굴의 여인〉(1941)을 끝으로 은퇴했다.

에 대한 문제들을 물고 늘어지진 않았지만 젠더적 모호함에 대한 주장을 강조했던 것은 그들만이 아니었다. 이는 젠더 유동성으로 더 잘 이해될 수 있을 것이다. 자유롭게 해석되는 젠더적 특성은 1930년대 중반까지 근대 매체에 다시 등장했다. 예를 들어 1935년 1월 지식인을 겨냥한 교양지 《중앙공론》에 실린 한 광고는 우테나 포마드Utena Pomade를 남녀 공용으로 사용할 수 있다고 광고했다. 이 광고는 상반신을 옆모습으로만 보여주고 상반신 모습과 나란히 "1935년의 새로운 남성미를 위해"라는 부제를 달았다. 번지르르하게 넘긴 짧은 머리를 한 이 인물의 턱 아래 쓰인 글귀는 '신사the gentleman'들을 향한 것이었다. 그리고 같은 상반신 인물의 가슴선 (그 가슴선은 곡선으로 솟아올라 있고 기모노를 입고 있다)에 위치한 또 다른 글귀는 '숙녀the lady'들을 향한 것이었다.

두 달 후에 우테나 포마드의 두 번째 광고가 나왔는데, 이번에는 남성 주체를 확고하게 내세웠다. 이 광고는 매우 확신에 찬 남성적인 어조로 "나의 남성미를 보라"고 독자들에게 요구하고 있다. 그러나 여기에도 코드전환이라 부를 법한 혼합된 메시지가 있었다. "나의 남성미를 보라"는 남성적인 글귀가, 인물의 모습과 동작을 여성스럽게 만드는 얼굴과 손의 이미지와 충돌하고 있었기 때문이다. 이 인물은 여성으로만 이루어진 다카라즈카극단에서 오토코 야쿠(남자 역)를 하는 사람과 닮은 구석이 있었다. 다카라즈카극단에 대해서는 제니퍼 로버트슨Jennifer Robertson이 심도 있게 연구했는데, 그녀는 어떻게 "여성 역할을 맡은 배우가 연기하는 여성성이 남성 역할을 맡은 배우의 남성성을 대조적으로 강조하면서 돋보이게 하는지"를 논의했다. 그녀는 남성화된 인물이 다카라즈카극단 안에서, 그리고 그러한 인물을 매우 위협적이라고 파악한 대중 매체 안에서 차지하는 중요한 위치에 관해 매우 설득력 있는 주장을 펼쳤다. "남성과 여성을, 남자다움과 여자다움을 구별해주는 특성들은 점점 그 뚜렷함을 잃어간다"는 로버트슨의 요점은 그 시대에 가장 들어맞는 것처럼 보였을 것이다. 그럼에도 불구하고 이 두 번째 우테나 광고의 이미지는 그러한 주장과 모순되어 보이는데, 그 이유는 다카라즈카에서 남장을 해 성을 왜곡시킨 여성들과는 대조적으로 그 인물이 남성인 것으로 드러나기 때문이다. 이 광고의 맥락에서 남장을 한 인물은 남성화된 여성보다 더 여성화된 남성으로 보인다. 일본 근대문화의 한 측면으로 젠더의 모호함을 지적하는 것은 가치가 있지만, 《영화의 벗》의 지면에서는 이러한 모호성이 거의 눈에 띄지 않는다. 때때로 나온 동성애에 관한 짧은 언급을 제외하면, 《영화의 벗》은 "주연 여배우를 매혹시키는 주연 남자배우"(그 역도 성립)라는 할리우드 스타 시스템 공식 안에 안전하게 머물렀다.

　성적 모호성에 대해 떠들어대기보다는, 그리고 《영화의 벗》 지면에서 에로를 다룬 기사의 선정성과는 대조적으로, 에로틱은 대개 일상의 습관적 행위에 집중된 물질의 형태로 다루어졌다. 편집진에게 적절한 문제란 예를 들어 '영화계 에로티시즘 특집'을 표제로 한 1931년 6월호의 표지를 장식할 여성 인물에게 양장을 입힐 것인가, 일본 전통의상을 입힐 것인가 하는 것이었다. 이 경우에는 기모노를 입고 일본식 머리를 한 앳된 얼굴의 젊은 여성이 단발머리에 약간 크기가 큰 클로쉬cloche를 쓴 모던걸을 제치고 선택되었다(그러한 모던걸의 이미지가 지난 달 《영화의 벗》 뒤표지 광고에 실렸기 때문이었다. 이 광고에서 모던걸은 도발적으로 애무하듯 튜브형으로 된 안약 '스마일Smile'을 광고했다. 사진이 전하는 메시지는 어빙 고프먼Eriving Goffman의 '여성스러운 터치'를 충실히 따른다. 즉, 제품의 표면에 닿은 모던걸의 손끝은 "전류가 흐르고 있는 두 육체 사이에서는 스파크를 일으킬 만큼 중요한 '단지 살짝 닿았을 뿐'" 효과를 주고 있다. 모델은 다른 손으로는 역시 에로틱하게 제품 상자를 가슴에 꼭 움켜쥐고 있다). 야스다와 같은 비평가들은 일본인들이 감정을 드러내는 데 얼마나 무능한지, 할리우드 모델들과 비교했을 때 일본 여성들의 신체가 얼마나 열등한지 모던걸들이 적나라하게 드러냈다고 비난했다. 어쨌거나 그 특별호에서, 에로티시즘은 기모노를 입은 얌전한 여성에 의해 표현되었다.[19]

에로틱으로서의 일상은 다른 형태를 띠기도 했다. 영화배우로 일상의 삶을 살아온 여성들의 '고백'임을 약속하는 「여배우에서 카페 여급으로」라는 표제 기사에서, 독자들은 어떤 감독의 유혹을 거절하고 그로 인해 완전히 추락하며 인생의 하향곡선을 그리게 된 한 여성의 이야기를 확인할 수 있었다. 나이트클럽 레뷰를 전전하는 生活로 전락한 또 다른 불행한 여인의 이야기도 있었다. 기사는 독자들에게 역경을 겪고 있는 우상들의 모습을 보여주었다. 물론 이 기사는 임금 삭감, 실업, 많은 도시 이주자들이 도피처로 찾아갔던 농촌에서의 기아 같은 고난의 견지에서 일본에 불어닥친 공황의 여파를 모든 계급의 독자들이 체험하고 있던 때에 등장한 것이었다. 심지어 일가족 자살에 관한 기사들이 언론에 실리고 있는데도, 《영화의 벗》 독자들은 스타 시스템에 대해 잡담이나 하고 있는 것처럼 취급되었다. 《영화의 벗》 1931년 6월호는 엄마를 도와주는 젊은 여배우 가와사키 히로코川﨑弘子*를 보여주며 '가와사키 히로코와 함께하는 일요일'을 사진으로 구성했다. 이 젊은 여배우는 기모노 복장 위에 머릿수건과 앞치마를 두르고, 나무로 된 찬장에 접시들을 놓고 있다. 그녀는 또한 펜

* 1912~1976. 일본 여배우. 1929년 2월 쇼치쿠에 입사했다. 주로 멜로드라마에서 활약했으며 애수가 있는 미인스타로 톱스타 반열에 올라 1932년 쇼치쿠를 대표하는 스타가 된다.

을 들고 팬메일에 답장을 쓰는 모습도 연출했는데, 이것은 그녀가 집에 있을 때 주로 시간을 보내는 일이라고 했다. 그렇다고 해서 그녀가 집에서 샤미센을 연주해 일본적인 것에 대한 취향을 드러낼 여유가 없지는 않았다. 잡지의 편집자들은 코드전환, 다시 말해 맞은편 지면에 실린 사진을 상쇄하기 위해서 영화 속에서 여성스러운 역할을 주로 맡고 스크린 밖에서는 고상한 매너로 알려진 가와사키를 택했을 것이다. 반대편 지면에는 "누가 가장 **에로틱한가?**"라는 표제 아래 각각 캡션이 붙은 세 장의 사진이 실렸다. 선정된 여배우는 가슴을 무기로 에로를 보여준다는 하마구치 후지코浜口富士子,* "**화려한 슈미즈**" 아래 가슴을 감추고 있는 이리에 다카코入江たか子,** 양 어깨로 "더 직접적인 **에로티시즘**"을 표현하는 나카미치 후미코였다. 편집자들은 위의 질문에 한 목소리로 답했다. 즉 "세 사람 모두 너무 에로틱하다"는 것이었다. 그러나 그녀들은 "너무 **에로틱**"했음에도 "숙녀답고" 가정적이라 여겨지는 가와사키 히로코 못지않게 두드러지는 곳에 배치되었다. 결국 이 잡지의 메시지는 네 명의 여성이 사실은 모두 에로틱하며 그녀들의 관능성을 부인하거나 거부할 방법은 없다는 것이었다.[20]

---

* 1909~1935. 도쿄 출신. 쇼와 전기에 활약한 여배우. 신극단을 연구하다가 영화계로 전환해, 니카쓰에 들어갔다. 쇼와 4년 〈창백한 장미蒼白き薔薇〉로 데뷔해 아름다운 미모로 주목을 받았다.

** 1911~1995. 메이지부터 쇼와기에 활동한 여배우. 귀족 출신의 우아함과 근대적인 자태로 대스타가 되어 은막의 여왕, 미스 닛폰 등으로 불렸다. 제2차 세계대전을 전후로 남자 배우들은 그녀와 공연하는 것을 연기자로서 가질 수 있는 최고의 영광으로 여겼다고 한다. 가족의 불행과 병이 겹치면서 전후에는 인기가 하락했고, 괴담영화의 '요괴고양이 여배우'로 이름을 떨쳤다. 다카미네 히데코高峰秀子는 그녀를 『나의 직업일기私の渡世日記』에서 하라 세쓰코原節子, 야마다 이이즈山田五十鈴와 함께 일본영화사의 3대 미인이라 서술했다.

심지어 1931년 9월 만주사변 이후에도 《영화의 벗》 1932년 7월 에로티시즘 특별호에서 가장 극명하게 드러나듯이 일상은 에로틱과 분리될 수 없었다. 관동군 장교들은 처음부터 만주 침략을 획책하고 있었고, 1932년 1월 푸이傅儀*를 만주국 꼭두각시 정부의 섭정으로 만들었다. 그러나 《영화의 벗》은 일본의 승리를 축하하거나, **사변**incident이라는 완곡한 표현으로 은폐된 관동군의 책략을 알리거나, 일본의 과실 여부를 조사하기 위해 파견된 리턴조사단Lytton Commission**의 수사에 대한 질문을 던지기보다, 섹스 관련 기사들을 쏟아냈다. 이 기사는 지금까지 감춰져 왔던 많은 할리우드와 일본 배우들의 '잇'의 면모를 보여주기 위해 입술에서 목덜미, 가슴, 겨드랑이 털, 그리고 엉덩이에 이르기까지를 들추었다. 하지만 민족적인 측면에서 여성의 모습female form을 엄밀히 살핀 다른 기사에서 일본 여성의 입술은 외국 배우들의 입술과 비교조차 할 수 없는 것으로 다루어졌다. "일본 여배우들은 관능의 일본식 표현으로 여겨온 목선으로조차 에로티시즘을 표현하는 데 실패했다", "아름다운 등을 가진 일본 여배우는 한 명도 없다", "일본 여성들은 가슴을 드러내지 않으며(그리고 만약 그들이 가슴을 드러내면 이는 모두 검열에 의해 잘려나갈 것이다) 따라서 그들은 슈미즈를 입었을 때가 그나마 가장 도발적이다" 등이었다. 비평가들은 계속해서 일본 여배우들을 공격했다. "일본 여배우들은 여름에 겨드랑이 털을 밀기 바쁘다", "엉덩이 크기로 말할 것 같으면, 풍만한 엉덩이를

---

* 　1906~1967. 중국 청淸의 마지막 황제인 선통제宣統帝. 1908년 세 살의 나이로 청의 12대 황제가 되었지만 1912년 신해혁명으로 퇴위했다. 1934년 일본에 의해 만주국의 황제가 되었으나 일본의 패전으로 소련에 체포되었다가 중국으로 송환되었다.

** 　만주사변의 원인과 중국·만주의 여러 문제를 조사하기 위해 국제연맹에서 파견한 조사단.

지닌 해외의 많은 여배우들과 비교해 보았을 때 일본 여성들의 엉덩이는 거기에 조금도 미치지 못한다." 영화관과 "성행위들"에 관한 기사는 에로티시즘이 어떻게 영화스크린 밖으로 나오게 되었는지 설명했다. 기사는 스크린 속 남녀의 몸짓들, 가령 서로 머리를 맞대거나 서로의 가슴과 엉덩이를 끌어안기 위해 손을 뻗는 행위가 관객들에게 어떻게 반영되는가를 설명했다. 기사를 쓴 필자에 따르면 루비치의 영화에서 슈발리에Chevalier와 미리엄 홉킨스Miriam Hopkins가 침대로 뛰어들며 영화가 끝난 후에도 자리를 뜨지 않은 채 밝은 조명 아래에서 포옹하고 키스하느라 여념이 없는 소년 A와 소녀 B의 이야기는 널리 회자되었다고 한다. 아마도 지어낸 것으로 추정되는 이 이야기에서 작가는 일반 관객은 들어갈 수 없는 시골 영화관의 특별석에서 벌어지는 행위에 대한 추잡한 이야기를 덧붙였다. 이상한 신음소리가 들리면 극장 관리인은 "xxxxxxxxx"에 탐닉하고 있는 젊은 처녀와 모던 청년을 찾느라 객석을 자세히 살핀다(그제야 작가는 이 격렬한 젊은 커플이 관할 경찰소로 넘겨질 때 땅에 질질 끌리는 풀린 기모노 허리띠가 연상시키는 이미지를 내비친다).[21]

《영화의 벗》은 일본 여배우의 일상 스케줄을 파헤치고 이것과 비교해 할리우드 배우의 일상생활도 다루었지만, 이 기사들에서 에로티시즘이 언급되지는 않았다. 오히려 독자의 관심을 불러일으킨 것은 (「가와사키 히로코의 일요일」의 경우에서처럼) 글이 아닌 사진을 통해 전달되는, 사생활에서 (겉으로 보기에) 친숙한 주변 사물들을 응시하고 있는 할리우드 스타의 시선이었다. 만주사변이 일어난 지 두 달 후에, 이 잡지는 겹쳐진 사진들의 몽타주를 통해 독자들이 "스타들은 무엇을 할까?"를 추측하도록 끌어들이는 「가정 스케치」 특집호를 실었다. 그 질문에 대한 답은 다음과 같은 것들이다. 예를 들면, "라몬 나바로Ramon Navarro는 (자신의 소속사 MGM

마크가 보이고 한 손에는 담배를, 다른 한 손에는 각본을 든 채 피아노 옆 탁자에 앉아) 발성 연습을 하고 있다", "파라마운트 신인 실비아 시드니Sylvia Sidney는 정원에서 산뜻한 아침 공기를 만끽하고 있다", 반대편 지면에는 "개리 쿠퍼가 조용히 독서를 하며 오후를 보내고 있다"는 내용이 실렸다. 일본 독자들은 신인 배우 필립스 홈스Phillips Holmes가 "벽난로 옆에서 파이프를 피우며 휴식을 취하는" 것도 볼 수 있었다(참고로 이 사진에서 정작 배우는 경직된 자세를 취하고 있었다). 우상과도 같은 이 두 남자배우들 위에 삽입된 동그란 사진 속에는 "건강 그 자체"인 UFA영화사 소속 여배우 사리 마리차Sari Maritza가 높은 철봉에 걸터앉은 모습으로 등장했다. "디트리히, 독일에서 주부로 꽤 유명한 부인"이라는 부제가 달린 「남편의 관점에서 본 아내」에서 마를렌 디트리히의 남편은 독일식 '팬케이크'를 만드는 부인의 요리솜씨를 공개했다. 겉모습으로는 지적 수준이 매우 높은 것 같은 요세프 본 스턴버그와의 인터뷰는 위에 실린 사진 구성들이 전하려는 의도와 크게 다르지 않을뿐더러, 1935년 11월에 《영화의 벗》 독자들을 위해 쓴 '셜리 템플Shirley Temple'의 일상 중 하루를 묘사한 것과도 그리 다르지 않았다. 그러나 《영화의 벗》의 궤적을 설명하다보니 시대를 건너뛰었다. 이제 만주 '사변'이 발발한 시기로 되돌아가보자.[22]

제국을 향해

1932년 5월, 「전쟁문학과 에로티시즘」, 「전쟁영화 속 에로신戰争映画のエロシーン」 등과 같은 기사에서 《영화의 벗》이 보인 에로에 대한 집착은 전투에 투사되었다. 클라크 게이블을 다룬 가십과 1932년 5월 채플린의 일본

방문에 맞춰 그의 두 번의 결혼사를 「가엾어라! 채플린의 사랑」이라는 제목으로 눈에 띄게 다룬 기사에 입증되어 있듯이 영화배우의 일상 활동에 대한 기사들이 계속해서 지면을 차지하고 있었다. 그러나 전쟁의 일상은 영화계에도 영향을 미치기 시작했다. 제작자들은 만주 해외 촬영을 위해 스태프를 파견하기 시작했고 가장 인기 있는 전쟁영화의 제작자라는 호평을 받으려고 경쟁하기 시작했다. 《영화의 벗》편집자들은 목차란 상단을 가로지르는 새로운 비행기를 포함해 전쟁 이미지들에 상당한 지면을 할애했다. 만주침략과 상하이에서의 승리는 전쟁영화를 다루는 부분과 태평양 전쟁을 예상하며 모범적인 해전 영화를 요구하는 기사, 특별히 공중전을 다루는 최초의 일본 전쟁영화가 될 상하이 폭격에 대한 영화 기획 기사로 시기적으로 알맞게 기록되었다.[23]

일본의 영화 관객층이 일본의 전쟁 확대와 맺은 관계를 제일 처음으로 다룬 이 기사에서 인상적인 점은 에로틱에 대해 보도하던 1931년의 어조를 옮겨놓은 듯 조롱조의 담론으로 일관한다는 것이다. 나는 루이스 영 Louise Young과 다른 연구자들이 논의한 것처럼 제국을 둘러싼 국가 정책에 언론이 협력하고 조장했다는 이미 잘 알려진 사실을 문제 삼는 것이 아니다. 대중 매체의 패권주의적 메시지는 전쟁을 열렬히 지원한 것이 분명하지만 그런 상황에서 늘 그렇듯이 그에 맞서는 정황도 있을 여지가 있었다. 역사가들은 만주침략 이후 이념적이고 경제 관점에서의 주장을 펴기 시작한 언론의 변화에 대해 논의한 반면 《영화의 벗》의 기사들은 문화적 연속성을 보여주고 있다. 다시 말하면, 《고단쿠라부講談倶楽部》*와 《가정의

---

* 　고단샤가 발행한 대중 문학 잡지. 1911년 창간, 제2차 세계대전 때 발행이 중단되었다가 1962년에 완전히 폐간되었다. 시대소설 등의 대중 문학을 발표하면서 인기

빛》 같은 국가 이데올로기를 지지하는 주요 신문과 잡지들이 적극적으로 전쟁의 위대한 성공과 어려움을 떠들썩하게 전하긴 했지만, 전시체제로의 이행이 근대기의 정치와 불손한 유머가 끝났음을 의미하지는 않았다. 나는《영화의 벗》이 전시 선전과 나란히 존재했다는 사실에 주목하고자 한다. 그 점에서 일본의 근대문화는 계속되었지만, 이제 경쟁할 새로운 형식의 몽타주가 등장했다. 즉, 할리우드 문화에 대한 찬양에 비교되기 위해 전쟁이 병치되었다. 나는《영화의 벗》이 보인 반응을 농담을 통해 비판적인 정서를 표현하면서 전쟁을 매우 심각하게 받아들인 것이라고 해석한다.[24]

'폭탄삼용사爆弾三勇士'(이들은 무기를 잘못 다루어 사고로 죽었지만 국가의 우상으로 둔갑하게 된 세 명의 군인들이다)의 경우를 다루고 있는 데서 잘 드러나듯이《영화의 벗》의 지면에는 영화 주인공이 전쟁의 주인공과 미디어 공간을 공유해야 한다는 인식이 있었다. (국가의 지령으로) 그들이 대중의 감성을 사로잡았기에 전쟁영화에 대한 열풍이 불자 모든 주요 영화사들은 그들을 영화 주인공으로 삼았다. 동시에 관객은 속고 있다는 인식이 암묵적으로 짙게 깔려 있었다.「전쟁영화 속 에로신」의 필자는 독자들에게 국가의 후원을 받는 대중 매체들이 위인전이라도 쓰듯 열광적으로 그리고 있는 세 젊은 군인의 자폭이 영웅적 자살 행위가 아닌 사고인데 국가에 고무된 매체들이 이를 국제적인 거사처럼 거짓으로 소개했다는 사실을 독자에게 폭로하지는 않았다. 그러나 그는 군대 영화들이 넘쳐나는 당대의 문화를 조롱했다. 그 기사는 동일한 사건을 다룬 일곱 가지 판본을 소개했다. 가마타蒲田 촬영소의 부분 유성영화〈만주행진곡滿州行進曲〉, 신코키

를 모았다.

네마新興ㅋㅊㅜ의 〈육탄삼용사肉弾三勇士〉, 간사이 영화배급사의 〈폭탄삼용사爆弾三勇士〉, 가와이河合 영화제작소의 〈충혼 육탄삼용사忠魂肉弾三勇士〉, 도카쓰東活영화사의 〈충렬 육탄삼용사忠烈肉弾三勇士〉, 니카쓰日活 영화사의 〈폭탄삼용사〉, 아카자와 키네마赤沢ㅋㅊㅜ의 〈폭탄삼용사〉가 그것이다. 그는 세 군인의 거룩한 죽음을 기리는 연극과 대중가요의 급격한 증가에 주목하며 만주사변 이후 영화계에서는 볼 수 없었던 비꼬는 어투로 아주 분명하게 "이건 파시스트다. 이것은 파시즘이다!"라고 기쁜 듯 외쳤다.[25]

훨씬 회의적이었던 또 다른 기사 「전쟁영화와 스튜디오: 스냅샷과 가십戦争映画とスタジオ: スナップショットとゴシップと」의 필자 와타나베 아쓰미渡辺あつみ는 "폭탄용사"라는 말이 어떻게 영화계의 은어가 되었는지 설명했다. 그 덕분에 그는 자본주의적 쾌락과 국가의 선전 목적을 위해 끌어들여진 세 젊은이의 죽음을 기념하여 국가의 선전이 사적인 쾌락(혹은 사적인 정치)으로 아이러니하게 유용되었음을 폭로했다. 영화계에서 "좀 더 용감하게 찍자"는 말은 충성심을 요구하는 것이었고, 만약 누군가 "요즘 내 생활은 정말 용감한 폭탄이야"라고 불평한다면 이것은 힘든 시기를 보내고 있음을 뜻했다. "저 사람은 아무개한테 용감한 폭탄이야"는 그가 어떤 여자에게 홀딱 반했다는 뜻이었다. 이 용어는 도시의 거리로도 확산되어 카페들은 "카페 여급의 용감한 서비스"를 알리는 광고를 내걸기도 했다.

와타나베의 신랄한 비난은 정확히 군대를 겨냥한 것이었다. 그는 자신이 "비非가십"이라고 부른 것으로 전환해, 전쟁영화의 인기 덕분에 니카쓰의 〈폭탄삼용사〉 세트장에 기관총으로 무장한 군대의 주둔을 비롯해 추가 군사 지원을 어떻게 이끌어낼 수 있었는지 쓰고 있다. 병사들이 기관총을 쏘기 시작하자, 세 영웅 역을 맡은 배우들은 겁에 질려 참호로 지은 세트에서 나올 생각을 하지 않았다. 꼭 군대가 세트장까지 와야만 했을까 하는 와

타나베의 물음이 전적으로 순진하다고만 읽기는 어렵다. 스튜디오에 대한 기사를 끝맺는 군대에 대한 두 번째 비판은 영화 스태프들이 만주에서 돌아올 때 어떻게 사원에서 기념으로 불상을 가지고 왔느냐 하는 것이다. 이 기념품에 대한 한 가지 반응은 "뭐 하러 수고스럽게 불상의 머리를 가지고 왔는가? 차라리 만주에서 중국 미인의 머리를 가져오지?"였다.[26]

「전쟁영화 속 에로신」은 전쟁이 촬영소에서 만들어지고 있음을 분명히 했다. 가장 흔한 구성은 상하이처럼 보이게 만들어진 만주의 세트들과 "하염없이 기다리면서 모닥불 주변에 앉아 있는 중국인들과 까만 눈의 외국인들"이 나오는 장면이었다. 《영화의 벗》의 기사들이 공급하는 이야기들을 읽은 바에 따르면, 전쟁은 구경거리가 되고 있었고, 그럼으로써 에로틱하게 되었으며, 여성과 에로티시즘의 관계는 이런 맥락 속에서 다시 정의되고 있었다. 가령, 에로틱 행위자로서 여성은 「에로 백과사전」 연재 기사에 순차적으로 기록되어 있듯이 전쟁 보도에서는 빠져 있었다. 「전쟁문학과 에로티시즘戦争文学とエロチシズム」의 저자 마루키 수나도는 "전쟁에 나가는 사람들이 여성과 관련된 윤리를 무시하는 것은 지극히 당연하다"고 선언한 유럽 군인들을 따라다니는 엄격히 통제된 군대 위안부에게 찬사를 보냈다. 이는 여성의 욕망을 다룬 이전의 기사와는 현저히 대조적이며, 1930년대 말에 제도화된 '위안부'를 노골적으로 드러내는 전조였다. 그는 자신의 요지를 강조하기 위해 제1차 세계대전 시기의 문학에 드러난 남성들의 성적욕구의 만끽을 살펴보면서 독일 소설 『카트린 군인이 되다Die Katrin wird Soldat』(1930)에 나오는 등장인물을 인용한다. 이 소설에서 군인은 "우리에게 여자는 술이나 음식과 같다"고 선언한다. 마루키 수나도는 제1차 세계대전 동안 전장에서 군인들을 즐겁게 만들었다고 나돌던 이야기를 들려준다. 이 이야기는 여성의 몸을 전장에 비유한 것으로

서, 언덕 같은 무릎, 벌판 같은 허벅지, 산맥 같은 머릿결, 그리고 오르막 같은 가슴 따위였다. 이러한 표현법은 1930년대 초 《영화의 벗》의 많은 기사들에서 드러났듯이 여성의 신체를 부분적으로 나누어 표현한 또 다른 변형에 지나지 않는다.[27]

만주침략 이후 《영화의 벗》에 실린 일본의 팽창에 대한 언급이 모두 냉소적인 비판만 있었던 것은 아니다. 가령, 대상으로서의 여성에 의존하는 이국정서("만주에서 온 중국 미인의 머리"라고 한 것처럼)를 통해 제국을 황홀할 정도로 에로틱하게 만들었음은 1932년 5월호에 실린 영화 〈상하이 上海〉의 삽화를 곁들인 줄거리 요약에도 잘 정리되어 있다. 줄거리를 보면 상하이가 여자들을 공공연하게 매매하는 "동양의 사악한 수도"로 그려져 있고, 댄스홀 인터내셔널에서 모든 인종들이 — 유색인종과 백인 — 자유롭게 술, 여자, 담배가 흘러넘치는 와중에 미친 듯이 춤을 추는 미래의 관객들에게 소개되어 있다. 일본 민중의 욕망은 대륙의 인종들과 관련되어야만 했다. 이 말이 중국인은 인종이고 일본인은 민중이라는 의미인지는 확실하지 않지만, 전쟁과 인종, 전쟁과 에로티시즘의 관계가 《영화의 벗》의 지면 전반에 걸쳐 다루어진 것은 분명하다. 그러나 이것이 전쟁을 미화하는 쪽으로 단순히 바뀌어간 것이거나, 에로에서 제국으로 전환된 것은 아니었다.[28]

《영화의 벗》이 할리우드에서 벗어나지 않았다는 사실을 다시 거론할 필요가 있겠다. 그러나 또 다른 에로티시즘 특별호가 발행된 것은 방대한 분량을 할애해 전쟁에 대해 논의한 지 겨우 두 달 뒤인 1932년 7월이었다. 이 호의 목차에는 전쟁에 대해 아무것도 언급되어 있지 않았다. 잡지는 마치 폭탄삼용사가 자폭한 적이 없는 것처럼, 그리고 상하이가 여전히 온전한 것처럼 보였다. 또한 목차의 머리기사들도 만주 침략에 대해 언급하지 않았다. 이 호는 일본의 일상적인 에로티시즘을 조명했다. 여성의 신체를 전형적으로 해부하는 기사들은 일본 군대의 욕망의 대상으로서 이국화된 중국 여성에 대해서는 어떤 언급도 하지 않은 채 여성 자신의 성적 욕망들을 드러내기 위해 그렇게 한 것이었다. 게다가, 에로티시즘을 다룬 부분에서는 영화배우들의 겉으로 드러난 일상과 사생활이 다시 중요시되었다. 생활이 여전히 우선이었다. 가령 한 기사에는, 사람들에게 들키지 않고 한적한 레스토랑이나 호텔, 또는 밀회를 위해 마련된 교외에서조차 밀회를 제대로 즐길 수 없어 익명성을 유지하고 싶어했던 여배우를 동정하는 내용이 실려 있다. 이를 보면 일본에서 영화문화가 얼마나 전국적으로 퍼졌는지 알 수 있다.[29]

《영화의 벗》은 여전히 일본의 영화팬들이 세계적이고 근대적인 공동체의 일원이라는 생각이나 할리우드에 대한 매혹에서 벗어나지 않고 있었으므로, 에로에서 제국으로의 전환은 3년이 지난 후에도 여전히 이뤄지지 않고 있었다. 《영화의 벗》 1935년 1월호에 실린 「매 웨스트에게Dear Mae West」*라는 기사는 미국 우유배달원, 캐나다 농부, 결핵을 앓고 있는 프랑스 남자, 자바 섬의 학생, 불행한 결혼으로 슬픔에 빠진 (미국의?) 주부 등 매우 다양한 팬들이 이 오야붕親分(the boss)에게 보낸 팬레터들을 인용

----

* 1893~1980. 미국 뉴욕 출신. 1930년대 초 도발적인 금발 여배우의 아이콘으로 유명하지만 페미니스트이자 동성애자 인권운동의 선구자로서도 이름을 알렸다. 1905년 12세의 나이로 보드빌에서 연기 활동을 시작해 1920년대 중반부터는 작가로서도 활동했고, 성을 노골적으로 표현한 희곡들 때문에 논란을 일으키기도 했다. 1932년에 파라마운트사와 계약을 맺고 〈다이아몬드 릴〉(1933)을 영화화했는데, 당시 무명이었던 캐리 그랜트와 함께 연기해 파라마운트를 단숨에 파산에서 구해냈다. 매 웨스트는 연기자보다는 하나의 아이콘이 되어, 제2차 세계대전 당시의 공기주입식 구명조끼가 '매 웨스트'라고 불릴 정도였다고 한다.

했다. 기사를 쓴 여성 필자는 팬들이 특별한 인종이라고 적었다. 그러나 이 문맥에서 그 단어는 인종화된 차이를 지칭하는 것이 아니었다. 팬들은 분명히 민족적, 지역적 경계나 신체적 특성에 국한되지 않는 세계적 현상이었다. 더구나 근대 일본에서 '오야붕'이라는 말은 여전히 힘을 행사하는 남자와 연관되어 있었고 종종 일본 고유의 권력과 충성관계를 나타내는 데 쓰이고 있었기 때문에, 이 말의 사용은 매 웨스트라는 두드러진 여성 우상을 남성적으로 왜곡시키는 동시에 일본 관객들에게는 그녀가 남성화된 권위로 철저히 느껴지게 했다. 셜리 템플은 1935년 7월 《영화의 벗》 표지를 장식했고, 「할리우드 특집 스냅샷」이라는 제목으로 구성된 인물 사진에도 등장했다. 또한 이 몽타주에서 세심하게 번호와 캡션을 단 이미지들은 (독자에게 아카데미 수상을 떠올리게 하는) 클로데트 콜베르Claudette Colbert,* 클라크 게이블, 더글러스 페어뱅크스, 세실 B.드밀Cecil B. DeMille**

---

* 1903~1996. 프랑스 파리 출신. 할리우드 황금기의 가장 매력적이고 활기찬 스타 중 한 사람으로 나이 많은 남자를 좋아하는 판매원으로 등장한 〈레이디 라이즈〉(1929), 상사와 사랑에 빠진 비서를 연기한 〈연인들의 명예〉(1931) 등 선정적인 여성 영화에 출연하면서 스타덤에 올랐다. 주로 검은색 보브헤어에 뱀파이어처럼 화장을 하고 등장했던 이 시기의 콜베르는 이후 스타가 되면서 유지한 이미지보다 훨씬 더 섹시했다. 특히 세실 B. 드밀 감독과 만들었던 영화에서 그랬는데, 포파에아 여왕을 연기한 〈사인 오브 크로스〉(1932)에서는 나체로 나귀 젖에 목욕을 했고 〈클레오파트라〉(1934)에서는 이집트의 요부로 상당히 페티시즘적인 의상을 선보였으며 정글 모험 코미디인 〈겁먹은 네 사람〉(1934)에서는 장면마다 옷을 한 겹씩 더 벗는 것처럼 보이는 자유분방한 교사를 연기했다. 프랭크 카프라 감독의 유쾌한 코미디 〈어느날 밤에 생긴 일〉(1934)에서 그녀는 제멋대로 가출한 버릇없는 상속녀 엘리 앤드루스 역을 맡았는데, 길가에서 스타킹을 끌어올리며 차들을 세우는 유명한 장면이 등장한다. 콜베르는 이 영화로 1934년에 아카데미 여우주연상을 받았다.

** 1881~1959. 미국의 영화제작자·감독으로서 오늘날 파라마운트의 기초를 쌓았

과 같은 낯익은 얼굴들을 독자에게 보여주었다. 넉 달 후, 「템플의 24시간テムプルの24時間」이라는 기사는 일본과 할리우드의 남녀 배우들을 위해 그랬던 것처럼 그녀의 일상생활을 묘사하면서 셜리 템플을 촬영장 안팎으로 따라다녔다. 매 웨스트에게 '오야붕'이라는 일본식 호칭이 붙었다면, 셜리 템플에게는 어린 아이의 이름 끝에 붙는 애칭인 '짱*'이 붙었다. 템플짱은 단번에 옆집에 사는 평범한 소녀의 이미지로 탈바꿈했다.[30]

할리우드 영화계의 일상생활은 당연히 미국식이었다. 어떤 독자도 「브렌트우드 해안」에 묘사되어 있는 개리 쿠퍼의 여름휴가의 배경이 미국이라는 사실을 부인할 수 없다. 1930년대 후반에도 필자들은 스타들의 실제 일상생활과 영화에 표현되어 있는 일상적 행위들을 포함한 할리우드 문화가 보편적인 타당성을 지니고 있음을 내비쳤다.

1936년 6월에 발표된 기사 「막스 희극의 매력マルクス喜劇の魅力」을 쓴 이이다 신비에 따르면 막스 브라더스Marx Brothers**는 "넌센스, 풍자, 무질서"

다. '피와 성性과 성서'를 영화의 신조로 삼으며 다양한 작품 활동을 했다. 〈우자愚者의 낙원〉(1921) 등 예술적인 작품을 만들었으나 〈십계〉(1923) 이후 스펙터클 대작으로 전향했다. 이후 제작한 작품으로는 〈클레오파트라〉(1934), 〈왕 중 왕〉(1927), 〈평원아〉(1936), 〈북서기마경찰대〉(1940), 〈정복되지 않는 사람들〉(1947), 〈지상 최대의 쇼〉(1952), 〈십계〉(1956) 등이 있다.

* 일본어에서 일반적으로 '~씨'를 뜻하는 호칭은 '~상さん'이다. '~짱ちゃん'이라는 호칭은 어린 사람들에게 붙이거나 친밀한 관계에서 부여되는 호칭이다. 따라서 '~짱'은 '~상'보다 친밀하고 사적인 느낌을 준다.

** 치코(Chico, 1891~1961), 하포(Harpo, 1893~1964), 그루초(Groucho, 1895~1977), 제포(Zeppo, 1901~1979) 4형제를 말한다. 처음에는 어머니 미니도 팀에 참가해 보드빌에 출연했으나, 후에 막스 4형제로 영화에 데뷔했다. 1930년대 후반부터는 제포를 뺀 삼형제가 슬랩스틱 코미디에서 활약했다. 주요 작품으로 〈코코넛〉(1929), 〈나는 오리로소이다〉(1933), 〈오페라는 춤춘다〉(1935), 〈막스 브라더

를 통해 "양키 판타지Yankee Fantasy"를 현실적으로 표현했다. 이이다 신비는 하포Harpo와 그루초Groucho에게서 이 형제들의 "본질essence"을 찾았다. 그루초는 Gurūchō라고 쓰고 일본어로는 "Gruoocho"처럼 들렸다(이것은 막스 브라더스의 말장난이 일본 관객에게 통하지 않았을 수많은 부분들 가운데 겨우 하나일 뿐이다). 이이다는 그루초의 말장난, 반어법, 무질서에 더해 그의 "바보스러움"은 단 한 마디의 말도 하지 않는 하포의 의미 없는 동작들과 짝을 이루어 유성영화 시대에 전례 없는 창의성을 보여주었다고 설명했다. 그는 〈춤추는 오페라The Opera's for Dancing〉(일본에서는 〈오페라의 밤オペラ座の夜〉으로 공연되었다)에서부터 〈나는 오리로소이다I Am a Duck〉(나쓰메 소세키의 고전 『나는 고양이로소이다』를 제목으로 삼은 영화가 일본의 문화 기준으로 부상하고 있었기 때문에 〈오리수프Duck Soup〉보다는 적절한 제목이었다)에 이르기까지 막스 브라더스의 모든 작품을 독자들에게 소개했다. 이 기사는 막스 브라더스의 '넌센스'가 미국 고유의 독특함을 갖고 있는 것으로 파악했다. 동시에 휴머니티(아이러니하게 들리지만, 인간의 감정을 짓밟으려 하는 휴머니티)에 대해 말하는 것으로 유머가 표현되었다. 유머는 "전통으로 흡수되지" 않는 "대중오락의 가치"를 지녔다. 전통은 역사로 묘사되었고 (1930년대 후반 《영화의 벗》에 신빙성을 주는 용어였던) 모던에 대한 일본식 개념의 특성으로 제시되었다. 이이다 신비는 막스 브라더스의 유머가 모던하며, 그래서 현재를 살고 있는 대중의 마음을 사로잡았다고 암시하고 있었다.[31]

《영화의 벗》 편집자들은 약간 모호하긴 했지만 독자들에게 자신들의 고유한 문화가 세계의 근대적인 시기에 뒤떨어지지 않게 할 것을 요구했다. 세계의 추세는 당연히 풍자적일 수밖에 없었다. 1935년 10월호는 "여

스의 희한한 서커스〉(1939), 〈막스의 2자루 권총〉(1940) 등이 있다.

심-남심女心—男心"이라 불린 풍자 기사를 싣고 있다. 이 기사는 실연당한 남성이 백화점 옥상에서 뛰어내리는 것 같은 '일상'에서 벌어지는 사건들을 열거하면서, 남성과 여성의 에로틱한 성향을 대비시키는 1930년대 초반의 전통을 이어갔다. 또 가난한 도시노동자와 그 가족이 거주하는 단층 임대연립주택인 나가야長屋*의 근대적 변형이 아파트라고 정의하면서 현재의 순간을 "모던"이라 불렀다. 언론의 선정성을 비판하며 이 기사는 "모던걸보다도 새로운 것을 더 좋아하는" 신문들을 비판했다. 이어지는 지면에서 일본 여배우들은 '핸드백', 장갑, 반지, 팔찌 사진과 텍스트가 합성된 몽타주로 제시된 "가을 스웨터"와 "가을 배니티 페어Autumn Vanity Fair"의 모델로 등장했다. 물론 이는 근대적인 판매 전략일 뿐 곧 와지로의 고현학은 아니었다. 그러나 양장과 일본 의상에 모두 어울릴 만한 핸드백 가운데 하나에 대한 언급은 상품들을 당대 문화에 맞게 수용하는 데 대한 곤와지로의 관심을 실증하면서도 비-일본적인 근대성에서 일본을 분리하지 않는 그의 의견을 지지했다.[32]

《영화의 벗》은 독자들에게 서구와 일본 사이에 분명한 양자택일을 하게 하기보다 사람들 간에, 그리고 일본의 특성을 띠거나 서구적 특성을 띠는 물건 간의 끊임없는 코드전환이 뒤따를 수밖에 없는 이미지들의 몽타주를 제시했다. 예를 들면, 1935년 11월호에는 「미리엄 홉킨스의 옷장ミリアムのワードローブ」이라는 기사와 관련해 두 쪽짜리 화보 전단이 끼워져

---

* 일본식 단층 연립주택, 또는 다세대 주택의 일종으로 일본에서 나가야의 전형적인 이미지는 시타마치(서민거주지역)의 좁은 골목에 죽 늘어선 목조주택이다. 일본 역사에서 전통적으로 도시주택의 대표적인 형태의 하나였다. 여러 세대가 나란히 이어져 있으면서 외벽을 공유하거나, 하나의 긴 건물을 수평으로 구분해 각각에 출입문을 만든 형식으로 되어 있다.

있었는데, 이 화보는 「올 가을 톱 하프The Top Half of this Autumn」를 보여준다. 톱 하프를 표현한 세 장의 사진은 모자, 창백한 얼굴과 목, 매부리코를 한 마네킹이었다. (모두 여배우들인) 일본 모델들의 포즈, 세련된 각도로 쓴 모자, 엉덩이에 올려놓은 손은 「올 가을 톱 하프」 바로 아래에 실린 「"할리우드 패턴: 가을 산보복ハリウッドパター: 秋の散歩服」이라는 기사에 곁들인 사진을 거의 정확히 모방한 것이었다. 이 기사 역시 매우 마른 모델들을 기용했지만 한 가지 차이점이 있었다. 사진에서 일본 여성들의 몸은 허리 바로 아래에서 잘린 반면, 늘씬한 할리우드 모델들의 몸은 전신을 다 보여주었다. 이 기사를 읽은 일본의 여성 소비자-독자들이 원산지의 특성이 드러나지 않는 근대적인 상품을 구매할 수 있는 자신의 능력을 드러내는 쪽을 택함으로써 이 차이를 무시했는지는 알 수 없다. 또는 일본의 여성 독자는 늘씬한 서구 여성의 신체에 비해 자신의 신체가 열등하다고 생각하도록 유도되었을 수도 있다(물론 그 시대 미국 광고에서처럼 여성의 신체는 매우 과장되었는데, 미국의 광고는 실제로는 어느 누구도 따라갈 수 없을 정도로 완벽하게 이상화된 여성의 몸매를 보여주었다). 결국 소비 주체는 모던걸이 일본적인지 서구적인지를 확인하려고 한 모던걸 비평가들이 제기한 물음과 유사한 질문을 자신에게 던졌을 것이다.[33]

《영화의 벗》 지면에서 동양과 서양의 일체화에 관한 언급이 모호했다면, 일본의 근대가 몸짓을 강조했음은 분명하게 주장되었다. 일상의 중요한 몸짓에 대한 논의는 1935년 11월 킹 비더King Vidor*와의 인터뷰 기사에

---

* 1894~1982. 미국 영화감독. 뉴스 카메라맨을 하다가 1915년 할리우드 영화계에서 T. H. 인스, D. W. 그리피스 감독 밑에서 배우, 각본작가, 조감독 등으로 일했다. 1919년 〈고향으로 가는 길〉로 감독이 되었고, 무성영화 후기부터 유성영화 초기

서 여전히 드러나듯 할리우드의 일정과 저택들에 대한 기사들에 잘 기록되어 있는데, 이 인터뷰에서 비더는 《영화의 벗》 독자들에게 영화스타film idol가 되는 비법에 대해 알려주고 있다. 남자 배우보다는 여배우들의 자기표현에 중점을 두며 비더는 각각의 고유한 목소리, 용모, 어조, 자세, 개성을 발견해야 한다고 주장했다. 그러나 새로운 형태의 몸짓을 강조한 것은 그보다 몇 달 전인 1935년 2월호에 실린, 발의 정확한 위치를 삽화로 완성한 「새로운 댄스-소개」라는 몇 쪽짜리 사진 입문서에 더 잘 드러나 있었다. 기사는 독자들에게 '**콘티넨탈**continental'을 배워보라고 권장했다 (콘티넨탈은 프레드 아스테어와 진저 로저스가 한창 춤을 추다가 키스를 해 유명해진 춤이었다). 독자들은 동작을 보여주고 있는 이름 모를 미국 커플의 웃는 표정과 발동작을 따라 '**칼리지 리듬**college rhythm'을 섭렵할 수도 있었다.[34] 콘티넨탈은 1935년 3월에 다시 등장했는데, 이번에는 미국 영화 〈게이 디보시The Gay Divorcée〉*에 일본식 제목을 붙인 영화에서였다. 이 영화를 다룬 지면과 맞은 편 지면은 몽타주로 연결되어 있었는데, 맞은편 지면은 '올토키'로 찍은 시대극 영화 〈구니사다 추지〉의 광고였다. 이 지면을 펼쳤을 때 오른쪽 지면에는 상투를 틀고, 단순하고 어두운 색의 기모노를 걸친 시대극 주인공 구니사다가 남성적인 동작으로 빈 술잔을 들고 있다. 왼쪽 지면에서는 반할 만한 합창단 삽화 위 아래에서 프레드 아스테어와 진저 로저스가 춤을 추고 있다. 비록 크기는 더 작았지만, 프레드와 진저

에 걸친 미국영화의 대표 감독 중 한 사람으로 꼽힌다. 대표작으로 〈빅 퍼레이드〉(1925), 〈할렐루야〉(1929), 〈거리의 풍경〉(1931), 〈백주의 결투〉(1947), 〈전쟁과 평화〉(1956) 등이 있다.

* 마크 샌드리치 감독의 1934년 작품. 프레드 아스테어와 진저 로저스가 주연을 맡았다.

는 구니사다를 연기한 배우 오코우치 덴지로大河内伝次郎*와 시대극으로 명성이 높은 감독 야마나카 사다오山中貞雄라는 이름만큼이나 눈에 띄었다. 할리우드 광고와 일본 고유의 역사를 보여주는 인물들 사이를 앞뒤로 오가는 가운데 소비자-독자-관객의 코드전환이 일어난다. 그러나 관객에게 오로지 서양과 동양 사이에만 선택권이 있었다고 말하는 것은 너무나 단순하다. 〈구니사다 추지〉를 홍보하는 광고는 일부는 영문 알파벳으로, 일부는 외래어를 표시하는 일본어 문자로 쓰였다. 영어와 일본어 모두 '동양적' 양식의 서체로 표현되어 있었다(이는 이 영화가 웨스턴 일렉트릭에서 사운드 시스템을 제공한 올토키라는 것을 관객에게 알리는 상단 문구였다). 따라서 이 영화는 할리우드식 소개 규범과 밀접한 관련이 있었는데, 이는 동양식 글자를 서양식으로 쓴 많은 글씨들을 연상시키는 서체 양식 때문만이 아니라 서양회사를 언급했기 때문이기도 하다. 더 중요한 것은, 독자들은 시대극에서 주인공들이 당대의 언어, 즉 근대 언어로 말할 수 있었던 코드전환이 야마나카 사다오 감독 덕분이라는 사실을 알고 있었다는 점이다.[35]

《영화의 벗》에서 일본을 서양과 관련시키려는 기사들이 분명할 때도 있었다. 가령, 영화에 의한 뉴스 다큐멘터리를 다루면서 정치적 색채를 띤 기사들을 예로 들 수 있다. 1935년 4월에 발표된 「뉴스영화를 말하다ニュースリールを語る」라는 기사는 만주에서 일본이 세운 업적들을 보도할 때 뉴스영화를 이용한 것에 박수를 보내기보다 일본에는 진짜 뉴스영화가 없다고 주장했다. 이 기사는 히비야 극장에 나오는 《아사히신문朝日新聞》의 뉴스캐스터가 미국의 뉴스캐스터보다 못한 것으로 비교하면서, 미국의

---

* 1898~1962. 다이쇼·쇼와기의 영화배우. 시대극의 대스타였다. 본명은 오오베 마스오大辺男.

노동자 조합에서 만든 뉴스 다큐멘터리에 대한 지지를 표명했다(이 영화
는 백악관 앞에서 경찰 공권력에 의해 밀려나는 노동자들의 시위를 포착했다). 이
기사는 또한 베이브 루스Babe Ruth*가 "우리나라 일본"에 왔을 때 찍은 파
라마운트의 뉴스영화도 인용했다. 이 기사는 미국 뉴스캐스터의 클로징
멘트로 끝을 맺었는데, 필자는 번역해 "이것은 일본에서 가장 큰 뉴스"라
고 소개했다. 하지만 기사의 가장 마지막 대사는 원래 영어로 "이것은 제
국에서 가장 큰 뉴스이다This is the biggest news in Empire"라고 쓰여 있었다. 저
자가 영어의 핵심구절을 자기 식대로 다듬은 것일까? 아이러니하게도 10
년 전 긴자에 대해 쓴 잡지 기사에서 제국을 다룬 방식과 비슷하지 않
은가?

1936년 10월에는 유사한 기사가 똑같이 정치권력을 무시하고 서구의
모더니티를 공감하는 데에만 열심인 것처럼 보였다. 1930년대 초기 에로
기사들의 어조로 표현된 「영화 팬들을 위한 근대의 십계명」이라는 이 기
사는 훨씬 더 농담조에 가까웠다. 기사는 독자들에게 "물 건너" 오는 미국
영화 잡지를 비롯해 신문과 잡지를 읽음으로써 시대를 따라가도록 촉구
했다. 그러한 잡지들이 비쌌던 까닭에 《영화의 벗》 독자들은 자신의 영일
英日사전을 들고 마루젠丸善 서점으로 갔다(이는 곤다 야스노스케가 알려준 지
혜와는 정반대의 충고였다. 곤다 야스노스케는 일본의 진면목을 볼 수 있는 현장이
아사쿠사라고 생각했기 때문에 추종자들에게 서양서적을 전문적으로 취급하던 마
루젠은 피하라고 권유했다).[36] 기사에 제시된 십계명들 중에는 괴물 영화를

(동반자나 애인 없이) 혼자 보러 가지 않을 것과 뉴스영화를 보고 흥분하지 말라는 경고가 들어 있었다. 《영화의 벗》 독자들이 뉴스영화들을 언급한 두 기사 가운데 어느 한쪽의 모호한 메시지를 어느 정도로 받아들였는지 또는 첫 번째 기사가 일본의 현 상황에 어느 정도로 비판적이라고 해석했는지는 확실하지 않다. 그럼에도 뉴스영화를 보고 흥분하지 말라는 충고가 과거의 일이 된 것은 분명했다. 또한 명백한 것은 1937년 7월, 중국군과 일본군이 루거우차오盧溝橋에서 충돌해[*] 국가가 전시상태에 돌입한 이후 제국에 대한 모든 모호한 표현들이 《영화의 벗》의 지면에서 사라졌다는 사실이다.

일본군이 계속해서 중국으로 이동하는 몇 달 동안, '국민정신 총동원 운동'이 국내에서 동원되었다. 그러나 일본이 전쟁을 치르는 동안에도 《영화의 벗》에서 할리우드는 여전히 확고한 위치를 차지하고 있었다. 1937년 3월 《영화의 벗》은 「월트디즈니 이야기: 미키마우스의 탄생ワールドディズニー物語」 연재물을 싣고, 진저 로저스의 매력을 살펴보고, '러시아로 간' 찰리 채플린을 소개했다. 그럼에도, 영화 비평가 이와사키 아키라의 말을 빌리면, 일본 영화계는 합리화로 인해 "위기"에 봉착해 있었다. 비상시대非常時代라는 말은 1933년 무렵 군대의 "비상시대 선포"와 같은 선전활동과 육군대신 아라키 사다오荒木貞夫[**]를 영화화한 유성영화 〈비상시대 일본〉

---

[*] 루거우차오 사건. 1937년 7월 7일 루거우차오에서 발생한 발포사건으로 중·일전쟁의 발단이 됨.

[**] 1877~1966. 일본 육군군인, 쇼와 6년(1931) 이누카이犬養 내각, 사이토斎藤 내각의 육군대신을 지내고 쇼와 9년(1934)에 군사 참의관을 지냈으며, 쇼와 10년에 공적을 인정받아 남작을 수여받았다. 쇼와 11년 2.26사건 이후 예비군으로 편입되었다가 쇼와 13년~14년에 제1차 고노에 내각, 히라누마 내각의 문부대신이 되어 국민

에서 광범위하게 사용되었다. 중국과의 전쟁이 발발한 후에는 외국 영화 수입 규제에 집중한 기사 「비상시대 입문」에서와 같이 "비상시대"는 《영화의 벗》에서도 반복적으로 쓰이는 용어가 되었다. 동시에, 일상생활은 근대적 체험이라기보다는 일본적인 것으로 재정립되었다. 생활 역시 "동양적Oriental"이라 불리게 되었다. 예를 들어 유명 여성작가인 가미치카 이치코*는 「여성은 왜 영화를 보는가女性はなぜ映画を見るか」라는 글을 통해 영화 속 남성의 에로스eros와 여성의 에로스를 대조하던 1930년대 초반의 '남자의 입장 대 여자의 입장' 부류의 기사들이 보여준 성별의 차이를 비틀었다. 그녀가 보기에 영화들, 특히 서구의 영화들은 오늘날 여성들의 생활(특히 동양 여성들의 일상의 경험)을 다양하게 제시하면서 여성 관객들의 감각을 자극했다.[37]

1937년 한 해 일본 영화계를 정리하는 12월호 《영화의 벗》에 실린 기사의 표현을 빌리면, 영화는 이제 "전시체제戦時体制" 아래서 "만들어지고" 있었다. 제국에 대한 모호한 태도는 (일본 관객을 비롯해) 일본 영화계와 서양 영화계의 관계에 대한 논쟁에 자리를 내주고 있었다. 코드전환이나,

---

의 군국화 교육에 매진했다.

* 1888~1981. 나가사키현長崎県 출신. 아오모리현립여학교青森県立女学校에서 교사생활을 하고 《도쿄니치니치신문東京日日新聞》의 기자가 되었다. 1916년 애인이었던 오스기 사카에大杉栄에게 새로운 애인이 생기자 그에게 상해를 입혀 2년간 복역했다. 출소 후 《여인예술女人芸術》, 《부인문예婦人文芸》 등에서 집필 활동을 하고 1947년에 민주부인협회, 자유인권회 설립에 참여했다. 1953년 제26회 중의원의원총선거에서 좌파사회당으로 출마해 당선되었으며 중의원을 여섯 번 역임하고 1957년 매매방지법 성립에 주력했다. 1969년 정계를 은퇴하고 1970년에 요시다 요시시게吉田喜重가 오스기 사카에 상해 사건을 영화화한 《에로스+학살エロス+虐殺》의 상영 중지를 호소했지만 '주지의 사실'을 이유로 기각되었다.

언어와 이미지와 영화를 오가던 1930년대의 자유로움은 더 이상 주어지지 않았고, 《영화의 벗》에 대해서도 국가의 통제가 삼엄해지고 있었음이 분명했다. 일본은 전쟁을 위해 무장했고, 내무성 검열관의 사무실에서 시국을 알리는 기사를 설명했다. 심지어 영화에 군인이 한 사람이라도 등장할 경우 그 영화는 〈대지The Good Earth〉의 경우처럼 군 경찰의 철저한 검열을 받게 되었다. 〈대지〉가 일본으로 수입되고 있던 무렵인 1937년 7월에 북중국사건The North China Incident(9월에는 중일전쟁China Incident으로 명칭이 바뀌게 된다)*이 "발발"하자, 배급업자들은 자발적으로 이 영화를 검열관에게 검열받기로 결정했다. 이 영화는 전쟁을 다루어서가 아니라 중국 사회의 동요와 그러한 상황들에서 벌어지는 약탈을 다루고 있었기 때문에 의심을 샀다. 일본 영화계가 방어적인 태도를 취하고 있었음은 분명하다. 그러나 이 새로운 시대에 관객과 영화의 관계, 그리고 생활은 어떻게 재정의되어야 했을까? (전 세계적인) 에로티시즘과, 미국, 유럽, 일본 영화배우들의 유사한 일상생활의 경험과, 대량 생산된 서구식 의류제품을 언급하는 것만으로 일상을 정의하기에는 충분하지 않다. 전쟁 중인 일상의 현실과, 전시 동안 일본인이 중국인들의 생활과 상호작용하고 있었음을 무시할 수 없다.[38]

1937년 12월호 《영화의 벗》에서 유명 영화감독 우치다 도무는 독자들에게 "지금까지 몇 가지 예외를 제외하고 일본 영화에는 생활이 전혀 없었다"고 말했다. 그는 계속해, 일본의 일상을 보여주는 새로운 형태의 일본

---

* '북중국 사건'은 루거우차오 사건, 혹은 칠칠사변을 말한다. 이는 중일 전쟁의 계기가 된 것으로 저자는 중국 북부에 있는 루거우차오 사건에서 중국 전체로 전쟁이 번졌다는 것을 염두에 두고, '북중국 사건'과 '중일전쟁'을 쓴 것으로 보인다.

영화를 제작하는 것이 외국 영화 열 편 이상으로 가치 있으며, 중일전쟁 덕분에 일본 영화계는 제약받기보다 봉건적인 구조에서 해방되었고 이제는 성찰할 수 있는 드문 기회를 갖게 되었다고 말했다. 우치다의 이야기는 근대적 순간을 봉건적인 잔재들로 바꾸는 것이었으나, 그것이 함축하는 바는 또한 일본 관객들이 민족적 경험과는 맞지 않는 판타지의 시대와 서구 숭배에서 깨어나고 있다는 것이었다. 하지만 《영화의 벗》 편집자들이 클라크 게이블과 마이어나 로이Myrna Loy가 서로 손깍지를 끼고 바라보는 사진을 곁들여 MGM에서 제작한 영화 〈파넬Parnell〉*의 시놉시스를 두쪽에 걸쳐 싣는 것을 그만두지는 않았다. 주인공 파넬의 내셔널리즘은 시놉시스를 소개할 때 주요한 메시지였겠지만, 독자들이 시선을 사진으로 돌리는 순간, 사진은 전혀 다른 이야기를 하고 있었다.[39]

요약하자면 1930년대 초반 《영화의 벗》에서 **생활**은 할리우드와 일본 영화배우들의 일상적인 몸짓과 함께 감각적으로 에로틱한 생활을 의미했다. 1930년대 후반부에는 **에로스**를 강조하던 데에서 제국을 강조하는 쪽으로 변화되었는데, 이러한 변화에는 만주사변 이후에 등장했던 기사들의 신랄한 풍자가 결여되어 있었다. 1930년대 말에 《영화의 벗》은 할리우드 판타지와 결별하려는 시도를 통해, 일본 관객들의 우선순위 재정의를 통해, 마지막으로 중국 대륙에서의 일상과 경쟁을 통해 제국을 에로틱하

---

*   미국, 존 M. 스탈John M. Stahl 1937년작. 아일랜드의 민족 운동가 찰스 스튜어트 파넬Charles Stewart Parnell의 전기를 다룬 영화로 클라크 게이블이 파넬 역을 맡았다. 파넬은 1874년 아일랜드 의회파 지도자가 되었고, 이듬해 영국 하원의원이 된 인물로, 의회에서 아일랜드의 권리옹호에 힘쓰는 한편, 1879년 토지연맹의 초대 회장에 취임해 아일랜드의 토지를 영국계 지주들의 손에서 되찾아내는 운동을 전개했다.

게 만들려고 했다.

할리우드로부터 벗어나려는 시도 중 가장 인상적인 예는 영화 속 유머를 다룬 1938년 2월호 기사로, 막스 브라더스의 성격을 묘사한 부분이다. 이 기사는 "막스 브라더스로 말하자면, 그들의 유머는 상당히 보기 드문 것이다. 그것은 다듬어지지 않은 부류의 판타지가 아니라, 순전히 그로테스크하다. 보고 있자면 눈이 뱅뱅 돌고, 머리가 아프고, 병나게 만드는 것이다. 정신병원에서 검사를 받는 것처럼 느끼는 사람도 있다"고 썼다. 이것은 이전에 막스 브라더스를 추앙하던 《영화의 벗》의 태도가 180도로 달라진 것이다. 또 이 기사는 만화영화가 미국 아이들의 '거친' 감성을 겨냥했다는 비판과 함께 할리우드(와 미국)를 크게 비난했다. 그는 유럽에서 어른들을 대상으로 만화 영화를 만든다면, 의심할 여지 없이 더 흥미로울 것이라고 추측했는데, 이 말을 보면 그가 서양에서 완전히 벗어나지는 못했음을 알 수 있다. 1938년(카페들이 국가의 지시로 성냥갑 겉면에 욱일승천기의 문양을 그려 넣어야 했던 해)과 1939년(국가가 사실상 영화 산업에 대한 완전한 통제권을 행사하는 영화법이 공표된 해)에 문학 평론가와 영화 평론가들의 논쟁을 다룬 연재물 기사에서 두드러지듯이, 《영화의 벗》 역시 서구에서 벗어날 수 없었다. 곤다 야스노스케가 '극장, 영화, 음악 혁신을 위한 국가위원회'의 위원이 된 때가 바로 이 시기였다.[40]

니와 후미오丹羽文雄,* 다케다 린타로武田麟太郎,** 다카미 준高見順*** 등의

---

*　　　1904~2005. 소설가.

**　　1904~1946. 소설가. 대표작으로 「일본서푼오페라日本三文オペラ」, 「정원서학井原西鶴」, 「긴자 8정銀座八丁」, 「한 잔一の酉」 등이 있다.

***　1907~1965. 소설가, 시인.

유명 문필가들과 비평가 기시 마쓰오岸松雄* 사이에 벌어진 이 논쟁은《영화의 벗》이 독자들에게, 근대의 상품들을 거부하려고 하기보다는, 때로는 영감과 확신을 위해 과거를 바라보는 기능으로서 개혁의 이상에 좀 더 순응하라는 메시지를 어떻게 전했는지 잘 보여준다. 「영화에 대한 수다」라는 기사는 향수 광고의 맞은편 지면에서 시작했다. 이 광고에는 허공에 떠 있는 향수병 아래 부드럽게 윤곽처리된 서양 스타일의 얼굴이 겹쳐 있고, 그것을 향해 웃고 있는 여성의 사진이 실려 있다. 그 위에는 순백색의 글씨로 "향기: 총후 여성들의 아름다운 습관, 비상시대 여성들의 옷"이라는 문구가 들어가 있다. 총후는 일본을, 비상시대 여성은 일본 여성을 지칭했을 테지만, 사진은 서구 여성으로 코드화, 즉 코드전환되어 있었다. 게다가 문필가들은 10년 전 영화 제작의 황금(모던)기에 대한 추억담을 소위 수다의 형식으로 나누었다. 영화를 보러 가는 일은 1938년 무렵에는 역사가 되어버렸는지 모르지만 그들은 이 역사가 잊히도록 놔두지 않았다. 토론에서 다케다 린타로는 영화 비평을 쓴 최초의 평론가로 인정받았고, 다카미 준은 (별다른 어려움 없이) 좌파 "경향" 영화의 인기를 회상했다. 기시 마쓰오는 문화의 형식과 문화의 정치학 사이에 존재할 수 있는 관련에 대해 분명하게 논의하지는 않은 채, 몽타주 장면들이 자신에게 얼마나 많은 고민거리를 안겨주었는지 회상했다. "그런 **몽타주**들 때문에 정말로 힘든 시절이었다. 칼싸움 장면이 끝나자마자, 격렬한 파도가 바위를 집어삼킬 듯 밀려오는 장면이 이어졌다. 지금에 와서 그것에 대해 생각하면, 정말 재밌는 모습들이 많았던 것 같다." 그는 좀 더 진지한 어조로 "그때가 일본 영화에서 역사적인 시기였다. 일본 영화들이 국내외에서 확고한

---

*   1906~1985. 영화평론가, 저널리스트, 각본가, 영화감독.

사회적 지위를 얻은 것 같았다"고 돌이켰다.

두 번째 기사는 꼭 더 개선되었다고만은 할 수 없는 역사적 변화를 주제로 다루었다. 도호東宝 제작사의 홍보 부서에 있던 요도가와 나가하루淀川長治*는 서구 영화들에 그렇게 실망하지는 않았다고 하면서, 이제는 일본에서 볼 수 없게 된 어떤 영화들을 볼 수 있게 될 날을 기다리고 있다고 털어놓았다. 그는 또한 관람 행위가 개선된 것처럼, 일본 영화들도 최근에 향상되었다고 주장했다. 간사이関西 지방에서는 자녀들이 도덕적으로 타락할 것을 우려해 유흥지구entertainment districts에 있는 영화관에서 자식들을 끌어냈던 부모들이 지금은 자녀들과 함께 가까운 극장으로 영화를 보러 가고 있었다. 하지만 또 다른 변화가 나타났는데, 그것은 바로 당대 일본 영화들에서 명랑하고 즐거운 분위기가 사라진 것이었다. 그 대신 〈대지〉(1910년에 나온 동명소설을 기반으로 한, 피폐해진 소작농의 삶의 실상을 상세히 다룬 1939년 영화)와 같은 영화들이 인기를 얻었는데, 기사의 필자는 이 인기의 이유를 영화가 생활에 매우 집중하고 있기 때문이라고 추측했다. 일상생활은 영화와 같지 않았고, 관객과 영화 간의 의미 있는 관계는 더 이상 가능하지 않았다.[41]

논쟁은 계속되었다. 다음 달인 1938년 5월, 다케다 린타로가 다시 한 번(이번에는 하야시 후사오林房雄**와 니와 후미오와 함께) 토론자로 나와 서양 영화, 암묵적으로는 근대적 삶의 방식에 대한 자신의 지지 견해를 변호했다. 이는 외국영화의 수입 제한에 대한 방문기자의 질문에 답변한 내용

---

* 　1909~1998. 잡지편집자, 영화평론가.

** 　1903~1975. 소설가, 문예평론가. 『아들의 청춘息子の青春』, 『처의 청춘妻の青春』 등을 출판하고 작품들이 무대에서 상연되면서 흥행작가가 되었다.

가운데 일부이다. 다케다는 외국영화의 국내 수입을 허용하기를 원한 반면 하야시는 "외국영화에 엄청난 분노"를 느낀다고 말했다(어쩌면 일본 영화들이 너무 나쁘기 때문이라는 점을 인정한 셈이다). 두 사람 모두 상당한 보수를 받고 "나쁜" 외국 영화들 가운데 "좋은" 것을 추려내기 위해 내무성에서 자문으로 일하는 환상을 품고 있었지만, 결국 외국영화의 이점에 대한 그들의 관점에는 다음의 대화에서 보듯이 차이가 있었다.

> 다케다: 어쨌거나 외국 영화들은 기여하는 바가 있습니다.
> 하야시: 그러나 일본 문화는 아니죠. 긴자에 기여하는 것입니다.
> 다케다: 그렇지 않습니다. 나는 일본을 마음대로 낙후시킬 이유는 전혀 없다고 생각합니다. 일부러 일본 전체가 낙후되게 할 필요가 어디 있습니까? 제가 말하고 싶은 점은 외국 영화들을 거부하는 이런 방법은 일본 문화에 전혀 도움이 되지 않는다는 것입니다.
> 하야시: 그것은 오코노미야키*식의 자유주의liberalism입니다. 최고급 다케다식 잡탕 자유주의겠죠. 말하자면 오코노미야키식 자유주의입니다.

다케다와 하야시는 일본 영화 팬이 하루 일과를 마치고 기분전환할 겸 한 달에 한두 번 영화관을 찾으므로 이런 관객들에게는 "수준 높은" 영화들이 팔리지 않는다는 데 동의했다. 그러나 일본 문화에 대한 두 사람의 견해는 상충했다. 다케다는 외국에서 들어온 문화가 일본의 일상 경험에 전국적으로 스며들어 있고, 이를 인정하지 않는 것은 일본을 쓸데없이 낙

---

* お好み焼き. 좋아하는 재료들을 골라 밀가루 반죽과 섞어 구운 일본식 지짐이다. 개인의 취향에 맞춰 선별한다는 의미에서 오코노미야키를 비유한 것 같다.

후시키는 것이라는 견해였다. 그는 도농의 차이나 긴자와 지방 도시의 대비로 대변되는 근대/비근대 차이에는 관심이 없었다. 그에게 지방이 도시 문화와 갖는 관계는 일본 안의 지역 사이의 관계가 아니라 세계 질서 내에서 일본 문화를 낙후된 것(혹은 "시골"적인 것)으로 보는 관계였다. 곧 와지로의 모던 이미지들과 에세이, 혹은 당대의 수많은 다른 언어적, 시각적, 개념적 몽타주들이 보여주었던 방식으로 다케다의 견해가 취하는 혼합주의적이고 구성주의적 측면을 보기보다는 하야시 후사오는 다케다가 확연히 다른 재료들을 자의적으로 섞어 오코노미야키로 만든다고 비난했다. 마치 하층 계급들의 이 별미가 밀가루 반죽에 넣을 재료들을 골라 철판에 구워졌던 것처럼 말이다.[42]

하야시 후사오에게 오코노미야키식 자유주의에 대한 대안은 일본과 서양을 분명히 구분하는 일정한 거리를 유지하는 문화적 접근법이었다. 그는 일본 영화관객과 외국 영화관객 사이의 상호관계가 부족함을 인식하면서, 일본인들이 "외국에 대한 전통적 사대주의관" 때문에 외국 영화들을 금지하는 것에 대해 투덜대는 것이라고 불평했다. 그는 이와는 대조적으로 외국인들은 전형적인 일본 영화들을 보는 데 별 관심이 없다고 지적했다. 그들은 일본을 중국의 부속문화권으로 보며 오로지 이상한 목판화 세계에만 관심을 가질 뿐이었다. 1년 후, 가와키타 나가마사川喜多長政[*]는 장래의 영화감독들에게 외국인들은 과거 일본의 풍속과 관습들만을 보려 한다고 말하면서 이러한 의견을 지지했다. 그 외에 다른 조언들도 있었다. "후지산과 벚꽃이 꼭 필요한 것은 아니지만 어쨌든 촬영은 자연 속에서 이루어져야 한다", "남자 배우들은 서구에 물든 것처럼 보여서는 안 된

---

[*] 1903~1981. 영화제작자, 수입업자.

다", "영화감독들은 일본인이 일상생활에서 몸짓과 말투가 서양인보다 느리다는 것에 주의해야 한다"는 것 등이었다(이러한 충고는 또 다른 평론가의 비꼬는 말투와는 대조적으로 솔직하게 제시된 것 같다. 비꼬는 어조로 말했던 다른 평론가는 "서양인들은 후지산과 게이샤를 원한다. 그러니 후지산과 게이샤를 보여주라"면서 일본 영화산업이 외국인들의 판타지를 충족시켜주어야 한다고 제안할 때의 일반적인 견해를 표명했다). 가와키타는 1920년대와 1930년대의 일본 대중매체들이 활기찬 속도에 대해 셀 수 없을 정도로 많이 언급했음에도 이를 무시하고 일본과 서양 간의 간극을 메울 수 있다는 생각을 내비치며 더 빠른 "템포"를 요구했다.[43]

가와키타 나가마사는 일본의 남녀 배우들에게 빠른 템포를 요구하며 일본인의 동작과 외국의 동작을 비교했다. 그는 1939년 2월, 일본인들이 10년 전의 동작을 저버린 채 움직이지 않는다고 말하는 것인가? 다시 말해, 일본인들은 결코 근대적인 적이 없었거나 그들의 동작이 더 이상 근대적이지 않다고 말하는 것인가? 어떤 경우든 간에 가와키타는 근대적인 사고에서 완전히 거리를 두지는 않았다. 그때까지《영화의 벗》기사들은 서양물이 든다西洋人かぶれ는 개념을 받아들이진 않았다. 그리고 가와키타 나가마사가 일본 배우는 "일본인다운 얼굴"을 가져야 한다고 주장했을 때조차 두 인종 집단 사이에는 본질적인 차이가 없다는 암시를 버리지 않았다(아마도 이 말은 일본인 배우가 '서구적인 얼굴'을 할 수도 있다는 뜻이었다). 그는 근대 시기의 중요한 가정들을 고집하고 있었다. 다시 말해서, 본질essence이 아니라 연기performance가 차이를 빚는다는 가정 말이다.[44]

《영화의 벗》에는 서양인뿐 아니라 중국인들도 자주 등장했지만 그렇다고 해서 외국인으로 간주된 것은 아니었다. 이러한 경향은 1938년 6월호에 매우 확연히 드러났는데, 이 발행호는 영화 문화에서 중국인에 대한 일본인의 태도 문제를 제기했다. 영화 비평가 이지마 다다시는 일본 대중이 스스로 중국인보다 우월하다고 느끼는 사실을 한탄했다. 일본인이 서구 영화에 호의적인 한 가지 특성은 영화에서 배우는 것을 통해 서구의 지식을 흡수해 그들을 따라잡고 능가하고자 하는 일본 관객들의 강렬한 욕구였다. 그는 〈동양에서 평화로 이르는 길The Road to Peace in the Orient〉 같은 최근의 참패작에서 볼 수 있듯이 중국에 초점을 맞춘 영화에 일본 관객이 전혀 관심이 없었던 것은 지극히 당연하다고 결론 내렸다. 이와사키 아키라가 참여한 토론에서도 같은 주제를 다루었는데, 그 영화가 실패한 이유는 중국 영화제작자들에 대한 선입견 때문(혹은 때문만)이 아니라 결국 일본 관객들이 중국에 관심이 없었기 때문이라고 결론 내렸다. 그에 따르면 유성영화 덕분에 프랑스 영화가 친숙해졌듯이 일본 관객은 "중국적인 것"에 익숙해져야 하며 그렇게 함으로써 친근함을 느끼게 될 것이었다. 영화법에 공개적으로 반대해 감옥신세를 진 유일한 비평가 이와사키 아키라는 이에 동의하지 않았다. 그는 "문제는 일본 관객들이 국가주도로 제작된 국책영화国策映画를 보고 싶어하지 않는 것"이라고 지적했다.[45]

이 토론은 국가의 지원을 받는 문화 제작자들이 원했던 예상 관객은 오직 그렇게 예상되기만 할 뿐이라는 사실을 드러냈다. 한 비평가의 표현을 빌자면, 영화는 세 시간짜리 가치를 지닌 오락거리에 기꺼이 50전을 지불할 용의가 있는 국내전선 관객의 건전한 여가활동이 될 수 있다는 사실을 실제 관객인 소비자가 깨닫게 되었다는 것이다. 그렇게 상충되는 욕망은 《영화의 벗》에 계속해서 할리우드 이야기와 사진들이 등장하는 데서 확인된다. 1938년 7월호의 표지에는 상반신을 드러낸 진저 로저스의 사진이 실렸고, '캐리커처 전람회' 란에는 루이 주베Louis Jouvet, 올리비아 드 하빌랜드Olivia de Havilland, 캐리 그랜트, 도로시 라무어Dorothy Lamour, 개

리 쿠퍼, 아나벨라Annabella, 에롤 플린Errol Flynn의 캐리커처가 등장했다. 그 다음 달에 독자들은 「왁자지껄 할리우드ハリウッドは大騒ぎ」에서 데이비드 니벤과 메를 오베른, 리오넬 배리모어에 관한 최근 소식들을 볼 수 있었다. 그리고 1930년대 초기의 수많은 에로들을 연상시키는 특집기사에서 다카미네 준은 클라라 보처럼 전신사진이 실린 그런 여배우들에 대한 욕망이 생긴다고 인정했다.[46]

일본 근대문화는 할리우드를 흠모했지만, 모던은 전쟁 속으로 사라져 버렸다. 「왁자지껄 할리우드」 기사가 끝나고 맞은편 지면에는 오자키 시로尾崎士郎[*]가 쓴 시나리오 「전장의 석양」이 이어졌는데, 이 시나리오에는 "골프 팬츠"를 입고 "크롬 시계"를 찬 "눈에 띄는 모던 청년"이 주인공으로 등장한다. 일상이 중국으로 옮겨감에 따라 이제는 영화관객이 민족화되는 동시에 중국이 에로틱하게 변하고 있었다. 《영화의 벗》 1938년 9월호에는 "대영제국의 전쟁영화들과 여성 팬들"이 실렸다. 일상생활을 만화로 표현하는 풍자만화가 오카모토 잇페이岡本一平[**]의 부인이기도 한 오카

---

[*] 1898~1964. 일본 소설가. 와세다 대학교 정치학과를 중퇴하고 대역사건 진상 해명을 위해 사회주의자들의 모임인 바이분샤売文社에 합류한다. 1921년『옥중에서獄中より』를 시작으로 본격적으로 소설가로서의 입지를 세운다. 1933년부터 미야코신문(현재의 도쿄신문)에 '인생극장'을 게재했는데 이것이 대히트를 치면서 이후 20년 이상 넘게 집필하면서 어마어마한 장편 소설이 되었다. 그 한편으로 전전戰前에 '문예일본', 전후에 '풍보'를 주재했다. 대장암으로 세상을 떠나기 전 투병기도 남겼다. 사후 문화공로자로 추대되었다.

[**] 1886~1948. 일본 만화가, 작사가. 1912년 《아사히신문》에 만화기자로 입사했다. 《아사히신문》을 중심으로 신문, 잡지 등에 만화를 그리고 해설문을 다는 '만화만문漫画漫文'이라는 독자적인 스타일을 구축했다. 다이쇼기부터 전전戰前에 걸친 한 시대를 만화로 그리기도 했다. 1929년 5월에『잇페이전집一平全集』(전15권)이 간행되었고 같은 해 12월부터 1932년 3월에 걸쳐 일가족이 유럽을 여행하고 만화만문

모토 가노코岡本かの子*는 여기서 독자들에게 위로가 될 만한 경험을 들려주었다. 해외에서 반년이 넘게 살다보니 신경 불안에 시달리는 많은 독자들을 위로하면서, 그녀는 런던 생활이 견디기 힘들어졌을 때 영화를 보러다녔던 것이 극도로 긴장된 신경을 진정시키는 데 얼마나 도움이 되었는지 회상했다. 그녀가 힘든 상황에 처한 이유는 일본인의 신체조건상 영국의 교통체계 속도를 따라갈 수 없었던 사실에서 일부 유발되기도 했다. 일본인과 외국인의 체격 차이에 대한 언급이 《영화의 벗》에 등장하기 시작했다. 1938년 11월호의 기사인 「신사의 멋紳士のおしゃれ」에서 넥타이에 대한 토론은 "넥타이는 신사모가 본연의 진지한 표준 크기로 돌아간 새로운 규칙처럼 의상에 대한 근래의 제약에 시달리지 않았다"고 언급한다. 이 기사는 서양 남성과 일본 남성의 다른 체격 차이를 고려해 넥타이의 길이와 폭이 지금보다 더 줄어들어야 한다고 권고했다(여기서 우리는 곤 와지로의 설명과 뚜렷하게 대조적으로 패션에 대한 규정을 볼 수 있다).[47]

오카모토 가노코는 런던에서 불행했던 이유로 일본의 서양 음식과 실제 영국 요리들 간의 차이를 비롯한 다른 문화적 조건들을 꼽았다. 이런 생활에서 그녀를 구출한 것은 전쟁영화들이었다. 처음에는 그것들이 우울한 기분을 날려버릴 수 없을 것이라고 의심했지만 영화들이 매우 흥미로워 기뻐했다. 오카모토가 묘사한 카타르시스의 경험을 깨트린 것은 영국 여성 영화팬들의 행동이었다. 그들은 일본 여성들이 "축제 때 유령의

집『세계만유世界漫遊』등도 출간했다.
* 1889~1939. 일본 소설가, 불교 연구가. 오카모토 잇페이와 결혼했으며 아들은 예술가 오카모토 타로岡本太郎. 소설가로서 실질적인 데뷔를 한 것은 말년이었지만, 매우 활발한 집필활동을 해 사후 많은 유작이 발표되었다. 탐미주의적 작풍이 특징이다. 남편과 '기묘한 부부생활'을 보낸 것으로도 유명하다.

집에서 유령을 보고 반응하는 것"처럼 영화를 보는 내내 자신에게 매달리거나 비명을 질러댔다고 했다. 하지만 거기에는 차이점이 있었다. 일본 여성이라면 공습, 특히 단순히 영화 속에 등장하는 공습에 그렇게 감정적으로 반응하지 않았을 것이다. 이러한 차이는 번창하는 [일본] 사람들의 활기찬 성격을 반영하는 것이었다. 가노코는 광분하는 영국 여성들에게서 조금 떨어져 일본 남자 친구들 사이에 자리를 잡는 법을 익혔지만 그녀는 영국 여성 관객들의 예상치 못한 호들갑을 대하는 일본 남성들의 반응을 느긋하게 지켜볼 수도 있었다.[48]

전시의 오락Wartime pleasure은 흥미로울 수 있었지만 그것이 에로틱하게 되기 위해서는 일본인들의 경험이 중국인의 생활과는 구별되어야 했다. 예전에 여성 신체가 조각조각 나뉘어졌던 것과 같이 이제는 중국이 욕망의 현장으로 표시되고 있었다. 다큐멘터리 영화 〈상하이上海〉를 다룬 한 기사는 영화를 상하이와 난징의 몰락과 관련된 감각의 관점에서 논의했다. 또 다른 기사는 "일본 군대가 군중 앞을 지나칠 때 중국인의 눈에 드러난 미묘한 표현"을 극찬하며 상하이의 새로운 모습(상하이의 "회복")은 일본의 결단 덕분이라고 치켜세우기도 했다. 1939년 2월, 다카미 준은 이것저것 즐길 요량으로 중국에 갔지만 중국 게이샤는 게이샤로서의 자각이 없다는 사실만 알게 되었다고 전했다. 다카미의 평가에 따르면, 일본에서는 "만약 당신이 **카페**에 가면 카페 여급은 자신을 카페 여급으로 의식하고, 게이샤는 게이샤로서, 문인은 문인으로서 자신을 인식하고 있다." 다카미는 계속해 중국 배우의 연기방식과 미국 배우의 스타일을 비교하며 중국 배우들이 훨씬 자연스럽다고 주장한다. 다카미는 상하이를 배회하는 모던보이를 연기한 한 중국 배우를 예로 들었다. "그에게는 **스타** 이전의 독특한 특색이 있다. 중국영화가 유치할지언정 거기에는 낙천적인 무엇인가가 있다"[49]

「종군보고從軍報告」라는 기사에 잘 드러나듯이 영화 관람으로 가능해진 에로틱한 쾌락은 이제 상하이로 무대를 옮겼다. 필자인 니와 후미오는 일본에서는 상영이 금지된 〈표트르대제Peter the Great〉를 볼 수 있었다고 매우 의기양양하게 썼다. 그는 상하이 영화 문화에 대해 듣고 싶어하는 한 기자와 인터뷰하면서 상하이의 프랑스인 거류지*에 있는 한 극장을 얘기했다. 니와 후미오는 중국 영화산업이 일본을 따라잡으려면 최소한 4~5년은 걸릴 것이라고 추산했는데, 중국 관객들이 파피에 마세papier-mâché**로 만든 호랑이가 실제의 것이라고 기꺼이 믿지 못하고, 한쪽 손짓으로 문의 여닫힘을 나타낼 수 있음을 믿지 못하는 등의 장애물을 극복해야 하기 때문이었다. 중국관객을 어린 아이처럼 길들이려는 니와 후미오의 태도는 중국인들이 고분고분해서 일본의 세력 확장을 받아들인다는 암시와 연결되어 있었다.[50]

이 무렵 영화제작자들의 또 다른 다큐멘터리 역시 어린애 같은 중국인의 이미지를 강화시켰다. 유명 감독 기누가사 데이노스케衣笠貞之助는 중국인들이 미신 때문에 혹은 이어질 문제들을 우려하기 때문에 사진에 찍히는 것을 별로 좋아하지 않았지만 자신의 전지전능한 눈은 중국인이 얼굴

---

* 1849년 4월 6일, 상하이에 있던 프랑스 영사 샤를 몽티니는 상하이에 프랑스인 거류 지역을 조계로 하는 제안을 한다. 이후 황포강黃浦江의 서쪽으로 영국 조계보다 작은 범위를 중국에서 조차해 식민지로 지배했다. 그 후 영국 조계와 미국 조계는 합쳐져서 공동 조계가 되었으나 프랑스 조계는 단독으로 남았다. 다른 조계들과 마찬가지로 독자적인 경찰기구도 가지고 있었다. 1943년 프랑스의 뷔시 정부가 중국에 보유하고 있던 치외법권을 철폐함으로써 8월 1일 마지막까지 있던 프랑스 관할 조계는 영미공동조계와 함께 일본에 의해 중국에 반환되었다.
** 혼응지(펄프에 아교를 섞어 만든 종이 재질; 습기에 무르고 마르면 아주 단단함).

을 카메라에서 외면할 때 그들이 어떤 감정을 표출하는지 포착할 수 있다고 설명했다. 기누가사는 중국인의 몸동작이 항상 포착되거나 통제될 수는 없다고 인정했지만 《영화의 벗》에 실린 다른 이야기들은 일본 군대에 대한 중국인들의 충성심처럼 일본에 대한 정서적 헌신에 대해 말하고 있었다. 예를 들어, 일본 영화 스태프들을 따라 일본으로 가고 싶다고 애걸하는 열여섯 살짜리 중국 청년에 대한 이야기가 있었다. 이러한 종류의 교화적 태도는 에로와 관련된 《영화의 벗》 기사들에서는 찾아보기 힘들었던 것들이다. 게다가 위에서 언급했다시피 여성의 체격과 마찬가지로 중국은 서로 다른, 지리적 지방들로 주목되고 있었다. 《영화의 벗》은 독자-주체들에게 뉴스영화와 벌거숭이 러시아 무용수들이 등장하던 한 극장이 카페 라이온 근처에서 유일하게 남은 극장이므로 난징도 이제 상하이가 했던 방식을 답습하고 있다고 전했다. 9월 18일의 사건을 기억하는 것은 일본인들뿐이었기 때문에 상하이에서는 거리를 걷는 일본인이 겁을 낼 필요가 없었다. 겉으로 보기에 중국인들은 일본의 만주 침략을 잊어버린 듯했다.[51]

중국을 정복의 대상으로 표현하기 위해 일본의 민족성(성격이나 정신 측면에서)은 중국과 구별되거나 분리되어야 했다. 1939년 3월에 카키색 군복은 입었지만 무장은 하지 않은 영화감독 우시하라 기요히코牛原虛彥를 40~50명의 중국인들이 지나쳐갔음을 언급한 전방으로부터의 보고에서처럼 일본은 다르게 비춰져야 했다. 우시하라는 만약 상황이 역전되었다면, 일본인들은 구경꾼들의 배를 갈랐을 것이라고 말했다. 이지마 다다시는 《영화의 벗》에서 일본인들이 다르게 묘사되는 데 힘을 보탰다. 그는 「영화의 국민성映画の国民性」이라는 글의 서두에서 유성과 무성영화 모두 뚜렷한 국민성을 갖고 있다고 주장하며, 근대 시기에 대한 보편적인 가정에 불을 지폈다. 이지마 다다시는 흔히 무성 영화가 범세계적이라고 말하지만, 보편적인 것으로 생각되는 표정과 동작은 사실상 외국의 것으로서 그러한 행동들은 관객의 모국어로 번역된 것이라고 주장했다. 이지마 다다시는 현재 일본인의 삶과 분리된 미국 영화들이 일본인의 생활 정서를 무시하고 있다고 우려했다. 그는 "당대 일본인의 생활에 뿌리를 둔" 영화들을 요구했다. 두 달 후 「내가 일본 영화에 바라는 것」에서 그는 일본인의 일상생활이 변하는 속도를 반영하는 현실적인 접근법을 요구했다. 세계 속에서 일본 문화의 위치를 자각할 것을 요청하면서 이지마 다다시는 1930년대 중반에 걸쳐 《영화의 벗》에 국민생활國民生活이라는 새로운 용어를 소개했고, 최근의 "사변"은 국민 전체에 근거를 두었다고 지적했다. 영화를 보러 가는 것의 의미는 어떤가 하면, 영화팬들은 영화의 제작과 기획 현실이 개인적 소망보다는 훨씬 더 큰 힘에 연결되어 있음을 깨달아야 했다.[52]

이지마 다다시를 비롯한 필자들은 일본 문화는 다르다는 메시지를 전하고 싶었을지 모르지만 《영화의 벗》은 태평양 전쟁이 일어나기 전까지의 기간 동안, 심지어 나치의 문화 정책이 점점 감탄할 만한 것으로 언급될 때조차도 계속해서 할리우드를 놓으려 하지 않았다. 1939년 1월호는 디나 더빈Deanna Durbin을 자랑스럽게 보여주었다. 목차 지면에는 중국 여행을 화제 삼아 나눈 이시카와 타쓰조와 니와 후미오의 대담을 큰 활자로 강조하면서 진저 로저스가 한 손에는 가방을 들고 한 손은 허리에 올려놓은 고압적인 모습의 전신사진 옆에 배치했다. 문화영화文化映画의 매력을 극찬한 1939년 11월호 기사는 모든 영화 상영에는 국가의 공인과 지원을 받는 다큐멘터리 영화들 가운데 최소한 250미터를 포함해야 한다는 영화법의 요건과 분명히 관계된 것이었다. 기자는 에티오피아 침략을 다룬 이탈리아 문화 영화, 공군을 다룬 감동적인 독일 영화, 대성당 건축과정을 담은 영국 영화, 〈3분 과학교실 시리즈〉라 불린 프랑스 연속물, 그리고 자동전화 교환시스템을 설명하는 일본 문화영화의 즐거움을 나누었다.[53]

그러나 국가의 통제를 받는 일본 영화문화가 세계 영화문화 안에서 상영되고 있을 동안, 「뉴스 백과」라는 이름을 단 '할리우드 특종'은 프레드 아스테어가 엘리너 포웰Eleanor Powell과 에디 캔터Eddie Cantor와 함께 〈걸 크레이지Girl Crazy〉에서 주연을 맡기로 결정되었다는 소식과 같은 뉴스거리를 포착했다. 일본 영화법은 나치의 법안을, 문화영화는 나치의 문화영화 Kulturfilm를 모델로 만들어졌을 테지만, 〈나치 스파이의 고백Confessions of a Nazi Spy〉, 〈히틀러Hitler〉, 〈베를린의 괴수Beast of Berlin〉(영어 원제와 일본어 번역 제목이 함께 열거되었다) 같은 반反나치 영화들도 같은 호에 나란히 실렸다. 1940년 1월호는 〈나는 나치와 결혼했다I Married Nazi〉 같은 반나치 영화와 런던의 웨스트 엔드West End 뮤직홀에서 대중가요 〈심지어 히틀러도 엄마가 있었다Even Hitler had a Mother〉가 금지당했음을 알리기 위해 이 주제를 골랐을 것이다.

일본 관객의 일상 행위에 영향을 미친 계속된 할리우드 판타지의 힘을 가장 잘 보여주는 예는 1939년 12월호에서 다큐멘터리 사진작가 기무라 이헤이木村伊兵衛*가 쓴 「유행과 화술流行と話術」이라는 글에 나타났다. 기무라 이헤이는 원래 영화 잡지에 대해 토론하려고 했지만 기사가 일본의 젊

---

*   1901~1974. 전전, 전후를 거치며 활약했던 일본을 대표하는 저명한 사진가 중 한 명. 보도·선전사진이나 거리스냅, 초상화, 무대사진 등 다양한 장르에서 많은 걸작을 남겼다. 특히 동시대를 살았던 사진가 도몬 켄土門拳과 리얼리즘 사진의 쌍벽을 이루었다.

은이들에게 '위대한 선물'이 된 외국 영화에 대한 토론으로 바뀌었다고 설명했다.[54] 기무라의 글은 근대문화의 매력을 설명했다. 그는 지면이 부족한 이유도 있어서 먼저 시각문화에서의 변화를 언급했다. 나아가, 화장품과 의약품 광고들이 영화 잡지에 등장하기 시작했는데, 이는 부분적으로 많은 영화 잡지 독자들이 "일상생활과 영화를 분리하지 못하고 있다"는 사실을 인식하고 있었기 때문이었다. 기무라는 스타들의 사진 삽화가 가진 힘도 과소평가하지 않았다. 그는 대중매체의 공통점을 제시했다. 예를 들면 여성 잡지는 독자들에게 바느질이나 요리법과 같은 실질적인 정보를 제공하고, 영화 잡지 또한 구체적인 요구와 욕망들을 충족시켰다. 그래서 남자들은 스스로 자신만의 의상 스타일과 머리 스타일을 만들 수 있었고 여성들은 유행하는 의상과 헤어, 화장품에서 패션을 자기 것으로 활용했다. 기무라는 사람들을 찍는 업무상 그런 패션 스타일을 흉내 낸 젊은 사람들을 늘 마주치는데, 영화 잡지에 실린 사진들보다는 실제 영화에 나온 패션을 차용하는 것이 더 흔하다고 《영화의 벗》 독자들에게 전했다. 더욱이 이 젊은 사람들은 초창기에 그랬듯이 단순히 스타들의 스타일을 흉내 내는 것이 아니었다. 오히려 그들은 미국, 프랑스, 독일의 스타일(기무라는 '형型'이라는 용어를 사용했다)을 자신의 개성에 맞게 조화시켰다.[55]

그리고 기무라에 따르면 일본의 젊은 영화 관객들은 영화 스타일로 옷을 입기 시작했다. 이 영화팬들은 영화에 나오는 대사 사이에 들어가는 웃음의 간격과 말의 속도조절을 받아들여(일종의 코드전환을 통해) 유성영화에 나오는 대화식으로 말하기 시작했다. 곤이 긴자 스타일에 대해 연구한 지 15년이 지났는데도 남녀 일본인들은 서구 문화의 측면들을 자신의 일상에 접목시키고 새로운 몸짓으로 전환시키면서 여전히 새로운 자기표현 방식을 만들어내고 있었다. 국가가 공식적으로 일본 건국 2600주년을 기념하며 이제껏 문화가 지속되어왔음을 찬양함으로써 새로운 서구 문화를 찬양해왔음에 종말을 고하기 시작했다고 말할 수 있었던 반면에, 기무라가 논의했던 영화배우의 사진들은 여전히 1940년과 1941년 《영화의 벗》에 자주 등장했다.

1940년 4월, 이지마 다다시는 영화팬들이 보려고 몰러드는 영화 스타들의 몸매는 (일상의 삶과 완전히 별개인) 허상일 뿐이며 관객들은 영화제작의 정신적 측면에 집중해야 한다고 독자들을 설득하려 했을 것이다. 그리고 반년 후, 일본 북쪽지방의 한 가난한 마을 주민의 절반이나 되는 사람들의 만주 이주를 바탕으로 한 영화〈오히나타 마을大日向村〉*의 전면광고는 "일본-만주-중국을 잇는 대동아 건설"을 요구했을 것이다. 그러나 양복을 입고, 손에는 시가를 든 사람과, 신록이 우거진 교외 한가운데에서 지팡이를 짚고 있는 또 다른 사람, 두 아시아 남성 사진 반대편에는 머나 로이의 클로즈업이 실렸는데, 그녀의 깊이 파인 네크라인을 보면 정신적인 측면에서 '육체'를 보라는 이지마 다다시의 권고에 도전하고 있었다. 1941년 무렵의 키워드는 (곤 와지로나 기무리 이헤이가 논의한 문화 건설과는 대조적으로 국가에 의한 신질서 구축을 암시하는) 건설建設이었다. 《영화의 벗》 1941년 1월호를 훑어보면 생활은 더 이상 일상이라는 용어로 사용되지 않

---

* 당시, 이미 수많은 문예작품을 선보이며 성공을 거머쥔 도요다 시로豊田四郎가 1940년에 감독한 작품으로 후에 농촌영화의 선구가 된 작품. 만주에 최초로 일본 이민에 의한 분촌分村을 만든, 신슈信州의 어떤 마을 사람들이 만주로 이주해 오기까지의 인간 군상을 섬세하면서도 여유롭게 그리고 있다. 그러나 사실 농민의 식민지 이주入植도 당시 일본의 뜻을 체현한 침략행위였다. 영화는 농민의 개척자 정신을 찬미할 뿐이라 도요다 시로 감독은 후에 이 국책영화를 찍게 된 것을 후회한다는 말을 남겼다.

았음을 알 수 있다. 그것은 1939년에 이지마가 내놓은 용어 **국민생활**("국민들의 일상생활")로 바뀌어 있었다.[56]

1941년 1월호의 「영화와 국민생활」이라는 기사는 새로운 영화법이 새로운 시스템을 만들고 있으며, 학교와 가정에서 영화에 대해 새롭게 이해할 것을 요구한다고 발표했다. 그러나 한편으로 이 글은 어떻게 '건강한 오락'이 만들어질 수 있는지 설명하려고 시도했을 때 국가의 관객들은 자기 나름의 의지를 가지고 있었다는 점을 또한 보여준다. 교육부 관리였던 저자는 독자들에게 조조영화 금지(일요일과 휴일 제외)가 전쟁 때문만이 아니라 새로운 형태의 국민생활을 만들어내는 데 필요했으므로 실시되었다고 설명했다. 그러나 그는 영화가 여전히 오락에 관한 것임을 인정해야 했다.

사람들은 국가와 뗄 수 없는 관계에 있었지만, 영화는 여전히 오락이었고, 할리우드는《영화의 벗》독자들에게 여전히 판타지였다고 결론지을 수 있다. 이는 1941년 1월호에 실린 「세계 일지」(뉴스 사건으로 돌아본 한 해)라는 기사를 보면 분명한데, 이 기사에는 교육칙어 15주년, 1940년 10월 31일의 댄스홀 폐점, 11월 1일 '아시아의 날Serve Asia Day', 천황 참석으로 주목받게 된 개국 2600주년 기념 관련 축제들이 수록되었다. 맞은편 지면에는 글래머인 디나 더빈이 자신의 영화 〈퍼스트 러브First Love〉(일본어 제목은 〈은구두銀の靴〉)라는 타이틀 쪽으로 기대어 있고, 다른 두 서양 여배우들은 열띤 논쟁을 벌이는 사진이 실렸다. 제국의 천황에서 할리우드 여배우에게로 일종의 코드전환이 일어난 것이다.[57]

1941년 4월 〈사진Destry Rides Again〉*이《영화의 벗》에 광고되고 있었지

---

* 　조지 마셜, 1939. 코미디 서부극. 영웅주의 전통에 대한 풍자를 담고 있다. 보틀넥

만, 그해 봄에는 국가 공무원과의 인터뷰에 더 많은 지면을 할애했다. 이 변화가 자발적으로 이루어진 게 아니라는 암시는 어떤 저자가 기고한 글에서 알 수 있다. 그 저자는 독자들에게 내각 정보부가 제국 극장을 이용하고 있다는 소문을 듣고 불거진 의혹을 독자들과 나누었다. 그는 이 사실을 믿지 않았다. 자기가 제국 극장에 가보았더니, 외무성, 육군, 해군, 내무성 기관들의 정보부를 곧 통합할 새로운 정부 부처의 명칭이 쓰인 것을 보았을 뿐이라고 했다. 이 기사는 신임 내각정보부장과의 인터뷰를 자세히 다루었는데, 내각정보부장은 인터뷰 중에 폴란드 침략을 다룬 독일 영화를 칭찬했다. 그 이유는 영화계 사람들이 촬영 중에 목숨을 잃었기 때문이었다. 다시 말해, 이 관료는 영화제작자들이 군인처럼 취급되고 있다고 설명한 것이었다.

《영화의 벗》에 실린 지면에서 계속해서 근대의 몸짓들을 강조할 때조차도, 일본 지도자들이 생각하기에, 영화는 정말 전쟁 속으로 사라져버렸다. 1941년 7월에 실린 한 포토 에세이는 영화관에서 해야 할 행동과 하지 말아야 할 행동들을 알려주었다. 숫자가 붙은 사진들의 몽타주에는 정장과 중절모를 착용한 남자와 기모노를 입은 여자가 다양한 자세로 함께 앉아 있다. 이 몽타주는 여성의 어깨에 기대어 있는 남자의 자세나, 어색한 흡연이나 기지개 자세에서부터 똑바로 앉아 있는(어울리는) 두 사람의 자세까지 아울렀다. 다시 말해서, 아직까지는 몸짓에 대한 선택권이

이라는 말썽 많은 마을의 보안관 데스트리(제임스 스튜어트가 특유의 소심한 성격을 가장 잘 표현한 인물인)는 위스키보다 우유를 좋아하고 총을 가지고 다니지 않으려 하는 인물이다. 살롱에서 일하는 프랑스인 여급(마를렌 디트리히)은 그의 이런 점에 특별한 매력을 느낀다.

있었다.[58]

《영화의 벗》이 할리우드 사진들을 고수하며 독자들에게 몸동작의 선택권을 주었지만 "영화를 보러 가는" 일본 영화 관객들을 위한 현장으로서 영화 잡지가 1941년 말에 이르면 더 이상 모던한 장소가 되지 못했다는 사실을 부인할 수 없다. 1941년 11월 한 뉴스 사진작가가 오사다 사건(아베 사다 사건을 말함) 이후에 "물론 이제는 그런 건 절대 찍지 않죠"라는 조건을 붙여 뉴스 보도가 얼마나 늘었는가를 회고한 것은 에로가 종언을 맞이했음을 명백히 밝힌 말이었다. 그리고 1941년 11월호의 광고에 표출된 전례 없는 인종차별적 정서는 할리우드와의 동일시와 기무라가 논의한 자기 연출법을 통해 일본과 서양의 정체성을 모호하게 했던 모든 환상들이 끝났음을 확연히 보여주었다. 이 기사와 붙어 있는 지면의 세안 크림 광고는 "다르다違ぅ"는 단어를 양식화했는데, 광고의 문안은 다음과 같았다.

나라가 다르면, 인종도 다릅니다
인종이 다르면, 메이크업도 다릅니다
아주 오래전과 지금은, 시대도 다릅니다
시대가 다르다면, 메이크업도 다릅니다
다른 메이크업은 깨끗이 씻어버리세요
좋은 기분을 느껴보세요[59]

주석

1   연회(reception)에 관한 일련의 연구는 영화 잡지를 고려해야만 한다. Yuri Tsivian's, Alan Bodger 역, Richard Taylor 편, *Early Cinema in Russia and Its Cultural Reception*(London: Routledge, 1994)는 획기적인 접근방식을 쓰는데, 상호텍스트적으로 영화 연회에 접근하는 것은 예술운동과 기술적 오류들과 같은 요소들을 고려하는 것이다. Tom Gunning의 서문, xxi쪽을 보라.

2   우라나미 스마코에 대해서는 《映画の友》(이후로는 ET로 표기) 1931년 2월호 139쪽을 보라.

3   田中栄三, 「エロ百科辞典(1)」, ET, 1931년 4월호, 50-53쪽. 인용은 51쪽. 牧野守 편, 『復刻版映画検閲時報解説(복각판 영화검열시보 해설)』(不二出版, 1985)에서 오락 카테고리 아래 있는 풍속 항목 참고.

4   田中栄三, 「エロ百科辞典(1)」, 52쪽. 작가는 전사도 함께 들려준다. 일찍이 1914년에, 잡지가 출판 중지를 당하기 전에, 에로틱(erotique)이라는 단어는 당시 새롭게 만들어진 용어인 '빌딩'보다 일상생활에서 더 쉽게 그리고 친숙하게 사용되고 있었다. 당시 일본의 독자들은 『카마수트라』의 번역본을 단돈 5엔이면 살 수 있었고 특급 버전은 15엔에 구입할 수 있었다. 다나카 에조는 거기서 해브록 엘리스 (Havelock Ellis)라는 이름을 접하게 된다. Ono Kinjirou, 「エロいろいろ事(에로에 대한 이모저모)」, ET, 1931년 6월호, 68-69쪽. 田中栄三, 「エロ百科辞典(3)」, 「映画人エロ隠語ーおよびその用法解説(영화인 에로은어-및 그 용법해설)」, Touhukuji Sai, 「スターとエロとマニア(스타와 에로와 마니아)」, ET, 1931년 6월호, 52-54쪽, 64-67쪽, 76-77쪽.

5   田中栄三, 「エロ百科辞典(13)」, ET, 1932년 4월호, 50쪽; 小倉浩一郎, 「エロ映画光: 接吻ノート(에로영화광: 입문노트)」, ET, 1932년 4월호, 66쪽.

6   小倉浩一郎, 「エロ映画光(3)」, 67쪽. 내무성 공식적인 기록으로 검열에 따르면 키스하는 것은 풍속(風俗)이라는 큰 항목 안에 음탕함(いんよう)과 외설(卑猥)이라는 하위 항목에 속했다. 牧野守, 「映画検閲時報解説(영화검열시보해설 3)」, 37-38쪽.

7   田中栄三, 「エロ百科辞典(3)」, 52쪽. 「映画女優裸体美研究(영화 여배우 나체미 연구)」, ET, 1931년 6월호, 64-65쪽. 江崎清, 『写場人物撮影入門(사진관 인물촬영 입

문)』(光大社, 1938), 185-215쪽.

8 江崎清, 173-75쪽, 181-83쪽.

9 江崎清, 182. '풍속'에서 '풍경'으로 변화를 보여주는 전쟁 전 일본 광고들에 대한 더 확장된 논의는 Miriam Silverberg, 「Advertising Every Body」, *Choreographing History*, Susan Leigh Foster 편(Bloomington: Indiana University Press, 1995), 129-48쪽 참조.

10 Kikumoto Takeo, 「ドイツ労働者映画について(독일 노동자영화에 대해)」, 《映画評論》(이하 EH), 1931년 4월, 36-41쪽; Shimizu Hikaru, 「モホリナギの絶対映画論(모홀리나기의 절대영화론)」, EH, 1931년 4월, 52-59쪽; Azuma Ryouji, 「ロシア映画研究(러시아 영화연구)」, EH, 1931년 1월, 26-31쪽. 安田清夫, 「エロティック映画(에로틱영화)」, EH, 1931년 9월, 35-41쪽.

11 安田清夫, 「エロティック映画(에로틱영화)」, 35-36쪽. 할리우드를 흉내 내는 것을 경멸하는 야스다의 태도는 데구치의 글 「무엇이 백인 콤플렉스를 만들어내는가」의 요지와 비슷한 면이 있다. 다니자키의 소설 『치인의 사랑』 같은 자료에서 발췌해 저자는 할리우드 스타들의 생김새를 닮고 싶어하는 일본 대중들의 욕망이 이끄는 인종에 기반을 둔 열등의식에 초점을 맞춘다. 모방에 관한 야스다의 언급을 두고 논쟁할 생각은 없지만─정말로 《영화의 벗》을 대충 훑기만 해도 할리우드와 일본에 깊이 정착한 영화배우들과의 동류의식을 볼 수 있다─물질문화는 차용된 것이라는 그의 주장에는 그렇게 손쉽게 동의할 수 없다. 왜냐하면 일본 영화팬들은 자신의 신체를 결코 희게 만들지 않았기 때문이다. 중요한 것은 열등감이 아니라 스타들의 모습을 취할 수 있다고 생각한 대중 관객들의 유동성과 가능성에 대한 감각이다. 出口丈人, 「何が白人コンプレックスを産み出したか(무엇이 백인 콤플렉스를 낳았는가)」, 『日本映画のモダニズム 1920-1930(일본영화의 모더니즘 1920-1930)』, 岩本憲児 편(リブロポート, 1991), 104-23쪽을 보라. 이 에세이에 딸린 사진들은 특히 매우 흥미롭다.

12 安田清夫, 「エロティック映画」, 36-37쪽. 야스다는 영화계의 세 거물로 본 스턴버그와 채플린과 함께 루비치를 목록에 올렸다.

13 安田清夫, 「エロティック映画」, 38-41쪽.

14 安田清夫, 「グロテスク映画(그로테스크영화)」, EH, 1931년 11월, 42-43쪽.

15 安田清夫, 「グロテスク映画」, 44-45쪽. 제스처와 그로테스크를 비교하는 또 다른

논의는 山本ロッパ, 「1930年と歌舞伎映画(1930년과 가부키영화)」, ET, 1931년 2월, 56-58쪽을 보라.

16   Miki Tsunehiko, 「ナンセンス映画光(넌센스 영화광)」, EH, 1931년 9월, 46-47쪽.
문학에서는 종종 모더니스트 작가 그룹이라고 불리는 '신감각(新感覚)'의 멤버들과
사토 하치로가 있다. 시대극에 대해서는 Miki, 伊丹万作에서 인용, 「新時代映画に関
する考察(새 시대 영화에 관한 고찰)」, 《映画科学研究(영화과학연구)》 vol.8(1931
년 4월).

17   小倉浩一郎, 「エロ映画光(7)」, ET, 1933년 2월, 72-73쪽. 田中栄三, 「エロ百科辞典
(21)」, ET, 1933년 11월, 58-59쪽. 다카다 세이코와 다케히사 치에코, 기타무라 시
즈에, 미나미 요시오가 참여한 토론은 「男を語る座談会(남자를 말하는 좌담회)」이
며 영화감독 고쇼 헤이노스케와 이와타 산타로, 이토 다쓰오 등이 참여한 또 다른
토론은 「ヒロインを語る座談会(히로인을 말하는 좌담회)」이다. ET, 1934년 11월,
56-59쪽, 140-43쪽.

18   Jennifer Robertson, Takarazuka, 56쪽, 59쪽, 70-73쪽. 전전기 성적 일탈에 관한
주목할 만한 글로는 Donald Roden, 「Taishō Culture and the Problem of Gender
Ambivalence」, Culture and Identity: Japanese Intellectuals during the
Interwar Years, J. Thomas Rimer 편(Princeton: Princeton University Press,
1990), 37-55쪽 참조. 나는 젠더와 불안정한 성격에 대해 논하면서 성적 정체성은
주로 여성을 목표로 삼고 남자는 거의 대상으로 삼지 않았다는 로버트슨의 의견에
동의한다. 그러나 1930년대 후반 이후부터 남성성에 관한 새로운 연구는 모던기의
새로운 서브텍스트들에 자리를 내주었던 것 같다. 나는 중성(中性)을 'neuter'이라
고 번역했다. 이 용어를 에로티시즘과의 관련성을 피하는 수단으로 사용하는 것에
관해서는 로버트슨을 보라(그녀는 'neutral' 혹은 여성과 남성의 중간으로 번역했
다)(49쪽).

19   ET, 1931년 6월 표지와 ET, 1931년 5월 뒤표지. Erving Goffman, Gender
Advertisements(New York: Harper Torchbooks, 1979), 29쪽. 고프만은 일본인
처럼 보이는 미치 이치다의 손가락 역할에 주목할 필요가 있다고 말했다.

20   Haruyama Kimiko, 「女優から女給へ(여배우에서 여급으로)」, Sawayama Akemi,
「レビュウ生活へ(레뷰생활)」, ET, 1931년 4월, 68-70쪽. 「川崎弘子の日曜日(가와
사키 히로코의 일요일)」과 「だれが一番エロチックでしょう?(누가 가장 에로틱한

가?)」, ET, 1931년 6월. 페이지 번호는 없다. 「だれが一番エロチックでしょう?」에
실린 세 명의 여배우들의 사진은 거의 말로 유혹하는 것처럼 보여졌다.

21 Ijūin Yoshi, 「性欲感を中心として見た映画女優肉体考(성욕감을 중심으로 본 영화
    여배우육체 고찰)」, ET, 1932년 7월, 51-53쪽. 이 글의 시기는 '전쟁 열기'가 지배적
    이던 때 두 순간을 확인하는 루이즈 영의 서술을 따른다. 첫 번째 '미디어 붐'은 만
    주사변이 있었던 1931년 11월부터 언론이 니혼 더비, 로스앤젤레스 올림픽, 그리
    고 일련의 정사사건들로 주의를 돌린 1932년 여름까지이다. 두 번째는 리턴 조사
    단 보고가 배포되었던 1933년 겨울이다. Young, *Japan's Total Empire*.

22 Hosokawa Harumi, 「夫とみた妻(남편과 아내)」, ET, 1931년 11월, 97쪽; 「家庭ス
    ケッチ(가정스케치)」, ET, 1931년 11월, 86-87쪽; Katsumi Kōtarō, 「ヨセフフォン
    スタンバグ(요세프 본 스턴버그)」, ET, 1932년 3월, 50-53쪽; Azuma Yōko, 「テム
    プルの24時間(템플의 24시간)」, ET, 1935년 11월, 136-37쪽. 분명 이런 제시방식들
    은 수입된 광고들에 기초한 것이었다. 예를 들어, 디트리히는 서구의 수많은 팬 잡
    지 중 하나에서 제공된 것으로, "가사에 전념하는 것과 어머니로서 그녀의 영화 밖
    모습"이 강조된 것이다. 주디스 매인(Judith Mayne)은 이것이 "영화에서 중성적으
    로 비춰지는 인물에게 요구된 일종의 다른 면" 때문이라고 논했지만, 나는 디트리
    히를 일본의 주요한 지식인 여성들과 공연자들과 함께 가정에 확고하게 자리 잡게
    하는 것은 근대 시기의 행위들을 축하하는 한 방법이었으며 가정의 영역에 있는 외
    국인에 대한 친근함을 만들어내는 방법 중 하나였다고 생각한다. Judith Mayne,
    Cinema and Spectatorship(New York: Routledge, 1993), 65쪽.

23 Maruki Sako, 「戦争文学とエロチシズム(전쟁문학과 에로티시즘)」, 小倉浩一郎,
    「戦争映画のエロシン(전쟁영화 속 에로신)」, ET, 1932년 5월, 48-51쪽, 62-63쪽;
    Ōguro Toyoshi, 「あわれ!チャップリンの恋(가엾어라! 채플린의 사랑)」, ET, 1932
    년 5월, 120-23쪽; 「ゴシップ(가십)」, ET, 1932년 5월, 102쪽; Ogasawara Meihō,
    「海洋を守る浮上: 海戦映画を見る人のために(해양을 지킨다 부상: 해전영화를 보
    는 사람을 위해)」, Ina Seiichi, 「空爆の清栄: ある撮影の覚え書き(공중폭격의 청영:
    어느 촬영의 비망록)」, ET, 1932년 5월, 52-55쪽.

24 1955년 주요 지식인들의 토론에서 구노 오사무는 원래 국가에 비판적이던 신문들
    이 전쟁이 심화되자 논조를 바꾸었다고 이야기했다. 후지타 쇼조는 지식인들이 전
    쟁을 예견하고 추측성 글들이 쏟아져 나왔다고 반박했다(久野収, 「日本思想史と転

向(일본사상사와 전향)」, 『共同硏究:転向(공동연구: 전향)』, 思想の科学硏究会 편, 平凡社, 1959-1962; rpt. 1973, 363쪽). 그보다 최근에, 이케이 마사루는 신문들 간에 침략 '사건'을 이용하려는 경쟁이 심화했다고 말했다(池井優, 「1930年代のマスメディア(1930년대의 매스미디어)」, 三輪公忠 편, 『再考太平洋戦争前夜: 日本の1930年代論として(재고 태평양 전쟁 전야: 일본의 1930년대론으로써)』, 創世記, 1981, 143-91쪽). 루이즈 영은 저널리스트들이 대의를 믿었고 '전쟁 열기'의 경제적 동기를 강조하는 경향이 있었다고 진술했다(Young, 54-114쪽). 《영화의 벗》에서 유지한 어조는 검열을 피했던 비판적인 저널리즘에 대한 영의 주장과 비슷하다. 그러나 '다이쇼 문화'가 전쟁 열기로 대체되었다는 영의 의견과는 일치하지 않았다 (85-87쪽).

25 Ijūin Yoshi, 「爆弾三勇士覚え書き(폭탄 삼용사 비망록)」, 小倉浩一郎, 「戦争映画のエロシイン」, ET, 1932년 5월, 70-71쪽, 62-63쪽. 폭탄 삼용사의 프로파간다적인 측면에 대해서는 Young, 77-78쪽, John Dower, *War without Mercy: Race and Power in the Pacific War*(New York: Pantheon, 1986)을 보라.

26 渡辺あつみ, 「戦争映画とスタジオ: スナップショットとゴシップと(전쟁영화와 스튜디오: 스냅샷과 가십)」, ET, 1932년 5월, 67-69쪽. '폭탄삼용사 사케'와 폭발을 나타내는 무조각으로 만들어진 일명 '폭탄삼용사 스페셜' 요리를 비롯한 아이러니한 전용은 칭송 일색의 전기물을 열거한 루이즈 영과 대비된다(78). 영화관들은 '용감한 폭탄' 영화의 관객들이 2~3배 늘었다고 보고했다. Ikei, "1900年代(1900년대)", 175쪽.

27 小倉浩一郎, 「戦争映画のエロシイン」, ET, 1932년 5월, 62쪽; Maruki Sado, 「戦争文学とエロチシズム(전쟁문학과 에로티시즘)」, ET, 1932년 5월, 48쪽. 군인 인용 부분은 아드리안 토마스(Adrienne Thomas)가 쓴 독일 소설 *Die Katrin wird Soldat* (1930)이다.

28 「シャンハイ(상하이)」, ET, 1932년 5월, 148쪽. 나는 대륙에서 '인종(人種)'이라는 말의 쓰임새를 고려하면서 인종이라는 말과 대조되는 쓰임에 대해 지적했다. 또한 네이티브 일본인들에게 민주(民主)라는 말은 제국주의 시기 동안 인종, 국민, 민중과 관련된 항목에 훨씬 많은 연구를 요하는 것이라는 점도 지적했다. 여기서 대륙의 주민들(앵글로 유로피언을 포함해 그렇게 보이는)은 인종화된 사람들로만 비쳤다. Kurashima Yosuzō, 「映画女優性生活ぶんりゅしょう 영화여배우 성생활」, ET,

特集エロチシズム(특집 에로티시즘), 1932년 7월, 45-46쪽.

29 　내가 이해한 바로는 《영화의 벗》은 1930년에서 1930년대 후반을 지나 그 이후까지 이어지는 연속성을 보여준다. 이는 자국이 아시아 대륙으로 팽창하는 데 대해서는 비판적인 입장을 취하면서 또한 영화와 영화배우들의 묘사를 통해 알 수 있는 일본 생활(生活)과 서구의 일상 간의 차이를 강조하는 데는 무관심했음을 보여주는 한 사례다.

30 　Minami Yoshiko, 「ディアメイウエスト(디어 매 웨스트)」, ET, 1935년 1월, 104-5쪽. 다카라즈카의 남역(男役)의 남성성으로 재젠더화된 매 웨스트와 팬 잡지에서 가정적으로 그려진 디트리히를 비교하는 것은 가치가 있다. 오야붕(親分)이라는 용어는 힘을 행사하는 이 여성을 표현할 다른 방법이 없기 때문에 적절할 수 있다. 야한 유머를 통해 여성성을 속이는 매 웨스트의 책략 역시 젠더 크로스오버를 가능하게 했다. 「ハリウッド特集スナップ(할리우드 특집 스냅)」, ET, 1935년 7월, 26-29쪽. Azuma Yōko, 「テンプルの24時間(템플의 24시간)」, ET, 1935년 11월, 136-37쪽.

31 　淀川長治, 「ブレントウッドの海岸(브렌트 우드의 해안)」, ET, 1936년 9월, 120쪽; Iida Shinbi, 「マルクス喜劇の魅力(막스 희극의 매력)」, ET, 1936년 6월, 44-45쪽.

32 　Matsushita Fujio, 「女心—男心(여심-남심)」, 「シネファッションランド(시네 패션 랜드)」, ET, 1935년 10월, 92-93쪽, 94-97쪽.

33 　「ミリアムのワードローブ(미리엄의 워드로브)」, Okada Tomiko, 「今春のトップハーフは?(올 봄 상의는?)」, 「秋の快い感触に(가을의 상쾌한 감촉에)」, 「ハリウッドパター: 秋の散歩服(할리우드 패턴: 가을 산보복)」, ET(1935년 11월), 164-65쪽. 미국 광고의 시각문화에 대해서는 Ronald Marchand, *Advertising the American Dream: Making Way for Modernity, 1920-1940*(Berkeley: University of California Press, 1985), 209-33쪽을 보라.

34 　Kingu Vuidaa(淀川長治 역), 「個性第一(개성제일)」, ET, 1935년 11월, 150-51쪽; 「新舞踊ご紹介(신무용 소개)」, ET, 1935년 2월, 70-79쪽.

35 　영화 〈컨티넨탈〉과 〈구니사다 추지〉의 광고는 ET, 1935년 3월, 페이지 번호 없음. 야마모토 기쿠오는 어떻게 야마나카 사다오가 로맨티시즘 일색인 다른 시대극들과 대조적으로 동시대 리얼리즘을 그의 작품에 녹여냈는지 논했다. 〈구니사다 추지〉는 부분적으로 〈그랜드 호텔(Grand Hotel)〉을 차용했다. 山本喜久男, 『日本

映画における外国映画の影響(일본영화에서 외국영화의 영화)』(早稲田大学出版部, 1983): 515쪽, 521-25쪽 참고.

36 Shimizu Shunji, 「ニュースリールを語る(뉴스영화를 말하다)」, ET, 1935년 4월, 56-57쪽; Kitamura Komatsu, et al., 「映画不安モダン述懐(영화 불안 모던 술회)」, ET, 1936년 10월, 94-96쪽.

37 Seno Atsushi, 「ワールドディズニー物語(월트디즈니 이야기)」, Okada Shinkichi, 「ロシアに傾くチャップリン(러시아로 기운 채플린)」, Nanbu Keinosuke et al., 「ジンジャーロジャースの魅力探求(진저 로저스의 매력탐구)」, ET, 1937년 3월, 58-61쪽, 66-69쪽, 74-78쪽; Ad with Shirley Temple, ET, 1937년 12월, 115쪽; Shigeno Tatsuhiko, 「昭和12年度日本映画回想記(쇼와 12년도 일본영화 회상기)」, ET, 1937년 12월, 78쪽. 岩崎昶, 「日本映画の危機(일본영화의 위기)」, 1937년 4월, 50-51쪽; 「特集: 映画の友, 非常時読本(특집: 영화의 벗, 비상시 독본)」, 1937년 10월, 130-35쪽; 神近市子, 「女性はなぜ映画を見るか(여성은 왜 영화를 보는가)」, 1937년 11월, 60-61쪽.

38 Shigeno Tatsuhiko, 「昭和12年度日本映画回想記(쇼와 12년도 일본영화 회상기)」, ET, 1937년 12월, 78-80쪽.

39 우치다 도무 등이 참여한 토론은 「限りなき前進'合評('끝없는 전진' 합평)」, ET, 1937년 12월, 113-15쪽; 「愛国者パーネル(애국자 파넬)」, ET, 1937년 12월, 94-95쪽.

40 Shishi Bunroku, 「映画に現れたユーモア(영화에 나타난 유머)」, ET, 1938년 2월, 56-57쪽. 영화법은 1939년 9월 27일에 발효되었다. 법 내용에 관해서는 桜本富雄, 『大東亜戦争と日本映画: 立ち見の戦中映画論(대동아전쟁과 일본영화: 입석의 전중 영화론)』(青木書店, 1993): 7-15쪽 참고. 산업부분의 통제를 분석한 것으로는 Gregory Kasza, The State and the Mass Media, 232-48쪽을 보라. 철학자 와쓰지 데쓰로 역시 이 위원회에 있었다.

41 岸松雄, 武田麟太郎, 高見順, 丹羽文雄, Sasami Tsuneo, Ōguro Toyoshi, 「映画放談(영화방담)」, ET, 1938년 4월, 113-15쪽; 향수 광고는 「国産かっぴ-香水국산 카피 향수」, ET, 1938년 4월, 12쪽; 淀川長治, 「映画保護町(영화보호거리)」, ET, 1938년 3월, 120-21쪽.

42 武田麟太郎, 林房雄, 丹羽文雄, 「映画縦横(영화종횡)」, ET, 1938년 5월, 56-62쪽; 인용은 61쪽.

43 武田麟太郎, 林房雄, 丹羽文雄, 「映画縦横」, 62쪽; 川喜多長政, 「日本映画の海外進出について(일본영화의 해외진출에 대해)」, ET, 1939년 2월, 62-65쪽.

44 川喜多長政, 「日本映画の海外進出について」, 64쪽.

45 飯島正, 「映画と大衆(영화와 대중)」, ET, 1938년 6월, 50-51쪽. 이와사키 아키라와 하즈미 쓰네오 등이 참여한 토론은 「日本映画を語る(일본영화를 말하다)」, ET, 1938년 6월, 62쪽. 이와사키의 영화법에 대한 반대는 Kasza, *The State and the Mass Media*, 241쪽 참고.

46 표지와 '커리커쳐 전람회'는 ET, 1938년 7월, 133쪽; 「ハリウッドは大騒ぎ(와자지껄 할리우드)」, ET, 1938년 8월; 高見順, 「女優について(여배우에 대해)」, ET, 1938년 8월, 70-71쪽.

47 尾崎士郎, 「戦場の落日(전장의 석양)」, ET, 1938년 8월, 131-40쪽; 岡本かの子, 「戦争映画と英国の女性不安(전쟁영화와 영국의 여성 불안)」, ET, 1938년 11월, 52-53쪽; 「紳士のおしゃれ(신사의 멋)」, ET, 1938년 11월, 154-55쪽.

48 岡本かの子, 「戦争映画と英国の女性不安」, 53쪽.

49 아사노 아키라와 사토 하루오 등의 토론은 「上海 合評('상하이' 합평)」, ET, 1937년 3월, 114쪽; 다카미 준과 아베 토모지의 토론은 「対談:映画放談(대담: 영화방담)」, ET, 1938년 2월, 77쪽.

50 石川達三, 丹羽文雄, 「従軍報告(종군보고)」, ET, 1939년 1월, 83-87쪽.

51 牛原虚彦, 衣笠貞之助, 「対談: 忠死, 男子, 従軍報告(대담: 충사, 남자, 종군보고)」, ET, 1939년 3월, 66-71쪽.

52 牛原虚彦, 「対談: 忠死, 男子, 従軍報告」, 70쪽; 飯島正, 「映画の国民性영화의 국민성」, ET, 1938년 11월, 86-89쪽.

53 Itagaki Takaho, 「近頃見た文化映画(근래 본 문화영화)」, ET, 1939년 11월, 138-39쪽. 또한 Kasza, *The State and the Mass Media*, 129쪽도 참고하라.

54 「ハリウッド特報: ニュースエンサイクロペディア(할리우드 특보: 뉴스 엔사이클로피디아)」, ET, 1939년 11월, 82-83쪽; 「半ナチ映画横行(반나치영화 횡행)」, ET, 1940년 1월, 152-53쪽; 木村伊兵衛, 「流行と話術(유행과 화술)」, ET, 1939년 12월, 69-70쪽.

55 木村伊兵衛, 「流行と話術」, 70쪽.

56 飯島正, 「映画の肉体(영화의 육체)」, ET, 1940년 4월, 62-63. 〈日向村(휴가촌)〉 광

고는 ET, 1940년 10월, 15쪽.

57 Oda Nariaki, 「国民生活と映画(국민생활과 영화)」, ET, 1941년 1월, 46-47쪽; 「世界の日記(세계의 일기)」, ET, 1941년 1월, 85쪽.

58 Itō Nobumi, 「映画をより以上重要せよ(영화를 더 중요시하자)」, ET, 1941년 1월, 8-9쪽; 「映画鑑賞に心得おくべし(영화감상에 소양을 가질 것)」, ET, 1941년 7월. 뉴스 촬영기사는 긴장할 만한 이유가 있었다. 1937년과 1940년 사이에 매우 많은 부분이 검열당했고 검열의 대부분이 '성관련' 범주의 하위 항목인 '풍속과 도덕'이었다. Kasza, *The State and the Mass Media*, 238-39쪽에 실린 내무성 자료에서 재작성한 내무성 도표를 보라.

59 「ニュースキャメラマン'従軍報告'座談会(뉴스 카메라맨 '종군보고' 좌담회)」, ET, 1941년 11월, 65-69쪽. 레온세안크림 광고는 ET, 1941년 11월, 64쪽.

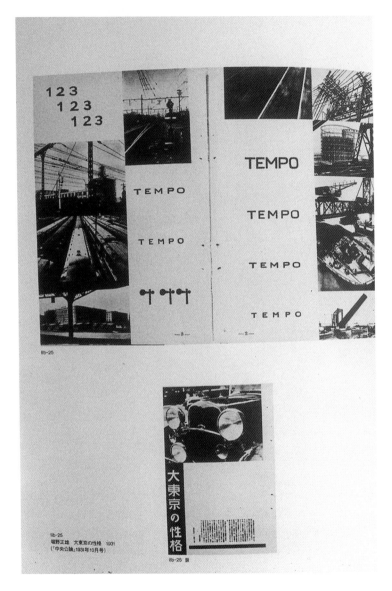

1. 《중앙공론(中央公論)》 1931년 10월호에 실린 「대도쿄의 성격(大東京の性格)」에 나오
는 호리노 마사오의 사진들. 《중앙공론》 제공.

2. 「모던걸의 백일몽(モガの夢)」이라는 제목 하단에는 영어로 "여기에 실린 사진은 모던걸을 멋지게 그려낸 작품인데, 우리 사진작가가 각고의 노력 끝에 구성해낼 수 있었다. 춤, 사진, 칵테일, 파우더와 루즈 등은 모두 모던걸의 삶과 밀접하게 연관된 것들"이라고 쓰여 있다. 조롱 투의 일본어 캡션은 카메라의 환상적 표현기법, 손님을 접대하고 춤을 추는 통통한 모가에게서 묻어나는 트로이의 헬렌과 클레오파트라의 도도함을 언급하고 있다. 《아사히그라프》, 1928년 6월 13일. 아사히신문사 제공.

3. '샐러리맨의 꿈'은 카페 여급, 통근 열차, 전당포 간판의 이미지와 병치되어 있는 음식점 메뉴, 저렴한 골든 배트(Golden Bat) 담뱃갑, 맥주병과 같은 물건들로 표현된다. 영문 캡션에 따르면 이 포토몽타주(photomontage)는 일본 '샐러리맨'의 삶을 상징적으로 보여준다. 일본어로 된 본문은 이 몽타주를 샐러리맨(サラリーマン)의 정신없는 생활에 대한 논평으로 해석하고 있다. 이들은 자신들이 걸은 거리를 재야만 하고, 바가지 긁는 아내, 코카인의 유혹과 실직의 위협에 시달리고 있었다. 샐러리맨이 한 달에 한 번 가서 스트레스를 풀 수 있는 값싼 음식점의 메뉴와 함께 통근열차가 몽타주로 배치되어 있다. 《아사히그라프》, 1928년 6월 20일. 아사히신문사 제공.

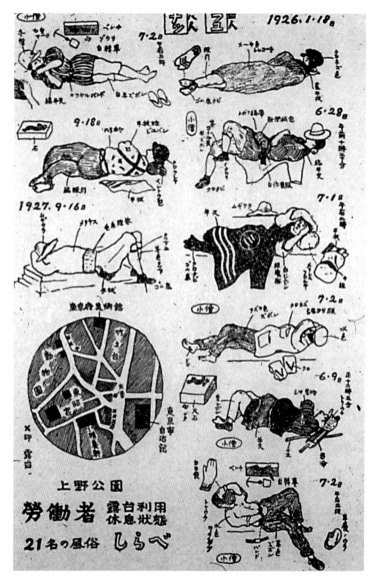

4. 아라이 센오(新井泉男), 우에노공원 「노대 이용 노동자의 휴식상태 조사: 21명의 풍속(露台利用勞働者の休息狀態しらべ 21名の風俗)」, 1926년 1월 18일. 곤 와지로·요시다 겐키치, 『모더놀로지: 고현학(モデルノロヂオ: 考現学)』. 아라이 센오가 그린 이 삽화는 바디 랭귀지와 더불어 공원 안에 있는 인물들의 위치, 날짜, 시간, 착용하고 있는 의류 품목들까지 정확하게 묘사하고 있다. 가쿠요쇼보(学陽書房) 제공.

5. 《부인공론(婦人公論)》 1925년 7월호 기사 「1925년 초여름 도쿄 긴자 풍속 기록」에 실린 삽화, 1930년 『모더놀로지: 고현학』 선집에 다시 실렸다. 이 삽화에는 요시다 겐키치와 곤 와지로가 조수들과 함께 첫 고현학 연구조사에서 알아낸 것들이 묘사되어 있다. 본문의 설명에 따르면 삽화 속의 숫자들은 일본옷과 서양옷을 착용하는 비율의 차이를 보여준다. 독자에게 여성은 99퍼센트가 일본옷을 착용하는 데 반해 남성은 67퍼센트가 양복을 착용하는 데 주목할 것을 요구했다. 통계자료는 하루 중 여러 시간대에 걸쳐 긴자를 지나는 1180명의 복장을 관찰한 것을 토대로 산출되었다. 곤 와지로 · 요시다 겐키치, 『모더놀로지: 고현학』. 가쿠요쇼보 제공.

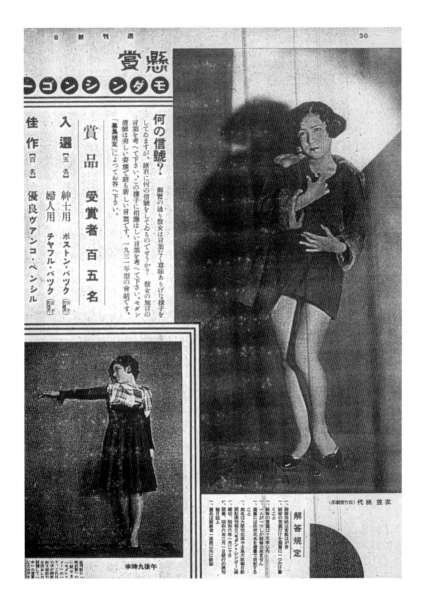

6. 《주간 아사히》 1931년 1월호의 독자들은 신년을 맞아 새롭고, 모던한 형식의 대화에 참여하라는 초대를 받았다. 그 초대란 페이지의 상단에 있는 여배우의 조용하면서도 의미심장한 포즈에 맞는 캡션을 보내달라는 것이었다. 예를 들자면, 좌측 하단의 제스처를 9시 30분을 의미하는 바디 랭귀지로 해석하는 것이었다.

7. 「학생: 복장의 칵테일(学生: 服装のカクテル)」, 《아사히그라프》 1930년 4월 9일자. 제목에서 영어의 사용과 제목 아래에 다음과 같이 쓰인 캡션에 주목하라. "거리에서 흔히 볼 수 있는 일본 남녀 학생들의 모습. 그들 중 몇몇이 자신들의 삐딱한 모습을 자랑스러워하는 것은 이상한 종류의 허세이다." 이와 대조적으로, 일본어 캡션들은 메이지 시대부터 다이쇼 시대까지 스타일의 변천사를 보여준다. 이 몽타주의 중앙에 어린 **모가**들이 신은 고무신은 당대 패션의 일례였다. 아사히신문사 제공.

도발적인 모던걸, 거리로 나서다

8. 가게야마 고요(影山光洋), 「모가의 비치 파자마 스타일」, 1928년. 사진작가는 아시아에 암운이 드리워지는 동시에 서민들이 감상적인 노래에 사로잡히게 되었다는 데 주목했다. 그 무렵 비치 파자마와 밀짚모자를 쓴 활기찬 **모가**들이 긴자에 등장해 자주 회자되었다고 덧붙였다. 가게야마 도모히로(影山智洋) 제공.

9. 만년필 광고.
《카이조(改造)》, 1931년 9월호.

10. 파마를 전문으로 하는 미용실.
후지모리 · 하쓰다 · 후지오카(藤森照信·初田亨·藤岡洋保) 제공.

11. 카페 안의 모던걸. 삽화 안의 글은 "나 엄청 취했어요. 그러니 문을 열고 내 방으로 와요."《시세이도그라프(資生堂グラフ)》제공.

12. 체포된 아베 사다. 1936년 5월 20일. 쇼가쿠칸(小學館) 제공.

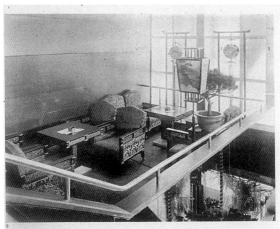

7 銀座パレス 2階「サロン桃山」
  家具に桃山時代のみやびな意匠を取
  いる。
8 銀座パレス 2階審席
  開店時に、女給を300人募集したこと
  なった。
9 銀座パレス 2階「サロン桃山」
  場所は入口の上に位置する。
10 銀座パレス 2階「サロン満州」
  椅子のデザインなど、近代化した中国
  匠。女給にも中国風の服装をさせてい
  奥の部屋は、宴会にも使用できる。
11 銀座パレス 2階吹き抜け上部
  天井から吊り下がるシャンデリアに
  な感覚があふれている。シャンデリア
  することで、吹き抜けで空間が縦につ
  とを強調している。

13. 살롱 만주(위)는 살롱 모모야마(아래)와 함께 긴자 팔레스(銀座パレス)의 2층에 입점해 있
었다. 살롱 만주에서는 일본인 카페 여급들이 근대화된 중국풍 실내장식에 맞춰 중국 의상을 착
용했다. 살롱 모모야마는 이전의 화려한 시대였던 모모야마(桃山) 시대에 대한 향수를 채워주었
다. 후지모리 · 하쓰다 · 후지오카 제공.

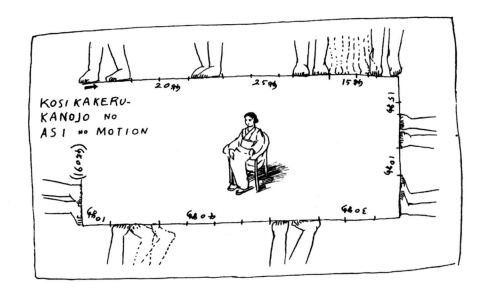

KOSI KAKERU-
KANOJO NO
ASI No MOTION

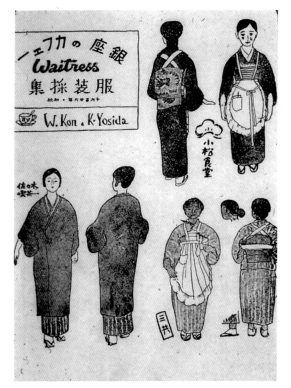

14. 「다리를 꼬고 앉은 그녀의 발동작」, 곤 와지로 편, 곤 와지로 · 요시다 겐키치, 『모더놀로지: 고현학』. 이 스케치는 160초 동안 한 카페 여급의 발동작을 따라 그린 것이다. 가쿠요쇼보 제공.

15. 긴자 카페 여급의 복장을 기록한 세 쪽짜리 기사의 일부. 곤 와지로 · 요시다 겐키치, 『모더놀로지: 고현학』. 가쿠요쇼보 제공.

16. 영화관의 부인석. 가게야마 고요, 1931년.

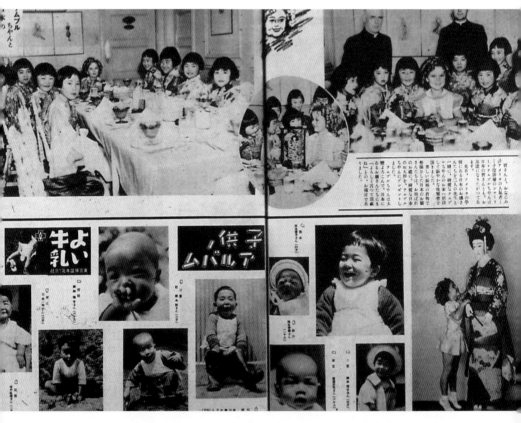

17. 미국의 셜리 템플(템플짱)이 새로 사귄 친구들에게 일본 인형을 막 선물받은 참이다. 그녀는 일본의 소녀들에게 인사를 전하고 있다. 아이들의 사진과 우유 광고가 이 기사의 몽타주를 완성하고 있다. 《아사히그라프》 1936년 7월 22일. 아사히신문사 제공.

18. 야마나카 사다오(山中貞雄) 감독의 사무라이 히트작 〈 구니 사다 추지(国定忠治) 〉(1933)는 "웨스턴 일렉트릭식 '올 토키'(WE 式 'オールトーキー')"라고 홍보되었다. 일본의 남성성을 보여주는 이 이미지의 맞은편에 실린 콘티넨탈 양식(〈게이 디보시〉[1934])은 1935년에 유행할 춤과 노래를 예고하고 있다. 《영화의 벗》 1935년 3월호.

19. 일곱 번째 생일을 축하받는 '리틀 미키'. 이 무렵 일본에서는 쿠데타가 일어났다. 《영화의 벗》 1936년 2월.

가정, 근대생활의 현장이 되다

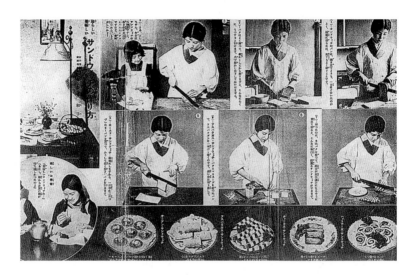

20.「샌드위치 만드는 법」1932년 4월호. 한 주부가 **아스파라거스 샌드위치, 롤 샌드위치, 핫 치즈 샌드위치** 같은 화려한 샌드위치를 만드는 과정을 시연하고 있다. 이 음식들이 양식이라는 언급은 없고, 그보다는 홍차에 곁들일 만한 티타임 음식으로 소개하고 있다. 《주부의 벗(主婦の友)》제공.

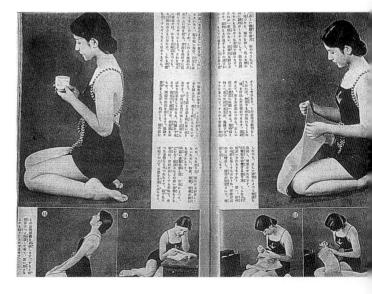

21. 여러 가지 작업을 하는 데 알맞은 주부의 자세.《주부의 벗》1936년 9월호. 《주부의 벗》제공.

22.《주부의 벗》1930년 4월호. 이 면의 우측 페이지에는 야마사 간장이 시대를 초월한 동시에 발전의 상징으로 광고되고 있다. 독자들은 좌측으로 코드전환하여 최신 유행의상을 입은 천황 가족을 모던한 핵가족으로 보았다.《주부의 벗》제공.

23. 연작 만화〈모가코와 모보로〉에서 모가코는 온천에서는 수영복을 입고 바다에서는 수영복을 벗어던짐으로써 관습을 비웃는다. 그녀의 머리 위에는 작은 일본기가 꽂혀 있다.《주부의 벗》1928년 10월호.《주부의 벗》제공.

24. 1938년 7월 13일, 미쓰코시 백화점은 3엔에서 5엔 사이의 '위문품 꾸러미'를 판매하는 매장을 두 군데 설치했다. 이 꾸러미에는 **속옷**, 화장지, 하모니카, 삶은 단팥과 같은 물품들이 들어 있었다. 5엔짜리에는 양말, 향수, **스위트 후르츠**도 포함되었다. 《아사히그라프》, 아사히 신문사 제공.

아사쿠사 에로티시즘

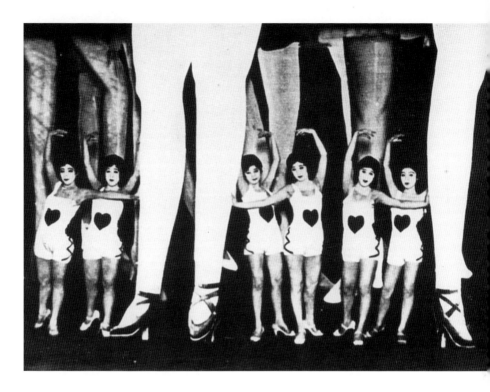

25. 1929년 카지노 폴리의 한 장면에 등장하는, 모던걸의 상징인 늘씬한 맨 다리. 이듬해에 엉덩이를 씰룩거리는 것이 법으로 금지되었다. 쇼가쿠칸 제공.

26. 쌍둥이 아기를 데리고 다이쇼칸(大正館) 극장 앞을 지나는 할아버지. 다이쇼칸 극장은 서양영화를 상영하는 곳이었다. 1937년. 구와바라 기네오(桑原甲子雄) 제공.

27. 쉬는 날에 영화관들이 들어선 아사쿠사 6구로 놀러 나온 점원들. 1937년. 구와바라 기네오 제공.

28. 에로틱? 그로테스크? 넌센스? 아니면 그 모두?《주간 아사히》1930년 11월 16일자 표
지. 아사히신문사 제공.

밑바닥 삶의 그로테스크

29. 오쿠보 고로쿠(大久保好六), "도쿄(東京)" 연작(1930-35) 중. 오누키 미나미(大貫南) 제공.

30. 《영화의 벗》1937년 8월 1일자에 실린 찰리 채플린의 〈모던 타임스〉 광고. 잡지는 '천재 채플린'이 은막으로 돌아와 온 마음과 영혼을 〈모던 타임스〉에 쏟아부었다고 언급했다.

31. 도쿠가와 시대 말엽 유랑 예인들. 이 예인들은 근대 초기부터 근대 시기까지 존재했던 밑바닥 인물들 가운데 한 부류였다. F. Beato Collection 중. 요코하마 개항자료관(橫浜開港資料館) 제공.

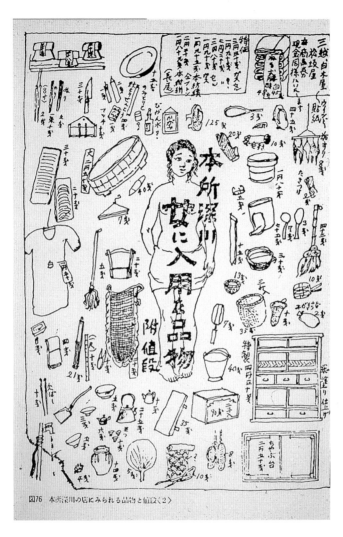

図76 本所深川の店にみられる品物と値段〈2〉

32. 곤 와지로, 「혼조·후카가와 지역의 여자들에게 필요한 물건과 그 가격(本所深川女に入用な品物附値段)」. 이 삽화는 도쿄의 빈민가 혼조·후카가와에 대한 동일한 조사를 통해 알게 된 '남자들이 원하는' 물건들을 그린 삽화와 쌍을 이룬다. 곤 와지로는 독자들에게 글 속에 실린 다른 삽화들과 더불어 이 두 삽화를 면밀히 살펴보고 "마음에 새겨진" 인상이 무엇인지, 이 연구에서 "어떤 부류의 지식"을 얻게 되었는지 생각해보라고 당부한다. 그는 경제적으로 불황기였다는 한 해의 마지막에 이러한 결과들을 공유하게 되어 슬프다는 말을 덧붙였다. 곤 와지로·요시다 겐키치, 『모더놀로지: 고현학』. 가쿠요쇼보 제공.

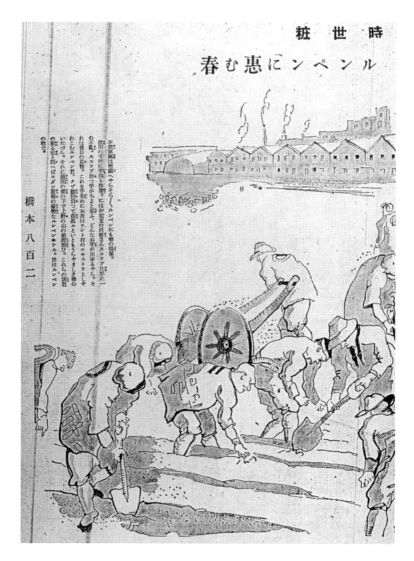

33. 하시모토 야오지는 감자밭에서 일하고 **모던 호텔**로 돌아가는 부랑자(룸펜)들에게 "은혜로운 봄"이라는 아이러니한 표현을 쓴다. 《주간 아사히》 1931년 4월 26일. 아사히신문사 제공.

34. 1929년 8월 11일부터 20일까지 상연된 카지노 폴리의 세 번째 쇼 프로그램 소개 표지.
8부로 나뉜 버라이어티 쇼는 〈스패니시 댄스〉, 〈오리엔탈 검무〉, 〈해피 댄스 갓포레(活惚)〉,
〈뉴욕 행진곡〉 등의 프로그램으로 구성되었다. 하라 겐타로(原健太郎) 제공.

35. 1930년 카지노 폴리 프로덕션의 〈세계 대모험〉의 한 장면. 좌측에서 세 번째 배우가 유명 코미디언인 에노켄이다. 하라 겐타로 제공.

36. 에도시대의 유명 콤비 야지·키타를 다룬 영화의 광고. 《키네마준포(キネマ旬報)》 1928
년 1월 21일자. 하라 겐타로 제공.

37. 에노켄이 출연한 〈흑인 댄스〉의 한 장면. 좌측이 에노켄. 하라 겐타로 제공.

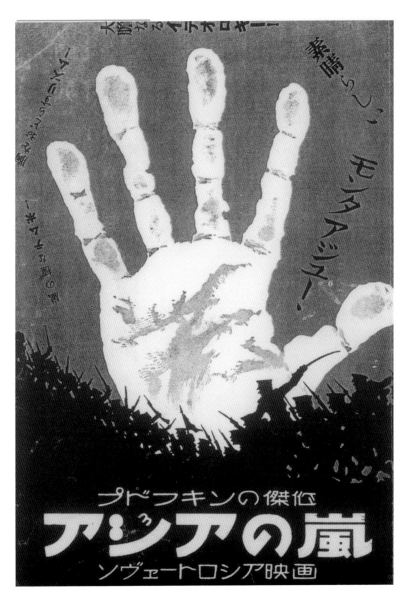

38. 소비에트 영화 《아시아의 폭풍》의 광고. '**몽타주**'라는 단어 뒤에 느낌표가 찍혀 있다. 《키네마준포》 1930년 10월 1일자.

39. 니카쓰 제작 영화 〈야지키타(弥次喜多)〉의 광고.《키네마준포》1928년 1월 11일자.

4장. 가정, 근대생활의 현장이 되다

《주부의 벗》 1923년 2월호에 실린 포토 에세이 「서양 음식을 먹는 진정한 방식」은 기모노를 입은 중년여인이 심각한 표정으로 주부 소비자라면 꿈꾸는 식사를 정해진 코스대로 하고 있는 모습을 보여준다. 이 식사는 스프를 먹기 전 무릎에 수건을 얹는 것으로 시작해 핑거볼을 사용하는 것으로 끝난다. 이러한 몽타주는 일본의 근대 시기에 새로운 풍습들을 소개한 《주부의 벗》에 실린 수많은 이야기들의 한 사례였는데, 이러한 기사들에서 '서양'이라는 말은 사라져 있었다. 그 대신 《주부의 벗》은 근대적인 것을 분명하되 간접적인 방식으로 다루었다. 나의 몽타주를 구성하는 다른 장들처럼, 《주부의 벗》은 대지진 이후의 역사적 단절이 새로운 표현, 경쾌한 템포, 성차에 대한 문제제기, 에로틱한 경험의 강화, 이 모든 것들이 일본문화의 경계를 넘어서는 일상과의 결합으로 귀결되었다는 관점을 취했다. 전통적인 여성을 가족 안으로 자리매김하려는 국가 이데올로기와는 대조적으로, 이 여성 잡지는 근대적 가정 안에서의 근대 여성이라는 견해를 지지했다.[1]

근대 일본 주부에게 '벗'이 되어준 이 잡지는 생활비와 씨름하는 기혼 여성들에게 읽을거리를 제공하자는 편집 취지에서 1917년에 창간되었다. 《주부의 벗》은 당시의 수많은 여성 잡지들 가운데 가장 영향력 있는 잡지가 되어갔다. 잡지의 창간자이자 편집장이었던 이시카와 다케요시石川武美는 이 잡지가 된장에 절인 것 같다는 비판을 자랑스러워했다. 그 말은 자신의 잡지가 일반 주부에게까지 다가갔다는 의미로 받아들여졌기 때문이었다. 《주부의 벗》은 상당한 발행부수에 힘입어 현모양처가 있는 가부장적인 가족家*을 대체하는 주부主婦의 집이나 가정家庭을 대중적으로 묘사한 것 가운데 하나였다. 만화나 글로 쓰인 보도기사에서 풍자처럼 보이는 그 시대의 기록 충동을 종종 허용한 이 잡지에서 우리는 당국자들이 "유행"이라고 부른 행위들이 어떻게 일본 언론에서 크게 떠들어댄 "근대" 경험의 일부가 되었는지 살펴볼 수 있다. 이 잡지는 국가 이데올로기를 받아들이거나 국가의 명령에 간접적으로 도전하거나, 혹은 가족-국가에 대한 무관심에 가까운 태도를 보여주고 새로운 몸짓들을 소개하는 많은 매체 가운데 하나였다.

《주부의 벗》은 체제에 분명하게 도전하지 않았다. 즉, 개혁적 성향의 잡지는 아니었던 것이다. 대지진 이후 이 잡지는 현대現代의 새로운 도쿄와 그와 함께 쇄신된 일본이 "매일 전진하는 세계 문화"의 일부로 재건되고 있음을 강조했다. 일본은 다른 근대문화와 함께 전진하고 있음이 분명해

---

* 　저자는 일본어로 가족, 가문, 집을 모두 포괄하는 넓은 개념인 '이에(家: いえ)'를 영어 'family'와 함께 쓰고 있다. 여기서는 '이에'를 가족, 가문의 개념으로 사용한 경우 '가족', '가문', '집'으로 번역하고 家를 병기했다. 한자병기가 안 된 채 '가족'으로 번역한 경우는 원문이 family이거나, 저자가 일본어로 가족에 해당하는 kazoku(家族)를 사용한 경우이다.

졌다. 미국처럼 도쿄도 교육적인 목적에서 영화관과 일하는 여성들이 고등교육을 받을 수 있는 브린 모어Bryn Mawr 여름학교 같이 노동자를 위한 교육장을 설립해야 했다. 개인들이 겪는 고난은 아사쿠사에서 대중에게 카레라이스를 파는 신세로 전락한 카페 주인의 경우에서 잘 드러났다(학살당한 6000여 명의 조선인들의 운명에 대해서는 한 줄도 언급되지 않았다). 일본 대도시에서의 식민 질서와 관계된 사회 문제에 대한 관심은 발행부수가 20만 부(1920년대 초)에서 100만 부(1934년)로 급증한 이후 20여 년 동안 이 잡지에서 언급되지 않았다. 도시의 중산층과 소시민 주부와 예비 주부, 시골의 주부들, 여성 노동자들로 구성된 독자들은 잘 기록된 바와 같이 일본의 전쟁 노력을 지지하도록 적극적으로 장려되었을 것이다.[2]

하지만 오늘날 이 잡지를 읽어보면, 정부 당국자와 저널리스트 양쪽 모두가 근대화를 권고해《주부의 벗》지면에서 '서구'라는 용어를 사라지게 만든 1920년대 이후, 국가가 제시하고 학교에서 가르친 공식 이데올로기에 도전한 세 가지 유형의 기사들이 있었다는 사실을 확인할 수 있다. 이러한 기사들로는 이상적인 배우자의 선택에 관한 것이거나 가정 내의 불화를 언급하는 것, 혹은 모던한 일본 여성을 세계 속으로 내보내는(동시에 그녀가 그 모던한 것을 다시 자신의 가정으로 가지고 돌아오게끔 하는) 기사들이 있었다. 활기 넘치게 표현된 모던걸의 자율성처럼, 하야시 후미코의 작품 속 여주인공이 카페에서 치는 장난과《영화의 벗》의 사진들에서 볼 수 있는 유연한 코드전환처럼, 그러한 도전은 국가의 가족 이데올로기에 대한 저항의 한 형태였다. 세 가지 주제들을 각각 검토하기 전에, 일본 학자들이 쌓아놓은 방대한 학문적 업적에 의지해 가족-국가 안에서 가정주부의 지위에 대한 공식적 견해를 되살펴볼 가치가 있겠다.[3]

가족국가와 《주부의 벗》

이토 미키하루伊藤幹治는 전쟁 전후의 학문에 대한 연구를 바탕으로 (1) 충忠과 효孝의 일치 (2) 조상과 자손의 불가분성(즉, 조상과 가족의 동일시)이라는 긴밀한 관계의 두 전제가 전쟁 이전의 가족-국가 이데올로기를 어떻게 지탱했는지 세밀하게 분석했다. 《주부의 벗》에 드러나 있듯이 가족의 조건과 가족의 생활과 관련될 때의 국가 정책이라는 두 가지 의미에서 가족의 상태를 연구할 때 적절한 작업은 《주부의 벗》이 가족(또는 가족의 유형)에 관해 얼마나 다루었으며 또한 얼마나 국가國家를 대변하고 있는지 밝히는 것이다. 이 부분에서는 가노 마사나오鹿野政直가 분석한 주부의 모습 appearance이 적절할 것이다.[4]

가노의 서술에 따르면 일본에서 자본주의가 팽창한 결과로 등장한 새로운 중산층 남성(일본에서 쓰이는 또 다른 영어 표현으로는 샐러리맨)은 십대 후반이 되면 대도시로 이동했다. 이로 인해 메이지 공론가들이 꿈꾸었던 가부장적 규범 아래 한 가정에 여러 세대들이 함께 모여 사는 가족家의 해체가 촉진되었다.[5] 남자들이 직장으로 통근하러 다니고 그들의 부인들은 집 안에 있게 되면서 핵가족을 전제로 한 새로운 노동 분화가 자리를 잡아갔다. 샐러리맨의 부인은 가족家 구성의 다른 (부계) 친족들에 더 이상 얽매이지 않았다. 그녀의 정체성과 관계들은 자신의 가정에 집중되었다. 가족家의 해체는 다음의 세 가지 이유로 1920년대에서 1930년대까지 계속되었다. 가노 마사나오에 따르면 해체의 첫 번째 이유는 딸들을 성매매로 팔아넘기게 만든 쇼와시대의 불황이었다. 아버지가 종적을 감추는 바람에 여자들이 아이와 동반자살하거나 아이들만 남겨지는 일이 종종 발생했다. 둘째로는, 1920년대 후반에서 1930년대 초반 '공산주의' 혹은 마르크스주의가 국가의 근간인 가족-국가 이데올로기를 위협했다. (표면상 가족家의 가장인) 아버지들은 좌익 사상이 불러온 반역적인 이상 앞에서 무력했다. 가노 마사나오가 든 마지막 이유가 여기서는 가장 타당해 보인다. 그것은 바로 모더니즘의 유행과 더불어 연애결혼과 '중매' 결혼 모두에서 사랑의 중요성이 공개적으로 강조되었기 때문에 전통적인 의미의 가족家이 와해될 수밖에 없었다는 것이다. 가노 마사나오는 이 세 번째 요인은 여성 잡지가 로맨스를 선보였기 때문이라고 생각했다. 그에 따르면 이러한 사랑의 강조는 일본이 점점 더 전쟁에 휘말리게 됨에 따라 자리를 잃었고, 로맨스에 대한 주목은 신성화된 '모성애' 개념으로 대체되었다.[6]

국가 관료들은 여성들의 불안, 십대 범죄, 가족 불화 증가와 같은 현상들이 가족-국가 이데올로기에 가하는 위협을 분명하게 인식하고 있었다. 가족家이 어려운 상황에 처했으며 페미니스트 운동가들이 가장의 힘을 축소하고 평등한 교육 기회와 노동의 대가, 복지 기능을 수행할 수 있는 가정 밖 시설을 요구했음이 연구조사에서 드러났다. 일본의 페미니스트 역사학자인 미야케 요시코三宅禎子는 자본주의 경제 발전과 개인의 발전, 가족을 공공기관이 아닌 사적 영역의 부분으로 보는 개념 때문에 가족-국가 이데올로기가 꾸준히 쇠퇴하고 있었음을 알려준다.

1919년 7월에서 1927년 12월 사이, 국회의원, 법학자, 관료들은 미풍양속醇風美俗의 의미에 관해 토론했다. 임시법제심의회(앞의 〈모던걸〉 부분에서 논의한 바 있는 메이지 민법을 개정하기 위해 구성된 위원회)의 강경 인사들은 확고부동하게 일본의 전통 미풍양속을 가족 제도의 공동생활의 근간으로 규정하려 무던히 애썼지만, 민법을 사회 시류에 맞게 조정해야 함을 인정하는 좀 더 진보적인 인사들의 전폭적 지지를 얻는 것은 불가능했다. 필요한 것은 여성들에게 국민으로서 자신의 정체성을 의식할 것을 강조할 수 있는 쇄신된 국가 중심 이데올로기라고 주장하는 사람도 있었다. 그 목적을 위해 1927년 처녀회는 전국청년연맹으로 탈바꿈했다. 동시에 메이지시대 말기에 처음 설립된 부인회의 새로운 연맹이 창설되었다. 이러한 단체들이 여성 회원들에게 국수주의를 심어주려는 운동에는 양면성이 있었다. 여성들은 '남존여비'라는 전근대적 관념을 거부하라는 주문을 받으면서 동시에 남편과 시부모에게 변함없이 순종할 것을 요구하는 도쿠가와 시대의 또 다른 계율인 『여대학女大學』*을 지킬 것을 종용받았다. 궁극적으로, 임시법제심의회의 인사들은 "최근 횡행하는 분위기"로 보아 여대학이 특히 필요하다고 언급하며 가정家庭 내의 불화를 미연에 방지해보려고 했다.[7]

《주부의 벗》의 기사를 보면, 가족을 위태롭게 한다고 국가지명위원회 인사들이 우려했던 요인들이 1920년대부터 1930년대까지의 부부들에게는 그다지 해당되지 않음을 확인할 수 있다. 예를 들어, 가족의 삶에 대한 공식적인 보도에서 남편의 집家으로 들어가는 신부의 기본적인 정체성은 아내가 아니라 며느리였다. 이와 반대로 《주부의 벗》은 주부가 되는 것은 근대 세계에서 부부夫婦의 한쪽이 되는 것이라는 메시지를 독자들에게 심어주었으며 결혼생활이 언제나 화목하기만 한 것은 아니라고 언급했다.

《주부의 벗》은 가부장 단위가 온전하지 않다고 주장하기보다는 「가정법에 관해 편집자에게 보내는 편지」와 결혼한 커플들에 대한 다양한 글들을 통해 가정불화의 위협을 폭로했다. 이러한 기사들에서 여성은 가족

---

* 에도시대 중기부터 여성의 교육에 이용되었던 교훈서. 여기서 '대학'은 교육 기관으로서의 대학이 아니라 사서오경의 하나인 대학을 말한다. 가이바라 에키켄貝原益軒이 저술한 『화속동자훈和俗童子訓』에 기반을 두고 쓰였다고 여겨지며 1716년에 간행된 이래 태평양 전쟁 전까지 여자교육의 교본으로 취급되었다.

의 삶의 방향을 결정하는 데 능동적인 참여자이거나 최소한 전문가에게 의지해 자신의 선택권을 설명받기를 원했다. 잡지의 법률 자문 칼럼에 기고하는 변호사와 법률 교수들에게 문의한 문제들을 보면 자유로운 행위자로서 글을 쓰며 가정의 전략을 세밀히 계획하고 싶어하는 여성들의 욕구가 드러난다. 편지는 호주 승계, 상속권, 이혼 후 절차 등의 문제들과 관련된 것들이었다. 이혼과 관련된 편지 가운데 한 사례에서는, 편지를 보낸 여성의 남편이 데릴사위로 들어와서 호주가 되었다. 이제 이혼을 하게 되자 이 여성은 누가 집을 나가야 하는지, 아이들은 어떻게 해야 하는지, 그리고 남편의 재산은 어떻게 할 것인지를 알고 싶어했다. 가족법과 관련된 이 문의에 대한 답변들은 명쾌했으나, 《주부의 벗》은 또한 부부싸움과 관련한 문제들을 비롯해 훨씬 더 복잡한 사안들을 다루었다. 어조와 내용 모두에서 이 잡지는 젊은 여성들을 위해 쓰인 도덕교본과 같은 장에서 표명된 견해들을 반박했다. 한 남편은 1929년 12월 자신과 아내가 이혼 결정에 합의했으며, 장인장모는 이 문제로 법정에 가는 것이 가문에 수치가 될 것이라 걱정한다는 사실을 설명하며 고민을 상담해왔는데, 이에 대한 답변에서처럼 이혼에 대한 우려는 잡지의 가족법 칼럼의 사실문제 법률 자문을 통해 명확히 드러났다. 그와 그의 부인은 법정에 가지 않아도 되었을까? 그는 법정에 가지 않고도 해결하는 것이 실제로 가능하다는 사실을 듣고 안심할 수 있었다.[8]

요약하자면, 《주부의 벗》의 지면에서 주부-소비자는 남편의 행동이 자신의 이상과 부합되지 않을 경우 두 가지 대안에 직면했다. 한 가지 선택은 이혼을 모색하는 것이었다. 다른 방법으로는 《주부의 벗》 창간 이래부터 태평양 전쟁 때까지 계속해서 다뤄져온, 가정불화를 피하기 위해 남편을 잘 다루는 법을 습득하는 것이었다.

부부 속 주부

1930년에 소녀들을 위한 상급교육 도덕교본인 『개정 현대여자수신改訂現代女子修身』은 결혼한 부부가 가족의 일상생활, 가정, 그리고 국가와 맺는 관계에 관한 책이었다(소년들을 위한 도덕교본에서 눈에 띄는 용어는 제1부에서 다루었듯이 유일하게 '국가國家'뿐이었다). 이 책은 십대 소녀들에게 부부가 가家의 구성요소임을 밝혔다. 서구에서는 가족家이 부부를 기반으로 하고, 남편의 죽음은 곧 가家의 해체를 의미했다. 그러나 이 책은 일본의 가家들이 천황가의 법도를 따르기에 자손 대대로 지속된다고 강조했다. 그 경고의 의미는 구성원이 가정의 계승에 저마다 책임을 져야 한다는 것이었고, 이 책은 실질적인 힘이 어디에 있어야 하는지 분명히 밝혔다. 즉 민법이 정하고 있듯이, 세대주가 가정 내외의 모든 것을 책임지고 있었다. 이 교본은 소녀들에게 일부일처제 안에서 상호간의 애정과 존중을 얻으려고 애쓰라고 말했다. 하지만 일상의 활동들은 동등하게 나눠지지 않았다. 이렇게 노동이 분화된 상황에서 아내의 자리는 무엇인가를 발견하거나 만들어내는 쪽이 아니라 그것을 지키고 유지하는 쪽이었다. 게다가, 대중 언론에서 이동이나 생산과 연관된 용어인 생활은 국민생활에 대한 논의나 국민의 일상생활 그리고 국가적 생활國家的生活이라는 맥락에서만 국가와 연관될 뿐이었다. 소녀들을 대상으로 한 이 교본에서 일부일처제를 옹호하고 부부 상호간의 사랑에 대해 논의한 것은 분명 메이지시대 이후의 관념이지만, 이것이 《주부의 벗》에서 다뤄지는 (부부로 대표되는) 가정에 대한 근대적 담론의 일부라고 하기는 힘들었다.[9]

《주부의 벗》에 등장하는 주부는 부부라는 단위를 통해 그 정체성이 주어졌다. 주부는 부부라는 쌍의 반쪽으로 이해되어야 했고, 그런 점에서 본다면 새롭게 지어진, 중산층의 문화주택文化住宅* 안에 감춰져 있어야 할 존재가 아니었다. 앞서 주장한 바처럼 모던걸은, 대개 급속한 전환기에 확립된 듯 보이는 질서에 집착하며 불안에 시달리는 비평가들의 환영 phantasm으로 존재했다. 이와 대조적으로, 《주부의 벗》의 주부는 내가 지금까지 제기한 세 가지 주제로 바꾸어 말할 수 있는 세 가지 방식으로 정당화되었다. 그 세 가지란 바로 배우자를 찾는 것, 가정불화, 근대의 직업부인과 전업주부였다. 무엇보다도 일단 결혼을 하면 주부는 가정을 정서적으로 안정되게 지키도록 영향력을 발휘하는 합리적이고 가정적인 사람이 되었다. 둘째, 그녀는 어느 계급이든 집 밖에서 일하는 직업부인이 될 수 있었다. 마지막으로 가정에서의 적절한 생활은 가정 행위의 합리적인 모델로서 일방적으로 소개되는 (근대) 서구의 풍속들을 통해 유지되었다.

《주부의 벗》에서 부부의 확립에 관련된 많은 기사들을 읽다보면 곧 자유 연애의 힘에 관한 가노 마사나오의 주장들뿐만 아니라 가정의 조화로운 관계들이 악화되는 데 대처하는 국가위원회의 정서가 꽤나 구체적이었음을 볼 수 있다. 기사들은 연애나 결혼 선택의 자유를 새삼 강조하는

----

* 주로 다이쇼기 중기 이후에 유행했던, 서구식 생활을 위한 일반주택으로, 일본식과 서양식을 절충한 주택을 이른다. 메이지시대에 서양식 주택이 지어졌지만, 전적으로 재산가나 정치가 일부를 위한 주택이었으며 대개는 일본식 집에 사는 것이 당연했다. 다이쇼데모크라시의 자유로운 분위기 속에서 대중문화가 성립하고, 주택에서도 서구식 생활에 대한 동경이 퍼져나갔다. 1922년, 우에노에서 평화기념 도쿄박람회가 개최되어 전시기획으로 '문화촌'이 지어졌다. 여기서 14동의 '문화주택'이 선을 보였는데, 모던하고 합리적인 주거방식을 보여주는 일종의 모델하우스였다. 문화주택이라는 말은 1921년(다이쇼10)경부터 일부 잡지에서 사용되었던 것이 이 박람회를 계기로 일반에 퍼져나갔다. 쇼와시대에 들어서 '문화주택'이라는 이름으로 일정한 패턴이 생겨났다. 주택의 외형은 지금까지와 비슷한 일본식 주택이었지만 현관 옆에 서구식 디자인의 응접실이 있었다.

것을 드러내놓고 언급하지는 않았다. 그렇기는커녕, 어울리는 제목이 붙은 연속물들은 독자에게, 나아가 이제는 역사가들에게 이 잡지가 (기혼 또는 미혼) 남녀가 자신의 욕망을 드러낼 수 있는 공간을 제공함으로써 가부장적 가족-국가 이데올로기에 도전하고 있음을 알려주고 있었다. 남성뿐 아니라 여성도 자신의 짝을 원했고, 이런 욕망들은 그에 대한 솔직한 비판들과 더불어 주부 독자와 그녀의 배우자로 이루어진 부부의 정체성이라는 용인 가능한 개념으로 바뀌어야만 했다.

'그녀의 욕망' 대 '그의 욕망'에 관한 글들은 1910년대부터 1930년대 후반까지 계속되었다. 1917년 '젊은 신사'가 이상형으로 꼽는 신부의 유형에 대한 조사에 맞서 「나의 이상적인 남편私の理想の夫」, 「남자는 어떤 부인을 존경하는가?男子はいかなる婦人を尊敬するか」와 같은 글들이 실렸다. 또한 여자에게는 "남편감으로 어떤 남자를 바라는가?"라고 묻고 남자에게는 "부인감으로 어떤 여자를 바라는가?"라고 묻는 한 쌍의 글도 있었다. 1920년대 초반까지 "여자가 알려주는/남자가 알려주는" 해서는 안 될 것, 하면 좋을 것 같은 식의 연재물에 여성의 목소리를 대변한 기사와 예비 신랑들이 꼽은 이상형을 다룬 기사들이 실렸는데, 그 속에서 부부 양쪽의 생각이 나란히 반영되었다. 한 젊은 '신사'는 친구들이 (심한 경우 결혼식을 올린 지 한 달이 지나지 않아) 결혼에 실패하는 것을 지켜본 후 자신의 신부가 갖추어야 할 일곱 가지 조건을 내놓았는데, 그중 여섯 번째는 "고상한 하이카라"여야 한다는 것이다. 이것은 소양이 있으면서 동시에 세련되어야(다른 말로 모던해야) 한다는 것을 의미한다. 다른 전제조건들은 관습적이었는데, 젊은이들이 국가 이데올로기의 영향을 받았음을 보여주는 마지막 희망사항에서 알 수 있듯이 그는 우울하거나 히스테리가 많은 여자는 좋은 아내도 현명한 어머니도 될 수 없다는 이유로 자신의 신부는 낙천적이어

야 한다고 밝혔다.[10]

1918년 4월호에서 "나의 이상적인 남편"에 심혈을 기울인 한 섹션에서 확실히 보이듯이 이상적인 남성을 정의하는 특성은 1920년대 초반 《주부의 벗》에서 만들어졌다. 오사카의 한 독자는 "남자답게" 용기 있고, 강인한 성격에 쾌활하면서 활력 넘치는 성향의 남자를 원했다. 그녀의 이상적인 남편은 제일 먼저 아내를 이해하고 나아가 타인을 이해할 수 있는 사람이었다. 또 다른 독자는 종교적 신념이 있고, 대략 다섯 살 연상의 아량이 넓은 남편을 꼽았다. 중산층의 생활양식을 동경하는 살짝 가려진 열망도 분명했다. 이상적인 남편상은 교사, 관료나 회사원을 꼽을 수 있었다. 술과 담배를 하지 않는 남편을 원하는 한 필자는 이상적인 가족의 규모는 두 사람이라고 주장했다. 달리 말하자면 부부에게는 다세대 가족이라는 가부장적 가족국가 이상에서 벗어난 새로운 자리가 마련되고 있었던 것이다.[11]

한 여성은 소비자 문화에서 상품의 유혹과 이성에게 투사된 욕망의 복잡함을 인식하는 놀랄 만한 통찰력을 보이면서, 남편을 선택하는 일을 미쓰코시 백화점에서 아름다운 물건을 고르는 일에 비유했다. 백화점을 언급한 것은, 지금까지 상호 존중과 배려로 정의되어오던 부부 관계가 결혼하자마자 언짢은 것이 되어버렸다는 생각을 전제로 하고 있었다. 상담 칼럼니스트이자 페미니스트 비평가, 활동가였던 야마다 와카(여성의 직업에의 전념보다 모성의 보호를 옹호하는 입장으로 유명하다)는 여러 국적의 여자들이 배우자를 고르는 데 똑같이 잘못된 기준을 적용한다고 설명한다. 말하자면 미국 여자들은 돈을 쫓고, 독일 여자들은 군인을 사랑하며, 프랑스 여자들은 약한 남자에게 끌린다는 것이다. 일본 여자가 해야 할 일은 에티켓이 "인간 행동의 기술"이었으므로 에티켓을 잘 지키는 일본인 남자를 찾는 것이었다. 야마다 와카는 일본 여자가 국경 너머로 눈을 돌릴 필요가 없음을 강조했다. 일본 여자가 찾아야 할 것은 일본의 에티켓 기준을 이해하고 있는 일본인 남자였다. 다시 말해, 예의 바른 남자가 곧 남자다운 남자였다.[12]

《주부의 벗》 기사들은 노동의 불안정한 분립을 가정했다. 야마다 와카에 따르면, 여자만 있고 남자가 없다면 세상이 히스테리로 가득할 것이며, 남자만 있고 여자가 없다면 세상은 야만인들로 가득할 것이었다. 틀림없이 야마다는 무질서한 인격을 개화하거나 길들이는 것을 부부의 역할로 보았던 것이다. 이와는 대조적으로, 지식을 알려주는 교육적 역할을 남편에게 요구하는 여성의 목소리도 있었다. 반면에, 남자들이 점토를 빚기라도 하듯 여자들을 마음대로 주무르는 사회 질서에 대해 경고를 한 세계적인 운동선수와 같은 직업부인이 분명히 존재하고 있었다. 《주부의 벗》의 핵심에서 볼 수 있는 이러한 모순 — 합리적인 가정생활을 치켜세우는 동시에 가정 밖 여자들의 노동을 열거하는 것 — 은 독자들의 주의를 잡아끌 수밖에 없었다.[13]

《주부의 벗》의 글들에서 서양은 본보기였다. 서양에서는 여성이 남편과 나란히 가정 밖에서 일하도록 장려되었기 때문에 힘과 영향력을 얻을 수 있었다. 그러나 편집 정책의 변화가 일어났다. 일본이 대륙에서 세력을 넓혀감에 따라 《주부의 벗》은 점점 더 일본 여성을 가정 내에, 가정과 분리될 수 없게 배치했다. 이제는 마치 도덕교본 『개정 현대여자수신』과 흡사한 주장을 펴면서 《주부의 벗》은 부부의 반쪽인 여성이 안식처로서의 가정 안에서 편안함을 주는 존재가 되어야 한다는 메시지를 전달했다. 한 필자는 심지어 "신을 잃어버린 근대인에게 가정은 어떤 의미에서는 사원과 같다"고까지 주장했다(도덕교본 역시 가정을 거룩한 곳으로 칭했다).

〈게으른 아버지〉를 그린 만화가 아소 유타카麻生豊는《호치신문》지면에서 자신의 인기 만화를 통해 독자들에게 새로운 시대의 문화적 변화에 대한 해설을 해주었다. 그의 작품의 주인공은 기모노와 나막신을 걸친 등 그스름한 인물로 근대적인 기술들을 배우려고 노력하면서, 가부장적인 권위가 조금도 느껴지지 않는 인물이다. 작가인 아소 유타카는 100장이 넘는 서양의 레코드판을 가지고 있다고 인정하면서도, 자신의 이상적인 아내는 사려 깊고 겸손하며, '일본적인 취미'를 배운 사람이어야 한다고 했다. 그의 아내는 틀림없이 자신의 가정이 일본의 관습에 의해 정의되도록 할 것이다. 이 만화가는 자신의 주인공이 갖고 있지 못한 가부장적 권위를 바라고 있었던 것이다.

이상적인 아내의 이미지들이 대부분 문화적으로 보수적인 이상과 일치하는 것 같기는 해도,《주부의 벗》에 인용된 며느리들이 규정한 이상적인 시어머니 상은 그렇지 않았다. 예를 들어, 어떤 며느리는 국가 이데올로기에서 중요시한 대가족제도에서는 시어머니가 아이의 양육에 간섭한다고 불평했다. 이 며느리는 혼자 있는 것을 더 좋아했으며, 서로 다른 세대가 각자 떨어져 살면 인생이 훨씬 편안할 것이라고 주장하는 것을 전혀 부끄러워하지 않았다.[14]

"사랑과 결혼"을 특집으로 한 1922년 7월호와 유명 여성들이 남편에 대해 기고한 1926년 1월호 기사들에서는 사랑, 연애, 우애결혼이 이상화되었다. 이러한 글들은 직업부인에 대한 개념과 연애에 기반을 둔 가정이라는 이상을 정당화했다.《영화의 벗》에 실린 할리우드 스타들의 일상에 관한 기사를 연상시키는 1926년의 포토몽타주에서 독자들은 유명한 예술가의 이해심 많은 남편(예를 들면 선장과 비행사)이 그들의 일상생활에 어떻게 도움을 주는지와 러시아 바이올리니스트인 오노 안나小野アンナ와

(금융계 출신인) 남편의 러브 스토리를 다룬 기사에서 그러한 일이 가능하다는 것을 발견했다. 메이지시대의 악명 높은 살인녀를 다룬 영화 〈다카하시 오덴高橋ぉ伝〉*에 출연한 유명 여배우의 성공이 남편의 애정 어린 지원 덕분이라는 메시지도 있었다. 그로부터 10년 후에도 이 잡지는 유명한 부부들에 관한 특집 기사들을 계속 연재했다. 결혼은 가정이나 가족에 대한 것이 아니었다. 그것은 부부를 중심으로 한 것이었다.[15]

위기의 부부

《주부의 벗》의 독자들은 결혼생활에 여러 가지 문제가 따른다는 사실을 충분히 알 수 있게 되었다. 「결혼해서 가장 힘들었던 일은 무엇인가結婚して一番困ったことは何か」에 실린 짧은 한마디들은 명사들의 부인과 자수성가한 직업부인들의 경험을 공유했다. 『무엇이 그녀를 그렇게 만들었나』의 작가 후지모리 세키치의 부인은 자신이 물건의 가격을 확인하지 않게 된 것은 상류계층의 훈육 때문이라는 사실을 인정했다. 사회개혁가인 가가

---

* 본명은 안나 디미트리에브나 부브노바(Anna Dmitrievna Bubnova, 1890~1979). 러시아의 바이올리니스트이다. 전남편인 오노 슌이치小野俊一는 재계와 학계에 명망 높은 집안의 자손이며, 조카는 오노 요코ォノョーコ, 아들은 오노 유고小野有五(홋카이도 대학 교수)이다. 이혼 후에도 부브노바 자매와 오노 집안에는 교류가 있었으며, 친언니 바르바라 부브노바는 러시아 문학교수이자 삽화 화가로서, 오노 슌이치와 몇 차례 함께 작업했다.

* '메이지의 독부毒婦'라고 불리며 강도살인 죄로 참수형에 처해진 여성 다카하시 오덴(1850년~1879년)을 다룬 영화로 1926년 야마가미 노리오山上紀夫 감독, 중앙영화사 제작, 사쓰키 노부코五月信子가 오덴을 연기했다.

와 도요히코賀川豊彦의 부인은 자신과 남편이 살면서 일했던 빈민가에서 발견한 빈대와 이에 관해서 쓰기도 했다.[16]

초창기에 잡지는 독자들에게 '아무짝에 쓸모없는 남편'에 관한 기사들을 들려주었다. 10년이 지나서도 독자들은 여전히 남편과 빼닮은 아이를 안고 있는 낯선 여자의 사진을 발견한 어떤 부인의 이야기 등을 듣고 있었다. 1924년 8월 「이혼한 사람들의 슬픈 이야기들」이라는 글은 독자들에게 "부부가 행복해질 수 없는 강력한 이유가 있다면" 이혼이 분명한 해결방안이 될 수 있다고 주장했다. 하지만 잡지가 전하는 메시지는 뒤섞였다. 다른 많은 기사들과 맥을 같이하는 한 기사는 독자들에게 이혼을 멈추라고 주장했다. 가가와 도요히코는 한 여성이 아이를 가질 수 없는 원인이 자신에게 있는 것이 아니라 남편의 불임 때문이라는 사실을 알게 된 후 이혼을 고민하고 있다는 편지에 답을 했다. 가가와는 자신이 부인과 함께 대만 여행을 다녀왔던 것처럼 환경을 바꾸어보라고 조언했는데, 그들은 여행을 다녀온 후, 결혼생활 9년 만에 아이를 갖게 되었다고 한다(기분전환지로서의 식민지). 또 어떤 부인은 남편이 매일 일과처럼 동네 카페를 드나드느라 쓴 비용 때문에 자신의 옷을 저당 잡혔다는 고민에 남편을 사랑하고 인내하라는 말을 들었다. 문부성 대신인 하토야마 이치로鳩山一郎의 어머니는 게이샤를 정부로 삼은 남자의 아내에게 "'자신의 권리를 주장하는 것'은 효과가 없을 것"이라고 대답했다. 남편의 정부를 여동생처럼 대하라는 말을 듣고 화가 난 부인에게 아이들을 중심으로 결혼생활을 꾸리고 남편의 부정은 일종의 병으로 생각하라는 조언을 하는 전문가도 있었다.[17]

《주부의 벗》에서 데려온 전문가들은 주부의 고통을 희생 삼아 부부가 유지되길 원하는 경향이 있었지만, 법률 전문가들도 근대 일본에서 부부

간의 불화가 공개적으로 드러나고 있음을 부인할 수는 없었다. 1936년 11월, '법정까지 오는 부부간의 다툼'에 대해 논의하기 위해 변호사들과 판사들이 모였다. 그 배경은 '부부 문제'가 급증해 한 해 전에는 도쿄구 법원에서 1만 6000건이 넘는 사건이 심리된 데 있었다. 한 판사는 이러한 수치가 인구 증가에 따른 것으로 보았지만 논의는 다른 방향으로 진전되었다. 이 문제는 여자들의 의식이 깨어났기 때문이 아닌가? 최근까지는 여자들이 남편의 폭력을 참아왔지만 이제 더는 그렇지 않았다. 전문가들은 무엇인가 잘못되었다는 데 동의했다. 부부와 그들의 친척들은 일본의 민사 법정 복도에서 실제로 싸움을 벌이고 있었는데, 이 민사 법정은 일본의 '아름다운 가족제도'를 자랑스럽게 여기던 곳이었다. 가족제도 때문에 부부 외의 다른 가족 구성원들까지 불가피하게 싸움에 휘말릴 수밖에 없었고, 한 토론 참가자는 할머니를 상대로 소송을 벌인 손자의 예를 증언하기도 했다. 이러한 불화는 새로운 것이었고 '시대를 반영'하고 있었지만, 예상대로 남자들은 그것이 근대적 현상이 아니라고 주장했다. '근대적' 이혼 절차는 1915년 무렵에 등장했고, 이 시기는 기혼 남성들의 밤놀이가 자신의 지위를 인정받으려는 여자들의 요구와 충돌하던 때였다. 이렇게 '의식이 깨어난' 여성들이 제기하는 사건들은 최근에 새로운 경향으로 바뀌고 있었다. 이제는 여성들이 경제적 곤궁을 이유로 이혼을 요구하면서, 남편을 떠나 자식들을 맡고 양육비를 받기를 원했다.[18]

1920년대부터 1930년대에 이르기까지 《주부의 벗》에 실린 일련의 기사들은 결혼 문제들은 여성이 풀어야할 문제라는 사실을 확인시켰다. 이 기사들은 단도직입적으로 부부싸움夫婦喧嘩이라는 표현을 쓰면서, 주부 독자들에게 남편과 아내 사이의 불가피해 보이는 다툼을 피하기 위한 일련의 책략들을 소개했다. 기사들은 풍자적인 어조로 표현되었으며 일상적

인 결혼생활을 표현한 캐리커처들로 꾸며져 있었다. 남편과 아내 간의 대화(혹은 대화의 결여)를 보여주는 너무도 선명한 잉크 드로잉은 대부분 그저 아무 의미 없는 넌센스에 지나지 않아 보였다. 1917년에는, 「부인이 남편에게 바라는 20가지 요구妻から夫への注文二十ヶ条」와 「부부화합 10가지 비결夫婦和合の十秘結」이라는 기사가 등장했다. 아내의 요구 사항은 "아침에 늦잠 자지 말 것"부터 "아이들과 놀아줄 것"까지 다양했다. 부부 화합의 비결에는 "배우자가 인간임을 인정하기", "화가 날 때는 한 걸음 물러날 것", "비슷한 취미를 가질 것" 등의 조언이 포함되어 있었다. 10년 후 나온 「부부싸움 예방 비결 100가지夫婦喧嘩予防秘結百ヶ条」에서는 가르침이 훨씬 상세하고 좀 더 에둘러 표현되었다. 이 기사의 첫 번째 전제는 다툼은 불가피한 것이며 해결책은 부인이 자제하는 것이었는데, 그 전략은 몇 가지 항목으로 나뉜다. 예를 들면 세 번째 항목은 "거울에 비친 화난 얼굴을 바라볼 것"이고, 여섯 번째 항목은 "화가 났을 때는 입을 다물 것" 등이다. 명민한 주부라면 말다툼에서 져주는 것이 실제로는 이기는 것이며, 싸움을 벌여봤자 남편이 카페로 직행하게 만들 뿐이라는 사실을 깨달아야 했다. 그로부터 2년 후에는 「부부화합 48가지 비법夫婦和合の秘術四十八手」이 소개되었다. 이 글의 시작 부분은 학교에서 1등을 한다고 해서 남편의 관심을 독차지하는 이상적인 '작고 사랑스러운 부인'이 되는 것은 아님을 강조함으로써 주부의 영향력을 깎아내렸다. 열여섯 번째 항목은 남편의 꾸짖음에 치사한 변명으로 대응하라고 조언했다. 스물두 번째 항목은 어떤 종류의 에로티시즘도 부인하라는 것이었다. 아내는 카페 여급이나 게이샤와 같은 티를 내서는 안 되었다(이 기사는 아내가 논쟁을 점화시킨다면 남편을 성냥에, 부인을 가솔린에 비유할 수 있다고 했다). 서른한 번째 항목은 현명한 아내의 전략을 요약했다. 이를테면, 남편이 화가 났을 때는 남편을 그저 그 자리

에 있는 어떤 물건처럼, 마치 "전신주처럼" 대해야 한다는 것 따위였다.[19]

아내는 피동적으로 싸움을 걸기보다는 남편이 표현하거나 표현하지 않는 모든 욕망들에 피동적으로 반응해야 했다. 부부간의 화합을 유지하기 위해서는 가벼운 농담들(네 번째 항목), 거울 앞에서 미소 짓는 얼굴을 연습하기(마흔네 번째 항목)와 같은 전략적 수단들을 통한 약간의 술수가 필요하다. 만약 부인이 낮 시간 동안에는 남편에게 (재정적인) 책임을 맡기고, 저녁에는 가정에서의 즐거움을 책임지는 노동 분업을 받아들여 마흔일곱 번째 규칙을 지킨다면, 부부의 가정은 계속해서 행복을 끊임없이 만들어내는 현장이 될 수 있다는 마흔여덟 번째와 마지막 비결을 경험할 수 있을 것이었다.[20]

1932년 5월에 이르면 《주부의 벗》에 사용하는 전투와 관련된 과장된 표현들은 총후에서의 싸움이 대륙에서의 전투만큼이나 불가피해 보인다고 확대되었다. 「부부싸움 필승법 십계夫婦喧嘩の必勝法+ヵ条」라는 기사에서 주부는 "설령 상대가 남편이라고 할지라도" 전쟁은 전략을 짜서 무조건 승리해야 한다는 말을 듣게 된다. 전투라는 주제는 "웃음으로 죽이기" 같은 전략들을 표현한 일련의 만화로 설명되었다. 스모 선수 한 사람만으로 스모 시합이 이루어질 수 없는 것과 마찬가지로 만약 싸움을 거부한다면 싸움은 지속될 수 없었다. 이러한 전략은 "폭탄삼용사가 던진 폭탄보다 훨씬 훌륭한" 것으로 여겨졌다. 단 한 가지 용납될 수 없는 무기가 있었다. 바로 남편의 명예에 흠집을 내면 절대로 안 된다는 것이다.

이 기사는 일본과 대륙의 적국들 간에는 아니더라도 부인과 남편의 조화로운 관계에 대해서는 존중하는 표현을 보였다. 국가 간의 전쟁은 불가피하더라도, 부부끼리의 싸움은 얼마든지 피할 수 있다고 썼다. 그럼에도 불구하고, 연재물 가운데 마지막 만화는 말싸움에서 이기는 열 번째 방법인 "동지가 많으면 반드시 이기게 되어 있다"가 수반된 그림이었다. 이 만화에서 벨트를 찬 서양 옷을 입고 있는 주부는 기모노를 입은 시어머니와 하녀를 옆에 두고 서 있다. 세 명 모두 부인Madam이라는 글씨가 쓰인 헬멧을 쓰고 적을 향해 총구를 겨누고 있다. 《영화의 벗》에 실린 만주사변과 관련된 유머와는 대조적으로, 이 부분에서 유머는 그림을 보고 연상되는 실제 전쟁이 아니라 결혼 풍자인 것 같다.[21]

일터의 여성들

이혼보다도 가족제도(와 부부제도)에 문제가 되었던 것은 독신으로 지내려는 여자들의 욕구였다. 「나는 왜 결혼하지 않는가私には何ゆえに結婚しないか」라는 제목의 한 추천사에서 일본 YWCA(기독교 여자청년회) 회원인 한 여성은 다른 사람에게 봉사하는 자신의 풍요로운 개인적, 직업적 삶에 대해 열변을 토했다. 다른 글도 마찬가지로 설득력이 있었다. 독신 여성은 독신 생활을 즐기고 있기 때문에 아직 결혼을 안 한 것이었다.

한 기자는 여자들이 독립적이어서는 안 될 이유가 없다는 결론을 처음으로 내렸던 어린 시절을 회고했다. 비록 우유부단한 여자들과 일하기보다 남자들과 일하는 것을 선호하기는 했지만 그녀는 전문직 여성들의 증가가 결혼의 감소로 이어지고 따라서 인구수에도 영향을 준다고 우려하는 이들에게는 동의하지 않았다. 이 비평가는 통계가 인구 증가만 보여주는 게 아니라 직업부인들이 반드시 미혼 여성은 아니라는 사실을 보여주고 있다고 지적했다.[22]

1936년 9월호의 「시집가고 싶지 않다? 현대 젊은 여성 좌담회お嫁に行き

たがらぬ? 現代娘さんばかりの座談会」에서는 일이냐 결혼이냐에 관한 주제가 논의
되었다. 토론에 참석한 20대 초반의 젊은 여성들은 남편의 성공을 위해
스스로를 희생하는 선택 대신 (그림, 음악, 일본 무용 등) "자신의 공부를 계
속하는" 관점에서 이야기를 나누었다. 서양 의류 제작과 미술을 공부하는
26세의 한 참가자는 "결혼의 비극"을 너무 많이 본 나머지 결혼에 전혀 관
심이 없다고 했다. 또 다른 참가자는 동료 예술가와 결혼한 미술학교 동
기들이 자신의 일을 계속하지 못하고 남편 뒷바라지 하는 것만 보았다고
말했다. 세 번째 참가자가 한 말이 가장 비판적이었다. 그녀는 "개인적인
의견입니다만 현재 일본의 결혼 제도 아래서 여성은 불리한 위치에 있습
니다"라고 말했다. 이러한 정서는 가정주부에게 너무나 많은 가사를 부담
시키는 일본의 가족제도를 비난한 24세의 영어 교사에게서도 되풀이되
었다. 기자는 시인 요사노 아키코与謝晶子와 국회의원 부인 이마이 구니코
今井邦子와 같이 직업을 계속 유지하는 여성들을 언급하면서 이러한 풍습에
예외가 있음을 제시했지만, 이 좌담회 참석자들은 결혼생활을 지속하면
서 예술에 전념할 수 있는 가능성에 대해 회의적이었다.[23]

직업부인은 결혼을 할 수도 하지 않을 수도 있었지만, 위의 토론에서
나 다른 토론회에서나 독신 직업부인은 근대 시기 동안 《주부의 벗》으로
부터 지대한 관심을 받은 대상이었다. 이렇게 가정 밖 세상에서 일하는
여성들에 대한 관심과 결국 가정주부의 대열에 합류하게 될 참가자들이
비슷하게 갖고 있던 생각 때문에 가정주부와 여성 노동자 사이에는 밀접
한 관련성이 형성되었다. 집 안에 있는 가정주부는 노동자 또는 전직 노
동자일 수 있었다. 일하는 여성과 전업 주부의 관련성은 부르주아 가정이
거리와 노동자들로부터 단절되었다는 곤다 야스노스케의 선언과는 거리
가 멀다. 이러한 특집기사들은 1917년 6월 "가정 밖 여성들의 사명"을 자

세하게 다룬 기사와도 거리가 멀었다. 이 기사는 **노블레스 오블리주**를 분명하게 요구해왔다. 상류층의 여성들은 '하류층 사회'를 구제하는 데까지 나아감으로써 '문명의 발전'을 동반하게 되어 있었다. 그들의 원조란 의식주를 제공하는 것이었다. 다시 말해, 간토 대지진 이후 곧 와지로가 연구했듯이 물질문화는 아래로부터 선택하거나 만들어질 수 있는 것이 아니라, 필수품을 유통시킬 수 있는 백화점식의 시설이나 바자회 등을 통해 위로부터 주어지는 것이었다.[24]

모던걸에 관한 담론은 직업부인이 '전통'에 대한 관념에 제기한 위협을 간접적으로 표현했으며, 카페 여급에 관한 담론은 노동계급 여성들에게 주어진 새로운 형태의 성노동을 훑어보게 해주었다. 이와 대조적으로, 직업부인을 특집으로 다룬 《주부의 벗》 기사들은 직업부인이 현대 생활에서 없어서는 안 될 부분이며 가정의 관심사나 가정주부의 정체성과 분리될 수 없다고 생각했다. 1919년 5월 「사업에 성공한 여성들의 경험담」이라는 글은 떡 판매상 등 생계형 직업부인들을 다루었다. 대지진 이후에는 좀 더 매력적인 직업들이 나열되었다. 한 기사는 독자들에게 타이피스트, 화가, 의사, 치과의사가 되는 교육을 받으려면 어디로 가야 하는지 알려주었다. 이 외에, 불행하게도 감옥에 갇힌 1712명의 여성 수감자들을 관리할 간수들도 필요했다. 기사에서 밝히듯이, 얼굴 가꾸는 훈련을 받은 미용사들의 수요는 일본 여성들이 더할 나위 없이 추하게 보인 시기였던 대지진 이후에 한층 중요해졌다. 2년 후, 《주부의 벗》의 모 '여기자'는 "플로런스 나이팅게일의 이야기에 감명 받아 40여 년 동안 간호사로 일한 '빈민가 판잣집의 백만장자'로 알려진 노부인"과 같은 '범상치 않은 여성들'을 찾아다녔다. 당시 사회의 최극빈층에 관해 이따금씩 언급한 《주부의 벗》 기사에서 기자는 이 여성이 낙담한 부인들의 신경질적인 목소리와 남편들의 지독한 술주정이 난무하는 곳에서 살아가는 것을 선택했다고 썼다. 남자들은 일거리를 구할 수 없었으며, 절망적인 상황에서 때로는 "피를 토하기도 했다". 직업부인을 규정하는 과정은 식민지의 일본인 독자들에게까지 전달되었는데, 이는 조선총독부 기술부에서 일하는 한 관료의 누이가 쓴 1인칭 시점의 글에서도 드러난다. 그녀는 '직업부인'이 되기로 결심하고 조선에서 직업부인으로 가장 괜찮은 직업이 선생이라는 사실을 깨달았다. 여기에 식민지 속의 근대가 있다.[25]

1933년 6월, 이 잡지는 여성들이 자신들의 의미 있는 업무와 기숙사 생활을 칭찬하는 「모범여공의 여공생활을 말하는 좌담회模範女工さんの女工生活を語る座談会」를 실었다. 이 기사에서 삽화와 어우러진 1인칭 화자 고유의 표현은 《영화의 벗》의 포토 에세이들이 편안한 친숙함을 주었듯이 친밀감을 주었다. (사탕 공장에서 일하는) 한 여공은 중요한 것은 기계가 아니라 정신이라고 말했다. 이는 사장들이 제공하는 업무 외 활동에서도 마찬가지였다. 방직 공장의 한 직원은 사회적 해악이 아니라 가정 내 문제로 발생하는 "사상 문제들" 때문에 상류층의 젊은 사람들이 잘못되고 있다고 주장했다. 고용주의 가부장주의와 피고용인의 효행 행위에 대해 은근히 지지하는 경우도 있었다. 예를 들면, 기사는 앞서 좌익 사상에 대한 공격처럼 근무 조건이나 자본주의 체제에 이의를 제기하지 않았다. 사실 이들 노동자들은 메이지의 국가 건설 시기 이후 여공들이 그랬듯 여전히 자신의 봉급을 부모들에게 보내고 있었다. 하지만 "잡지야말로 우리의 가장 친한 친구"라고 화장품 공장 노동자들이 말하는 것처럼 몇 가지 흥미로운 근대적 요소들이 있었다.[26]

1935년 9월에 열린 여성 작가 요시야 노부코吉屋信子와 열두 명의 백화점 점원들 간의 좌담회는 백화점처럼 완비된 점포 수의 급격한 증가와 더불어 백화점이 대도시와 지방 도시에서 가정생활에 미친 영향을 다루었다. 소비 주체의 욕망 못지않게 젊은 여성 노동자들이 원하는 것에 대해서 다룬 한 토론에서는 고객들을 응대하는 데는 지루한 노동이 뒤따른다는 것을 인식했다. 요시야 노부코의 말을 빌리면 "기계적으로 노동과 봉사, 일을 하면서 감정을 죽인다고 하더라도, 사람에 대해 말하고 있기 때문에 사진에 감정이 표출되는 것은 불가피하다." 토론 사이사이에는 기사의 글과는 약간 모순되는 사진들이 실렸다. '친한 친구들과 점심 약속을 하는' 구내식당, '여자 종업원 전용 휴게실' 사진, 마쓰자카야松坂屋 백화점의 '아침 콘서트' 그림, 서예와 꽃꽂이를 배우는 젊은 여성들, 시로키야 백화점에서의 사가社歌 제창 등의 사진이 있었다. 이 기사는 사회적 불평등을 부정하지 않았다. 기사는 3세와 7세의 여자아이와 5세의 남자아이들을 신사에 데려가 기도드리는 시기인 시치고산七五三* 때가 되면, 훔친 것이든 산 것이든 아이에게 새 옷을 입히고 되돌려주는 것이 가능하다고 썼다. 노동자 계층의 종업원들에게는 이러한 기회가 없었다. 하지만 이 직업부인들과 고객들 사이의 간극은 우에노의 마쓰자카야 백화점의 일본식 기성복 매장에서 일하는 젊은 여성들도 사실상 토론에 참여할 수 있었던 데서 좁혀졌다. "우리는 3개월짜리 학기로 요리, 바느질, 꽃꽂이, 때로는 다도를 배웁니다. 우리는 일을 하고 있으면서도 언젠가는 가정주부가 될 그날을 준비할 수 있는 거예요." 백화점 종업원은 여공처럼 가정 밖에 있

---

* 7세, 5세, 3세의 아이들의 성장을 축하하는 일본의 연중행사로 11월 15일 신사나 절 등에서 행해진다. 1681년 12월 24일에 다테바야시館林 성의 성주였던 도쿠가와 도쿠마쓰德川德松(에도막부 제5대 쇼군 도쿠가와 쓰나요시의 장남)의 건강을 기원하며 시작한데서 유래했다는 설이 유력하다.

었지만 결국에는 가정이라는 울타리 안으로 들어가려고 계획하고 있었던 것이다. 가정주부가 되고나면 바깥세상과의 관계가 끊어질지도 모른다고 말하는 부분은 어디에도 없었다.[27]

그다음 달에는 "아름다운 모델들"의 좌담회가 열렸다. 예술가들을 위해 포즈를 취하는 이 여성들은 자신의 직업 덕분에 경제적으로 자립할 수 있는 여유가 있다는 자부심을 표현했지만 대중들로부터 오해받고 있다고 걱정했다. 토론자들은 누드 포즈를 취할 때의 어색함을 상기시키면서 자신의 직업이 에로틱하게 비치지 않게 하려고 애썼다. 자부심 넘치는 한 참가자는 모델들은 진지한 연구와 작업의 소재로서 그들의 몸이 예술 작품이 된다는 사실을 분명히 했다. 소설가 요코야마 미치코橫山美智子와 콜롬비아 레코드의 (블루스 가수) 아와야 노리코 같은 몇몇 모델은 명성을 얻기도 했다. 하지만 모두 명성만으로는 충분하지 않다는 것에 동의했다. 피부 손상 때문에 밥 짓기 같은 가사 일은 못했다고 하더라도, 백화점 종업원들처럼 그들 역시 자신들만의 가정을 원했던 것이다.[28]

모델들은 자신들을 음란한 눈길로 바라볼 기회를 잡은 이들을 경멸할 때를 제외하고는 자신들의 에로틱한 삶과 직업의 관계에 대해서는 논의하려 하지 않았다. 반면에 1937년 1월경에 《주부의 벗》에 실린 한 기사에서 일군의 남자 비평가들은 휴게실의 안락의자에 모여 앉아 부부의 정절과 성적 매력의 지속기간 같은 주제로 이야기를 나누었다(이를 통해 그들은 에로티시즘에 대한 집착을 1930년대 말까지 이어갈 수 있었다). 이 모임에는 근대 초기에 「모던걸 연구」를 쓴 기요사와 레쓰淸沢冽,* 1926년에 「여성의 다

---

* 기요사와 기요시라고도 부른다. 1890년~1945년. 저널리스트, 평론가. 외교문제, 특히 미일관계 평론으로 유명했으며, 태평양 전쟁하에서 쓴 일기인 『암흑일기暗黑

리」를 쓴 가타오카 뎃페이, 자신의 소설이 카페 여급에 관한 소설로 분류되었다고 항의한 인기 소설가 기쿠치 간 등이 포함되었다. 이들은 젊은 남성이 젊은 여성을 사회적으로 만날 기회가 적어 카페 여급이나 게이샤와 어울린다는 것과, 일본의 젊은 남녀들이 이성에 대한 자연스러운 욕망을 표출할 수 없다고 한탄했다. 그들은 여학교들이 교내 행사에 남성들을 참석하지 못하게 한다고 비판했고, 성행위에 관한 더욱 생생한 논의에 들어가기 전에 중매결혼의 효과에 대해 토론했다. 논의가 부부간 정절에 관한 것으로 옮겨가자, 기쿠치 간은 부부가 서로를 영원히 사랑한다는 것은 마치 "매일 사과를 하나씩 먹으라고 하는 것"처럼 부자연스러운 일이라는 버트런드 러셀의 견해를 인용했다. 그러한 행위를 강요당한 남자는 그에 저항하게 마련이고, 그가 아름다운 젊은 여인과 사랑에 빠지지 못하게 막는 것은 불가능하다. 하지만 그는 또한 오랫동안 부부의 연을 지속해온 부부는 '정'으로 맺어진 유대감을 형성한다는 데 주목했다. 궁극적으로 이 기사는 '부부의 존속'에 관한 것이었다. 모임 참가자들은 미국에서는 부부가 얼마나 터무니없는 이유로 갈라서는지 말했다. 자신의 에로티시즘을 잃지 않는 사려 깊고 가정적인 부인이 이상적인 배우자가 될 수 있으며, 지적인 여성들은 그러한 장기적인 관계에 회의적이라는 것이었다. 이 남성들은 불감증은 드물다는 것, 서구의 책들은 불감증을 타이밍과 관련된 문제라고 설명한다는 것, 그리고 일본 남편들의 문제는 그들이 너무 빨리 끝내버리고 부인을 내버려두는 것이라는 데 동의하면서 아내의 성적 만족의 책임을 남편에게 두었다. 다른 한편으로, 토론자들은 자신의 순결을

日記』가 전후에 공개 출판되어 주목을 받았다. 이름은 '레쓰'라고 불린 일이 많았으며, 본인도 종종 저명으로 사용했다.

침해받은 것에 충분히 소리 높여 저항하지 않는 여성에 대해서는 별로 공감하지 않았다. 공격을 당했든 유혹을 당했든 이미 일이 벌어진 후 소란을 일으키는 것은 '불명예스럽다'는 것이었다.[29]

1937년 10월, 중일전쟁이 발발하고 몇 달 후, 기쿠치 간의 「현대결혼론現代結婚論」은 성에 대한 논의를 피해 갔다. 『현대 처녀들의 도덕』에 들어갈, 교본 검열관들의 승인을 쉽게 받을 수 있었던 한 글에서 그는 가정주부와 직업부인을 완전히 구분했다. 그에 따르면 남자는 결혼을 하지 않고도 자신의 재능을 실현할 수 있는 반면, 여자는 그렇지 않았다. 남자의 탁월함과 여자의 탁월함이 결합되어야만 일상생활의 단위인 부부가 탄생할 수 있었다. 여자는 결혼을 해야만 가사, 양육, 특히 남편과 아이들에게 사랑을 표현하는 데서 재능을 꽃피울 수 있었다. 결혼생활이 아무리 암담하다고 하더라도 계속 독신으로 사는 것보다는 나았다.[30]

그러나 기쿠치 간은 국가가 직업부인을 필요로 한다는 것을 받아들여야만 했다. 모든 논의들이 「이상적 결혼에 관한 오사카의 젊은 여성 좌담회大阪の娘さんが結婚の理想を語る座談会」에서처럼 교외에서 살 수만 있다면 상인과의 결혼도 불사할 수 있다고 설명하는 부르주아 예비신부의 환상을 주장한 것은 아니다. 여의사, 여교사, 산파, 간호사들은 자신의 논의에 부합하지 않는다고 일축한 다음, 기쿠치 간은 '중류층 이하의' 젊은 여성들에게 사무원, 점원, 엘리베이터걸, 버스 차장이 되라고 독려했다. 이 전문가는 직업부인을 노동계급으로 보는 견해를 숨기지 않았을 뿐더러 "직업부인으로 산다는 것은 결혼을 준비하는 동시에 결혼생활을 위한 것이기도 하다"고 결론지으며, 노동계급의 직업부인들에게 배우자를 찾을 수 있을 만큼 운이 따른다면 결혼한 후에도 계속 직업을 가지라고 권했다.[31]

그렇다면 우리는 가정에 대한 생각들, 가령 (1) 배우자 탐색의 집중성

(2) 가정주부가 성내지 않게 하는 것 (3) 근대 여성이 세상에 나가 일하고, 가정도 잘 꾸리는 근대의 삶을 살도록 격려하는 것과 국가의 가족家 이데올로기를 어떻게 공존하도록 조정할 수 있을까?(가정이라는 용어가 세기의 전환기에 미디어에서 사용되었다는 사실에 주목해야 할 것이다. 예를 들면,《가정잡지》.) 니시카와 유코西川祐子는 가정 제도와 가족家 이데올로기가 정반대되는 것이 아니라고 주장한다. 그녀는 장남이 직계가족의 혈통을 잇도록 하고 둘째와 셋째 아들은 도시나 식민지에서 핵가족이나 가정을 만들도록 민법이 권장하고 있으므로 가정과 가족이 서로를 강화시키는 제도에 대해 설명했다. 구조적으로 이는 사실이었으며, 니시카와가 지적했듯이 가정이 국가의 목적을 위해 활용되었다는 것 또한 궁극적으로는 사실이었다. 주부는 자신의 남편이 전선에 필요하다는 말을 들어야 했다. 이러한 전쟁 준비상태로의 전환은 가정주부들에게 '비상사태'를 준비하는 일에 질문을 던지며 만주 침공을 다룬 1933년 5월호 같은 기사 등에서 찾아볼 수 있다. 「사변하에서 일하는 부인의 문제事変下に働く婦人の問題」가 암묵적으로 중국 침략을 지지하던 1940년 5월,《주부의 벗》은 일하는 것과 가정을 유지하는 것 사이에 긴장이 있다는 견해는 단념했다. 그럼에도 1930년대 후반까지 놀이play와 풍자에 대한 근대의 의식은 여전히 국가 이데올로기의 정서에 역행했다. 이는《주부의 벗》에 실린 가족과 남녀 관계에 관한 만화, 인터뷰, 논평 등에 분명히 드러났다.[32]

와카쿠와 미도리若桑みどり가 연구한 바와 같이, 1930년대 후반부터 전쟁 기간 동안 이어지는 기사들의 글과 이미지를 통해 우리는 근대적 순간이 지나갔음을 곧 인식하게 된다. 가정주부는 더 이상 부부의 반쪽이 아니었다. 주부는 총후에 있었고, 남편은 전쟁터에 있었다. 직업부인은 '일하는 딸', '일하는 아내', '일하는 어머니', '일하는 미망인'으로 대체되었다.

도쿄일자리센터東京仕事センター의 센터장은 고용에 '열풍'이 불었던 시절을 향수에 젖어 회고했다. 1920년, 일자리를 신청한 소수의 여성들은 모두 사무원이 되기를 원했다. 그다음 선망의 대상은 백화점에 취직하는 것이었다(1000여 가지의 가능한 일자리 채용 공고에 1만 500명의 젊은 여성들이 응시했다). 이제 "공장들이 우후죽순처럼 생겨나고, 여자들은 공장에서 일하기를 원하게" 되었다. 그는 여성들에게 "비상시국에 일본에서 일터를 책임질 것"을 요구했다. 하지만 여성들은 (제1차 세계대전 말기 유럽 여성들이 그랬던 것처럼) 전쟁이 끝나면 자신들의 직업을 유지할 수 있을 것이라고 생각하지 않았다.[33]

기혼여성의 모델은 이제 애국주의자, 문화주의자, 모성주의자였다. 다시 말해, 전형적인 가정주부는 일본적인 어머니였기 때문에 본보기가 된 것이었다. 《주부의 벗》에 실린 보도기사에 따르면 1937년 12월 7일 야마다 와카가 엘리너 루스벨트Eleanor Roosevelt를 만나기 위해 백악관을 방문한 것은 미국 가족의 가치를 듣기 위해서가 아니라 영부인이 분명 "이미 중국 쪽 여성들의 말은 충분히 많이 들었기 때문"에 일본 여성의 견해를 들려주기 위해서였다. 일본 대사관에서 '중일 전쟁에 관한 다큐멘터리 영화'와 '생선 초밥'을 포함한 상황설명을 받은 후, 야마다는 중국과 일본의 고통받는 어머니들의 관점에서 엘리너 루스벨트와 '지식인 계층의 미국 여성들'에게 자신의 경우를 소개했다. 자기가 걱정하는 것은 '세세한 정치 경제 문제들'을 초월한다고 주장했다. '일본의 극단적 만행에 관한 중국 여성들의 '끔찍한 선전공작'에 반박할 목적으로 그녀는 루스벨트에게 "인류의 어머니로서, 전투 중에 무수한 우리 아들들의 피가 흐르는 것을 견딜 수 없다"고 말했다. 자신을 《주부의 벗》 직원이자 일본의 '모성을 보호하기 위한 운동' 활동가라고 소개하면서, 야마다 와카는 "순수한 일본인,

특히 여성"은 일본인들이 중국에 빚지고 있다는 사실을 인정한다고 항변했다. '일본 문화의 토대'는 모두 중국에서 유래한 것이었고, 2000년 동안 중국과 맺은 친교는 선의로 가득한 것이며, 최근의 전쟁은 "우선 중국의 행복, 그다음에는 세계 평화를 이룩하는 토대를 만들어내는 데 그 목표가 있다"고 주장했다.[34]

일본의 전쟁 노력에 대한 야마다 와카의 본질주의적 선전은 생각하건대 근대가 끝났음을 생생하게 보여준 실례였다. 거기에는 역사적 단절이나 현재주의presentism 또는 문화 사이를 오가려는 열망의 의식이 없었고, 일상이 새로운 동작들을 통해 부분적으로 계속해서 새롭게 만들어진다는 인식 또한 없었다. 그럼에도 불구하고, 1930년대 후반까지 가정주부가 가정과 바깥세상 사이로 움직일 수 있는 여지가 있다는 생각이 놀이와 아이러니에 대한 의식과 공존했다는 사실을 기억해야 한다. 모던걸에서 총후의 어머니로 변형이 일어나기 앞선 몇 년 동안 《주부의 벗》 지면에서는 모던걸의 가족과 그녀의 남녀 관계를 다룬 만화와 인터뷰들이 이 시기의 문화적 금욕주의에 도전했다. 모던걸이 일본의 어머니로 변했다고 말하는 것은 시대착오적이지만, 그것은 모던에서 전시 이미지에 이르기까지 《주부의 벗》에 시각적으로, 문맥상으로 비약이 있었음을 드러낸다. 이렇게 설명되지 않은 전환의 또 다른 예로 한때 할리우드 젊은 여배우들이 등장했던 《주부의 벗》 지면에 일본 신화의 여성 인물들을 그린 화려하고 다채로운 삽화들이 갑작스레 출현한 것을 들 수 있다. 역사의 기억에서 사라진 근대 시기의 풍자를 좀 더 열거하기 전에 내가 내린 결론은, 새로운 몸짓은 모던걸 덕분이라는 사실은 인정받았지만 모던걸은 자신의 역사를 가질 수 있을 만큼 우아하게 성숙하도록 용인되지 못했다는 것이다. 여성이 하나의 아이콘에서 다른 아이콘으로 이렇게 전환되는 데에서 확인된 역사적 단절이나 전환은 없었다. 모던걸은 성숙한 여성으로 나이 들어가지 못했다. 모던걸은 그저 사라졌을 뿐이고 그 대신 전시의 어머니가 등장한 것이었다. 실제로 전시의 새로운 의례들이 만들어지고 있었다. 무수한 움직임과 몸짓들 속에서 일상이 끊임없이 새롭게 만들어진다는 것은 더는 인정되지 않았다. 불분명하고 성애화된 대중문화 안에서 부산하게 움직이고 들떠 있는, 국경을 초월한 모던걸이라는 인물 대신에, 《주부의 벗》을 고르는 일본의 가정주부-주체들은 남편이 없으면서 티 없이 확고한 어머니, 이를테면 국가와 결혼한 어머니상에 직면했다.

하지만 된장보다는 '토스트'를 원했을 가정주부-독자들이 취할 수 있었던 새로운 몸짓들과 모던걸의 생활에 관한 토론을 살펴봄으로써 그들이 근대와의 연관성을 스스로 의식하고 있었음을 돌아보도록 하자.

가정주부의 모던 타임스

간토 대지진부터 태평양 전쟁에 이르는 기간 동안 《주부의 벗》에서 모던은 여러 가지 형태를 띠었다. 근대에 대해 가장 분명하게 인식할 수 있으며 어디서나 가장 흔히 볼 수 있는 이미지라고 할 수 있는 모던걸은 근대의 천황가, 영화관람 같은 모던한 관습과 동등한 위치를 차지했다. 모더니티는 또한 새로운 형태의 신체 언어에 관한 토론들을 통해 넌지시 전해질 수도 있었다. 하지만 1930년대 후반경, 식민지와 전통, 점점 커지는 전쟁 동원에 대한 관심이 새롭고 모던한 것에 대한 흥미를 대체하면서 새로운 몸짓에 대한 관심은 시들어가고 있었다.

모던걸은 1928년 다나카 히사라田中比左良가 《주부의 벗》에 연재한 연작 만화 〈모가코와 모보로〉에서 두드러지게 표현되었다. 모던걸에 대한 묘사와 가장 일치하는 모가코가 주인공이었는데, 모가코라는 이 모던걸은 신여성의 드레스를 입고 그다지 날씬하지도 않은 다리를 드러냈다. 그녀는 골반 벨트로 엉덩이를 강조하고, 술이 달린 옷으로 가슴에 이목을 집중시켰다. 또한 흔히 모던걸과는 어울리지 않는 국기 문양으로 치장했다. 모가코의 단발머리에 묶인 작은 일본기는 몇몇 비평가들이 취한 입장을 대변했을 수도 있다. 다시 말해, 그것은 아마도 모던걸이 동시대 미국과 유럽의 여성들과는 구별된다는 것을 알렸을 것이다. 여기서는 깃발이 특히 두드러졌다. 모가코의 대사가 시작되는 자리에 만화가는 국기를 꼿꼿하게 세워 끼운 머리띠를 한 모가코의 웃는 얼굴을 집어넣었다. 모던걸의 남자친구 모던보이는 다이아몬드 문양의 재킷과 아랫단을 접은 헐렁한 바지, 천 모자, 파이프, 지팡이로 멋을 내며 1928년 말의 세 호에 등장했다.[35]

1928년 9월, 「얇은 옷이 사라진 이야기」라는 에피소드에서 여주인공은 민간 자경단 활동private vigilante action이 발표되자 반응을 보인다. 처음부터 모가코는 얇은 기모노를 입은 여자를 공격하듯 비난을 퍼붓고, 자신의 행위는 언론에서 모던걸에 반대하는 비판과 비슷한 면이 있다고 설명했다.

모가코: 그렇게 얇은 옷을 입는 것은 천박하니 당장 그만두세요. 일본 여성들을 부끄럽게 하고 있어요.

여자: 당신의 옷도 얇잖아요?

모가코: 내 옷은 신비롭고, 예술적이고, 독창적이고, 문화적이고, 처녀답고, 표현력이 넘치죠. 어울리는 것도 있고 그렇지 않은 것도 있지만, 당신 옷은 도발적이고 퇴폐적이잖아요.

그리고 모가코는 "이건 정말 문제야! 그냥 벌거벗고 나가요!"라고 소리치며 여자의 기모노를 잡아 찢고는 부끄러워하는 여자가 전철에 막 타는 순간 피해자에게 수선비로 20엔을 건네준다. 그 밖에도 국가를 들먹이며 여러 사람을 괴롭힌 후 모가코는 우연히 모보로와 만난다(모보로의 대사 부분에는 납작한 서양 모자와 안경, 파이프로 윤곽을 그린 갸름한 얼굴이 표시된다). 그는 온천과 바다가 있는 아타미의 휴양지에 함께 가자고 모가코를 설득한다.[36]

다음 에피소드인 「아타미 온천 이야기」는 야마카와 기쿠에와 다니자키 준이치로가 그린 수영복 차림의 일탈적인 모던걸의 대중적 이미지를 뒤틀었다. 여기에서 모가코는 모든 사람이 옷을 벗고 있는 온천탕에 수영복을 입고 들어가 여자 온천욕객들을 당황하게 하고, 반대로 주위의 모든 사람들이 수영복을 입고 있는 해변에서는 모보로에게 가슴을 드러내 그를 어리둥절하게 한다(머리에는 여전히 일본기가 꽂혀 있다). 자신의 행동이 당황스럽다는 모보로의 비난에 대한 모가코의 열렬한 답변은, 처녀는 순결하고 순수해야 한다는 이데올로기를 비꼬는 패러디로 읽힐 수도 있다. "맑은 달빛 아래에서는 처녀의 피부도 맑은 법이죠. 불결한 온천욕객들을 수영복이 막아주는 거죠. 내 행동은 전혀 혼란스럽지 않아요."[37]

모가코는 자신이 여성의 예의범절에 관한 이데올로기에 도전하고 있다고는 말하지 않지만 그녀의 극단적이고 전위적인 행동은 독자들에게 쉴 틈을 주었을 것이다. 두 만화 캐릭터를 진지하게 읽기는 힘들지만 세 번째 이야기는 강력한 성적 강박과 폭력적인 통제를 인식할 수 있게 한다. 일본 근대 시기의 기록 어느 곳에서와 마찬가지로 여기에서도, 여성의 섹슈얼리티가 강조되고 있다. 이 이야기에서 모보로는 자신이 어둠 속에서 살아가지 않게 애정을 달라고 모가코에게 간청한다. 모보로가 눈이

안 보이는 시늉을 하며 모자로 얼굴을 가렸을 때 모가코의 반응은 모자에 구멍을 내어 모보로는 밖을 볼 수 있게 하면서 그의 얼굴은 보이지 않도록 가면으로 바꾸는 것이었다. 모가코를 사디스트라고 부르는 것은 극단적일 수 있지만 그녀는 분명 주위를 휘어잡았다. 그녀는 자기중심적이고 감각적인 쾌락에만 관심을 두었고 일탈을 일삼는 극단적 성향의 도착성에 사로잡혀 있었다.[38]

1927년 만화 형식의 「진정한 아름다움」이라는 기사 역시 또 다른 모던걸을 이용해 정부의 문화 규정을 조롱했다. 자신의 무도장에서 '재즈' 선율에 맞춰 춤추도록 젊은 부르주아 남자들을 유혹하는 젊은 여성에 관한 이 만화책의 도입부는 슬라이드 그림으로 틀이 짜여 있고, 독자들에게는 이 이야기가 문부성 추천 '교육 영화'라고 알리고 있었다. 하지만 같은 호에 실린 모던걸을 상세하게 묘사한 글 「여학교 출신이지만……」은 교육 시스템과 1920년대 말 무렵 직업을 구하기 힘든 중산계층의 무능함을 비꼬는 당대의 풍자에 페미니스트적 견해를 더한 것이었다. 제목은 오지 야스지로의 사회 비판 코미디 〈대학은 나왔지만大学は出たけれど〉(1929), 〈낙제는 했지만落第はしたけれど〉(1930), 상을 안겨준 작품 〈태어나기는 했지만生れてはみたけれど〉(1932)에 쓰였던 당시의 유행어를 패러디한 것이다. 이 만화는 바느질도 청소도 요리도 못하는, 결혼 가망성이라곤 없어 보이는 한 젊은 여자에 관한 것이었다. 그녀는 장아찌도 못 담근다고 타박하는 집으로 시집가는 것을 거부했기 때문에 좋은 아내가 되는 요령의 첫 단계 수업조차 터득하지 못했다고 항변하면서 아버지에게 아침식사로 '된장'밖에 내놓지 못하는 자신의 무능함을 두둔한다. 그녀는 쉽사리 코드전환을 하면서, 빵과 오트밀과 커피를 먹지 않는 곳으로는 시집가기를 거부한다. 청소를 가르쳐주는 어머니에게는 "일본 사람들은 지나치게 깔끔을 떨어

요. 정말 참을 수 없어"라고 무시할 뿐이다. 이 모던걸의 욕망은 책이나 읽고, 재즈 선율에 맞춰 미친 듯이 춤을 추느라 집 안의 불상이 제단에서 떨어질까 위태롭게 하고, 결혼한 후에는 노래를 부를 수 없기 때문에 기회가 있을 동안 유행가들을 실컷 부르는 것이었다. 결국, 이 모던걸 역시 반항적이었다. "배우기"라는 제목의 꼭지에서 어머니는 딸에게 남편을 얻는 것이 목표이므로 여학교를 졸업한 후에는 더 이상 배울 필요가 없다고 말한다. 이에 딸은 "시대가 변했어요. 시대가 변했다구요"라는 말을 반복한다.[39]

위에서 묘사된 가족의 삶에 대한 유머러스한 언급은 가족으로서의 국가 안에서 조화로운 가족이라는 이데올로기를 거부했다. 더욱이 이러한 태도는 잡지에서 천황가를 소개하는 것으로까지 확장되었다. 《주부의 벗》은 근대문화 안에서 천황가를 핵가족으로 위치시키는 기사들을 독자들에게 제공했다. 천황과 그의 가족은 《주부의 벗》에 늘 등장하고 있었지만, 여러 세대를 거쳐 신화시대의 과거로까지 거슬러 올라가는 부계주의적 가족家을 숭상하는 국가 이데올로기에서처럼 그들이 가족 안에서 살고 있는 체험은 명확히 드러나지 않았다. 그 대신 천황가의 사람들은 핵가족의 측면에서 소개되었다. 군주의 권력과 훈육적 권력은 다카시 후지타니가 보여주었듯이 메이지 천황 아래서 하나가 되었다. 하지만 《주부의 벗》의 독자들에게 제공된 천황가의 이미지들은 캐롤 글럭이 밝혀냈듯이 훈육에 관한 것도, 국민 의식 주입에 관한 것도 아니었다. 그보다는 《주부의 벗》의 글과 사진에서처럼 천황 가문은 가정적으로 비치고 상품화되었다. '가정적으로 비친다'는 표현을 쓴 것은 그들이 한 가정의 구성원들로 그려졌다는 의미이다. 그 결과, 그들은 독자와 분리되거나 떨어지지 않게 되었다. 상품화라는 표현은, 황실인사들에 관한 기사들이 다른 많은 기사와 광고들과 병치되는 잡지의 바로 그 몽타주적 특성에 의해 그들이 일본 근대문화 안에서 광고되고 있던 많은 품목들 가운데 하나로 보일 수 있었음을 의미한다.[40]

《주부의 벗》1930년 4월호에서는 쇼와 천황의 가족 앨범을 독자들에게 선보였다. 군대의 군사훈련 참관 같은 황실의 일상활동을 수행하고 있는 천황과 천황비, 천황의 형제자매들, 딸들, 황실 친척들의 이미지들을 여러 쪽에 걸쳐 실었다. 상품화 과정은 두 쪽에 걸친 기사에 확연히 드러난다. 핵가족인 천황 가족의 둥근 사진이 야마사ヤマサ 간장 광고의 맞은편에 실려 있었는데, 광고는 독자들에게 벚꽃(과 천황?)을 시대에 뒤처진 것으로 치부하지 말라고 권고하면서, 어느 시대에서나 사랑받아온 야마사 간장의 맛을 알아보라고 권했다. 야마사 간장은 '사랑받는 고급품'이자 '항상 나아지고 있으며', 크게 '진일보'한 것이었다. 같은 호《주부의 벗》에는 등의자에 앉아 산의 경관을 즐기고 있는 황녀들과 황태자들의 사진과 나란히 (황실의 공식 채택품이라고 밝힌) 히게타ヒゲタ 간장 광고가 실렸다. 황녀와 황태자 들의 이 '하코네 모임'은 일본 산악 휴양지에 있는 상류층 혹은 심지어 중산층 남녀들과 달라 보이지 않았다. 남자들은 챙 넓은 모자에 정장을 차려입고 여자들은 긴자의 모던걸들이 과시하거나 매체에 나왔던 패션을 선호했다. 이는 분명 곤다 야스노스케와 같은 근대의 권위자들이 열렬히 이론화했던 황실판 여가餘暇였다. 가족나들이를 즐기고 있는 이 모임의 주변은 좀 더 편안해 보였을 테지만, 그곳은 근대의 중산층도 경험해볼 수 있는 곳이었다. 이것이 바로《주부의 벗》의 이 두 면을 펼친 독자들을 향한 메시지로서, 황족들의 나들이는《주부의 벗》독자들이 가족과 함께 즐기는 여가활동과 다르지 않다는 것이었다.

물론 이 잡지는 가족-국가 이데올로기를 여전히 노골적으로 언급할 수

도 있었다. 간토 대지진으로부터 10여 년이 지난 1932년 8월호 《주부의
벗》 독자들은 대지진 이후 '나환자' 수용소를 위한 기금 마련의 일환으로
소박한 음식을 먹고 가정에서 만든 화장품만을 쓰기로 결정한 황태후의
자비심을 되새겼다. 이 기사의 논의는 가족에 관한 국가 이데올로기가 그
배경이었다. 즉, 일본이라는 국가는 천황이 가장인 천황가의 연장이며,
백성으로서 독자들은 그에 종속되는 가족 구성원들이었다.[41]

　2년 후인 1934년 5월, 황태자의 첫 돌을 다룬 기사에서는 핵가족 이미
지가 강조되었다. 1935년 1월호는 날개 달린 금발 아기천사로 테두리를
장식하고, 전면에 걸쳐 아기 사진을 싣고 있었다. 이 호에서 강조한 것은
주부나 가정주부는 전혀 아니지만 황태자에게 몸소 젖을 물려 독자들에
게 본보기가 된 황후의 고귀한 모성이었다. 독자들은 황실 가문의 위계질
서에서 차지하고 있는 자리 때문이 아니라 아기의 귀여움에 공감하게 되
었다. 여기에서 천황은 가족-국가의 아버지가 아니라 자신의 사적인 가족
의 아버지로 넌지시 표현되었다. 이 사진에 천황은 전혀 등장하지 않지
만, 독자들은 그가 자신의 후계자와 놀아주기 위해 황태자 방에 어떻게
들어갔는지 전해 들었다. 1935년 1월, 공론가였던 도쿠토미 소호德富蘇峰[*]
가 천황의 신성함, 백성과 학문에 대한 헌신, 세계주의를 보여주는 일련
의 일화들을 연재하기도 했다. 하지만 그러한 기사들은 천황에게도 역시
생활이 있으며 그가 전혀 다른 영역의 사람이 아님을 보여주는 기사들에
비하면 적었다.[42]

----

[*]　1863~1957. 메이지 · 다이쇼 · 쇼와 3시대에 걸쳐 활동한 저널리스트이자 사상가,
　　역사가, 평론가. 정치가로도 활약해 전전 · 전중 · 전후 일본에 큰 영향을 미쳤다.
　　《국민신문国民新聞》의 주필이었으며, 『근세일본국민사近世日本国民史』를 저술했다.

《주부의 벗》에서 쇼와시대의 새로운 일본에 대해 언급하기도 했지만, 근대와 모던에 대한 분명한 언급들은 새로운 시기는 다스리는 황제가 바뀌는 것만으로 정의되지 않음을 확실히 보여주었다. 당면한 관심은 국가 차원으로 확대된 가족의 정점에 있는 이들의 성취만큼이나(어쩌면 그보다도 더) 가정주부-독자들에게 중요했다. 1932년 3월, 한 광고가 화장품의 근대성을 알렸다. 그 화장품은 이듬해 10월호에 실린 한 신부처럼 근대적이었다. 백화점에서 저렴하게 물건들을 사는 비결과 미키 마우스처럼 서양 음식도 모던한 것이었다.[43]

천황가가 암암리에 근대화되고 있었지만, 다른 근대적 현상에 대해서는 훨씬 더 직접적으로 언급하고 있었다. 이 시기의 가장 인기 있는 콤비였던 오쓰지 시로大辻司郎와 요코야마 엔타쓰의 〈모던만자이〉에서는 근대성을 여성의 매매와 결부시켰다. 이는 《영화의 벗》에서 섹스(와 폭력)를 전쟁과 결부시키는 것과 비슷했지만, 좀 더 가볍고 덜 정치적인 느낌을 주었다. 1936년 5월에 실린 그들의 만자이 제목은 「도쿄 여자와 오사카 여자의 자랑접전東京女と大阪女の自慢合戰」이었다. 이 코미디는 처음에는 인신공격적인 모욕을 주고받는다. 오쓰지는 원숭이에 비유되었고, 요코야마는 찰리 채플린과 유사한 그의 포즈가 "뒤집혀서" 소화불량을 유발한다는 경고를 들었다. 하지만 부부는 여전히 모던한 유머의 주제였으며, 백화점은 현재(불문에 붙여졌던 2·26 쿠데타가 일어난 지 불과 몇 달 후)의 상징적인 장소였다. 오사카 여자들이 인색하다는 오쓰지의 논지에 대꾸해 요코야마는 도쿄 여자들은 너무 구두쇠라 목욕탕 물을 이웃들과 나눠 써 빚을 다 갚아버릴 것이라고 응수했다. 요코야마는 풍자조로 옷의 형태가 자기에게 어울리지 않는다고 생각하면서도 변덕을 부려 옷을 사고는 바꿀 생각을 하지 않는 도쿄 여인들의 남편들은 인내심이 대단하다고 빈정거렸

다. 백화점에서 이 도쿄 남편들은 '짐꾼'과 보모의 역할을 하고 있었다.[44]

두 달 후인 1936년 7월, 〈도쿄행진곡〉과 수많은 대중가요 작사가인 사이조 야소와 화가인 미야모토 사부로宮本三郎는 공동작업으로 전면 크기의 여름 경관 시리즈를 그리고 그림에 각기 설명을 붙였는데, 이 그림들은 오쓰지와 엔타쓰보다도 훨씬 더 냉소적이었다. 「모던 도쿄 야경 앨범モダン東京夜景アルバム」에서 곤 와지로의 긴자는(사이조는 이를 "카페 코너"라고 불렀다) 곤다 야스노스케의 아사쿠사(시네마 코너)가 그랬듯이 공정하게 다루어졌다. 사이조는 아사쿠사의 군중 속에서 사람들을 골라내었다. 여기에는 영화관의 할인 종소리를 기다리는 노동자들, 딸을 만나려고 시골에서 올라온 노파, 견습 게이샤, 호수의 살찐 잉어가 불쌍하게 지켜볼 정도로 푹 꺼진 배를 움켜쥔 채 변함없이 벤치에서 자고 있는 룸펜이나 부랑자 따위가 있었다. 열 가지 가운데 마지막 그림은 자신의 스포츠카가 '최고 속도'를 낼 때에만 '사랑한다'고 말할 용기를 내는 한 모던보이와 젊은 여자 사이의 '로맨스' 이야기를 표현하고 있다. 모던보이가 속도를 못 내게 되자 그들의 사랑도 끝이 났다. 요컨대, 모던걸과 모던보이, 스피드, 도쿄의 특정 장소들과 같은 근대와 연관된 이미지들과 요소들은 곤 와지로와 그의 동료 고현학자들이 일상을 연구한 지 10년 후, 그리고 만주 침략 후 5년이 지났어도 여전히 두드러졌다.[45] 북청사변*의 발발을 목격한 1937년 7월에, 《주부의 벗》은 「모던 신혼사진 단가モダン新婚写真川柳」로 부부 사이에 빚어지는 가정 내 긴장이 여전히 중요한 의제라는 것을 분명히 했다. 사진과 함께 실린 일련의 시들은 한 가정주부가 일요일에 청소를 하기 위

---

* 의화단 운동. 청조 말기인 1900년 중국 화베이華北 일대에서 일어난 외세배척 농민 투쟁.

해 남편을 억지로 깨웠더니 남편이 복권만 신경 쓰고 있는 이야기를 들려주었다. 남편이 버섯 냄새가 아니라 아내의 화장 냄새가 거슬린다고 투덜거린 후 저녁을 먹는 동안 아내는 남편 옆에 무표정하게 앉아 있다. 마지막 사진에서 이 모던한 부부는 외출을 준비하면서 남녀 간의 차이에 대해 말다툼을 벌인다. 여자가 보기에는 남자들이 늘 면도를 해야 하는 것이 혐오스럽고, 남자들이 보기에는 여자들이 오비ぉび*를 하나 매는 데도 너무 꾸물거린다는 것이다.[46]

1932년 9월 도쿠토미 소호가 《주부의 벗》에 실린 기사에서 당시의 두 가지 유행을 비난했을 때처럼 이 잡지에는 근대의 변화들에 대해 좀 더 암시적으로 언급한 부분이 있었다. 도쿠토미 소호에 따르면 3000년에 걸친 (황실에 대한) 충효의 정신을 근간부터 뒤흔드는 자살과, 서구 지향적인 권리 철학은 도덕의 타락으로 이어졌다. 1934년 4월호에 실린, 대중들이 자주 찾는 음식점(대중식당)에서 인기 있는 음식 요리에 관한 기사는 모든 계층에서 근대의 풍속을 받아들이고 있다는 것을 보여주었다. 더욱이, 이 기사에서는 중국음식, 일본음식, 서양 음식을 전혀 구별하지 않았다. 마요네즈를 뿌린 햄과 달걀, 식초를 곁들인 해파리, 슈마이 라이스('라이스'를 곁들여 어딘가 이국적이게 만든 돼지고기 만두)는 문화적으로 다른 것이 아니었다. 그것들은 가정에서 비용을 거의 들이지 않고 조금만 애쓰면 만들 수 있다는 점에서 서로 관련이 있었다. 이 기사는 계급과 식민지 구별과 대중 행위와 가정생활에서의 행위 사이에 존재하는 경계를 모호하게 만들었다(주부-독자는 "스페셜 런치"와 정가에 사먹는 저녁식사를 집에서 만들어 먹을 수 있었다. 이는 독자가 바깥에서 저렴하게 외식할 수도 있었지만, 1인이나 한 음

---

* 여성용 기모노의 허리춤에 두르는 띠.

식에 10~20엔으로 가족을 위해 어떤 요리를 만들까와 같은 선택을 할 수도 있었음을 의미한다).⁴⁷

《주부의 벗》 지면은 가정주부 독자에게 근대적인 음식만을 보여주었던 것이 아니라 주부독자가 영화관람 같은 근대적인 여가활동에 참여할 수 있게 했다. 독자는 「영화 이야기映画物語」를 통해 그렇게 할 수 있었다. 이 기사들에는 스틸사진, 줄거리 요약을 비롯해, 시나리오작가, 감독, 주연배우, 제작사 등의 크레디트 목록이 첨가되어 있었다. 모던한 음식이 외국 것으로 보이지 않았던 것처럼 영화 또한 마찬가지였다. 예를 들어, 일본에서 에로 담론의 중심이 된, 1927년의 선풍적 미국 영화 〈잇It〉⁎은 이 잡지 1927년 10월에 7부짜리 연재물 〈그것That〉에 소개되었다. 영화의 원작자인 엘리너 글린Elinor Glyn의 해설로 시작하는 이 연재물과 일본어 표현은 이 미국영화의 오프닝 장면에 등장하는 말들을 상당히 근접하게 번역한 것이었다. "그것That은 특정 인물들의 특성인데, 이들은 다른 사람들을 모두 끌어들이는 데 그 매력을 사용한다. 당신이 그것을 갖추고 있다면, 당신이 여자일 경우 모든 남자들을 가질 수 있다. 당신이 남자라면 모든 여자들을 가질 수 있을 것이다. 다시 말해 그것은 정신적 육체적 매력을 가리킨다."⁴⁸

장면 사진과 한 문단 정도 길이의 설명이 각각 곁들여 이어지는 여섯 개의 박스 기사는 '잇 걸'인 클라라 보가 연기한 인물 베티 루Betty Lou에 대한 이야기였다. 사진으로 소개되는 이야기에서 베티 루는 (미혼모라는 오해

⁎ 클라라 보가 주연한 1927년 무성영화. 클레런스 배저Clarence G. Badger가 감독을 맡았다. 자신이 일하는 백화점의 잘생기고 부유한 사장에게 접근하는 젊은 여자 점원의 이야기를 다루었다. 이 영화로 클라라 보는 '잇 걸It Girl'로 불리게 되었다.

를 벗은 후) 회장의 아들이자 월섬 백화점을 운영하는 사이러스Cyrus의 마음을 사로잡는다. "그가 그녀의 잇에 사로잡혔고" "그의 잇이 그녀를 끌어당겼다"라고 《주부의 벗》 독자들에게 전했을 때 이 이야기의 설명은 원작에 충실했다. 그리고 맨 끝부분에서 〈잇〉은 엘리너 글린이 썼으며 《코스모폴리탄》에 연재되었을 때 미국의 젊은이들을 열광하게 만들었다는 약간의 전후사정을 독자에게 소개했다. 《주부의 벗》의 연재물 덕분에 가정주부-독자들은 '잇을 지닌 부류의 사람'이라든지 '잇이 있군요' 같은 말들이 당시에 유행하고 있음을 알게 되었다. 미국의 원작 영화와 일본의 영화 설명 사이에 한 가지 불일치하는 점은 일본판에서는 베티의 동료들 사이에 질투심이 있었다고 추정하는 것이었다. 이러한 윤색은 그러한 이야기 구조가 단순한 복제가 아니라 능동적인 창작이기도 한 번역이라는 사실을 강조한다. 이러한 변조는 크지는 않았지만 하나의 코드전환이었다.[49]

각본의 차이는 《주부의 벗》에 글을 쓰는 기자들이 약간은 마지못해 일하고 있었다는 사실로 설명될 수 있다. 다시 말해 몇몇 줄거리들은 인기를 끌었고, 《주부의 벗》에서 소개하는 다른 미국영화들에서는 계급 불평등, 가난, 이 모든 역경을 딛고 결혼에 성공하는 것과 더불어 진취적인 모던걸처럼 일하는 여성들도 등장했다. 일본에서는 〈사탄의 탄식サタンの嘆き〉으로 번역된 그리피스D. W. Griffith의 연출작 〈사탄의 비애The Sorrows of Satan〉에서 한 절박한 작가(템페스트)는 통속소설 작가로서의 영예를 좇아 자신과 마찬가지로 가난한 연인(마비스)을 버린다. 또한 템페스트는 턱시도와 실크 모자 차림의 사탄이 자신 앞에 나타난 후에는 러시아의 공주 올가와 결혼함으로써 신분상승을 꾀하려고 한다. 자신의 결혼 상태가 "결혼 지옥"으로 산산조각나자 주인공은 곧 자신의 어리석음을 깨닫고 부부의 일상생활의 목적이 무엇인지 묻기 시작한다. 결국 템페스트는 마비스와 영원히 행복하게 살기 위해 모든 부와 지위를 버린다. 일본어로 〈남자를 보지 마男を見るべからず〉라는 제목이 붙은 〈노는 아가씨들Ladies at Play〉에서 주인공 앤은 먼 친척이 남긴 600만 달러의 유산을 받으려면 사흘 안에 결혼을 해야만 한다는 전갈을 받는다. 친척은 또한 두 괴짜 고모들이 그 약혼을 허락해야 한다는 지시도 남긴다. 앤과 그녀의 여동생 베티는 고모들의 동의를 받아낼 계략으로 자신들이 머물고 있는 호텔의 우편실에서 일하는 길버트를 이용하기로 작정한다(남자를 조종하려는 의도는 물론 경우에 따라 이성의 옷을 입으려는 욕망 때문에 모던걸로 인식되었다). 길버트가 "부유한 여자들은 자기들이 무엇이든 살 수 있다고 생각하죠"라고 일축하며 앤의 약혼자 노릇을 거부할 때는 일시적으로 계급에 대한 적의가 잠시 우세하다. 하지만, 결국 모든 것이 잘 해결된다. 앤은 돈을, 길버트는 앤을 얻고, 앤은 호텔 직원 부인으로서의 새로운 생활에 돈이 별로 필요치 않게 되었으므로 자신이 받은 유산은 동생 베티에게 주어버린다.[50]

시골에 살고 있거나 가정이나 직장의 일로 바빠서, 또는 식민지 최전선에 있는 까닭에 할리우드 영화를 볼 수 없는 독자는 "영화이야기"에 소개된 글을 통해 스토리를 접할 수 있었다. 만약 글로 아주 꼼꼼하게 판타지들을 따라가고 싶지 않다면, 이야기 줄거리만 쫓아 페이지를 넘겨가며 이야기를 죽 훑을 수도 있었다. 이상적으로는, 각 지면에 실린 사진을 글과 연결 지어 읽는 것인데, 글과 이미지의 이러한 몽타주들이 전하는 메시지는 매우 분명했다. 바로 이것들이 사진 이야기들이라는 것이었다. 사진은 설명보다 두 배나 자리를 차지할 수도 있었다. "그것That"에서, 클라라 보의 클로즈업, 연인(안토니오 모레노)과 옥신각신하는 장면, 화해의 의미로 포옹하는 장면들은 상상을 자아내기에 충분했다. 그러한 신체 언어는 번역이 필요 없었다. 이와 유사하게, 포토 에세이 "신가정 만자이新家庭漫才"을 읽은 독자는 사진에서 정곡을 유추해내지는 못했겠지만, 함께 사는 가정 공간 안에서 같은 방향을 응시하며 서로 기대어 있거나, 함께 또는 각자 떨어져 책을 읽는 부부의 친밀하고도 서로 말을 주고받는 것 같은 신체 언어는 비록 잡지 속의 다른 이야기처럼 코미디로 광고되고는 있지만 이 이야기는 부부를 진지하게 찬양하고 있다는 메시지를 솔직히 전하고 있었다.[51]

《주부의 벗》의 시각 문화는 신체 언어뿐만 아니라 새로운 형태의 신체 행위들도 다루었다. 이러한 행위들은 적합한 근대 행위에 관해 암묵적으로 논의하는 가운데 규정되었으며 1930년 1월의 「1인당 1엔으로 할 수 있는 신년 연회의 서양요리법」 경우에서처럼 코드전환을 중심으로 체계화되었다. "버터에 튀긴 비둘기", "소고기와 야채 젤리", (2년 후의 기사에서는 더 이상 양식으로 여겨지지 않는) "샌드위치", "로열 푸딩", "뜨거운 레몬 차" 등의 요리를 포함하는 위의 기사는 이러한 음식들이 가장 전통적이라고 생각되던 휴일인 설날을 비롯해 국경일에 아주 잘 어울린다고 간주했다. 다시 말해, 이러한 서양 음식들이 일본 고유의 가정과 역사 속에서 만들어지고 있음을 넌지시 표현한 것이다(다시 한 번 문화 간의 관계와 구성에 관한 토도로프의 공식을 참조하자면, 서양 문화가 전통적인 것까지는 아니더라도 근대적이고 민족주의적 일본 문화를 구성하는 요소가 되었던 것은 당연했다).[52]

칠품 요리가 나오는 연회를 그린 묵화는 가정주부가 맞는 설날의 새로운 전형의 청사진만이 아니었다. 이듬해 1월, 설날 인사 기간 동안 손님과 주인을 위한 올바른 행위에 관한 기사가 실렸다. 기사에 쓰인 글은 사진이 전하는 통일된 메시지에 항상 분명히 따른 것은 아니었다. 가정주부는 옛 추억이라든지 새해 덕담 같은 밝은 대화 주제를 제공해야 한다는 권고 위에 놓인 화살표는 기모노의 소매를 조심스럽게 방석 위에 늘어뜨린 채

무릎 위에 손을 포개고 단정하게 앉아 있는 침울한 표정의 젊은 주부를 가리켰다. 그녀는 자신과 마찬가지로 꺼져 있는 나무 화로 옆에 앉아 있었다. 아홉 가지 이미지에 담긴 메시지는 주부가 동양식 보료 위에 무릎을 꿇은 채 서양식 탁자에 앉아 있는 손님에게 차를 대접하거나 새해 인사로 절을 하든지 어쨌든 몸가짐을 조심스럽게 가지런히 할 필요가 있다는 것이었다.[53]

올바르게 앉는 법에 관한 기사에서는 바디 랭귀지 훈련에 중점을 둔데 더해 이상적인 건강과 아름다움도 강조되었다. 규범적인 이 기사에는 트레머리*를 한, 수영복 차림의 풍만한 몸을 지닌 젊은 여자의 이미지들이 실렸다. 이미지 속에서 취해진 포즈들은 다음과 같다. 수영복 차림의 여자가 의자에 앉아 있는 모습과 바닥에 앉아 있는 모습, 수영복 차림의 여자가 글을 쓰며 앉아 있는 모습, 수영복 차림의 여자가 올바른 자세로 앉아 있는 모습, 계산을 하고 있는 여인의 모습, 수영복 차림으로 사무실에서 타이핑을 하는 여성의 모습 등이다. 이 모던한 포즈 가운데 두 가지는 바닥에 앉아 기모노 옷감을 꿰매고 있는 모습과 얌전히 찻잔을 들고 있는 모습이었다(여기에서 그녀는 체중을 한쪽 허벅지에 실어 기울일 수 있는 자세를 몰래 취할 수 있었다). 여자가 낮은 탁자 앞에 앉아 독서를 하거나 손을 허벅지에 올려놓고 등을 구부린 채 바닥에 앉아 있는 포즈도 있었다. 적합한 수영복 차림의 미인이 보여주고 있는 기사는 문부성 관리 같은 관료들과 소녀들을 재봉사로 훈련시키는 상급 학교의 교장에 의해 제작되었

---

* 신여성 사이에 유행한 머리 모양으로, 앞에 옆가르마를 타서 갈라 빗은 다음 뒤통수 한가운데에 넓적하게 틀어 붙이는 머리이다. 넓적하고 클수록 보기 좋다고 해 속에다 심(다리의 일종)을 넣고 겉에만 머리를 입혀서 크게 틀었다.

다. 이 기사는 에로 그로 넌센스의 전성기 동안 검열의 대상이 되어왔던 신체 부위들을 노출하는 동시에 1936년 9월에는 여성에게 적절한 것으로 간주되는 일상 활동들을 제시했다.[54]

1933년 12월, 주방 공간의 여섯 가지 활용법이 곧 와지로가 칭찬할 만한 이상으로 훌륭한 도표를 곁들인 포토 에세이로 자세히 다루어졌다. "신가족new family"의 주부는 문부성 대신의 아내인 하토야마 이치로 부인처럼 주방에서 효율적으로 움직여야 한다는 것이 이 기사의 메시지였다. 사진에서 하토야마 부인과 그녀의 딸은 군더더기 없이 도마에서 '가스레인지', 싱크대로 움직였으며, 칼꽂이에서 빗자루대, 식기대와 찬장 사이로 한 시도 낭비하지 않고 바삐 오갔다. 한 사진에서는 크고 굵은 숫자가 새겨진 시계의 정면부가 독자들에게 시공간의 현재 관계를 항상 환기시키려는 듯 벽에 걸린 채 주방을 내려다보고 있다. 유명 배우와 결혼한 다른 주부는 위와 비슷하게 꾸며진 주방에서 자신의 '주방 중심주의' 철학을 설파했다. 그것은 가족들이 깨끗하고, 모던하며, 합리적인 공간에서 종일을 보내는 기회를 활용하기 전에 적절한 시점에 버려야할 지면을 갖춘 (매일 표시하게 되어 있는 커다란 일정표가 완비된) 위생적인 공간이었다. 주부는 효율성 못지않게 생활 혹은 일상생활의 단순화를 신뢰하도록 유도되었다.[55]

수영복을 입고 있는 여자나 주방의 여자들은 셸든 가론이 논의했듯이 국가가 가사를 합리화하려고 노력해온 역사와 잘 들어맞는다. 여기에서 나는 이들을 위로부터 강요된 생활로서가 아니라 아래로부터 생겨난 선택 또는 일련의 선택들로서의 생활로 체험된 일본 근대문화의 역사 속에 자리매김했다. 《주부의 벗》이 합리적인 국가 관료들에 의한 훈육의 강한 요소들을 표출했고, 1937년 이후 그러한 논의 역시 뚜렷하게 증가했다는 것을 부인할 수는 없다. 처음으로 새해 인사를 하는 기모노 차림의 신부를 다룬 1931년의 기사는 "어떻게 앉는가"에 대한 1936년의 기사와 유사했다. 가정주부의 신체는 의례는 물론 효율성, 건강, 용모에 맞추어지도록 보였다. 하지만 두 기사 사이에는 두 가지 커다란 차이점이 있었다. 1937년 무렵 신부로서의 주부는 가정보다는 단연코 크면서도 덜 탄력적인 가족을 의미할 수 있었다. 더구나 여기에서 전통적인 것으로 인식되는 새해 행위를 택한 것은 근대성이 아니라 문화적 연속성을 함축하고 있었다.

그럼에도, '모던'이라는 말이 항상 사용되었던 것은 아니었고, 전통적인 새해 행위에 관한 위의 기사가 있기는 하지만 1930년대 동안 《주부의 벗》의 편집자와 독자들은 (《영화의 벗》의 편집자와 독자들처럼) 근대를 놓고 싶어하지 않았다. 그 증거로, 1934년 5월호에는 미키 마우스가 등장했으며, 1936년 1월호의 기사는 비밀 댄스홀의 존재를 폭로했다(모든 댄스홀들이 영영 문을 닫은 것은 1930년 11월 1일이었다). 또 다른 예로, 1934년 아파트 생활에 관한 좌담회에서는 일본식 물질 행위와 서구식 물질 행위를 오가는 '이중생활'을 피해온 독신이나 기혼 남녀의 경험은 열거하면서도 '가족 제도'는 일절 언급하지 않았다. 아파트 생활은 순전히 서구식 생활방식을 선택한 이들을 위한 것이었다. 예를 들어, 아파트에서는 나막신을 신을 수도 없었고, 또한 도둑맞을 염려가 있기 때문에 기모노에 신는 조리를 집 밖에 둘 수도 없었다. 토론 참가자들은 그들이 전적으로 서구식 행위라고 생각하는 것을 받아들이는 사람들이 하는 선택이 중요하다는 데 동의했다. 다른 기사들과 달리, 이 토론에서는 근대성의 개념을 띤 '서구'라는 용어를 없애려고 하지는 않았다. 이 경우에는 근대적인 것이 보편적인 것으로 생각된 것은 아니라고 주장할 수 있겠다.[56]

이 기사는 상류 계급의 딸들이 아파트 **생활**을 선택하고 있었다는 사실과 특정한 아파트는 젊은 미혼 여성의 신분을 드러내기 위해 결혼을 언급하는 것으로 사용될 수도 있음을 보여주었다. 아파트 생활은 또한 중간계층의 생활공간을 제한함으로서 사회관계를 재정의하고 있었다. 한 참가자는 주인이 일어나기 전에 아침 일찍 찾아온 손님을 맞이할 만한 곳이 없다고 불평하면서, 사적인 공간을 어떻게 새로 만들어 배치해야 할지 암시했다. 그는 또한 미국식 자물쇠 때문에 열쇠를 잃어버리면 창문을 깨고 자기 집에 들어가야 한다고 지적했다. 이 좌담회의 참가자들은 자기들이 겪은 일화에서 묘사하는 이 동일성의 결과와 반복이 흔히 복제의 원칙이라는 특징을 띠는 모던한 일상을 어떻게 살고 있는지 적나라하게 보여준다는 사실을 인식하고 있는 것 같지는 않았다. 반대로, 그들은 저녁에 공중목욕탕에 갔다가 돌아오던 일군의 젊은 남성들이 어떻게 해서 잘못된 입구로 들어갔을 뿐 아니라 앞서 말한 아파트 건물의 내부로 계속 들어가게 되었는지만 설명했다.[57]

1930년대 중반 동안, 아파트 거주자 좌담회의 경우에서처럼 《주부의 벗》에서 비일본적이고 모던한 생활에 대한 언급은 "사랑과 결혼에 관한 여자들의 관점"을 주제로 한 국제 좌담회에서처럼 외국의 관습을 미국이나 유럽의 관습과 동일시하는 결과를 낳았다. 독일인 참가자가 자기 나라에서는 나라를 강하게 유지해야 하기 때문에 여자들이 결혼한 후에는 일할 수 없다고 주장했는데, 이 대목에서는 나치 독일에 대한 흠모가 묻어난다. 그러자 사회자는 "히틀러는 대단한 인물이죠"라는 대답으로 응수했다. 자기 나라 사람이 아닌 사람과는 결혼하면 안 된다는 주장 또한 많은 지지를 받았다. 같은 해 가을, 1938년 11월에 독일 대사 부인은 일본 여성들에게 무솔리니와 히틀러의 사진을 동봉한 연하장을 보냈다. 그리고 미국을 가장 모던하다고 암묵적으로 평가하는 것에 변화가 있었던 것처럼,《주부의 벗》의 지면도 근대에 몰두하던 데서 만주 식민지에서의 삶을 강조하는 쪽으로 바뀌어갔다.[58]

근대와 식민지 삶이 물론 서로 배타적이지는 않았다. (앞서 언급한 만자이 콤비 가운데 한 사람이었던) 오쓰지 시로는 1933년 만주를 여행하면서 사진, 설명, 논평을 통해 영화관처럼 익히 알려진 근대적 시설과 패션이 어떻게 식민지 생활의 일부가 되었는지 전했다. 2년 후 파리에서 조세핀 베이커Josephine Baker*를 인터뷰하며 그는 백인들에게 차별당한 그녀와 일체감을 느끼며 인종 차별과 유사성에 좀 더 초점을 맞춘다. 오쓰지 시로의 파리 여행으로부터 넉 달 후,《주부의 벗》은 결혼하려고 만주로 이주한 신부들을 새로운 형태의 부부 선구자라고 추켜세웠다. 그리고 1937년 11월 경《주부의 벗》독자들은 일본인으로서 정신적으로 무장하라는 말을 들었다. 이는 야마다 와카가 엘리너 루스벨트를 방문해 일본 여성들은 어머니의 마음을 지니고 있다고 일본 여성의 정수에 깊이 공감한 것이 독자들에게 알려진 달이기도 하다.《주부의 벗》이 더 이상 주부를 가정주부, 어머니, 노동자, 때로는 미혼 직업부인까지 될 수 있는 부부의 한쪽으로 소개하고 있지 않음을 부인할 길 없다. 하지만 (야마다의 완고함에서 볼 수 있듯이) 공식 이데올로기가 아무리 역사를 부정하려고 해도, 변화는 이루질 수밖에 없었다. 중국에서 전쟁이 일어났어도 유머는 사라지지 않았다. 마

---

*   1906~1975. 미국 태생의 프랑스 가수이자 무용가. 스페인계와 흑인의 혼혈아로 1920년대 초 뉴욕 브로드웨이에서 활약하다가, 1925년 파리 상젤리제 극장의 '흑인 레뷰'에서 춤을 춘 것을 계기로 파리 사교계와 무용계의 스타가 되었다. 제2차 세계대전 중에는 레지스탕스 운동에도 참가했으며, 전후에는 세계 각국의 전쟁고아 구제를 위해 힘썼다. 한스 할터, 『유언: 역사를 움직인 157인의 마지막 한마디』, 한윤진 옮김, 말글빛냄, 2007, 392쪽.

찬가지로 다음의 기사가 우리에게 말해주듯이, 근대의 상징으로서의 도쿄에 대한 넌센스적인 접근 또한 사라지지 않았다. 1936년 7월호《주부의 벗》에 실린 「모던 도쿄: 도쿄 야경 앨범」은 가정주부-독자를 즐겁게 해주었다. 1938년 11월 3일 고노에 총리는 동양에 "신 질서New Order" 구축을 언명했다. 1938년 11월호《주부의 벗》에서는 만자이 콤비인 엔타쓰와 아차코ㄱㅊㅑ코가 결합해 대도쿄Greater Tokyo를 여행한 이야기를 들려주면서 근대에 대한 향수를 담아 정부를 공동 지원했다. 이 만유 여행에는 지방에서 온 사람들이 대도시를 구경할 때 들르는 우에노 동물원上野動物園과 긴자를 비롯한 일반적인 명소뿐만 아니라, 대중 은행people's bank과 직업소개소도 포함되었다. 긴자 거리에서 '전형적인 모던보이'를 보고 즐거워한 반면에, 그들은 남자들이 전선으로 나감에 따라 고용 시장에 진입하는 여자들이 남자처럼 행동하고 있는지 여자처럼 행동하고 있는지를 두고 왈가왈부했다. 그들이 마지막으로 들른 장소는 아사쿠사의 센소지浅草寺였다. 이 절이 있고 인근 도시 군중과 지방에서 온 사람들이 한데 모이는 공원이 인접해 있는 아사쿠사는 근대 시기 동안 에로틱, 그로테스크, 모던이 하나로 통합된 곳이었다. 내가 아사쿠사의 시끌벅적한 분위기를 환기시키기 위해 '홍키통크'라는 말을 덧붙였듯이, 아사쿠사는 이 책의 제3부이자 다섯 가지 근대적인 장소들 가운데 마지막 현장이다.[59]

주석

1 岡本茂男, 「西洋料理の本式の食べ方(서양요리 정식 먹는 법)」, 《主婦の友》(이하 ST), 1923년 2월호, 225-29쪽.

2 田中比左良, 「最後の路傍スケッチ(마지막 길거리 스케치)」, ST, 1923년 10월호, 195-203쪽. 上原静子 등, 「再建の東京に対する婦人の要求(도쿄 재건에 대한 부인들의 요구)」, ST, 1923년 11월호, 22-33쪽.

3 직계가족은 같은 가정 안에 여러 세대가 사는 것으로, 가족 구성원들 관의 관계는 수직적으로 확장되었다. 예를 들면, 결혼한 부부, 그들의 자식, 남편의 부모로 구성된 가정이다. 가장이 자신의 아들과 며느리와 함께 살 경우 그는 대개 죽을 때까지 가장으로서의 지위를 고수했다.

4 小河滋次郎, 「不良少女の感化はいかにすべきか?(불량소녀를 어떻게 감화시킬 것인가?)」, ST, 1918년 2월호, 16-20쪽. 「わたくしの理想の夫(나의 이상적인 남편)」, ST, 1918년 4월호, 81-93쪽. カトウセツドウ, 「男子はいかなる婦人を尊敬するか(남자는 어떤 부인을 존경하는가)」, ST, 1918년 12월호. 山田わか 등, 「夫としてどういう男を望むか？妻としてどういう女を望むか？(남편감으로 어떤 남자를 바라는가? 부인감으로 어떤 여자를 바라는가?)」, ST, 1922년 1월호, 27-41쪽. 「ごぶんそうの豊かなる澄宮殿下のご近状」, ST, 1922년 3월. 「恋愛と結婚後(연애와 결혼 후)」, ST 특별호, 1922년 7월호. 「カフェの少女(카페의 소녀)」(illustration of painting), ST, 1923년 2월호; 「生活の洋風化をいかにみるか(생활의 서양화를 어떻게 볼 것인가)」, ST, 1923년 1월, 61-71쪽.

5 伊藤幹治, 『家族国家観の人類学(가족국가관의 인류학)』(ミネルヴァ書房, 1982), 2-4쪽. 鹿野政直, 『婦人, 女性, 女(부인, 여성, 여자)』(岩波書店, 1989), 특히 102-4쪽. 하지만 서구의 부르주아적 일부일처제의 개념을 토대로 한 가정 중심의 노동 분화와 가족이 시간을 공유하는 활동은 세기 전환기부터 생겨나고 있었다. 잡지 《家庭雑誌》가 처음 등장한 것은 1892년으로, 주부(主婦)라는 용어가 이 시기에 처음으로 유행했다. 上野千鶴子, 「解説」, 小木新造・熊倉功夫・上野千鶴子 편, 『風俗性(풍속성)』(日本近代思想大系) 23권(岩波書店, 1990), 505-18쪽을 보라. 논쟁에서 법이나 정책상의 변화가 나온 것은 없었다. Margit Nagy, "How Shall We Live?" 加藤明美,

「民法改正要綱と女性(민법개정요망과 여성)」, 近代女性史研究会 편, 『女たちの近代(여성들의 근대)』(柏書房, 1978), 228-54쪽. 본 필자의 논의는 가토 아케미가 교육, 소녀회 그리고 부인회(婦人会)에 관한 국가 개입을 분석한 바를 따르고 있다. 鹿野政直, 249-53쪽을 보라.

6 鹿野政直, 『婦人, 女性, 女(부인, 여성, 여자)』. 이는 어느 쪽으로든 작동할 수 있는 것이었다. 磯野誠一・磯野富士子, 『家族制度(가족제도)』(岩波書店, 1958), 100-104쪽. 岡本一平 등, 「夫, 妻君, 恋人(남편, 부인, 애인)」, ST, 1927년 8월호, 86-91쪽.

7 이 법규의 재개정에 관한 논의와 그를 둘러싼 담론들에 관한 훌륭한 기록으로 Nagy, "How Shall We Love?", 198-219쪽, 255쪽을 보라. 또한 『日本婦人問題資料集成(일본 부인문제 자료 집성)』 5권, 湯沢雅彦편, 『家族問題(가족문제)』를 보라. 가족의 해체에 관한 1924년의 한 기사는 경제 단위, 국가의 힘, 개인주의의 확장으로 비롯된 가족의 종언을 가부장제의 붕괴의 세 가지 이유로 들었다. 河田嗣郎, 「家長制家族組織の崩壊家族制度崩壊の訓(가부장제 가족조직의 붕괴 가족제도 붕괴의 교훈)」, 『日本婦人問題資料集成(일본 부인문제 자료 집성)』 5권, 湯沢雅彦편, 『家族問題』, 438-53쪽.

8 「家庭法律相談(가정법률상담)」, ST, 1929년 12월호, 345쪽.

9 深作安文, 『改訂現代女子修身(개정 현대 여자 수신)』(大倉広文堂, 1931), 41-43쪽, 47-48쪽, 60쪽, 64-65쪽.

10 「若い紳士の望む理想の花嫁(젊은 신사가 바라는 이상적인 신부)」, ST 1917년 5월호, 71-74쪽.

11 三越, 「将来有望のせいせんならば(장래 유망한 선택을 한다면)」, "私の理想の夫(나의 이상적인 남편)", ST, 1918년 4월호, 83-85쪽, 81-93쪽.

12 山田わか, 「本当の意味の男らしき男を(진짜 의미의 남자다운 남자를)」, "夫としてどいう女を望むか(남편 입장에서 어떤 여자를 바라는가)", ST, 1922년 1월호, 27-30쪽. 야마다 와카의 이상에 관해서는 「夫としてどういう男を望むか？妻としてどういう女を望むか？」, ST 1922년 1월 15일, 27-30쪽을 보라. "넓은 마음"이라는 요건은 "나의 이상형"의 13가지 요건들 중 다섯 번째였다. ST, 1918년 4월, 90쪽. 이러한 자격은 上原さわよ, 「女性を活かしてゆくほどの男子を(여성을 받쳐줄 수 있을 정도의 남자를)」, ST, 1923년 1월호, 35쪽에서도 다루어졌다.

13 山田わか, 「本当の意味の男らしき男を(진짜 의미의 남자다운 남자를)」, 27-29쪽.

14 麻生豊,「なにごとにも慎みの深い婦人を望む(무엇보다도 조신한 부인을 바란다)」, "私はどんな婦人, 男子と結婚を望むか(나는 어떤 부인, 어떤 남자와 결혼하길 바라는가)", ST, 1926년 4월호, 23쪽. 「嫁より姑への欲求, 姑より嫁への欲求(며느리보다 시어머니에의 욕구, 시어머니보다 며느리에의 욕구)」, ST, 1922년 5월호, 20-24쪽.

15 「現代知名婦人の夫調べ(현대 유명부인의 남편 조사)」, ST, 1926년 1월호, 135-43쪽. 스모 선수와 중성적인 헤어스타일을 한 여자 등 유명한 인물들에 관한 기사인 「夫婦円満哲学(부부원만철학)」, ST, 1936년 4월호를 보라. 이러한 설명들은 성병의 두려움이라든지 처녀성을 증명해야 한다는 글들에 겁먹은 예비 신부들이 보내온 불안에 가득 찬 편지들과는 거리가 멀었다.

16 「結婚して一番困ったことは何か(결혼해서 가장 힘들었던 일은 무엇인가)」, ST, 1926년 4월호, 16-21쪽.

17 新渡戸稲造,「夫の意気地無しを嘆く妻へ」, ST, 1917년 3월호, 10-13쪽;「離婚した人々の悲しき物語」, ST, 1924년 8월호, 32-39쪽;「夫婦生活の秘密探検記」, ST, 1927년 3월호, 45-46쪽; 賀川豊彦,「子泣きが故に離婚せんとする妻の悩み(우는 아이 때문에 이혼하지 못하는 부인의 고민)」, ST, 1932년 9월호, 206쪽; 鳩山春子,「離婚しようかどうしようか迷う婦人の身の上相談(이혼할까 어쩔까 고민하는 부인의 일신상담)」, ST, 1932년 9월호, 213-18쪽;「離婚した人々の悲しき物語(이혼한 사람들의 슬픈 이야기)」, ST, 1926년 8월호, 32쪽.

18 「法廷に持ち出された夫婦の争う(법정에 오른 부부싸움)」, ST 1936년 11월호, 112-21쪽. 이혼에 관한 이러한 관점들은 학술적인 연구들로 입증되었다. 타이미에 브라이언트(Taimie Bryant)는 일본이 1882년에서 1916년에 이르는 기간 동안 세계에서 가장 높은 이혼율을 기록했다고 적고 있다. 그녀는 이혼과 재혼이 농장 노동을 필요로 하는 농가에서 가장 높았다는 일본 학자들의 연구 결과를 인용한다. 이혼율은 20세기에 들어선 후 점차 감소한다. "Mediation of Divorse Disputes in the Japanese Family Court System : With Emphasis on the Tokyo Family Court"(Ph.D. diss., University of California, Los Angeles, 1984)를 보라. 다카시 후지타니는 도쿄에서 1881년에서 1897년 사이의 결혼 중 3분의 1이 이혼으로 끝났으며, 모든 결혼 중 절반이 와해되었음을 밝혀내었다. (Splendid Monarchy, 187-88쪽).

19 「妻から夫への注文二十ヶ条(부인이 남편에게 바라는 20가지 요구)」, ST, 1917년 4
월호, 82-85쪽; 「夫婦和合の十秘結(부부화합 10가지 비결)」, ST 1917년 6월호,
30-33쪽; 「夫婦喧嘩予防秘結百ヶ条(부부싸움 예방비결 100가지)」, ST 1929년 6월
호, 46-51쪽; 「夫婦和合の秘術四十八手(부부화합 48가지 비법)」, ST 1931년 8월호,
114-28쪽.

20 「夫婦和合の秘術四十八手」, ST 1931년 8월호, 114-28쪽.

21 「夫婦喧嘩の必勝法十カ条(부부싸움 필승법 10가지)」, ST 1932년 5월호, 126-33쪽.

22 「私には何ゆえに結婚しないか(나는 왜 결혼하지 않는가)」, ST 1922년 2월호,
46-49쪽.

23 「お嫁に行きたがらぬ? 現代娘さんばかりの座談会(시집가고 싶지 않다? 현대 젊은
여성들만의 좌담회)」, ST 1936년 9월호, 100-109쪽.

24 「家庭外における婦人の新しき任務(가정 밖에서 부인의 새로운 임무)」, ST 1917년
6월호, 2-10쪽.

25 「様々な困難と戦って職業に成功した婦人の経験(여러 가지 어려움과 싸워 직업으
로 성공한 부인들의 경험)」, ST 1919년 5월호, 27-44쪽; 「現代の婦人職業と就職案
内(현대의 부인직업과 취직 안내)」, ST 1924년 4월호, 220-22쪽; 「珍しい婦人, 変
わった婦人の訪問記(보기드문 부인, 이상한 부인의 방문기)」, ST 1926년 2월호,
82-87쪽. 그 외에 「女給となって働く若き兄弟(여급이 되어 일하는 젊은이들)」, ST,
1924년 9월호, 6-9쪽; 「貧乏と争いながら苦学して成功した婦人(가난과 싸우면서
고학으로 성공한 부인)」, ST 1927년 1월호, 45-46쪽을 보라.

26 「模範女工さんの女工生活を語る座談会(모범여공의 여공생활을 말하는 좌담회)」,
ST 1933년 6월호, 140-53쪽. 친구로서의 잡지에 관한 진술들은 기무라 료코(木村涼
子)가 《주부의 벗》의 편집 정책은 소학교를 마친 모든 이들, 노동계급 여성들을 포
함한 독자군에 맞춘 것이라고 말한 것과 같은 맥락에 있다. 이는 또한 《주부의 벗》
의 독자들과 잡지 사이의 상당히 개별화된 관계에 관한 그녀의 논의를 공식화한다.
木村涼子, 「婦人雑誌の情報空間と女性大衆読者の成立(부인잡지의 정보공간과 여성
대중독자의 성립)」, 《思想》, 1992년 2월호, 236쪽, 244쪽.

27 「五代デパート代表女店員座談会(5대 백화점 대표 여점원 좌담회)」, ST 1935년 9월
호, 198-212쪽.

28 「美しいモデル女の座談会(아름다운 모델 여성의 좌담회)」, ST 1935년 10월,

142-58쪽.

29 「男の立場から恋愛と結婚を語る座談会(남성의 입장에서 연애와 결혼을 말하는 좌담회)」, ST 1937년 1월호, 102-13쪽.

30 菊池寛, 「現代結婚論(현대결혼론)」, ST 1937년 10월호, 122-28쪽.

31 「大阪の娘さんが結婚の理想を語る座談会(오사카의 젊은 여성들이 결혼의 이상을 말하는 좌담회)」, ST 1938년 3월호, 92-99쪽.

32 西川祐子, "The Changing Form of Dwellings and the Establishment of the Katei (家庭) in Modern Japan," U. S. -Japan Women's Journal, English Supplement, no. 8(1995): 23쪽, 24쪽, 27쪽, 33쪽, 34쪽. 西川祐子, 『借家と持ち家の文学史: '私' の器の物語(전세와 자가의 문학사: '나'의 그릇 이야기)』(三省堂, 1998), 5. 「非常時に処する家庭の準備は?(비상시 취해야 할 가정의 준비는?)」, ST, 1933년 5월호, 75쪽.

33 若桑みどり, 『戦争がつくる女性像(전쟁이 만드는 여성상)』(筑摩書房, 1995), 145-49쪽. 「事変下に働く婦人の問題(사변하에서 일하는 부인의 문제)」, ST 1940년 5월호, 82-91쪽.

34 山田わか, 「米国大統領婦人と会見するき: ローズベルト婦人に日本の母心をとく(미국대통령과 회견할 때: 루즈벨트 부인에게 일본의 어머니의 마음을 설명하다)」, ST 1938년 2월호, 84-89쪽.

35 田中比左良, 「モガコとモボロウ(모가코와 모보로)」, ST 1928년 9월호, 94-97쪽; 1928년 10월호, 128-31쪽; 1928년 12월호, 188-91쪽.

36 「モガコとモボロウ」, ST, 1928년 9월호, 94쪽.

37 田中比左良, 「モガコとモボロウ」, ST, 1928년 10월호, 128-29쪽.

38 「モガコとモボロウ」, ST 1928년 10월호, 131쪽. 모가코가 모자에 구멍을 내는 제2부 "아타미 온천 이야기" 에피소드는 ST 1928년 12월호, 188쪽을 보라.

39 中島六郎, 「漫画フイルム, 誠の美人(만화필름, 진정한 미인)」, ST 1927년 1월호, 86-89쪽.

40 정설이 있다고 해서 반드시 그 정설이 고수되는 것은 아니다. Gluck, Japan's Modern Myths을 보라. 메이지 일본에 푸코의 논의를 끌어들인 후지타니의 수정주의적 적용은 Splendid Monarchy, 144-45쪽을 보라. "핵가족으로서의 천황가의 이미지 생산"에 관한 그의 논의는 가정의 성원으로서 천황가 구성원들을 재현하는

것에 대한 나의 해석을 뒷받침한다*(Splendid Monarchy*, 239쪽). 글럭의 책은 그 러한 신화-만들기에 관한 것이다. 국민에 느끼는 지속적인 소속감에 관해서는 그녀의 맺음말을 참고하라.

41 쇼와 천황의 사진들, ST 1930년 4월호. 캡션에는 "천황황후 양폐하와 테루노미야 전하(天皇皇后両陛下と照宮殿下)" 그리고 "하코네에서의 회합: 치치부, 타카마쓰노미야 양전하와 나란히 아사카노미야 양전하와 왕자공주전하(秩父, 高松宮宣両殿下ならびに朝香宮両殿下と王子・王女殿下)"라고 쓰여 있다. ST 1930년 4월호. 마키세 기쿠에(牧瀬菊枝)가 자신의 어머니와 오빠가 다이쇼 천황을 보고 킬킬대며 웃고 어머니가 "사람들이 안 볼 때는 모두가 천황에 대해 험담한단다. 천황의 사진이 실린 신문지를 구겨서 화장실에 가져가는 데 전혀 거리낌이 없어"라고 한 말을 생각해볼 때, 이러한 해석은 상상의 산물만은 아니다. 牧瀬菊枝, 「自分史の中の天皇制(내 역사 안의 천황제)」, 加納実紀代 편, 『女性と天皇制(여성과 천황제)』(思想の科学社, 1979), 139쪽. 그럼에도 불구하고, 몇몇 이들은 천황이 신이거나 인간들과는 다른 존재라고 분명하게 믿고 있었다. 이에 관한 연구 결과는 神島二郎, 「あとがきにかえて(후기를 대신해)」, 久野収・神島二郎 편, 『天皇制'論集('천황제'논집)』(三一書房, 1974, 1976), 453-54쪽을 참조하라. "나환자"라는 말을 사용한 것은 국가가 이들을 사회로부터 점점 더 고립시키던 전쟁 전 시기에 한센병에 대한 일본인들의 태도를 보여주기 위함이다. 황태후는 긍정적으로 이러한 과정을 두드러지게 광고했던 것이다. 德富一郎, 「皇太后のご人徳(황태후의 인덕)」, ST 1932년 8월호, 126-30쪽.

42 「初の節句を向かえさせたまう皇太子殿下ご養育の御模様(첫 명절을 맞이하는 황태자 전하 교육 모습)」, ST 1934년 5월호, 74-79쪽; 德富一郎 등, 「聖上陛下のご聖德に感激した人々の謹話集(성상폐하의 성덕에 감격한 사람들의 근화 모음)」, ST 1935년 1월호, 68-75쪽. 황태자의 전면 사진은 ST 1935년 1월호에 나온다. 德富一郎, 「学問に非常にご熱心な天皇陛下(학문에 매우 열심이신 천황폐하)」, ST 1935년 1월호, 74-95쪽.

43 Advertisement for *kindaiteki(近代的)* cosmetics, ST, 1932년 3월호. 「家庭でできる近代的の花嫁のお化粧と着付け画報(가정에서 할 수 있는 근대적인 며느리의 화장과 옷차림 화보)」, ST 1933년 10월, 67-82쪽.

44 「東京女と大阪女の自慢合戦(도쿄 여자와 오사카 여자의 자랑접전)」, ST 1936년 5

월호, 470-76쪽.

45 「モダン東京夜景アルバム(모던 도쿄 야경 앨범)」, ST 1936년 7월호, 55-69쪽.

46 「モダン新婚写真柳(모던 신혼사진 단가)」, ST 1937년 7월호, 307-12쪽; 田中絹代・上原謙, 「新家庭漫才(신가정 만자이)」, ST 1936년 11월, 26-33쪽.

47 徳富一郎, 「私の見た現代世相の様々(내가 본 근대 세상의 이모저모)」, ST 1932년 9월호, 114-17쪽. 「大衆食堂の評判料理の作り方(대중식당의 소문난 요리 만드는 법)」, ST 1934년 4월호, 543-54쪽.

48 「映画物語: あれ(영화이야기: 그것)」, ST 1926년 8월호, 65쪽. 원작 영화 〈잇〉(파라마운트, 1927)의 오프닝 프레임은 "'잇(It)'은 다른 모든 이들을 끌어당기는 자력을 지닌 이들이 지닌 성질이다. 당신이 '잇'을 지닌 여자라면 모든 남자들을 이길 수 있고, 당신이 여자라면 모든 여자들을 이길 수 있다. '잇'은 육체적인 매력인 동시에 뛰어난 정신일 수도 있다."

49 「映画物語: あれ」, 79쪽.

50 「映画物語: サタンの嘆き(영화이야기: 사탄의 탄식)」, ST 1927년 6월호, 63-85쪽; 「映画物語: 男見るべからず(영화이야기: 남자를 보지 마)」, ST 1927년 8월호, 63-83쪽.

51 田中絹代・上原謙, 「新家庭漫才」, ST 1936년 11월, 31쪽.

52 「一人前一円でできる新年宴会の西洋料理の作り方(1인당 1엔으로 할 수 있는 신년 연회의 서양요리 만드는 법)」, ST 1930년 1월호, 356-62쪽; 「サンドイッチの作り方(샌드위치 만드는 법)」, ST 1932년 4월호, 84-88쪽.

53 「お年始回りの客と主人(새배인사의 손님과 주인)」, ST 1931년 1월호, 18-21쪽.

54 「健康と美容からみた座り方と腰賭け方(건강과 미용면에서 본 바닥에 앉는 법과 의자에 앉는 법)」, ST 1936년 9월호, 34-39쪽.

55 「お台所拝見(부엌 살펴보기)」, ST, 1933년 12월호, 32-33쪽.

56 Sheldon Garon, *Molding Japanese Minds*, 132-33쪽. 그리고 "Rethinking Modenization and Modernity in Japanese History: A Focus on State-Society Relations," *Journal of Asian Studies 53쪽*, no. 2 (1994년 5월호): 346-66쪽. 「お正月の理想的なお化粧と着付け画報(정월의 이상적인 화장과 옷차림 화보)」, ST 1936년 1월호, 285-300쪽; 「ダンスホールを密偵するのき(댄스홀을 정탐할 기세)」, ST 1936년 1월호, 232-43쪽; 「アパート生活の体験を語る座談会(아파트생활

의 체험을 말하는 좌담회)」, ST 1934년 10월호, 146-55쪽. 제1부에서 언급한 것처럼, "이중생활"이라는 용어의 사용과 관련해서는 Seiden sticker, *Low City, High City*, 90-143쪽을 보라. 이 용어는 모자이크나 문화의 몽타주가 아니라 혼성 문화 (hybrid culture)를 의미하는 것이다.

57 「アパート生活(아파트 생활)」, 154쪽. 토론자들의 계급 편향은 그들이 자신들과 이제 막 들어선, 수상쩍은 외관의 새롭게 지어진 아파트 건물들의 미혼 거주자들을 혼동해서는 안 된다고 강조할 때 명확하게 드러난다. 이러한 근대적 현상이 비슷하게 드러난 경우는 롱아일랜드 레빗타운의 트랙트 하우스 중 하나를 자랑스러워하는 집주인이 다른 집에 잘못 들어간다는 (10년도 더 후의) 출처불명의 이야기가 될 것이다.

58 「男の立場から恋愛と結婚を語る座談会(남성의 입장에서 연애와 결혼을 말하는 좌담회)」, ST 1937년 1월호, 102-13쪽; 「世界大戦の参加を越えたきたドイツ, フランス, イギリス対し婦人の祖国愛(세계대전을 극복해온 독일, 프랑스, 영국 부인들의 조국애)」, ST 1937년 10월호, 88-93쪽.

59 「エンタツアチャコ大東京弥次喜多漫才探求(엔타쓰 아차코 대도쿄 야지키타 만자이 탐구)」, ST 1938년 11월호, 90-97쪽.

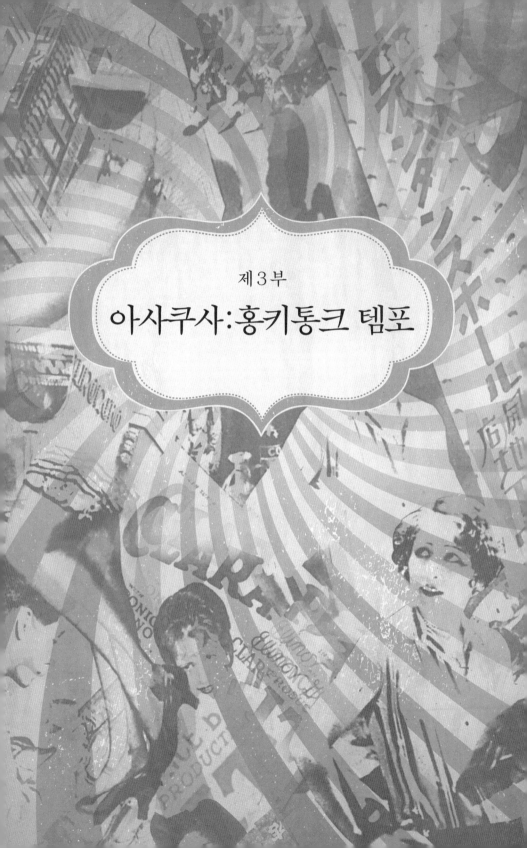

제 3 부

아사쿠사:홍키통크 템포

1장. 아사쿠사 에로티시즘

　아사쿠사가 홍키통크였다고 하는 것은 내가 일본의 카페 여급들이 블루스를 불렀다고 말한 것처럼 문자 그대로의 의미가 아니라 분위기와 맥락상의 유사성을 가리키는 것이다. 1940년대 미국 남부에서 홍키통크는 매춘부와 당김음 리듬의 '홍키통크' 음악을 찾아 온 백인 노동자 계급 손님들을 받는 거친 분위기의 작은 바를 가리켰다. 따라서 홍키통크라는 말은 그러한 술집을 가리킬 수도, 그곳에서 연주된 음악을 가리킬 수도 있었는데 이 경우에 음악은 멜로디보다는 리듬을 강조했다. 또한 홍키통크 음악의 박자로 한껏 고조된 소란스럽고 거친 분위기를 가리키는 형용사로 쓰일 수도 있었다(어느 홍키통크의 경우에는 고객들이 홍키통크 음악의 리듬에 맞춰 춤을 추는 동안 옷을 입은 채 섹스를 했다고도 한다). 그러한 이미지들은 아사쿠사의 모던한 삶의 (누군가는 그로테스크라는 용어를 쓸 수도 있을 법한) 좀 더 극단적인 면을 떠올리게 하지만, 나의 경우에는 아사쿠사 '공원'에서 느낄 수 있던 활기, 속도, 감각적인 쾌락을 환기시키기 위해 홍키통크라는 말을 쓴다. 하지만 내가 홍키통크 문화와 아사쿠사에서 벌어진 일들을 비교할 수 있는 것은 아사쿠사 문화의 핵심요소가 육체적 쾌락과 종교적 의식의 불가분성에 있다고 보기 때문이다.

센소지* 신사에 지어진 아사쿠사의 모던한 놀이 공간들은 실제로 일본의 근대 초기 이후 오락과 종교적 의식이 행해지는 장소였다. 1600년 무렵 센소지는 쇼군과 그 가족들을 위한 공적인 기도 장소였다. 1800년대 쇼군가가 다른 곳을 후원하기 전까지 센소지와 그 일대는 대중 불교의 중심지로 번성했다. 허남린이 강력하게 주장했듯이, 센소지의 문화는 "참배와 놀이의 문화"였으며, 이 두 가지는 떼어놓을 수 없는 것이었다. 다시 말해, 신사와 인근 지역들로 몰려드는 참배객들은 유명한 관음보살상(아사쿠사 관음)이 있는 장소에서 불공을 드리는 것뿐만 아니라 스모, 거리의 장터, 찻집과 이쑤시개 가게 여종업원들을 구경하러 왔다. 그러나 47인의 사무라이**를 연기하는 '살아 있는 인형들', 여자 곡예사들, 배 아래에 모닥불을 피워놓아도 미동도 않던 코끼리들, 메이지 미세모노見せ物는 대지진이 일어나자 역사 속으로 사라져버렸다. 메이지 정부는 아사쿠사를 공원으로 지정했고, 신사 일대는 일곱 지역으로 분할되었다. 1923년쯤 참배와 유희를 위해 그곳에 갔던 사람들(이제 생각해보면 대중이라고 할 수 있겠다)은 이제 향락을 즐기려면 제4구와 제6구로 가야 함을 알게 되었다. 1890

---

*   도쿄 아사쿠사에 있는 도쿄도에서 가장 오래된 절이다. 원래는 천태종에 속해 있었다가 제2차 세계대전 후 독립해 성관음종의 총본이 되었다. 관음보살을 본존(주불)으로 하기 때문에 '아사쿠사 관음'으로 불렸다.

**   겐로쿠元禄 시대 번주의 복수를 하고 할복한 47인의 사무라이를 말한다. 이들은 충절과 신의의 상징으로서 가부키, 라쿠고, 닌교조루리(일본전통인형극) 등 일본 전통 연예의 대표적인 제재가 되었으며 이를 통칭해 '추신구라忠臣蔵'라고 한다. 최근에는 영화, 드라마로도 많이 제작되었다.

년에 빅스버그 전투를 가상으로 보여주어 군중들을 끌어들인 파노라마 하우스와 서양의 영향을 받은 아사쿠사 오페레타와 같은 메이지시대의 매혹적인 볼거리들은 이제 과거의 것이 되었다. 근대 초기에 전시되던 기이한 것들은 미세모노(구경거리)라 불렸다. 허남린은 "저절로 끓는 주전자"(1814), "고급 매춘부들의 은밀한 삶을 보여주는 무대 구조물"(1820), "외국인의 얼굴을 한 숨 쉬는 인형들"(1855), "태아의 발육을 보여주는 펼쳐진 자궁 모형"(1862)을 포함한 미세모노의 감탄할 만한 목록들을 보여준다. 1923년 무렵, 대중적인 오락물 가운데 가장 인기 있던 미세모노는 이 공원 6구역에 있는 활동사진들이었다.[1]

1920년대 후반 무렵 아사쿠사는 모던한 만큼이나 에로틱했다. 이때 모던은 곤다 야스노스케의 의미를 따르는 것으로, 내가 시공간적으로 활발한 접촉을 내포하고 있는 몽타주라고 일본의 근대문화를 정의하도록 확증해준다. 곤다는 아사쿠사를 계급에 기초한 행위와 더불어 대중에 기초한 새로운 오락과 계급의식에 의해 정의되는 움직이는 몽타주로 보았다. 나는 다음과 같은 방식으로 근대의 아사쿠사가 에로틱하다고 본다. 우선 아사쿠사는 에로틱했는데, 이 말은 아사쿠사가 남성과 여성의 관능성sensuality을 찬양했다는 의미다. 즉, 아사쿠사는 미각, 짜릿한 움직임, 고정된 것이 아니라 탐험과 상상으로 정의되는 시선을 포함한 감각들을 망라하는 관능성(감각들의 몽타주라고 할 만하다)을 찬양했다. 요약하자면, 아사쿠사의 에로티시즘은 흥분, 음식, 움직임, 구경거리로 정의될 수 있었다.

적잖은 작가들이 일본 근대기의 '기록 충동'과 아사쿠사의 활기에 고무되어 독자들에게 아사쿠사 공원을 소개하고 싶어했다. 그 가운데 두드러지는 세 사람을 꼽자면 국가를 위해서도 기록을 남긴 연극이론가 곤다 야스노스케, 아사쿠사만의 문화를 만들어낸 작곡가이자 대중가수인 소에다 아젠보添田唖蟬坊, 소설가 가와바타 야스나리를 들 수 있다. 가와바타 야스나리는 기록소설『아사쿠사 구레나이단浅草紅団』에서 전설과 올해(1930년)는 작년만 못하다는 확고한 판단에서 나온 신중하고도 억제된 향수와 사회적 논평을 병치시켰다. 그러나 여기에서 우리가 먼저 다루어야 할 것은 문화를 연구한 사회과학자 곤다 야스노스케의 의견이다. 그가 아사쿠사의 특징을 기술해놓은 것은 근대 민족문화 내에서 매우 중요한 어떤 지역의 의미를 이해하는 데 몽타주의 개념이 얼마나 적절한지를 명확하게 보여준다. 곤다의 연구는 비록 아사쿠사가 최하층 매춘부들에게까지도 먹고살 수단을 제공하고 도쿄 북동부 끝에 있는 요시와라 유곽의 손님들까지 끌어들였음에도 불구하고, 소에다 아젠보가 근대 아사쿠사에 섹스 못지않게 음식에 집착한 역사가 있었다는 것을 어떻게 인식할 수 있었는지를 살펴보는 토대를 제공한다. 곤다 야스노스케는 가와바타 야스나리에게 역사적 배경지식을 제공했고, 가와바타 야스나리는 여성의 욕망을 드러내놓고 인정하는 것을 비롯해 근대의 순간 안에서 낡은 것이든 새로운 것이든 아사쿠사의 전통을 근대적 색채로 보여주었다. 곤다가 인식했듯이, 결국 아사쿠사의 근대성을 규정한 것은 영화였다. 이 장의 끝에 있는 두 편의 영화비평은 곤다가 아사쿠사에서 영화관람 체험을 기록한 것에 넌지시 드러나는 영화의 에로틱한 묘사에 대한 이해의 폭을 넓혀줄 것이다. 이 장에서는 에로에 관한 부분만 다룰 것임을 밝혀둔다. 가와바타 야스나리 작품에서 나타난 '그로' 혹은 그로테스크한 것들은 다음 장인 "밑바닥 삶의 그로테스크"에서 다루기로 하겠다.[2]

곤다 야스노스케의 아사쿠사(공식적 견해)

곤다 야스노스케가 1920년 3월 1일에 아사쿠사에 대해 처음으로 폭넓게 논의한 "포스터의 거리: 아사쿠사의 민중오락"은 도시에서의 하루 일상을 묘사했다. 곤다는 아사쿠사가 끊임없이 움직이고 있으며, 그 구성요소들은 따로 떨어져 있을 수 없다고 주장하며 대지진에 이르는 몇 년 동안 아사쿠사와 관련되어 있던 중요한 장소들에 이름을 붙였다. 관음사로 가는 길에 늘어선 나카미세仲店(상점가), 극장들, 간이식당들, 료운카쿠凌雲閣* 같은 놀이 명소는 아사쿠사 안에 있거나 아사쿠사에 속해 있었기 때문에 모두 의미가 있었다. 과거에 아사쿠사는 센소지가 있는 곳 정도로 여겨졌는데, 이제는 반대로 센소지가 아사쿠사에 있는 절쯤으로 생각되었다. 사람들은 그냥 영화나 보고 싸구려 공연을 즐기려고 아사쿠사를 찾은 것이 아니었다. 그들은 아사쿠사 영화를 보고, 아사쿠사 코미디를 즐기기 위해 아사쿠사에 갔다. 이곳에서 하루나 반나절을 보낸 사람들은 아사쿠사의 먹을 것들을 집에 가져가 먹으면서 아사쿠사에서 느끼는 재미를 집에서까지 즐기고 싶어했다.[3]

아사쿠사를 일종의 몽타주로 바라보는 곤다에게 아사쿠사는 고유한 규칙, 인간관, 업보관계, 역사가 있는 하나의 '마토맛타纏まった(집합된) 세계'였다. 그러나 요시와라 유곽처럼 고립된 세계는 아니었다. 아사쿠사는 그것이 대체했던 요시와라와는 달리 모든 사회적 차이가 사라진 유토피아적 공간이 아니었다. 곤다는 아사쿠사를 "민중이 만들어낸 오락 장소"로

---

*   1890년(메이지23), 도쿄 아사쿠사에 12층으로 지어진 탑. 료운카쿠라는 이름은 '구름을 뚫을 만큼 높다'는 의미. 간토 대지진 때 소실되었다.

정의했다. 그리고 아사쿠사가 명확하게 규정된 장소들의 몽타주였던 만큼, 아사쿠사의 '민중'은 분명하게 기술된 두 계급, 즉 프롤레타리아트와 인텔리겐치아로 구성되었다. 곤다가 다른 곳에서 아사쿠사를 하나로 뭉칠 수 없고, 확립된 문화가 없다고 규정해 예전의 관점과 상충되는 것처럼 보일 때가 있었는데 이 경우 곤다는 몽타주의 부분들을 그 전체와 연관 지을 때 빚어지는 문제의 일례를 보여주고 있다. 곤다의 글에서 단편적이고 유동적인 상태에 있는 문화에 대해 그 특징을 규정한 두 번째 기술은 설득력이 있었다. 그는 아사쿠사의 영화관들(과 관객들)을 유형화하며, 노동자 계급의 목소리들이 울려 퍼지는 후지관에서 하이카라ハイカラ(모던의 옛말) 학생 지식인 계급들이 제국의 외국영화에 열광했다고 언급했다. 일렉트릭 팰리스エレクトリックパレ는 배우자를 동반한 임금노동자들과 지식인 계층에게 모두 즐거움을 선사했다. 또 다른 곳에서는 노동자 계급의 부모와 아이들이 감동해 눈물을 흘리고 있을 터였다. 이러한 차이들이 아사쿠사의 특징이었다.[4]

곤다가 아사쿠사에 대해 쓴 글에서 중점적으로 보아야 할 부분은 그가 아사쿠사의 역사성, 이곳의 계급차, 영화 관람 경험에 대해 관심을 두었다는 것이다. 1920년 7월 10일에 쓴 「아사쿠사'를 중심으로」에서 그는 아사쿠사의 "활동사진에 대한 열기"에 초점을 맞춤으로써 영화가 지닌 엄청난 매력이라는 "놀라운 사회적 사실"을 검토하기 위해 아마추어 평론가의 역할을 자처했다. 게다가 특정한 영화 관객층을 특정한 극장들과 결부시켰다. 그가 기록한 바에 따르면, 인기 활극배우 마쓰노스케를 위한 후지 전시회에서는 노동자들이 야유를 던졌고, 영화 변사와 '짓궂은 소년소녀' 관객 사이에 고성이 오가는 극장도 있었다. 어딘가에서는 여성들(과 남편들)이 직업학교 학생들과 칼을 차고 있는 군인들과 함께 나란히 앉아 신파극을 보며 눈물을 흘리는 곳도 있었다. 또 자신이 좋아하는 외국 인기 배우의 이름이 스크린에 등장할 때마다 박수를 치며 열렬히 반응하는 학생과 지식인들도 있었다. 좀 더 미묘한 차이를 보이는 곳도 있었다. 제국극장은 동경제국대학교 학생들이 주로 찾았던 반면 시네마 클럽Cinema Club은 게이오대학교 학생들에게 인기가 있었다. 외국 영화를 상영하면서 관객들을 위해 모차르트와 베토벤의 음악을 맛보기로 연주했던 곳들은 '상류층'이 주고객이었다. 몇 년 전만 해도 관객들은 할리우드에 대한 자신의 지식을 과시하기 위해 "이봐! 펄 화이트는 할머니가 되어버렸다구!"라든지 "킴벌 영은 살이 좀 빠진 것 같은걸!" 따위의 말을 내뱉었지만, 이 고상한 관객들은 더 이상 그러지 않았다.[5]

역사에 대한 곤다의 관심은 '영화광'이라는 불릴 자격이 어떻게 변화했는지에 대한 서술에서 드러난다. 활동사진 초기에 영화광들은 "**센세이셔널한**" 영화 스틸에 거금을 들였고, 후에는 포스터나 여타 책갈피 같은 "**일상적인**" 물건들을 사들였고, 다음에는 영화 엽서 세트나 작은 그림 카드 등으로 관심을 돌렸다. 이러한 유행은 **시리즈, 시리얼,** 플롯과 같은 용어들을 떠벌리고 외국 영화사의 이름과 영화의 원제목을 기억하는 것으로 이어졌다. 곤다는 또한 설령 언어적으로는 아니더라도 영화 관객에 의한 형식상의 코드전환이 일어났다고 기록했다. 웅변대회에 참가한 중학생들이 여러 변사들의 억양을 따라한 것이다. 메리 픽포드, 메이 마시, 노마 탤머지, 테다 바라, 릴리언 기시 등의 여배우로 시작해 배우들의 이름을 외우는 것은 당연한 일이 되었다. 곤다 야스노스케의 설명에서 1920년에는 중학생들이 교과서 여백에 이러한 배우들의 이름을 적어두었다는 사실도 엿볼 수 있다. 곤다는 영화 〈치인의 사랑ちじんの愛〉이나 잡지《영화의 벗》이 외국 신인배우들의 신체 부위에 집착하고 있음을 확실히 보여준

다. "마시가 눈을 움직이는 방식, 탤머지의 코, 픽포드의 어깨"에 관해 논의하는 것을 들은 이도 있었다고 한다. 곤다에 따르면, 감독과 촬영기사의 이름을 줄줄 외우고 분장, 조명, 카메라 앵글에 대한 비평을 하면서 더글러스 페어뱅크스와 같은 남성 우상들을 숭배하기 시작했다.[6]

물론 곤다 야스노스케는 예술애호가가 아니었다. 그가 아사쿠사의 뛰어난 민중성에 주목해 대중오락의 영역에서 독특하다고 설명한 「오락지 '아사쿠사' 연구娛樂地'浅草'の研究」(1930년 3월)는 아사쿠사 구청 같은 정부 기관에서 수집한 자료들을 토대로 한 상세한 연구였다. 여기서 설명이나 주석이 없는 도표들로 구성된 곤다 야스노스케의 '연구' 내용을 요약하는 것은 중요하지 않다. 주목해야 할 점은 곤다가 거주와 상업 놀이 공간으로서의 아사쿠사에 대한 일본 정부의 개입에 관해서는 어떠한 언급도 하지 않았다는 것이다. 다른 글 「'아사쿠사'를 중심으로」에서 경찰 통제에 관해 냉소적으로 언급한 것이 관료집단에 대해 그가 보인 반응이었다. 곤다는 경찰국에 검열당한 영화 필름들을 끝에서 끝까지 이어붙이면 후지산 높이보다 1000배 정도는 더 길 것이며, 이를 세계 영사 평균 속도인 분당 60자R를 고려해 시간으로 계산하면 4개월 26일 14시간 34분 정도가 될 것이라고 썼다. 그는 또한 "남자석"과 "여자석", "가족석"의 구분이 어떻게 확립되어 있었는지도 기술했다. 그러나 그가 어떻게 시경찰국과 구청의 도표들에서 수치들(과 카테고리들)을 인용할 수 있었는지에 대한 언급은 없었다.[7]

1920년대 중반, 즉 대지진 이후에 곤다 야스노스케가 쓴 글들과 1930년대 초에 출판된 그의 저작들을 비교해보면 그가 대중, 계급적 행위를 강조하는 것과 오락에 관한 국가 정책의 필요성을 강조하는 것 사이의 모순을 분명히 확인할 수 있을 것이다. 이 책의 1장에서 언급했듯이, 대지진

이후인 1924년에 쓴 글들을 보면 곤다 야스노스케가 정부의 여가활동 통제에 실망했음을 알 수 있다. 그는 자신이 즐겨 쓰는 은유를 사용해 오락은 쌀처럼 사람들에게 배급해줄 수 있는 것이 아니라고 결론 내렸다. 시경찰국이 도쿄 전역의 유곽가 업주들에게 '샤미센 없이' 영업할 것을 명령했다고 언급했을 때 그가 하고자 했던 말은 오히려 업자들이 먼저 솔선해 나섰고 정부는 도시의 잔해로부터 솟아나는 활발한 활동을 억누르려고 했기 때문에 그저 방어적인 태도를 취했다는 것이었다. 1931년 무렵부터 그는 아래로부터 생성되는 민중오락에 대응할 정책을 요구하기 시작했다. 그는 또한 끓어오르는 욕망을 주체하지 못한 채 제멋대로 영화를 보러 다니는 프롤레타리아트 계급 소녀들이 자극물을 바라는 욕망을 표출하는 것과 같은 문제들을 억제할 목적으로 '사회 정책'을 만들고 있었다 (이 소녀들은 질식할 것 같은 생활공간에서 벗어나는 데 시간을 아끼지 않았으며, 특정한 종류의 통속 영화들이 주는 자극을 얻기 위해 자신이 가진 얼마 안 되는 잔돈푼까지 기꺼이 써버렸다). 곤다가 1924년에 쓴 「진재 때 나타나는 오락의 제형 相震災時に現われたる娛樂の諸形相」을 보면 근대의 태동기부터 그가 민중들에 의해 만들어진 오락이라는 개념에 끌리면서도 "그 심층에서부터 흔들리는 일상의 의식에서 발생한 것이 분명한 오락 형식들"에 대응하는 공적 정책이 필요하다는 인식도 하고 있음을 알 수 있다.[8]

곤다 야스노스케가 정의하지는 않았더라도 그의 해설에 따르면 아사쿠사는 분명히 모던했다. 그의 에세이 「이른바 '모던생활'과 오락いわゆる 'モダン生活と娛樂」에서 곤다는 모던한 활동에 노동과 무관한 이들(가장 대표적으로 모던걸과 모던보이)의 관심사를 연결 지어 생각하는 데 많은 수고를 들였다. 곤다 야스노스케의 "모던한" 생활은 모던의 피상성에 대해 오야 소이치가 맹렬히 퍼부었던 비판을 연상시킨다. "제멋대로 복제하는 힘을 표

출하는 수단"으로서 외국의 것을 모방하는 모던은 유약하고 신경쇠약적인 어설픈 취향일 뿐이라는 것이다. 확실히 곤다는 대로the strasse에서 빚어지는 거리의 삶을 언급하고 있었다. 따라서 언급된 카페, 바, 레스토랑, 영화관, 댄스홀 들은 아사쿠사의 붐비는 거리와 골목을 차지하고 있는 것들이 아니었다. 그러나 요세寄席(보드빌 극장의 한 형태)의 몰락과 부활에 대해 이어지는 곤다의 논의는 그가 비록 아사쿠사를 특별히 모던한 것으로 보지는 않았을지라도 그곳을 당대의 행위와 문화 변형이 활기차게 이루어지는 현장으로 이해하고 있었음을 보여준다. 아사쿠사는 바로 대중들이 문화를 만들어내는 곳이었다.[9]

곤다 야스노스케가 보기에 기술 발전이 반드시 문화적 진보인 것은 아니었다. 그는 희극이나 뮤지컬 레뷰 형식을 비롯해 대지진 이후 몇 년간 아사쿠사의 무대에서 사용된 기법들의 모자이크를 만들어냄으로써 에도 시대의 취향들을 받아들인 라디오의 요세와 새로운 형식의 라이브 요세가 경쟁하고 있다고 말했다. 코미디언 긴고로의 '재즈밴드'에 맞춰 엉덩이 흔들기 모더니즘이 거의 그랬다. 하지만 그것은 "현대 사회 생활의 실감", 즉 대중들의 생활 체험으로 만들어진 요세가 아니었다. 대중들이 새로운 요세를 만드는 곳은 바로 아사쿠사였지 라디오가 아니었다. 곤다 야스노스케는 긴고로에게 재즈 음악에 맞춰서 커다란 엉덩이를 흔들어대는 것으로는 충분하지 않다고 말했다. 긴고로는 무언가 중요한 것, 바로 "대중의 일상생활"을 잊고 있었던 것이다.[10]

곤다 야스노스케는 경멸적인 의미 외에는 모던이라는 단어를 사용하지 않았고, 몽타주라는 단어도 역시 마찬가지였다. 그러나 1920년대 초부터 1930년대 초까지 곤다가 아사쿠사를 개념화하는 데 두드러진 특징은 계급들이 뒤섞이는 것과 과거가 대중들의 행위에 의해 바뀌는 오락의 형식들이었다. 새로운 요세를 규정할 때처럼 그는 그러한 변화의 원인으로 "대중"을 지목하기도 했다. 하지만 그는 또한 새로운 상부 구조의 근간으로 "민중", "노동자", "지식인"도 언급했다. 이렇게 아래로부터의 행위를 강조한 것은 지진 이후의 저술들에 연대순으로 기록된 도쿄 문화의 급속한 부상을 평가한 것과 분명히 관련지을 수 있다. 종교적 상징물로 정의되는 놀이 공간으로서 아사쿠사는 인근 지역과 분리되었다. 곤다 야스노스케가 자신의 조사연구에서 기술했듯이, 아사쿠사에만 특유한 사업들도 있었던 것이다. 하지만 가장 주목받았던 노동계급 문화의 핵심 현장으로서 아사쿠사는 그 경계 바깥의 사회와 문화의 변화를 대표하기도 했다. 곤다 야스노스케가 조사연구를 진행했던 1931년 대중 매체는 대중문화의 특성으로 에로 그로 넌센스라는 개념에 사로잡혀 있었다. 하지만 곤다는 10대들의 오락부터 시작해 놀이문화를 추적하면서도 에로틱에 대해서는 언급하지 않았다. 그는 노동자들이 아사쿠사에서 보낸 시간들을 그로테스크한 방식으로 규정하지 않았으며, 마찬가지로 넌센스에 대해서도 언급하지 않았다. 사실, 그가 여가활동에 대해 쓴 글에서 유머라고는 전혀 찾아볼 수 없다. 그에게 이는 엄연히 진지한 일이었던 것이다. 아주 드물게 1931년에 에로 그로 넌센스에 대해 언급한 적이 있었지만, 이마저도 일상에 대한 퇴폐적이고 포르노그래피적인 접근이라고 일축해버렸다.[11]

곤다 야스노스케가 계급에 기초한 행위와 더불어 대중에 기초한 새로운 오락과 계급 구분으로 정의되는 움직이는 몽타주로 아사쿠사를 강조했음을 내 나름대로 이해한 바를 염두에 두면서, 이제 '모던한' 시기에서 출발하는 아사쿠사의 또 다른 연대기, 곤다의 저작과 더불어 내가 아사쿠사를 에로틱, 그로테스크, 넌센스한 일본 근대 대중문화의 핵심으로 정의하는 데 도움이 된 연대기로 넘어가보자.

소에다 아젠보의 아사쿠사(엔카시의 노랫말)

아사쿠사를 새로운 시기의 중요한 놀이 장소로 보는 견해는 아나키스트 작곡가이자 거리의 악사이며 1924년에 "지진"을 다룬 곡을 쓴 소에다 아젠보*의 『아사쿠사 저류기浅草底流記』에 분명히 드러나 있다. 몽타주 형식으로 구성된 『아사쿠사 저류기』는 「단편들」로 시작한다. 가와바타 야스나리가 기록 소설 형식의 『아사쿠사 구레나이단』**에 아사쿠사의 공간과 관계들을 다루는 소에다의 다큐멘터리적 서술 기법을 차용하며 「단편들」을 인용한 이래로, 이 시는 아사쿠사를 설명하는 데 자주 인용되어왔다.[12] 소에다는 끊임없이 재형성되는 공간 안에서 대중의 움직임에 초점을 맞추기에 앞서 "적나라한 인간의 욕망"을 공공연히 언급하는 것으로 시작한다. 곤다와 마찬가지로 소에다 역시 역사의 흐름 안에서 오락을 추구하는 대중들에 주로 관심을 가졌다. 하지만 그는 곤다와는 달리 모더니스트에게 더 아사쿠사의 공간을 허용했다. 즉 곤다 이상으로 그는 이러한 대중들 사이에도 차이가 있음을 보여주길 원했다. 이 부분에서 아나키스트적인 목소리가 담겨 있었다. 소에다는 국가의 지시와 마르크스주의의 명령 어느 쪽도 따르지 않았던 것이다.

---

* 1872~1944(메이지5~쇼와19). 메이지·다이쇼기에 활약했던 엔카시演歌師(메이지 시대 말기에서 쇼와시대 초기까지 거리에서 악기에 맞춰 노래를 부르며 노래책을 팔던 사람)의 선구자였다. 아젠보라는 이름은 스스로를 "노래 부르는 벙어리 매미唖しの蟬"라고 칭했다는 데에서 유래.
** 가와바타 야스나리, 홍영의 옮김, 『어둠의 거리』, 도서출판 혜림사, 1999. 이 책의 제1부는 "아사쿠사 구레나이단"이고, 제2부는 "아사쿠사 마츠리"이다.

단편들

아사쿠사에서는 온갖 것이 노골적인 형태로 펼쳐져 있다.

인간의 갖가지 욕망이 발가벗은 채 춤추고 있다.

아사쿠사는 도쿄의 심장……

아사쿠사는 인간을 사고파는 곳……

아사쿠사는 만인의 아사쿠사.

그곳은 모든 이들이 자신의 속내를 드러내도 괜찮은 곳.

대중이 시시각각으로 걷는 아사쿠사. 그 대중의 아사쿠사는 온갖 낡은 형식

들이 녹아 새로운 형식으로 바뀌는 주물 공장이다.

하루의 꿈. 지나가버린 것들에 대한 덧없는 동경.

아사쿠사의 정취. 새로운 추세를 무시한 채 근거 없이 진정한 아사쿠사를 비

통해하는 자들은 사라지네.

그대, 청결함을 신봉해 아사쿠사를 투명한 궁전으로 만들려는 자여, 물러나

라.

아사쿠사의 모든 것들은 속되다. 고상함 따위는 없다.

그러나 그들은 대중의 걸음걸이로 대담히 걷는다. 그들은 활기차게 움직인다.

새 시대의 서양화에서 양분을 섭취한 **모더니스트**들은 구리 동전 몇 닢으로 부

처의 은혜를 구하는 불교도들과 나란히 걷는다.

온갖 계층들과 모든 부류의 사람들이 이루는 거대한 인파, 모든 것이 한데 뒤

섞인다. 이 인파 밑바닥에 깔린 기묘한 **리듬**. 그것은 바로 본능의 흐름.

소리와 반짝임. 뒤엉켜 소용돌이치는 한 편의 웅장한 교향곡. 그곳에는 불협

화음의 미가 있다.

남자와 여자들, 그들은 이 색채와 음의 향연으로 흘러들어와 주위를 맴돌다 그 속에서 내일을 살아갈 희망을 찾는다.(SA, 3-5)

소에다 아젠보가 보기에 역사의 주인공과 주체는 곤다 야스노스케가 주장한, 공장의 시계에 따라 일과가 정해지는 노동자가 아니라 단편들의 다음 장에 등장하는 인물로서 '아침부터 한밤중까지 아사쿠사'에 죽치고 있는 거지이다. 이 장에서, 그리고 아사쿠사의 명소, 언어, 인물들을 다룬 소에다 아젠보의 짧은 에세이 전체에서 이 절박한(그러면서도 진취적인) 걸인-부랑자는 적극적이고 진취적인 일상을 살고 있는 것으로 조명 받는다.

에로라는 말은 소에다 아젠보의 책 각 장에 엄선된 부제들 중 어느 곳에도 사용되지 않았다. 하지만 오드리 로드Audre Lorde가 『힘으로서의 에로틱한 것The Erotic as Power』에서 정의한 바를 참조하면, 아사쿠사의 모더니티가 어떻게 에로틱했는지, 그리고 소에다 아젠보가 쓴 모던한 고전은 그것을 어떻게 알려주고 있는지 살펴볼 수 있게 된다. 오드리 로드에게 에로틱은 "여성의 생명력을 주장하는 것이며, 힘을 부여받은 창조적 에너지를, 지식을, 우리의 언어, 역사, 춤, 사랑, 일, 삶에서 우리가 이제 되찾고 있는 지식의 활용을 주장하는 것"이다. 비록 그녀에게는 "다른 이와 활동을 깊이 공유하는 데서" 생겨나는 에로틱한 힘이 꼭 "육체적"일 필요는 없었지만 오드리 로드는 에로티시즘의 신체적 측면을 부정하지는 않는다. 그녀는 신체의 율동성을 존중했으며, 서구에서 에로틱한 것이 포르노그래피로 변형된 것을 비난했는데, 그 이유는 "포르노그래피는 감정 없이 감각만을 강조하기" 때문이었다. 물론 오드리 로드는 1970년대 후반 자신이 다루는 주제이자 독자인 "여성으로서의 정체성을 갖게 된" 서구의 여성들에 관심이 있었다. 그럼에도 우리는 에로틱과 포르노그래피에 관한 그녀의 정의를 아사쿠사에 적용해볼 수 있다. (여성과 남성의 경험들이 항상 질적으로 다르며 감각들은 항상 문화적이고 역사적으로 규정된다는 사실을 염두에 둔다면) 우리는 그것을 소에다 아젠보가 묘사한 아사쿠사의 여성과 남성에게 모두 적용할 수 있다.[13]

우리가 포르노그래피에서 에로틱한 것을 구별해낼 때, 특히 기호와 정념을 한 가지 이상의 언어와 한 가지 이상의 문화 질서(말하자면 역사)로 연구하는 중일 때는 매우 논쟁이 분분한 복잡한 영역에 들어서는 것이다. 하지만 나는 우리가 일본 근대기를 오드리 로드의 "짜릿한 흥분"과 사랑, 일, 일상의 다른 면에서 저절로 드러날 수 창조적 에너지로 간주해보자고 제안하고 싶다. 아사쿠사의 이러한 에로티시즘을 살펴보는 것은 당대의 비평가들과 학자들이 새로운 관습과 행위에 열중한 일의 중요성을 다시 생각해보는 데 도움이 된다. 곤다 야스노스케와 곤 와지로는 새로운 관습이 생겨나는 것을 연구하려 했고, 오야 소이치는 그러한 관심은 모방적 차용에 지나지 않는다고 주장했다. 감각, 음식, 움직임, 시각으로부터 얻는 쾌락을 강조하는 것과 더불어 아사쿠사 안팎의 **생활**(즉 일상의 활동들로 이루어지는 일상생활)에 관심을 두는 것은 그 자체로 에로틱한 것이었다.[14]

물론 아사쿠사는 포르노그래피적이었다. 포르노라는 용어는 에로틱만큼이나 정의하기 어려운 단어지만, (우리가 서구 역사에서 얻은 결론이 일본의 역사에도 투사되고 있음을 인정하는 한) 이론적 연관성의 몽타주를 통해 1930년의 아사쿠사에 대해 정의해볼 수 있다. 나는 '서로의 욕망과 애정에 기초한' 에로티카와 '남성 지배와 여성 착취'를 전제로 하는 포르노그래피라는 구분을 받아들였다. 나아가, 결코 단일하지 않은 포르노그래피의 중심에는 '권력'이 있으며, 항상 여성의 '매매'와 관련이 있다. 린다 윌리엄스가 제시한 영화 속 포르노그래피적 요소의 정의, 즉 이러한 포르노그래피는

"젠더의 차이를 축으로 의미를 생산하는" 행위와 관련된 "시각적인 것들을 에로틱하게 구성하는 가운데 빚어지는 성적 환상, 장르, 문화의 합치"라고 한 말이 가장 적절하다. 아사쿠사에서 공창이든 사창이든 성산업에 종사하는 모든 매춘부와 여자 걸인들의 행위는 (다시 한 번 린다 윌리엄스의 말을 빌리자면) "여성의 섹슈얼리티와 성적 주체성에 대해 꼼짝 못하게 하면서" 이러한 의미에서 정말로 포르노그래피적이었다. 하지만 나는 대지진 이후의 아사쿠사를 포르노그래피적인 동시에 에로틱한 것으로 보며, 이 지점에서 아사쿠사에서 '포르노그래피적인 것'과 '에로틱한 것'을 구분하기 위해 서구의 19세기 포르노그래피와 20세기 포르노그래피를 구분한 린다 윌리엄스의 정의를 활용하고자 한다.[15]

린다 윌리엄스에 따르면, 19세기 동안 포르노그래피적인 것은 "일에 대한 생산주의적 사고방식, 엄격한 성차, 통제의 필요성"으로 정의되었다. 20세기 동안에는 포르노그래피가 "끝없는 쾌락에 대한 소비주의적 사고방식, 변화하는 젠더 관계, 자기방기에의 욕망"을 강조하는 쪽으로 옮겨갔다. 여성의 욕망은 여전히 남성의 욕망과는 다르다고 여겨졌지만 '욕망의 경제'라는 범주에서 벗어나 있지는 않았다. 린다 윌리엄스에 따르면 20세기의 사고방식은 여성을 다루는 데 좀 더 민주적이었다.[16] 나의 견해로는 근대 시기 아사쿠사에서는 두 가지 현상이 모두 존재했다. 물론 그곳은 여성이 서비스를 파는 포르노그래피적인 공간이긴 했지만 동시에 끝없는 쾌락과 변화하는 젠더 정체성을 추구하는 과정에서 여성을 행위자로 포함시키는 곳이기도 했다.[17]

1921년 곤다 야스노스케는 그러한 세계에 도취되는 기분을 "맛보고" 싶어 아사쿠사에 찾아왔던 이들에 관해 썼다. 1930년에 아사쿠사에 대한 그의 연구는 275개가 넘는 시설들(그중 많은 수가 바깥에서 온 손님들을 겨냥한 것이었다)을 기록하면서 음식들이 어떻게 소비되었는지 열거했다. 그가 음식점에 관심을 집중했음은 아사쿠사의 성과 관련된 경제에서 음식이 얼마나 중요했는지 보여준다.[18]

곤 와지로가 1929년에 지적한 것처럼 절망의 시기에 심지어 공황이 절정기였음에도 아사쿠사 식당가의 모토는 "싸고, 빠르고, 맛있게"였다. 1921년 곤다 야스노스케는 아사쿠사에서 팔리는 음식들이 어떻게 정의되었는지 살펴보았다. 아사쿠사에서 파는 덴푸라는 '아사쿠사 덴푸라'였다. 사람들은 그냥 장어구이가 아니라 '아사쿠사 장어구이'를 먹으러 갔다. 소에다 아젠보는 집으로 가는 마지막 기차를 타기 전에 아사쿠사에서 가장 맛있는 덴푸라를 찾으러 다니는 한 남자의 이야기를 들려준다. 그의 기념품은 음식에 대한 추억이었을 것이다. 곤 와지로는 『대도쿄 안내』(1929) 아사쿠사 편에서 곤다 야스노스케가 분류한 아사쿠사 음식의 유형들을 확인하고 수정했다. 곤다 야스노스케는 다음과 같이 각 음식들을 공급하는 업소들의 수, 비율, 위치를 기록했다. (1) 쟁반 위에 담아놓은 일본 진미 세트 메뉴, (2) 쇠고기, 닭고기, 물고기 찜, (3) 덴푸라, 면, 초밥, (4) (카페와 바에서 파는 음식이 포함된) 양식, (5) 중식 (6) 단팥, 밤, 절편. 이 가운데 덴푸라와 면, 초밥을 취급하는 식당들이 제일 인기를 끌었다(이런 식당은 전체 71곳의 식당 중 31.7퍼센트를 차지했다. 그다음으로 단품 메뉴를 파는 음식점과 '과자점'이 뒤를 이었다). 이 근대의 절정기에 곤 와지로는 쇠고기, 덴푸라, 중식, 초밥, 면이 가장 맛있는 식당을 포함해 아사쿠사에서 음식 종류별로 먹을 만한 곳들을 독자에게 알려주었다. 이렇게 아사쿠사라는 장소가 음식을 정의하기도 했지만 아사쿠사 또한 그곳에서 판매되는 대중 지향적 음식에 따라 정의되기도 했다. 대중들은 여전히 맛있는 음식이 주는 에로틱한 쾌락에 접근했고, 지식인들은 이 에로티시즘을 계속해서

기록했던 것이다.[19]

소에다 아젠보는 아사쿠사의 밑바닥 인생을 다룬 이야기에서 "놀랄 만큼" 번창하고 있던 다양한 싸구려 주점에서 파는 음식의 가격을 기록했다. 양식은 10전, 찜 요리는 15전, 정종은 15전이면 사먹을 수 있었다. 이 장에서 내가 "포르노그래피적"이라고 밝힌 옛 형태를 띤 에로티시즘 또한 매매되었다. 조세핀 베이커를 닮은 아가씨를 비롯해 여급들이 손님들 사이를 바삐 오갔다. 하지만 소에다 아젠보의 설명에 따르면 아사쿠사는 그럼에도 또 다른 형태의 에로티시즘을 제공했다. 그것은 바로 여성들이 감각을 극대화시킬 수 있게 한 소비 행태였다. 여성들은 이제 가족이나 남자들을 동행하거나 여자들끼리 저렴한 음식점에 드나들기 시작했다. 대지진 이후에 나타난 이 현상("오륙 년 전만 해도 꿈도 꾸지 못했을" 광경)은 소에다 아젠보의 표현을 빌리자면 "여성들의 행렬, 쇄도"였다. 여기에는 대중을 겨냥한 요리법을 배우고 싶어하는 《주부의 벗》 독자들도 당연히 있었다(SA, 84, 87-88, 90, 102).

《주부의 벗》이 음식 만들기를 권장한 측면이 어느 정도 있었다면, 아사쿠사를 둘러싼 담론은 의심할 여지 없이 음식을 먹도록 부추기는 반대 역할 이상을 했다. 이러한 상황에서는 메뉴들조차 자극적이었다. 여기에 소에다는 장황한 설명을 덧붙였다. 정부 규제로 자정 이후에 딱히 갈 만한 음식점이 없게 된 택시 운전수나 심야 손님들에게 어떤 음식점은 "신도 아니요, 자비 관음도 아니었지만" 구세주나 다름없었다. 이 손님들은 "죽순을 곁들인 **밥** - 10전, **햄 라이스** - 15전, **카레라이스** - 10전, **커피**, **차**, **탄산음료** - 각 5전"(SA, 92)으로 허기를 면할 수 있었다.

소에다 아젠보는 아사쿠사의 명물, 설탕과 간장을 넣고 구운 흰 둥근 경단인 "**하이카라**" 모찌의 감각적인 바삭거림을 다음과 같이 기록했다.

"일단 한 번 보고 맛을 보면, 그렇게 대단한 맛은 아니지만 그렇다고 그다지 맛이 없는 것도 아니고, 무엇보다도 배만큼은 확실히 채워준다"고 기록했다. 그런 먹거리는 아사쿠사에서도 최근에 생겨난 것이었다. 15년 전 세계적이면서도 국내산이 아님을 의미하며 엄청나게 유행한 **하이카라**라는 명칭은 대부분의 이 일본 음식들에 붙여졌다. 소에다 아젠보는 하이카라 모찌가 명칭으로 보나 형식으로 보나 가장 아사쿠사풍인 명물이라고 결론지었다(SA, 109-110). 또한 그는 독자들에게 아사쿠사에서 가장 빨리 먹을 수 있는 음식들을 알려주었다. 그에 따르면 (아사쿠사의) "서서 먹는" 음식점들은 "어묵을 얹은 오차즈케, 중국식 면요리, 양식, 닭꼬치, 덴푸라, 고기 국수, 쇠고기 덮밥, 쇠고기 볶음, 초밥, 단팥, 구운 장어, 꼬치에 구운 진짜 닭고기, 절인 야채를 얹은 오차즈케" 등을 팔았다(이 음식점들은 모두 "글래스 잔에 담긴 사케, 브랜디, 위스키, 포도주"를 곁들여 팔았다). 사실 좀 더 고급시설을 의미했던 다다미방에서 맛볼 수 있던 덴푸라는 실제로는 이러한 간이음식점에서 팔던 단순히 베낀 데 지나지 않았다. 아사쿠사 사정에 훤하던 사람들은 간단히 요기할 수 있는 덴푸라에서 얻을 수 있던 "아사쿠사의 행복"을 오랫동안 잊지 않았다(SA, 104, 108).

아사쿠사에 늘어선 카페들 중 하나인 릴리처럼, 분위기는 아사쿠사의 맛에 중요한 역할을 했다.

그곳은 정말 생기 넘치는 가게였다. 여급들은 상스럽지 않으면서도 쾌활하다. 노래, 노래, 노래. 이곳에서는 어지간한 우울은 모두 날아간다. 이는 결코 외설스러운 의미가 아니다. 30전짜리 '오제키'(술)는 진정 최고다. 사려 깊으면서도 요란스럽지 않은 여급들은 잔을 채워주면서도 안주를 강요하지 않는다. 손님들을 바보로 여기지 말 것. 그렇기 때문에 누구든지 이곳에서는 기분

좋게 취할 수 있다.

그러나, 끊임없이 바쁘게 움직이는 것이 아사쿠사의 템포다. 심지어 누군가 이 바쁜 박스 안에 사랑을 불러일으키려고 해도, 시간이 없는 것이다. 하지만 이 무의미한 재미가 이곳의 좋은 점이기도 하다. 음식은 그다지 훌륭하지는 않다. 커틀릿은 기형아마냥 쭈글거린다(SA, 99).

가와바타 야스나리의 아사쿠사(아사쿠사 뒷골목에 관한 보고서)

가와바타 야스나리는 『아사쿠사 구레나이단』의 참고자료로 소에다 아젠보의 글을 활용했는데, 이것은 현명한 선택이었다. 분명 소에다 아젠보는 아사쿠사의 냄새, 말, 소망에 정통했는데, 그에게 아사쿠사는 공동체 의식을 강화하는 공동체 예식들을 비롯해 전통을 과거로부터 물려받지 않고 현재에 창조해가고 있는 근대적 현장이었다. 의리義理와 인정人情이 아사쿠사와 이른바 나머지 '시내(시타마치)' 지역의 전통적인 공동체 문화를 나타내는 데 항상 쓰여왔음에도 소에다 아젠보가 아사쿠사 사회에 대해 이야기하면서 의리가 요구하는 것과 인정에 끌리는 것 두 가지를 단 한 번도 언급하지 않았다는 점이 가장 눈에 띈다. 그는 더 이상 바뀌지 않는 관습에 신경 쓰느니 아사쿠사에서, 근대인 현재에 진행되고 있는 코드전환에 대해 논의하길 원했고, 이를 위해 아사쿠사에서 책을 파는 어떤 호객꾼의 이야기를 인용했다.

나는 한 노인이 "이 영어에 관해서는 아무것도 모르오"라고 주장하는 것을 들었다. 그는 누군가에게 길을 알려주고 있었는데 "브릿지가 있는 지역으로 가서 마켓 너머에 있는 메일박스 모퉁이를 돌면 글래스 도어가 있는 집이 있는데, 그곳에 벨이 있소. 그곳이 바로 그 모던걸이 살고 있는 집이오"라고 말하고 있었다. 그의 말 속의 단어들은 죄다 영어 아니던가? 이것은 바로 영어가 어떻게 일본말이 되었는지 적나라하게 보여준다.

위 예문은 당시 일본에서 모션, 에로틱, 아나크로니즘, 클라이맥스, 콤비네이션, 에로토마니아, 코뮤니즘, 섹스, 이데올로기, 넌센스와 같은 단어들을 익히는 것이 얼마나 중요한지 보여준다(SA, 121).

소에다 아젠보가 장사치 노인의 말에서 인용한 핵심구절은 "바야흐로 스피드의 시대입니다! 모든 것이 곧장 핵심으로 넘어가지요. 그것이 '숏컷'입니다"이다. 다시 말해, 청중은 곧장 핵심으로 들어가서 별다른 수고를 들이지 않고 영어를 배웠다. 그들은 책을 한 권 사기만 하면 되었다.

실제로 외국어는 가와바타 야스나리의 기록 소설 『아사쿠사 구레나이단』에서도 낯설지 않은데, 그 이유는 소설의 화자와 독자들을 위해서는 아사쿠사 지역이 제대로 설명되어야 했기 때문이다. 이 소설은 '구레나이단의 아사쿠사'라는 제목이 더 어울렸을 것이다. 소설이 특정한 시기의 아사쿠사와 그 안의 공간들을 다루고 있기 때문이다. 『아사쿠사 구레나이단』은 다양한 자료연구뿐 아니라 가와바타 야스나리의 개인적 경험에 바탕을 두고 있는 것 같다. 따라서 이 소설은 기록 소설이라 부르는 것이 가장 적절해 보인다. 가와바타 야스나리가 아사쿠사에 던져놓은 인물들은 스피드의 시대를 존중하라는 소에다 아젠보의 글에 등장한 장사꾼의 충고를 따르고 있다. 그들은 어지러울 정도로 빠르게 이야기의 안팎을 넘나든다. 세이지 리피트Seiji Lippit가 "지도를 그리듯 세밀한 텍스트"라고 아주 적절하게 이름 붙였듯이, 파편들을 뭉쳐놓은 이 몽타주 소설에서 아사쿠사만이 유일하게 변함없다. 하지만 '구레나이단'의 단원들, 즉 소설의 화자를 아사쿠사의 거리와 골목들로 안내해주는 야심만만한 아이와 10대 등장인물들은 미미한 존재가 아니었다.[20]

이 소설에 등장하는 인물들에는, 수업이 끝날 때쯤 자신을 태우러 오는 아버지의 거룻배를 기다리는 동안 구레나이단에 들어오게 된 '배소년 토키코', 아사쿠사의 전형적인 불량소년으로 소개되는 우메키치(그에 관해서는 후에 그로테스크를 다루는 장에서 더 상세히 다룰 것이다), 대단한 남성 편력을 자랑하는 전설적인 집단의 우두머리 오싱이 있다. 또한 미친 여자인 오치요, 아사쿠사 어린이 도서관을 좋아하는 '열네 살짜리 소녀'에게 반한 왼손잡이 히코가 있다. 그가 좋아하는 소녀는 일주일 전에 처음으로 몸이 팔렸지만, 소녀 자신은 아직까지 상황 파악을 못하고 있다(KY 24, 26-7, 54-7). 소설에는 또한 마담, 포주, 걸인, 여점원, 경찰관 등의 조연들이 있고, 하루를 즐기러 아사쿠사에 온 인물들도 물론 등장한다.

하나의 이야기라고 말하기 힘든 이 소설의 중심에는 모던걸의 가장 다양한 면모를 보여주는 인물 유미코가 있다. 언니의 복수를 계획하는 일환으로 그녀는 갖가지 모습으로 변장한 채 여기저기 출몰한다. 그녀의 언니 오치요는 미친 여자로, 1923년 대지진 이후의 혼란기 동안 남자의 유혹에 넘어가 정신이 나간 후 버림받은 인물이다. 유미코는 언니의 복수를 위해 언니를 유혹한 장본인 아카기를 유혹할 계획을 세운다. 이 복수극이 절정에 이르면 유미코는 아비산亞砒酸이 든 알약을 입에 물고 아카기와 복수의 키스를 나누는데, 독자에게 유미코와 아카기의 뒤얽힌 운명에 궁금증을 자아낸다.

가와바타 야스나리는 사회적 논평을 통해 당시의 매체들이 스스로 에로틱이라고 명명한 것에 사로잡혀 있었음을 적나라하게 보여주었다. 그는 참조한 기록들 가운데 하나에서 1930년에 반복적으로 등장하고 있던 "에로티시즘"과 "불황"이라는 용어를 인용했다. 또한 그는 당시에는 낯설었지만 이제는 귀에 익은 "결식아동"과 "일가족 동반자살"이라는 말을 뽑아 썼다. 당시는 끊임없이 센세이션만 추구하던 신문 시장에서 계속해서 표현의 수위를 높여가던 때였다. 가와바타는 에로가 넘쳐흐르는 공연 출연진에 주목했다. 당국으로부터 검열을 당한 에로 댄스를 언급했고, 니혼칸日本館*이 '에로 에로 무용단'이라는 이름을 붙이자 쇼치쿠자松竹座**에서도 '댄스 에로'로 이름을 바꾸었다고 기록했다. 또한 아사쿠사 전역의 간판을 휩쓸던 이 단어는 가와바타 야스나리를 "에로의 여왕들"인 다니슬라프스키 자매들의 분장실로 이끌었다(KY, 167-168, 189). 소에다 아젠보와 곤다 야스노스케와 마찬가지로 가와바타 야스나리 또한 음식이 욕망의 활발한 자본주의 산물의 결과라고 인정하면서도 음식을 에로틱과 연관 지었다. 예를 들어, 소에다 아젠보는 "첫사랑의 맛"이라고 선전하는 단 음료 칼피스 광고(SA, 56)를 냉소적으로 인용했다. 아사쿠사 구레나이단의 여주인공은 이렇게 설명한다. "나는 아름답기 때문에 아사쿠사에서 벌어 먹고 살 수 있는 거예요."(KY, 25, 179-80).

---

* 1883년에 세워졌으며 1990년 전후에 폐쇄되었다. 아사쿠사에 있었던 연극장, 영화관으로 '아사쿠사 오페라'(1917~1923년)의 시대에 아사쿠사 공원 6구역에서 처음으로 오페라 상설관이 되었다.

** 1923년 만들어진 쇼치쿠자는 서양영화 흥행과 쇼치쿠자의 음악무용인 어트랙션 흥행으로 화제가 되었다. 아사쿠사 쇼치쿠자는 1928년에 개업했다. 아사쿠사 공원 6구역에 문을 열었으며 영화뿐 아니라 공연, 연극 등의 흥행도 주관했다.

먹는다는 것은 감각적인 쾌락을 제공했지만 동시에 아사쿠사 사회 깊숙한 곳에 있는 이들에게는 살기 위한 필사적인 행위이기도 했다. 가와바타 야스나리의 『아사쿠사 구레나이단』에서 아사쿠사를 누비고 다니는 화자는 대지진 이후에 명소가 된 장소 중 하나인 지하철 식당으로 가서 진열되어 있는 매혹적인 물건들의 이름을 읽는다. 처음에는 "히나단*에 장식하기에 어울릴 법한" 각양각색의 일본 과자가 나오고, 다음에는 "프루츠 젤리, 카라멜, 껌, 초콜릿" 등이 등장한다. 가와바타 야스나리는 또한 진열창에 전시된 견본 음식의 내용들을 기록했다. 이 화자와 그를 따라다니던 아사쿠사 패거리 중 하나인 10대 소녀는 통역의 도움 없이도 메뉴판에 쓰인 외국어들을 이해할 수 있었다. 1930년 무렵, 이 단어들은 저렴한 요깃거리로 배를 채우려는 일본인들이 매일 접하는 메뉴의 일부였다. 밥을 뜻하는 일본어도 사용되긴 했지만, 카레라이스에서 라이스는 감각적 소리들의 몽타주로 병치되었던 다른 외래 기호표현들이 그랬던 것처럼 (이국정서까지는 아니더라도) 외래어임을 나타냈다. 한자로 완전하게 나타낼 수 있었던 유일한 음식은 밥(御飯), 홍차(紅茶), 과일(果物) 정도였다. 다른 음식들은 모두 외국어를 표기할 때 사용하는 가타가나로 표기되었다. 그럼에도 이 외국 단어들은 모두 일본인에게 친숙한 것이었다.

밥, 빵, 커피, 차 - 5전

레몬차, 소다수 - 7전

아이스크림, 케이크, 파인애플, 과일 - 10전

후라이드 쉬림프, 카레라이스, 어린이 식사 - 25전

---

* 여자아이의 명절에 지내는 행사인 히나마쓰리에서 인형을 진열하는 계단식 단.

비프스테이크, 커틀릿, 크로켓, 햄샐러드, 양배추롤, 비프 스튜 - 30전

런치 - 35전 (KY, 112)

외래어는 일본에 완전히 정착했는데, 《주부의 벗》에서 샌드위치 조리법을 실은 지면 같은 곳에서 외국어를 쓰는 것이 일조했다. 가와바타 야스나리는 『아사쿠사 구레나이단』에서 이전에 쓰게ㄱ#(일정한 구역 없이 떠돌아다니는 거지)였던 겐이라는 인물을 통해 절박함을 구현해냈다. 그는 한때 노동자가 되려 했지만 경제 불황 때문에 이 "공원"으로 되돌아올 수밖에 없게 되었고, 이제는 끼니를 잇기 위해 효탄 연못에서 잉어 사료인 밀찌꺼기를 퍼내고 있었다(KY, 11-12).

큰 틀에서 보았을 때 가와바타 야스나리의 뒷골목 이야기에 에로틱한 색채를 가미하는 것은 음식을 열거한 부분이 아니라, 각양각색의 빛깔로 빚어지는 극명한 이미지들이다. 아사쿠사의 시각 효과를 독특하게 묘사하기 위해, 가와바타 야스나리는 1930년대 초 일본의 시각 매체에서 많이 받아들였던 러시아 구성주의의 기하학적 회화에서 흔히 찾아볼 수 있는 색채들을 활용했다. 화자가 자신을 아사쿠사의 명소들로 이리저리 데리고 다니다가 골목에서 따돌리는 10대들의 무리와 교류하는 과정을 감각적으로 표현하기 위해 붉은색, 초록색, 검은색이 다양하게 조합되어 사용되었다.

붉은색은 아사쿠사의 불량소년소녀들이 선택한 자기 패거리의 이름(紅団: 구레나이단)에 명확히 드러난 색이다. 소설 속 사건에 주로 등장하는 배의 이름에도 붉은색이 들어가며, 소설 속 정치세력화한 여점원들의 지하조직 이름도 바로 붉은오비회赤帯会였다. 아사쿠사를 이리저리 가로지르며 터지는 혼잡한 사건들의 와중에, 여주인공들을 여전히 괴롭히고 있

는 1923년 대지진의 기억과 강렬한 현재 사이에서는 붉은색 이미지가 두드러진다. 소설의 도입부에 등장하는 피아노를 치는 소녀는 붉은색 연주복 드레스를 입고 있다. 소녀는 그해에 한창 유행한 춤곡 가운데 하나인 '찰스턴'을 연주하면서 그에 맞춰 마치 재즈처럼 휘파람을 분다. 그녀는 빨간 리본과 진한 붉은색 립스틱을 과시한다. 다른 장면에서는 붉은 담요를 둘둘 만 채 잠들어 있는 거지가 있는가 하면, 뱃전에 붉은색 빨래가 걸려 있는 장면도 있다. 1923년 대지진 이후 아사쿠사에서 배급된 수건에는 붉은 줄이 두 줄씩 쳐져 있었다. 모던걸에 대한 묘사에 힘을 실어주었던 것처럼 의상은 여성 주인공들의 신체를 표현했지만 가와바타 야스나리는 또한 여성의 신체를 표현하는 데에도 붉은색을 직접 썼다. 뮤지컬 레뷰인 카지노 폴리ヵジノフォーリー에서 스타킹을 신지 않은 여무용수들의 다리에는 모기에 물린 붉은 자국이 있으며, 또한 그들의 다리는 겨울 추위로 시뻘게졌다(KY, 17, 22, 30, 42, 52, 81).

붉은색은 아사쿠사의 거리를 장식한 여성들의 옷에만 있지는 않았다. 상품이나 공연을 홍보하는 붉은 깃발들도 있었고, 네온사인에도 붉은 불빛이 있었으며, 손바닥 크기의 붉은색 전단도 있었다. 아사쿠사 구레나이 단원들이 신사나 절에서 뜯어낸 센자후다千社札*를 모던하게 변형한 예도 있었는데 그들은 이것을 "명함이자 신분증이면서 위험신호로" 활용하고 다녔다. 그들은 이것들을 아사쿠사의 신사 기념물과 세속적 명물에 붙이고 다녔다. 그리고 오전 5시 30분이 되면, "아스팔트는 분홍빛으로 물들고", "아직 잠들어 있는 거리에 흩뿌려진 붉은색 종잇조각들이 아주 선명하게 떠다닌다"(KY, 66, 150-151, 197-198). 기무라 이헤이와 같은 당대의 사

---

*   신사나 절에 참배했다는 기념으로 붙이는, 자신의 이름이나 주소를 적은 종이.

진가들은 1930년으로 넘어가는 무렵에 아사쿠사 군중을 배경으로 어지럽게 널린 갖가지 형상과 표지들을 포착한 흑백사진을 남겼다. 가와바타 야스나리 역시 같은 맥락에서 붉은색을 사용한 것이다.

붉은색이 지배적이긴 했지만, 구레나이단원들이 뿌린 작은 전단에는 붉은색과 함께 녹색이 쓰였는데, 소설의 화자가 생각하기에는 교통 신호등에서 착안한 것이었다. 작품 속에서 붉은색과 녹색을 병치한 예는 또 있다. 찰스턴 춤을 추는 어린 소녀는 붉은색 장난감 공과 녹색 공을 팔고 있으며, 비행선은 아사쿠사 위로 붉은색과 녹색 빛을 번쩍인다. 그리고 거지 소년은 빨강과 녹색 불빛을 뿜어내는 장난감을 팔고 있다(KY, 17, 73, 119, 150). 또 다른 색의 조합도 있다. 피아노 치는 소녀의 하얀 맨 다리는 붉은 옷과 검은 피아노와 대조를 이루며 매우 감각적이다. 붉은오비회에는 검은오비회黑帶会가 합류한다. "한껏 차려입은 미친 여인"의 수놓은 주홍빛 옷깃은 "기묘하게도 슬퍼 보인다"(KY, 15, 29, 153). 가와바타 야스나리는 성적이고 에로틱한 변장을 한 인물들의 의상을 묘사하는 데 몰두했으며, 그때마다 자주색과 노란색을 포함한 다양한 색들이 작품 곳곳에 등장했다.

가장masquerade이라는 주제는 붉은 옷을 입고 검은색 피아노를 치는 소녀가 등장하는 부분부터 도입된다. 소녀가 입고 있는 옷은 세미 이브닝 드레스라기보다 정통 연희복에 가깝다. 유미코는 변장하는 취미를 갖고 있다. 화자가 처음 유미코와 마주쳤을 때 그녀는 맨발에 단발머리를 하고 있었다. 방금 소개한 장면인 서민아파트 입구에서 피아노를 치고 있던 붉은 드레스의 소녀도 바로 유미코다. 후에 유미코는 회전목마의 매표소 아가씨로, 극장 관객 중 점잖은 아가씨로 변장한다. 또한 수족관의 구경꾼 가운데 머리를 땋은 소녀도 유미코다. 그녀는 대지진이 일어났던 날 밤 언니를 범한 장본인 아카기를 뒤쫓고 있었던 것이다. 이야기의 마지막 부분에서, 화자는 1전짜리 증기선을 기다리는 대합실에서 유미코를 만난다. 그녀는 이제 오시마의 동백기름을 파는 아가씨로 변장한 채 여전히 시시덕거리고 있다.

『아사쿠사 구레나이단』을 독특하게 학구적이고도 예리하게 해석한 마에다 아이는 유미코의 변장이 "'어둠의 도시' 아사쿠사의 은유"이며 그녀의 변장이 모호한 원인은 그녀의 양성성에 있다고 주장한다.[21] 하지만 유미코의 변장은 또한 다카라즈카 가극단에서 소년 역할을 맡는 소녀들과 소녀 역할을 맡는 소녀들이 하는 가장으로 읽힐 수도 있다. 유미코는 변장을 바꾸며 계속 움직이고 겉으로 내뱉는 말과는 반대로 아주 철저한 계산 아래 움직인다. 예컨대 아카기에게 "자신을 여자로 만들어달라고" 간청하지만, 그렇게 무너질 것처럼 조르는 것이야말로 오히려 유미코가 지닌 힘을 보여주는 사례이다. 가와바타 야스나리는 유미코를 남성적으로 묘사한다. 심지어 남자 구레나이단원인 아키코라는 인물까지 만들어 내는데, 이 아키코는 변장한 유미코인 것으로 드러난다. 유미코의 글씨체는 남자의 필체처럼 보이며, 그녀의 팔다리는 소년처럼 늘씬하다(KY, 69, 97, 123). 하지만 유미코의 남성성은 그녀가 여성이라는 것을 전제로 하고 있다. 이는 모던한 의상에 심취하는 전형적인 모던걸이 보여주는 적극성이었다. 하지만 유미코의 주체성은 메리 루소Mary Russo가 "여성 그로테스크"를 예찬하면서 제시한 이상적인 '정상의' 페미니스트 의식이다. 루소에 따르면 그러한 페미니즘은 "이질적이고, 기이하고, 다채로우며, 들쑥날쑥하고, 대립적이면서, 불완전하고, 불안정하면서 위태로웠다." 유미코는 실제로 자신이 "반은 남자"라고 말한다. 하지만 유미코는 남성이 아니다. 유미코는 대지진 이후 언니가 정신이상자로 전락한 데 대한 반항으로 자신의 앞날을 스스로 개척해나가겠다는 예언을 빈정거리는 투로 이야기한다. "나는 여자가 아니에요. 언니를 지켜보았기 때문에 어려서부터 결코 여자는 되지 않겠다고 생각했어요. 그랬는데, 남자란 놈들은 정말로 나약하기 그지없어. 어느 놈도 나를 여자로 만들어주고 싶어하지 않아요"(KY, 39, 41).

유미코의 그로테스크한 남장, 그러나 더욱 그로테스크한 여장차림은 여성성의 "가장"을 정신분석학적으로 다룬 조안 리비에르Joan Rivier를 메리 앤 도앤Mary Ann Doane이 다시 주목한 이후 페미니스트들이 숙고하며 다듬어온 문제와 부합한다. 메리 앤 도앤의 용어를 빌리자면, 가장은 "여성성을 과시"한다. 팜므 파탈이 위협적인 것은 자신과 "여성으로 드러나는 여러 가지 표현법" 사이에 중요한 거리를 유지하고 있기 때문이다. 유미코는 그렇게 도발적인 여인이다. 유미코는 여성이 남장을 할 수 있게 허용하는 이중 기준에 대한 메리 앤 도앤의 설명을 예증한다. 도앤은 여성이 "최소한 다른 사람인 척하는 것을" 가능하게 하며 "옷이 남자를 만든다고" 언급했다. 반대로 남성은 성적 정체성 안에 갇혀 있다. 가와바타 야스나리의 의견도 같다. "남장을 하고 떠도는 여자는 아주 가까운 곳에 얼마든지 있다. 그런 것쯤은 웃어넘길 수 있다. 그러나 여자 가발을 쓰고 뽀얗게 화장을 한 여장 남자가 한 남자를 데리고 절 뒤의 어둠 속으로 살그머니 사라진다. 이런 상황에 맞닥뜨리면 마치 기이한 도마뱀이라도 본 것처럼 등골이 오싹해진다"(KY, 66).[22]

유미코는 "복수심에서 여성성"을 십분 활용하는 모습을 발산하고 있음을 충분히 의식하고 있다. 자신을 아사쿠사의 **마네킹걸**이라고 부르면서, 가발은 들통 날 염려가 가장 적으면서도 "머리를 땋은 아가씨"처럼 보이게 하기 때문에 자신이 가발(필연적으로 남자들을 흥분시킨다)을 쓰고 있다고 설명한다. 유미코는 독 키스라는 방법으로 아카기를 공격하기 위한 사전

준비로 옷과 체위로 유혹하는 상황을 치밀하게 연출한다(KY, 47, 67, 69-101). 그녀는 자신이 여성성을 연기하고 있음을 잘 알고 있다. 즉, 수 엘런 케이스Sue-Ellen Case가 크게 다루었고 메리 앤 도앤이 예찬한 여성성을 연기하고 있음을 잘 알고 있는 것처럼 보인다. 그러나 동시에, 유미코의 불안은 변장이라는 개념을 "잠재적으로 불안하고, 불편하고, 일관성이 없는 데다 육체적으로 고통스럽고 무엇보다도 여자에게 적합하지 않은 태도"라고 정의한 리비에르의 개념에 대한 도앤의 비평을 암시하기도 한다(KY, 225).[23]

"여성의 안정된 태도가 불가능함"은 『아사쿠사 구레나이단』 작품 전체에서 드러난다. 앞서 모던걸 부분에서 다룬 『치인의 사랑』의 주인공 나오미를 만들어낸 다니자키 준이치로처럼 가와바타 야스나리 또한 일본의 근대 시기에 성별의 구분이 확립되지 않았음을 잘 알고 있었기에 이러한 흐름에 직면해서 남녀의 성별을 계속 분리하기로 결심했다. 결국 그는 성별의 이분법을 고수했던 것이다. 하지만 다니자키 준이치로와 달리 그는 외국 문화의 갑작스러운 유입에 위협을 느끼지는 않았다. 가와바타 야스나리는 외국문화를 변형시킬 수 있는 것으로 여겼다. 토도로프의 용어로 설명하자면, 외국문화는 새롭고 모던한 일본문화를 구성하게 되었다. 그러므로 1930년의 아사쿠사와 (범위를 조금 더 넓혀 일본에서) 문제가 되는 것은 여성이 서구적으로 가장하는 것이 아니라 여성적인 것으로 가장하는 것이었다. 결국, 여자를 만드는 것은 남자였다. 가와바타 야스나리는 이를 '진짜 여자'인 하루코를 통해 보여주는데, 하루코는 납치당하고, 겁탈당하고, 알몸으로 계속 갇혀 있게 된 후 여성으로서 자신의 성적 특질을 확인하면서 비로소 "여자로 길들여진다"(KY, 211, 216). 결국 가와바타 야스나리나 유미코 모두 카페 여급이 파는 젠더의 이분법적 본질주의에 도전한 것은 아니었지만 유미코가 변장한 모습은 아사쿠사가 지닌 에로틱한 에너지를 자극하며 과시한다. 이 에로티시즘은 유미코와 같은 여성들이 의식적으로 구경거리가 될 수도 있고 구경꾼이 될 수도 있는 여지를 준다. 가와바타 야스나리의 소설에 등장하는, 아사쿠사의 모던한 공간에 참여하는 여성들은 동작과 자태에서 에로틱을 겸비하고 있다. 이 여성들은 그 육체가 상품화되었지만, 동시에 음식점이나 사격 게임장, 레뷰홀, 영화관 등에서는 능동적인 소비자이자 관객이었다. 그중 영화관은 에로틱한 판타지들이 가장 가득 찬 장소였다.

할리우드 판타지(이와사키 아키라, 포크 커틀릿과 돈가스)

곤다, 소에다를 비롯한 이들이 일찍이 지적한 것처럼, 영화는 아사쿠사 문화의 중심이었다. 마찬가지로 아사쿠사 또한 일본 영화문화의 중심이기도 했다. 영화사의 제작자들은 영화가 매주 개봉될 때마다 극장 밖에 늘어선 관람객의 줄을 보고 전국에서의 흥행을 가늠하기 위해 아사쿠사를 찾았다. 1929년에는 유성영화들이 아사쿠사의 영화 팬들에게 최초로 공개되었으며, 심지어 불황으로 거의 모든 상업 오락물이 줄어드는 와중에도 군중은 여전히 아사쿠사를 찾았다. 전형적인 영화 팬은 대부분 영화 한 편과 간단한 식사를 할 수 있을 정도의 돈을 챙겨야 했다. 영화 한 편과 덴푸라 덮밥 한 공기는 각기 40전 정도였는데, 이 당시 일용직 노동자의 하루 평균 수입은 (은행원의 초임 일당 70엔과는 대조적으로) 1엔 63전이었다.[24]

곤다 야스노스케가 말한 "영화 열풍"이 빚는 에로티시즘은 아사쿠사의 '극장가'에 즐비한 극장들 안팎의 움직임과 모습으로 드러났다. 이곳의 환경은 그 자체로 시각적인 몽타주를 구성했다. 극장 앞과 거리에 내걸린 현수막들에 서로 눈에 띄기 위해 쓰인 광고문구와 영화 제목은 사무라이극과 할리우드 여배우들을 그려놓은 거대한 광고판과 병치되었다. 아사쿠사를 찍은 사진 속에 담겨 있는 이러한 이미지들은 아사쿠사의 움직임과 활력을 상상할 수 있게 하지만, 여기서 아사쿠사를 비롯한 일본 내 다른 지역의 열성 관객들에게 영화를 보러 가는 것이 어떤 의미를 띠고 있는가와 같은 관객성에 대한 문제는 파악하기가 훨씬 힘들다. 근대의 유명한 두 영화 평론가의 견해는《영화의 벗》이 할리우드(영화)에서 벗어날 수 없었던, 일본 근대의 "할리우드 판타지"를 더욱 폭넓게 이해할 수 있게 해준다.[25]

이와사키 아키라는 영화사의 단계 이론을 제시하며 "미국의 시대"(1914~1918)에 자본주의의 거대한 영화와 스타 시스템이 일본의 프티부르주아 및 프롤레타리아 계급 관객들에게 부르주아 소비문화를 선전하며, 이들을 쇠락하는 부르주아 에로티시즘에 끌어들였다고 썼다. 여기서 이와사키는 성적인 페티시즘을 연상시키는 타락한 에로티시즘과 건강한 에로티시즘을 명확하게 구분했다. 에로티시즘에 두 가지 유형이 있었던 것처럼, 미리엄 한센을 비롯한 이들이 주목했듯이 소비문화에서 자본주의 영화의 관객성 또한 두 가지로 나뉜다. 미리엄 한센의 분석은 영화의 잠재력에 관한 이와사키 아키라의 인식을 상기시킨다. 또한 그녀의 분석은 가족 간의 애정과 매끄러운 역사적 연속성에 관한 편협한 공적 담론이 1920년대와 1930년대 일본의 근대 관객성에 의해 도전받았을 것이라는 나의 확신을 뒷받침해준다. 미리엄 한센에 따르면, 관객성은 소비주의의 모순들을 일정하게 유지시키는 전략으로 볼 수 있었다. 이러한 모순들에는 "풍요로움과 이국적 화려함을 담은 유토피아적 이미지와 구매력 형성에 반드시 필요한 산업자본주의적 훈육 및 소비주의 욕망을 창출하기 위해 활용된 관능성 사이의 모순"도 포함되었다. 이와사키 아키라에 따르면 영화의 모더니티는 대중 관객들에게 다가갈 수 있는 능력에 있었다. 말하자면 영화는 "대중에 다가가는 것, 대중을 움직이는 것, 대중을 조직하는 것, 대중들에게 즐거움을 선사하는 힘을 지닌 것"과 관계가 있었다.[26]

근대에 대한 이와사키 아키라의 태도는 그 시대 대중매체 담론에 아주 중요한 것이었다. 영화는 현재의 "템포"이며 재즈에는 "울트라 모던한" 감정을 전달하는 리듬이 있었다. 또한 재즈는 행동을 자극하는 역할로 보아 현대의 일상에 어울렸다. 이와사키는 몽타주에 바치는 찬사에서 모던에 주의를 집중했다. 그는 재즈의 "리듬" 때문에 "리듬"과 "템포"로 구성된 몽타주의 리듬이 환상에 이르고 기억을 재현하는 데 활용될 수 있다고 주장했다.[27]

1930년 7월 《중앙 공론》에 실린 「영화 이데올로기」에서 이와사키는 일본의 영화 관람사를 간략하게 소개했다. 10년 전만 해도 영화는 "인기 있는 오락"으로 통했지만 동시에 "활동사진"이 초등학생에게는 위험하다고 보았기 때문에 초등학생의 출입이 금지되기도 했다. 이후 영화는 향수나 포장된 약품, 강철 같은 물품 생산과 더불어 수익성 좋은 사업이 되었다. 그리고 이제 영화는 예술이 되었고, 커피가 식는 줄도 모르고 "영화의 매력, 그것의 스피드, 리듬, 모더니티"에 관해 토론하는 영화 팬들에 의해 분석되었다. 검열을 통과해야 하는 국가 이데올로기를 조심스럽게 비판하면서, 이와사키는 영화 또한 정치적이 되었다는 점에 주목했다. 영화는 "제국교육칙어와 같은 설교"가 될 수도 있었다. 그는 곤 와지로가 조사한 슬럼 지역인 혼조와 후카가와 인근에서 열린 "프롤레타리아 영화의 밤" 기간에 상영된 대중영화에 공감하고 있음을 분명히 했다.[28]

이와사키 아키라의 「영화 이데올로기」가 영화사였다면, 「영화의 역사」

는 소설에 가까웠다. 거기에 실린 '이야기들' 중 하나인 "캘리포니안 랩소디"는 분명 할리우드 영화 시나리오를 회고할 의도였으며 "색소폰 같은 키스"와 1927년 5월 5일 베벌리 힐스 저택의 침실과 알몸의 나른한 여주인공이 대리석 욕조에서 목욕하는 오프닝 장면을 언급하면서 끝맺는다. 영화에는 외눈 안경을 쓴 자본가와 스튜디오의 단역 연기자인 클라라 브룩스Clara Brooks도 등장한다. 모던걸의 전형인 클라라 브룩스는 당시 할리우드의 신예 클라라 보와 루이스 브룩스Louise Brooks를 빤히 보이게 합쳐놓은 인물이다. 그녀는 '보이시 보브'와 계급의식을 모두 자랑스레 드러낸다. 이혼 소식을 전하는 신문의 헤드라인을 통해 잠시 등장하는 남성 우상이자 시니컬한 영화배우였던 찰리 채플린은 이렇게 반응했다. "천재는 자기와 결혼하지 않은 모든 여성들에게는 추앙을 받고 자기가 결혼했던 여성들에게는 멸시받는 법이죠."[29]

할리우드의 황홀한 매력은 스튜디오의 파업을 다룬 마지막 장면에서 계급투쟁에 대한 이와사키 아키라의 시각과 합쳐진다. 이와사키는 할리우드랜드라는 볼드체 대문자가 다른 글자들보다 두 배는 더 크게 쓰인 '전광판'에 다가간다. 이 극적인 광경에 이어 할리우드랜드의 어둠 속에서 목소리가 들려온다는 이와사키 아키라의 자유로운 결말이 등장한다. 그는 그 목소리가 단역들을 지휘하는 감독들의 것인지, 아니면 그 반대의 것인지를 독자들에게 알려주지 않는다. 계급투쟁은 어디서나 일어날 수 있다. 그 와중에도 할리우드는 건재할 것이다. 이와사키는 멜로드라마적 상상과 예리한 비판을 섞어 할리우드의 존재를 찬양하는 동시에 의문을 제기했다. 그의 비판은 할리우드와 일본 영화계 모두를 향한 것이었다.[30]

----

* 남자처럼 짧은 머리 스타일.

같은 책에 실린 이와사키의 두 번째 글 「아메리카 비극」은 "근대의 노예시장"인 미스 텍사스 선발대회가 열리는 엘 파소를 배경으로 한다. 미인대회 우승자인 플로벨 리는 잡지 《모션 픽처 매거진》에서 읽은 별자리 점에 고무되어 할리우드에서 남태평양의 기분을 낸다.[31] 그곳이 바닷가이기라도 한 듯 그녀는 벌거벗은 채 붉은색과 녹색의 글자들로 점점이 박혀 자본주의의 사치품들을 광고하는 장황한 네온 불빛 속에서 술을 마시며 걷는다(인상적인 마지막 네 줄의 광고 문구는 술에 취한 입장에서 쓰인 것이다).

애로우 칼라 ARROW COLLAR

데브리스 무비카메라 DEVRYS MOVIECAMERA

해피 히트 HAPPY HIT

잇츠 토스티드 IT'S TOASTED

펩소던트! PEPSODENT!

해브 어 체스터 HAVE A CHESTER*

플로벨 리는 말하는 오랑우탄과 세르비아 거인과 함께 할리우드에서 인기를 얻게 된다. 그러나 결국에는 다른 남자의 "품에서 나는 냄새"로 인해 비참하게 버림받는다. 요컨대, 이와사키의 할리우드 이야기는 미스 텍

---

* '애로우 칼라'는 1905년부터 1931년까지 애로우 제품 광고에 등장한 남성 모델의 애칭인 애로우 칼라 맨에서 따온 것이다. '잇츠 토스티드'는 아메리칸 타바코가 1917년 럭키 스트라이크를 출시하면서 내건 슬로건이다. '해피 힛츠'는 '럭키 스트라이크'를 잘못 읽은 것이다. '펩소던트'는 치약과 구강청결제 광고로 유명한 브랜드이다.

사스의 누드 이미지와 할리우드의 치정으로 드러나는 할리우드 에로티시즘의 맹목적 숭배 형태들을 조명했던 것이다.[32]

이와사키 아키라는 한 그리스 고전학자가 펜실베이니아 주의 검열관이 되는 상상 속 이야기 「사랑의 시愛のアンソロジー」에서 좀 더 직접적인 정치적 논평을 드러낸다. 이 검열관은 자기가 지금까지 이피게니아와 엘렉트라의 세계에 취해 있었기 때문에 영화가 상영되는 동안 100퍼센트급의 "흥분"을 보여줄 수 있었고, 그럼으로써 성적 매력에 대한 민감성을 확인하는 이 테스트에서 상대들을 물리칠 수 있었다고 떠들어댄다. 이 덕분에 그는 도덕적 행위를 판단하는 심판자가 되는 데 성공할 수 있었다. 일본 독자들은 이 이야기에서 사실 도덕적으로 코드화된 용어들이 전부 일본 검열관들의 언어에서 가져왔음을 알아차렸을 것이 틀림없다. 펜실베이니아 출신의 대단한 검열관이 자기가 국체國体(이 말은 유일무이하고 신성불가침한 일본 국가 체제를 가리킨다)를 염려하고 있음을 고백할 때, 이 뒤바뀐 코드전환은 명백한 정도가 아니다. 이젠 아예 미국인이 이데올로기적 색채가 다분한 일본말을 받아들인 것이다.[33]

이와사키 아키라는 자본주의에 대한 논의와 국가의 탄압 위험을 농담조로 말했지만, 동시에 "새로운 바벨"의 위험을 인정하지 않을 수 없었다. 시장에 유성영화들이 넘쳐나는 상황에서, 이제 문제는 이해와 소통을 고려하는 보편적인 코드전환에 관객들이 관여할 수 있는지 여부 또는 사실상 무성영화가 더 국제적인지의 여부였다. 1930년 이와사키 아키라는 무성영화를 "비주얼 에스페란토어"라고 불렀다. 1931년에는 이미 도쿄, 베를린, 파리 영화팬들의 세계를 흔들어놓은 "새로운 바벨"을 비판했고, 5년 후에 쓴 또 다른 할리우드 이야기 「토키의 연대기トーキーの年代記」에서도 다음과 같이 비난을 이어갔다. "새로운 바벨이 초래한 무질서가 가중되고

있다. 이제 유럽, 중국, 아프리카, 라틴 아메리카의 관객들은 더 이상 미국 영화를 이해할 수 없게 되었다. …… 나사렛 목수의 아들이 하느님과 사람의 아들을 중재했던 것처럼 이제 새로운 메시아가 필요하게 되었다."

이와사키는 실제로 메시아가 등장했으되, 백인 청년의 모습이 아니라 홍인종, 흑인종, 황인종 남녀의 모습으로 등장했다고 결론 내렸다. 그는 유성영화의 자막을 쓰는 사람을 직접 지칭하지는 않고, 그 대신 십자가가 아니라 "외국어부"라는 금박 글자로 장식된 "성스러운 방"을 언급했다. 그는 세계 자본주의 체제 내에서 소비될 언어를 만드는 가상의 새 관료 집단을 만들어냈다. 그가 "인종 전시장"이라 부른 갖가지 부류에는 단신의 일본인 변호사, 아름다운 아일랜드 처녀, 이탈리아로 도망쳐온 공산주의자, 뉴욕에서 반일 집회를 선동한 중국인, 간디의 제자였던 인도인(인디아 대륙에서 온 그는 좋은 호텔에 기거하며 '비프 스테이크'를 먹고, 카마수트라를 수행한다)이 포함되어 있다. 새로운 바벨은 동일한 메시지를 전달하는 데 수많은 언어를 사용한다. 번역은 일차원적이고 일방적으로만 이뤄진다. 미국 유성영화의 언어는 외국 문화권 관객들을 위해 번역되었지만 (미국 자본주의의 힘에 사로잡혀 있는) 관객들끼리는 서로 소통할 수 없었다. "그들은 자기들끼리는 전혀 대화를 나눌 수 없지만, 똑같은 **타자기** 자판을 두드리며 모두 같은 일을 하고 있다. 'Oh, Jimmy, you're a sheik. Look out, you're hooked onto my best shimmy!(오, 지미! 당신은 상남자야! 봐, 내 끝내주는 허리춤에 걸려들었잖아!)'와 같은 속어들을 어떻게 말하겠는가? 중국어로? 아니면 스페인어? 그도 아니면 힌두어? 일본어? 페르시아어?"

이 바벨탑은 서로 이해할 수 없을 뿐 아니라 획일적이기도 했다. 이와사키 아키라는 세계 전체가 오직 하나의 문화와 하나의 경제만 듣고 있다고 주장했다. "**토키**는 미국 노래와 **레코드**만 전하는 데 그치지 않는다. 토키는 늘 미국 정유와 철강, 석탄과 자동차, 비행기와 전함, 대외정책과 제국주의도 함께 싣고 온다. 쿠바로, 코스타리카로, 과테말라로, 중국으로, 전 세계로 뻗어나간다."[34] 자본주의 문화제국주의에 대한 이와사키 아키라의 비판은 영화계 너머까지 확대되었다. 1936년 그는 서구 음악이 일본의 상황에 맞게 받아들여지더라도 그것은 포크 커틀릿이 《주부의 벗》의 독자들이 주로 먹는 '돈까스'가 되는 정도에 지나지 않다는 견해를 피력했다. 그는 서구 음식과 그것의 일본식 변형에 대해 시큰둥했듯이 근대문화의 이 초문화적이고 대중화된 움직임을 비하적으로 사용했던 것 같다.[35]

이와사키 아키라는 1935년 중국인의 일상 경험을 알지 못했음을 해명하면서 자신의 바벨탑 경험을 독자들과 공유했다. "내가 일본인이라고 말한다고 해서 내가 모국애에 대해 국수적國粹的 견해를 가지고 있다는 의미는 아니다. 생활을 영위하고 일본인으로 교육받고, 어쩔 수 없이 내적으로는 일본인으로서의 정서적, 지적 범위를 벗어나지 못하는 한 인간으로서 나는 일본 영화에 100퍼센트 공감하고 이해할 수 있지만 외국 영화와 관련해서는, 특히 중국 영화와 관련해서 이 퍼센티지는 현저히 줄어든다. 다시 말해, 나는 중국의 생활이나 그것의 정서적 측면이 어떤 형태로 드러나는지 거의 알지 못하며, 특히 중국어는 단 한 마디도 모른다. 즉 나는 그런 종류의 인간이라는 의미다."[36]

비록 이와사키 아키라가 할리우드 판타지에 비판적이긴 했지만, 그가 쓴 할리우드 이야기에는 사실상 직접적이든 간접적이든 미국 영화 문화의 인종주의가 포함되어 있었다. 일찍이 1927년에 쓴 「캘리포니안 랩소디」에서는 "깜둥이 요리사의 웃음소리"를 언급했고, 1936년에 영화가 주는 자극들에 관한 논의에서는 순수혈통의 미국인 유형에 맞춘 인종적 · 민족적 흥미와 계급적 흥미를 일으키고 흑인들과 중국인들의 경우 침략해

온 압제자들을 거론할 필요가 있음을 언급했다. 이와사키는 사람들의 비방에도 물러서지 않았는데, 이는 상하이에 대한 그의 묘사만큼 자연스러워 보였다. 그는 상하이에 국제적 취향처럼 미국식 **춥 수이**(다진 햄버거, 토마토소스와 마카로니를 섞어 내는 요리)가 있다고 했지만 이국적인 상하이가 할리우드의 산물임은 알아보면서도 일본인의 존재가 그 풍미에 일조하고 있음은 생각하지 못했다. 그는 다음과 같이 결론지었다. "상하이에서는 사랑스러운 **상하이 릴리***가 길모퉁이에서 정말로 기다리고 있는 듯하다." 결국 할리우드 비평가 이와사키 아키라는 할리우드 에로틱 판타지의 이국적 정취에 속아 넘어간 관객이었다.[37]

오사키 미도리(지팡이와 모자 애호)

이와사키가 할리우드 에로틱을 되살려냈던 것과는 대조적으로 오사키 미도리**는 관객으로서, 나아가 에로틱한 여성 관객으로서의 자신의 신분을 과시했다. 그녀가 욕망했던 대상은 바로 찰리 채플린이었다. 영화 비평에서 오사키 미도리는 근대에 관한 글을 쓰던 대부분의 일본 비평가들보다도 영화가 감성에 호소하는 매력을 잘 전달할 수 있었다. 그녀가 비록 다른 영화팬들을 대변하지는 않았지만 자신만의 판타지 세계를 묘

---

* 마를렌 디트리히를 가리킨다. 북경에서 상하이까지 가는 기차여행이 열차강도의 공격으로 중단되는 이야기를 그린 〈상하이 익스프레스〉(1932, 요제프 폰 슈테른베르크)에서 마를렌 디트리히는 여주인공 상하이 릴리를 연기했다.

** 1896~1971. 소설가. 작가 활동은 짧았지만, 여전히 참신하게 다가오는 그녀의 작품은 오늘날 활발한 재평가가 이루어지고 있다.

사해놓은 것을 보면 어떻게 일본 영화팬들이 영화배우들의 이미지와 몸짓에 에로틱하게 사로잡힐 수 있었는지 인식할 수 있다.

이 지적이고도 예리한 작가는 이제는 잊혀가는 조세핀 베이커의 찰스턴 춤의 리듬에 대한 기억과 1930년 영화 문화를 어지럽히는 "에로틱한 여배우들의 비상"을 대비시키며 잘못된 에로티시즘은 비난하면서도 판타지는 존중했다. 심지어 조세핀 베이커마저도 어떻게 성적 매력을 잃게 되었는지 떠올렸을 때 이 평론가는 아마도 의도치 않게 여성 관객들을 대변한 셈이 되었다. 조세핀 베이커의 춤은 처음에는 신경이 거슬렸지만 조금 봐줄 만하다 끝내 지루해졌다. 오사키 미도리는 속바지 밑으로 드러난 여성들의 맨다리들이 줄 지어 늘어선 모습에 지겨워졌다. 몇 차례 지적되듯이, 오사키 미도리의 에로틱한 열망은 찰리 채플린과 그의 동물적인 몸짓을 향하고 있었다. 일본 근대문화에서 여성의 에로틱화는 프랑스 작가 아니 에르노Annie Ernaux가 포착한 여성의 신체 부위에 대한 페티시즘에 기반을 두고 있다. "끊임없는 감시와 통제 아래서 신체는 하나하나씩 완벽하게 보이도록 다루어지게 될 눈동자, 피부, 머리카락 등으로 갑자기 산산조각 난다." 오사키 미도리는 천천히 드러나는 글로리아 스완슨Gloria Swanson의 다리를 떠올리면서 이 페티시즘의 과정을 보았다. 그녀는 남성의 경우 다른 방식으로 에로틱화된다는 것을 알았다. 그녀가 찰리 채플린에게 빠지게 된 것은 그의 몸짓과 엄선된 의상이었다. 그녀는 연극 〈채플린〉에 등장하는 찰리라는 캐릭터를 인용한다. "찰리가 말했다. '우리는 머리가 없어. 모자를 가졌을 뿐이지. 모자가 사람을 만드는 거라구.'" 곤와지로가 반자본주의적으로 표현한 "모자가 사람을 쓰고 있다"라는 말을 뒤집어 오사키 미도리는 모자를 변화무쌍한 것으로 상상하면서 찰리의 모자가 버스터 키튼Buster Keaton과 해럴드 로이드Harold Lloyd를 비롯한 다른

이들의 머리 위에 내려앉는 판타지를 치밀하게 구상했다.[38]

일본의 근대를 다룬 다른 작가들처럼 오사키 미도리도 바디 랭귀지에 관심을 가졌다. 「변칙 작가」에서 오사키 미도리의 분신은 신체와 의상을 하나가 되게 하는 찰리 채플린의 몸짓에 사로잡혔다. 그녀는 모자를 쓰지 않을 때 채플린의 머리가 무엇을 생각할 것인지 곰곰이 생각해보고는 틀림없이 어떻게 그 몸을 생기 있게 만들 것인가 몰두하고 있을 것이라 결론 내린다. 그녀는 채플린의 치밀한 연출 촬영기법을 이렇게 표현한다. "플롯. 에피소드. 테크닉. 배경. 의상. 소품. 이 모든 것들이 그의 몸에 의해 활용된다." 1933년 오사키 미도리는 「지팡이와 모자 애호」(부제: 채플린의 두 작품에 관해)에서 표현했듯이 거의 유사한 제목의 글「지팡이와 모자 편집광」에서도 채플린에 대한 여러 가지 단상들을 다시 다루었다. 이 글에는 〈황금광시대〉에서 그녀가 가장 좋아하는 한 장면에 대한 꼼꼼한 해석을 덧붙였는데, 이 장면에서 채플린은 감자를 꽂은 포크를 사람의 다리마냥 잡고 춤을 선보인다. 〈황금광시대〉를 즐기는 관객들에 대한 설명은 아사쿠사의 한 영화관의 분위기를 아주 잘 보여준다.

> 연인에게 바람을 맞은 찰리가 감자를 꽂은 포크로 춤을 보여주는 장면이 시작되자 노동자들, 사냥 모자를 쓴 사내들, 나이 든 여인들과 소녀들은 웃음보를 터뜨렸다. 손자는 손에 든 과자를 내팽개치고 박수를 쳤고, 의자 아래의 레몬 탄산음료 병까지도 열렬한 환호를 보내는 듯했다. 내 마음은 심하게 울기 시작했다.

오사키 미도리의 '단상들'은 또한 영화 문화의 다른 측면들을 보여준다. 한 예로, 그녀는 매주 수요일이면 어느 배우가 스크린에 등장할지 알아보려고 한 주의 영화 상영일정표를 훑어보았다. 또한 채플린에 대한 명성뿐만 아니라 새로운 근대용어 해설 등과 같은 정보를 얻기 위해 상영일정표를 눈여겨 살피기도 했다. 그녀는 영어로 'kibitzers(진상)'이라는 유대어 단어를 찾았지만 영어 사전은 물론 독일어 사전에서도 찾을 수가 없었다. 이 단어가 너무 최신 용어이거나 사전이 너무 싸구려이기 때문이라고 짐작했다가 후에 무사시노칸武蔵野館 극장의 열두 장 남짓한 상영일정표 틈에서 다음과 같이 정의되어 있는 이 단어의 의미를 찾아내고는 매우 기뻐했다. "자동차를 빌려가서는 '기름이 떨어졌다'고 교외에서 전화를 하는 인종. 탐정소설을 읽기 시작하면서 결론부터 미리 보는 인종. 질 나쁜 농담 따위를 끝없이 해대는 인종."[39]

오사키 미도리의 영화 관람 체험은 '이질적'이거나 '일본적'이라고 잘라 말할 수가 없다(위에서 그녀가 '인종'이라는 용어를 어떻게 썼는지 주목하자. 거기에 인종차별의 의도는 없다). 예를 들어 일본 지식인들의 유사성을 비웃을 때 그녀가 어떤 민족적 특성들을 모르는 것은 아니었다. 최근에 그녀는 우연히 세 일본 젊은이들을 지켜보게 되었는데, 그들은 모두 똑같은 책을 들고 같은 방에 앉아 거의 같은 페이지를 읽고 있었다고 한다. 그녀는 일본인들이 모두 산책을 다리로만 하는 것이라 믿고 있다고 단언했다. 그녀는 또한 독일인도 특유의 민족 관습을 갖고 있으며, 남자든 여자든 미국 배우들의 목소리에는 일본에서는 찾아볼 수 없는 넓이와 깊이가 있다고 인정했다. 민족적 차이는 또한 성별에 의한 것이기도 했다. 독일 남성은 미국 남성과는 다르다는 식이었다. 그렇더라도 오사키 미도리가 영화 관람 체험에서 나눈 구분들은 민족 정체성이 아니라 장소에 근거한 것이었다. 그녀는 도쿄의 영화관들 중 외국 영화를 전문으로 상영한 신주쿠 유흥가의 무사시노칸과 상대적으로 떨어지는 손님들의 구미에 맞춘 호라

쿠 시네마를 구분했다.[40]

채플린에 관한 오사키 미도리의 논의에서 가장 중요하고 두드러진 것은 서구와 일본 관객들이 한 가지 경험을 공유한다고 추정한 것이다. 이 견해는 국적보다는 성별과 보편적 열정을 통해 알게 된 체험인 "도시 여자(모던걸의 오사키 버전?)의 행동"을 고려한다. 이러한 가정은 그녀가 모든 유성영화들이 템포가 느리다고, 또 비일본 영화들은 의상의 형태와 남녀 주인공의 캐스팅이 잘못되었다고 비판할 수 있는 특권의식의 원천이 되기도 했다. 유성영화들은 명료함이 가능하게 하는 침묵을 방해했다. 〈바람The Wind〉*에 출연한 릴리언 기시는 당시에 유행하던 "'잇'**을 발산하는" 배우들과는 거리가 멀었으며, "기껏 할 수 있는 표현이라야 다섯 손가락 안에 꼽을" 정도였다. 〈몽테 크리스토 백작The Count of Monte Cristo〉은 지루했다. 시대극 전문 배우 반도 쓰마사부로처럼 똑같은 웃음만 반복하는 존 길버트는 〈육체와 악마Flesh and the Devil〉에서야 오명을 씻었다.[41]

오사키 미도리가 이제 막 호평을 받기 시작할 무렵 가족들에 이끌려 시골의 고향으로 되돌아가 도쿄의 문단으로부터 멀어지게 된 데는 두 가지 이유가 있었던 듯하다. 우선 편두통 때문에 복용한 약물로 건강이 악화된 데다, 가족들은 그녀가 열 살 연하의 남자와 동거하는 것에 찬성하

....

*   1928년 빅토르 셰스트룀Victor Sjöström이 연출한 미국 무성영화.

**   제1차 세계대전 중 영화 〈Sinners in Silk〉의 팜므 파탈 이미지는 실크나 레이온 소재의 '매춘부 핑크prostitute pink'의 여성용 콤비네이션 속옷으로 표현되기도 했다. 1920년대 팜므 파탈의 대표적인 인물은 미국과 독일 영화배우로서 폴라 네그리, 글로리아 스완슨, 그레타 가르보, 그리고 클라라 보 등이었으며, 이들은 섹스어필의 이미지를 뜻하는 '잇 걸'로 알려졌다. 그녀들은 짙게 눈썹을 그리거나 빛나는 아이 섀도를 칠하고 짙은 빨간색으로 립스틱을 발랐다.

지 않았기 때문이었다. 그녀가 1930년대 후반기 문화 변화에 어떻게 반응했는지는 알 수 없다. 이지마 다다시의 예에서 볼 수 있듯이 당시 지성계는 국가를 지지하는 쪽으로 기울고 있었다. 여기에 클라라 보의 모더니즘과 프로이트를 좇아 꿈과 관객의 관계라는 관점에서 처음으로 언급한 영화 비평가가 있었다. 그럼에도 1939년 무렵 오락에서 국민오락으로 전환한 곤다 야스노스케의 변화와 흡사하게 이지마 다다시는 생활 대신에 국민생활이라는 용어를 사용했다.[42] 일상에 없어서는 안 될 존재로서 국가를 추가로 언급한다는 것은 에로틱의 중요성이 줄어들었으며 몸짓과 감정의 획일화를 강조하는 쪽으로 바뀌었음을 의미한다. 그리고 일반적으로 정의되듯이 그로테스크에는 에로틱한 요소(일그러진 모습이긴 하지만)가 있는 반면, 아사쿠사에서 드러나는 에로틱 그로테스크 넌센스의 역사에서 그로테스크는 욕망보다는 욕구의 그로테스크함이라고 할 수 있다. 그로는 지독한 빈곤에 관한 것이다.

주석

1 허남린, *Prayer and Play in Late Tokugawa Japan: Asakusa Sensoji and Edo Society*(Cambridge, MA: Harvard University Asia Center, University Press, 2000), 1-117쪽(미세모노의 목록은 60-61쪽을 보라). 근대 초기와 근대 시기의 아사쿠사의 역사는 Lippit, *Topographies of Japanese Modernism*, 140-44쪽을 보라.

2 川端康成, 『浅草紅団』(先進社, 1930), 복제본. (近代文学館, 1980); 「아사쿠사 구레나이단」은 원래 《도쿄아사히신문》에 1929년 12월, 1930년 1월, 2월에 걸쳐 연재되었다. 우리는 다행스럽게도 알리사 프리드먼이 공들여 영문으로 번역한 완본을 읽을 수 있다. 도널드 리치의 정통한 서문은 중요한 기여를 하고 있다. 川端康成, *The Scarlet Gang of Asakusa*, 알리사 프리드먼 역, UC 버클리 출판부, 2005.

3 権田保之助, 「ポスターの巷: 浅草の民衆娯楽(포스터의 거리: 아사쿠사의 민중오락)」, 『民衆娯楽問題(민중오락문제)』, GYS, 1: 268-78쪽(본래 1921년 7월 同人社書店에서 출판했다). 집단들, 음식들 그리고 마실 것들의 몽타주는 275쪽을 보라.

4 権田保之助, 「ポスターの巷: 浅草の民衆娯楽」, 271-75쪽.

5 権田保之助, 「'浅草'を中心として('아사쿠사'를 중심으로)」, 『民衆娯楽問題』, GYS, 1: 279-86쪽.

6 権田保之助, 「'浅草'を中心として」, 『民衆娯楽問題』, GYS, 284-86쪽.

7 権田保之助, 「娯楽地 '浅草' の研究(오락지 '아사쿠사' 연구)」, GYS, 4:174-230쪽(본래 《大原社会問題研究所雑誌》, 1930년 3월에 출판되었다). 権田保之助, 「'浅草'を中心として」, 278쪽, 282쪽. 이 연구는 다음의 몇 가지 기준들과 관련해 아사쿠사를 검토했다. (1) 인구(남성, 여성, 그리고 세대 수), (2) "건물들"(일본식 대 서양식, 단독주택 대 나가야[일본 노동자들이 살았던 단층 연립 가옥], 단층 대 다층, 업무용 대 주거용), (3) 사업의 유형들(행락객들을 맞는 것 대 거주자), (4) 지리적 구획들(신사 구역, 유흥가, 오락 지역에 있는 건물들과 시설들), (5) 외부적 분석(유흥 시설들, 오락 지역, 직원과 시설들, 간판, 사진, 깃발, 등을 포함한 극장별로 고객들을 끌어 모으는 수단들, 입장료, 영화관과 다른 시설들의 종업원의 총 수와 성별 분류(그리고 오락의 형태들), 각종 음식점의 형태들(양식, 중식, 오뎅 등등)) 그리고 (6) 행락객들을 상대로 한 사업들(식당, 기념품샵, 장난감 상점, 사진샵 등) 대 아사쿠

사에 특정한 사업들(불상점, 초상화 사업, 점집, 소지품을 확인하는 장소, 차고 등).

8   権田保之助, 「震災時に現われたる娯楽の諸形相(진재 때 나타나는 오락의 제형상)」, 『民衆娯楽論』, GYS, 2: 212-13쪽(『民衆娯楽論』은 본래 1931년에 출판되었으며, 이 글 「震災時に現われたる娯楽の諸形相」은 1924년에 발표되었다). 権田保之助, 『民衆娯楽論』, 225쪽, 385-86쪽, 240쪽.

9   権田保之助, 「いわゆる'モダン生活'と娯楽(이른바 '모던 생활'과 오락)」, 『民衆娯楽論』, 240-47쪽. 이 인용은 246쪽에서 따 온 것이다. 大宅壮一, 「モダン層とモダン相(모던층과 모던상)」을 보라.

10   権田保之助, 『民衆娯楽論』, 251-54쪽.

11   계급 기반과 관련해서는 権田保之助, 『民衆娯楽論』, 250쪽을 보라. 権田保之助, 「1930年の解雇: 映画(1930년의 회고: 영화)」, GYS, 4: 231-33l쪽(본래 1930년 12월 14일자 《名古屋新聞(나고야 신문)》에 실렸다).

12   소에다 아젠보의 시는 가와바타의 소설 『아사쿠사 구레나이단』 40쪽에 등장한다. 添田唖蟬坊, 「浅草底流記(아사쿠사 저류기)」, 『添田唖蟬坊・添田知道著作集2(소에다 아젠보・소에다 도모미치 저작집2)』(刀水書房, 1982). 이후 이 작품은 SA로 표기한다. 소에다 아젠보가 그의 아들 소에다 도모미치와 공동저술한 이 작품은 본래 1928년 5월 《改造》에서 발표되었고, 책으로 처음 출판된 것은 1930년이었다(소에다 도모미치가 이 아사쿠사 안내서를 썼다고 주장하지만, 나는 이 책에서 공동 작업의 성격을 강조한 오자와 쇼이치(小沢昭一)의 논지를 따를 것이다. 기무라 세이야(木村聖哉)는 아버지인 소에다 아젠보가 쓴 책과 아들인 소에다 도모미치가 쓴 책을 따로 열거하면서 「아사쿠사 저류기」를 소에다 아젠보의 저작으로 들었다. 동시에 소에다 아젠보가 1880년대 민중권리운동에서 처음 등장한 정치적이고 풍자적인 노래(엔카)의 명맥을 잇고 부활시켰다는 공로를 인정했다. 小沢昭一, 「解説」, 『添田唖蟬坊・添田知道著作集』, 267-68쪽; 木村聖哉, 『添田唖蟬坊・知道: 演歌二代風狂伝(소에다 아젠보・도모미치: 엔카 2대 풍광전)』(リブロポート, 1987), 12쪽, 285쪽을 보라.

13   Audrwe Lorde, "Uses of the Erotic: The Erotic as Power," in *Take Back the Night: Women on Pornography*, ed. Laura Lederer(New York: Morrow, 1980), 295-300쪽.

14   이 주제에 대한 보다 정교한 논의는 Anne Allison, *Permitted and Prohibited*

Desires: Mothers, Comics, and Censorship in Japan(Berkeley: University of California Press, 1996)을 보라.

15 엘런 윌리스(Ellen Willis)는 로빈 모건(Robin Morgan)과 글로리아 스타이넘 (Gloria Steinem)이 "서로의 욕망과 애정에 기초한 에로티카"와 "여성에 대한 남성의 지배와 착취를 전제로 하는 포르노그래피"를 구분했음을 지적한다("Feminism, Moralism, and Pornography," in *Powers of Desire: The Politics of Sexuality*, ed. Ann Snitow, Christine Stansell, and Sharon Thompson [New York : Monthly Review Press, 1983], 463쪽). 이 글은 본래 1979년에 쓰인 것이다. Linda Williams, *Hard Core: Power, Pleasure, and the "Frenzy of the Visible"*(Berkeley: University of California Press, 1989), 30쪽, 271쪽.

16 Williams, *Hard Core*, 273쪽.

17 엘런 윌리스는 포르노그래피가 "로맨스의 관습을 거부하는 남성의 무법적 성향을 반영"할 수밖에 없다고 주장한다("Feminism, Moralism, and Pornography," 461 쪽). 나는 아사쿠사에서는 모든 성노동이 낭만적으로 코드화된 성문화의 일부라는 점에서 그러한 관점을 지지하지는 않는다. 또한 윌리스가 주장하는 "관계 맺기 거부, 자기방기(self-abandon)에의 욕망"이나 일본의 "매춘 사회"를 언급하는 일본 페미니스트 학자들에 동의하지 않는다. *Broken Silence: Voices of Japanese Feminism*(Berkely: University of California Press, 1997)에서 산드라 버클리의 마쓰이 야요리 인터뷰, 140쪽. 에로티시즘의 상대주의, 모호성, 뉘앙스, 과도한 결단에 관련해서는 Williams, *Hard Core*, 6쪽, 9쪽, 265쪽, 277쪽, 282쪽, 284쪽을 보라.

18 權田保之助, 「吉備団子とすき焼き-岡山と神戸の民衆娯楽(수수경단과 스키야키-오카야마와 고베의 민중오락)」, 『民衆娯楽問題(민중오락문제)』, GYS, 1: 256쪽. 權田保之助, 「娯楽地'浅草'の研究(오락지'아사쿠사' 연구)」, 218-19쪽.

19 今和次郎, 『新版大東京案内(신판 대도쿄안내)』, 115-17쪽. 權田保之助, 「ポスターの巷: 浅草の民衆娯楽」, 270-71쪽.

20 세이지 리피트는 이 소설의 몽타주적 측면을 다음과 같이 파악한다. "빠른 속도로 이어지는 이미지들을 따라 옮겨가면서 일화, 신화, 회상들로 빈번하게 분절되는 서사를 단편적인 양식으로 써나간 작품이다. 가와바타는 이 양식에 대해 '뉴스 영화 속 이미지들의 연속'과 유사하다고 기술한 바 있다." Lippit, *Topographies*, 135-37

쪽. 『아사쿠사 구레나이단』(세이지 리피트는 영어 제목을 Scarlet Gang of Asakusa로 번역했다)의 형식에 대한 그의 분석과 마찬가지로 설득력 있는 작품 개요에 대해서는 125-26쪽, 136쪽을 보라. 이 소설은 1929년 12월 12일부터 1930년 2월 16일까지 《도쿄아사히신문》 저녁판에 연재되었다.

21 前田愛, 「川端康成『浅草紅団』― 浅草(가와바타 야스나리 『아사쿠사 구레나이단』― 아사쿠사)」, 『幻景の街: 文学の都市を歩く(환상의 거리: 문학의 도시를 걷다)』(小学館, 1986), 146쪽. 또한 前田愛, 『都市空間のなかの文学(도시공간 안의 문학)』(筑摩書房, 1982), 402-16쪽을 보라.

22 매리 루소는 "일상적 페미니즘"을 정의하면서 '정상적'(혹은 일반적 기준에 따르는)과 '일상적'을 구분한다(The Female Grotesque: Risk, Excess, and Modernity, New York: Toutledge, 1994, vii쪽). 매리 앤 도앤은 조안 리비에르가 반동형성(Reaction Formation)으로서의 가장에 관해 논한 것을 인용한다. "그러므로 여성성이란 거짓으로 가장하거나 가면처럼 쓸 수 있는 것이다. 두 경우 모두 남성성을 지니고 있음을 감추기 위한 것이며, 그것이 드러났을 경우 예상되는 바를 피하기 위한 것이다."("Film and the Masquerade: Theorizing the Female Spectator", Issues in Feminist Film Criticism, ed. Patricia Erens(Bloomingston: Indiana University Press, 1990), 48-49쪽.

23 Sue-Ellen Case, "Toward a Butch-Femme Aesthetic," in Making a Spectable: Feminist Essays on Contemporary Women's Theater(Ann Arbor: University of Michigan Press, 1989), 292쪽. Doane, "Masquerade Reconsidered: Further Thoughts on the Female Spectator," in Femmes Fatles: Feminism, Film Theory, Psychoanalysis(New York: Routledge, Chapman, and Hall, 1991), 38-39쪽. 주디스 버틀러(Judith Butler)는 가장에 대한 여러 페미니즘 문헌들을 인용하면서 자신이 문제시하는 것은 "가장이 진정이거나 진짜라고 생각되는 여성성을 숨기는 것인지 혹은 여성성과 그것의 '진정성'을 둘러싼 경합들이 생산되는 수단인지 아닌지의 여부"임을 강조한다(Gender Trouble: Feminism and the Subversion of Identity(New York: Routledge, 1990), 48쪽, 143쪽). 루소는 "복수심에서 여성성을 가장하는 것은 그것을 벗어던질 힘도 있음을 암시한다"고 말한다(The Female Grotesque, 70쪽).

24 예를 들어, 権田保之助, 「浅草を中心として」, 269-86쪽. 《週刊朝日》, ed., 『値段の明

治·大正·昭和風俗史(가격의 메이지·다이쇼·쇼와 풍속사)』(週刊朝日, 1987-1989), 1: 23쪽, 487쪽, 601쪽, 607쪽.

25 관객성 분석은 물론 매우 까다로운 작업이므로, 여기에서는 근대기의 아사쿠사에 관한 엄선된 자료들에서 당시 영화문화의 특징을 모아보려고만 하겠다.

26 岩崎昶, 「資本主義映画発達史(자본주의 영화발달사)」, 『映画と資本主義(영화와 자본주의)』(往来社, 1931), 16쪽. 미리엄 한센에 따르면 관객의 동원된 시선은 "여성을 보는 주체로부터 철저하게 배제하는" 자본주의의 일반적인 위계과 더불어 자본주의에 의한 훈육을 전복시킬 수도 있었다. Miriam Hanse, *Babel and Babylon: Spectatorship in American Silent Film*(Cambridge, MA: Harvard University Press, 1991), 86쪽. Iwasaki, "Eiga Hihyo no Mondai," in *Eiga Geijutsushi* (Sekaisha, 1930), 131-34쪽.

27 岩崎昶, 「一つの啓蒙的随筆(하나의 계몽적 수필)」, 『映画芸術史(영화예술사)』, 88-90쪽, 92쪽. 당시 이미 소비에트 몽타주 이론이 일본에 들어왔으므로 프롤레타리아 영화 운동의 선구적 인물이었던 그가 몽타주에 관해 쓴 것은 자연스러운 일이었다. 이와사키는 1930년 펴낸 그의 저작 선집에 S. 티모스첸코의 「영화예술과 몽타주」의 번역을 함께 실었다. 하지만 이와사키는 몽타주를 세계적 추세로 보았다. 푸돕킨이 이 "영화예술의 토대"를 이론화시키긴 했으나 기법 자체는 할리우드에서 개발되어 프랑스로 넘어갔다는 것이다. 岩崎昶, 「モンタージュの話(몽타주 이야기)」, 『映画と資本主義(영화와 자본주의)』(往来社, 1931), 311-26쪽(본래는 《新興映画(신흥영화)》, 1930년 3월).

28 岩崎昶, 「映畫·イデオロギー(영화·이데올로기)」, 「傾向映畫の問題(경향영화의 문제)」, 『映画と資本主義(영화와 자본주의)』, 233쪽, 235쪽, 247쪽.

29 岩崎昶, 「キャリフォーニアン·ラプソディー(캘리포니안 랩소디)」, 『映画芸術史(영화예술사)』, 2-12쪽.

30 岩崎昶, 「キャリフォーニアン·ラプソディー」, 『映画芸術史』, 10-12쪽.

31 岩崎昶, 「亜米利悲劇(아메리카 비극)」, 『映画芸術史』, 61-74쪽.

32 岩崎昶, 「亜米利悲劇」, 『映画芸術史』, 65쪽, 72쪽.

33 岩崎昶, 「愛のアンソロヂー(사랑의 시)」, 『映画芸術史』, 43-50쪽.

34 岩崎昶, 「トーキー年代記(토키연대기)」, 『映画の芸術(영화의 예술)』(協和書院, 1936), 204-94쪽(특히. 272쪽, 278쪽). "새로운 바벨"이라는 말은 「欧米映畫界の前

衛的諸傾向(구미 영화계의 전위적 제경향)」에서 처음 나왔다. 『映画芸術史』, 140
쪽. 「アメリカ映画論(아메리카 영화론)」, 『映画と資本主義』, 36쪽.

35 이와사키 아키라는 1940년 1월 24일 체포된다. 岩崎昶, 『日本映画私史(일본영화 개
    인사)』(朝日新聞社, 1977), 5쪽. 「映畫と音楽の問題(영화와 음악의 문제)」, 『映画の
    芸術』, 122쪽.

36 岩崎昶, 「中国電影印象記(중국전영 인상기)」, 『映画の芸術』, 163-64쪽.

37 岩崎昶, 「ソヴェートに於けるモンタージュ論(소비에트에서 몽타주론)」, 『映画論
    (영화론)』(三笠書房, 1936), 118-19쪽, 121쪽. 岩崎昶, 「支那映畫論(지나영화론)」,
    『映画の芸術』, 153쪽. 지나(支那)라는 용어에 담긴 의미에 관한 설명은 Stefan
    Tanaka, *Japan's Orient: Rendering Pasts into History*(Berkeley: University of
    California Press, 1993)을 보라.

38 尾崎翠, 「映画漫想 2(영화만상 2)」, 315-16쪽, 320-21쪽, 『尾崎翠全集(오사키 미도
    리 전집)』(創樹社, 1979). 아니 에르노는 1995년 8월 13일 《Los Angeles Times》에
    실린 *A Frozen Woman, Four Walls, Eight Windows* 서평에서 마들렌 블라이스
    (Madeleine Blais)를 인용한다.

39 尾崎翠, 「映画漫想 2」, 318-19쪽; 「杖と帽子の偏執者(지팡이와 모자 편집광)」,
    359-65쪽; 「もくず(모쿠즈)」, 157; 「映画漫想 3」, 331쪽; 「映画漫想 4」, 337쪽. 이상
    의 모든 글은 『尾崎翠全集』(創樹社, 1979)에 수록되어 있다. 오사키 미도리는 생활
    이라는 말에서 두 번째 한자를 살리다(活かす)라는 말에 사용했다.

40 尾崎翠, 「映画漫想 1」, 『尾崎翠全集』(創樹社, 1979), 310-11쪽.

41 尾崎翠, 「映画漫想 4」, 『尾崎翠全集』(創樹社, 1979), 347-48쪽.

42 일례로 飯島正, 『シネマのABC(시네마의 ABC)』(厚生閣書店, 1929)와 『映画の見か
    た(영화보는 방법)』(文昭社, 1943), 1-3쪽, 8쪽, 10쪽 등 여러 곳에서 참조.

2장. 밑바닥 삶의 그로테스크

　나는 아사쿠사의 그로테스크가 지독한 가난과 여가가, 저항과 감시가, 전례 없는 (자본주의적 또는 반자본주의적) 태도들과 오래된 형태의 관계들이, 절망과 유머가 공존하며 빚어진 긴장으로 정의되어야 한다고 생각한다. 비록 아사쿠사가 자본주의로 부유해진 이들을 위한 놀이터이긴 했지만, 그곳은 또한 도쿄의 수많은 밑바닥 삶들의 안식처이기도 했다.

　이와사키 아키라가 상상한, 말하는 오랑우탄과 세르비아 거인은 그로테스크한 것의 익히 알려진 두 가지 측면을 환기시킨다. 하나는 작은 쇼에서 선보이는 기괴한 것들이고 다른 하나는 극도로 크거나 변형된 것들이다. 우리는 앞에서 육체적 욕망을 드러내고 감각적으로 성취하는 것으로 정의되었던 에로의 의미를 확장해 맛의 쾌락과 시각 문화에서 체험되는 감각적인 것들까지 포괄하는 것으로 그 함의를 확대시켰다. 그로테스크 역시 보기 흉하고, 거대하고, 인간이 아닌, 어쩌면 괴물 같다는 일반적 관념을 넘어서 다시 생각해본다면 어떨까? 아사쿠사를 밖에 존재하는 곳, 즉 일터와 거주지를 벗어나 있는 곳, 음식점과 영화관이 밀집한 거리와 관련된 곳인 동시에 그 아래, 즉 사회 질서의 밑바닥에 관한 것이라고 생각해보면 어떨까? 다시 말해, 아사쿠사는 통상적인 의미에서 그로테스크로 볼 수도 있지만, 그것은 또한 밑바닥 삶으로 정의되는 그로테스크이기도 한 것이다. 더욱이 아사쿠사의 그로테스크함에는 이러한 소외에 대한 의식과 항의의 표현이 담겨 있다. 이것은 사회 비판을 표출할 길 없던, 말하자면 아무 말 못 하는 자들의 저항이었다. 내가 아사쿠사의 그로테스크함을 다루는 목적은 여기에 있다.[1]

다른 이들이 그로테스크라는 용어에 어떤 의미를 부여했는지 논의함으로써 이에 대해 자세히 살펴보자. 미하일 바흐친Mikhail Bakhtin은 그로테스크의 핵심은 먹고 마시고 소화시키고 섹스하고 싶어하는 육체적 욕구라고 썼다. 여기에서 특히 중요한 것은 신체의 하부기관이다. 왜냐하면 영원히 불완전하고 끝이 없는 존재의 특성인 출생, 죽음, 다시 출생으로 이어지는 생성과 성장의 연속적인 과정으로서의 사회적 삶에 대한 바흐친의 주요한 관심사는 바로 소화, 배설, 성교, 수정, 임신, 출산이었기 때문이다. 그리고 바흐친의 그로테스크는 웃음 없이는 불가능한 것이었다. 그는 과대표현, 과장법, 과잉을 비롯해 패러디의 형식으로 표현되는 그러한 유머가 무서운 것을 그로테스크로 바꿈으로써 두려움을 없애는 데 도움이 된다고 주장했다. 유럽의 민속 축제를 다루면서 바흐친은 프랑수아 라블레Francois Labelais의 작품들에 드러난 것처럼 대중 연극이 성스러운 것을 세속화시키고 부정을 통해 직권에 도전한다고 설명한다. 이 세계는 반인반수, 거인, 난쟁이, 피그미, 괴물들과 같은 기이한 인간 존재들로 가득하다. 이들은 아사쿠사 주민들이 그랬듯이 지속되는 사회 전체의 일부로 살고, 웃고, 죽는다.[2]

바흐친의 견해를 참조한 다른 이들을 살펴보자. 매리 루소는 그로테스크에 대한 두 가지 접근법을 찾아냈다. 하나는 바흐친이 주장했듯이 사회적 차원에서의 접근이 있고, 다른 하나는 그로테스크라는 단어가 **낯선**, **놀라운**, **비극적인**, **범죄의** 같은 단어들을 떠올리면서 생겨난 개인 경험에 대한 근대적, 심리적, 내적 차원에서의 접근이다. 매리 루소는 영화에 정신적인 것을 이입함으로써 여성의 그로테스크를 보는 팽배한 사고를 구성하는 두 개념 사이의 바꿀 수 없는 오래된 관계를 연구했다.[3]

일본 잡지《그로테스크グロテスク》에는 그로테스크의 배설적, 성적, 풍자적, 반권위주의적, 여성화된 측면이 모두 담겨 있다. 마찬가지로 인종차별적이고 포르노그래피적인 요소들도 있었다. (1928년 11월부터 1930년 1월까지 발행되고, 1931년 4월 "재발간 기념" 호가 마지막이었던) 그 짧은 기간 동안, 의식적으로 모던을 표방한 이 잡지는 바흐친과 루소가 떠올린 연상들에 인종주의를 덧붙였다. 《그로테스크》는 「세계 변소 발전사」, 「중국의 괴상한 음식 고찰」, 「메이지 미세모노 고찰」, 「게오르그 그로스」, 「에도시대의 모보와 모가」, 「여자 스모」, 「레즈비언」, 「흑인 무용의 여왕, 조세핀 베이커」 같은 화제를 다루었다. 이 잡지의 재발간호는 감옥에 다녀온 사람들의 좌담회를 특집으로 다루었다. 내가 아사쿠사에서 관심 있는 것은 이러한 자극적인 화제들보다는 아사쿠사 그로테스크의 밑바닥 문화이다. 《그로테스크》재발간호에 두 편으로 나뉘어 실린 기사 「히닌非人 걸식 고찰」은 아사쿠사, 나아가 일본에서 소외된 이에 대한 나의 관심에 꼭 맞는 글이다.[4]

아사쿠사의 그로테스크는(이제부터는 밑바닥과 그로테스크라는 말을 번갈아 사용할 것이다) 음식 예찬, 요지경, 개인뿐 아니라 단체를 겨냥한 아사쿠사 공원의 가격정책을 포함해, 근대 시기 속에, 그리고 아사쿠사라는 근대적인 공간 속에 존재하는 극빈이라는 틀에서 살펴보아야 한다. 아사쿠사는 "전국에서 올라온" 관광객들이 관음사에서 기도하고 자잘한 성물을 사는 곳이자 공장의 일꾼들이 쉬는 날에 영화를 보러오는 곳이었으며 거지들을 포함한 모든 이들이 온갖 동서양 음식들을 먹고 마시는 곳이었다. 바흐친의 "그로테스크한 몸" 개념을 재검토한 피터 스탤리브래스Peter Stallybrass와 앨론 화이트Allon White의 연구는 소에다 아젠보의 『아사쿠사 저류기』와 같은 텍스트를 일본 근대기의 맥락에서 읽는 데 도움을 준다. 스탤리브래스와 화이트가 보기에 ("신체, 문학, 사회, 지위의") "하부"는 혐오하면서도 욕망하는 곳이었다. 소에다 아젠보와 다른 이들이 남긴 아사쿠사 공원의 일상생활에 관한 저널리즘적 기술에 드러나 있듯이, 아사쿠사는 그와 같은 "모순이 상존하는 주된 현장"이었다.[5]

근대기 동안 아사쿠사에서 기록 충동에 한껏 사로잡힌 이들이 남긴 자료들(기자들이 쓴 기사나 소설가의 저작, 관료들의 기록물) 속에서 우리는 어떻게 사실과 허구를 구분해낼 수 있을까? 이에 답하자면 우리는 그렇게 할 수도, 그럴 필요도 없다. 1930년대로 넘어가는 시기에 불황이 더욱 깊어지면서 아사쿠사에서 살아남기 위해 안간힘을 다하는 이들의 문화에 대해서는 충분한 논의가 있어서 우리는 이러한 자료들을 상호적으로 파악하는 데 활용할 수 있다. 사회 하층민에 대해 그림처럼 완벽한 표상을 만들어내는 것은 불가능하며, 역사가들 또한 이들의 의견이 정확하게 기록된 것인지 확신할 수 없다. 말로는 똑같이 표현되더라도 중요한 감정과 주요한 제스처는 놓치게 마련이다. 역사가들은 사회적 위계의 바닥에 있는 자들이 스스로 진실이라고 생각하는 것을 권력 앞에서 정말로 있는 그대로 말했는지의 여부를 확실히 알 수 없다. 사실, 당시 조사 대상자들은 조사 행위에 내포된 권력 관계를 잘 알고 있었고, 따라서 조사자들을 피했음을 보여주는 자료가 여럿 있다. 조사 연구자들 또한 자신들이 이 세계를 전체적으로 파악할 수 없음을 인식하고 있었다. 우리가 연구조사 범위와 연구조사자들을 퇴폐적인 에로틱 그로테스크 넌센스라는 유희적인 과도기로 치부되어온 이 정치화된 시기로 국한해 살펴본다면 비로소 아사쿠사 밑바닥의 역사가 드러날 것이다. 여기에서 내가 말하는 역사는 테드 포터Ted Porter가 『수치에 대한 신뢰Trust of Numbers』에서 사회 권력을 규정한 것을 포함해 그가 제시한 몇 가지 교훈을 전제로 한다. 그는 사회 권력은 조사 수치와 기록을 유효하게 만들기 위해 다양한 방식으로 행사되어야 한다고 말하며, (범죄율과 실업률 날조라는 상황을 다루면서) 모든 범주는 새로운 것이 될 잠재력을 갖고 있다는 역사주의적이고도 정치적인 결론을 내린다.[6]

당대의 평론가들에 따르면, 아사쿠사라는 사회는 여러 집단들로 구성되었는데, 각 집단은 새로우면서도 지속되는 전통들로 이루어진 강한 정체성을 가지고 있었다. 소에다 아젠보가 본 아사쿠사라는 사회를 형성하는 일련의 인물들은 (등장하는 순서대로 열거하자면) 거지, 부랑자, 행상, 거리연주가, 인력거꾼, 동료 부랑자들을 시중드는 애처로운 (그리고 미친) 여인들, 불량소년들, 조선인, 중국인, 러시아인들이었다. 물론 일꾼들도 빠지지 않았다. 공장 사고에서 살아남은 어떤 거지는 왼손에 남은 한 손가락만으로 샤미센을 연주했다(SA, 164, 176, 196).[7]

나는 소에다 아젠보의 기록과 (허구와 사실이 뒤섞인 것으로 생각되는) 근대기의 여타 저작들에 대해 종합적으로 분석함으로써 그로테스크라 일컬을 만한 다섯 개 집단을 도출했는데, 바로 거지, 부랑자(룸펜), 행상, 불량소년, (외국인을 포함한) 기형들이다. 그로테스크를 다른 사람들로부터 고립되어 있다고 보는 시각은 앞서 《영화의 벗》과 영화 관람을 다룬 제2부 3장에서 언급한 바 있다.* 이 고립된 인물의 이미지는 요시미 슌야가 쓰루미 슌스케에게서 차용한 개념, 아사쿠사에서의 '고립'과 일치한다. 하지만 아사쿠사에서 살던 사람들이 보이는 행위는 이러한 묘사와는 상반된다. 그들의 행위는 실상 밑바닥 집단 안의, 또는 집단들 사이의 밀접한 관계를 드러내기 때문이다.[8]

이러한 집단들의 태도와 행위들은 기존 전통과 이미 단절되었음을 모든 이들이 깨달았던 시기에 (빈곤과 풍요가 공존하는 산물로 정의되는) 아사쿠사의 그로테스크함을 통찰할 수 있게 해준다. 또한 어떻게 해서 아사쿠사가 폐쇄되고 단절된 그들만의 자유로운 공간이 아니라 근대 시기에 일본 국가 전체에 퍼져 있는 사회적 관계들이 이루는 몽타주의 일부가 되는지를 보여준다. 아사쿠사 안의 각 집단의 문화실천을 살펴보면 한 공간 안에서 빚어지는 주체성과 감시의 긴장 관계, 메이지 유신과 1923년의 대지진, 1927년 공황 발발 후 아사쿠사에서의 일련의 사회관계들의 변화를 볼 수 있다.

거지 문화

소에다 아젠보의 아사쿠사 연대기에서 제일 먼저 등장하는 인물은 거지이다. 그들은 새벽 5시면 등장해 떠돌아다니며 쓰레기통을 뒤지면서 서로에게 묻는다. "자네 어젯밤 어디서 잤는가? 영화관 뒤에서 잤나?" 소

---

* 제2부 3장에서 야스다 기요오를 인용한 부분(야스다의 말을 빌리자면 그로테스크한 존재는 "다른 인간들로부터 고립되어 존재하며, 자기 혼자만의 방식으로 살아간다", 231~232쪽).

에다 아젠보에게 중요했던 것은 곤다 야스노스케가 주인공으로 삼은 노동계급이 아니라 쓰레기통을 뒤지고 다니는 거지들이었는데, 뉴턴과 아인슈타인, 카네기에 대해 떠들어대는 "거지 철학자"와 거지 왕초의 미망인도 있고, 그 밖에 예리하게 묘사된 다른 인물들이 있었다. 이 떠돌이들은 작은 음식점들이 뒤편에 내놓은 잔반을 가리키는 속어 즈케ケ/ナ를 모았다. 요컨대 아사쿠사의 거지들은 아사쿠사 에로티시즘을 자기 나름대로 소비했다고 할 수 있다. 그들은 지천에 널려 있는 음식들을 취했을 뿐 아니라, 극장의 광고판을 보고 쇼를 따라다니며 영화 문화를 즐기기도 했다 (SA, 6-7, 175-181).[9]

이시즈미 하루노스케石角春之助는 자신이 "프롤레타리아트의 놀이 공간"이라고 이름붙인 곳에서 거지들과 어울려 10년 이상 함께 살았던 경험을 바탕으로 그들에 관한 글을 썼다. 아사쿠사 문화를 다룬 글에서 그는 바흐친이 논한 그로테스크에 존재하는 모순들을 연상케 하는 개념을 만들어냈다. 즉 그는 아사쿠사가 왁자지껄하고, 산만하며, 활기 넘치고, 술에 취한 듯하고, 참신할 정도로 당당하게 완전히 발가벗었기 때문에 그곳을 사랑한 것이다. 이는 마치 큰 강에서 뒤를 닦으면서 동시에 아사쿠사의 오물 구덩이에서 뒹구는 것과 같았다. 마치 인간의 가장 보기 흉한 내장이 터져 나온 듯 불결함과 혐오가 한데 뒤섞였다. 거지들의 일상을 있는 그대로 정확히 묘사한다고 주장하면서도 이시즈미는 도쿠가와 시대부터 아사쿠사에서 사회집단으로 제일 먼저 뭉치게 된 거지들의 역사를 정확히 보여줄 수 있다고는 자신하지 못했다. 그는 아사쿠사의 고립된 공간에 사는 '히닌非人*'들의 우두머리 구루마 젠시치車善七**의 신분상승을 설명하

---

*　일본 중세 시대에는 특정 직업인이나 예능인을 부르는 호칭이었으나 점차 피차별

는 이야기의 진실성에 의문을 품었다. 300년쯤 지난 후에, 이것이 진실인 듯 보이는 거짓인지, 거짓인 듯 보이는 진실인지 누가 말할 수 있겠는가? 우리는 아사쿠사 거지들의 관습, 기질, 방식에 대한 이시즈미 하루노스케의 묘사에 대해 마찬가지로 냉소적인 태도를 보일 수도 있지만, 그가 거지들의 지위 계급과 구걸 행위를 분류해놓은 것은 1929년 무렵 거지들이 서로에게 자신을 드러내는 방법을 잘 알고 있는 현장조사의 산물인 것 같다.[10]

이시즈미는 100명이 넘는 남녀 거지들을 다섯 범주로 나누었다. 이 사회 계급의 꼭대기에는 자기 구역을 엄격하게 관리하는 두목 켄타けんた가 있었는데, 대략 60여 명의 켄타들은 센소지의 정문으로 가는 길목처럼 수입이 짭짤한 다섯 요충지에 자리를 잡고 참배객들로부터 돈을 받아낼 수 있었다. 두 번째 계층인 쓰부つぶ는 좀 더 자유롭긴 하지만 수입이 불안정한 생활을 했다. 이들은 두목의 명령을 받지 않는 대신, 구걸을 할 수 있는 고정된 장소를 할당받지 못했기 때문이다. 세 번째 층에 있는 즈케すけ(잔반을 지칭하는 속어와 같다)와 다이가라大柄는 소에다의 책 앞부분에 등장했던 인물들처럼 아사쿠사의 음식점에서 나온 잔반들로 살아가는 이들이었다. 그리고 가장 낮은 서열에 있는 거지들이 시로이しろい(무언가를 줍는다는 뜻의 히로이拾い를 고쳐 쓴 말)로서, 이들은 가장 지저분한 쓰레기들을 뒤지며 연명해 나갔다.[11]

민의 호칭이 되었으며, 에도시대에는 천민 신분을 지칭했다. 소위 사농공상에는 속하지 않지만, 어디까지나 신분제도 상의 신분이었다는 점에서, 신분제도 밖에 존재했던 산카山窩 등과는 다르며, 게닌下人이라고 불렸던 부자유민, 노예와도 완전히 다른 존재였다.

** 에도시대에 아사쿠사의 히닌 우두머리들이 대대로 세습했던 이름으로, 구루마 젠시치는 천민 출신으로 에도시대의 유랑극단을 지배해 전설 같은 인물이 되었다.

이 사회 계급의 최상층에 있는 거지들은 꽤 살 만했을 것이다. 예를 들면, 초밥집에서 버린 음식물만 먹는 미친 노파도 있었고, 거지들만 상대하는 바들도 있었다. 가와바타 야스나리도 술 취한 거지 떼가 그런 바의 회전 테이블에 앉아 나체 소녀의 춤을 관람하고 있는 모습을 묘사한 바 있다(KY, 45). 그러나 간토 대지진 이후 도시 재건이 완료되자 정부 당국은 아사쿠사 공원에서 거지들을 계속해서 쫓아냈다.[12]

이시즈미는 메이지 유신을 기점으로 거지들의 문화에 두드러지게 급격한 변화가 있었음을 분명히 밝혔다. 그때까지 거지들에게 구걸은 부업이거나 또는 구걸이 본업이고 다른 부업이 있었다. 하지만 메이지시대에 '개화civilizing'의 영향으로 더 허약해 보이는 거지 아이들이 더 많은 동냥을 얻을 수 있었던 것과 마찬가지로 거지들은 전에 없던 방식으로 자신들의 몸을 더럽게 꾸몄는데, 이는 바로 '개화'에 수반된 사회적 차별 때문이었다. 도쿠가와 시대에 거지들은 히닌 계층에 속해 있었기 때문에 상투를 트는 것이 금지되어 있었다. 그런데 메이지 유신 치세에 특권의 표식들을 제거하기 위해 모든 사람에게 상투 트는 것을 금지시키자 역설적이게도 모두 '히닌'처럼 보이게 되었다. 이 전환기 동안 특권의 상징을 잃어버린 것은 사무라이뿐이 아니었다. '히닌들' 역시 자신들을 신분의 억압에서 풀어준다는 1871년 여름의 선포로 이제 더는 거지로 일할 수 있는 권리를 가진 유일한 집단이 아니게 되면서 공동체와 정체성을 잃게 된 것이다.[13]

이제 제한된 공간에서 한정된 자원을 가지고 경쟁해야 하는 거지들 사이에 상대적으로 질서 잡힌 노동 분화가 일어난 것은 거지들의 생활을 아래에서부터 통제하는 규정 덕분이라고 할 수 있다. 조직의 규칙을 따르지 않는 자에게 가해진 처벌은 아사쿠사 공원 밖으로 추방되는 것이었다. 「과거의 거지와 현재의 거지」라는 제목의 글에서 이시즈미는 생존을 위해 몸부림치는 가운데 예전과는 판이하게 다른 새로운 종류의 협잡을 일삼는 실용적인 거지가 양산되었다고 개탄한다. 메이지시대의 거지들은 비록 부정 탄 물건에 대한 오래된 터부를 깨트리는 일임을 알면서도(메이지시대 이전에는 거지들의 손이 닿은 것은 모두 불결한 것으로 여겨졌다), 거액의 돈과 누군가 자기도 모르게 잃어버린 분실물이나 도난물은 주인에게 돌려주려 했다. 이시즈미는 물질문명 속에서 생존 경쟁이 근대적 인간의 특성을 지닌 거지들을 양산해냈다고 결론지었다.[14]

그로테스크한 것에 대한 기술들을 보면, 이시즈미가 기록했듯이 종종 거지乞食와 부랑자浮浪者를 구분하기가 쉽지 않다. 예를 들어, 이시즈미는 중국 및 조선의 엿장수들을 부정기적으로 일하는 부랑자로 논의하면서 아사쿠사에 퍼져 있는 거지와 부랑자 사이에는 차이가 있는 반면에 빈민굴에서 살아가는 중국인과 조선인들은 같은 곳의 일본인에 비해 더 더럽거나 난폭하지 않다고 인정한다. 하지만 고현학자인 아라이 센노는 센소지 지역의 일일조사를 마친 후 남녀 거지들이 동전을 담기 위해 모자를 가지고 다녔다고 썼다. 아라이는 매일 고정된 곳으로 동냥을 하러 다니는 최상층 거지를 가리켜 "꾼"이라 불렀다. 또한 한 젊은 거지가 일과를 마친 후 거지 옷을 벗고 산뜻한 기모노와 새 나막신으로 갈아입는 것을 보고 느낀 놀라움을 토로했다. 1931년 무렵 룸펜이라 불리던 부랑자들은 그러한 사치는 엄두도 못 냈다.[15]

부랑자 문화

소에다 아젠보가 아사쿠사의 일상에 대해 쓴 글에 등장하는 두 번째

군거 집단은 부랑자다. 소에다 아젠보는 막심 고리키Maxim Gorky의 연극 〈밑바닥에서На дне〉*를 재연하듯이, 널브러져 있거나, 구부정하게 있거나, 서성대거나, 등을 기댄 채로 결코 막이 내리지 않는 "밑바닥 삶을 생생히 보여주는" 아사쿠사 부랑자들의 모습을 소개했다. 이 군상들 중에는 마흔 살 먹은 정신 나간 여인과 열서너 살의 어린 소년도 있다. 소에다의 기록에 따르면 이 사람들은 서로의 행방을 계속 파악하면서 공원의 등나무 덩굴 아래에서 옹기종기 모여 잠을 잤으며, 귀한 음식을 나누어 먹었다. 가와바타 야스나리 역시 얼마 지나지 않아 아침식사를 나눠 먹고 있는 스무 명의 부랑자에 대한 이야기를 통해 공동체를 부각시켰다(KY, 24-25).[16]

소에다 아젠보에 따르면 **부랑자**라는 용어는 실직자, 알코올중독자, 아사쿠사에서 한 바탕 유흥을 즐긴 후 집에 돌아갈 수 없게 된 이들, 횡령범, 도망자, 가정불화로 가출한 부인들, 길거리 노동자, 전업 부랑자, 거지, 버려진 이들을 총칭하는 말이다. 그들에게 아사쿠사 공원은 잔반, 즉 즈케가 흔한 안식처였다. 그리고 거지들에게 고정된 구역이 있었던 것처럼 부랑자들에게도 생계를 유지하기 위한 그들만의 방식이 있었다. 소에다 아젠보는 이에 관한 정보들을 몽타주로 제시했다. 식당들이 남은 음식을 쓰레기통 위나 옆에 내놓으면 지정된 부랑자들이 음식을 가져가는 대가로 식당 주변을 청소해준다. 한 부랑자는 공원의 벤치에서 말이 없는 동료들에게 설탕 한 덩어리와 케이크 한 조각을 나누어주고 있다. 또 다른 부랑자는 《주부의 벗》이 보여주는 생활방식을 경멸하며 이렇게 불평한다. "나는

---

*   막심 고리키의 희곡. 〈밑바닥에서〉는 콘스탄틴 스타니슬랍스키가 연출과 주연을 맡아 1902년 모스크바 극장에서 초연한 이래 사실주의 연극의 고전이 됐다.

커틀릿이라면 지긋지긋해. 무엇보다 우리가 사는 수준이 중간 계급보다는 낮단 말이지. 비좁은 연립주택에 사는 저 불쌍한 서민들은 우리처럼 살지 못하거든." 세 번째 부랑자는 소바 찌꺼기에도 비굴하게 감사하는 척하지만, 맛을 보고는 곧 뱉어버린다. (다음부터는 더 이상 음식을 내놓지 않겠다고 으름장을 놓으며) 미심쩍어하는 주인에게 그는 소바 면을 정말 맛있게 먹었다고 발뺌하고 돌아가며 투덜거린다. "내 비록 잔반이나 빌어먹으러 다니는 신세긴 하지만 저런 걸 어떻게 먹으라고"(SA, 153-159, 162).

아사쿠사에서 편히 지내고 있는 부랑자 집단에게는 감시가 통하지 않았다. 아사쿠사는 특정한 장소에서 도망친 이들의 목적지였을 뿐만 아니라 그들이 집으로 삼고 싶어한 공간이기도 했다는 요시미 슌야의 분석은 이를 뒷받침한다. 소에다 아젠보는 부랑자들이 관료의 업무를 의심했다고 언급하며 조사를 공식적으로 활용하는 것을 비웃었다.[17] 그는 관청에서 실시한 조사에서는 도시 전체에 부랑자가 380명밖에 없는 것으로 파악된 데 반해 한 경찰서가 실시한 '부랑자 수색'으로 공원에서만 600명이 넘는 부랑자를 찾아냈음을 지적했다. 그의 주장으로는 부랑자들이 심문받는 것을 견딜 수 없었고, 그래서 조사가 시작된다는 낌새를 채자마자(그들은 그런 일은 귀신같이 알아챘다) 임시 은닉처로 몸을 숨겼다고 한다. 어쩌다 걸려서 잡힌 부랑자는 거짓 정보를 주었다. 그러므로 소에다 아젠보와 가와바타 야스나리는 정보제공자와 수치들이 신뢰할 만하지 않다는 사실을 은연중에 내비쳤다. "부랑자를 주판으로 세는 것은 절대로 불가능하다"(KY, 120: SA, 156). 아사쿠사의 부랑자들은 대부분 실제로 머리가 좀 이상하긴 했어도(가와바타 야스나리는 아사쿠사를 거대한 정신병원이라 불렀다) 어리석지는 않았다(KY, 130). 그들은 아마도 테드 포터가 원가 계산 기법의 출현에 관한 논의에서 분명히 보여준 바를 감지했을 것이다. 실질 권력을 가진 관료들은 수량적 분석에 안주할 필요가 없었다. 그렇게 하는 것은 조사되는 이들의 행위를 억압하는 것 못지않게 자신들의 행위 또한 제약할 것이기 때문이었다.[18]

구사마 야소오의 저작은 소에다 아젠보의 기록 문학보다도 훨씬, 부랑자 자체와 그들을 조사했던 이들에 관한 것이었다. 오바야시 무네쓰구의 카페 여급 조사와 곤다 야스노스케의 연구 같은 기록물로 추론해낼 수 있듯이, 일종의 감시라고 할 수 있는 조사는 일본 근대문화에 없어서는 안 될 형식이었다. 그리고 구사마는 대부분의 사회과학자들을 뛰어넘어 조사자와 피조사자 간의 권력 투쟁까지도 인지하고 있었다. 그가 남긴 많은 기록들에서 우리는 아사쿠사 그로테스크를 정의하는, 여가와 빈곤 사이의 모순과 더불어 감시와 행위성 사이의 긴장도 찾아볼 수 있다.

1927년 구사마는 한 가지 경고를 표했다. 사회의 밑바닥으로 추락해 더 이상 올라가지 못한 채 여기저기 배회하며 신음하는 부랑자의 수가 눈에 띄게 증가하고 있다는 것이었다. 그는 '우리나라我ガ国'가 부랑자들은 고정된 주거가 없는 이들이라는 잘못된 정의를 채용하고 있다고 지적했다. 오랫동안 지속되어온 국가와 대중의 견해에 따르면 부랑자들은 주소와 고정된 일자리가 없는 이들이었다. 이러한 정의는 부랑을 일종의 범죄로 보고 통제하기 위해 쓰여왔지만, 사실 명백히 프롤레타리아이면서 도쿄 주위를 배회하던 부랑자의 숫자는 적지 않았다(이들은 금전적인 재산이 없는 상태에서 실직 상태로 전락하거나 젊은 나이임에도 건강이 좋지 않아 일을 그만둘 수밖에 없게 된 노동자들이었다). 구사마는 국가의 통계자료를 가지고 작업하는 동시에 국가의 감시 행위의 목록을 만들고 비평하면서 참여하기도 했다. 그는 도쿄도청의 동료들 사이에서 그 분야의 전문가로 통하는 동시에 아사쿠사 센소지의 부랑자 집단에 접근했을 때는 내부인으로 따뜻한

환대를 받았다. 그와 함께 아사쿠사를 방문했던 한 동료는 구사마가 이 가난한 떠돌이 군중과 친밀했다고 회고했다. 부랑자 집단은 이 두 도쿄 관료들에게 손을 흔들며 인사했고, 그중 몇몇은 악수를 청하기도 했다. 구사마의 동료는 당시 나병 증세를 보이는 사람들도 있었다고 회고했다 (이미 손가락이 없어진 사람도 있었고, 피를 흘리는 사람도 있었다). 더불어 구사마가 그들에게 "내가 새로운 친구를 데리고 왔네. 젊은 사람이긴 하지만 잘 부탁하네"라고 인사말을 건넨 것도 기억했다. 구사마는 이 젊은 관료에게 부랑자들과 악수를 하라고 재촉했다. 위에 언급한 부랑자들은 소에다 아젠보의 작품에 등장한 그 부랑자들이었을 것이다.[19]

1927년의 연구와 1921년의 「장마철 밤에 보는 빈민들」이라는 글에서 구사마가 부랑자 사회의 집단성을 강조한 것은 소에다 아젠보가 부랑자 공동체와 당국을 향한 적대감에 초점을 맞추었던 일을 떠올리게 한다. 나중의 작품에서 이 자칭-조사자가 이마도 공원에서 살아가던 두 사람을 상대로 한 인터뷰는 제복을 입은 세 경찰관들의 등장으로 중단되었다. 구사마는 경찰이 부랑자들을 어디까지 훈육하려고 하는 것인지 궁금하다고 했다. 그가 지켜보자니 제복을 입은 세 경찰이 벤치에 모여 있는 부랑자 떼에게 손전등을 비추었다. 그때 한 젊은 남자가 경찰관에게 고함을 지르며 맞섰다. "어떻게 나한테 게으르다고 할 수 있지?" 그러자 흩어지던 사람들이 그에 동조하며 모여들었다. 구사마는 당시 사회사상의 조류가 이렇게 사회의 밑바닥どんぞこ 위까지 흘러넘쳐 작은 파동들을 만들어내고 있었다고 결론 내린다.[20]

구사마는 1929년에 모던보이와 모던걸이 활기를 더하는 긴자의 밤거리와 (쾌락의 원천으로 알려진) 아사쿠사 공원과 같은 장소에서 누더기 차림에 봉두난발을 한 채 떠들썩한 군중 그림자 사이로 다니는 부랑자에 주목

하면서 (저항에 반대하는) 부랑자의 생존 기술에 관한 글을 발표했다. 그는 이시즈미 하루노스케처럼 거지들의 계급을 설명하면서, 최상위의 켄타에게 경찰이 접근하는 것을 경고해주는 다카리_(たかり)_는 지정된 구역을 차지하고 있는 이 거지에게 일종의 요짐보(경호원)였다고 말했다. 구사마는 또한 합법적이든 비합법적이든 쓰레기 수거를 비롯한 부랑자의 노동 형태를 설명했다. 부랑자는 영화를 광고할 수도 있었다. 등에 영화 광고판을 짊어진 채 아사쿠사 거리를 쏘다니는 이들도 있었고 전단지를 돌리는 이들도 있었다.

여성 그로테스크가 등장하게 된 배경은 (구걸과 갖가지 허드렛일에 더해) 세 번째 형태의 생존에 대한 구사마의 논의에서였다. 여자 부랑자_女浮浪者_는 손님(남자 부랑자나 간혹 노동자)을 묘지나 빈집으로 데려갔다. 구사마가 보기에 같은 처지의 남자 부랑자들과 함께 천막생활을 하는 이들 매춘부들은 대부분 볼품없었는데, 대개는 마흔 살이 넘었기 때문이다. 심지어 환갑 가까이 되는 이도 있었다.[21]

1930년 초반에 시작되어 결정적으로는 1931년 무렵, 구사마의 글과 대중 언론에서 부랑자들은 다른 이름으로 불렸다. 그들은 이제 룸펜이었다. 의심할 여지 없이 이는 마르크스주의적 분석이 일본의 사회의식에 침투한 산물이었다. 또한 이 용어는 부랑이 일본 국내 문제에만 국한되는 것이 아니라 전 세계적 불황으로 보편적인 문제가 되었다는 사실에서 유래했을 수도 있다. 구사마의 '룸펜 이야기'는 후자의 접근법을 취했다. 그는 도쿠가와 막부가 실업자와 병자들을 아사쿠사에 가둬놓았던 데서부터 시작해 부랑자의 역사를 추적했다. 메이지 정부는 1870년 유럽의 고관들이 일본을 방문했을 때 부랑자와 거지들을 감추기 위한 장소로 아사쿠사를 이용했다. 걸인들은 풀려났다가 다시 갇혔고, 이후 일할 수 없는 이들은 계속 구금된 채 남아 있어야 했다. 구사마는 부랑자와 룸펜을 구분하지 않았다. 두 집단은 다음의 다섯 가지 면에서 같았다. (1) 일정한 거주지가 없음, (2) '인간답지 못한' 옷차림, (3) 개인위생을 등한시함, (4) 소유물이 없음, (5) 미래에 대한 의식 없이 현재의 삶에만 집중함. 하지만 구사마는 다이쇼 시대의 부랑자와 당대의 노숙자 사이에 중요한 차이점이 있음을 알아보았는데, 당대의 노숙자에게는 가히 룸펜이라는 새로운 이름을 붙여줄 만했다. 다이쇼 말기에는 노숙자의 20퍼센트만이 일을 구할 수 없어서 부랑자가 되었다. 그들 중 대부분은 허약함, 나이, 무능력, 가족 관계 때문에 일을 할 수 없거나 내키지 않아 지속적으로 일을 하지 않았다. 그러던 것이 5~6년이 지나자 이제는 상황이 완전히 바뀌었다. 이제는 노숙자 가운데 80퍼센트가 일자리를 절실히 원하게 되었다.[22]

아사쿠사의 영화 우상이었던 찰리 채플린이 연기한 인물은 구사마가 말한 다섯 가지 기준에 모두 부합했다. 찰리 채플린이 1932년 5월 14일 일본에 도착했을 때 그렇게나 열렬한 환대를 받은 이유는 이 때문일 것이다. 채플린의 일본 방문을 다룬 언론의 보도는 오사키 미도리의 판타지, '찰리'와 다른 이들에 관한 인기 있는 할리우드 판타지 작품들, 모던 그로테스크에 대한 태도들에 표현되어 있듯이 채플린의 인기를 이해하는 데 도움이 된다. 채플린이 도착하기 한 달 전 《도쿄 아사히신문》의 독자들은 홍콩으로부터 채플린의 조수가 보낸 메시지를 통해 채플린이 어떤 종류든 "떠들썩한" 환영식은 절대 원하지 않는다는 통고를 받았다. 하지만 채플린은 바로 그런 종류의 쏟아지는 환대를 받았다. 그가 탄 배가 항구에 도착할 무렵 식자층 마니아들은 채플린이 영화계에서 독특한 위치를 점하고 있으며, 〈우리에게 자유를A Nous la Liberté〉을 만든 르네 클레르 같은 인물이라는 보도를 접했다. 동시에 채플린은 프롤레타리아였다. 미국의 불황과 실업 문제에 대한 채플린의 사회적 관심이 보도되었고, 한 신문 기사에서는 채플린이 〈시티 라이트City Light〉에서 볼 수 있는 것과 같은 빈곤 지역을 둘러보기를 원한다고 언급했다. 채플린의 도착에 즈음해 계급이라는 주제가 조명 받았고, 《도쿄 니치니치신문》은 "나는 빈자의 친구입니다"라는 채플린의 말을 굵은 활자로 인용해 제목으로 삼았다.[23]

채플린을 열광적으로 맞이하도록 팬들을 준비시킨 것은 영화만이 아니었다. 〈황금광 시대〉는 1927년 《키네마준포》의 '베스트 10' 영화들 가운데 1위를 차지했다. 그리고 운 좋은 일본의 소비-주체들은 도쿄의 다카시야마 백화점에서 개최한 '채플린 전람회'가 오사카와 교토로 옮겨가기 전에 미리 관람할 수 있었다. 언론에서 공통적으로 보인 반응은 채플린이 분명 일본인은 아니지만 친척뻘 정도는 된다는 식이었다. 그가 고베와 도쿄에 도착하기에 앞서 경찰은 군중들을 통제할 요량으로 2000장의 기차역 입장권을 배부했다. 다음날 모리나가 초콜렛은 특별 한정판 제품을 선전하는 대규모 광고에서 이 '위대한 예술가'의 팬들을 위한 특별 초콜릿 바를 선보였다. 포장지에는 채플린의 얼굴과 더불어 영어와 일본어로 "환영, 찰리 채플린"이라는 문구가 장식되어 있었다. 같은 란에는 일본인 화가가 그린 채플린의 전형적인 전신 그림과 다음의 시적인 문장을 새겨 넣은 메이지 밀크캐러멜 상자가 실려 있었다.

환영 채플린 방문 Happiness Chaplin had arrived

이 캐러멜과 함께 즐거운 시간을 Lots of fun this caramel

자매지 《킹》 6월호를 광고하는 지면에는 일본 군대의 빛나는 무사도 정신을 다룬 기사도 실려 있었다. 5월 15일 자《도쿄 아사히신문》에는 모리나가 광고와 유사한 광고가 실렸다. 이 광고는 만년필에서 간장과 포마드에 이르기까지 모든 것을 광고하는 잉크 스케치와 더불어 설명을 곁들인 채플린의 전면 사진이었다. 《키네마준포》가 실은 환영사에 따르면,

> 영화인 채플린 Person of Cinema, Chaplin
>
> 세계인 채플린 Person of the World, Chapin
>
> 인간 채플린 Human Being, Chaplin.

채플린은 세계에 속해 있었기에 일본에도 속했다.[24]

언론은 '찰리'가 열광적인 인파를 만나는 순간부터 일본에서의 이 스타의 모든 행보를 쫓았다. 기사들은 침실에서 시킨 삶은 달걀 두 개, 덴푸라, 밀짚모자를 포함해 '채플린 군'('군'은 친근하게 부르는 애칭)이 일본에서 소비한 모든 물건들을 일일이 열거했다. 언론이 사용한 언어는 "엉클 찰리"에 대한 친근함, 애정을 드러냈지만 여기에는 그에게 진짜 일본을 알려주려는 욕망도 함께 있었다. 이제껏 채플린이 아는 진짜 일본은 가부키, 후지산(여기에는 채플린이 그린 후지산도 포함된다), 덴푸라에 한정된 것이었다. 언론은 찰리를 가족이라고 표현했다. 기사들은 그의 매력이 근대 일본에서는 계급의 구분 없이 통했다고 강조했다. 동시에, 그들은 찰리 채플린이 '집시 혈통'이면서도 '앵글로 색슨'이기 때문에 이누카이 쓰요시 암살사건의 '테러리즘'에 경악했다고 말했다.[25]

서문에서 언급했듯이, 찰리 채플린이 일본에 도착한 다음날(그는 5월 14일부터 6월 2일까지 체류했다), 이누카이 쓰요시 총리가 극우파에 의해 암살당했다. 찰리 채플린이 어째서 당초 일정보다 훨씬 앞당겨 귀국했는가에 관한 추측들 외에, 또 다른 약간의 논의가 있었다. 그것은 사회적 의식

이 높은 이 할리우드 예술가가 그러한 정치적 긴장의 표출 또는 그 긴장을 일으키는 도시 및 지방의 깊은 사회 변화를 어떻게 바라보았느냐에 관한 것이었다. 신문은 찰리 채플린이 암살 현장을 방문했음을 기사로 조심스럽게 전했고, 그가 체류 일정의 대부분을 호텔에 칩거하면서 매일 저녁 덴푸라를 먹을 때만 밖으로 나왔다고 기록했다. 영어로 된 한 사료는 이누카이 쓰요시를 죽인 흑룡회로부터 채플린 암살 협박이 있었음을 언급했다. 채플린의 역력한 불안감이 그러한 위협에서 비롯한 것인지, 아니면 흥미롭거나 친밀한 대화를 하지 못해 고립된 데 따른 무료함에서 비롯한 것인지는 콕 집어 말하기 어렵다. 배가 출항하기 전 그는 총리 공관을 방문해 이누카이 쓰요시의 아들에게 충고했다. "방 안에 총을 구비해놓는 게 좋을 것이오."[26]

채플린을 다룬 기사는 일본인들이 할리우드의 판타지 인물에 친숙했음을 보여준다. 예를 들어 《영화의 벗》 1936년 2월호의 만화 삽화에는 친한 친구들인 채플린, 가르보, 켄터, 브라운, 키튼, 비어리, 그루초, 알리스, 로렐, 두란토에게 오랜 인기를 축하받는 미키군이 등장한다. 영화 잡지 기자에게서 흔히 보이는, 모든 것을 알고 있다는 투의 어조에 더해, 상상으로 서구의 인물을 일본의 문화 상황에 배치하는 것이 친밀화(아니 가족화라고 해야 하나?)의 한 양상이었다. 다시 말해, 막스 브라더스의 영화가 주는 즐거움은 축제를 즐기는 것에 견주어졌다. 그 밖에 사무라이의 결투를 가리키는 용어 찬바라ちゃんばら는 할리우드 익살극의 속성을 갖고 있었다. 여성 특유의 분노를 다룰 때 작가는 일본 여성과 서구 여성을 따로 구분하지 않았다. 「할리우드의 새로운 가십」이라는 기사에 실린 젠더 범주들을 보고 일본 독자들은 남성과 여성의 흔한 약점에 친숙해졌다. 마사 레이Martha Raye는 함께 출연한 레이 밀렌드Ray Milland를 못마땅하게 여겼으며 루이스 레이너Louise Rainer는 멜빈 더글러스Melvyn Douglas가 대사를 자꾸 까먹어 짜증을 냈다는 등이다.* 이러한 여성들의 이미지에는 일본인이 흔히 쓰는 말인 "여자들은 앞뒤 가리지 않는 짜증쟁이女は向こう見ずの癇癪持ち"가 붙었다.[27]

오사키 미도리가 말한 "키 작은 찰리군"의 매력으로 다시 되돌아가면, 그의 매력은 바디 랭귀지에 있었다. 1932년 5월 11일에 발행된《키네마준 포》의 한 기사에서 이지마 다다시는 찰리 채플린이 자신의 '마스크'를 능 수능란하게 활용한다는 점에서, 그리고 그가 보여주는 시적 표현과 동작 의 복합성 때문에 채플린을 천재라고 불렀다. 6년 후 〈모던 타임스〉에 대 한 리뷰는 모든 영화배우 중에서 찰리 채플린의 마임이 최고라며 추켜세 웠다. 근대 일본에서 채플린의 위치를 이해하는 데 가장 중요한 것은 일 본 관객에게 많은 사랑을 받은 그의 제스처들이 룸펜 주인공의 페르소나 와 관계가 있다는 점이다.

룸펜이라는 말은 채플린이 일본을 여행하기 전부터 일본 매체에서 널 리 쓰이고 있었지만, 〈모던 타임스〉의 홍보와 영화에 관한 논의들이 시작 되면서부터 채플린은 이 밑바닥 인물과 가장 분명하게 동일시되었다. 1936년 3월 〈모던 타임스〉의 줄거리를 요약해 실은 한 기사는 영화의 주 인공을 룸펜이라고 불렀고, 이듬해에는 "말괄량이gamine" 인물에 "불량소 녀"라는 꼬리표를 붙였다. 《영화의 벗》의 한 기자는 할리우드의 〈모던 타 임스〉 세트장을 취재한 글에서 찰리 채플린과 10여 년 동안 함께 보낸 시

---

*　마사 레이(1916~1994)는 미국의 코미디우먼이자 배우였다. 1938년 레이 밀랜드 (1905~1986)와 함께 테오도르 리드Theodore Reed 감독의 〈Tropic Holiday〉에 출 연했다.

간을 돌아보며, 진심이 느껴지도록 사람을 감동시킨 이 인물의 매력을 회상한다. 그는 이 단신의 주인공의 왜소한 몸을 애정어리면서도 겸손하게 언급하며 당시 일본 관객들이 느꼈던 공감을 표현하고 있었다. 채플린은 할리우드 스타라는 점에서 근대적 인물이었지만, 《영화의 벗》에 나오는 스타들의 삶과는 매우 다른 일상을 살고 있다고 상상되는 룸펜이라는 점에서 또 다른 의미에서 근대적 인물이기도 했다. 그는 때마침 고통스러운 근대 시기에 직면한 일본 관객과 동일시될 수 있었다.[28]

언론이 룸펜을 일본토박이 인물로 다룬 한 가지 예는 다소 교양적이고, 다소 지적인 대중 잡지라고 할 수 있는 《문예춘추文芸春秋》1931년 2월호에 실린 「룸펜 좌담회」 기사이다(이 잡지가 자신의 연구들을 주로 싣는 정책 위주의 전문 잡지는 아니었지만 구사마도 좌담회에 참가했다). 이 특집 기사는 국가의 감시가 위세를 떨치는 와중에 주체성을 멋지게 보여준 사례다. 또한 교양잡지와 좀 더 대중 지향적인 《영화의 벗》, 《주부의 벗》의 지식인들에게 제공했던 좌담 토론회를 비꼬아 모사한 것이기도 했다. 분명, 발행사는 노숙자 룸펜이 백화점 점원이나 여공들 못지않게 사회 질서를 이루는 한 부분임을 인지하고 있었을 것이다. 그리고 구사마와 함께 자리한 룸펜(실제로는 전직 룸펜이다)과 사회복지기관장들은 모두 그들이 사회 질서의 일부인 동시에 아니기도 하다고 입을 모았다.[29]

한 참가자는 사회복지 쪽에 관심을 갖고 있었다. 그의 정서는 셸든 가론이 공무원을 분석하며 언급한 교화하는 태도를 보여준다. 이들은 가론이 도덕적 권고라 부른 것을 옹호하면서, 부랑자들은 통합 능력이 없다, 일본에서 태어난 이라면 누구든 일상생활을 보장받아야 한다, 사람은 각자 자기 능력에 맞춰 일해야만 한다는 등의 발언을 했다. 또, 많은 부랑자들은 술과 여자 때문에 밑바닥으로 추락하기 시작한다거나 아사쿠사 공원에서 침식하는 이들 중 대부분이 술주정꾼들이라는 말도 덧붙였다. 또 다른 참가자는 자본주의 자체만 비난할 것이 아니라며 노동자들도 책임을 통감해야 한다고 주장했다.[30]

다른 참가자들은 "사상의 올바른 지도"에 대해 말하는 교화 이데올로기에 냉소적이었고 이런 점에서 국가에 대해 비판적이었다. 그중 한 사람은 '폴리스'가 룸펜의 좋은 행실은 하나도 인정하지 않고 부랑자들을 때리고 잡아가두는 데에만 몰두한다며 분통을 터트렸다. 심지어 그 자리에 참석한 '성 도쿄 노동자의 집'이라는 한 사회복지기관의 대표는 "일본에 태어난 이들이 굶는다는 것은 한참 잘못된 일"이라고 주장했다. 이 대화에서 구사마의 역할은 계속해서 아사쿠사의 환경을 환기시킴으로써 룸펜의 절망스러움을 부각시키는 대답들을 이끌어내는 것이었다. 부랑자들이 빈 병을 팔아 1전을 벌 수 있었다는 것뿐만 아니라 그들이 (남은 음식들을 되파는 도쿄의 음식점에서 사먹기보다) 아사쿠사의 잔반들을 어떻게 찾아내는지 알고 있었던 것과 마찬가지로 구사마는 틀림없이 싸구려 여인숙의 숙박료까지 알고 있었다. 그는 하루 종일 굶은 날을 일컫는 말(차부)과 물만으로 견디는 이들이 "금붕어 차부"로 불린다는 사실도 알고 있었다. 그럼에도 그는 질문을 던졌다. 다른 저작에서와 마찬가지로, 여기에서도 구사마는 훈계하지 않는다. 그는 계속해서 "잔반은 어때?"라는 질문으로 되돌아가는데, 이는 공적인 기록을 위한 대답을 글로 남기기 위해서인 것처럼 보인다. 그것은 부랑자들을 홋카이도로 데려가 가둬두었던 감방이 잠겨 있는지를 묻는 것처럼 순진한 소리였다.[31]

좌담회 당시에는 구사마가 룸펜의 일상을 제대로 알고 있었는지에 대해 미심쩍어하는 시선들이 있었지만, 1년 후 그가 룸펜의 생활에 대한 현장조사로부터 얻은 사실들을 《도쿄 아사히신문》에 기고했을 때에는 그런 말이 더 이상 나오지 않았다. 이 글에는 그의 현장조사 방법이 묘사되어 있다. 그는 우선 "이봐, 비스킷 좀 가져왔네!"라고 소리치고는 질문을 시작했다고 한다. 아사쿠사에 있는 그의 정보 제공자들 중에는 룸펜의 아내도 있었다(구사마는 1930년 10월 국가인구조사에서 40쌍의 룸펜 부부를 찾아냈는데 대부분이 거지들이라고 언급했다). 의미심장하게도 구사마는 그녀를 여성 룸펜으로 보았는데, 이는 아사쿠사의 밑바닥 사회 범주에 있는 여성 부랑자와는 확실히 다른 존재였다. 구사마는 이 여성의 사연을 들려준다. 그녀는 젊었을 때 애인과 살기 위해 가출했다. 후에는 나이 많은 남편으로부터 도망치려고 했다가 남편에 의해 불법 매음굴에 팔리는 신세가 되었다. 그 후 몇 년을 떠돌다 먹을 것이 풍부한 아사쿠사에 정착했다. 구사마의 사건이었지만 그녀도 아사쿠사의 다른 여인들처럼 좋은 룸펜의 자질을 가진, 즉 그녀에게 즈케를 가져다주는 배우자를 선택했고 그 대가로 남편은 물론 인근의 다른 룸펜들과도 성관계를 맺었다고 했다. 남성 부랑자의 요구에 응하는 여성 룸펜 가운데에는 찻집에서 유명세를 떨친 오키요, 딸기코 마누라, 오세키처럼 아사쿠사에서 명성을 떨친 이들도 있었다.[32]

하지만 이러한 정보 제공자들의 말은 신뢰할 만한 것이었을까? 구사마의 현장 조사는 앞뒤가 안 맞는 것처럼 보이기도 하지만, 그는 사실과 허구를 쉽게 구분할 수 없다는 점과 이 밑바닥 사람들이 이러한 진실을 유리하게 이용해먹고 있음을 알았다. 부랑자들이 단속의 손길을 요리조리 피한다는 주제는 소에다 아젠보와 가와바타 야스나리를 떠올리게 하는데, 특히 가와바타 야스나리의 『아사쿠사 구레나이단』의 주요인물들인 불량소년소녀들을 생각나게 한다.

불량소년

일탈에 관한 저작들을 연구했다고 말한 가와바타 야스나리는 아마도 1917년 두 가지 불량소년 가운데 한 유형을 분류하는 다음의 성별 정의를 읽었을 것이다. "이들 거친 불량소년은 언행이 남성적이고 거칠고 폭력적이면서, 늘 폭력, 폭행, 싸움과 같은 행위들을 즐긴다. 간혹 위험한 무기들을 지니고 다니다 유혈 사태를 야기하기도 하지만 나름 자부심을 갖고 있고 정중한 면도 있었다. 흔히 유도, 검도, 스모를 좋아하고, 절도, 사기, 횡령, 파쿠리(협박)와 타쿠리(금전 갈취)를 일삼았다." 파쿠리는 지나가는 학생이나 소년소녀들을 협박해 돈이나 귀중품을 빼앗는 행위를 일컫는다. 어떤 경우에는 몇몇의 불량아들이 뭉쳐 커피숍, 카페, 바 등을 드나들며 인근학생들에게 싸움을 걸어 돈을 빼앗기도 했다. 소위 조정자-중재자 노릇을 하며 학생들에게 먹을 것과 마실 것을 사오게 하는 이도 있었다.[33]

아사쿠사의 주민이자 극작가인 사토 하치로サトハチロ는 쇼와시대 무렵 '가벼운' 불량소년이 아사쿠사에 나타났다고 회상하기는 하지만, 가와바타 야스나리의 소설에 나오는 아사쿠사 구레나이단은 강력한 부류에 속했다. 그리고 가와바타의 소설에 등장하는 경우로 열네 살짜리 학생소녀들이 남자들과 연애편지를 주고받기 위해 만든 무라사키단紫団은 '가벼운' 부류의 비행집단에 가까워 보인다. 소설 속에서 구레나이단은 그 특성이 뚜렷하게 묘사된 개인들의 군상으로 드러난다. 구레나이단에는 앞서 가장과 젠더 바꾸기gender-bending의 견지에서 논의했던, 피아노 연주자, 회전목마 매표원, 가발을 쓴 극장 관객, 기름 장수 차림으로 다양하게 변장하는 유미코라는 인물이 있다. 또 다른 소녀로는 오치요가 있었다. 그녀는 아사쿠사 공원에 홀려서 발을 들여놓기는 했지만 부랑의 냄새를 풍

기는 꼬질꼬질한 때가 묻은 지 그리 오래되지 않은 것으로 보아 여염집 규수인 것 같았다. 가와바타는 갱단에서 아름다운 소녀를 두목으로 세우는 것이 당시의 추세라는 사토 하치로의 말을 인용한다(KY, 202). 이는 사실 처음 있는 일은 아니었다. 모든 불량소녀들의 전설적 영웅인 오싱의 사례가 있기 때문이다. 소설 속 화자는 오싱의 업적을 늘어놓는다. 오싱은 이미 열서너 살 때 소녀단을 조직했고 20~30명의 수하를 거느리면서, 열여섯 살이 될 무렵에는 150명의 남자들과 어울렸다(KY 27). 아사쿠사에는 불량소년들도 있다. 우메키치는 전형적인 불량소년으로 불렸으며, 가와바타는 이 소년의 이력을 들려준다. 우메키치는 가와고에 소년원에 두 차례나 갔다가 나온 후 구레나이단 덕분에 "밑바닥까지 떨어지는 것"은 면한다. 가와바타는 마치 사회복지 상담원과 같은 어조로 우메키치에 관한 사연을 전해주며, 성행위 형태로 묘사된 밑바닥 삶의 그로테스크함으로 우메키치에 대해 설명한다. 가와바타는 우메키치의 이력을 연대기 순으로 콕콕 집어 열거한다.

1. 우메키치 여섯 살. 마흔이 넘은 여자의 노리개가 되었다.

2. 열세 살. 학교 앞 문방구 뒤에서 노는 동안 한 살 많은 소녀와 친해졌다. 회사원의 딸이었다. 그 아이의 집에 놀러 갔다. 집에는 아무도 없었다. 두 사람은 (이 부분은 검열되었다) 할 수 없었다. 서너 번 더 놀러 갔다. 소문이 퍼졌다. 소녀의 가족은 멀리 이사 가버렸다.

3. 열네 살. 빵집 앞 벤치에 앉아 있다가 잡화점집 딸과 알게 됐다. 둘은 우에노 공원과 축제, 작은 식당 같은 곳들을 스무 번 넘게 들락거렸다.

4. 열다섯 살. 아사쿠사 공원의 영화관에서 옆에 두 명의 젊은 여자가 앉아 있었다. 그중 한 여자와 또 다른 극장에서 마주쳤다. 여자 손에 이끌려 장식 유

리로 된 출입문이 두 개나 있는 집으로 갔다(KY, 53).[34]

이 일대기는 계속된다. 열다섯 살 때 우메키치는 돈을 훔쳤고, 연극을 보러 가서 여동생과 함께 온 열에닐곱쯤 되는 책 대여점 주인의 딸을 유혹했다. 두 사람이 하는 짓을 보고 여동생이 언니를 끌고 극장 밖으로 나갔다. 그 해 우메키치는 소년 패거리의 두목이 되었고, 출입문이 두 개 있는 집에 살고 있는 소녀에게서 도합 150엔을 갈취했다(KY, 55).

가와바타는 단순히 우메키치가 저지른 범죄들이나, "가마키리 코조"로 알려진 또 다른 소년이 법을 잘 알고 있어서 15세가 될 때까지는 법의 보호를 받기 때문에 제멋대로 살다가 15세가 되자 착실하게 살았다는 사실 따위에만 관심을 가진 것이 아니었다. 그의 관심을 끈 것은 가풍 또는 그것의 부재였다. 가마키리 코조는 휴일에 음식을 차리는 것이나 손님을 맞이하는 방법 같이 《주부의 벗》에 소개되어 있는 관습에 친숙하지 않을뿐더러, 기본적인 집안일조차도 거의 할 줄 몰랐다. 덮고 잤던 이불을 개놓으라고 하면 방석과 함께 둘둘 말아버리는 식이었다. 《주부의 벗》의 가정과 핵가족 개념은 간혹 국가 이데올로기와 충돌하기도 했지만, 우메키치와 가마키리 코조와 같은 소년들은 두 이데올로기 어느 쪽도 지지하지 않았다. 그들은 가정생활을 구성하는 일상의 행위에만 무지했던 것이 아니라, 도덕 교과서에 주입되어 있는 효심이나 가문에 대해서도 아무런 의식이 없었다. 이 소년들은 족보에 대한 감각이 전혀 없었다. "부모님은 뭐하시니"라는 질문을 받으면 "난 아직 부모가 없어"라고 대답했다(KY, 56-57).

가와바타는 성적 문란에 대해 논의하면서 그로테스크라는 말을 쓰지 않았다. 국가를 직접적으로 비판할 때도 마찬가지였다. 아사쿠사에서 실시된 감시를 언급한 사례는 어린 단원들이 경찰의 기물과 방식을 자기들의 목적에 맞도록 활용하고 있음을 화제로 삼은 것이다. 소설 속 화자는 모두 모이라고 알리고 있는 경찰의 게시판을 읽는데, 여기에는 '구레나이단'의 표식이 되어 있다. 이는 물론 "여러분의 고지판"과 "재향 군인 아사쿠사 분회" 같은 공식 어휘들이 새겨진 공적인 게시판이다. 화자는 구레나이단 원들의 총명함을 알아본다. 관료들 중 누구도 경찰서와 그토록 가까운 곳에 구레나이단의 표식이 쓰여 있다는 것을 생각지도 못할 것이다. 다른 곳에서 그는 한 어린 단원이 내무부라는 단어를 못 읽는다고 언급한다(KY, 53, 207). 가와바타는 아무런 가치 판단을 내리지 않는다. 하지만 현재(1930년) 젊은 구레나이단원들의 탈주에 관한 논의는 전국적인 불황으로 빚어진 빈곤의 그로테스크함에 대한 관심을 보여준다. 그는 다시 사토 하치로를 인용한다. "이제는 불량소년도 먹고살기 어렵게 됐습니다"(KY, 202).

가와바타는 빈민과 노동자들이 잔반 찌꺼기를 사러 부랑자들을 찾아가게 됨에 따라 1930년 경 아사쿠사와 도시의 나머지 지역들 사이의 경계가 흐려졌다고 말한다. 3, 4만 명의 불량소년들이 경찰의 감시 대상이었는데, 그들은 전직 도제 견습생, 점원 등이었다. 가와바타는 다니자키 준이치로를 따라 자신의 논의를 다듬었다. "하지만, 상황이 그러하다면 오늘날의 일본은 대체 무엇입니까? 현재의 도쿄는 무엇입니까? 작금의 일본 사회와 현재의 도쿄 도시 전체가 하나의 노쇠한 불량아가 아닙니까? 이러한 노쇠한 불량아들 가운데서, 아사쿠사 공원만이 젊은 불량아인 것입니다. 불량하긴 해도, 이 젊은 불량아는 사랑과 존경을 표하고, 활기 있고, 진보하고 있습니다"(KY, 57).

아사쿠사는 도쿄의 나머지 지역과는 달랐지만, 다른 곳들처럼 불황을 겪고 있었다. 소설의 화자는 아사쿠사 관음사의 종소리가 1929년 새해 전날 전국에 방송된다고 들었다고 말하면서, 구레나이단 단원들이 **마이크**

앞에 모여서 "1930년 만세!"라고 외치는 장면을 상상한다. 그는 "불경기가 밑바닥을 헤매고 있는 해의 섣달그믐 기분도 역시 '도쿄의 심장'인 아사쿠사가 대표하니까 이 방송이 있는 것이다"라고 설명한다(KY, 58).

가와바타의 작품은 1923년의 대지진과 1930년의 불황으로 빚어진 역사적 단절을 다루고 있기 때문에, 메이지 유신에서 1930년대에 이르는 불량소년의 역사를 이해하기 위해서는 다시 구사마 야소오의 작품을 살펴보아야 한다. 가와바타 야스나리, 사토 하치로, 구사마 야소오 모두 비행소녀의 영웅이었던 오성을 언급하고 있다는 점에서 물론 겹치는 부분이 있다. 하지만 부랑자와 마찬가지로 불량아들의 일상을 기록하려는 구사마의 노력은 아사쿠사 공원을 본거지로 하는 십대 불량소년과 그들을 통제하려 했던 이들이 모두 열중했던 문화 행위에도 변화가 있음을 감지할 수 있게 한다.[35]

아사쿠사 공원의 불량소년의 역사에 관한 구사마의 1936년 연구는 에도시대에 공원이 이들에게 가졌던 의미를 평가하는 것으로 시작한다. 그는 이 역사가 아사쿠사 공원의 많은 노숙 청소년을 처음으로 주목하게 된 1928년에서 시작해 1930년대 초로 접어드는 것으로 본다. 연구는 1930년에 일어난 변화에 주목하는데, 불량단의 한 두목이 경찰서에서 도망쳐 부하들을 데리고 긴자로 가게 되면서 불량단은 해체된다. 하지만 1933년 여름 불량소년들은 다시 공원으로 돌아온다.

구사마가 들려주는 불량소년의 행위와 이야기들은 가와바타의 소설 속 인물들이 하는 짓과 흡사하다. 가와바타와 마찬가지로 구사마는 파쿠리를 강제로 돈을 빼앗는 행위라고 설명한다. 그는 가출 청소년이 아사쿠사 밑바닥 사회의 불량단원의 지원을 받는 성인 부랑자에게 무방비하다는 점을 강조했다. 피해자들은 곧 불량단에 들어오도록 권유받는다. 이

소년들은 관음사의 불전함에서 돈을 훔치거나 음식 쓰레기를 뒤지게 되면서 점점 더 깊이 불량단의 길로 빠져들게 되었다. 가세비리$_{が せ び り}$*는 '큰 형님' 룸펜과 그의 수하 중 한 사람과 하급 매춘부의 합작이 요구되는 범죄였다. 아무 낌새도 못 채는 피해자는 매춘부의 유혹에 넘어가 선금을 지불한다. 그러면 그 순간 갑자기 매춘부의 성난 '애인'이 등장한다. 이 손님은 선금을 떼이고, 때로는 수중에 있던 돈마저 전부 털리기도 했다.[36]

구사마가 들려주는 세 불량소녀의 사례는 구레나이단 단원들의 이야기와 매우 비슷해 보인다. 또한 아사쿠사에서 많은 관객을 동원한 좌익 영화 〈무엇이 그녀를 그렇게 만들었나〉의 여주인공이 겪은 고생과도 흡사하다. 예를 들어, 목수의 딸로 태어났지만 네 살 때 양친을 여읜 열여섯 소녀의 사례가 그렇다. 그녀는 소학교 2학년을 마치자 강제퇴학 당하고, 열두 살 무렵에는 오사카에 보내져 여공으로 일하게 된다. 그곳에서는 남자 일꾼들의 유혹을 계속 피해 다니다가, 삼촌에 의해 보모로 일하도록 한 상인의 집으로 보내진다. 후에 그녀는 주인집에서 돈을 훔쳐 여주인의 '히스테리'에서 벗어난다(이 여주인은 히스테리 치료법을 다룬 《주부의 벗》의 한 기사를 떠올리게 한다. 신경쇠약의 한 증세인 히스테리는 대지진 이후 주부들이 흔히 겪는 병이었던 것 같다). 다른 이들처럼 그녀 역시 아사쿠사에 정착한다. 그녀는 며칠 동안 아사쿠사가 주는 음식과 영화의 즐거움을 즐기다 돈을 탕진하고는 공원을 정처 없이 떠돌다 한 룸펜에게 당하고 만다. 구사마는 이제 이 어린 소녀가 나이든 매춘부들 사이에서 일하지 않으면 잔반으로

---

* '가세'는 위조품이라는 뜻이고 '비리'는 여자를 말한다. 일종의 은어로 공창을 '마부비리'라고 했으며, 가짜 마부비리를 '가세비리'라고 불렀다. 참고로 행상을 뜻하는 '데키야'는 사창을 가리키는 은어로 쓰였다.

연명할 수밖에 없음을 알게 되었다.[37]

구사마가 불량소년에 관해 쓴 '실화들'은 소위 전문가들이 그를 비과학적이라 불렀던 이유 가운데 하나일 것이다. 이는 또한 통계 보고서에 나온 수치라는 안정성만 필요로 하는 꽉 막힌 관료들보다 구사마가 아사쿠사에서 더 큰 영향력이 있었고 존경을 받았다는 사실을 반증하기도 한다. 구사마의 저작과 관련 문서들을 읽으면 그가 아무 곳에도 갈 곳 없는 밑바닥 인생들과 세심하게 교류했기 때문에 많은 존경을 받았음을 분명히 알 수 있다. 그가 들려주는 이야기 덕분에 이 젊은 남녀들을 그들이 처한 시대와 장소라는 사회, 문화의 역사에서 제대로 파악할 수 있다. 이 역사는 무엇이 적절한지 여부에 대한 구사마의 결정으로 알 수 있다. 예를 들면, 그는 도쿄소년감호소에서 일할 때 수집한 정보들을 나눈다.

구사마의 실화들은 아사쿠사 공원이 가족이 없는 노숙자 소년들에게 어떻게 안식처를 제공했는지 보여준다. 예를 들어, 그는 열아홉 살 아마쿠사 긴의 사례를 제시한다. 성병에 걸렸다는 진단 결과가 나오자 담당자들은 그녀가 아사쿠사 공원 인근에서 하급 매춘부로 일하면서 감염되었다는 결론을 내린다. 조사를 해보니 긴은 태어난 직후 곧 5층탑 부근에 버려지지만 애정이 넘치는 한 농부 가족이 그녀를 거두었다. 그녀는 자신의 진짜 과거를 모른 채 자라다 학교에 처음 들어간 날 자기의 성이 가족의 성과 다르다는 것을 알고는 자기를 버린 가족이 있다는 사실에 괴로워한다. 이때부터 긴은 불행의 나락으로 떨어지기 시작한다. 불량한 행실을 보이기 시작하자 그녀는 고아원으로 되돌려 보내지고, 열여덟 살 무렵 네 차례의 시도 끝에 고아원에서 빠져나오는 데 성공한다. 구사마가 이 사례에 대한 글을 쓰면서 긴을 갱생시키려 노력했음에도, 긴은 소매치기 애인의 영향을 받아 아사쿠사에 있는 백화점의 여성 기모노 판매점에서 소매치기를 연습하고 있었다. 1923년 간토 대지진으로 양친을 잃은 어린 소녀의 이야기도 있다. 소년은 한 친절한 남자에게 입양되어 그에게서 소매치기를 배운다. 아사쿠사 공원에서 양장 차림의 남자를 소매치기하려다 체포되었을 때, 이 소년은 오리털 외투에 새 양말과 발목까지 올라오는 빨간 가죽구두 차림이었다. 구사마의 섬세한 시선은 곧 와지로에게 깊은 인상을 주었을 것이다.[38]

앞서 근대 일본의 고정된 여성성 욕망에 대한 논의에서 '진짜 여인' 하루코의 이야기로 이미 그 운명을 요약한 바 있는 가와바타 야스나리의 인물 오하루 역시 밑바닥까지 추락한 바 있다. 오하루는 하녀 일을 그만두고 미용사가 되려는 꿈을 좇아 도쿄에 왔지만 어느 순간 자기도 모르는 사이에 꼼짝없이 이 남자 저 남자에게로 팔려 다니는 신세임을 깨닫게 된다. 가와바타는 이 궤적을 더듬는다. 오하루는 목욕탕에서 자기에게 스스럼없이 대해주는 한 아주머니를 만난다. 등을 밀어주었더니 아주머니는 단팥죽을 사주고, 극장표를 주는가 하면, 자기 집에 초대한다. 목욕탕은 공원 안에 있는 데 반해 아주머니의 집은 그렇지 않았지만 오하루는 이 점에 대해 전혀 의심하지 못한다. 어느 날 오하루는 짐 꾸러미를 아주머니의 집에 전해주기로 한다. 다음날 아침 눈을 떠보니 알몸이었다. 그녀는 자신의 알몸이 왠지 기괴해 보이더니(괴짜 여인에 대한 메리 루소의 인식에서 보면 이 부분에 여성 그로테스크가 있다) 급기야는 우스꽝스럽다고 생각한다. 오하루는 닷새 동안 그 방에 갇혀 있게 된다. 자기도 모르는 사이 아주머니가 운영하는 사창가에 팔린 것이다. 한 달이 채 지나지 않아 오하루는 이제 거꾸로 자기보다 한 살 어린 소년을 꼬드기고 있다. 소년을 점점 불량소년으로 변모시킴에 따라 소년은 오하루를 '누나'라고 부르며 따른다(KY, 208-12).

불량소년에 대한 구사마의 반응은 관습적이기보다는 훨씬 더 설명적이다. 1921년 그는 아사쿠사의 경찰서에서 수집한 전년도 소년범죄에 대한 통계를 살펴봄으로써 '청소년 문제'에 반응했다. 그는 일반적인 생각과는 반대로 성범죄 검거 건수가 없음에 놀라면서, 어린 아이들의 검거 건수가 많은 것에 대해 논평했다. 구사마는 불량아들을 세 집단으로 나누었다. 동성애, 협박, 폭력에 빠지기 쉬운 심각한 수준의 불량아, 이성에 관심을 보이는 가벼운 수준의 불량아, 그리고 마지막 집단은 도둑이다. 가벼운 수준의 불량아 집단에는 아사쿠사에서 여배우들을 쫓아다니는 이른바 페라고로(페라는 아사쿠사 오페레타의 줄임말이다), 불량소녀나 양가집 규수(잠시 즐기려고 공원을 찾은)를 노리는 카페고로가 포함되었다. 아사쿠사는 불량소년들이 활개를 치는 중심지였고, (100명에서 150명의 소년소녀들로 이루어진) 패거리들이 이 지역에서 생겨나고 있었다. 구사마는 아사쿠사에 만연한 비행은 심신이 허약해지게 만드는 잘못된 양육 탓이라고 비난했다. 1927년 그는 불량소년소녀들, 특히 갱생이 불가능하고 보호소를 탈출해 아사쿠사 공원의 문화로 돌아가는 이들의 수가 늘어나고 있음에 우려를 표했다. 1936년쯤 그는 국가와 국가 공무원들이 나서서 불량소년을 보호하는 문제를 다루어야 한다고 요구했으며, 이를 도외시할 경우 불량소년은 불량청년이 되고, 인생의 전성기마저 비행을 일삼다 끝내는 불량노인이 될 위험이 있다고 경고했다.[39]

구사마는 불량소년들 사이의 관계만을 걱정한 것이 아니었다. 구사마는 불량소년과 공원에서 그들에게 당한 희생자의 관계를 걱정했고, 또한 앞서 매춘부로 변한 열여섯 목수 딸 긴과 어울리는 테키야(행상)나 가와바타의 소설에서 구레나이단원 '배 꼬마'를 한통속으로 끌어들인 테키야와 같은 아사쿠사의 범법자들과의 관계에 대해서도 우려를 표했다(KY, 132).

행상

소에다 아젠보가 쓴 아사쿠사의 밑바닥 이야기에 등장하는 두 번째 집단은 행상이다. 그들은 아침 일찍 노점을 차리고 편물, 만년필, 샌들을 비롯해 시골에서 올라온 관광객들을 끌어들일 만한 물건들을 팔았다. 세 시간쯤 지나면 경찰이 나타나 그들을 내쫓거나 붙잡았다. 이들은 야바위꾼이기도 했다. 어떤 이는 (아사쿠사에 대해 거의 모르는) 시골뜨기들에게 아사쿠사 지역을 구경시켜준 후 65전짜리 신발을 1엔에 팔기도 했다. 점을 치기 전에 전주로 바이올린을 연주하며 노래를 부르던 절박한 청년 같은 거리의 악사도 있었다. 소에다는 야시ヤシ(행상을 가리키는 말)가 행실이 안 좋고 사기꾼이라는 일반적인 통념에 근거해 행상을 새롭게 정의하는 것을 거부했다. 도쿄도의회의 의원들 가운데 "행상은 소자본 기업가다"라고 한 사람도 있었지만 소에다는 "행상은 프롤레타리아다"라고 반박했다. 자본이 없는 이들은 가게를 차릴 수도, 상품을 대량으로 쌓아둘 수도 없었기에 특별한 판매 기법이 필요했다. 소에다는 그들을 마술사라고 칭하면서 한 야시의 경우를 예로 들었다. 그는 작은 **바구니**와 **가짜** 원앙이 빙빙 돌며 헤엄치는 **양동이**를 들고 다녔다. 그 비법은? 10전을 내는 사람은 기다란 종이에 적힌 비법을 펼쳐볼 수 있었다. 종잇조각에는 "미꾸라지"라고 쓰여 있었는데, 미꾸라지가 원앙 아래에서 헤엄쳐 다니며 마술처럼 가짜 원앙을 움직이게 한 것이었다(SA, 8-10, 111-15).

와다 노부요시和田信美라는 한 사려 깊은 작가는 행상에 대해 조금 더 민족지적인 또 다른 연구법을 제시했는데, 그는 마치 집시처럼 행상인과 함께 전국을 떠돌아다녔다(그는 소에다의 야시와는 반대되는 의미로 테키야라는 말을 썼고, 자신의 관찰 성과가 사회학 연구에서 사용될 수 있으면 좋겠다고 표명했다). (소에다 아젠보의 일화적인 설명과는 대조적으로) 와다 노부요시의 체계적인 설명에는 직업의 역사적 배경, 행상의 행위와 행동 수칙에 대한 논의, 행상의 광범위한 유형 분류와 그들이 쓰는 은어 목록과 더불어 행상이라는 신분의 전제 조건이 포함되어 있다. 우리의 목적에서 보면 중요한 것은 사회적 불평등의 그로테스크함에 대해 행상 스스로 갖고 있던 인식에 대한 와다의 설명이다.[40]

와다는 행상과 자본의 관계에 대해 자기 나름대로의 설명을 제시한다. 행상에게는 자본이 없으며 전혀 필요하지도 않다는 것이다. "무엇보다도 행상의 유일한 자본은 그의 세치 혀이다. 극단적인 예를 들자면 동전 한 푼 없고, 팔 물건도 없고, 당연히 가게조차 없는 행상도 있을 수 있다는 의미다. 무덤이 있는 자리이든 아이들이 살고 있는 장소이든 물건을 팔 자리만 찾아낸다면 아무런 문제가 되지 않는다." 와다 노부요시는 설명을 이어간다. 좀 더 세밀하게 설명하기 위한 일환으로, 만약 어떤 행상이 종이 한 조각, 책 한 권 혹은 오래된 신문 하나라도 팔 수 있는 물건을 찾으면, 뒤를 봐주는 선배 후원자와의 연줄이 있고 행상들이 쓰는 은어를 알고 있는 한 그것을 팔아치울 수 있다고 와다는 주장한다.[41]

행상 문화는 선임-후임 관계를 전제로 한 행동 수칙과 상호 부조라는 전제가 중심이 되는 것이 특징이다. 선임자는 행상인을 엄격하게 통제하기보다는 사업적으로 조언을 해주었다. 어느 쪽이 되었든 한 쪽이 도움을 청하면 다른 쪽에서는 두말 않고 도움을 주었을 것으로 생각된다(와다는 이 스승-추종자 관계를 하나의 계급 관계라 불렀다). 와다가 행상의 삶의 모습들을 열거해놓은 순서에 주목할 필요가 있다. 그 첫 번째 항목은 행상인의 가정불화를 가리키는 것 같다. 와다는 자신이 "여성 범죄와 부정"이라고 부르는 주제에 장문의 글을 할애했는데 그의 주된 관심사는 남의 아내를 넘보는 것이었다. 남의 아내를 가로채는 자는 동료들로부터 어떠한 도덕적 변론도 얻지 못한 채 죽임을 당할 수 있었다. 설령 그 상황을 모면하더라도 힘이 있는 행상들의 전국망에 통보되어, 그 결과 죄를 저지른 행상과는 더 이상 상종도 하지 않을 것이었다. 혹시 운이 좋은 경우에는 행상 공동체에서 제명당하지 않을 수도 있었지만 행상의 규칙을 따르겠다고 동료들에게 보여주는 본보기이자 경고로써 새끼손가락을 잘라 인정을 받아야 했다. 행상인들의 규칙에는 물건을 훔치는 것 또한 금지되어 있었으며 혹시라도 행상의 비법을 노출시킬 수 있는 '노래'를 부르는 것도 금지되었다. 그리고 자신들의 삶의 방식을 경멸하는 대중의 편견에 맞서기 위한 일환으로 강한 '자부심'을 갖도록 북돋웠다.[42]

와다가 언급하는 행상은 역사적 선례, 역사적 혁신, 역사 기록의 문제들을 환히 알고 있었다. 그는 이 상인들이 전국시대의 주군이 없는 사무라이들로부터 시작해 300~400년 동안 영업을 해오고 있는 것이라 결론 내렸다. 취급하는 물건의 범위는 향수와 약품에서부터 와다가 열거한 쉰 가지가 넘는 인기품으로 확대되었다. 이 기록은 곧 와지로의 연구에 대한 주석으로도 가치가 있다. 물건의 목록에는 오래된 잡지, 폭죽, 풍선, 헌옷, 담뱃대, 넥타이 등이 포함되었다. 맛보기 쇼, 접치기, 축제 때만 볼 수 있는 음악가와 최면술사의 가두 공연과 같이 구경거리도 함께 선보였다. 행상의 활동 반경도 넓어져 이제는 증기선, '라스푸틴Rasputin*'처럼 테키야가 점을 봐주던 부유한 저택으로까지 확대되었다. 과거와 달라진 점이

----

* 1872~1916. 본래 러시아 정교회의 수도사로 환속한 후 예언이나 치료 능력을 보이며 러시아 상류층과 차르의 가문에 막강한 영향력을 행사했다. 괴팍하고 탐욕스러운 성정과 행위로도 유명했다. 후에 암살당했다.

라면 행상이 이제는 자본주의의 정치 경제와 더불어 활동하게 된 것이라고 와다는 주장한다. 그는 '신성한' 자본가 신사들과 그들의 '신성한' 사업에 쓰이는 당대의 방식들을 언급하며, 야바위(사쿠라)를 정당한 광고 분야의 혁신이라고 옹호했다. 신문, 잡지, 광고판, 라디오 방송 또한 사쿠라가 아니란 말인가? 대체로 잘 속는 여성들의 기질을 이용해먹는 '물질문화' 가운데의 남성들처럼, 행상 또한 값을 부르는 데 능란했다. 한 번 흘깃 보기만 해도, '물질문화'권의 남자는 각 여자 손님이 얼마를 내려 할지 추정할 수 있었던 것처럼 말이다.[43]

와다는 행상들이 자본주의 체제 안에서 자신의 위치를 어떻게 인식하고 있었는지 기록했다. 근대국가의 수립보다 앞서는 사회 질서에 기초한 규칙과 일련의 관계들을 공유한 이 조직은 1920년대 무렵 좌익에 의한 국가 저항 운동으로 전국에서 벌어진 '사상 활동'에 참여했다. 1924년 1월 26일 오사카를 시작으로 「전국행상인연맹 설립에 관하여」라는 제목의 발기안이 전국의 행상들에게로 전파되었다. 행상이 사업상 쓰는 용어의 목록을 독자들에게 제공했던 것처럼, 와다는 이러한 문건을 인용해 그들이 사용한 정치적 수사어구도 알려주었다. 이 선언문은 '합리적인 개혁'을 요구했으며, 선언문을 쓴 사람들은 테키야를 노동자라고 생각했다. 행상은 상인같이 보이기도 하지만 온갖 억압을 받고 있었고 자율성은 거의 없었으며, 그런 점에서 노동자 계급과 별반 다르지 않았다. 행상 연맹 조직자들은 분명 당대 일본 좌파의 언어를 쓰고 있었다. 즉, 노동자, 여성, 소외된 부락민部落民들이 사회에 항의할 때 쓰는 언어를 사용했다. 예를 들면 이런 식이다. "우리는 각성해야 한다. 우리의 권리를 확보하기 위해서. 그리고 노동계급의 일원으로서, 반드시 도래해야 할 평화롭고 행복한 사회를 건설하기 위해서, 우리는 지금 여기에서 조금 다른 의미에서 가장 강력한 연맹을 구축해야만 한다." 선언 다음 달 연맹이 처음으로 발행한 전단은 행상의 生活이 노동자와 다를 바 없다고 되풀이하면서 '부조리한 계급 차별'을 규탄했다. 동시에 행상은 상인처럼 이윤을 추구한다는 점도 강조했다. 행상은 교통비와 숙박비를 감당했기 때문에 행상이 파는 물건 값이 상인의 물건 값보다 높은 것은 불가피한 것이었다. 또한 이 전단은 "상호 부조 정신"과 도덕적 연대라는 점에서 행상을 다르게 부각시켰다.[44]

와다는 '전통주의자들'과 '새로운 사상'을 옹호하는 이들 사이의 긴장이 연맹을 설립할 당시부터 이어져왔다고 언급했다. 실제로 사회주의적이고 아나키즘적인 용어들은 스스로를 농업의 신을 수호하는 자이자 거꾸로 농업의 신의 수호를 받는 자라고 여긴 행상 연맹이 공표한 '선언'과 충돌하는 듯 보였다. 이 선언은 "우리는 신과 같은 황실 가문을 숭상하고, 옛 선인의 얼을 우리의 삶으로 받아들이며, 국체에 대한 필수적인 가족애의 신념을 선포한다"고 주장한다. 따라서 이 글은 계급 연대를 전제로 하지 않는 연합과 연대의 개념을 보여준다고 할 수 있다. 선언 속 가족-국가 이데올로기는 그런 점에서 1937년 전쟁에 참가한 군인들에게 감사를 표했던 부랑자들의 생각에 더 가까웠다. 이들은 군인이 자신을 대신해 싸워주기 때문이라고 말하며 그들을 지원하기 위한 모금운동까지 벌였다.[45]

단결이라는 공통의 신념을 지도 원리로 의지하는 쪽을 택한 사람들도 있긴 했지만 아사쿠사 안팎의 행상들이 이렇게 상충하는 정서들을 어떻게 화해시켰는지는 정확히 알 수 없다. 다만 우리가 알 수 있는 것은 병치된 성명서로 명확히 표현된 언어들뿐이다. 와다의 민족지적 형식은 전형적이고 극존칭을 사용하는 행상의 인사말들을 옮겨놓은 것이나 행상 용어해설에서 분명히 드러나듯이 행상들의 대화에 특히 주의를 기울인다. 그는 행상이 새로운 비밀 용어를 만들어내기 위한 한 가지 수단으로 거꾸로 말하기를 활용했음을 지적했다(한 가지 일반적인 예로 아사쿠사 공원을 의미하는 내부 은어인 '엔코'라는 단어를 들 수 있다. 이는 아사쿠사 공원을 의미하는 은어 '코엔公園'의 음절을 뒤바꾸고 축약한 것이다). 행상의 언어는 그런 점에서 런던의 코크니Cockney*와 닮았는데, 정치적인 의미를 만들어내기 위해 음절을 거꾸로 뒤집어 읽는 은어를 사용했고 계급의식을 기반으로 하고 있었기 때문이다. 행상의 언어는 물론 일본의 언어와 사회 역사를 갖고 있는 일본 근대의 소산으로 일본에만 한정된 것이기도 했다.[46]

코크니의 단어들과 거꾸로 읽는 은어의 방식은 영국 거지들의 언어로 거슬러 올라갈 수 있다. 일본의 경우 행상이 쓰는 은어 역시 거지, 부랑자, 아사쿠사의 불량소년이 함께 공유했다. 하지만 코크니 어휘에 대한 다양한 설명들을 보면 코크니가 신체의 부분이나 기능을 강조하고 있다고 언급하는 반면에, 와다의 행상 용어설명에는 머리, 손가락, 얼굴을 지칭하는 말들을 제외하고는 신체 부위를 가리키는 용어들이 별로 없다. 행상과 코크니 어휘에는 모두 여성을 나타내는 단어들이 많이 포함되어 있다. 일본의 경우에는 특히 성노동자를 강조하고 있다(이 지점에서 여성 그로테스크가 다시 등장한다). 두 어휘 목록 모두에서 가장 확실히 드러나는 것은 돈을 지칭하는 광범위한 용어들이다. 일본의 경우, 예를 들면 각각의 화폐 액면가에 따라 붙여지는 이름이 달랐다.[47]

코크니에 탕진을 가리키는 말이 있는 것처럼 궁핍의 결과를 강조하는 어휘가 많은 데 비해서, 일본 행상의 은어는 영업 행위에 초점을 맞추었다. 이는 '사업', '여비', '교활한 협잡', '자백'과 같은 단어들을 코드전환해 자신들만의 용어를 신중하게 사용하는 일종의 직능 조합이었다. 여기에

---

* 영국 런던의 남동부의 노동계급 혹은 노동계급이 쓰는 억양을 가리킨다.

서 그들이 강조하는 것은 돈을 버는 데 있었다. 또한 와다의 목록에는 국가의 감시를 우려하는 행상들의 염려도 실려 있다. 예를 들면 감시인, 형사, 경찰관, 경찰서장을 가리키는 행상의 용어가 있었다. 이런 점에서, 코크니의 경우에서처럼 도치법의 사용이 비하감을 드러낸다고 결론내리는 것이 비교연구를 남용한다고 보이지는 않는다.

감시에 관련된 거의 모든 용어들은 도치법으로 만들어졌다. 케부警部(경찰수사관)는 부케로 바뀌었고, 나이쇼内緒(기밀)는 쇼나이가 되는 식이었다. 이는 국가의 통제에 대한 일종의 저항이었고, 행상은 와다의 자료가 보여주듯이 그들의 선언으로 보나 규정된 정의로 보나 반자본주의적이었다. 예를 들어, '기슈'라는 말은 사회주의를 가리키는 '샤카이슈기社会主義'를 음절을 뒤집고 축약한 말이었다. 하지만 위에 인용된 기록들에 좌익 정서가 포함되어 있다고 하더라도, 일본의 행상이 어떤 종류의 사회 개혁世直し이나 사회 질서의 혁명적 개정을 적극적으로 지지했다고 보는 것은 역사 기록상 온당하지 않다. 많은 행상들이 어느 정도는 사회주의적인 생각을 가졌을지 모르지만, 그들의 생활 방식을 보면 요지경과 순회 활동으로 쇼를 벌이는 사람들의 범주에 속한다고 보는 쪽이 훨씬 적절할 것이다. 이러한 쇼들은 바로 행상들 사이에서는 다카모노タカモノ*라고 알려진 미세모노(구경거리)였다. 이제 우리는 아사쿠사의 그로테스크한 거주자들 가운데 마지막 집단인 기형freak들을 살펴보아야 할 것이다. 아사쿠사의 상황에서 보면 수전 스튜어트가 "사실은 '문화적으로 형성된 기형'이지만 타고난 기형"이라고 한 이들은 바로 외국인이었다.[48]

---

* 다카모노는 주로 신사의 시주 명목으로 행해졌던 가설 흥행을 말한다.

기형으로서의 외국인

　기형이라는 말을 언급할 때 나는 에도시대의 맛보기 쇼를 최초로 (그리고 여전히 으뜸으로) 연구한 학자가 "자연스러운 호기심"이라고 이름 붙인 것을 가리키는 것이 아니다. 아사쿠라 무세이朝倉無声는『미세모노 연구見世物研究』에서 기이한 인물의 기원을 탐색하고 그들을 묘사하는 데 주력했다. 그는 도쿠가와 시대의 한 책에서 장애인을 미세모노(구경거리)로 활용한 최초의 예를 발견했다. 책에는 두 다리를 잃은 남자와 팔 없는 여자가 등장한다. 아사쿠라 무세이의 유형 분류에 따르면 미세모노에는 두 부류가 있었는데, 하나는 재주를 부리는 것이고 다른 하나는 거대한 인공 코끼리와 같은 공예품이었다. 헤이본샤平凡社의 편집자들이 순회 미술품과 맛보기 쇼들의 비디오 해설에서 보여준 바와 같이 훨씬 최근 제2의 접근법은 미세모노 맛보기 쇼, 유랑 연예인, 야시(테키야) 행상에 의해 운영되고 대중이 생각하기에는 모두 하나로 연결되어 있는 노점들과 관련이 있다.

　여기에서 인용된 아사쿠사에 관한 기록들을 읽으면서 내가 인식한 것은 수전 스튜어트가 설명한 생리학적 변태physiological anomaly에 대한 이분법적 접근법이 근대의 아사쿠사에는 존재하지 않았다는 점이다. 스튜어트에 따르면 "생리학적 기형은 자기와 타자 사이(샴쌍둥이), 남성과 여성 사이(양성구유), 신체와 신체 외부 세계 사이(과잉으로 인한 괴물), 동물과 인간 사이(야수 인간)에 존재하는 경계의 문제"를 보여준다. 그리고 메리 루소에 따르면 이러한 기형들은 그 정의상 보이기 위한 존재로 구별되었다. 그녀는 이러한 분리는 자연 세계와 초자연적 세계의 중재자로서의 기형과 실제로 살아 숨 쉬는 괴물로서의 기형을 구분하는 "현실성realness"에 관한 근대적 담론의 일부라고 설명한다. 일본에서는 전근대 인식론과 근대

인식론 사이의 변화가 서구와는 달라서, 최근에 이르러서야 미세모노를 그로테스크로 보려는 논의가 이루어지고 있다. 하지만 여기에서 나의 목적은 그러한 담론상의 변화를 좇는 것이 아니라, 수전 스튜어트의 표현을 빌리자면 사실은 "문화로 정의된 기형"이지만 타고난 기형이라 할 수 있는 외국인 예인에 주목하는 것이다. 이들은 근대 시기 아사쿠사에서 구경거리 세계의 대상이자 타자로 이중의 특성을 갖는 기형이었다. 메리 루소에 따르면 '괴인 쇼' 속의 기형들이 맡은 역할은 인종적 특징을 지니고 있던 이들과 하층 계급의 사람들이 맡은 사회적 역할과 상통하는 것이었다. 아사쿠사에서 일하던 외국인들은 실제로 인종적 특성을 띤 하층계급의 일원들이었다. 이에 관한 요점을 보여주기 위해서 가와바타 야스나리의 『아사쿠사 구레나이단』으로 돌아가 이 소설을 사실이라 간주하고 다루어보고자 한다.[49]

『아사쿠사 구레나이단』에서 묘사된 맛보기 쇼에는 '배에 입이 달린 남자' 같은 볼거리들이 등장한다. 해럴드 로이드 안경*을 쓰고 유도 선수 복장을 한 그는 말은 입으로 하면서 음식은 배로 섭취했다(KY, 35). 그러나 이 작품의 화자가 훨씬 더 관심을 보인 것은 외국인異人으로, 소설에는 중국인, 조선인, 백인 등의 외국인이 등장한다. 그런데 일본인 미세모노 공연자들과 달리 그들은 기형의 특성을 이분법적으로 규정하는 데 모두 들어맞았다. 아사쿠사 안에서 그들은 일본 밖에 무엇이 있는지 정의해주었

---

* 해럴드 로이드는 미국의 희극배우로 찰리 채플린, 버스터 키튼과 함께 미국 슬랩스틱 코미디의 대표주자였다. 〈로이드의 야구〉(1917)에서 그는 검고 동그란 테의 안경과 맥고모자를 썼는데, 이것이 이른바 로이드 스타일을 만들어내며 큰 인기를 얻었다.

다. 더욱이 메리 루소가 다룬 서양의 괴물들처럼, 아사쿠사의 많은 이들 역시 성적 욕망을 불러일으키는 대상으로 비쳐졌다. 예를 들어 화자는 똑같이 노란색 중국 의상을 입은 두 명의 중국 여인들을 우연히 만난다. 이 부분에서 성적, 인종적 특징을 지닌 그로테스크는 가와바타가 소설에서 분신을 반복적으로 활용하는 것에 부합한다. 분신의 활용은 프로이트의 **언캐니**unheimlich 개념의 특징 가운데 하나다. 여기에서 **언캐니**는 친숙하면서도 무서운 것을 뜻하고, 가와바타의 몽타주로 그려낸 아사쿠사에 살고 있는 분신들은 프로이트의 정의와는 또 다른 측면들을 보여준다. 똑같은 쌍둥이 소년, 그것도 똑같은 감색바지에 녹색 리본이 달린 모자를 쓰고 있는 인물들은 앞서 노란 의상의 중국인 여자 예인들처럼, 프로이트의 말을 빌려 표현하자면 "외모가 똑같아 보이기 때문에 같은 사람이라고 여겨지는 인물"이다. 허구의 남동생 아키코로 등장하기도 하는 유미코는 두려움의 대상이라는 점에서 분신이라는 개념을 구현하는 데 가장 근접한 인물이다. 아사쿠사의 아늑한 골목길들이 정체를 알 수 없는 유미코/아키코의 등장으로 낯설어지자 화자는 불안해진다. 세 번째, 프로이트가 분신 간의 텔레파시의 예로 든 것은 구레나이단이 공유하는 정보로 잘 표현되어 있다. 마지막으로 유미코가 자신의 불행한 언니와 동일시하는 것은 프로이트의 이론에서 분신이 다른 한 쪽과 동일시하는 전형적인 예라고 할 수 있다. 여러 가지 분신들을 보여줌으로써 집처럼 편하게 여겨졌던 아사쿠사는 이제 불길하고 집 같지 않은, **언캐니한 곳으로** 묘사된다. 유미코의 예에서처럼, 아사쿠사의 거주자들은 단순히 생존만이 아니라 복수를 꾀하기도 했다(KY, 14-15, 20, 106).[50]

가와바타 야스나리가 내면성에 초점을 맞추는 근대적 접근을 강조한 것은 아니었다. 그가 그로테스크를 묘사하는 장면에서, 놀고 있는 중국아

이들은 변발을 하고 있어서 비일본적인 특성이 드러나고, '원숭이 같은 소리'를 내며 놀기 때문에 사람이면서도 동물적인 모습으로 비쳐진다. 한 조선인 여자는 입고 있는 옷과 '조선식'으로 아기를 업고 있는 모습이 눈에 띈다(KY, 146). [소에다 아젠보 역시 조선인 여자들이 어떻게 눈에 띄는지를 언급한 바 있는데, 이 술집에서 저 술집으로 돌아다니는 사람, 서양식 식당을 전전하며 공연을 하는 사람, 점을 치거나 '볶은 콩' 같은 물건을 파는 사람들 틈에서도 조선인 여자들을 구분할 수 있다고 언급했다(SA, 198).] 또한 가와바타는 『아사쿠사 구레나이단』에서 한 순진한 아이가 "남국의 저녁"으로 알려진 여름 기모노 옷감을 갖고 싶어하는 장면에서 남해를 이국적인 모습으로 묘사한다. 소설에서 가장 분명하게 욕망의 대상으로 나오는 사람은 백인 여자 예인이다. 조선인들은 흉악한 범죄 행위를 위장하기 위한 수단으로 엿장수 행세를 하는 것이라 생각되었고, 조선인과 중국인은 모두 거지나 도둑으로 간주되었다(이러한 관점은 《그로테스크》라는 잡지의 중국인과 조선인 거지들을 다룬 기사에서 확인된다). 더욱이 중국인 도둑들은 살인에 연루되었다.[51]

간토 대지진 이후의 외국인은 백인에 대부분 여성이었다. 가와바타의 소설에서 한 인물이 요즘 공원에 외국인이 늘어 국제적이 되었다고 언급할 때, 그가 지칭하는 외국인은 경박한 입맞춤을 날리며 늘씬한 각선미를 자랑하는 열여섯 살 러시아 난민 같이 유럽에서 들어온 불량소녀이다. 그녀와 열여덟 살 된 언니는 맨발에 속옷도 입지 않고 새빨간 얇은 옷차림으로 휘파람을 불며 아사쿠사를 누비고 다니는 댄서였다. 이들은 "그 유색인종 노예들이 백인 여성의 맨살을 보든 말든 아무렇지 않다는 듯이 행동함으로써" 자신들을 바라보는 일본인의 욕망을 비웃었다. 아사쿠사에는 또한 레뷰 댄서로 통하는 젊은 백인 매춘부, 열 살 난 딸과 공연하는 핀란드 가희, 그림엽서를 팔기 위한 전주로 채플린을 흉내 내거나 **코사크**

춤*을 추는 열 살짜리 러시아 소녀도 있었다(KY, 146-76).[52]

　일본에서 유럽계 백인에 대한 담론이 그들의 제국에까지 적용되지는 않았다는 이중적 잣대를 지적하는 것은 별반 새삼스러운 일이 아니다. 하지만 아사쿠사의 조선인과 중국인은 피식민자로 비하되었던 반면, 유럽인과 미국인들은 강렬한 성적 환상의 대상으로 이용된 에로틱한 종족들로 비쳐졌다고 단순히 결론 내리는 것 역시 너무나도 쉬운 일이다. 백인, 중국인, 조선인에 대한 아사쿠사의 태도라는 주제를 좀 더 자세하게 살피기 위해서는 아사쿠사의 유머와 근대의 익살스러운 몸짓 속에서 식민지인들이 어떻게 다루어졌는지를 살펴보아야 할 것이다.[53]

---

* 　러시아 코사크족의 전통 춤으로 팔짱을 끼고 점점 내려앉으며 다리를 들어 올리는 것이 특징이다.

주석

1 　요시미 슌야는 혼조·후카가와에 지어진 공장 지대의 주민들이 스미다 강을 건너
와 아사쿠사의 손님이 되곤 했는데, 이것이 곤다 야스노스케로 하여금 유흥 중인
사람들을 연구하도록 영감을 주었다고 말한다. 여기에서 밑바닥은 이러한 사회 계
층의 아래에 있는 이들을 가리킨다. 그들은 아사쿠사의 명물인 전기 브랜디
(Electric brandy)를 사거나, 극장에 가거나, 요시미가 『都市のドラマトゥルギー
(도시의 드라마투르기)』(弘文堂, 1987, 1992), 216-18쪽에서 언급한 소고기 덮밥을
사먹을 돈도 없었다.

2 　Mikhail Bakhtin, *Rabelais and His World*, Helene Iswolsky 역(Bloomington:
Indiana University Press, 1984), 21-22쪽, 52쪽, 91쪽, 367쪽을 보라. Susan
Stewart, *On Longing: Narratives of the Miniature, the Gigantic, the Souvenir,
the Collection*(Durham, NC: Duke University Press, 1984, 1993), 103-14쪽.
Russo, *The Female Grotesque*.

3 　Russo, *The Female Grotesque*, 7쪽, 63쪽. 피터 스탤리브래스(Peter Stallybrass)
와 앨론 화이트(Allon White)는 *The Politics and Poetics of Transgression*
(Ithaca, NY: Cornell University Press, 1986)에서 민속문화 속의 카니발적 그로테
스크함의 개념을 확장시켜 계급 사회에서 이분법적 극단주의의 정치를 검토했다.

4 　《그로테스크》에 실린 글들로는 梅原北明, 「世界便所発展史(세계의 변소 발전사)」
(1929년 9월, 170-73쪽); 上田恭輔, 「支那悪食考(중국의 괴상한 음식 고찰)」(1929년
11월, 8-22쪽); 松浦山三郎, 「明治見せ物考(메이지 미세모노 고찰)」(1931년 4월,
2-24쪽); 渋谷オカン, 「ゲオルク・グロース(게오르그 그로스)」(1929년 7월,
248-63쪽); 宮川曼魚, 「江戸時代のモボとモガ(에도시대의 모보와 모가)」(1929년 3
월, 134-45쪽); 松浦山三郎, 「女相撲(여자 스모)」(1930년 1월, 138-48쪽); 酒井潔,
「レスビエンヌ(레즈비언)」(1928년 12월, 16-20쪽); 「ニグロ舞踊の女王, ジョセ
フィーヌ・ベーカー(흑인 무용의 여왕, 조세핀 베이커)」(1929년 3월, 쪽번호 없
음) 등이 있다. 이 잡지의 기념호에는 「近世現代全国国内留置場体験座談会(근세 현
대 전국 국내 유치장 체험 좌담회)」라는 좌담회가 특집으로 실렸다. 梅原北明, 「非
人乞食考(히닌걸식 고찰)」(1928년 11월, 16-33쪽; 1928년 12월, 95-135쪽). 이 잡지

에 대한 설명은 梅原正紀, 「雜誌 ‘グロテスク’の周辺: 昭和エロ グロ 文化について(잡지 ‘그로테스크’의 주변: 쇼와 에로그로문화에 대해)」, 『伝統と現代 17(전통과 현대 17)』(1972년 9월): 140-50쪽.

5   Stallybrass and White, *Politics and Poetics of Transgression*, 4쪽, 23쪽, 26쪽, 44쪽, 56쪽.

6   Theodore M. Porter, *Trust in Numbers: The Pursuit of Objectivity in Science and Public Life* (Princeton, NJ: Princeton University Press, 1995), 33쪽, 37쪽.

7   소에다 아젠보는 아사쿠사에는 인력거꾼과 하급 공장 노동자들에게 맞춘 범주의 주점도 있긴 했지만, 이 노동자들은 아사쿠사라는 떠돌이들의 낙원에서 밑바닥 삶을 살아가는 공동체 구성원은 아니었다고 말한다.

8   吉見俊哉, 『都市のドラマトゥルギー』, 59쪽.

9   가와바타 야스나리는 영화관의 선전 간판을 보며 즐기는 거지들을 묘사한다(KY, 22쪽).

10 石角春之助, 「乞食裏譚(거지 뒷이야기)」, 林英夫편, 『近代民衆の記録 4 流民(근대민중의 기록 4 유민)』(新人物往来社, 1971), 328-95쪽. 이시즈미 하루노스케의 전기는 같은 책 「解題」, 599쪽을 보라. 이시즈미 하루노스케의 다른 저작들로는 『浅草経済学(아사쿠사 경제학)』, 『浅草裏譚(아사쿠사 뒷이야기)』, 『楽屋裏譚(무대 뒷이야기)』 등이 있다. 石角春之助, 「乞食裏譚」, 329-30쪽. 도쿠가와 체제에서의 제약과 주체성의 중요성 양면을 인지하는 걸인들과 예인들의 역사에 관해서는 Herman Ooms, *Tokugawa Village Practice: Class, Status, Power, Law*(Berkely: University of California Press, 1996)을 비롯해 그의 최근 저작들을 보라. 오옴스의 용어인 “미시-실천(micro-practice)”은 근대 시기 동안 아사쿠사 밑바닥 공동체들의 실천들을 통해 표출된 주체성을 사고하는 데 유용하다.

11 石角春之助, 「乞食裏譚」, 林英夫편, 『近代民衆の記録 4 流民』(新人物往来社, 1971), 331-50쪽. 이시즈미는 마지막 네 번째의 계층을 가짜-거지의 범주로 놓았다. 이들은 다카리(불량소년), 가세(거지들을 접대하는 매춘부), 다카모노(때로는 츠보라고 불린 유랑 예인들), 가도즈케(집들을 돌면서 문 앞에서 춤을 추는 하급 거지-예인) 등이었다(351-76쪽). 이시즈미는 1927년 여름과 1929년 3월을 기준으로 다섯 곳의 켄타들의 수입을 비교했다. 하루 열 시간 평균 수입은 20전이었다(336-37쪽). 구역(나와바리)을 둘러싼 시로이들 간의 싸움에 관해서는 348-49쪽을 보라.

12 石角春之助, 「乞食裏譚」, 347쪽, 348쪽.

13 石角春之助, 「乞食裏譚」, 329-30쪽, 331쪽, 333쪽. 塩見鮮一郎, 『弾左衛門とその時代: 賎民文化のドラマツルギー(다자에몬과 그 시대: 천민문화의 드라마트루기)』(批評社, 1993), 29쪽, 105쪽, 107쪽. 시오미는 돈을 받은 까닭에 거지로 여겨졌던 유랑 예인들도 메이지 유신 이후 히닌(非人)과 마찬가지로 도쿄에서 쫓겨났다고 말한다(41-42쪽). 물론 소에다 아젠보의 저작은 이러한 제약이 제대로 이뤄지지 않았음을 보여준다.

14 石角春之助, 「乞食裏譚」, 333쪽, 335쪽, 359-60쪽. 거지들만의 헌법에 관해 335쪽, 347쪽의 예를 참조하라. 그는 근대를 가리키는 것으로 현대스러운(現代らしい)이라는 말을 사용했다. 또한, 川端康成, KY, 130쪽을 보라.

15 石角春之助, 「乞食裏譚」(成文社, 1929), 『近代日本の乞食(근대일본의 거지)』(明石書店, 1996)으로 재판, 114-16쪽(원판의 94-96쪽). 최근 판본을 인용한 이유는 원판에 누락된 조선인과 중국인 행상에 대한 이시즈미의 논의가 재판본에는 실려 있기 때문이다. 아라이 센노가 만든 아사쿠사 그로테스크의 시각적 목록에는 소에다 아젠보나 이시즈미 하루노스케가 언급하지 않은 측면들이 담겨 있다. 예컨대 아사쿠사의 보헤미안 거지들은 옷이 곧 집이었다. 왜냐하면 자신들의 모든 습득물과 소유물들을 몸에다 걸치고 다녔기 때문이다. 新井泉男, 「乞食の風俗(거지의 풍속)」, 今和次郎・吉田謙吉, 『モデルノロヂオ: 考現学』, 269-71쪽.

16 밑바닥(どんぞこ)이라는 말은 1913년에 〈밑바닥에서(The Lower Depths)〉가 나오면서 유명해졌다.

17 吉見俊哉, 『都市のドラマトゥルギー』, 248쪽을 보라. 소에다 아젠보는 이러한 조치들이 부랑이 이슈가 될 때마다 관료들에 의해 이루어졌다고 언급했다. 여기에는 전단지 배포인, 쓰레기 수거꾼, 사탕 장수, 짐꾼, 길거리 노동자, 넝마주이, 광부, 목수, 미장이 등과 같은 일들이 직업명으로 포함되어 있었다. 그는 부랑자들이 받는 임금들을 열거했으며, 부랑자가 받는 평균 일당이 17전 5리라고 기록했다(SA, 155).

18 가와바타 야스나리는 『아사쿠사 구레나이단』을 썼던 경험을 바탕으로 부랑자들이 조사자들로부터 떨어지려고 했음을 언급했을 것이다. 가와바타는 소에다 아젠보의 『아사쿠사 저류기』에서 두 부랑자가 폭력적인 경향이 있는 알코올중독자 지인에 관해 나누는 대화를 읽었음이 틀림없다. "이 자가 병원에서 탈출한 것인지 궁금

해 하는 사람이 있겠지." 대답은 "가당치 않아. 이렇게 가난한 작자를 병원에 보낼 수 없지. 그리고 이 작자에게 무엇을 해줘야하는지 몰랐을 거야. 그래서 이 섬에다 버리고 간 게지. 실제로 온갖 종류의 정신병원들이 있거든"(SA, 41).

관료들이 얼마나 억압적이었는가에 관해 상세히 설명하면서, 테오도르 포터는 "이 것은 스탈린적 의미가 아니라 푸코적인 의미에서의 권력이다. 그것은 최소한 잠재적으로 노동자들을 속박하는 만큼이나 행정가들을 속박시킬 수 있다. 계량화는 권한을 부여하지만 이는 배리 반스(Barry Barnes)가 정의한 것은 아니었다. 권력에 합법성을 더한 것이 아니라, 권력에서 재량권을 제한 것이다"(Porter, *Trust in Numbers*, 98쪽). 사람들을 대상으로 바꾸어 놓는 수치와 관련해, 권력과 계량적 접근 사이의 관계에 관해서는 같은 책 77쪽, 98쪽. 195쪽을 보라.

19 草間八十雄, 『浮浪者と売春婦の研究(부랑자와 매춘부 연구)』(文明協会, 1927), 27-29쪽. 磯村英一, 「序文」, 磯村英一・安岡憲彦 편, 『近代下層民衆生活誌 1 貧民街 (근대 하층민중 생활지 1 빈민가)』(明石書店, 1987; 이후 KKMS로 표기), 6쪽. 처음 작업을 시작할 때의 곤다와 마찬가지로, 구사마 또한 관료들과 모호한 관계를 맺고 있었다.

20 草間八十雄, 「梅雨の夜にみたる窮民(장마철 밤에 보이는 빈민)」, 磯村英一・安岡憲彦 편, 『近代都市下層社会(근대도시하층사회)』(明石書店, 1990; 이후 KTKS로 표기), 2: 1092-93쪽[원전은 《社会事業(사회사업 5)》, no. 4(1921년 7월)에 실렸다]. 구사마가 부랑자 집단의 응집을 인식하고 있었음을 보여주는 한 예는 그가 친한 집단이 함께 자고 상호부조 집단을 형성하고, 버려진 음식들을 동일하게 나누는지에 관해 논의한 것을 통해 볼 수 있다. 草間八十雄, 『浮浪者と売春婦の研究(부랑자와 매춘부 연구)』, KKMS, 1: 39-40쪽을 보라. 이러한 행위는 소에다 아젠보도 기록한 바 있다(SA, 162).

21 草間八十雄, 「暗底を漂う浮浪者の売淫と賭博(어두운 바닥을 떠도는 부랑자의 매음과 도박)」, 安岡憲彦 편, 『近代日本のどん底社会(근대일본의 밑바닥 사회)』(明石書店, 1992; 이하 KNDS로 표기), 309-12쪽[원전은 《近代漫才科学月報(근대 만자이과학 월보)》, no. 2(1929년 12월)에 실렸다]. 나는 아사쿠사 공원의 그로테스크한 사회적 질서를 중점적으로 살펴볼 것이므로, 매춘부에 대한 논의를 여자 부랑자에 한정한다. 하지만 구사마는 그들이 처하게 된 곤경의 원인이 사회적 환경에 있다고 지목하면서 성노동에 종사한 여성들에 대해 폭넓게 집필했다. 예로, 『灯の女闇の

女(등불의 여자, 어둠의 여자)』(玄林社, 1937); 재판본은, KTKS, 2:769쪽-1184쪽.

22　草間八十雄, 「ルンペン物語(룸펜이야기)」, KNDS, 351-58쪽[원전은 《新潮(신초)》 1932년 2월호에 실렸다].

23　"喜劇王が切なる願い, お祭り騒ぎの歡迎絶対にお断り(희극왕의 간곡한 부탁, 떠들 썩한 환영은 절대 사양)", 〈東京朝日新聞〉, 1932년 4월 3일자. 또한 相良浩治, 「チャップリン素描(채플린 소묘)」, 《東京朝日新聞》, 1932년 4월 16~19일을 보라. 채플린의 '인생관'과 관련해, 이시카와 긴이치(石川欣一)가 쓴 2부짜리 글, 「チャップリンの人生觀(채플린의 인생관)」, 《東京日日新聞》(이하 TNS로 표기), 1932년 4월 5~6일자를 보라. 또한 「特種チャップリン歡迎(특종 채플린 환영)」, ET, 1930년 6월, 59-72쪽에 실린 기사 마쓰오의 「帝王チャップリンの横顔(제왕 채플린의 옆얼굴)」과 오구로 토요지의 「チャップリン出世の足跡(채플린 출세의 발자취)」를 보라. 채플린과 르네 클레르와의 비교에 관해서는 飯島正, 「チャーリーチャップリン―作品を中心として(찰리 채플린 - 작품을 중심으로)」, 《キネマ旬報(키네마준포)》 (이하 KJ로 표기), 1932년 5월 11일, 34-35쪽과 "不安の待望久しい〈自由を我らに〉 (불안 속에 오랫동안 기다려온 〈자유를 우리에게〉)", TNS, 1932년 5월 5일을 보라. 자신이 빈자들의 친구라는 채플린의 말과 관련해서는, "喜劇王の哲学, 私は貧者の友(희극왕의 철학, 나는 빈자의 친구)", TNS, 1932년 5월 15일을 보라. 《도쿄아사히신문》은 그의 디킨즈적인 유년 시절과 〈키드(The Kid)〉에서 채플린이 맡은 룸펜 역할에 대해 언급했다. 森巖, "笑ってばかり見られぬ彼の映画(웃으면서만은 볼 수 없는 그의 영화)", 《東京朝日新聞》, 1932년 3월 27일자를 보라.

24　「The Best Pictures of 1926」, KJ, 1927년 4월 11일, 11쪽. 「チャップリン展覧会(채플린 전람회)」, 《東京朝日新聞》, 1932년 5월 4일. 「世界映画界の偉人チャップリン展覧会(세계영화계의 위인 채플린 전람회)」, KJ, 1931년 5월 1일, 77쪽. '우리의 찰리'가 8만 명에 달하는 열광적인 군중들로부터 어떤 환대를 받았는지에 관한 설명은, 「道草を食った喜劇王今日上陸第一歩(도착이 지체된 희극왕 오늘 상륙 첫 발)」, TNS, 석간, 1932년 5월 14일을 보라. 「帝都の明りに現れたチャーリ―(제국 수도의 불빛에 등장한 찰리)」, TNS, 1932년 5월 15일. 또한 「人殺し騒の歡迎に喜劇王昨夜入京(살인 난리 속 환영에 희극왕 어젯밤 도쿄 입성)」, 《都新聞(미야코신문)》, 1932년 5월 15일을 보라. 「喜劇王今日来日; 長年の念願叶って(희극왕 오늘 방일; 오랜 염원 이뤄)」, TNS, 석간, 1932년 5월 15일; 「喜劇王ついに来る; 見るからにこう紳

土!(희극왕 드디어 오다; 한 눈에 봐도 신사!)」,《東京朝日新聞》, 석간, 1932년 5월 15일. 캐러멜과 무사도와 관련해서는,《東京朝日新聞》, 1932년 5월 15일을 보라. 《都新聞》 1932년 5월 15일,《東京朝日新聞》, 1932년 5월 15일. "환영, 찰리 채플린! 모리나가 밀크 초콜릿" 광고와 관련해서는, TNS, 1932년 5월 15일과《每日新聞(마이니치신문)》 1932년 5월 17일, 2쪽을 보라. 또한 "개인용 모던 용기"를 선전하는 작은 글자와 함께 실린 스마일 안약 광고에서는 중성적인 모습의 채플린을 볼 수 있다(TNS, 1932년 5월 16일). 채플린이 주연으로 등장하는 각본의 연속극처럼 받아들여졌던 메이지 캐러멜과 우테나 화장 크림과 같은 제품의 전면 광고는 「さよならチャップリン(안녕 채플린)」, TNS, 1932년 5월 27일을 보면 확인할 수 있다. '각본'의 제목은 "チャップリンのボクシング(채플린의 복싱)", "チャップリンの子供狂時代(채플린의 어린이광시대)" 그리고 "チャップリンと日本娘(채플린과 일본 소녀)"이다. 「チャップリン歡迎(채플린 환영)」, KJ, 1932년 5월 11일, 6-7쪽 광고.

25 채플린이 먹은 음식을 추적하는 것은 채플린이 그의 호텔 방 밖으로 얼마나 모험하듯 나갔는지 기록하려는 언론의 의지를 보여준다. 「チャップリン君、ベッドの上で茹で卵を二つ(채플린 군, 침대 위에서 삶은 달걀 두 개)」,《都新聞》 1932년 5월 6일. 덴푸라에 대한 언급은 과거 채플린의 20일간의 체류가 끝난 후까지도 이어졌다. 6월 11일《키네마준포》는 "덴푸라에 벌써 질렸나?"라는 질문을 제목으로 기사를 게재했다(「天ぷらもう食べ飽きたか？チャーリー速かに帰国(덴푸라에 벌써 질렸나? 찰리 재빨리 귀국)」, 7쪽). 또, 「チャーリー笑えず、今日飛んでかえる(찰리, 웃음 없이 오늘 비행기로 돌아가)」, TNS, 1932년 6월 2일. 그리고 「チャーリー今日日本に＇グッドバイ＇(찰리 오늘 일본에 '굿바이')」,《東京朝日新聞》 1932년 6월 3일을 보라. 모자를 구매한 것과 관련해서는, 「チャーリー近く居とへかんかん帽をかぶって(찰리 숙소 근처에서 맥고모자를 쓰다)」,《東京朝日新聞》, 1932년 5월 25일을 보라. 또, 「チャップリン氏のステッキは(채플린 씨의 스테이크는)」,《都新聞》, 1932년 5월 25일을 보라. 채플린이 도착한 다음날, 한 기사는 "가부키가 보고 싶어!"를 제목으로 삼았다(「歌舞伎が見たい！今夜という今夜は驚いた」,《東京朝日新聞》, 1932년 5월 15일). 이 신문은 이틀 후 그가 가부키 공연을 관람했다고 전했다. 「チャーリーの３日目: 浮世絵を見て通を発起し(찰리의 3일째: 우키요에를 보고 세태를 파악하다)」,《東京朝日新聞》 1932년 5월 17일. 또한 「日本の歌舞伎は世界一の芸術とチャーリーの折り紙(일본의 가부키가 세계 제일의 예술이라는 찰리의 평

가)」, 《都新聞》 1932년 5월 19일과 「チャップリン歌舞伎浸り(채플린 가부키에 빠지다)」, 《東京朝日新聞》, 1932년 5월 19일을 보라. 채플린이 호텔에서 칩거한 것은 「日本を見ないとへそを曲げた鉄道(일본을 보지 않자 심통난 철도)」, TNS, 1932년 6월 3일과 「今日のトピック: 何がチャーリーを憂欝にしたか(오늘의 토픽: 무엇이 찰리를 우울하게 했는가)」, KJ, 1932년 6월 11일, 8쪽 등을 보라. 채플린이 그린 후지산과 관련해, 「チャップリンの描いた富士山(채플린이 그린 후지산)」, 《東京朝日新聞》 1932년 5월 25일을 보라. 집시 혈통에 대한 언급은 「素顔のチャーリー―チャップリン(찰리 채플린의 본모습)」, 《大阪朝日新聞(오사카아사히신문)》 1932년 4월 3일을, 그리고 앵글로 색슨과 관련해서는 「寂しき哲学者の足跡(외로운 철학자의 발자취)」, 《小樽新聞(오타루신문)》 1932년 6월 9일을 보라.

26 David Robinson, *Chaplin: His Life and Art*(New York: McGraw-Hill, 1985), 440쪽. 「さよなら! 喜劇王, 今日船出を前にお説教(안녕! 희극왕, 오늘 출항선 앞에서 설교)」, TNS, 1932년 6월 3일.

27 「七つになったミッキー君(7살이 된 미키 군)」, ET, 1936년 2월호, 90쪽. 双葉十三郎, 「マルクス一番乗り(마르크스 첫 순서)」, ET, 1938년 1월호, 124-25쪽. 南桂子, 「ハリウッドニュゴシップ(할리우드 뉴가십)」, ET, 1939년 1월호, 110-12쪽.

28 飯島正, 「チャーリーチャップリン―作品を中心として(찰리 채플린 - 작품을 중심으로)」, KJ, 1932년 5월 11일, 34-35쪽; 「愛国映画批評(애국영화비평)」, KJ, 1938년 2월호, 47쪽; 岡田真吉, 「チャップリンの新作(채플린의 신작)」, ET, 1936년 3월호, 50쪽; 淀川長治, 「チャップリンと新作品〈モダンタイムス〉(채플린과 새 작품 〈모던 타임스〉)」, ET, 1935년 12월호, 76-77쪽.

29 草間八十雄 등, 「ルンペン座談会(룸펜좌담회)」, KNDS, 325-50쪽(원전은 《文芸春秋》 1931년 2월호에 실렸다). 구사마의 글들은 보통 《社会事業》과 같이 사회 정책이나 사회사업에 관한 저널이나 《犯罪(범죄)》와 같이 법 집행에 관한 전문지에 실렸다.

30 草間八十雄 등, 「ルンペン座談会」, 327쪽, 346쪽. Garon, *Molding Japanese Minds.*

31 草間八十雄 등, 「ルンペン座談会」, 341쪽, 346-49쪽. 구사마의 저작에 대한 나의 독해는 불평등한 사회 및 경제 질서에 대한 (비맑스주의적) 비평을 보여준다.

32 草間八十雄, 「星も凍る寒天下の野宿郡: ルンペン生活の実地調査(별도 얼 겨울 하늘

아래 노숙집단: 룸펜생활의 실지조사)」, KNDS, 59-375쪽[원전은 《朝日 4》, no.2(1932년 2월)에 실렸다].

33 川端康成, 인용은 玉川しんめい, 『ぼくは浅草の不良少年: 実録サトウ・ハチロー伝(나는 아사쿠사의 불량소년: 사토 하치로 전기 실록)』(作品社, 1991), 47쪽.

34 玉川しんめい, 『ぼくは浅草の不良少年: 実録サトウ・ハチロー伝』, 46쪽. 더해, 『아사쿠사 구레나이단』은 《改造》, 1930년 9월에도 등장한다. 또한 川端康成, 「浅草赤帯会(아사쿠사 붉은띠회)」, 《新潮(신초)》, 1930년 9월호도 참고.

35 草間八十雄, 「不良児(불량아)」, KKMS, 3:1607-1910쪽(원전은 1936년 Genrinsha에서 출간했다).

36 草間八十雄, 「不良児」, 1827-42쪽. 이제는 전처럼 엔코(공원을 뜻하는 코엔을 뒤집은 말)가 가출소년들의 목적지가 되었다. 에도시대에 초야쓰(ちょやつ)라고 불린 불량소년들은 주민들을 위협하는 존재였다. 구사마는 메이지시대부터 다이쇼 시기까지 이들 소년소녀들이 비행에 말려들었으며, 불량단의 두목은 이들 불량 룸펜과 소년 룸펜들을 지배했음을 상기한다.

37 草間八十雄, 「不良児」, 1846-47쪽.

38 구사마가 "비과학적"이라는 당대의 평가와 관련해서는, 安岡憲彦, 「解説」, 草間八十雄, KTKS, 2: 1477쪽을 보라. 草間八十雄, 「不良児」, 1867-73쪽.

39 草間八十雄, 「大東京の巷に出没する不良少年(대도쿄 거리에 출몰하는 불량소년)」, KTKS, 2: 1401-18쪽[원전은 《社会と救済 4(사회와 구제 4)》, no. 11(1921년 2월)에 실렸다]. 草間八十雄, 「浅草にのぞみ不良少年少女を見る(아사쿠사에 들어온 불량소년소녀를 보다)」, KTKS, 2: 1419-21쪽[원전은 《社会事業(11)》, no. 6(1927년 9월)에 실렸다]. 草間八十雄, 「不良児」, 1905-9쪽. 구사마는 틀림없이 자신이 책임 있는 인물들 중 하나라고 생각했을 것이다. 1936년 그는 가난과 범죄가 사회적 질병이라고 말하며, 아이들이 자신들의 '정신적 삶'을 기술한 글들을 언급했다. 그 글들 중에는 여러 명의 경관들이 한 명의 히닌을 체포하는 모습을 묘사한 것이 있다. 6학년인 이 아이는 젊은 시절 근면하게 일하지 않은 사람의 운명은 어쩔 수 없는 것이라 결론 내리고, 3학년짜리 다른 소녀는 추위로 고생하고 있을 것이 틀림없는 '만주의 군인 아저씨'를 불쌍하게 여긴다. 草間八十雄, 「どん底の人たち(밑바닥의 사람들)」, KKMS, 1: 592-616쪽(원전은 1936년 玄林社에서 출간했다).

40 和田信義, 「テキヤ奥義書(테키야 심층분석)」, 『近代民衆の記録 4 流民』, 245-312쪽

(원전은 1926년에서 1929년 사이 《文芸思潮(문예사조)》와 《サンデー毎日(선데이 마이니치)》에서 실렸다). 和田信義, 『近代民衆の記録 4 流民』, 596-97쪽에 실린 편집자의 글을 보라.

41 和田信義, 「テキヤ奧義書」, 246-47쪽. 부랑자와 불량 사회에서처럼, 여기에는 가상의 친족 개념인 오야붕(그의 부하 혹은 꼬붕이 되는 행상)이 있고, 형제의 맺음이 있다.

42 와다는 행상들 사이의 부정이 지방 혹은 전국적인 제제로 이어졌다고 썼는데, 사실 부정에 관한 논의는 와다가 거의 나중에야 생각한 것이었다(和田信義, 「テキヤ奧義書」, 261-63쪽).

43 와다가 언급한 신주쿠 역 앞 미츠코시 백화점 입구 근처에 있는 55개 점포의 리스트는 그가 단순한 길거리 상인과 행상을 구분한 것이나 행상들 스스로가 지각하고 있던 열다섯 가지 범주의 테키야 목록을 열거한 것처럼 유익한 정보이다. 아사쿠사를 비롯한 특정한 지역의 같은 장소에 밤마다 나타난 행상들은 히라비(平日)라 불렸다(和田信義, 「テキヤ奧義書」 252-54쪽, 266쪽, 287쪽).

44 和田信義, 「テキヤ奧義書」, 302쪽. 이와 유사한 표명은 Gordon, *Labor and Imperial Democracy*를 보라. 행상들의 '사려 깊은 활동들'과 관련해서는 和田信義, 301-12를 보라.

45 和田信義, 「テキヤ奧義書」, 250. 臼井清造, 「浮浪者の日記(부랑자의 일기)」, 『近代民衆の記録 4』, 4:212쪽.

46 和田信義, 266-68쪽, 296-300쪽. 코크니에 대한 훌륭한 개관으로 William Matthews, *Cockney Past and Present: A Short History of the Dialect of London*(New York: E. P. Dutton, 1938)을 참조하라. 이 밖에 *Peter Wright, Cockney Dialect and Slang*(London: Batsford, 1981)이 있다.

47 거꾸로 읽는 은어는 경멸을 표하기 위한 수단으로 유럽 및 힌두어권의 모든 언어들에도 분명 존재했다. Julian Franklyn, *The Cockney: A Survey of London Life and Language*(London: Deutsch, 1953), 298쪽. 얼굴과 눈, 코, 귀, 입, 손을 의미하는 수많은 용어들에서 볼 수 있듯이, 영국의 하층 계급은 특히 몸에 집착하는 언어를 사용했다(라이트에 따르면 이는 얼굴에 폭력을 쓸 필요가 있었기 때문이다). 몸을 나타내는 코크니 용어와 관련해서는 Wright, *Cockney Dialect*, 36쪽과 Matthews, *Cockney Past and Present*, 125쪽을 보라. 와다가 기록한 화폐의 액면

가마다 붙여진 말들과 관련해서는, 和田信義, 「テキヤ奧義書」, 296-300쪽을 보라.

48 Stewart, *On Longing*, 109쪽.

49 朝倉無声, 『見世物研究(미세모노 연구)』(思文閣出版, 1977, 1988), 139쪽, 285쪽. 이 작품은《中央公論》1916년 8월호에 처음 연재되었으며, 책으로는 1928년에 출간되었다. 비디오의 제목은 〈音と映像と文字による日本歴史と芸能(소리와 영상과 문자에 의한 일본역사와 예능)〉(平凡社, 1991)로 제4권 『中世の祭祀(중세의 제례)』와 제10권 『都市の祝祭(도시의 축제)』를 보라. Stewart, *On Longing*, 110쪽. 網野善彦, 小沢昭一, 宮田登 등 편, 『大系日本歴史と芸能 13 大道芸と見世物(대계 일본역사와 예능 13 다이도게와 미세모노)』(平凡社, 1991). Russo, *The Female Grotesque*, 83쪽.

50 Sigmund Freud, "The 'Uncanny,'" *The Standard Edition of the Complete Psychological Works of Sigmund Freud*, translated under the general editorship of James Strachey, assisted by Alix Strachey and Alan Tyson(London: Hogarth Press, 1955), 220쪽, 222쪽, 234-36쪽. 유미코가 자신의 언니와 동일시하는 것과 관련해, KY, 37쪽을 보라. 켄 젤더(Ken Gelder)와 제인 제이콥스(Jane Jacobs)의 탈근대 호주에서의 언캐니에 대한 최근의 논의는 아사쿠사에도 동일하게 적용된다.

프로이트의 주된 관심은 분명 정신에 관한 것이지만, 그의 글은 또한 근대의 변화하는 환경 속에서의 장소감(sense of place)에 관한 것이며, 전후 근대 세계에서 진행되고 있는 재조정 과정의 징후로 나타나는 불안을 다루고 있다. 말하자면, 프로이트는 그 의미가 처음 보기에는 판이하게 반대되지만 실상은 서로 순환되는 두 독일어 단어를 통해 '언캐니'를 상술한다. 두 단어는 '하임리히(heimlich)'와 '운하임리히(unheimlich)'로, 전자는 친숙하거나 접근 가능한, 프로이트의 용어로는 '집(home)'에 해당하며 후자는 친숙하지 않고 이상한, 접근 불가능한, 낯섦을 의미한다. '언캐니한' 경험은 누군가의 집이 왠지 그리고 어떤 의미로 친숙하지 않게 다뤄질 때 발생한다. 다시 말해, 누군가가 어떤 장소에 있으면서 동시에 '장소의 바깥'에 존재하는 듯한 경험을 하는 것이다. 이 동시성은 프로이트적 의미에서 단순히 언캐니한 것의 불안을 조성하는 낯섦 그 자체가 아니기 때문에 중요하게 강조된다. 그것은 친숙한 것과 낯선 것의 조합을 특징짓는다 — 그 방식은 무언가가 항상 다른 곳에 살고 있는 듯 보이는 것이다(Gelder and Jacobs, Uncanny Australia:

Sacredness and Identity in a Postcolonial Nation(Carlton, Australia: Melbourne University Press, 1998), 23쪽].

나는 『아사쿠사 구레나이단』에서 묘사되는 아사쿠사의 양면에 주목하고 있기는 하지만, "양면성의 방향으로 발전하는" 하임리히라는 주제가 이 소설과 다른 저자들의 다큐멘터리적인 작품들 속에서 다루어지고 있다는 것은 의심의 여지가 없다. 마릴린 아이비 또한 근대적인 것에 대한 라캉주의적 해설을 통해 언캐니한 분신(uncanny double)을 언급한다(여기에서 나는 마릴린 아이비가 근대적인 것이라고 한 것을 포스트모던까지는 아니더라도 모던 혹은 하이 모던한 것이라고 부르고자 한다. 왜냐하면 그녀가 야나기타 구니오의 시대와 이어지는 고속 경제성장기를 다루었기 때문이다). 과거가 민족-문화 속에서 상기되는 방식에 대한 그녀의 세심한 해석과 "근대적인 언캐니는 또한 근대적 주체의 분신으로 생겨난다"는 결론은 내가 일본의 근대문화라고 부르는 것을 보다 깊이 해석할 수 있게 했다. Marilyn Ivy, *Discourses of the Vanishing*, 28쪽, 84쪽, 85쪽, 140쪽을 보라.

51 엿장사로 위장해 파는 것과 관련해, 石角春之助, 「乞食裏譚」, 385-86쪽을 보라.

52 가와바타 야스나리의 소설 속 화자는 10년 전 있었던 한 중국인 소녀 예인을 회상하며 슬퍼 보이는 외국인으로 — 여기에서 그는 가이고쿠진(外国人)이라는 말을 쓴다— 미국에서 온 '워터 서커스'의 단장을 언급한다(KY, 147쪽, 162쪽, 165쪽).

53 권력과 문화의 3가지 방식의 개념화에 관한 매우 흥미로운 정식화를 제시하는 가와무라 미나토의 작업을 볼 것. 川村湊, 「大衆オリエンタリズムとアジア認識(대중 오리엔탈리즘과 아시아 인식)」, 『岩波講座近代日本と植民地 7 文化のなかの植民地(이와나미강좌 근대일본과 식민지 7 문화 속의 식민지)』(岩波書店, 1993), 107-36쪽.

3장. 모던 넌센스

　1931년 9월, 비평가인 이지마 다다시는 진정한 넌센스 영화를 "거의 아무런 의미가 없는" 것으로 정의했다. 영화감독인 이타미 만사쿠는 이에 동의하지 않았다. 비록 그는 넌센스의 왕이라 불리면서도 자신을 넌센스 영화 전문가라고 보는 것을 거부했다. 더구나 그는 다른 이들과 달리 맥 세네트* 풍의 슬랩스틱 코미디의 영향을 강조하지는 않았는데, 이는 아마도 그가 "아무것도 아닌 것"은 지속되지 않는다는 사실을 너무나도 잘 알고 있었기 때문일 것이다. 「새 시대 영화에 관한 고찰新時代映画に関する考察」에 실린 이타미 감독의 표현을 빌리자면, 넌센스 영화는 "단순히 웃긴 것"으로 치부될 수 없으며 지적, 예술적, 사회적, 도덕적 쟁점들이 함께 고려되어야 한다. 일종의 정신 상태인 넌센스가 영리하고, 멋있으며, 허를 찌르는 세련된 유머라는 사실은 틀림없지만, 그러한 특징들은 표면적으로 드러나는 것일 뿐이다. 정말로 문제가 되는 것은 도쿠가와 시대의 넌센스

---

*　맥 세네트에 관해서는 54쪽 옮긴이주를 참조할 것.

문학이 불교와 유교를 조롱했던 것과 같이, 넌센스가 사회에서 존경받는 것들을 부정하려 한다는 점이다. 또한 넌센스에는 뚜렷한 특징이 없다. 다시 말해 그것은 건축에 관한 것도, 지식, 건강, 또는 호전성, 격렬한 교전에 관한 것도 아니다. 이타미는 넌센스에는 "어느 하나 확실한 면이 없다"고 결론지었다. 심지어 관객의 감흥마저도 극장을 나서는 순간 사라졌다. 그렇다면 한창 유행인 이 넌센스의 매력은 대체 무엇인가? 라고 되묻으며 이타미가 스스로 내린 대답은, 아무것도 단언하지 않기에 넌센스 영화는 검열관이나 점원이나 사장 그 어느 누구의 기분도 상하게 하지 않는다는 점이다. 좌파든 반동이든 넌센스 영화를 보러 갈 수 있었고, 식자층 역시 마찬가지였고, 기성 종교계 역시 아무런 반대의 소리를 낼 수 없었다. 이 글에서 언급한 감독과 각본가들은 이 새로운 시대의 문화정치학에서 문화로서의 넌센스는 필연적으로 새로운 형식과 새로운 경멸의 대상을 취한다는 사실을 암시하는 데 가장 근접했다. 그는 넌센스 영화감독인 자신이 다른 감독들과 마찬가지로 자본주의와 검열제도에 어떻게 족쇄가 채워졌는지 언급했다. 그는 마치 "철창 안을 어슬렁거리는 곰과 같았다." 넌센스가 "멋지면서도 위험한 사상"인 까닭은 권력에 경의를 표하길 거부하기 때문이었다. 그는 비상사태라는 현재 역사적 순간의 맥락에서* 자신의 견해를 바꾸어 말하는 것으로 글을 마무리 지었다. 넌센스가 무엇을 확실히 말할 수 없다는 것은 거짓을 주장할 수 없음을 의미한다. 그가 꼭 그렇게 말한 것은 아니지만(결국 아무것도 단언할 수 없으므로), 코미디와 풍자는 자본주의하에서 반전antiwar 정서를 표현할 수 있는 유일한 수단이라

---

* 1931년의 일본은 내각이 총사직하고, 일본공산당이 결성되었으며, 육군의 쿠데타 계획이 발각되는 등 정세가 불안했다.

는 이와사키 아키라의 주장에 동의했을 것이다.[1]

대부분의 다른 이들은 넌센스적인 것에 그렇게 관대하지 않았다. 『마르크스주의문예 첨예어 사전マルクス主義文芸尖鋭語辞典』은 넌센스를 멸시했다. 이 책은 넌센스가 무의미한 일들을 가리킨다며, 이렇게 어리석음을 좇는 것은 미국에서 시작되어 일본에 전파된 유행이라고 독자들에게 설명한다. 그리고 에로티시즘, "하이 스피드"와 더불어 넌센스가 계급에 기반을 둔 모더니즘 문학의 세 가지 주된 구성요소 중 하나로서, 금융자본의 "채권계 큰손"들부터 어리숙한 프티부르주아에게까지 퍼져나간 타락한 부르주아 소비문화의 일부라고 평했다. '에로 그로 넌센스'라는 세 부분으로 된 용어를 사용한 사람들 대부분에게 마지막 단어 '넌센스'는 분명 가장 덜 매력적인 것이었다.[2]

하지만 예외적인 비평가들도 있었는데, 그중 주목할 만한 인물이 사토 하치로이다. 시인이자 극작가이며, 불량소년 출신으로 아사쿠사 곳곳을 어슬렁거리며 훑는 사토는 넌센스의 장인 아사쿠사로 우리를 안내한다 (물론 우리는 보들레르가 다룬 상점의 유리창, 베냐민의 거대한 아케이드를 사토 하치로가 거닐었던 아사쿠사의 공원과 골목길로 바꾸어 생각할 필요가 있다). 이타미 만사쿠의 생각이 아이러니에 가까웠다면, 사토 하치로의 경우는 확실히 아이러니했다.

패러디의 아이러니

나의 아이러니 개념은 헤이든 화이트Hayden White가 말한 아이러니의 초이데올로기적trans-ideological 특성을 토대로 하고 있다. 다시 말해, 아이러니는 긍정하거나, 부정하거나, 전복을 시도할 수도 있다. 내 논의의 목적에서 보면, 린다 허천Linda Hutcheon이 아이러니에 대한 학문적 접근들을 다루며 몇 가지 강조한 것들이 가장 도움이 될 것이다. 허천에 따르면 "아이러니한 '장면'은 의사소통 관계에 기초한 권력 관계와 관련"이 있다. 아이러니는 여러 면에서 관계에 기초하고 있다. 말하자면 "그것은 말로 표현된 것과 표현되지 않은 것 사이"에서 일어난다(허천은 여기서 말로 표현되지 않은 것에 방점이 실린다고 말한다). 아이러니는 넌센스의 화자, 청자, 그리고 유머의 대상으로서 그 자리에 없는 사람을 포함하는 위계적인 상황에서 전개된다.[3]

그러한 소통은 이미 존재하고 있는 공동체community에 기반하고 있다. 사토 하치로는 공동체와 권력의 위계를 서술하는 데 능숙했다. 그는 1932년 출판한 『아사쿠사浅草』라는 책에 「아사쿠사 넌센스浅草ナンセンス」라는 장을 할애했다. 일련의 우아한 단편들로 구성된 이 책은 자신이 속한 사회의 에로티시즘, 그로테스크한 것(구사마 야소오에 대한 비판이 들어 있다), 넌센스에 바치는 찬사였다. 여기에는 이제껏 내가 그로테스크라고 부른 밑바닥 인물들로 가득 차 있다. 다시 말해서 매춘부, 포주, 행상인, 없어서는 안 될 국가의 권위인 경찰이 있다. 여기에서는 상황이 역전되면 사기꾼이 피해자가 되기도 하는 것처럼 아이러니가 은근하게 쓰였다. 사토는 한 남자의 이야기를 들려주는데, 이 남자는 영화관에서 남자를 유혹하는 '춘녀春女'를 어떻게 해보려다가 오히려 그녀의 의치가 빠져 자신의 앞섶으로 떨어져 버리는 황당한 일을 당한다. 사토는 또 어떤 행상인에 대해서도 이야기를 풀어놓는데, "100퍼센트 넌센스만 속사포로 쏘아대는" 행상인이라도 퍼붓는 빗속에서는 물에 빠진 생쥐 꼴을 피할 수 없는 법이라고 했다. 아사쿠사에서 불법 거래에 열중하는 다른 이들을 겨냥한 것처럼,

그 농담은 자신에게도 해당되었다. 하지만 사토의 농담은 『아사쿠사』의 끝부분에 등장하는 「경시총감에게 드리는 글警視総監に与ふるの書」과 같은 번지르르한 글에서 훨씬 더 신랄하다.[4]

아이러니를 언어나 의미의 전도와 일반적으로 연상시켜보는 것은 사토의 편지를 정치적으로 분석할 때 가장 적합하다. 「경시총감에게 드리는 글」에서 전도는 사토의 분노를 감춘다. 이 기록을 문자 그대로 표현한 것과 합쳐보면, 이러한 전도는 저항까지는 아니더라도 반대의 소리를 내면서 억압을 강조한다. 사토는 과도한 존칭어를 써서 과도하게 항의했다. 그는 자기의 편지를 심각하게 받아들이지 말라고 당부하며 "경애하는" 경시총감에게 보내는 편지를 시작한다. 결국, 그는 진짜 넌센스를 파는 행상인이다. 여기에 아이러니가 있다. 표면적으로 편지의 수신자인 경시총감은 사토가 의도한 독자에서 제외되어 있었다. 그리고 독자들은 사토가 경찰관을 절대 존경하지 않는다는 것과 그렇기 때문에 사토의 글에 확실히 주의를 기울여야 한다는 것을 인식하고 있었다.

동시에 독자들은 사토가 순진한 척 비꼬는 말 속에 실제 말대로 우익 조직폭력배 근절을 기뻐할 뿐만 아니라, 감사를 표하고는 있지만 실제로는 카페와 관련된 새로운 정책이 최근 성공을 거둔 것에 대해서는 기분이 좋지 않다는 사실을 살짝 숨기고 있다는 것도 인식했다. 사토의 편지는 우회적이긴 하지만 독자들에게 경찰이 카페의 영업시간을 단축하는 데 성공했음을 분명하게 알려주었다. 그는 이러한 변화를 시행하는 경찰들의 "팀워크"를 칭찬하는 척했다. 하지만 사토는 카페 손님이 섹스를 즐기는 것까지는 아니더라도 술에 거나하게 취해서 가게 문을 닫는 새벽 2시가 되어서야 집으로 돌아가는 것이 익숙하다고 말한다. 카페가 늦은 시간까지 영업할 때 억눌렀던 에로틱한 감정들은 이제 기운이 남아 있는 손님들과 아직 지치지 않은 카페 여급들의 밀회로 이어졌다. 이전에는 여급들이 너무 지쳐 있어서 손님들의 2차 제안을 받아들이지 못했다. 이제 매일 저녁 신주쿠와 유라쿠쵸有樂町의 유흥업소에서 나가는 마지막 기차는 "여급 급행"으로 불리게 되었다. 저자는 영업시간이 다시 길어지고 있다면서 "에로틱 엄중 단속"이라는 경찰 관료들의 격려성 구호를 인용하며 끝을 맺는다. (정중함이라고는 찾아볼 수 없는 명령의 형식으로 공표된) "엄중 단속"이라는 명령을 토씨 그대로 인용하는 것은 국가의 말투를 드러내는 동시에 카페 문화의 에로티시즘에 대한 사토의 개인적인 지지를 드러낸다. 사토는 소위 잇it 발라드로 불린 자기 작품을 '외설적'인 것으로 취급하는 경시총감에 맞섰을 때 스스로도 아이러니의 모호한 특성을 인정한 바 있다. 만약 자신의 잇 발라드가 그렇게 심각한 취급을 받는다면 〈내겐 바나나가 없어요I Have No Bananas〉[원문대로] 같은 노래는 사형감이라는 사토의 순진한 척하는 제안에서 독자들은 아이러니를 알아차릴 수밖에 없었다(SH, 265-284).[5]

근대의 여타 유머러스한 작품들에서와 같이 이 가상의 편지에서도 작가가 활용한(한편으로는 독자들과 공유한) 잇, 와이프 같은 수입된 용어들과 그것들에 관련된 일본어 사이의 코드전환은 공통의 지식을 바탕으로 한 아이러니와 문화 공동체를 특징적으로 나타내는 표지였다. 《영화의 벗》과 《주부의 벗》이 사용하는 이미지에 근거한 코드전환의 사례에서 (무의식적인 것은 말할 것도 없이) 의식적인 편집 취지에 접근하기는 거의 불가능하다. 하지만 앞에서 논의한 바와 같이 이러한 대중 잡지가 토착적 이미지와 외래의 이미지를, 오래된 이미지와 근대적 이미지를 병치했음을 우리는 알고 있다. 언어학자들이 코드전환에 관해 논의한 바를 토대로 생각해보면, 우리는 사토 또한 적극적으로 코드전환하려 했다고 결론 내릴 수 있다. "상호작용이 이루어지는 과정에서 화자는 상대방이 대화의 사회적이고 상황적인 맥락에 주의하도록 사회적으로 합의된 문맥 단서와 규약들의 조합"을 사용하는데, 사토 역시 독자들과 소통하면서 이를 활용했다. 그는 독자와 공유하는 일련의 '레퍼토리'를 썼으며, 독자는 일본어와 영어로 된 단어와 구문의 삽입에 근거한 이러한 단서들을 파악할 수 있었다. 언어의 이러한 이전은 여러 가지 이유에서 일어날 수 있다. 그것은 지역적이면서 상황에 따라 다르며, 아이러니처럼 초이데올로기적이면서 분명히 "권력 관계의 생성이나 행사, 유지 또는 변화와 밀접한 관련이 있다."[6]

근대 시기가 시작되기 바로 직전, 불행한 주부들을 다룬 사토의 연구에 등장하는 **와이프**라는 단어는 독자들에게 이 책 서두에서 언급한 히트곡을 연상시켰다. 〈크로켓 송〉의 화자는 자신이 와이프를 얻었지만 그녀가 해준 것이라고는 크로켓밖에 없다고 한탄한다. 이 이야기는 사실 실화를 바탕으로 했지만, 이 곡이 히트하게 된 것은 새로운 풍속들을 들여오고 있는 신흥 중간 계급 내에서 결혼과 가정에 대해 급히 형성된 새로운 개념을 아우를 수 있는 코드전환의 방식 덕분이었다. 기름에 튀긴 요리는 《주부의 벗》의 지면에 도입된 샌드위치처럼 서구 요리의 전형으로 보일 수 있었다.

언어에 대한 사토의 접근은 직접적으로 코드-전환된 통사론에 초점을 맞추는 것이 아니라, 앞서 말했듯이 정치적인 면을 간접적으로 보이게 하는 은근한 풍자의 활용에 있었다. 아직 '판결'을 선고받지 않은 구류자를 부를 때 간수가 저지르는 의미상의 실수에 대한 관심을 표명할 때, 그는 실제로 언어를 부정확하게 사용하고 있음에 관심이 있는 것이 아니라 일본의 정치 체제에 정의가 결여되어 있음을 우려한 것이었다. 그리고 그가 일본의 정치 체제에 대한 찬사를 표했을 때에는 독자들이 그의 풍자를 이해했을 것으로, 즉 이를 뒤집어서 오히려 정의롭지 못함을 폭로하는 것으로 전환해 읽었을 것이다. 다시 말해 사토는 실상 정치 체제를 욕하면서, 독자들이 자신의 암호를 해독하리라고 기대한 것이다. 그가 글을 끝맺으며 시경찰국에 최근의 선거 슬로건의 패러디를 보냈을 때, 이 패러디가 국가 폭력에 대한 사토의 진지한 정치적 논평을 위장하는 아이러니를 뜻한다는 사실은 이 글을 읽고 있는 독자들만이 눈치 챘을 것이다. 사토가 인용한 슬로건은 "정직한 투표 - 희망찬 일본"인데, 그는 이것을 아무렇지도 않은 척, "정직한 도쿄 - 희망찬 파출소"로 패러디했다(SH, 277-279, 283).

카지노 폴리의 진수, 인치키

근대 시기 아사쿠사 극장의 코디미가 그랬듯이 패러디는 반복을 통해 아이러니를 나타낸다. 그리고 카지노 폴리의 유머는 그와 같은 모던한 유머의 풍부한 표본을 보여준다. 아사쿠사의 유머는 이 시기의 문화정치에서 현재와 과거가 어떻게 관련이 있는지 비웃는다. (앞서 주목했듯이 아이러니는 명확하게 표현할 수 없으므로) 그렇게 드러내놓고 표현하지는 않으면서, 이 유머는 식민지와 일본이라는 국체의 관계와 더불어 일본의 근대에서 서구 문화가 차지하고 있는 위치 또한 조롱했다.

린다 허천은 패러디를 "반복이지만 차이를 내포한 반복이다. 그것은 비판적 아이러니의 거리를 가진 모방으로, 그 아이러니는 양면적 결과를 가진다"라고 정의한다. 아사쿠사 패러디는 전도만큼이나 부조화가 특징이며, 역사만큼이나 지리를 단골소재로 삼았다. 근대 아사쿠사에서 패러

디를 가리키는 단어는 "인치키いんちき[^*]"였다.[^7]

카지노 폴리의 역사에 대해 가장 정평이 난 설명에 따르면 이 레뷰 회사는 1929년 여름 아사쿠사에 설립되었다고 한다. 카지노 폴리는 아사쿠사 4구역에 있는 수족관 건물 2층에 위치해 있었으며, 그 명칭은 폴리 베르제르Folies Bergere와 카지노 드 파리Casino de Paris에서 따온 것이었다. 명칭에서나 형식에서나 유럽과 미국의 카바레를 모델로 삼은 이곳의 오락물은 노래와 춤곡과 촌극skit을 결합한 것이었다. (카지노 드 파리에서 따온) 카지노와 (폴리 베르제르의 폴리를 길게 발음한) 포-리를 합쳐 만든 이 신조어는 일본 관객들이 좀 더 이해하기 쉽게 채택된 명칭이었다.

카지노 폴리는 초기에는 흥행에 고전을 면치 못하다가 『아사쿠사 구레나이단』이 발표되면서 유명해졌다. 또, 금요일 저녁이면 쇼걸들이 속옷을 벗어던진다는 (출처가 미심쩍은) 소문 덕에 명성을 얻기도 했다(이 쇼걸들은 바로 오사키 미도리가 신물 내던 각선미 쭉 뻗은 그 여성들이다). 초기의 카지노 폴리가 실패한 이유에 대해서는 의견이 분분하지만, 어쨌든 우리는 첫 번째 카지노 폴리가 1929년 7월 10일 개장 이후 두 달이 채 되지 않아 공연을 접었다는 것을 알 수 있다. 그리고 가와바타 야스나리가 『아사쿠사 구레나이단』에서 카지노 폴리의 레뷰에 대해 '기록'한 것이 카지노 폴리가 성공을 거두는 데 상당한 역할을 했다는 점에 관해서는 이견이 없다. 1929년 12월 두 번째 카지노 폴리는 지식인들을 그들이 아사쿠사에서 늘 들르던 영화관과 음식점이 즐비한 6구역의 에로틱한 공간이 아니라 4구역으로 끌어들였다. 이곳에는 카지노 폴리가 공연하는 수족관 건물이 자리 잡고 있었다. 가와바타 야스나리의 기록 충동은 그에게 이곳을

[^*]: 인치키는 일본어로 속임수, 가짜, 엉터리라는 뜻을 담고 있다.

배경으로 삼아 작품을 쓰도록 이끌었다. 책의 초반부에 어린 소녀가 언니에게 소리치며 등장한다. "카지노 폴리가 수족관에 다시 나온대!" 이와 거의 동시에, 작가는 맨다리의 젊은 쇼걸들에 대해 언급하기 시작한다(KY, 17, 42).[8]

카지노 폴리가 가와바타와 경찰의 규제에 의해 에로틱하게(여기에서는 관능성과 섹슈얼리티를 연결지은 의미) 되었다는 것에는 의심의 여지가 없다. 하지만 다른 관점에서 보면 카페에서와 마찬가지로 에로티시즘은 항상 한 방향으로만 움직인다. "속바지를 벗어던진다"는 소문은 한 댄서의 몸을 감싸고 있던 것이 풀리면서 생겨난 것 같다. 당시의 회고록에 따르면 매우 친숙한 이곳의 작은 무대 위에 오른 열두어 명의 열여섯 살 댄서들은 대본과 안무에 담겨 있는 에로틱한 풍자에 전혀 관심이 없었다. 오라는 손짓이나 손가락을 살짝 구부리는 따위의 동작은 남성 관객에게 에로틱하게 느껴졌을지 모르겠지만, 댄서들에게는 그저 외워야 할 동작, 다시 말해서 수많은 모던한 몸짓 중 하나일 뿐이었다. 이 소녀들은 작가이자 관객인 다케다 린타로나 가와바타 야스나리도 끼어 있는 무대 뒤 팬들을 "오빠"라고 불렀던 듯하다.[9]

소에다 아젠보는 아사쿠사를 다큐멘터리 기법으로 서술한 글의 카지노 폴리 부분에서 에로틱을 등한시하고 넌센스를 크게 다루었다. 그는 불편하고 망가진 의자와 위태위태한 오케스트라밖에 없는 이 쇠락한 먼지투성이의 극장이 관객에게 무엇을 보여줄 수 있을지 물었다. 그는 제일 먼저 다음의 한 촌극을 제시하며 이에 답했다.

무대의 배경은 긴자다.
이리저리 오가는 한 무리의 고독한 사람들.

젊은 남녀가 만나, 서로 머리를 끄덕하고는 손을 맞잡는다.

이리저리 오가는 군중들.

남자와 여자가 팔짱을 끼고 다시 나타난다.

여자가 시계를 흘끗 본다.

"이런, 딱 한 시간이 되었어요. 이제 돈을 주셔야겠네요. 알죠? 1엔이에요."

남자는,

"돈이라니 무슨 말이오? 당신이 뭐길래?"

"내가 누구냐니요? 스틱걸이죠."

"이런, 맙소사!!!!!! 난 스틱보이라구!!!"(SA, 48-49)

소에다 아젠보는 스틱보이와 스틱걸이라는 용어에 대해 설명할 필요가 없었다. 이 용어는 돈을 받고 남자(또는 여자) 손님에게 '착 붙어stick' 긴자의 대로를 동행해주는 이들을 가리켰다. 이 단어는 아사쿠사뿐만 아니라 긴자에서도 통용되는 새로운 '모던한' 어휘에 속했다. 하지만 그는 카지노 폴리가 공연시장에 선보인 에로티시즘 상품에 대해 자세히 설명해야 했다. 소에다에 따르면 춤을 추는 그들은 다소 썰렁해 보였다. 댄서들은 앙상한 누런 맨다리를 드러냈고, 소에다는 이들의 절벽같이 납작한 가슴이 정말 법적으로 규제받을 필요가 있는지 의문을 가졌다. 그는 이 아이들에게 에로티시즘이 없음을 시인했지만, 이 순수한 소녀들의 에로틱화는 인치키로 손님을 끌어들이는 일환으로 볼 수 있음을 알고 있었다. 소에다가 재즈와 노래와 춤이 "완전히 인치키"라고 말할 때, 이것은 레뷰를 구성하는 촌극, 노래, 춤을 제작한 지식인의 자조적인 (하지만 정확한) 언어를 되풀이하는 것에 지나지 않았다(SA, 49-50). 예를 들어, 사토 하치로는 카지노 폴리의 조악한 연기는 연기가 끔찍했다는 바로 그 이유가 오히려

이점이 되기도 했다고 설명한다. 댄서들은 심지어 대본대로 하지도 못했지만, 불행 중 다행인 것은 오히려 아사쿠사의 관객은 그들이 대본대로 했다면 웃지 않았을 것이라는 점이다(SH, 19).

내가 아사쿠사 '넌센스'를 분석한 바에 따르면, 사토 하치로와 다른 이들은 자신들에 대해서는 스스로 "인치키"라고 부르면서도, 고급문화나 복잡한 문화를 제대로 감상할 능력이 없는 계층의 구성원인 관객을 얕보지는 않았다. 한 학자가 언급했듯이 그들은 관객의 '에로틱하고 그로테스크하며 넌센스적인' 욕망에 맞장구를 치고 있었던 셈이다. 에로틱한 것, 그로테스크한 것, 넌센스적인 것에 대한 나의 수정주의적 개념을 적용한다면, '인치키'도 패러디에 대한 이해로 녹아들게 된다. 이들 문화 생산자들이 보기에 인치키는 패러디와 마찬가지로 일종의 반복이었다. 그들은 음악, 춤, 사회 풍자를 혼합한 레뷰라는 새로운 문화 형식을 통해 현재 순간의 템포와 사회적 이슈들을 포착하고 비판할 수 있다는 사실을 충분히 인식했다. (에노켄으로 알려진) 코미디언 에노모토 겐이치榎本健一는 아사쿠사의 카지노 폴리에서 시작해 근대를 거치며 확장해나간 일련의 장소들로 군중을 끌어들였다. 카지노 폴리에 관한 그의 설명은 곤 와지로, 곤다 야스노스케, 가와바타 야스나리처럼 아사쿠사라는 아이콘이 사회적, 문화적으로 중요하고도 급격한 변화와 일본의 근대를 결부시킨다는 사실을 알려준다.

의심의 여지가 없다. 엄청난 대지진이 있은 후, 관객들의 심리는 더욱 근대적이고 스피디해졌다. 소위 예전의 호시절은, 다시 말해 정신적으로 한가하고 편한 삶은 대지진이 일어나기 전까지만 누릴 수 있었을 뿐이다. 대지진 후로는 급속히 변하는 사회 상황이 관객에게 계속해 지대한 영향을 주었다. 천천히 움직이는 오페라는 이러한 상황의 흐름을 탈 수 없었다. 나는 보는 이들을 숨 막히게 하는, 반주와 춤을 곁들인, 스피드와 세련됨을 갖춘 코미디를 무대에 올려보고자 했다. 관객들은 이 코미디에 웃지 않을 수 없을 것이었다. 이는 우리나라에서는 아직 시도된 적이 없는 신기원이었다.[10]

사토 하치로와 에노켄 사이의 대화는 '인치키'라는 개념을 상세히 보여주고, 인치키를 언어적, 언어외적 코드전환을 통해 성취된 패러디와 결부시킨다. 사토에 따르면 에노켄이 자신의 사업장인 카페 미야코에 뛰어 들어와서는 〈추신구라〉(47명의 사무라이를 다룬 고전)를 연기해보고 싶다고 말했다고 한다. 당시 사람들에게 널리 퍼져 있었던 〈추신구라〉 이야기를 사토와 에노켄 두 사람도 잘 알고 있었던 덕분에 그들은 주요 장면과 인물들을 재빨리 참조해 작품을 구상해낼 수 있었다. 극의 내용이 아니라 형식에 초점이 맞춰졌다. 두 사람은 "진정 인치키한 방식으로" 극을 상연하기로 결정했다. 여기서, 에노켄은 인치키의 수단으로 서구 의상을 생각했는데, 사토 하치로는 그에 동의했다. 두 사람은 〈추신구라〉를 반복하되 새롭고 색다른 〈추신구라〉를 만들어내기로 신속히 합의했다. 이를테면, 오프닝 신에서 일본 투구를 군모로 바꾸고 칼 대신 고무줄 새총을 쓰는 식이었다. 거기다 매우 의식을 갖추고 명예로운 과정으로 진행되는 할복切腹은 근대적 테크놀로지, 즉 안전 면도칼을 실행도구로 삼아 수행되었다. 주연 배우들은 **니커보커스**knickerbockers*와 **골프 팬츠**golf pants를 갖춰 입고, 그중 한 주인공은 멜빵바지에 나막신 차림을 했다. 요정은 호텔이 되었고, 극에는 **탱고**가 삽입되었다. 일반적인 **나니와부시**(민요창)** 대신

....

* 바지통이 약간 넓고 무릎 바로 아래에서 밴드로 여미는 스포츠용 바지.

플루트 솔로가 들어갔다(SH, 5-8).[11]

　원작에 변화를 주는 이러한 전치들은 일련의 유쾌한 부조화를 선사하지만, 그 반복은 그러한 차이를 초월한다. 〈추신구라〉가 도쿠가와 시대에 대한 은근한 사회비평이었던 것처럼, 사토와 에노켄은 이제 자신들이 살고 있는 시대에 대한 냉소적인 풍자를 만들어내려고 했다. 풍자는 아이러니와 달리 정치적인 입장을 취한다. 그것은 형세를 바꾸는 것을 목표로 삼는다. 그리고 관객의 반응을 직접 보지 않고도 우리는 충분히 다음과 같은 결론을 내릴 수 있다. 즉 연극이 진행되는 동안 목이 깨끗하게 잘린 주인공이 '실업'이라고 적힌 플래카드를 얼굴 정면에 펼쳤을 때 관객석에서 터져 나오는 폭소는 근대 시기의 사회 질서와 정치경제의 그로테스크한 상태에 대한 인식과 조소가 표출된 것이다. 연극은 목이 없는 사무라이 장수가 자신의 충신들과 함께 눈 덮인 거리를 행진하는 것으로 끝을 맺는다. 이 패러디의 창작자들은 이 결말이 "기묘한 데몬스트레이션デモンストレーション"이 될 수 있다는 것에 동의했다. 그들은 관객의 이해를 돕기 위해 더 자세한 설명을 곁들일 필요가 없었다. 이미 1930년에 이르러 카페, 영화관, 인쇄 미디어, 무대의 즐거움과 더불어 모던한 순간을 특징짓는 말이었던 데모デモ와 데몬스트레이션이라는 용어가 정치적 시위를 묘사할 때 널리 쓰이고 있었기 때문이다. 사토와 에노켄은 관객들이 연극이 암시하는 바를 눈치 챌 수 있을 뿐만 아니라 검열 때문에 그러한 패러디와 날선 비판을 할 수밖에 없다는 사실도 이해할 것을 알았다(SH, 7-8).[12]

　다시 말해 이는 일본의 전근대적 의복, 코드화된 제스처와 당대의 의상과 활동 사이에서 빚어지는 재미있는 언어외적, 탈정치적 코드전환에

＊＊　샤미센 반주에 맞춰 부르는 창嘈을 가리킨다. 의리나 인정에 대한 내용이 많다.

불과한 것은 아니었다. 패러디는 근대 시기의 풍자 희극 아차라카의 한 예이기도 했는데, 이것은 일본 사회 밖에서 들어온 근대적 관습들의 영향력과 아울러 자본주의적 계급 위계의 위력에 대해 논평하는 희극이다. 아차라카 희극은 계급 위계와 관습들은 모두 인간에 의해 만들어지는 것이며, 따라서 변화가 이루어질 수 있고 이루어져야만 한다는 의미를 함축하고 있었다.

코크니나 아사쿠사의 밑바닥 언어와 마찬가지로, 아차라카라는 말이 생겨난 과정에도 그 나름대로의 고유한 아이러니가 있었는데, 이 말은 일종의 말장난이었다. 아차라카는 '저곳으로부터'라는 뜻의 일본어 아치라카라あちらから를 축약한 것이었다. '저곳'이라는 말은 곧 대양 건너, 즉 유럽과 아메리카를 칭하는 것이었다(거트루드 스타인의 유명한 문구의 모더니즘적 표현을 반복, 전용하자면 아시아 대륙은 결코 의미로 표현해 나타낼 수 없었다 ─ 그곳은 "저곳이란 것조차 없는 곳"이었다*). 나의 가정은 아차라카 희극의 유머는 코드전환과(개그ギャグ라는 신조어가 쓰였다), 모던한 특징을 갖고 있는 여타의 몸짓을 바탕으로 하고 있다는 것이다. 저쪽에서 무엇이 유입되었든 그것은 이제 '저곳'과 비슷할 정도로 많은 부분이 '이곳'의 일부가 되었다고 생각된다. 일본의 것이 아니었던 관습들은 이제 일본의 역사와 지리의 일부가 되었다. 이는 혼성화creolization에서 비롯된 것도 아니고, 동서양이 만나 만들어낸 잡종문화도 아니었다. 근대 일본을 만들어왔고 여전히 만들고 있었던 것은 이음새가 분명히 드러나는 들쭉날쭉한 몽타주였다. 관객

---

* 거트루드 스타인은 『모든 이들의 자서전(Everybody's Autobiography)』(1937)이라는 책에서 캘리포니아의 오클랜드를 가리켜 "그곳은 그곳이란 것조차 없는 곳"이라고 표현했다.

에게나 제작자에게나 똑같이 이 코드전환의 과정은 새로운 문화적 관습과 자본주의 사회 형태를 만들어내는 한 가지 예일 뿐이었다.

나는 아차라카 희극의 논쟁적인 성격을 과장하려는 것이 아니다. 여기에는 영화, 문학, 연극, 동시대 프롤레타리아 문화 운동 예술의 명쾌한 계급 비판적 요소가 없다. 풍자적인 코드전환과 패러디만이 아차라카 희극을 이데올로기적으로 만든 것이 아니었지만, 우리가 넌센스라고 부를 수 있는 이러한 형식들은 사회적 관계와 불평등의 묘사와 나란히 등장했다. 아차라카가 비판적으로 정치적이게 된 것은 바로 이러한 통합 덕분이었다.[13]

테오도르 아도르노가 일종의 몽타주인 『미니마 모랄리아Minima Moralia』에서 쓴 해설들 가운데 하나가 여기에 가장 잘 들어맞는다. 아도르노는 아이러니란 "해석어를 덧붙이는 순간 스스로 본연의 의미를 잃고 만다"는 사실을 인식하고 있었다. 이는 일본 근대의 넌센스를 다루는 역사가로서 내가 삼중으로 불리하다는 것을 의미한다. 우선 아차라카 희극 작가는 자신들의 메시지를 분명히 드러내지 않았다. 그랬다가는 촌철살인을 망치기만 할 뿐이기 때문이었다. 둘째로, 검열 때문에 기존 질서에 대한 어떠한 공격도 하지 못했다. 그리고 반세기라는 격차가 있는 상황에서 당시의 지식인과 공연자와 관객들의 유언 무언의 견해들을 파악한다는 것은 불가능한 일이다. 후타바테이 시메이二葉亭四迷의 소설 『뜬구름浮雲』*의 한 인물이 입고 있는 의상으로 요약되듯이, 아차라카 희극을 메이지시대 물질

---

* 제1편은 1887년 6월에, 제2편은 1888년 2월에 쓰보우치 쇼요坪內逍遙와 함께 썼으며, 긴코도金港堂에서 간행하였다. 제3편은 미완성으로 끝났으나, 오늘날 일본 근대소설의 초석을 놓은 작품으로 인정받고 있다. 이 소설이 일본 근대문학사상 큰 비중을 차지하고 있는 이유는 언문일치라는 문체를 창시했다는 점과, 작가가 있는 그대로의 인간성을 관찰하여 묘사하는 리얼리즘을 창시했다는 점이다.

문화의 동서 혼합으로 단순히 바꿔 부르는 것으로 이해하는 것은 정확하지 못하다. 메이지시대에 '개화인'처럼 보이려고 터키식 옷을 갖춰 입고 금시계를 찬 청년은 근대 시기 곤 와지로가 기록한 서양 의복 소비자들과는 다르다. 근대 시기 아차라카 유머는, 기모노와 짧은 망토 외투에 중절모를 쓰는 것처럼, 서구를 따라잡으려는 의지보다는 일본인 고유의 세련된 형식을 알리는 신호탄이었다.[14]

1929년 1월에 상연된 〈살로메 재즈〉의 작가 같은 아차라카 레뷰 제작자들은 관객들이 조화롭지 못한 병치를 보길 원했다. 즉 그러한 병치는 몽타주를 드러내고 있었다. 패러디된 살로메 이야기에 친숙하지 않은 관객들조차도 쟈즈루ジャズル라는 신조어 속의 코드전환은 알아챌 수 있었다. 관객은 세례자 요한의 머리를 원하는 소녀에 관한 성서 속 이야기나 오스카 와일드Oscar Wilde의 동명 연극 또는 그것을 기반으로 1923년에 제작된 무성영화를 알지 못하더라도 널리 알려진 '재즈'라는 용어와 일본어 동사의 종결어미 '루'를 결합하는 코드전환 속에 담긴 유머를 이해할 수 있었다. 이야기 속 남녀 주인공은 파리, 도쿄, 하와이를 거쳐 뉴욕에 도착하는데, 마침내 그곳에서 체포된다. 도시가 바뀔 때마다 살로메와 그의 애인, 그리고 관객들까지 각기 다른 문화적 여흥을 즐긴다. 주인공들은 캉캉, 일본의 꽃놀이춤, 하와이 음악을 곁들인 **훌라 댄싱**을 구경한다. 그리고 체포되기 전에는 브로드웨이에서 **재즈 댄스**와 더불어 **재즈 송**을 감상한다. (에도의 대중 극장에 걸릴 만한) 두 연인의 자살 계획과 그들의 자살을 막기 위한 장거리 전화의 활용을 나란히 병치하는 등의 개그들은 반세기 후에 개장될 카지노 폴리의 익살극이 탄생하는 길을 텄다. 그런 점에서 이 연극은 2년 앞서 여성들로만 구성된 가극단 다카라즈카 레뷰를 창단시킨 〈몽 파리 레뷰〉와 같은 쇼와는 구별되는데, 아차라카 레뷰가 남녀 공연자

들을 함께 기용했기 때문만은 아니었다. 〈스피디 야스베이〉(야스베이는 아주 구식처럼 들리는 남자의 이름으로, 근대의 이상인 스피드와는 대조적이다), 〈신랑을 찾아서〉('게 사냥'이라는 설화의 패러디물인데 이 또한 상연되었다), 〈가부키 레뷰〉, 〈우리들의 47인의 사무라이 이야기〉, 대학 야구를 참조한 것이 분명한 〈여섯 대학의 무용담〉와 같은 공연물들은 관객들을 끌어들이거나 잡아두기 위해 제목에만 의존할 수 없었다. 〈살로메 재즈〉와 마찬가지로 개그에 의지했다. 1920년대와 1930년대 아사쿠사의 레뷰 무대에서 선보인 다양한 개그 형식들을 비롯해 그러한 몸짓의 독보적인 제왕은 에노모토 겐이치로서, 그는 아사쿠사 관객들이 그의 이름을 줄여서 '에로켄'이라고 패러디해 부를 정도로 사랑받는 배우였다. 관객들이 알기로는 에노켄이 에로틱, 그로테스크, 넌센스 문화의 중심인물이었다.[15]

에노켄은 운동감을 만들어내기 위해 커다란 자동차 그림을 무대에서 움직이게 한다든지 배 대신 파도 그림을 움직이게 하는 것 같은 대놓고 인치키 양식을 취하는 카지노 폴리식 개그를 맡았다. 또한 그는 플롯은 똑같이 유지하면서 개그와 음악을 삽입하는 식의 코드전환 과정에 근거한 가부키의 패러디를 만들기도 했다. 패러디에서 흔히 써먹는 기법 가운데 하나는 적당한 순간에 할복을 결행하기로 되어 있는 주인공이 외국에서 들어온 인기 곡조에 맞춰 노래가사를 읊조리며 할복하는 모습을 보여주는 것이었다. 또는 재즈 리듬에 맞추어 칼을 배에 꽂기도 했다. 〈신부 사냥〉에서는 파도 대신 해안선이 움직였으며, 〈스피디 야스베이〉에서는 우리의 주인공이 제자리에서 뛰고 있고 호스나 전신주가 빠르게 이동했다. 또 다른 촌극에서는 자전거펌프로 가슴에 달린 고무공에 바람을 불어넣음으로써 스모 선수가 힘이 세어졌다는 것을 연출했다. 『아사쿠사 구레나이단』에서 언급되는 것과 같은 카지노 폴리 상연표의 프로그램 소개

등을 보면 다른 부조화와 코드전환을 확인할 수 있다. 상연표에 나와 있는 프로그램 소개는 〈아크로바틱 탱고〉, 〈코믹 송〉, 〈재즈 댄스, 긴자〉와 같은 상연물을 언급한다. 〈재즈 댄스, 긴자〉에서 모던보이의 주역은 세일러팬츠와 경쾌하게 비스듬히 올려 쓴 '실크 모자'로 분장한 소녀들이 맡는데, 그들은 지팡이를 옆으로 흔들며 무대를 걷는다. 그들이 합창하는 〈당세 긴자부시當世 銀座節〉에 또 다른 출연진이 끼어든다. 이번에도 이들은 남장을 한 소녀들이지만, 익살스러운 일본 전통춤을 춘다. 이 전통춤 '후카가와 캇포레'*는 곧 와지로가 연구한 바 있는, 아사쿠사 인근의 노동계급 이웃에게 바치는 헌사였다(KY, 40, 42, 43-44).[16]

카지노 폴리의 몽타주적인 면은 프로그램 표지의 시각적 이미지로 구체화되었다. 예컨대 세 번째 공연의 프로그램 표지에서는 중절모에 골프바지, 체크무늬 조끼를 입고 파이프를 입에 문 모던보이의 만화 캐릭터를 신체 일부(일본 근대 시기에 어디서나 흔히 볼 수 있었던 여성의 다리) 사진 바로 아래와 위에 배치해놓았다. 도발적인 드레스 차림의 댄서가 머리 부분은 제외하고 실리고, 아라비아 숫자 30에 달러 기호가 함께 붙고 아사쿠사 수족관을 뜻하는 영어와 중국어, 외래어를 표기하는 가타카나 문자들이 번갈아가며 쓰였다. 관객들은 이러한 구성을 어떻게 판단했을까? 그들은 카지노 폴리에서 연기하는 다른 배우들과 에노켄의 구성을 어떻게 판단했을까? 우리는 어떻게 초이데올로기적 아이러니를 알아낼 수 있을까? 번역하는 과정에서 아이러니의 의미를 잃어버릴 수 있는 위험이 있다는 사실을 인정하면서도, 패러디의 정치학을 살펴보기 위해 아차라카 희극 시대의 실제 대본 두 개를 살펴보는 것도 충분한 가치가 있다. 이러한 텍

---

* 캇포레活惚는 떠들썩한 속요俗謠에 맞춰서 추는 익살스러운 춤을 가리킨다.

스트들을 검토하면서 나는 카지노 폴리에서 생겨난 아차라카 장르에 응용된 **가벼운 연극**이라는 용어에 불쾌감을 표한 에노켄에 전적으로 동의한다. 에노켄은 "도대체 어떤 점이 그렇게 가볍단 말인가"라고 되묻는다. 아차라카 텍스트들은 '가볍지' 않다. 사실, 이 텍스트들은 근대 시기의 언어들을 알려주고 있기 때문에 자세히 눈여겨볼 만하다.[17]

"룸펜 사회학"이라는 제목은 두 가지 코드전환이 결합된 것이다. 관객은 외국어를 표기하는 가타카나 문자로 부랑자를 나타낸 속어 룸펜과 표의문자인 한자로 표기된 권위 있게 들리는 학술 용어인 사회학을 차례로 읽게 된다. 공연의 테마곡은 아이러니한 도치법을 보여준다. 한 부랑자는 살롱에서 사회학에 대해 거들먹거리며 잘난체하는 전문가를 경멸한다. 이 노래는 노래의 화자야말로 진짜 사회학자임을 암시한다. 다시 말해, 이것은 부랑자에 의한, 부랑자에 관한 사회학이다. 노래의 후렴구에서는 룸펜에 대한 제대로 된 성격묘사가 반복된다. 쓸모없고 하찮을 수는 있지만 룸펜은 마음만은 가볍다. 이 밑바닥 인물은 하야시 후미코의 불안한 여급 페르소나와는 상충되며, 매사에 너무 시들해 구사마의 기록에 나타난 인물에 해당한다고 보기는 어렵다. 하지만 룸펜은 그러한 결론들을 확인시켜주기 위해서가 아니라, 아이러니를 통해, 즉 패러디로서의 아이러니를 통해 부랑자를 만들어내는 자본주의 체제에 도전하기 위해 그곳에 존재한 것이었다. 이 동안 아사쿠사 관객들은 즐기고 있었다. 두 번째 도치법에서는 사회학의 대상이 주체가 되었을 뿐 아니라, 계급 제도와 그것을 추동하는 이념 역시 다음과 같이 노래하는 가수의 선언으로 뒤집어진다. "돈이 있든 없든, 나는 룸펜, 바로 마음만은 가벼운 자라네. 마음만은 가벼운 자라네." 이 룸펜은 선망의 대상까지는 아니더라도, 모방의 대상은 되었다.[18]

"룸펜 사회학"의 배경은 1931년 1월 초 도쿄의 긴자 근처이다. 짧은 6막으로 이루어진 이 작품에서 사무직 노동자는 불황의 영향과 잇따른 구조 조정으로 고통받는다. 이 극은 근대 시기의 기업 문화를 공격한다. 비록 기업 전략은 '바빠 보일 것'을 요구하지만 실제로는 바쁠 일이 전혀 없는 한가로운 월급쟁이들은 돈 버는 것이 지겹다고 한탄한다. 동시에 그들은 일확천금을 꿈꾸고, 사장은 도쿄 교외의 만 평가량의 땅을 가장 잘 활용할 수 있는 프로젝트를 구상하도록 요구함으로써 그들에게 기회를 준다.

남자들은 자기 시대에 속해 있다. 그들은 코드전환을 하면서, '러브 레터'나 '댓츠 오케이' 같은 영어 표현을 대화 속에 섞는다. 영화문화는 할부로나 살 수 있는 여배우들의 옷과 영화배우들의 사진을 상품화하면서 조성되었으며, 남자들은 그 낭만에 사로잡혀 있었다. 동시에 이들은 해피엔딩의 가능성에 냉소적이다. 펜키치라는 한 직장인은 여가활동 속에서 그 대답을 찾았다고 생각한다. 그의 이름은 룸펜을 가지고 말장난을 한 것이며, 마찬가지로 부르타라는 사장의 이름 역시 부르주아 계급을 가리키고, 여주인공 룬코는 여성판 룸펜이었다. 펜키치는 울트라 모던, 모던 파라다이스를 상상한다. 이 파라다이스에는 밤이 되면 온천으로 바뀌는 스케이트장이 있을 터였다. 그리고 데워진 욕조는 여름이 되면 수영장으로도 쓰일 수 있을 것이었다. 젊은이들은 낮에는 놀러, 밤에는 연애를 하러 돌아다닐 것이었다.[19]

근대적 풍속들은 펜키치가 좀 더 과격한 새로운 스틱걸에 속아 넘어갈 때 훨씬 더 노골적으로 조롱받는다. 그리고 〈룸펜 사회학〉에서 패러디된 산업적 배열 안에서 늘 생산, 재생산, 대체의 과정 중에 있는 다른 모든 유행들처럼, 스틱걸 역시 좀 더 과격하고 새로워진 모델로 대체되는데, 그녀는 자신의 일을 이렇게 설명한다.

사실, 나는 차밍걸이에요. 내 직업은 남자를 유혹하는 것이죠. 작년 스틱걸의 존재가 대체로 너무 형식적이 되어서 진기함을 좇는 31년도 버전으로 활용될 수 없었죠. 그래서 우리, 차밍걸이 나온 거예요. 무엇보다 우리는 세속적 욕망을 지닌 남자를 찾으면서 그의 감정을 사로잡아요. 이 세상 대다수의 남자들은 젊은 여자의 성적인 유혹에는 즉시 넘어가게 마련이죠. 이렇게 함으로써 우리는 우리의 자본을 투자한 셈이죠. 그저 눈 한 번 깜빡이는 것만으로도 남자들 특유의 성적 충동을 불러일으켜 우리가 원하는 대로 할 수 있죠. 그러고 나면 남자들은 마치 그림자처럼, 우리의 일거수일투족에 맞춰 따라오죠. 우리 조합에서는 이렇게 30여 분 동안 맛보는 쾌락에 2엔이라는 공정한 가격을 부르고 있어요. 이제 이해하시겠어요?[20]

여기에서 최근의 과거조차도 현재에는 적용되지 않는다는 규칙을 알고 있는 이들은 정말로 상황의 세세한 부분까지 주도권을 쥐고 있는 도발적이고 연합적인 모던걸이다. 이 패러디물에 등장해 일본 근대문화의 급속한 변형과 현재주의presentism의 감각을 포착한 또 다른 여배우는 자신이 "1931년의 공기를 호흡하고 있다"고 선언한다. 이 연극의 특징이 키스, 카페에서의 시시덕거림, 여성의 성적 적극성이라고 할지라도, 에로에 대한 관습적인 개념은 내가 아사쿠사의 음식과 시각문화의 쾌락을 수정주의적으로 강조하는 것보다 〈룸펜 사회학〉에 더 알맞다. 하지만 당당히 자기 의견을 말하는 한 카페 여급이 여급의 역할을 벗어던지고 회사의 사장을 비난할 때 카페 안에서는 아이러니한 권력의 변화가 생겨난다. 그녀는 "그가 얼마나 취했든 말든" 두 사람의 관계가 자신의 전문적인 기술에 바탕을 둔 순수한 사업적 관계라는 것을 잊지 않는 편이 좋을 것이라고 분명히 밝힌다. 그리고는 펜치키에게 그를 해고하겠다고 위협하는 사장에 맞서 "남자 대 남자"로 싸우라고 부추긴다.

　연극에서 그로가 풍자적으로 묘사된 룸펜의 형태로 나타날 때, 경제 불황의 그로테스크는 넌센스로 제시된다. 하지만 마음만은 가벼운 룸펜의 삶을 낭만화시키는 대범한 상투어에도 불구하고, 사장의 위협 앞에서 나머지 실업자들과 함께 "일거리를 찾아 헤매는 길 잃은 개" 목숨 신세인 이 샐러리맨 펜키치는 잔뜩 겁을 집어먹고 사장에게 용서를 빈다. 따라서 이 넌센스는 계급, 성, 젠더 관계의 패러디물, 영웅으로서의 룸펜과 실패자로서의 룸펜 사이의 풍자적 전환에서 분명하게 나타난다. '넌센스'는 말로 표현된 것과 표현되지 않은 것 사이의 아이러니한 관계에 있다. 사무직 노동자들이나 육체노동자들과 마찬가지로 학생들조차도 일자리 전망이 암울한 시점에서, 아사쿠사 관객들은 표현되지 않은 것을 굳이 들을 필요가 없었다. 실업의 위험이 농담이 아니라는 사실 말이다. 노래에서 쾌활한 노랫말에 실린 무게는 실업에 직면한 종업원의 깊은 불안을 확인시켜 주었다. 유사한 아이러니가 1931년 4월 26일자 《주간 아사히》를 여는 삽화를 곁들인 텍스트에 분명하게 나타난다. 「룸펜에게 은혜로운 봄ルンペンに恵む春」이라는 제목의 이 짧은 광고문은 "불황의 바람"이 모던한 편의 시설을 갖춘 호화로운 호텔에 묵고 있는 룸펜을 기분 좋게 해준다는 내용이다. 선으로 그린 드로잉은 허리를 숙이고 어떤 건설 노동을 하고 있는 노동자 복장을 한 남자를 보여준다. 배경에는 **호텔**이 아니라 하늘에 연기를 내뿜고 있는 공장들이 줄지어 있다.[21]

　〈룸펜 사회학〉의 자본주의 비판은 사무실, 공원, 카페 등 쉽게 떠올릴 수 있는 장소에서 이루어진다. 따라서 무언의 풍자적인 사회 논평은 모던을 기록한 것으로 여겨질 수 있는 무대 배경과 대본을 입 밖으로 표현한 논평에 의해 추동된다. 하지만 지리적으로 위치를 바꾸는 데서 표현된 것

과 같은 부조화의 아이러니를 꾸준한 예로 보여주기 위해서는 카지노 폴리에서 상연된, 같은 작가의 〈아시아의 폭풍ァジァの嵐〉을 보아야 한다. 여기에서 모던한 시대의 배경은 몽골로 옮겨갔다. 이 작품은 근대성의 문화로는 해결되지 않는 아시아인으로서 일본인의 정체성이라는 매우 골치아픈 문제와 더불어 좌파 지식인과 영화 산업을 다룬다. 영화에 조금이라도 관심이 있는 일본 지식인이라면 〈아시아의 폭풍〉이라는 제목에서 러시아 혁명에 이은 시베리아 내전 동안 유목민에서 빨치산으로 변모한 칭기즈 칸의 후예를 다룬 소비에트 서사극을 떠올렸을 것이다. 소비에트의 몽타주 이론가인 프세볼로트 푸돕킨이 1928년에 만들고 일본에서는 1931년 10월 31일에 개봉된 이 영화는 혁명적 열정으로 자본주의 신봉과 탐욕을 몽타주로 표현한 강렬한 언어와 이미지로 관객에게 작품의 메시지를 호소했다. 푸돕킨은 이 영화에 자신이 역설해온 바를 담아냈다. 그는 선과 악을 병치시키기 위해 몽타주를 활용했는데, 백인 자본주의자들과 소비에트의 승리를 위해 싸우는 다인종 반군들이 병치되었다. 부르주아 세력은 주인공에게 양복을 입혀 그를 문명화시키려고 하지만, 이 가장masquerade은 너무나도 고통스럽다. 그는 끝내 자신의 종족을 자본주의화시키는 꼭두각시의 우두머리로 이용당하는 것을 거부한 채, 스스로를 해방시킨다.[22]

카지노 폴리에 맞춰 바뀐 제목은 〈혼전 '아시아의 폭풍'混戰 'ァジァの嵐'〉으로, 〈아시아의 폭풍〉이 일종의 아차라카 패러디 형식임을 드러낸다. 다시 말해, 관객은 '저곳'(이 경우에는 소비에트 연방)의 문화 생산물을 고의적으로 뒤죽박죽으로 만들었다는 사실을 알아차렸다. 역사가의 입장에서 분석해보면 두 편의 〈아시아의 폭풍〉 사이에서 유사점들을 발견할 수 있다. 두 작품에서 모두 근대적인 자동차는 말 등에 올라탄 거친 원주민과

같은 공간에 위치하고 있으며, 역사의 동력으로 선진 문화와 뒤처진 사람들이 나란히 서게 되었고, 카지노 폴리에서 만들어진 작품들의 빠른 템포는 푸돕킨이 (고귀한) 토착 종교를 우둔하고 순응적인 자본주의자의 행위와 병치시키는 몽타주 활용기법과 들어맞았다. 하지만 카지노 폴리판 〈아시아의 폭풍〉에 풍자의 신랄함을 주는 것은 이것이 아니었다. 연극 속에서는 근대의 '저곳'이 일본이었던 이 아차라카 연극의 초기부터, 모던을 만주로 가져감으로써 코드전환은 근대기이거나 근대를 지나고 있는 식민과 관련이 있음이 드러난다.[23]

카지노 폴리판 〈아시아의 폭풍〉은 개그와 함께 시작한다. "아시아의 폭풍"이라고 제목이 붙은 영화의 "카지노 **시네마** 영화 제작진"은 거드름 피우는 감독을 실수로 기차역에 남겨두고 소비에트 판본의 〈아시아의 폭풍〉 찬가를 부르며 만주로 떠나게 된다. 영화 산업을 풍자적으로 다루는 것은 제작진들이 일본을 떠나면서 "오케이" 신호를 "반자이万歲"와 섞어서 쓰는 언어적 코드전환의 행위들을 통해 분명히 확립되었다. 제작진은 대륙을 가로질러 전진해 가다 몽골-만주 철도회사의 사장과 그의 딸인 야심만만한 여배우와 우연히 마주친다. 이는 남만주 철도회사를 패러디한 것이 분명한데, 이 철도회사는 식민 지배가 정식으로 성립하기 전에 일본의 이권을 장악하려고 세워진 회사였다. '존경받는' 사장의 이름은 '오가네 아리조'로, 이는 굉장히 많은 돈을 지녔다는 의미의 언어유희였다. 그의 딸인 하데코는 '야한' 또는 '현란한'의 의미로 읽힐 수 있었다(따라서 그녀가 '추잉 껌'을 좋아하는 것과 마찬가지로 이 이름은 사장 딸이라는 그녀의 계급과는 어울리지 않는다).* 만주와 몽골을 구성하는 지역은 '만모満蒙'라고 불리었는

---

* 　오가네 아리조는 '큰돈'이라는 뜻의 오가네大金와 '있다, 저장하다'는 뜻의 한자를

데, 이를 코드전환으로 도치해, 작품에서는 철도 회사가 '모만' 지방에 있는 것으로 설정되었다.

'아시아의 폭풍'이라는 이름의 도적 두목인 몽골인 주인공은 동명의 소비에트 영화에 등장하는 이데올로기적으로 고무된 주인공과는 별로 닮은 점이 없다. 그 대신, 이 두목은 〈룸펜 사회학〉의 사장처럼 불황에 시달린다. 이제는 아무도 인질에 몸값을 내려는 사람이 없기 때문에 더는 강도 짓을 벌여봐야 소용이 없었다. 그는 자기도 "합리화라고 불리는 신식 유행에 동참해" 부하들 가운데 일부를 잘라낼까 고심 중이었다(NS, 158-90).

극의 초반부에 만주에 살고 있는 한 일본인 유도 고수가 자신이 천왕조를 지키기 위해 헌신한 지사(근대 국가의 설립 직전의 숭고한 애국자를 지칭하는 구식 용어)를 연기할 수 있다고 나서지만, 도적(다시 말해 만주인)은 연기하지 않겠다고 말하는 대목에서 일본 지상주의가 패러디된다. 카지노 폴리 버전의 시나리오는 이렇게 인종차별적 민족 차이의 중요성에 집착하는 정서가 뼛속 깊이 느껴질 수는 있어도, 그것을 결행하거나 유지하는 것이 늘 쉽지 않음을 분명히 말한다. 다른 민족으로 가장해 꾸미는 복잡한 사기극은 다음의 예로 잘 드러난다. 만주인 주인공 아시아의 폭풍이 〈아시아의 폭풍〉의 주인공을 연기하는 일본인 배우인 척하면서 하데코를 납치하는 데 성공하고, 이번에는 반대로 그녀를 구하러 온 일본인 배우가 아시아의 폭풍으로 오인받는다. 제작진 가운데 한 사람이 만주 벌판의 한 술집으로 걸어 들어가는 장면에서 술집의 여주인이 그에게 묻는다. "이봐요, 당신 일본인이에요, 중국인이에요?" 이에 자랑스러운 대답이 이

조합한 아리조有蔵를 합쳐놓은 것이며, 하데코는 '화려하다'는 뜻의 하데派手에서 따온 것이다.

어진다. "난 순수 일본인 혈통이오"(Ns, 168, 193).

여도적 출신인 오긴(도적 두목이 상사병에 걸릴 정도로 관심을 집중하는 대상이다)이 운영하는 '바 데저트'는 모던한 것이 패러디된 장소 중 하나이다. 이름이 차라리 게이샤에 어울릴 법한 오긴은 실제로 아사쿠사 카미야 바의 단골 고객들이 매우 좋아한 깊은 맛의 브랜디를 갖추어 놓는다. 그녀의 아이러니는 아사쿠사 관객들과 그들이 다니던 극장의 규칙에 대한 지식을 알고 있음을 전제로 한다. 어느 순간 그녀는 "이것이 레뷰예요. 극이 빠르게 돌아가지 않으면 관객들은 곧 지루해하고 말죠"라고 말한다. 이 이야기의 개그 또한 **아차라카**적인 정서의 특징이다. 역에서 떠나는 기차의 출발은 드러내놓고 인치키 방식으로 연출되었고, 도적들은 일본인 제작진의 움직임을 추적하기 위해 무전기를 이용한다. 그리고 전혀 어울리지 않게 과장된 몸짓으로 우리의 주인공 도적 '아시아의 폭풍'은 '색소폰' 소리가 울려 퍼지는 '전장'으로 향한다(NS, 193, 162, 182).

이 패러디의 정치학은 무엇일까? 계급 불평등에 관한 언급과 마찬가지로 이 패러디는 재정 불안을 언급하고 있는 것이 분명하다. 마찬가지로 젠더도 다루어지는데, 하데코와 오긴(그녀는 자신에게 잇이 있음을 인정한다)이 모던걸의 특징들을 보여주긴 하지만, 근대 시기의 대부분의 기록들과 달리 〈아시아의 폭풍〉은 여성성보다는 남성성에 더 관심이 있다(남녀 모두 남성성을 힘과 감수성이라고 생각했다). 여기에서 밝혀지지 않은 점은 만주에서 남성적이라고 생각되는 모든 남자들이 일본인이라는 점이다. 이 점을 보며 우리는 만주 침략 전에 집필, 제작, 발표된 이 연극에서 아차라카의 정치학과 식민의 관계에 대해 질문해보게 된다(NS, 165-166, 169, 184, 203).

우리는 식민지로서의 만주가 패러디되었다고 말할 수 있다. 한 제작진 단원이 만주산 기념품으로 도적의 머리를 가지고 돌아오겠다고 약속하는 대목에서 그는 당시 아사쿠사 관객의 언어를 쓰고 있다. 광활한 공간으로서의 만주, (앞서 애국지사 역할만을 원하는 일본 출신 유도 고수처럼) 고국을 떠난 일본인, 제작진을 국외로 데려다주는 '만주 특급'을 언급하는 것은 이 '국외' 공간에서 만들어진 부富와 관련된 1920년대 말을 언급하는 것과 분명히 다르지 않다. 그러나 만주는 이국적인 관광지로서의 특징만 있는 것이 아니라 일본과 조화로운 관계에 있지 못하다.

〈아시아의 폭풍〉은 감독이 자신을 남겨놓고 떠나는 (판지로 만든) "칙칙폭폭 기차"를 다급히 부르는 것처럼, 아차라카의 정서로 외지의 것만큼이나 내지의 상황도 함의하고 있었다. 그리고 텅 빈 광활한 만주 벌판 한가운데에서, 카페 여급이 된 도적은 이 대륙에서는 큰돈을 벌 수 없다는 것을 깨닫는다. 이때 그녀는 일본 제국의 발전을 평가하는 진지한 정치 분석가에게나 어울릴 법한 완곡어법을 구사하며 묻는다. "내지 상황은 어떤가요?" 그리고 무력해진 주인공 아시아의 폭풍과 그의 심복들이 대나무 말을 타고 등장하는 부분은 조롱조의 아차라카 유머를 보여주는 대목이다. 대나무로 만든 흔들목마는 배는 고정시키고 물결을 움직이거나 무대를 따라 움직이는 자동차 그림과 같은 개그들에 필적할 만하다.

허천이 열거한 아이러니의 범주에는 "우스꽝스러운 것", "비하하는 것", "비판적으로 건설적인 것", "파괴적인 것"이 있다. 그렇다면 〈아시아의 폭풍〉은 정치적으로 어떤 입장을 취했다고 볼 수 있을까? 이 질문에 답을 하려면 하야시 후미코를 비롯해 카지노 폴리의 작가와 지지자들의 아나키스트 경력을 우리가 알고 있다는 견해에서 출발할 것이 아니라 카지노 폴리의 관객들이 이해하게 될 이 연극의 만주 침략 직전에 대한 숨은 텍스트부터 먼저 분석해봐야 한다. 또한 〈아시아의 폭풍〉을 즐긴 아사쿠사의 관객들은 1905년 만주가 일본에 이양되고 거의 한 세대가 지난 시대의 사람들이었다는 점을 잊지 말아야 한다(NS, 160, 169, 172-174, 194-195).

철도회사 사장과의 관계에서 볼 수 있듯이 경제적·사회적 불평등에 대해 언급한 것은 분명해 보인다. 하지만 이 작품을 식민주의에 대한 비판으로는 볼 수 없는데, 그 이유는 식민지가 본국과 맺는 경제적 관계를 살피지 않고 있기 때문이다. 그보다는 '안'(내지內地 : 식민 본국을 가리키는 일본의 식민 용어)과 '밖'(외지外地 : 일본의 식민지들을 가리키는 용어) 모두 똑같이 합리화의 힘에 굴복한 것으로 보인다. 그 위에 식민 의식 속의 인종차별적 요소가 드러나긴 하지만, 그렇게 뚜렷이 부각되지는 않는다. 만주인 주인공이 무력화되는 것 못지않게 만주의 일본인들에 대한 비하도 드러나기 때문이다. 더욱이 '순수 일본인'이라는 것에 자부심을 느끼는 남자들이 전혀 훌륭하지 않았기 때문에 그들의 일본인 정체성이 본질적으로 우월한 것으로 드러나지는 않는다.

그럼에도 이 일본인 남녀들은 기술적으로 더 진보한 이들이었다. 다시 말해 좀 더 근대적이었다(적어도 만주인일 것이라 추정되는 유일한 만주 여성은 하렘 여인들의 춤을 추는 장면에서 등장한다). 일본인은 카메라, 자동차, 철도를 갖고 있었다. 여기에서 아차라카는 신구 관습과 사물의 부조화를 다루고 있다. 결국 이 부분은 '저곳'으로 가는 중인 '주인공'으로서 근대 일본에 집중하는 아차라카 유머이다. 그리고 이는 이곳 침략자와 식민화된 저곳 만주와의 관계가 아니라 자본주의적인 "이곳" 내에서 구식과 신식의 우스꽝스러운 관계에 관한 것이었다. 〈아시아의 폭풍〉은 식민지를 배경으로 하고 있었지만 근대와 분리할 수 없는 문화 속에서 살고 있는 식민지 사람들의 공간을 다루고 있다.

〈아시아의 폭풍〉은 예언적이기도 했다. 이곳은 일본의 공식적인 만주

식민지화와 아마카스 마사히코가 경영한 만주영화회사, 즉 만영을 비롯해 1937년에 시작된 그곳 만주에서의 식민 문화의 출현을 재현하는 장소가 아니었다. 이 부분에 그야말로 정의의 전도가 있다(아마카스는 간토 대지진 직후 수천 명의 조선인들이 "일본인의 자위를 위해" 살해당했을 무렵에 벌어진 아나키스트 오스기 사카에와 이토 노에, 그리고 오스기의 여섯 살짜리 조카 살해에 책임이 있었다). 우리가 아사쿠사 근대 공간의 에로티시즘이라고 이름 붙인 에너지가 만주 침략 이후 희미해져갔을 때조차도 근대문화는 식민주의를 이루는 획일적인 한 부분으로 식민지와 함께 지속되었다는 점에 주목할 필요가 있다. 아사쿠사 에로티시즘의 퇴색과 점점 더 요란한 제국의 출현을 일본 근대기의 종말로 이해해서는 안 된다. 이는 콕 집어 말할 수 없는 것으로서 근대가 식민에 의해 대체되었다고 볼 수 없다. 만주와 그 너머까지 확장해가는 일본 제국의 팽창을 선전하는 데 대중 매체가 동원되었을 때조차도 근대기는 지속되었다. 그럼에도 아사쿠사를 배경으로 하는 두 편의 기록소설, 다케다 린타로의 『일본서푼오페라日本三文オペラ』와 다카미 준의 『어떤 별 아래서如何なる星の下に』가 보여주듯이 1930년대 동안 근대의 에너지는 쇠퇴해갔다.[24]

카지노 폴리의 전성기 동안 다케다 린타로는 무대 뒤를 자주 드나들었지만, 아사쿠사 공원 바로 뒤편의 '**아파트 건물**' 주민들에 관한 그의 단편소설은 전혀 아차라카 패러디가 아니었다. 거기에는 카페 여급, 영화관, 대중 매체, '모던한 도시 풍경'을 광고하는 네온사인 같은 근대적 풍경의 편린들이 있었지만, 다케다는 우리가 아사쿠사 에로티시즘을 논의하며 정의한 것과 같은 에로틱을 찬미하지 않았다. 또한 그가 만들어낸 인물들에게는 브레히트의 인물들이나 구사마 야소오의 보고서에 등장하는 밑바닥 인물들이 보여주는 궁핍의 성향이 없다. 다케다는 연극과 영화 판본의

〈서푼짜리 오페라〉가 도쿄에서 상연되었음을 분명 잘 알고 있었을 테지만, 그의 〈일본서푼오페라〉는 이제까지 논의되었듯이 에로틱 그로테스크 넌센스에 위배되는 것을 주로 다룬다. 거기에도 물론 섹스가 있긴 하지만, 우리가 아사쿠사 에로티시즘에서 정의한 것과 같은 에로틱은 그들 삶의 일부가 아니었다. 합창단의 한 단원은 아사쿠사의 싸구려 바에서 일하는 요리사로 서른이 넘었음에도 여자 경험이 전혀 없다. 또 다른 주민들로는 요시와라 환락가의 포주들과 그들의 무료한 부인들도 있었다. 그들은 물질적으로나 감각적으로 궁핍해지지만, 내가 그로테스크라고 칭한 부랑자나 행상인이 공유한 정치적 행위들을 실행에 옮기지는 않았다. 다케다가 쓴 대사 중에 아파트의 밑바닥 주민들은 "공동생활을 위한 어떠한 훈련도 받지 않았다"는 말이 있다. 그들은 교대로 청소를 하지만 공동 주방과 공용 목욕탕의 때와 쓰레기들은 "그들이 마치 공동 공간을 최대한 더럽게 하려고 애쓰는 것처럼" 보이게 할 뿐이다(이러한 더러움은 브레히트 원작 〈서푼짜리 오페라〉에 등장하는 유머, 집단 리더십, 교활한 권모술수와는 거리가 멀었다). 아파트 주민들은 집세 지불을 거부하면서 자신들의 대표로 유창한 말솜씨를 지닌 영화 변사를 내세우지만, 뒤에서는 모두 월세 지불을 거부하기로 한 공동의 약속을 몰래 깨뜨림으로써 서로를 배신하는 짓을 저지른다.[25]

다케다의 기록 충동이 가장 가시적으로 드러나는 것은 영화 변사에 의한 정치적 조직화를 보여주는 대목이다. 유성 영화의 도래로 일자리를 잃게 된 변사는 앤드루 고든이 그 시대의 "쟁의 문화dispute culture"라고 부른 활동에 참여하기로 한다. 아사쿠사의 모든 영화관에 영향을 줄 수 있는 "총파업"을 경고하며 확산되었던 동조 파업을 다룬 다케다의 이 작품은 니카츠 영화사가 운영하던 극장들로까지 퍼져나간 아사쿠사 쇼치쿠 영화관 파업이 일어난 지 3개월 후에 발표되었다. 소설 속의 집세 거부 운동처럼, 이 소요도 (우익 폭력의 위협과 경찰의 '보호 감호'와 더불어) "흰 다비足袋를 신은 리더'"인 변사의 적극적인 결탁 덕에 진압되었다. 〈일본서푼오페라〉라는 패러디 같지만 패러디가 아닌 이 작품은 아이러니한 결말로 끝난다. 한 기자는 파업을 일으킨 리더가 실패의 책임을 졌다는 언론의 호평을 끌어내기 위해 '흰 다비의 리더'를 속여 자살한 척하게 꾸민다. 하지만 신문에는 칭찬하는 기사가 실리지 않았고 다케다는 다음과 같은 훈계로 이 이야기를 마무리한다. "누구도 알아주지 않는 승리의 길을 걸었던 흰 다비의 리더는 영원히 잠들 것이다."[26]

제목을 제외하면 다케다의 이야기에는 아차라카의 개념이 들어가 있지 않다. 하지만, 카지노 폴리에 스며 있는 넌센스한 문화를 여실히 나타내지 못한 것을 부분적으로 설명하는 매우 미묘하고도 (일부러 의도하지는 않은) 또 다른 패러디가 있다. 동료 노동자들에게 파업을 선동하는 과정에서 이 영화 변사는 "우리의 생명선을 지키기 위한" 전투에 참여하는 결의를 하자고 동료들에게 요구한다. 다케다는 1931년 국가의 키워드였던 생명선生命線이라는 말을 쓰고 있다. 그가 일본의 팽창주의 이념을 지지하는 용어를 쓴 것을 어떻게 해석할 수 있을까?(만주는 1931년, 1937년, 1941년에 대륙의 공식 생명선으로 규정되었다. 아마도 다케다는 문화적 영향력이 국외인 외지로 옮겨가기 시작함에 따라 전투가 사라진 것 같다는 사실을 주장하고 있던 것 같다).

---

* 다비는 일본의 전통 버선으로 엄지발가락과 검지발가락 사이가 갈라져 있다. 하얀색 다비는 주로 격식을 차린 복장을 할 때나 경조사가 있을 때 착용한다. 특히 일본 전통·예능인 노能나 가부키를 하는 사람이나 예인, 승려 등은 대부분의 경우 하얀색 다비를 신으며 이런 사람들을 총칭해 '흰 다비'라고 부르는 관습이 있다.

다케다는 이 새로운 전쟁 문화가 쟁의 문화와 아차라카식 수단을 통해 변형에 대한 근대적이고 진보적인 초점을 대체하기 시작했다고 보았다. 하지만 새로운 억압 세력이 나타났음에도 불구하고, 그와 다른 이들은 근대적인 것을 포기하지 않았다.[27]

1932년까지는 다케다가 동시대를 근대로 보는 것이 가능했다. 하지만 1939년 다카미 준이 『어떤 별 아래서』를 연재하기 시작했을 때는 더 이상 그럴 수 없었다. 이 소설 작품에서 근대적인 것은 계속해서 대륙으로 옮겨가고 있었고, 동시에 에로틱 그로테스크 넌센스의 터전이었던 아사쿠사 문화는 전쟁 문화로 활발히 변형되고 있었다. 소설 속에서 한 인물이 화자에게 좌파가 되려다 실패한 이들은 이제 전향자転向者(돌아선 사람)라고 불린다는 사실을 설명하는 대목에서 다카미 준은 독자에게 역사적 변천에 대한 자신의 의식을 알려주는 큰 단서를 준다. 다카미는 전향이라는 말을 반복하는데, 주로 새로운 대중의 요구에 맞추기 위해 만자이漫才 듀오로 짝을 맞출 수밖에 없게 된 아사쿠사 요세寄席 이야기꾼을 가리킬 때 썼다. 하지만 소설은 또한 근대 시기 아사쿠사 문화의 전향에 관한 것이기도 했다. 1930년대 중반 무렵에는 전향이라는 말이 일본의 언론에서 널리 사용되었다. 이 말은 공산당원들이 충성의 대상을 당에서 가족 국가 이념으로 '바꾸는' 것을 가리켰다. 다카미는 이웃의 활력이 점차 사라져가는 풍경을 보여줌으로써 일관된 유사함을 드러낸다. 작가는 "현실이 소설보다 더 이상하다고 그들은 말하는데 현실은 희극(만자이)보다도 더 이상할 수 있다"고 경고한다. 그러나 그의 소설과 희극은 너무나도 친숙해서 그의 소설이 자기 주변의 사람들과 풍습들을 기록하고 있다고 쉽사리 결론 내릴 수 있다. 그의 작품은 모던이라는 말이 1930년대의 말미에도 잊히지 않았음을 보여준다. 다카미는 게이샤 연회에서 자기에게 술을 따라줄 '미스 모던',

즉 무용수를 데려오라고 요구하는 한 취객을 언급하면서 이 말을 썼고, 한 사제의 집의 모던한 건축양식을 가리킬 때도 썼다.[28]

그러나 다카미 소설의 배경을 가장 친숙하게 만드는 것은 그가 모던과 관련된 친숙한 명소들을 인용하면서 아사쿠사를 그려나가는 방식이다. 예를 들어 소설 속에서 카지노 폴리는 너무 오랫동안 방치되어 있어서 늦은 밤 댄서들의 신발이 바닥을 두드리는 소리가 들린다는 괴담이 돌았다. 이야기는 2류 배우들, 늙어가는 댄서들, 그들에게 음식과 술을 가져다주는 사람들과 저렴하고 기묘한 스릴을 찾아서 온 관음증적 지식인들이 특징인 1939년의 레뷰 문화를 중심으로 서술된다. 한 인물이 다른 이에게 "이봐, 그 아무개는 아직 안 죽었나?"라고 소리치는 대목은 다카미가 음식점에 붙어 있는 작은 공간에서 리허설을 하던 이들의 일상적인 상호작용을 잘 알고 있었음을 분명히 보여준다. 음식의 에로틱화는 가와바타의 소설에서만큼이나 여기에서도 상존한다. 예를 들어 작가는 저렴한 '비프 스테이크' 조리법을 애정을 담아 소설 속에 넣고, 그러한 식당을 배경으로 소설을 쓸 때를 대비해 그의 변사-주인공이 오코노미야키 식당에서 메뉴에 적힌 음식들을 간단히 적기 시작하는 부분에서는 곧 와지로에 필적할 만한 기록 충동을 보여준다.[29]

할리우드 판타지 역시 1930년대 후반기까지 계속되었다. 젊은 댄서들은 분장실에 외국 남녀배우들과 스타들의 사진을 붙여놓았고, 할리우드의 몸동작 역시 그들에게 영향을 미쳤다. 소설의 화자는 만약 자신이나 전처의 새 남편이 외국에서 태어났더라면 외국 영화에서처럼 마주쳤을 때 서로 포옹했을 것이라고 추측한다. 또한 화자가 똑같은 영화를 두 번이나 보러 가는 대목에서는 계급과 영화관람 문화의 깊은 관계가 분명해진다. 그 영화는 가난한 지역 출신으로서 천재적인 바느질 솜씨로 미디어의 주목을 받고 그 사연이 영화로 옮겨지기 전에 연극무대에서 상연되는 어느 소녀에 관한 이야기다. 한 장면에서 양철공인 소녀의 아버지는 설날 전날 밤 집으로 돌아온다. 사장한테서 아직 돈을 받지 못했으므로 그에게는 설 명절을 쉴 돈이 없다. 아버지의 반응은 방안에서 미친 듯이 팔을 휘두르는 것이었다. 화자가 이 영화를 처음 보았을 때, 마루노우치 극장에서 (고토구의 공동주택을 한 번도 본적이 없었던) 부유한 관객들이 보인 반응은 폭소였다. 그들은 이 몸짓들을 슬랩스틱으로, 말하자면 넌센스로 보았던 것이다. 반면 아사쿠사 극장에서 이 장면에 대한 반응은 바로 침묵과 눈물이었다.[30]

다카미의 소설에서 넌센스는 한자로 된 무대명을 선택한 보드빌 배우 주인공에 의해 전형적으로 표현된다. 음역하면 그 이름은 빙 크로스비Bing Crosby로 읽히는데, 독자(와 소설 속 아사쿠사의 관객)는 코드전환만 하면 되었다. 다카미의 소설에서 빙 크로스비는 기타를 휘두르는 '우스꽝스러운 4인조'의 한 멤버이지만, 유일하게 그의 이름만 유머를 보여줄 뿐이다. 이 책에서는 '저곳 바깥'에서 들어온 움직임과 물건들에 기초한 토착 모던 문화가 더 이상 창출되지 않고, 아차라카의 넌센스한 아이러니와 패러디도 없다. 오히려, 근대적인 것이 본토에서는 전쟁과 제국을 긍정하는 일련의 책략에 의해 밀려나는 동시에 사실상 대륙으로 이식되고 있었다. 다양한 이해타산에 따른 대륙으로의 이동은 당연하게 여겨졌다. 화자의 전처인 전직 여배우는 바에서 일하기 위해 상하이에 가고, 한 댄서는 아버지와 함께 만주로 옮겨간다. 작가단이 중국에 파병된 군대에 배속되고, 레뷰 댄서들은 중국으로 보내는 '위문단'에 들어갔다. 국가의 작전을 위해 복무하는 작가단에 들어갈 것인지 말 것인지 고민하는 사이에 화자에게는 개인적인 이해와 국가의 이해가 모호해진다. 그의 생각으로는 팽창주의 작전은 분명히 젠더화되어 있다. 만약 그가 군대에 간다면 그는 분명 새로운 (남성적) 강인함을 얻을 수 있을 것이다. 하지만 루거우차오사건이 "독자들의 영혼을 즐겁게 할" 소설을 쓸 수 있기 위해 전선으로 가고 싶다는 욕망을 불러일으킴에도 그는 여전히 주저하는데, 그 이유는 그가 이 여행을 관음증적 관광으로도 보고 있기 때문이다.[31]

다카미의 이중적인 태도는 여러 장면에서 등장한다. 널리 사용되는 국가의 완곡어법을 쓰면서 자신이 만자이꾼이 되기 위한 전향을 하느라 바쁘다고 말하는 한 코미디언이 소설의 화자에게 '현 상황'을 결정적으로 반영할 무대명을 생각해달라고 부탁한다. 그는 자신이 막 접했던, 구니오 마모루 같은 이름을 원한다. 구니오 마모루는 "나라를 지킨다國を守る*"는 뜻의 말장난이자 국가의 슬로건을 패러디(또는 지지, 아니면 둘 다?)한 이름이다. 마지막으로 이 소설은 징집된 일군의 사람들이 지역의 신사에 참배를 하도록 이끌려가는 장면의 리얼리즘으로 끝난다. 이들은 주민연합의 멤버들과 동행하는데, 모두 '애국 행진' 소리에 맞춰 움직였다. 소설의 주인공과 달리 다카미 준은 전향을 하게 되었다. 『어떤 별 아래서』가 책으로 출간되고 1년이 지난 1941년, 그는 정보부대의 일원으로 군대에 징집되었다. 그리고 1942년 부대와 함께 미얀마의 랑군Rangoon에 입성했다. 그러나 나는 그가 모던한 것을 놓고 싶어하지 않았다는 점에 흥미가 있다.[32]

1939년 아사쿠사 연예인들의 넌센스에 대해 언급하면서 다카미는 자신이 모던한 것을 놓기를 거부했다고 설명한다. 그의 이야기는 기록 충동을 보여주는데, 다카미의 소설 속의 넌센스 배우들에게는 아키레타 보이즈라는 실제 맞수가 있었다고 설명한다. 밀스 브라더스Mills Brothers**에게

---

*   이를 일본어 그대로 읽으면 '구니오 마모루'가 된다.

영감을 받았다고 전해지는 이 4인조 그룹은 보야 사부로坊屋三郎, 가와다 하루히사川田晴久, 시바 리에芝利英(프랑스 가수 모리스 슈발리에의 이름에서 따온 말장난), 마스다 키톤益田喜頓(버스터 키튼에서 따온 이름)으로 구성되었으며 1937년 9월 데뷔했다. 일본인 관객들의 흥미를 끌었던 것은 오래된 노래에 가사를 바꿔 부르는 '가에우타替歌'로, 최근 벌어진 사건들을 조롱하는 것이었다. 그들이 부른 《다이나 광상곡》에서 의미심장한 "다이나, 다이나, 난다이나Dinah, Dinah, Whatever Is It?", 뽀빠이 흉내, 하와이 노래, 월트 디즈니 동물 캐릭터들이 무대에서 싸우는 모습으로 나타난 엉뚱한 코드전환에 근거한 넌센스는 그것을 보고 즐거워하는 관객에게는 친숙하기도 하고 새롭기도 한 것이었다. 아키레타 보이즈의 넌센스는 큰 인기를 얻으며 라디오와 음반을 통해 아사쿠사를 넘어 온 나라에 전파되었다. 무대명에 '보이즈'를 넣은 아류 그룹들의 수만 보아도 그들의 인기를 가늠할 수 있었다. 이 넌센스는 당국이 유머를 저항으로 간주하기 시작한 태평양 전쟁까지 지속되었다. 이 가수들은 아키레타의 뜻이 "제멋대로"이며 보이즈는 영어이기 때문에 잘되지 않을 것이라는 이야기를 들었다. 그 결과, 아키레타 보이즈는 '신흥쾌속부대新興快速舞隊'로 이름을 바꾸었다. 그것은 마치 1937년 11월 11일 다카라즈카 소녀가극단이 '난징폭격대南京爆擊隊'라는 이름으로 군 레뷰를 광고했던 것처럼 당국의 용어로 코드전환한 것이었다. '난징폭격대'는 자신들의 레뷰 광고에서 해군복 차림의 남자처럼 옷을 입고 한 사람은 국내 전선의 어머니로서, 또 한 사람은 폭격기 조종사로 분해 "상하이 전선의 위대한 승리! 만세! 만세!"를 외치면서 신문의 독자들에게 난징을 폭격한 용맹한 "갈매기"들을 잊지 말라고 충고했다.[33]

**   재즈 보컬을 개척하며 활동한 미국의 흑인그룹.

모던을 내려놓다 — 남겨진 찰리

많은 코미디언과 예술가와 작가들이 '위문 임무'를 띠고 대륙을 여행했다는 것은 잘 알려진 사실이다. (비평가 이와사키 아키라가 "커다란 궁둥이를 흔들어대는 연예인"이라 업신여겼던) 야나기야 긴고로柳家金語楼,* 만자이 콤비인 엔타츠와 아챠코 등의 예능인들에게는 두 가지 임무가 주어졌다. 우선은 부대를 돌아다니며 위문을 하는 것이었고, 본토에 돌아와서는 관객들에게 그 결과를 보고하는 것이었다. 이러한 일련의 과정들과 근대 시기 일본 대중문화를 다루는 나의 논의의 범주를 넘어서는 많은 것들이 있기 때문에, 일본의 팽창에 대한 지속적인 항의나 대규모 저항을 묘사하거나 공연의 넌센스들이 1930년대 후반 강화되는 국가 통제에 저항했다고 단정 짓는 것은 지적으로 정직하지 못하고 역사적으로도 현명하지 못할 것이다. 더구나 곤다 야스노스케, 곤 와지로, 하야시 후미코, 이와사키 아키라를 비롯해 필자가 이제까지 존중해왔던 일본 근대기의 이른바 민족지 학자들 대부분이 어떻게 해서 1930년대 후반 국가 정책을 받아들인 것처럼 보였는지에 대한 진지한 연구가 여전히 (그 어느 때보다 더) 필요하다. 이들 지식인의 전향과 그들의 대중문화에 관한 연구에 몰두하는 것은 일본 근대 대중문화의 몽타주를 만들어보려는 나의 시도 범위를 벗어난다. 내 연구의 단편들이 일본 근대문화는 너무 피상적이어서 쉽게 폐기되었다는 주장들에 반박할 수 있는 충분한 증거를 제공했기를 진심으로 희망한다.

---

* 1901~1971. 희극배우, 라쿠고가, 라쿠고 작가 · 각본가, 발명가, 도예가. 에노켄, 로파와 나란히 3대 희극인으로 알려져 있다.

한 가지 해석을 제안하려 한다. 1939년 무렵 일본 근대문화의 여러 분야에서 많은 이들이 모던을 포기할 수 없었던 반면, 국수주의, 군국주의, 팽창주의 이념까지는 아니더라도 천황제는 분명 성공을 거두었다는 점이다. 1939년에 발간된『일본 문화영화 연감: 쇼와15년판日本文化映画年鑑: 昭和15年版』은 근대가 일본의 일상 경험에 대한 당국의 견해와는 공존할 수 없음을 분명히 보여준다. 연감에 실려 있는 간략한 안내문은 비역사적 국가의 의미national definition를 제멋대로 표현한다. 스모는 "아득히 먼 옛날 '신들의 시대'에 시작된 것"으로 표현되었고, 「야구를 말하다野球を説く」라는 제목의 구절에서는 잠재 관객에게 "야구는 국가적 스포츠로 발전했고 나아가 일본식 야구가 되었다. …… 오늘날에는 국체를 단련할 필요가 있을 때마다 야구의 진정한 참된 가치를 점점 더 보여주어야 한다"고 말하고 있다. 모던한 것에 관한 모든 관념들은 그 에로틱 그로테스크 넌센스의 함의를 잃게 되었다. 연감에서 모던은 전장의 우편제도, (우수한) 일본도日本刀의 '근대 과학', 독일 도시들의 '근대문화'를 언급할 때처럼 효율성을 함축하고 있는 근대적이라는 일본식 용어로 축소되었다. 미국인의 삶을 다룬 유일한 영화는 옐로우스톤 국립공원을 다룬 다큐멘터리 한 편뿐이었다. 이제 일본에서 구미歐美의 경험은 독일철도관광국이 제작한 나치의 도시 생활에 관한 영화 〈아름다운 독일〉에서와 같이 나치 독일의 모습만 그려지게 되었다. 나치가 제작한 또 다른 다큐멘터리인 〈슈발름에서의 결혼〉은 독일 시골에서의 결혼 풍속을 일본의 결혼 전통에 비유했다(결혼식은 '농촌 생활의 절정'이다). 〈독일 국민들의 위대한 전진〉이라는 독일 다큐멘터리에는 히틀러의 연설을 포함한 1936년 뉘른베르크 나치 전당대회 장면이 담겨 있는 것으로 전해진다.[34]

이 연감에서, 일본인이 아닌 아시아인들은 모호한 태도로 다루어졌다.

〈류큐의 풍물琉球の風物〉이라는 영화에 대한 해설은 류큐인들을 "풍부한 민속 예술"을 지닌 국민으로 다루면서 식민이라는 주제를 피해갔다. 류큐 문화는 로컬칼라(실제로 '로카루 카라*'라고 쓰여 있다)로 낭만화 되었지만, 〈류큐의 풍물〉이라는 영화제목이 보여주듯이 자연과 물질문화의 측면에서만 다루어졌다. 곧 와지로와 다른 이들이 근대 시기의 키워드로 썼던 풍속이라는 용어는 물질문화와 풍경을 아우르는 풍물風物로 대체되었다. '정신생활' 탐구를 표방하는 한 영화에 제시되어 있듯이, 류큐의 특수성은 섹슈얼리티가 아니라 '건축, 조각, 음악, 춤, 공예' 등에서 찾을 수 있었다.[35]

만철영화제작소가 제작한 〈만철30년滿鉄三十年〉에 대해서는 이 철도회사의 역사를 일본 민족의 개척 활동의 역사이자 대륙에 조성한 문화의 역사로 설명하고 있다. 현재는 중국과 일본 사이의 이념적 차이를 없앨 새로운 시대의 시작이었다(이는 〈아시아의 폭풍〉이 아니었다). 〈만주의 풍물〉을 광고하는 안내문은 이 영화가 만주침공으로부터 10년이 지난 후 일본인의 일상생활과 만주인의 일상생활 사이에 어떠한 구별을 두고 있는지에 관해서는 독자에게 알리지 않았다.[36]

그러므로 일본에서 모던이라는 말은 더 이상 쓰이지 않았다. 그리고 생활이라는 개념은 일본 바깥에 있는 이들의 일상생활을 가리키는 것으로 격하되었다. 이를테면 (20세기 폭스사의 원작 〈어두운 황홀〉의 제목을 고친) 영화 〈다크 콩고ダーク コンゴ〉에서 다뤄진 '토인土人'이나 1933년 출판된 가족 잡지 《킹》에서 채플린의 '아프리카' 방문을 지켜보는 도롱이 치마 차림의 입술이 큰 만화 캐릭터를 예로 들 수 있다. 『일본 문화영화 연감』은 〈다크 콩고〉가 2미터가 넘는 거대한 여자의 성생활을 비롯해 토인들의 원시

---

*   local color의 일본식 발음.

적이고 기묘한 풍습들을 다루고 있다고 설명했다. 이 선정적인 텍스트에는 의례에 따라 상처가 생긴 한 어린 소년의 클로즈업된 얼굴 이미지 삽화가 곁들여졌다. 소년의 머리는 카메라에 착 붙어 있었다. 이 영화는 이전의 '정글 영화들'과는 다른 방식으로 동물을 다루는 모습뿐만 아니라 극도로 '자연스러운 토인들의 생활'을 보여주었다는 측면에서 찬사를 받았다. 그들의 '성적 특수성'에 대한 초점은 이러한 '문화 영화'가 1929년 6월과 7월 《키네마준포》에서 매우 광범위하게 광고된 〈정글〉 같은 이전의 할리우드 영화들과 어떻게 다른지 궁금하게 만들었다.[37]

　서구의 인종차별적 계급을 간접적으로 되풀이한 문화영화연감의 인종차별주의는 우리의 목적상, '대중들의' 투표를 통해 인기 문화영화 10선을 뽑는 문부성의 콘테스트와 같은 정부 프로그램들은 사실상 대중들을 끌어들이지 못한다는 이지마 다다시의 우려만큼 중요하지 않다. 1943년 경, 그는 극도로 낮은 수치에 대해 "보통은 문화영화가 재미없다고들 한다"고 설명하고 있다. 그는 또한 스타 시스템의 위력을 한탄했다. 관객은 영화 속 인간에게 끌리게 마련인데, 그 인물에게는 역할뿐 아니라 생활이 있었다. 영화 관람객은 자기가 살고 있는 세계와는 아주 동떨어진 세계, 또는 그리 다르지 않더라도 자신의 생활과 비교할 수 있는 생활에 대한 호기심에 사로잡혀 있음을 그도 인정했다. 이지마 다다시는 일본 관객이 알아볼 수 있는 영화 스타 혹은 문화 영화에서는 찾아볼 수 없는 판타지의 영역에서 만날 수 있는 매력적인 인물들을 보는 것을 즐길 필요가 있다고 말하고 있는 것 같다. 관객이 동일시하며 삶이 더 풍요로워질 수 있다고 느꼈기 때문에 영화는 오락처럼 즐거운 것으로 경험되었다(비일본적 생활이 일본의 생활과 질적으로 다르다고 생각되지 않았기 때문에 그러한 생각은 일본 근대 시기의 미사여구와 일치했다). 대동아전쟁이 사람들을 자극하고 있던 이

중대한 시기에 이지마는 왜 관객들이 이상적인 **생활**을 상상할 필요가 있었는지 묻지 않았다.[38]

　이지마가 문화 영화에 대한 대중들의 무관심을 염려한 것은 곧 일본 근대문화의 영향력을 두고 한 말이다. 이 책에 언급된 블루스 가수 아와야 노리코의 경우는 자신의 생각을 바꾸지 않아 체제에 의해 억압받은 예술가의 한 예이다. 전시 체제 아래서 활동했으므로 전시의 규제를 받게 되어 있었지만 그녀는 에로틱에 반대하는 국가의 경고를 무시했다. 일본의 다른 여성들 또한 근대 여성들의 모습을 다시 설정한 국가의 뜻에 따라 파마머리와 화장을 포기하기를 거부했는데, 아와야 노리코의 경우에는 이러한 거부가 극단적이었다. 그녀는 부대에서 (감시되는 공연에서) 블루스를 부를 때면 군모를 착용했다. 하지만 정부가 "사치는 적"이라고 계속 선언하자 그녀는 자신의 여성적 페르소나를 더욱 강하게 강조했다. 아와야 노리코는 회고록에서 전쟁이 자기들 뜻대로 되지 않자 군인들이 히스테릭해졌으며, 여성들의 화려한 옷이 마치 자신들의 패배의 원인이라도 되는 듯이 행동했다고 회상한다. 그녀는 지나치게 붉은 매니큐어, 국민 정서에 반하는 '하이힐', 에로틱한 검은 드레스 때문에 공격의 대상이 되었다. 주로 농촌 여성들이 입는 헐렁한 면바지인 몬뻬もん〈를 전시 복장으로 입은 여성들 또한 아와야 노리코를 공격하는 데 가담했지만 그녀는 이에 굴하지 않고 오히려 눈썹을 더 길고 가늘게 칠하고 더 짙은 립스틱을 발랐다. 그리고 그녀 앞으로 사치를 비난하는 전단을 계속해서 보낸 많은 여성들 중 한 사람에게 "이것은 사치가 아니라, 전쟁에 대한 내 나름의 대비"라고 설명했다. 에로틱을 찬미함으로써 (또한 정부 당국이 규정한 공적인 행위를 받아들이길 거부함으로써) 근대 시기를 전쟁 시기로까지 확장하려는 아와야 노리코의 의지는 천황제에 대한 일종의 저항이었다.[39]

체제에 대한 집착과 (천황제) 이념에 대한 실제적인 믿음 사이의 차이를 보여주는 두 번째 예는 찰리 채플린과 관련이 있다(모든 형태의 미국 문화가 금지된 후로도 오랫동안 채플린은 평가의 기준으로 남아 있었다). 진주만 공습 이후, 이지마 다다시는 기술을 비난하면서 채플린을 언급했다. "기계를 만드는 인류는 기계에 이용당하고 싶어하지 않는다. 하지만 사람이 기계에 의해 이용당하는 경우가 없다고 할 수는 없다. 예를 들어, 채플린의 〈모던 타임스〉에서 분명하게 드러나듯이, 이렇게 기계화된 인간의 희비극이 자주 보인다. 그러한 현상은 기계 문명의 숭배와 관련이 있고, 그 원인이 되고 있다." '근대의 초극' 논쟁에서 문학 평론가 가와카미 데쓰타로河上徹太郎는 기계 문명에 대해 논의하는 한편, 자신의 입장을 매우 분명히 밝혔다. "우리에게 기계에 맞서 싸우는 채플린과 돈키호테만 있다면 그것으로 충분하다." 룸펜의 계급 동질성은 사라졌지만, 채플린은 근대 기술과 더불어 여전히 일본의 문화 의식의 환영받는 한 부분이었다. 작가 다키자와 오사무滝沢修에 따르면 사이토 도라지로斎藤寅次郎[*]가 엄격한 태평양 전쟁 지침 아래서 만든 한 일본 영화에 자동 초밥제조기가 미친 듯이 돌아가는 장면이 담겨 있는 것으로 보아 아차라카 문화 역시 완전히 사라진 것은 아니었다. 조그마한 룸펜의 이 음식 기계는 여전히 집합적 기억 속에 남아 있었다.[40]

나는 일본의 모던 타임스가 진주만 공습과 함께 끝났는지에 대해서는 애매한 점이 있다고 생각한다. 태평양 전쟁 이후의 일본에서 모던 타임스를 다시 끄집어낼 수 있을까? 나는 중단된 지점을 집어내기 위해 연속성을 그리는 것은 너무나도 안일한 일이라고 생각한다. 물론 이것은 내 나

----

[*]   1905~1982. 영화감독. 희극영화를 매우 잘 찍어서, 종종 희극의 신이라고 불린다.

름대로의 역사 이해에 가깝다. 일반적으로 서구에서는 부기우기와 같은 서구의 대중문화가 미군의 점령과 함께 일본에 유입되었다고 추정하기 때문이다. 하지만 나의 견해 또한 틀릴 소지가 있다. 전후 시대의 빈곤은 부랑과 노숙의 그로테스크함을 불러일으켰으며, (린다 윌리엄스와 같은 이들은 포르노그래피라고 불렀음에도) 에로티시즘은 전후 영화 관람에서 두드러졌지만, 아차라카의 넌센스는 더 이상 존재하지 않게 되었기 때문이다. 겉으로 보기에 자신만만해 보이는 아차라카 창작물들은 일본이 제국이었다는 사실과 일본인을 원시인, 즉 미개인으로 보이게 만드는 구미의 표현을 비롯해 서구 문화에 대한 강박을 전제로 하고 있다. 이제, 제국은 사라졌으며 더 이상 '저곳'으로부터 자유롭게 들어올 수 있는 대중문화는 없었다. 이제 '저곳'에서 온 점령군은 일본 내의 문화를 감독하고 있었다. 다시 말해, 근대 시기 이후 문화 안에서 그리고 문화들 사이에 권력은 새롭게 배치되었다. 그러나 이는 또 다른 시대의 이야기이다.

주석

1 伊丹万作, 「新時代映画に関する考察(새 시대 영화에 관한 고찰)」, 『伊丹万作全集(이 타미 만사쿠 전집)』(筑摩書房, 1961), 1:5-16쪽(원전은 《映画科学研究(영화과학연 구)》 1931년 4월). 이타미 만사쿠는 《영화과학연구》의 편집자가 붙인 "새 시대 영 화에 대한 고찰"이라는 이 제목에 구문상의 복잡함이 있어 '새 시대의 영화'로 읽힐 수도 있음을 인식했다.

2 山田清三郎 편, 『マルクス主義文芸尖鋭語辞典(마르크스주의 문예 첨예어 사전)』(白 揚社, 1932), 160-61쪽.

3 Hayden White, Metahistory: The Historical Imagination in Nineteenth Century Europe(Baltimore: Johns Hopkins, 1973). Linda Hutcheon, Irony's Edge: The Theory and Politics of Irony(New York: Routledge, 1995), 2쪽, 12쪽, 17쪽, 89쪽.

4 サトウハチロー, 「浅草ナンセンス(아사쿠사 넌센스)」, 「警視総監に与ふるの書(경 시총감에게 드리는 글)」, 『浅草(아사쿠사)』(이후 SH로 인용; 素人社, 1932), 49-79 쪽, 265-84쪽. 사토 하치로는 사회국의 구사마 야소오조차도 미네라는 불량소녀의 행위를 전혀 모르고 있었다고 주장했다. 그녀는 극장 밖에서 우산을 든 채 남자들 을 에스코트할 준비를 하고 기다리는 방법을 생각해냈다.

5 Hutcheon, Irony's Edge, 61-63쪽.

6 나는 앞서 보여준 영화 잡지의 독자들이 요구한 시각적 행위들을 가리키기 위해 코 드-전환(code-switching)이라는 용어를 사용한 바 있다. 여기에서는 언어학자들의 최근의 명확한 표현을 참조한다. Lesley Milroy and Pieter Muysken, "Introduction: Code-switching and Bilingualism Research," citing John Gumperz, in One Speaker, Milroy and Muysken 편, Two Languages: Cross-Disciplinary Perspectives on Code-Switching(Cambridge: Cambridge University Press, 1995), 9-10쪽을 보라. 피에르 부르디외와 모니카 헬러는 상징자본(symbolic capital)과 상징시장(symbolic marketplaces)이라는 용어를 빌려온다. 발화경제(speech economies)와 언어적 레퍼토리(verbal repertoires)는 검퍼즈의 Discourse Strategies(Cambridge: Cambridge University Press, 1982)에서 가져온 용어이다. 부르디외와 검퍼즈에 대한 헬러의 논의는 Heller, "Code-Switching and the

Politics of Language", Milroy and Muysken 편, One Speaker, Two Languages, 158-74쪽을 보라.

7   Linda Hutcheon, A Theory of Parody: The Teaching of Twentieth-Century Art Forms(Newyork: Methuen, 1985), 37쪽. 이 인용은 Gilles Delueze, Difference et Repetition(Paris: Presses Universitaires de France, 1968)에서 가져온 것이다. 허천은 수전 스튜어트의 정의도 인용한다. "귀결되는 텍스트가 차용된 텍스트와 전도된, 혹은 부조화스러운 관계를 갖게 하는 방식으로 주어진 텍스트의 차원 안에서 요소들을 대체함."

8   대표적인 개괄로는 内山惣十郎,『浅草オペラの生活 : 明治·大正から昭和への日本歌劇の歩み(아사쿠사 오페라의 생활: 메이지·다이쇼기에서 쇼와까지 일본가극의 행보)』(雄山閣, 1967), 145-49쪽을 보라. 가와바타 야스나리의 작품에 주로 기대고 있는 영문 개괄로는 Seidensticker, Tokyo Rising, 74-87쪽을 보라. 카지노 폴리의 설립과 관해서는 雜喉潤,『浅草六区はいつもモダンだった(아사쿠사 6구는 언제나 모던했다)』(朝日新聞社, 1984), 132-41쪽을 보라.

9   玉川信明,『僕は』, 227-28쪽; 牛島秀彦,『もう一つの昭和史 4: 浅草の灯火エノケン (또 하나의 쇼와사 4: 아사쿠사의 등불 에노켄)』(毎日新聞社, 1979), 97쪽.

10 榎本健一,『喜劇放談エノケンの青春(희극방담 에노켄의 청춘)』(明玄書房, 1956), 190쪽. 에노모토는 도쿄의 부유한 지역에 있는 쌀 과자 상인 가문 출신이었다.

11 카지노 폴리보다 반년 전에 개관한 덴키 레뷰도 유사한 유머와 장르의 합성을 활용했다. 우시지마는 인치키(phony)라는 말이 관객들에 대한 무시를 표현한다고 말했다(『浅草の灯火エノケン』, 97쪽). 추신구라에서 이야기되는 사건은 18세기 초반 중세 질서에 도전하고 그것을 대체한 사무라이 도덕률을 지닌 주인공들에 관한 것이었다. 이 사건은 그들을 실제로 처형한지 몇 주 만에 다양한 극과 문학 형식으로 찬미되었다. 이에 관한 더 상세하고 역사적인 독해는 Samuel Hideo Yamashita, Reading, Contesting and Consuming 'Revenge' in the Debate on the Ako Ronin Affir 참조.(이 글은 1993년 5월 University of California, Los Angeles에서 열린 "Cultural Constructs, Social Representations in Japan" 컨퍼런스에서 발표되었다).

12 이 논의는 (기모노의 소매 보호용으로) 블루머를 활용하는 것에 관한 논의와 같이 검열이 존재함을 전제로 한 것이었다. 비록 여배우가 그것들을 무대 위에서 벗을 수는 없었다고 해도, 검열 규칙 때문에 그녀가 그것들을 주인공(야스베이)에게 빌

려주지 못하지는 않았다. 그녀는 블루머 쇼핑을 끝내고 집으로 돌아갈 수 있었고, 따라서 새 옷을 우리의 주인공에게 넘겨준 것이다. 사토와 에노모토는 작곡가이자 인형춤 극단의 리더인 야나기다 테이이치와 함께 일하게 되었다.

13 하라 겐타로 또한 코미디언 후루카와 로파를 인용한다. 그는 1933년 혹은 1934년 자신이 속한 '웃음의 왕국(笑いの王国)'의 포스터 광고에서 아차라카라는 말을 처음으로 사용했다. 로파는 이 용어가 1933년 이전에 아사쿠사 지역에서 통용되었으며, 본래 해외에서 오거나 돌아온 사람이나 물건을 가리키는 것이었음을 확인시켜준다. 어느 순간 이 용어는 슬랩스틱의 의미를 지니고 외국과 관련한 함축된 의미를 잃어버린다. 내 생각은 두 가지가 모두 얽혀 있다고 본다. 내 견해는 "아차라카를 코미디의 특징이나 방식으로 보아서는 안 되며, 매일 마주하는 일상의 사물들과 기성세력에 맞서는 저항정신으로 보아야 한다"는 하라의 주장에 거의 가깝다[原健太郎, 『東京喜劇: あちゃらかの歷史(도쿄희극: 아차라카의 역사)』(NTT出版, 1994), 211-14쪽].

14 二葉亭四迷, Marleigh Grayer Ryan 역, 『'浮雲'の二葉亭四迷('뜬구름'의 후타바테 시메이)』,(New York: Columbia University Press, 1967).

15 에노켄이 자신을 에로켄이라 부른 경찰관과 싸움을 벌인 이야기와 관련해서는 牛島秀彦, 『もう一つの昭和史 4: 浅草の灯火エノケン』을 보라. 内山惣十郎, 『浅草オペラの生活 : 明治・大正から昭和への日本歌劇の歩み』, 139-40쪽. 原健太郎, 『東京喜劇: あちゃらかの歷史』, 98-100쪽. 3장은 아사쿠사 레뷰를 대지진 전후의 극장의 맥락에서 파악하는 굉장히 흥미로운 역사를 보여준다.

16 신부, 스피드, 역사와 관련한 개그들에 관해서는 原健太郎, 『東京喜劇: あちゃらかの歷史』, 126쪽을 보라. 가부키 패러디와 관련해서는 牛島秀彦, 『もう一つの昭和史 4: 浅草の灯火エノケン』, 116쪽을 보라.

17 原健太郎, 『東京喜劇: あちゃらかの歷史』, 128쪽.

18 島村竜造, 「ルンペン社会学(룸펜 사회학)」, カジノフォーリー文芸部 편, 『カジノフォーリーレビュー脚本集(카지노 폴리 레뷰 각본집)』(内外社, 1931), 2쪽. 한 평坪은 대략 36평방피트 정도였다.

19 島村竜造, 「ルンペン社会学」, 8쪽, 9쪽, 14쪽, 15쪽, 17쪽, 19쪽, 20-21쪽.

20 島村竜造, 「ルンペン社会学」, 27-28쪽.

21 島村竜造, 「ルンペン社会学」, 25쪽, 31-35쪽. 橋本八百二, 「ルンペンに恵む春(룸펜

에게 은혜로운 봄)」,《週刊朝日》, 1931년 4월 26일자.

22 Mezhrabpom(아시아의 폭풍), 프세볼로트 푸돕킨 연출(USSR, 1928).

23 仲沢清太郎, 「混戦'アジアの嵐'(혼전 '아시아의 폭풍')」(이하 NS), 『カジノフォー リーレビュー脚本集』, 155-212쪽. 「ルンペン社会学」처럼 이 대본은 카지노 폴리 대본 선집에 대한 소개문이 쓰인 1931년 6월 이전에 쓰인 것이 틀림없다.

24 武田麟太郎, 「三文オペラ(서푼오페라)」, 『武田麟太郎全集第1巻(다케다 린타로 전 집 제1권)』(新潮社, 1977), 142-58쪽(원전은 1932년 6월《中央公論》에 실렸다). 高 見順, 「如何なる星の下に(어떤 별 아래서)」, 『新潮日本文学 32(신초일본문학 3 2)』(新潮社, 1970), 5-118쪽(본래 1939년 1월부터 1940년 3월까지《文芸》에 연재되 었다).

25 다케다 린타로는 이야기의 서막에서 '근대의 도시 풍경'을 언급한다(「三文オペラ」, 142쪽, 145쪽).

26 Gordon, Labor and Imperial Democracy. 武田麟太郎, 「三文オペラ」, 154-58쪽. 다 케다는 도쿠나가 스나오가 1926년 공동인쇄업자들의 파업에 관한 「太陽のない町 (태양 없는 거리)」에서 쓴 다큐멘터리 몽타주 접근법을 쓰지는 않았다. 하지만 다 케다의 작품이 노동쟁의를 기록한 소설임은 분명하다.

27 武田麟太郎, 「三文オペラ」, 154쪽. 남양 군도는 하나의 독립된 생명선을 구성했다. 榊原昭二, 『昭和語: 60年世相史(쇼와어: 60년 세상사)』(朝日新聞社, 1986), 28쪽 참조.

28 이 두 명의 코미디언들은 1939년 9월 아사쿠사 커피숍에서 이웃과 그들 사업의 운 명에 관한 대화를 나누며 실화소설 속의 인물들에 공감했다. 雑喉潤, 『浅草六区は いつもモダンだった(아사쿠사 6구는 언제나 모던했다)』, 180-84쪽. 다카미가 현 실, 허구, 희극(만자이) 사이의 관계를 형성하는 것과 관련해서는 高見順, 「如何な る星の下に」, 69쪽을 보라. 高見順, 「如何なる星の下に」, 100-104쪽.

29 高見順, 「如何なる星の下に」, 19쪽. 노동계급 음식을 이렇게 참조하는 것은《영화 의 벗》에서의 "오코노미야키식 자유주의"라는 용어의 활용과 아이러니한 대조를 이룬다.

30 高見順, 「如何なる星の下に」, 56쪽.

31 高見順, 「如何なる星の下に」, 42쪽, 25-26쪽, 29쪽.

32 高見順, 「如何なる星の下に」, 31쪽, 69-70쪽, 80쪽, 118쪽. 다카미가 이름을 통해 패 러디한 것들은 80쪽을 보라.

33 原健太郎, 『東京喜劇: あちゃらかの歷史(도쿄희극: 아차라카의 역사)』, 307-12쪽. 《東京朝日新聞》, 1937년 11월 11일자.

34 文化日本社 편, 『日本文化映画年鑑: 昭和15年版(일본 문화영화 연감: 쇼와15년판)』 (文化日本社, 1941). 1939년의 영화법은 드라마나 뉴스 영화가 아닌 모든 영화를 가리켜 문화 영화라는 용어를 사용했다. '메이지 문화 영화 프로덕션 및 배급사'들을 광고하는 지면에서 분명히 볼 수 있듯이 국가의 규제위원들은 민간 제작자나 배급업자들과 협업했다. 국가는 문화라는 단어를 전용하면서 그 의미를 강요했겠지만, 문화 영화는 여전히 커다란 사업이었다. 「相撲基本体操(스모 기본체조)」와 「野球を説く(야구 설명)」, 『日本文化映画年鑑: 昭和15年版』, 235쪽을 보라. 『日本文化映画年鑑: 昭和15年版』, 179쪽, 220쪽, 257쪽, 268쪽. 엘로우스톤 국립공원을 다룬 다큐멘터리는 'Ford Culture Film Company'에서 만들었다. 〈美しきドイツ(아름다운 독일)〉과 관련해서는 『日本文化映画年鑑: 昭和15年版』, 257쪽을 보라. 〈シュウールムノ結婚(슈발름의 결혼)〉과 관련해서는 『日本文化映画年鑑: 昭和15年版』, 258쪽을 보라.

35 「琉球の民芸(류큐의 민예)」와 「琉球の風物(류큐의 풍물)」, 『日本文化映画年鑑: 昭和15年版』, 255쪽, 278쪽.

36 「満鉄三十年(만철30년)」과 「満州の風物」, 『日本文化映画年鑑: 昭和15年版』, 259쪽, 285쪽. 일본과 만주를 합쳐 부르는 국체라는 용어는 日満両国不可分のイデオロギー(일만양국불가분의 이데올로기)라는 통합의 이데올로기를 가리키는 어구에 담긴 불가분성을 함의하고 있다.

37 「ダークコンゴ(다크 콩고)」, 『日本文化映画年鑑: 昭和15年版』, 272쪽. 가슴을 드러낸 여자들과 근육질 남자들을 펜화와 사진을 통해 시각적으로 묘사한 것과, '원시적인 토인의 성적 욕망'을 다룬 〈정글〉과 같은 텍스트에 관해서는, 《키네마준포》 1929년 6월 1일 43-50쪽을 보라. 近藤日出造, 「チャップリン氏アフリカ訪問(채플린 씨 아프리카 방문)」, 《キング》, 1933년 1월, 450-51쪽. 존 러셀(John Russell)은 "흑인에 관한 서구 문학과 시각 묘사는 서구의 상상 관습에 크게 의존"하며 "일본인들은 아프리카의 원시적인 고귀한 야만인(Noble Savage)이라는 서구식 고정관념에 친숙하다"고 주장했다. 1920년대까지 일정 부분은 영화 산업으로 인해 흑인 타자가 "'불결', '원시성', '나태', '미발전', '낙후'와 같은 부정적으로 낙인찍힌 가치들의 저장소" 역할을 했음은 분명하다. Russell, "Race and Reflexivity: The Black Other

in Contemporary Japanese Mass Culture," Cultural Anthropology 6, no.1 (February 1991): 4쪽, 5쪽, 8쪽, 13쪽.

38 飯島正, 『映画の見かた(영화 보는 방법)』, 253-61쪽. 『日本文化映画年鑑: 昭和15年版』, 6쪽, 285쪽. 이지마 다다시가 내린 영화의 정의에 대해서는, 『映画の見かた』, 14-37쪽을 보라.

39 淡谷のり子, 『わが放浪記(나의 방랑기)』, 125-28쪽.

40 飯島正, 『映画の見かた』, 145-46쪽. 인용은 145쪽의 것이다. 竹内好 편, 『近代の超克(근대의 초극)』(富山房, 1994), 263쪽. 야마모토 기쿠오는 다키자와 오사무의 「斎藤寅次郎小論(사이토 도라지로 소론)」, KJ, 1956년 1월을 인용해 컨베이어 벨트에서 떨어져 나오는 스시 조각들을 묘사했다. 山本喜久男, 『日本映画における外国映画の影響(일본영화에서 외국영화의 영화)』(早稲田大学出版部, 1983), 320쪽을 보라.

프리즈 프레임(몽타주 에필로그)

템포(1931)

고쇼 헤이노스케가 감독한 영화 〈마담과 아내〉(1931)의 한 장면을 보면 1920년대에서 1930년대 사이 여성의 에로틱화가 근대성의 상징이었다는 사실이 잘 드러난다. 우리의 주인공은 교외에 위치한 자기 집 옆집에 모인 재즈 연주단의 여성들의 자유분방한 행동에 매료된다. 하지만 영화가 개봉된 1931년 8월경 일본에서 근대를 개념화하는 것의 매우 중요한 측면을 강조하는 것은 바로 이웃의 마미즈 재즈 밴드가 연주하는 〈스피드의 시대〉이다. 주인공은 노래의 스피드, 템포, 리듬에 빠져든다. 이는 즉흥 연주에 몰두하고 있는 여성의 몸짓만큼이나 유혹적이다. 하지만 '재즈 연주단'에서 유혹적인 몸짓을 보여주는 '모던 마담'과, 밖으로 나다니지 않고 얌전히 집을 지키고 있는 기모노 차림의, 주인공의 '전통적인' 아내를 대립시키는 것은 너무나도 손쉬운 일이다. 결국 영화의 마지막 장면에서 (주인공과) 주인공의 아내는 날아가는 비행기를 보며 감탄하고, 이 단란한 핵가족의 이야기는 행복한 결말을 맞이한다. 〈모던 타임스〉(1936)에서 채플린과 말괄량이 소녀가 떠나가는 마지막 장면을 선구적으로 보여주기라도 하듯이 두 부부는 〈마이 블루 헤븐My Blue Heaven〉의 곡조에 맞추어 천천히 사라진다.

제스처(1932)

매우 독특한 부류의 교외에 위치한 외딴 운동장 장면으로 넘어가보자. 이 장면의 교외는 〈마담과 아내〉에 등장하는 부르주아의 점잖음과 퇴폐로 정의된 교외와는 판이하게 다르다. 이는 1932년 6월 일본에서 개봉된 오즈 야스지로의 〈태어나기는 했지만〉(1932)에 나오는 장면이다. 영화 속 운동장에서 아이들은 대중문화의 요소들을 토대로 그들 나름의 근대적 행위들을 구성해 낸다. 근사한 닌자 영화와 삽화를 곁들인 대량생산된 소년용 이야기에 고무된 아이들은 자기들 나름의 계급질서를 만들어낸다. 대장이 두 손가락으로 총 쏘는 시늉을 하면, 총에 맞은 아이는 '죽은 척' 쓰러져 누워 있어야 한다. 죽은 아이는 총을 쏜 아이가 구원의 십자가 표시를 해주어야만 일어날 수 있다. 대장 아이가 일어나도 좋다는 표시로 손바닥을 내보이면, 이 똘마니는 군기 잡힌 차렷 자세로 돌아온다. 이는 제스처의 마법 덕에 전근대 일본 영웅들에 대한 환상과 나란히 움직이는 기독교적 기호들을 코드전환한 것이다.

〈태어나기는 했지만〉은 계급 간의 불평등과 충돌을 그린 영화로 볼 수 있는데, 회사에서 승진하기 위해 교외로 이사를 간 아버지를 둔 아들 형제의 경험을 통해 계급 간의 긴장을 설명하고 있는 작품이다. 모호하긴 하지만 만주 침략에 관한 메시지처럼 작품에는 사회에 대한 논평도 분명히 존재한다. 교실 복도의 '폭탄삼용사'를 기리는 표식에서처럼 교묘하게 전쟁 동원을 묘사하고 있다고 할 수 있겠다. 게다가, 오즈 야스지로는 운동장에서의 제식 훈련 장면에서 비유적으로 읽힐 수 있는 몸짓들을 보여준다. 영화의 마지막 부분에서, 형제가 아버지의 비굴한 출세제일주의에 맞선 단식 투쟁에 실패한 후, 동생은 커서 형이 대장이 될 것이니 자기는 대장이 아닌 중장이 되겠다는 포부를 밝힌다. 이 장면은 일본 관객들을 대상으로 하지 않은 판본의 각본에서 판이하게 달라진다. 다른 판본에서 형은 이동 중인 부대로부터 사탕을 사다달라는 요구를 받는다. 소년은 부탁받은 대로 사탕을 사오지만 부대는 이미 다른 곳으로 이동하고 없다. 그래서 그는 부대를 따라잡으려고 애쓰며 그렇게 점점 더 집으로부터 멀어지게 된다.

〈태어나기는 했지만〉에서 그토록 신선하게 느껴진 것은 군대와의 관계가 아니다. 그보다는 근대적인 몸짓들이라고 할 수 있다. 예를 들어 동생이 미에見得* 자세로 굳어 있는 찡그린 얼굴의 가부키 배우에 필적할 만한 자세를 취하는 것을 들 수 있는데, 여기에서 소년은 나막신이 무기라도 되듯이 손에 들고 적에 대항할 태세를 취한다. 그런 자세는 분명 영화관에 드나들며 배운 것이었다.

코드전환(1936)

〈노래하는 야지키타唄ふ弥次喜多〉(1936)는 19세기 전환기에 도카이도東海道를 여행하는 에도시대 두 한량을 다룬 피카레스크 풍자소설 『도카이도 도보여행東海道膝栗毛』의 패러디이다. 이 영화는 과거와 근대, 일본과 서구 사이의 지속적인 코드전환에 몰두함으로써 원작의 외설스러운 유머를 대체했

---

* 가부키에서 배우가 최고조에 달한 장면임을 눈에 띄는 표정 및 동작으로 표현하는 것을 말한다.

다. 이 코미디는 역사를 가지고 논다. 에노켄의 라이벌이자 거구의 작가, 코미디언, 미식가인 후루카와 로파가 주연으로 출연하는 〈노래하는 야지키타〉에서도 약간의 코드전환이 이루어진다.

이세 신궁으로 떠나는 순례를 시작했을 때 니혼바시日本橋에서 마주친 기모노 차림의 춤추는 여성들은 갑자기 매우 빠르게 변화무쌍하게 춤을 추는 일본판 버스비 버클리Busby Berkely* 풍의 인물로 변했다.

야지(로파)는 순례자용 밀짚모자를 손에 들고 (그와 키타는 이세 신궁으로 떠날 것이기에) 아내에게 작별의 인사로 손을 흔들며 다정하게 울려 퍼지는 소리로 "사요나라"라고 말한다. 그녀는 합창이 터져 나오기 전에, 가부키 배우 같은 억양으로 "굿바이"라고 대답한다.

영화의 사운드트랙은 〈사랑해주세요愛してちょうだいね〉를 비롯한 당대의 인기 곡들을 합성해 놓았는데, 때로는 노래와 극중 상황이 별 연관이 없는 경우도 있었다. 이 노래들은 가에우타, 즉 개사곡으로 나카노 시게하루도 젊은 여공이 개사한 가사를 우연히 듣고 큰 흥미를 가졌던 노래들이다. 아키레타 보이즈의 《다이나 광상곡》과 같은 다른 예들을 돌아보노라면 우리는 이러한 개사곡을 일종의 코드전환으로 생각해볼 수도 있다. 〈노래하는 야지키타〉에서 우리의 주인공들은 자신들이 에도시대의 후손으로서 용맹하다고 단언한 후 마법에 걸린 숲으로 들어간다. 이곳은 여우가 〈마이 블루 헤번〉의 노래에 맞추어 인간으로 둔갑한다고 회자되는 곳이다(이러한 결합을 포스트모던한 것으로 읽어서는 안 될 것이다. 이는 일본 근대의 대중문화에서 매우 근대적인 것이었다).

---

* 미국의 뮤지컬 영화 감독 겸 안무가. 《42번가》(1933), 《각광 행렬》(1933) 등의 작품으로 유명하다.

사무라이 전령이 지나치게 많은 존칭어를 쓰며 장황하게 소식을 전하는 것에 초조해진 공주는 "스피드 있게 말할 것"을 요구한다. 그리고는 확실히 일본적 이면서 확실히 전근대적이기도 한 음악으로 되돌아가기 전, 봉인된 선물을 뜯어보고 안에 담긴 영어 편지에서 "I LOVE YOU"라는 메시지를 보게 된다. 주인공들은 어쩌다보니 기모노를 입은 댄서들이 코러스걸들과 한 무리가 되어 기모노 차림으로 허리를 흔드는 춤을 추는 꽉 찬 레뷰 무대 앞에 있게 된다. 키타는 주군을 잃어 충성을 바칠 곳이 없어져 상심한 사무라이를 그린 당대의 히트작 〈사무라이 닛폰〉의 구슬픈 주제가를 부른다. 그가 노래를 부르는 동안 옆에서는 한 커플이 탱고를 춘다.

야지는 '파파'와 '마마'에 관한 댄스홀에 어울릴 법한 노래를 부른다. 이 노래 는 〈모던 타임스〉의 마지막에서 채플린이 부르는 넌센스한 곡조와 매우 비 슷하게 들린다.

이 모든 넌센스가 그저 어리석기만 한 것일까? 그렇기도 하고 아니기 도 하다. 주인공들과 그들의 이야기는 서사로부터, 따라서 그들의 역사로 부터, 여러 중요한 시점에는 언어 및 관습으로부터 초연하다. 웃음을 자 아내는 것은 바로 이러한 전치displacement에 있었다. 그것은 또한 문화의 구성요소로서의 간문화적인 것, 템포, 언어에서 변화를 인정할 것을 요구 한다. 이러한 전치는 대중문화와 심지어 가족 관계에서의 변화가 당대에 지속적으로 양산되고 있었음을 알려주는 증거가 된다. 1802년부터 1822 년까지 일본 관객에게 즐거움을 선사했던 원조 야지와 기타는 단순한 코 미디의 토대로 쓰일 수 있었지만, 〈노래하는 야지키타〉에서 그들은 매우 다른 근대적 패러디와 "도카이도 53차,* 위위위東海道53次 ウイウイウイ"라는 가사로 끝나는 마지막 장면에 활용되었다.

영화가 실패한 것은 대중 관객들이 이 에도시대 콤비를 근대적으로 언급한 것에 거부감을 느꼈기 때문이 아니었다(월리스 비어리와 레이먼드 해턴이 주연한 파라마운트의 영화들은 역사적 사실에 입각했다거나 그런 단서를 풍기는 삽입 구문을 넣지 않은 채 꾸준히 광고되고 있었다). 비어리와 해턴 듀오가 출연한 이 할리우드 영화들의 원제는 〈내 아이를 구한 소방관〉(1927), 〈우리는 창공을 난다네〉(1927), 〈마누라 구세주〉(1928)였고 일본어로는 〈소방관 야지와 기타〉, 〈창공을 나는 야지와 기타〉, 〈여자 문제로 곤란한 야지와 기타〉로 번역되었다.[1]

1936년의 〈노래하는 야지키타〉의 코드전환은 바로 1년 뒤인 1937년 문부성이 학교에 배포한 『국체의 본의国体の本義』*에서 주창한 문화 통합과는 현저히 다른 것이었다. ('건국'에서부터 현재 제국의 정복 상태에 이르기까지) 일본의 발전사는 일본과 다른 민족들 간의 타고난 차이에서 기인한 것으로 여겨졌다. "제국을 건설하는 위대한 정신"의 근간이 되는 것이 바로 이 차이였다. 이 텍스트는 메이지시대 이후 서구 세력이 유입되었음을 인정하면서 서구 개인주의의 불안한 영향력을 비난하는 한편, 일본 고유의 특징을 갖고 있으면서 외래문화를 승화시켜 동화할 수 있는 "광대한 새 일본 문화의 창조"를 주창했다. 다시 말해, 자연과학은 계속 받아들여야

---

* 에도시대에 정비된 5개의 중요한 도로 중 하나인 도카이도에 있는 53개의 역을 가리킨다. 예로부터 도카이도는 여행하며 즐길 만한 명승지가 많아 우키요에나 와카, 하이쿠의 단골 제재가 되기도 했다.
* 1937년에 '일본은 어떤 나라인가'를 명확하게 하기 위해 당시 문부성이 학자들을 모아서 편찬한 서적물이다. 신칙(일본이 신의 나라임을 증명하는 데 일조)이나 만세일계(영구히 하나의 계통이 이어짐)가 서문에서 강조되었으며, 국체명징운동国体明徵運動(천황중심의 국가체제를 분명히 하려고 함)의 이론적인 기틀이 되었다.

하지만 "서양의 인종적, 역사적, 지형학적 특성에서 비롯된 서구 특유의 인생관과 세계관"은 감시해야 한다는 것이었다. 하지만 서구의 관점들이 항상 주의 깊게 감시된 것은 아니었다. 만일 그랬다면, 『서유기』의 영화 버전은 살아남지 못했을 것이다.[2]

코미디의 패러디(1940)

1923년, 중국의 사회비평가이자 철학자인 후스胡適는 16세기 중국소설 『서유기』를 가리켜 "심오한 넌센스로 가득 찬 (…) 책"이라고 말했다. 그가 언급하고 있는 것은 특별한 능력을 가진 다른 두 종자와 함께 법사를 모시고 불교 경전을 얻기 위한 순례에 나선 한 원숭이의 이야기이다. 이 작품은 인도에 다녀온 현장법사의 역사적 여정에 느슨하게 입각해 쓰인 것이다. 후스는 20세기 초에 구할 수 있는 『서유기』의 판본들에서 불교나 유교 또는 도교 신앙이 강하게 드러나고 있음을 부정하지 않았다. 그의 요점은 이 이야기가 종교 의식儀式을 가르쳐주는 입문서가 될 수 없다는 점이었다.

1940년, 아사쿠사의 극단 단장이자 (원숭이 역을 맡은) 배우였던 에노켄은 후스의 요점에서 한 발 더 나아갔다. 그는 일본 남녀 배우 출연진을 이끌고 이 중국 풍자극을 모던하게 패러디한다. 이 작품의 제목은 원숭이 주인공의 이름을 따서 〈손오공〉이라 지었다. 이 코미디는 능력을 갖춘 일본 식민자들이 문명인의 지위를 스스로 의식해 받아들이지 않고도 야만성을 알아차린다는 가와무라 미나토의 가역적인reversible 주장을 일반인들이 이해할 수 있게끔 풀어낸 것이다.[3]

가와무라는 1930년 대만에서 일어난 봉기*는 일본 점령자들이 가장

---

* 우서 사건霧社事件을 말한다. 1930년 일본의 식민 지배를 받던 대만 원주민 시디그

우려하던 두려움을 확증해주었다고 결론 내린다. 1930년 이전에는 이러한 투사가 형성되는 데 할리우드 판타지가 확실히 주요 요인이었다는 사실을 덧붙일 수 있다. 예를 들어 1929년 《키네마준포》에 실린 〈정글〉의 광고는 "상상도 할 수 없는 원시적인 일상 생활"의 일면으로 "원주민의 원시적 성생활"을 보고 싶어하는 관객의 욕망에 부합했다. 함께 딸린 스틸 사진들과 스케치들의 몽타주는 원시인들의 쾌락과 무기의 단순성을 강조했다. 또한 영어로 "남양South Seas에서 촬영한 최초의 토키 영화"라고 선전하는 〈타랑가〉(부족 전쟁) 광고도 있었다. 이 작품은 타랑가 부족, 그 민족의 역사로 소개되었다. 게다가 원주민(토인)에 관한 이야기였다. 작품은 일본 관객에게 인종의 범주를 알려주는 동시에 미개인들과의 현격한 거리감을 만끽하도록 했다. 하지만 유럽-아메리카와 아시아 사이에 끼인 일본 민족이 가진 정체성의 양면적인 입장 때문에 일본 관객이 완전히 거리감을 둘 수는 없었을 것으로 생각된다. 《키네마준포》는 독자에게 미국 원주민의 생존 투쟁을 기린 영화 〈사일런트 에너미The Silent Enemy〉를 지켜보면서 선조들을 되돌아보라고 말했다. 일본 관객은 자신들의 선조 역시 살아남기 위해 남을 죽였다는 사실을 알게 되었다. 즉, 이 영화는 또 다른 민족의 이야기로 보여지지 않았다. 반면에, 중국인들은 분명히 다른 민족으로 묘사되었다.[4]

1940년 〈손오공〉이 등장했을 때, 이 비일본 동양인에 대한 일본의 시각은 다른 영화들과 영화 광고에 의해 자리를 잡아갔다. 화려한 할리우드 영화가 〈동방의 비밀: 세헤라자데Secrets of the East: Scheherazade〉를 광고하

부족의 항일봉기로, 일본군의 토벌에 의해 700여 명의 원주민들이 학살되거나 자살로 내몰렸던 사건이다.

며 널리 퍼뜨린 것과 같은 몽타주들을 이미 접한 바 있는 일본의 영화팬들에게 이슬람 궁전에서 춤추는 여인들과 사악한 동양인들의 신비스러운 계책들은 이미 친숙한 것이었다. 〈서유기〉의 일본판 영화에서는 물웅덩이 주위에 모여 있는 벌거벗은 여인들이나 범선 또는 터번을 둘러쓴 남자들이 나오지는 않지만, 영화의 분위기는 "제왕의 꿈에 등장하는 비밀에 둘러싸인 동방의 땅"을 언급하는 〈세헤라자데〉의 광고에 스며 있는 정서를 표현했다. 영화의 "동양적 취향"에 열중한 〈신비에 싸인 푸만추 박사〉(1929) 광고와 더불어, 이 광고는 〈손오공〉이 그랬듯이 신비한 세계에서 일본을 가장 확실히 제외시켰다. 후쿠자와 유키치가 탈아脫亞를 주장한 것은 실제로 이러한 대중문화의 영역에서 성취되고 있었다.[5]

〈손오공〉은 가와무라가 야만에 대한 담론과 일본이 스스로 개화된 경험 사이의 관계를 다룬 글의 논리를 실례로 보여준다. 순례 중인 〈손오공〉의 주인공들은 음모를 꾸미는 동양인들과 마주치자 근대의 기술에 의지하게 된다. 즉, 주인공 중 한 사람이 포로로 갇혀 있는 방을 엑스선으로 들여다 볼 수 있게 해주는 텔레비전, 거대한 장난감처럼 보이지만 우리의 주인공들을 수송해주는 2인승 비행기, 강력한 기관총 같은 것들 말이다. 할리우드 판타지는 1940년의 이 작품에서 오로지 동양적인 형태만을 취하지는 않는다. 주인공들은 또한 〈뱃사람 뽀빠이Popeye the Sailor Man〉의 주제곡이 흘러나오는 시금치 캔과, 일곱 난장이의 〈헤이-호Heigh-Ho〉 노래로 곤경에서 빠져나온다. 이와 대조적으로, 대부분이 여자인 동양인들은 단순히 수동적인 하렘 댄서들이 아니었다. 그들은 주인공들에게 못된 흉계를 꾸민다. 한 미녀는 주인공이 자신의 구애를 거부하자 산채로 잡아먹으려 든다. 이때 그녀는 모던한 아사쿠사의 말투로 코드전환한다. "어떤 소스가 좋을까?" 그녀는 간장 소스는 말할 것도 없고 케첩과 마요네즈, 거자, 소금 등의 목록을 쭉 훑는다.

그러므로 이러한 패러디에서는 원시인 또한 모던하다. 적들은 단지 기묘하고도 시대에 뒤떨어진 면에서 이질적이기는 하지만 기술적으로 발전한 세계에 살고 있다. 찰리 채플린의 〈모던 타임스〉에 나오는 관리자의 제어실을 연상시키는 한 장면에서, 동양인은 발광 버튼과 로봇 인물들이 있는 요새에 살고 있다. 만약 동양의 원시인이 모던할 수 있다면, 일본이 중국과 전쟁을 벌이고 있는 시기에 중국의 전설에서 영감을 받은 이 패러디의 의미는 무엇이란 말인가? 패러디의 반복과 패러디의 아이러니는 분명히 있었지만, 〈손오공〉이 식민지와 본토의 관계에 관한 가정에 도전했는지 혹은 그것을 강화했는지는 명확하지 않다.

영화 속에서 변신transformation이 크게 다루어지는 데에는 숨겨진 뜻이 있다. 만약 원숭이가 다른 인물로, 여의봉이 기술적인 보조수단으로 변할 수 있다면, 마치 모던걸이 젠더와 관련된 가정에 도전했던 것처럼 관객은 이 영화에 고무되어 민족에 대한 다른 정의를 상상해 볼 수 있지 않았을까? 관객은 과거에 대해서, 일본이라는 국가에서 일어날 수도 있는 변화에 대해 숙고할 수 있었을까? 나아가 문화도 민족도 변치 않는 존재가 아니라는 사실을 인정할 수 있게 되었을까? 아마도 틀림없이, 이 작품에서 변신의 반복은 1914년 주인공 마쓰노스케가 변신술 덕분에 거대한 두꺼비로 변신했을 때 일본 관객들이 경외심을 가지고 보았던 것처럼 진지하게 다루어지지는 않았을 것이다.[6] 그럼에도 1940년까지 일본인들의 상상계에서는 할리우드에서 가져온 요소가 강력하게 존재했다는 것은 분명하다. 이 패러디가 전달하는 메시지는 모호해서, 카지노 폴리의 유머가 당시 일본의 문화정치를 조롱했다고 할 때처럼 쉽사리 단정할 수는 없다. 그렇다고 이것이 인치키라고 할 수도 없다. 이것은 실제였고, 비록 이리저리 조종될 수는 있겠지만, 그렇게 쉽게 기억 속에서 사라지지는 않을 것이었다. 말할 수 있는 것은 〈손오공〉의 역사주의적 패러디와 작품 속에서 인물 변신이 좋게 표현된 것은 〈노래하는 야지기타〉의 넌센스처럼 『국체의 본의』의 훈계하는 본질주의에 대한 도전이었다는 사실이다.

아사쿠사의 기억(1970년대와 1980년대)

1970년대 일본 경제 성장이 낳은 산물 가운데 하나는 도쿄의 '시내' 혹은 시타마치로 특징지어지는 아사쿠사와 그 주변 지역에 대한 작품들이 붐을 이루었다는 점이다. 또 다른 결과로는 후지타 쇼조가 언급한 "경험의 상실"을 들 수 있는데, 후지타는 놀이 공간들이 자동차에 의해 사라지면서 일본 사회에서 숨바꼭질 놀이가 자취를 감추었음을 고발하며 한탄한다. 그의 말에 따르면 경험은 "단순히 전두엽이나 신체, 또는 감정과 관련된 것만이" 아니다. 아이들은 심신의 조화와 물질세계 사이를 조정해나갈 수 있는 여지를 빼앗기고 있는 것이다. 숨바꼭질하는 경험을 잃게 되면서, 술래(미국식 말투로 하자면 '잇')와 쫓기는 아이들 모두 놀이집단의 상실과 회복, 재생의 경험으로부터 단절된다. 어떤 비판적 거리두기나 역사적 단절을 경험하는 대신, 일본 사회의 구성원들은 '졸업', '취업'과 '자격시험' 등으로 구성된 체제로 인도된다. 여기에 전례 없는 새로운 형태의 야만주의, 바로 에른스트 블로흐의 "이성 없는 합리화Rationalisierung ohne Ratio"가 있다. 고도 경제성장의 과실에 대해 포문을 연 후지타의 비판은 곧 와지로가 '모자에 맞춰 넣기 위해 존재하는 머리"라고 말한 것을 떠오르게 한다. 그의 비판은 마찬가지로 근대의 상품에도 주의를 잊지 않는데, "우리

는 끔찍한 시대를 살고 있다"고까지 비난한다. 나아가 후지타 쇼조는 사람의 손길이 결여된 사회를 고발한다. "우리가 주위에 갖고 있는 모든 것들은 이미 완제품 상태로 주어진다. 우리가 일상을 영위하기 위한 모든 수단들은 전화박스나 가스레인지처럼 완성된 도구들로 주어진다." 후지타는 심지어 음식조차도 소꿉놀이하는 즐거움을 주기 위해 "절반은 조리되어 나온 것"이라고 언급한다. 이러한 새로운 물건들의 기성품적인 측면과 그것들이 주어지는 방식은 후지타가 보기에는 "부분들 간의 상호 저항 관계, 조정, 화해, 변형"을 내포하고 있는 몽타주의 원리와는 정반대의 것이다. 독자들은 '지금'을 뜻하는 현재주의적 유행어 나우이마ナゥ今*를 믿지 말라는 주의를 들었다. 이러한 유혹에 맞서기 위해 그는 "20세기 방식의 몽타주"를 제시한다. 누구나 "경험의 상호관계와 더불어 상상의 도약과 이성의 다양한 너비"를 종합하려고 시도해야 한다는 것이다. "합리적이지 않은 합리화"에 질적으로 저항하기 위해서는 이러한 조립assemblage에서 나온 조각들이 한데 모아져야만 한다. 후지타는 몽타주가 단순히 조각들을 한데 합치는 것에만 국한되지 않음을 분명히 했다. 그보다는 재결합의 과정을 통해 조각들이 변형의 과정을 겪게 되고 그 결과 관계를 재정립하게 되는 것이다.[7]

1970년대와 1980년대에 출간된 아사쿠사에 대한 찬가에는 이러한 종류의 긴장이 빠져 있다. 이 작품들에서는 곤 와지로, 곤다 야스노스케, 하야시 후미코, 가와바타 야스나리, 구사마 야소오가 기록한 에로틱 그로테스크 넌센스 문화, 다시 말해서 할리우드, 카지노 폴리, 장물을 파는 행상

---

*   이 책 84쪽을 참조할 것.
*   영어 now와 지금이라는 뜻의 일본어 이마今를 합친 것이다.

과 그들의 고객, 거지 사회에 의해 창조된 문화의 흔적을 거의 찾아볼 수 없다. 그 대신 아사쿠사의 문화는 정서적 결속이라는 전통에 묶인 옛 일본의 문화가 되었다. 심지어 불황기에 아사쿠사에서 노숙자 룸펜이 출현한 것에 관한 논의들과 함께 아사쿠사의 주민 대부분이 극심한 궁핍에도 살아남았기 때문에 채플린이야말로 "아사쿠사에 완벽한" 인물이라는 한 저자의 주장조차도 채플린의 매력에 대해서는 회의적이다. 그는 채플린과 시타마치 인정下町人情(시타마치 사람들의 긴밀한 유대감을 나타낼 때 자주 인용되는 말)이 인정의 헤아릴 수 없는 측면을 공유한다고 결론 내렸다. 여기에 담긴 뜻은《영화의 벗》의 세계주의적인 언어에 맞서는 일본 특유의 감정일 뿐 아니라, 구키 슈조의 이키いき처럼 역사적 변형의 여지가 거의 없었던 근방에서만 이해할 수 있는 특정언어이기도 했다.[8] 여기에서 근대의 아사쿠사 문화에 대한 기록에서 인정이라는 개념을 사용하기를 거부한 소에다 아젠보를 떠올리는 것이 적절하다.

《아사히신문》이 편집한 『시타마치下町』(1984)와 같은 회상록에는 아이러니가 없다. 또한 아사쿠사 패러디의 흔적도 찾아볼 수 없다. 『아사쿠사 구레나이단』을 가득 채웠던 외국인들이 사라졌다는 언급과 함께 아차라카 극장의 유머 또한 자취를 감추었다. 전쟁이 언급될 때에도 회환이나 후회가 전혀 없거나 좋은 추억들만 곁들여졌다. 그럼에도 우리는 아직 전후의 기록들에서 근대 아사쿠사 역사의 일부를 찾아낼 수 있다. 예를 들어, 신문의 칼럼을 토대로 편찬된 『시타마치』는 (아사쿠사의 카미야 바*에 있는 전기 브랜디,** 스미다 강, 장인, 아사쿠사 관음사를 비롯한) 품목들의 몽타

---

* 　도쿄도 다이토쿠東京都台東区 아사쿠사浅草에 있는, 일본 최초의 바. 전기 브랜디電気ブラン가 유명했고, 아사쿠사의 문호가들도 이곳을 매우 좋아했다.

주라기보다는 그것들을 대표하는 콜라주로서, 사라지는 전통들과 관련이 있다. 비록 저자는 근대의 순간에 대해 아무런 언급도 하고 있지 않지만, 그가 변화의 시기로 대지진을 반복해서 들먹거리는 것은 의미심장하다. 독자에게 일본인이 나라 시대부터 소바를 먹기 시작했다든가, 튀김 덮밥이 '시내'에 사는 서민들의 정서에 어울린다든가 등을 알려주는 야사 위주의 역사를 들려준다. 이 책을 면밀히 읽으면 진지한 사회사가 드러난다. 계급 간의 긴장이나 차이가 없었다는 저자의 주장은 계급질서에서 최하층인 밑바닥 계층만 떠올려 봐도 쉽사리 반박할 수 있다. 이미 말했듯이, 거지들에게도 계급 체계가 있었다. 거지 두목은 본처와 첩을 둘 수 있었고, 시타마치의 환경 속에서 자란 이들은 불가피하게 권력에 대한 저항감이 있었다.[9]

아사쿠사를 배경으로 하면서 아사쿠사 유머에 대한 감각을 유지하고 있는 책으로 고바야시 노부히코小林信彦의『우리는 호전꾼ぼくたちの好きな戦争』(1986)*이 있는데, 작가에 따르면, 일본의 패전, 희생자화와 광신주의의 영웅 행위에 대해 반대한다는 자의식을 가지고 쓴 소설이라고 한다. 고바야시 노부히코는 1940년에 아사쿠사에서 아메리카니즘이 절정에 달했던 때를 기억하는데, 당시 스크린에서 더 이상 볼 수 없게 된 아메리칸 스타

** 카미야 바 창업자가 제조한 알코올 음료. 전기가 귀했던 메이지기에 탄생한, 브랜디 베이스의 칵테일이다. 다이쇼기에 유행했던 '문화…' 혹은 인터넷 보급에 따라 유행한 '사이버…', 'e…'처럼, 최신의 것을 나타내는 명칭으로 '전기…'가 유행했다.

* '즐거운 전쟁, 유쾌한 전쟁, 한 번 하고나면 멈출 수 없어.' 잠깐의 승리에 취해, 세계대전에 합류하게 된 것을 기뻐하는 도쿄의 화과자점 일가, 죽음의 노래를 부르며 유머러스하게 전투를 전개하는 남쪽 섬의 병사들, 그리고 미국 해군의 소위의 인질이 된 인물들이 주인공이 되어 이야기를 풀어가는 포복절도의 소설. 어지러울 정도로 무대를 바꿔가면서 전쟁은 마치 희극처럼 묘사된다.

일의 오락물에 굶주린 관객들은 일본영화를 상영하기에 앞서 공연되는 '실황 인기물' 탭댄스에서 위안을 찾았다. 남양군도로 파견된 한 아사쿠사 예능인에 관한 풍자 서두에서 이 작가는 범퍼카와 빠르게 움직이는 놀이 기구에 큼직하게 그려진 미니마우스의 얼굴, 미키 마우스 인형과 미니 마우스 인형과 뽀빠이 인형들을 파는 "미키 골목"이 있는 "놀이동산"에 대해 말한다. 이 책은 근대 시기 아사쿠사의 전통에 있는 넌센스의 역사적 기록 문학을 보여준다. 1940년 아사쿠사의 관객들이 "사치는 적이다"라는 국가의 표어를 흉내 내는 그루초 막스Groucho Marx로 분장한 배우에게 야유를 보낼 때, 이 소설은 말할 것도 없이 국가의 이데올로기에 저항하고 있는 것이다.

조금 더 명백하게 기록된 아사쿠사 회상록인 『아사쿠사의 100년浅草の百年』은 정치화된 넌센스의 매력에 신빙성을 더해준다. 작가의 회고에 따르면, "산업전사들"(전쟁준비에 동원된 노동자와 학생들)로 이루어진 참을성 없는 아사쿠사의 관객들은 다른 오락물을 찾지 않은 채, 당시 검열관들에게 가장 미운털이 박힌 희극 배우 시미킨(시미즈 긴이치清水金一)*이 도착할 때까지 세 시간이 넘게 기다렸다고 하는데, 그 이유는 "볼 수 있는 영화라고는 온통 전쟁영화밖에 없었기 때문"이라고 한다. 즉흥 연기로 대담하게 검열에 계속 도전했던 이 인기 배우는 사실 당국에 의해 억류되어 못 오고 있었던 것으로, 관객들은 기다리는 한이 있더라도 근대 아사쿠사 문화의 영역 밖에서 정부의 지원을 받는 작가들의 작품에는 돈을 쓰고 싶은 의향이 전혀 없었던 것이다.[10]

---

* 1912~1966. 코미디언, 영화배우. 아사쿠사의 경연극輕演劇, 유성영화 초기에 활동한 뮤지컬, 코미디 스타로 알려져 있다. 시미킨은 애칭이다.

모던걸의 귀환(1990년대)

(여성) "패션 에고이스트"들을 위한 잡지로 선전했던 《졸라》는 1998년 창간 일주년 기념호의 대부분을 '쇼와 레트로 모던주의昭和レトロモダン主義'에 관한 특집기사에 할애하면서, 가타카나로 쓰인 모던에 '주의'라는 한자어를 더해 모던주의(모더니즘)라는 포스트모던한 용어를 조합해냈다. 이 기사는 가와바타의 『아사쿠사 구레나이단』 시대의 모던걸들을 "화장을 하고, 자동차를 즐기며, 춤에 환장한" "불량한 여자들"이라고 소개했다. 또한 기사는 전형적인 모가의 모습을 보여주는 선구적 인물로 세 사람을 꼽았다. 양장이 "일본적이 아니라는" 인식이 팽배했을 때 양장을 입었으며, 스스로 레즈비언임을 밝힌 작가 요시야 노부코, 그레타 가르보와 마를렌 디트리히의 분위기를 풍기도록 분장을 했던 여배우 이리에 다카코,* 당시 "황실 디자이너"로 알려진 패션 디자이너 다나카 치요田中千代** 가 그들이다. 특집기사 「30년대 긴자 모가의 초상30年代銀座モガの肖像」은 최신 유행선도자로서의 모던걸을 강조했는데, 이 특집기사는 근대기 동안 화장품 회사에

---

* 1911~1995. 메이지부터 쇼와기에 활동한 여배우. 귀족 출신의 고상한 미모와 근대적인 자태로 대스타가 되어 "은막의 여왕", "미스 닛폰" 등으로 불렸다. 제2차 대전 전·중의 남성배우들에게 그녀와 공연하는 것은 연기자로서 가질 수 있는 최고의 영광이었다고 한다. 가족의 불행이나 자신의 병으로 인해 전후에는 인기가 하락, 괴담영화의 "요괴고양이 여배우"로 이름을 떨쳤다. 다카미네 히데코高峰秀子는 그녀를 『나의 직업일기私の渡世日記』에서 하라 세쓰코原節子(야마다 이이즈山田五十鈴)와 함께 일본영화사의 3대 미인이라고 서술했다.

** 1906~1999. 교육자, 복장 디자이너. 쇼와 초기에 구미로 건너가 구미의 문화, 의상을 배우고, 일본에 근대 양재 교육, 의상 디자이너의 기초를 다졌다. 민족의상 연구, 수집가이기도 하다.

서 출간한 사내보 《시세이도 그래프資生堂グラフ》를 근거로 작성된 것이었다. 비록 특별한 의식과 자아인식을 언급하고는 있지만, 잡지《졸라》는 모던걸을 도발적인 인물로 묘사하지 않았고《시세이도 그래프》에서 가져온 몽타주에는 콜라주라는 부제가 달렸다.[11]

모던걸을 제대로 보기

2000년 12월 22일, 일본 우체국은 "20세기 디자인 기념우표집"을 발행했다. 이 중 제4집에는 근대 시기의 만화 속 인물인 게으른 아버지와 쇼짱*이 그려진 우표가 각각 하나씩 있고, 모던걸은 모던보이와 짝을 이루어 하나의 우표에 실려 있다(당대에 모던걸 단독으로 또는 다른 젊은 여성들과 함께 모던걸을 묘사하고 있는 대다수의 사진들과는 대조적이다). 이 우표에서 더욱 더 인상적인 점은 모던보이(니폰NIPPON이라고 쓰인 블럭체 글씨 바로 옆에 그의 이름이 먼저 나온다)가 다리를 일부러 앞으로 벌린 채 그의 표정은 근대 시기의 기모노나 정장을 입은 남성들의 사진 어디에서나 볼 수 있는 중절모를 쓴 채 뚜렷이 부각되어 있다는 점이다. 이와는 대조적으로, 모던걸의 얼굴은 쓰고 있는 모자에 완전히 가려져 보이지 않는다. 이것은 근대기 모던걸의 모습이 아니며, 이 시대의 기록충동에서 드러나는 이미지가 아

---

*   1923년 1월《아사히그라프》창간호부터 9월 최종호까지 연재되었던 〈쇼짱의 모험 正チャンの冒険〉의 주인공이다. 〈쇼짱의 모험〉은《아사히그라프》폐간 후 제목을 약간씩 수정하면서《아사히신문》에서 꾸준히 연재를 이어갔다. 내용은 주인공 소년 쇼짱과 그의 동무 다람쥐의 다양한 모험을 그린 것으로, 서양적인 풍의 그림과 동화적인 이야기가 당시 독자들의 많은 사랑을 받았다.

니었다. 이 우표 속 모습에는 에로틱한 느낌과 정치적인 색채가 빠져 있다. 그 당시 미쓰코시 백화점의 광고 속에서 정작 특색 없이 표현된 것은 남성의 얼굴이었다는 사실을 상기할 필요가 있다.

끝마치며

만약 이 책이 쇼와 초기 일본의 구석구석까지 팽배해 있던 대중문화가 퍼트린 긴장, 분열, 에너지에 관해 조금이라도 보여주었다면, 나의 몽타주는 소기의 목적을 달성한 셈이다. 이것은 결국 하나의 몽타주로서, 일련의 병치요, 시각이요, 관점이다. 그것은 전시 일본으로 넘어가고 그 시대를 관통하는 전환의 서사들을 다루는 중대한 노력을 할 때, 우리가 방향을 잃지 않게 다양한 방식으로 재정립될 수 있는 일련의 순간들과 이미지들이다. 포르노그래프처럼 되어버린 에로가 때로는 그로테스크하게 되어버렸고, 가난의 밑바닥을 살고 있는 이들의 그로테스크함이 때로는 넌센스하게 보였을 수도 있지만, 에로틱 그로테스크 넌센스 시기에 일본의 모던한 순간은 전혀 넌센스하지 않았다. 근대 일본 문화의 역사는 남과 여, 도시의 거리로 놀러 나갔다가 얼마 후에는 전쟁터에 끌려가야 했던 어린아이들이 만들어내고 사로잡히고 기억했던 의미와 긴장으로 점철되어 있다. 적어도 더 이상 기억하지 말라고 강요받기 전까지는 말이다.

주석

1   영어 판본의 『도카이도 도보여행(東海道膝栗毛)』은 *Shank's Mare*, Thomas Satchell 역(Rutland, VT: Charles E. Tuttle Company, 1960)을 보라. 〈노래하는 야지키타(歌う弥次喜多)〉에 관한 리뷰는 KJ, 1937년 8월 11일, 98쪽을 보라. 세 편의 파라마운트 영화들의 광고는 KJ, 뒷표지, 1927년 10월 11일; 1927년 12월 1일, 89쪽; 1928년 4월 21일.

2   *Cardinal Principles of the National Entity of Japan*, John Owen Guntlett 역, Robert King Hall 편(Newton: Crofton Publishing Corp., 1974), 150쪽, 159쪽, 175쪽, 178쪽. 文部省, 『国体の本義(국체의 본의)』(1937), 115쪽, 126쪽, 143쪽, 148쪽.

3   Anthony C. Yu 역, 편, "Introduction," *Journey to the West* (Chicago: University of Chicago Press, 1977), 35쪽. 가와무라가 말하는 토인들은 아시아 및 동남아시아인들이지만, 그들은 명백하게 존 러셀이 주창한 중재 관계라는 범주에 들어간다. 가와무라에 따르면, 일본인 식민자는 식민지에서 원시성을 찾아냄으로써 자신의 '문명성'을 깨닫는다. 마찬가지로 가와무라는 원시성을 찾는 것은 자신의 야만성을 찾는 것임을 경고했다. 가와무라가 보기에 일본에게 '근대'의 문제는 일본 고유의 문화와 문명을 만들어내는 동시에 주변 아시아인들과 태평양 지역의 사람들을 '근대화', 말하자면 '동양화'시켜야 한다는 동시적 필요성에 있었다. 川村湊, 「大衆オリエンタリズムとアジア認識(대중 오리엔탈리즘과 아시아 인식)」.
    일본의 팽창이라는 맥락에서 〈손오공(孫悟空)〉에 대한 풍부하고 상세한 분석은 Michael Baskett, "The Attractive Empire: Colonial Asian and Japanese Imperialism Film Culture, 1931-1953,"(Ph.D. dissertation, UCLA, East Asian Languages and Cultures, 2000)을 보라.

4   KJ, 1929년 6월 1일, 43-50쪽. KJ, 1930년 10월 11일, 98-99쪽. 〈정글〉은 1929년 어거스트 브루크너(August Bruckner)가 연출한 독일 영화 〈Samba〉였다.

5   KJ, 1929년 12월 1일, 83-85쪽. KJ, 1929년 8월 21일의 인용 참조. 또한 KJ, 1929년 9월 21일. 福沢諭吉, 「脱亜論(탈아론)」, 《時事社報(시사사보)》 1885년 3월 16일.

6   이 거대한 두꺼비는 마키노 쇼조(牧野省三)가 연출하고 오노에 마쓰노스케가 출연한 무성영화 〈지라이야(地雷也)〉에 등장한다.

7   1973년에서 1974년의 오일 쇼크에 뒤따른 시타마치 붐(下町ブーム)에 대한 언급은 神山圭介, 『浅草の百年: 神谷バーと浅草の人びと(아사쿠사의 백년: 카미야 바와 아사쿠사의 사람들)』(踏青社, 1989), 232쪽을 보라. 藤田省三, 「或る喪失の経験: 隠れん坊の精神史(어느 상실의 경험: 숨바꼭질의 정신사)」, 「新品文化-序章に代えて(신품문화: 서문을 대신해)」, 『藤田省三著作集 5 精神史的考察(후지타 쇼조 저작집 5 정신사적 고찰)』(みすず書房, 1997), 3쪽, 6-8쪽, 14쪽, 17쪽, 33쪽, 38-42쪽(원전은 《こどもの館(어린이의 집)》, 1981년 9월과 《みすず(미스즈)》 1981년 2월에 실렸다).

8   神山圭介, 『浅草の百年: 神谷バーと浅草の人びと』, 104~5쪽.

9   朝日新聞東京本社社会部, 『下町』(朝日新聞社, 1984), 158쪽, 231쪽, 229쪽. 아사쿠사의 밑바닥 사회에 대한 다른 언급과 룸펜이라는 말에 대해서는 神山圭介, 『浅草の百年: 神谷バーと浅草の人びと』, 104쪽을 보라.

10 小林信彦, 『僕たちの好きな戦争(우리는 호전꾼)』(新潮社, 1986), 특히 17-24쪽; 神山圭介, 『浅草の百年: 神谷バーと浅草の人びと』, 83쪽-185쪽.

11 「昭和レトロモダン主義(쇼와 레트로 모던주의)」; 川口明子, 「モガ 1 吉屋信子(모가 1 요시야 노부코)」, 「モガ 2 入江たか子(모가 2 이리에 다카코)」, 「モガ 3 田中千代(모가 3 다나카 치요)」; 岡山幸子, 「30年代銀座モガの肖像: ‘近代モードの似合う場所—’ 資生堂グラフに登場する町のゾラたち(30년대 긴자모가의 초상: ‘근대모드에 어울리는 장소’ 시세이도 그래프에 등장하는 거리의 졸라들)」 이상 모두 《Zola(졸라)》, 1998년 10월, 28-29쪽, 38-39쪽, 48-49쪽, 94-95쪽.

감사의 글

오랜 시간 동안 지원을 아끼지 않은 모든 분들께 고마움을 전한다. '이 책'이 나오기까지 많은 열정과 관심을 보여준 대학원생들에게도 감사한다. 특히, 마이클 배스캣, 엘리사 페이슨, 미즈노 히로미, 다케우치 미치코, 그레그 밴더빌트에게 고마움을 전한다. 또한 나의 학생들 토드 헨리, 기노자 나오미, 서석배, 크리스틴 데니히, 데이비드 이슨, 정행자, 앤 마리 데이비스, 나카무라 신, 송은지, 헬렌 리, 마빈 스털링, 이마마사 하지메, 야스타케 루미, 아즈마 에이치로, 최성, 테라자와 유키에게도 감사한다.

신경이 예민해진 나를 잘 참아준 가족들 조, 게일, 케이티 실버버그, 사이빌 헥스터, 편과 루이스 구스만, 신디 레빈, 헬렌 홉스에게 고맙다. 항상 옆에서 내 원고를 읽어주었던 산데 코헨, 프레드 노트헬퍼, 마틴 크리거, 나지타 데쓰오, 제이미 퀸, 수 엘렌 케이스, 세이지 리피트, 에샤 드, 수전 포스터, 조이스 애플비, 켄 포머란츠, 가노 마사나오, 마이클 보르다, 해리엣 뮬렌, 월터 류, 쓰루미 슌스케, 짐 후지이, 마리코 타마노이, 노마 필드, 마쓰모토 발레리, 후지타니 탁에게도 감사의 말을 전하고 싶다.

또 동료이자 친구인 하루코 후지타, 게일 번스타인, 수전 그리스울드, 손드라 해일, 미셸 테인바움, 쓰토무 미즈사와, 앤 앨리슨, 요코 사이토, 수란잔 드, 후미코 니시노 프리데발트, 뮤리엘 맥클렌든, 장 레이프, 먼데이 나이트그룹, 버스데이걸스, 갓투스탑미팅그룹, 마돈나 헤팅거, 마리아 림베리스, 호소카와 슈헤이, 헤이든 화이트, 서경식, 재닛 거손, 타니 발로우, 마거릿 브로우즈 노라 바지브, 마사오 미요시, 도린 콘도, 앨리스 웩슬러, 류사와 다케시, UCLA여성학연구소의 동료들, 후지메 유키, 샤론 트라위크, 조나단 홀, 켄 위소커, 토시 사네요시, 허먼 움스, 스탠포드인문학연구소의 동료들, MJ 마노키오, 요시미 슌야, 헨리 스미스, 사울 프리들랜더, 해리 하루투니언, 카렌 브로드킨, 벨리 피오리, 가노 마사나오, 캘리포니아인문학연구소의 식민주의와 모더니티 그룹, 앤 노트헬퍼, 니시카와 유코, 송연옥, 데버러 실버맨, 노라 바지브, 마리코 버드, 앤 윌트홀, 릭과 헬렌 워너, 애론 셀리그먼, 웨인, 스캐피노, 피오렐로 피서, 나카가와 시게미, 린 슈쿠미, 스테파니 퀸, 존 다우어, 니무라 가즈오, 노마 필드, 무시가무네히로, 헬렌 사네마쓰, 에이미 리클린, 후지타 유이치, 제프리 프레이저, 돈과 토시코 맥컬럼, 노아 구스만, 리사 웨이드위츠, 리사 요네야마, 하워드 파인스테인, 한스와 클래어 로저, 호세 페레그리노, 스테이시 야마오카, 버스터 실버버그, 재닛 거손, 릴리안 왕, 오카모토 나오코, 마거릿 프라이발트, 인터내셔널하우스의 직원들, 메리 이거, 야스미도코로, 진 토빈, 최충무 등에게도 감사한다. 또한 아가 샤히드 알리, 이시도 키요토모, 사타 이네코에게도 감사한다.

더불어 아사히신문 아카이브, 르노히카리 아카이브, 슈후노토모 라이브러리, 가와키타메모리얼필름 아카데미에서도 많은 도움을 받았다. 이 책은 구겐하임 재단과 국립인문학재단, 스탠포드인문학연구소와 UCLA

일본학연구소, UCLA사회과학부 사무처장과 UCLA역사학과의 지원을 받았다.

시카고대학, 듀크대학, 리츠메이칸대학, 캘리포니아대학, 산타크루즈, 남캘리포니아 일본세미나, 스탠포드대학에서 강의를 듣고 의견을 주었던 많은 분들에게도 감사하고 싶다.

또한 참을성 있게 기다려준 편집자 쉴라 레빈과 끈기 있고 꼼꼼하게 교정을 보아준 에리카 부키에게 진심으로 감사한다. UC출판의 마리 세브란스와 다네트 데이비스에게도 감사를 전한다. 처음부터 끝까지 도움을 아끼지 않은 제니 부, 제스 엔젤, 첼시 첸디 쉬이더, 그리고 끝까지 지켜봐준 켈빈 텡의 수고가 없었다면 이 책은 완성되지 못했을 것이다.

마지막으로, 이 책의 처음부터 끝까지 몇 번이고 읽어준 웨인에게 다시 한 번 감사의 말을 전한다.

참고문헌

약어 정리

EH 《영화평론(映画評論)》

ET 《영화의 벗(映画の友)》

GYS 곤다 야스노스케, 『곤다 야스노스케 저작집(権田保之助著作集)』

HF 하야시 후미코, 『방랑기(放浪記)』

HRC 히라쓰카 라이초, 『히라쓰카 라이초 저작집(平塚らいてう著作集)』

KJ 《키네마 준포(キネマ旬報)》

KKMS 구사마 야소오, 『근대 하층민중 생활지(近代下層民衆生活誌)』

KNDS 구사마 야소오, 『근대일본의 밑바닥 사회(近代日本のどん底社会)』

KSS 미나미 히로시, 『근대서민생활지(近代庶民生活誌)』

KTKS 구사마 야소오, 『근대 도시 하층사회(近代都市下層社会)』

KWS 곤 와지로, 『곤 와지로집(今和次郎集)』

KY 가와바타 야스나리, 『아사쿠사 구레나이단(浅草紅団)』

NFMSS 마루오카 히데코, 『일본 부인문제 자료 집성(日本婦人問題資料集成)』

NMK 미나미 히로시, 『일본모더니즘의 연구: 사상, 생활, 문화(日本モダニズムの研究: 思想, 生活, 文化)』

NS 나카자와 세타로, 「혼전 '아시아의 폭풍'(混戦'アジアの嵐')」

OM 오바야시 무네쓰구, 『여급생활의 신연구(女給生活の新研究)』

SA 소에다 아젠보, 『아사쿠사 저류기(浅草底流記)』

SB 미나미 히로시, 사회심리연구소, 『쇼와문화(昭和文化)』

SH 사토 하치로, 『아사쿠사(浅草)』

ST 《주부의 벗(主婦の友)》

TB 미나미 히로시, 사회심리연구소, 『다이쇼문화(大正文化)』

TNS 《도쿄니치니치신문(東京日日新聞)》

인터뷰

사타 이네코, 1982년 10월, 사타 이네코의 집(東京).
사타 이네코, 1986년 8월, 사타 이네코의 집(軽井沢).
사타 이네코, 1990년 8월, 사타 이네코의 집(東京).

잡지/저널

중앙공론(中央公論)
영화평론(映画評論)
영화과학연구(映画科学研究)
영화의 벗(映画の友)
부인공론(婦人公論)
긴자(銀座)
그로테스크(グロテスク)
가정의 빛(家の光)
근대생활(近代生活)
근대사상(近代思想)
키네마준포(キネマ旬報)
킹(キング)
광화(光画)
미야코신문(都新聞)
여인예술(女人芸術)
생활(生活)
신초(新潮)
주부의 벗(主婦の友)
주간 아사히(週刊朝日)
도쿄아사히신문(東京朝日新聞)
도쿄니치니치신문(東京日日新聞)

일본어 자료

赤沢史朗・北河賢三 편.『文化とファシズム(문화와 파시즘)』. 日本経済評論社, 1993.

網野善彦, 小沢昭一, 宮田登 편.『大系日本歴史と芸能 13 大道芸と見世物(대계 일본역사와 예능 13 다이도게와 미세모노)』. 平凡社, 1991.

安藤更生.『銀座細見(긴자세견)』. 中央公論社, 1977.

荒畑寒村.「刊行者としての思い出(간행자로서의 추억)」.『近代思想復刻版(근대사상복간판)』. 地六社, 1960.

新井泉男,「乞食の風俗(거지의 풍속)」. 今和次郎・吉田謙吉,『モデルノロヂオ: 考現学(모더놀로지: 고현학)』.

朝日新聞社 편.『アサヒグラフに見る昭和の世相(아사히그라프로 보는 쇼와의 세태)』. 朝日新聞社, 1975.

朝倉無声.『見世物研究(미세모노 연구)』. 思文閣出版, 1977, 1988.

──────.〈音と映像と文字による日本歴史と芸能(소리와 영상과 문자로 보는 일본역사와 예능)〉. 平凡社, 1991.

淡谷のり子.『わが放浪記(나의 방랑기)』. 日本図書センター, 1997.

粟津潔・井伊多郎・穂坂久仁雄.『昭和11年の女: 阿部定(쇼와11년의 여자: 아베 사다)』. 田畑書店, 1976.

千葉伸夫.『チャプリンが日本を走った(채플린이 일본을 달렸다)』. 青蛙房, 1992.

出口丈人.「何が白人コンプレックスを産み出したか(무엇이 백인 콤플렉스를 낳았는가)」. 岩本憲児 편.『日本M映画のモダニズム 1920-1930(일본영화의 모더니즘 1920-1930)』. リブロポート, 1991.

榎本健一.『喜劇放談エノケンの青春(희극방담 에노켄의 청춘)』. 明玄書房, 1956.

江崎清.『写場人物撮影入門(사진관 인물촬영 입문)』. 光大社, 1938.

藤目ゆき.『性の歴史学(성의 역사학)』. 不二出版, 1997.

藤森成吉.『何が彼女をそうさせたか(무엇이 그녀를 그렇게 만들었나)』. 改造社, 1927.

藤森照信.「今和次郎とバラック装飾社: 震災復興期の建築(곤 와지로와 바라크 장식사: 진재부흥기의 건축)」. Karamu 88호(1983년 4월호).

──────・初田亨・藤岡洋保 편.『失われた帝都東京: 大正・昭和の街と住い(잃어버린 제국 수도 도쿄: 다이쇼・쇼와 거리와 주거지)』. 柏書房, 1991.

藤田省三. 「藤田省三著作集 5 精神史的考察(후지타 쇼조 저작집 5 정신사적 고찰)」. みすず書房, 1997.

深作安文. 『改訂現代女子修身(개정 현대 여자 수신)』. 大倉広文堂, 1931.

権田保之助. 「1930年の解雇: 映画(1930년의 회고: 영화)」. 権田保之助. 『權田保之助著作集(곤다야 스노스케 저작집)』(이후 GYS로 표기) 4권. 文和書房, 1974-1975.

──── . 「'浅草'を中心として('아사쿠사'를 중심으로)」. GYS, 1: 279-86.

──── . 「映画説明の進化と説明芸術の誕生(영화설명의 진화와 설명예술의 탄생)」. GYS, 4: 119-29.

──── . 「復興の都を眺めて(부흥의 도시를 바라보며)」(1924). GYS, 4: 130-46.

──── . 「現代の娯楽に現われた時代相(현대오락에 나타난 시대상)」(1929). GYS, 4: 169-73.

──── . 「銀ぶらと道ぶら: 三都情趣(긴자 산책과 도톤보리 산책: 세 도시 정취)」(1922). GYS, 4: 68-71.

──── . 「娯楽地 '浅草'の研究(오락지 '아사쿠사' 연구)」(1930). GYS, 4: 174-230.

──── . 『娯楽業者の群(오락업자 무리)』. 実業之日本社, 1923.

──── . 「いわゆる 'モダン生活'と娯楽(이른바 '모던생활'과 오락)」. GYS, 2: 240-246.

──── . 「家庭における娯楽(가정에서의 오락)」. GYS, 4: 161-68.

──── . 「Kdfとその奉献事業(Kdf와 그들의 봉헌사업)」. 《Onsen》, 1942년 6월호.

──── . 「吉備団子とすき焼き-岡山と神戸の民衆娯楽(수수경단과 스키야키-오카야마와 고베의 민중오락)」. GYS, 1권.

──── . 『国民娯楽の問題(국민오락의 문제)』(1941). GYS, 3: 5-225.

──── . 「国民構成運動のナチス的性格(국민구성 운동의 나치스적 성격)」. 《ドイツ》, 1942년 7월.

──── . 「民衆娯楽(민중오락)」. GYS, 4: 72-82.

──── . 『民衆娯楽の基調(민중오락의 기조)』. 同人社書店, 1922. GYS에 재수록, 1: 289-403.

──── . 『民衆娯楽論(민중오락론)』. 巌松堂書店, 1931.

──── . 「民衆の娯楽生活に現れたる国民性情(민중의 오락생활에 나타난 국민성정)」(1921). GYS, 4: 33-39.

──── . 『ナチス厚生団(나치스 후생단)』. 栗田書店, 1942.

──.「ポスターの巷: 浅草の民衆娯楽(포스터의 거리: 아사쿠사의 민중오락)」(1921). GYS, 1: 268-78.

──.「労働者娯楽論(노동자 오락론)」(1933). GYS, 4: 255-80.

──.「青年娯楽の推移と現代青年娯楽の特徴(청년오락의 추이와 현대 청년오락의 특징)」(1923). GYS, 4: 83-97.

──.「社会生活に於ける娯楽の一考察(사회생활에서 오락의 제고찰)」(1924). GYS, 2: 183-254.

──.「資本主義社会と流行(자본주의사회와 유행)」(1922). GYS, 4: 57-67.

──.「震災時に現われたる娯楽の諸形相(진재 때 나타나는 오락의 제형상)」. GYS, 2권.

Barbara Hamill.「女性: モダニズムと権利意識(여성: 모더니즘과 권리의식)」. 南博.『日本モダニズムの研究: 思想, 生活, 文化(일본모더니즘의 연구: 사상, 생활, 문화)』.

──.「日本モダニズムの思想: 平林初之輔を中心として(일본모더니즘의 사상: 히라바야시 하쓰노스케를 중심으로)」. 南博.『日本モダニズムの研究: 思想, 生活, 文化』.

原健太郎.『東京喜劇: あちゃらかの歴史(도쿄희극: 아차라카의 역사)』. NTT出版, 1994.

林芙美子.『放浪記(방랑기)』. 新潮社, 1947, 1974.

平塚らいてう.『平塚らいてう著作集(히라쓰카 라이초 저작집)』. 大月書店, 1983.

広津和郎.『女給(여급)』.『広津和郎全集(히로쓰 가즈오 전집)』. 中央公論社, 1998.

堀野羽津子 편.『思い出のメロディー(추억의 멜로디)』. 成美堂出版, 1992.

保篠竜緒.「モダーン新聞雑誌映画漫談(모던 신문, 잡지, 영화, 만담)」.《改造(카이조)》1929년 6월호.

市川孝一.「流行歌にみるモダニズムとエログロナンセンス(유행가로 보는 모더니즘과 에로그로넌센스)」. 南博.『日本モダニズムの研究: 思想, 生活, 文化』.

家の光協会 편.『家の光の四十年(가정의 빛 40년)』. 家の光協会, 1968.

五十嵐富夫.『飯盛女(메시모리 온나)』. 新人物往来社, 1981.

──.『日本女性文化史(일본여성문화사)』. 吾妻書館, 1984.

飯島正.『映画の見かた(영화 보는 방법)』. 文昭社, 1943.

──.『シネマのABC(시네마의 ABC)』. 厚生閣書店, 1929.

池井優.「1930年代のマスメディア(1930년대의 매스미디어)」. 三輪公忠 편.『再考太平洋戦争前夜: 日本の1930年代論として(재고 태평양 전쟁 전야: 일본의 1930년대론으

로써)』. 創世記, 1981.

今井清一 편. 『日本の百年 6 震災にゆらぐ(일본의 백년 6 진재에 흔들리다)』. 筑摩書房,
    1962.

伊奈信男. 「写真にかえれ(사진으로 돌아가)」. 《光画(광화)》(1), 1호, 1932, 1-14.

稲垣吉彦, 吉沢典男. 『昭和ことば史60年(쇼와 언어사 60년)』. 講談社, 1985.

井上喜一郎. 「モダン快楽生活の再吟味(모던쾌락생활의 재음미)」. 《中央公論(중앙공론)》,
    1932년 1월, 127-31.

石井良助. 『吉原: 江戸の遊廓の実態(요시와라: 에도 유곽의 실태)』. 中央公論社, 1967.

石川弘義 편. 『娯楽の戦前史(오락의 전전사)』. 東京書籍株式会社, 1981.

石角春之助. 「乞食裏譚(거지 뒷이야기)」. 林英夫 편. 『近代民衆の記録 4 流民(근대민중의
    기록 4 유민)』. 新人物往来社, 1971. 『近代日本の乞食(근대일본의 거지)』(明石書店,
    1996)로 재간행.

磯村英一. 「序文(서문)」. 磯村英一・安岡憲彦 편. 草間八十雄, 『近代下層民衆生活誌 1 貧民
    街(근대 하층민중 생활지 1 빈민가)』. 明石書店, 1987.

磯野誠一・磯野富士子. 『家族制度(가족제도)』. 岩波書店, 1958.

伊丹万作. 「新時代映画に関する考察(새 시대 영화에 관한 고찰)」. 『伊丹万作全集(이타미
    만사쿠 전집)』 1권. 筑摩書房, 1961, 5-16.

伊藤幹治. 『家族国家観の人類学(가족국가관의 인류학)』. ミネルヴァ書房, 1982.

岩崎昶. 『映画芸術史(영화예술사)』. 世界社, 1930.

――――. 『映画の芸術(영화의 예술)』. 協和書院, 1936.

――――. 『映画論(영화론)』. 三笠書房, 1936.

――――. 『映画と資本主義(영화와 자본주의)』. 往来社, 1931.

――――. 『日本映画私史(일본영화 개인사)』. 朝日新聞社, 1977.

カジノフォーリー文芸部 편. 『カジノフォーリーレビュー脚本集(카지노 폴리 레뷰 각본
    집)』. 内外社, 1931.

神島二郎. 「あとがきにかえて(후기)」. 久野収, 神島二郎 편. 『'天皇制'論集('천황제' 논
    집)』.

神山圭介. 『浅草の百年: 神谷バーと浅草の人びと(아사쿠사의 백년: 카미야 바와 아사쿠
    사의 사람들)』. 踏青社, 1989.

鹿野政直. 『婦人, 女性, 女(부인, 여성, 여자)』. 岩波書店, 1989.

──.『戦前・'家'の思想(전전・'이에'의 사상)』. 創文社, 1983.

──.『大正デモクラシーの底流: '土俗'的精神への回帰(다이쇼데모크라시의 저류: '토속'적 정신으로의 회귀)』. NHKブックス, 1974.

加納実紀代 편.『女性と天皇制(여성과 천황제)』. 思想の科学社, 1979.

加納実紀代・天野恵一.『反天皇制(반천황제)』. 社会評論社, 1990.

片岡鉄平.「モダンガールの研究(모던걸 연구)」. 南博 편.『近代庶民生活誌(근대서민생활지)』.

──.「女の脚(여자의 다리)」. 南博 편.『近代庶民生活誌』.

加藤明美.「民法改正要綱と女性(민법개정요망과 여성)」. 近代女性史研究会 편.『女たちの近代(여성들의 근대)』. 柏書房, 1978.

川端康成.『浅草紅団(아사쿠사 구레나이단)』. 先進社, 1930. 복제본은 近代文学館 편, 1980.

川村湊.「大衆オリエンタリズムとアジア認識(대중 오리엔탈리즘과 아시아 인식)」.『岩波講座近代日本と植民地 7 文化のなかの植民地(이와나미강좌 근대일본과 식민지 7 문화 속의 식민지)』. 岩波書店, 1993.

川添登.『今和次郎 その考現学(곤 와지로 그 고현학)』. リブロポート, 1987.

金一勉.『天皇の軍隊と朝鮮人慰安婦(천황의 군대와 조선인 위안부)』. 三一書房, 1976.

木村涼子.「婦人雑誌の情報空間と女性大衆読者の成立(부인잡지의 정보공간과 여성 대중 독자의 성립)」.《思想(사상)》1992년 2월호, 229-52.

岸田劉生.『岸田劉生全集(기시다 류세이 전집)』. 岩波書店, 1979.

北村兼子.「怪貞操(이상한 정조)」. 南博 편.『近代庶民生活誌』1권.

清沢洌.「モダンガールの研究」. 南博 편.『近代庶民生活誌』.

小林信彦.『僕たちの好きな戦争(우리는 호전꾼)』. 新潮社, 1986.

小池富久.「丸ビルモガ散歩コース(마루빌딩 모가 산보코스)」. 今和次郎・吉田謙吉.『モデルノロヂオ: 考現学』

今和次郎.『朝鮮部落調査特別報告 1 民家(조선부락조사특별보고 1 민가)』. Seoul: 朝鮮総督府, 1924.

──.「デパート風俗採集(백화점 풍속채집)」(1928). 今和次郎, 吉田謙吉.『モデルノロヂオ: 考現学』, 206-16.

──.「現代風俗(현대풍속)」. 長坂金雄 편.『本風俗史講座(일본풍속사 강좌)』10권.

雄山閣, 1929.

──.「本所深川貧民窟付近風俗採集(혼조후카가와 빈민굴 부근 채집)」(1925). 今和次郎, 吉田謙吉.『モデルノロヂオ: 考現学』. KWS, 1: 109-33.

──.「井の頭公園春のピクニック(이노카시라 공원 봄의 피크닉)」(1927). 今和次郎, 吉田謙吉.『モデルノロヂオ: 考現学』. KWS, 1:291-94.

──.「井の頭公園自殺場所分布図(이노카시라 공원 자살장소 분포도)」. 今和次郎, 吉田謙吉.『モデルノロヂオ: 考現学』.

──.「考現学総論(고현학 총론)」. 今和次郎, 吉田謙吉.『考現学採集: モデルノロヂオ(고현학 채집: 모더놀로지)』. 11-34.

──.「考現学とは何か(고현학이란 무엇인가)」(1930). 今和次郎, 吉田謙吉.『モデルノロヂオ: 考現学』. KWS, 1: 13-23.

──.『今和次郎集(곤 와지로집)』. ドメス出版, 1971-72.

──.「小樽市風俗調査」. 今和次郎, 吉田謙吉.『考現学採集: モデルノロヂオ』. 267-21.

──.『新版大東京案内(신판 대도쿄안내)』. 批評社, 1986.

──.「新家庭の品物調査(신가정의 물품조사)」(1926). 今和次郎, 吉田謙吉.『モデルノロヂオ: 考現学』. KWS, 1: 345-66.

──.「東京銀座街風俗記録(도쿄긴자거리 풍속기록)」(1925). 今和次郎, 吉田謙吉.『モデルノロヂオ: 考現学』. KWS, 1: 53-108.

今和次郎, 吉田謙吉.『考現学採集: モデルノロヂオ』. 建設社, 1931.

──.『モデルノロヂオ: 考現学』. 学陽書房, 1930.

小山静子.『良妻賢母という規範(현모양처라는 규범)』. 勁草書房, 1991.

九鬼周造.『'いき'の構造('이키'의 구조)』. 岩波書店, 1979.

久野収・神島二郎 편.『'天皇制'論集('천황제'논집)』. 三一書房, 1976.

草間八十雄.『浮浪者と売春婦の研究(부랑자와 매춘부 연구)』. 文明協会, 1927.

──. 磯村英一・安岡憲彦 편.『近代下層民衆生活誌(근대 하층민중 생활지)』3권. 明石書店, 1987.

──. 安岡憲彦 편.『近代日本　のどん底社会(근대일본의 밑바닥 사회)』. 明石書店, 1992.

──. 磯村英一・安岡憲彦 편.『近代都市下層社会 2 貧民街, 浮浪者, 不良児, 貧児(근대도시하층사회 2 빈민가, 부랑자, 불량아, 가난한 아이)』. 明石書店, 1990.

桑原甲子雄. 『東京昭和十一年(도쿄·쇼와 11년)』. 晶文社, 1974.

前田愛. 『幻景の街: 文学の都市を歩く(환상의 거리: 문학의 도시를 걷다)』. 小学館, 1986.

─── . 『近代読者の成立(근대독자의 성립)』. 有精堂, 1972. 岩波書店, 1993 재간행.

─── . 『都市空間のなかの文学(도시공간 안의 문학)』. 筑摩書房, 1982.

前田愛·清水勲 편. 『大正後期の漫画(다이쇼 후기의 만화)』. 筑摩書房, 1986.

前田一. 『職業婦人物語(직업부인 이야기)』. 東洋経済出版部, 1921.

牧野守 편. 『復刻版映画検閲時報解説(복각판 영화검열시보 해설)』. 不二出版, 1985.

牧瀬菊枝. 「自分史の中の天皇制(내 역사 안의 천황제)」. 加納実紀代 편. 『女性と天皇制』. 思想の科学社, 1979.

丸岡秀子 편. 『日本婦人問題資料集成 8 家族問題(일본 부인문제 자료 집성 8 가족문제)』. ドメス出版, 1976.

丸岡秀子, 山口美代子 편. 『日本婦人問題資料集成 10 近代日本婦人問題年表(일본 부인문제 자료 집성 10 근대일본부인문제연표)』. ドメス出版, 1980.

水上滝太郎. 「帝都復興祭余興(제국수도부흥제 여흥)」. 今井清一 편. 『震災にゆらぐ(진재에 흔들리다)』.

南博 편. 『近代庶民生活誌』. 三一書房, 1984-1998.

─── . 『日本のモダニズム: エロ·グロ·ナンセンス(일본의 모더니즘: 에로 그로 넌센스)』. 《現代のエスプリ(현대의 에스프리)》 vol.188. 至文堂, 1983.

─── . 『日本モダニズムの'光'と'影': 近代庶民生活(일본모더니즘의 '빛'과 '그림자': 근대서민생활)』. 三一書房, 1984.

─── . 『日本モダニズムの研究: 思想, 生活, 文化』. ブレーン出版, 1982.

─── . 『다이쇼문화大正文化』. 勁草書房, 1965.

南博, 社会心理研究所 편. 『昭和文化(쇼와문화)』. 勁草書房, 1992.

師尾源蔵. 『新朝鮮風土記(신조선풍토기)』. 万里閣書房, 1930.

村上信彦. 『大正女性史(다이쇼 여성사)』. 理論社, 1982.

─── . 『大正期の職業婦人(다이쇼기의 직업부인)』. ドメス出版, 1983.

村山知義. 『演劇的自叙伝 2: 1922-1927(연극적 자서전 2: 1922-1927)』. 東邦出版社, 1971.

─── . 『現在の芸術と未来の芸術(현재의 예술과 미래의 예술)』. 大文堂, 1924.

─── . 『構成派研究(구성파연구)』. 中央美術社, 1926.

─── . 『日本プロレタリア演劇論(일본프롤레타리아 연극론)』. 天人社, 1930.

———. 『プロレタリア美術のために(프롤레타리아 미술을 위해)』. アトリエ社, 1930.

長江道太郎. 『映画・表現・形式(영화・표현・형식)』. 京都: 教育図書株式会社, 1942.

中野嘉一. 『モダニズム詩の時代(모더니즘 시의 시대)』. 宝文館, 1986.

中尾達郎. 『すい・つう・いき: 江戸の美意識攷(스이, 쓰우, 이키: 에도의 미의식)』. 三弥
　　　井書店, 1984.

文化日本社 편. 『日本文化映画年鑑: 昭和15年版(일본 문화영화 연감: 쇼와15년판)』. 文化
　　　日本 社, 1941.

仲沢清太郎. 「混戦アジアの嵐'(혼전 '아시아의 폭풍')」. カジノフォーリー文芸部 편. 『カ
　　　ジノフォーリーレビュー脚本集』. 内外社, 1931.

新居格. 「モダンガールの輪郭(모던걸의 윤곽)」. 《婦人公論》, 1925년 4월호.

———, 片岡鉄平, 三宅禎子 외. 「モダン生活漫談会(모던생활만담회)」. 《新潮(신초)》, 928
　　　년 1월, 123-47.

西川祐子. 『借家と持ち家の文学史: '私'の器の物語(전세와 자가의 문학사: '나'의 그릇 이야
　　　기)』. 三省堂, 1998.

———. 「住まいの変遷と'家庭'の成立(주거의 변천과 '가정'의 성립)」. 女性史総合研究会
　　　편. 『日本女性生活史(일본여성생활사)』 4권. 東京大学出版会, 1990, 4:1-49.

西山松之助. 『江戸町人の研究(에도 초닌 연구)』. 吉川弘文館, 1973.

———. 『江戸っ子(에도코)』. 吉川弘文館, 1980.

———. 『江戸ことば百話(에도말 100화)』. 吉川弘文館, 1980.

———. 『江戸の生活文化』. 吉川弘文館, 1983.

———. 『近世文化の研究(근세문화의 연구)』. 吉川弘文館, 1983.

本の森編集部 편. 『阿部定: 事件調書全文(아베 사다: 사건조서전문)』. コスミックイン
　　　ターナショナル, 1997.

大林宗嗣. 『女給生活の新研究(여급생활의 신연구)』. 大原社会問題研究所, 1931.

尾形明子. 『女人芸術の世界(여인예술의 세계)』. ドメス出版, 1980.

小熊英二. 『日本人の境界: 沖縄・アイヌ・台湾・朝鮮植民地支配から復帰運動まで(일본
　　　인의 경계: 오키나와・아이누・타이완・조선 식민지 지배부터 북귀운동까지)』. 新
　　　曜社, 1998.

大宅壮一. 「百パーセントモガ(100퍼센트 모가)」. 『大宅壮一全集(오야 소이치 전집)』. 2:
　　　10-17.

──────.「モダンライフ再吟味(모던라이프 재음미)」.《中央公論》, 1929년 2월호, 177-82.

──────.「モダン層とモダン相(모던층과 모던상)」.《中央公論》 1929년 2월호.『大宅壮一全集』, 1981, 2:5-8에 재수록.

尾崎翠.「映画漫想, Ⅰ-Ⅳ(영화만상, 1-4)」.『尾崎翠全集(오사키 미도리 전집)』. 創樹社, 1979, 314-42.

──────.「木犀(목서)」.『尾崎翠全集』, 154-59.

──────.「杖と帽子の偏執者(지팡이와 모자 편집광)」.『尾崎翠全集』, 359-64.

労働運動史研究会・労働者教育協会 편.『日本労働運動の歴史(일본노동운동의 역사)』. 三一書房, 1960.

榊原昭二.『昭和語: 60年世相史(쇼와어: 60년 세상사)』. 朝日新聞社, 1986.

桜本富雄.『大東亜戦争と日本映画: 立ち見の戦中映画論(대동아전쟁과 일본영화: 입석의 전중영화론)』. 青木書店, 1993.

佐多稲子.「幹部女工の涙(간부여공의 눈물)」.『佐多稲子全集(사타 이네코 전집)』1권. 講談社, 1977.

──────.「祈祷(기도)」.『佐多稲子全集』1권. 講談社, 1977.

──────.「強制帰国(강제귀국)」.『佐多稲子全集』1권. 講談社, 1977.

──────.「小幹部(소간부)」.『佐多稲子全集』1권. 講談社, 1977.

サトウハチロー.『浅草(아사쿠사)』. 素人社, 1932.

島村竜造.「ルンペン社会学(룸펜 사회학)」. カジノフォーリー文芸部 편.『カジノフォーリーレビュー脚本集』. 内外社, 1931.

下中弥三郎 편.『大事典』. 平凡社, 1934.

塩見鮮一郎.『弾左衛門とその時代: 賎民文化のドラマツルギー(다자에몬과 그 시대: 천민문화의 드라마트루기)』. 批評社, 1993.

思想の科学研究会 편.『共同研究 転向(공동연구 전향)』. 平凡社, 1959-1962; 1973년 재간행.

週刊朝日 편.『値段の明治・大正・昭和風俗史(가격의 메이지・다이쇼・쇼와 풍속사)』1권. 週刊朝日, 1987-1989.

添田唖蝉坊.「浅草底流記(아사쿠사 저류기)」.『添田唖蝉坊・添田知道著作集 2(소에다 아젠보・소에다 도모미치 저작집 2)』. 刀水書房, 1982.

曾根ひろみ.「'売女'考-近世の売春('매춘녀'고찰-근세의 매춘)」. 女性史総合研究会 편.『日本ソ女性生活史(일본여성생활사)』제3권(近世). 東京大学出版会, 1991.

高橋徹. 「都市化と機械文明(도시화와 기계문명)」. 『近代日本思想史講座 6 自我と環境(근대일본사상사 강좌 6 자아와 환경)』. 筑摩書房, 1960.

高見順. 「如何なる星の下に(어떤 별 아래서)」. 『新潮日本文学 32(신초일본문학 32)』. 新潮社, 1970.

武田麟太郎. 「三文オペラ(서푼오페라)」. 『武田麟太郎全集 第1巻(다케다 린타로 전집 제1권)』. 新潮社, 1977.

竹村民郎. 『大正文化(다이쇼문화)』. 講談社, 1980.

竹内好 편. 『近代の超克(근대의 초극)』. 富山房, 1994.

玉川しんめい. 『ぼくは浅草の不良少年: 実録サトウハチロー伝(나는 아사쿠사의 불량소년: 사토 하치로 전기 실록)』. 作品社, 1991.

田中純一郎 편. 『日本映画発達史 2 無声からトーキーへ일본영화발달사 2 무성영화에서 토키로』. 中央公論社, 1968.

田中寿美子 편. 『女性解放の思想と行動(여성해방 사상과 행동)』. 戦前編. 時事通信社, 1975.

谷崎潤一郎. 『痴人の愛(치인의 사랑)』. 『谷崎潤一郎全集(다니자키 준이치로 전집)』제10권. 中央公論社, 1967.

徳永直. 『太陽のない街(태양 없는 거리)』. 新潮文庫, 1953. 新潮社, 1983년 재간행.

友枝高彦. 『中学修身(중학수신)』 5호. 富山房, 1922, 1928.

戸坂潤. 「検閲下の思想と風俗(검열하의 사상과 풍속)」. 南博 편. 『日本のモダニズム: エロ・グロ・ナンセンス』, 《現代のエスプリ》 vol.188. 至文堂, 1983.

槌田満文 편. 『明治大正風俗語典(메이지・다이쇼 풍속어 사전)』. 角川書店, 1979.

鶴見俊輔. 「民衆娯楽から国民娯楽へ(민중오락에서 국민오락으로)」. 《思想》 624호, 1976년 6월호.

内山惣十郎. 『浅草オペラの生活: 明治・大正から昭和への日本歌劇の歩み(아사쿠사 오페라의 생활: 메이지・다이쇼기에서 쇼와까지 일본가극의 행보)』. 雄山閣, 1967.

植田康夫. 「女性雑誌がみたモダニズム(여성 잡지가 본 모더니즘)」. 南博 『日本モダニズムの研究: 思想, 生活, 文化』.

上野千鶴子. 「解説(해설)」, 小木新造・熊倉功夫・上野千鶴子 편. 『日本近代思想大系 23 風俗性(일본근대사상대계 23 풍속성)』. 岩波書店, 1990.

梅原正紀. 「雑誌 'グロテスク'の周辺: 昭和エログロ文化について(잡지 '그로테스크'의 주

변: 쇼와 에로그로문화에 대해)」.『伝統と現代 17(전통과 현대 17)』. 1972년 9월, 140-50.

牛島秀彦.『もう一つの昭和史 4 浅草の灯火エノケン(또 하나의 쇼와사 4 아사쿠사의 등불 에노켄)』. 毎日新聞社, 1979.

臼井清造.「浮浪者の日記(부랑자의 일기)」. 林英夫 편.『近代民衆の記録 4 流民』, 新人物往来社, 1971.

和田信義.「テキヤ奥義書(테키야 심층분석)」. 林英夫 편.『近代民衆の記録 4 流民』. 新人物往来社, 1971.

若桑みどり.『戦争がつくる女性像(전쟁이 만드는 여성상)』. 筑摩書房, 1995.

渡辺悦次, 鈴木裕子 편.『たたかいに生きて: 戦前婦人労働運動への証言(투쟁 속에 살다: 전전 부인노동운동의 증언)』. ドメス出版, 1980.

山田清三郎 편.『マルクス主義文芸尖鋭語辞典(마르크스주의 문예 첨예어 사전)』. 白揚社, 1932.

山田わか.『私の恋愛観(나의 연애관)』. 朝日新聞社, 1936.

山川菊栄.「現代職業婦人論(현대직업부인론)」. 湯沢雍彦 편.『日本婦人問題資料集成 5 家族制度(일본 부인문제 자료 집성 5 가족제도)』. ドメス出版, 1976.

——— 田中寿美子・山川振作 편.『山川菊栄集(야마카와 기쿠에집)』. 岩波書店, 1981-1982.

山本喜久男.『日本映画における外国映画の影響(일본영화에서 외국영화의 영향)』. 早稲田大学出版部, 1983.

山本恒夫.『近代日本都市教化史研究(근대일본도시교화사연구)』. 黎明書房, 1972.

安岡憲彦.「解説」. 草間八十雄.『近代都市下層社会(근대 도시 하층사회)』 2권.

吉見俊哉.「近代空間としての百貨店(근대공간으로서의 백화점)」. 吉見俊哉 편.『都市の空間 都市の身体(도시의 공간 도시의 신체)』. 勁草書房, 1996.

———.『都市のドラマトゥルギー(도시의 드라마투르기)』. 弘文堂, 1987, 1992.

湯沢雍彦 편.『日本婦人問題資料集成 5 家族問題(일본 부인문제 자료 집성 5 가족문제)』. ドメス出版, 1978.

雑喉潤.『浅草六区はいつもモダンだった(아사쿠사 6구는 언제나 모던했다)』. 朝日新聞社, 1984. 참고문헌

영어 자료

Agnew, Jean-Christophe. "Coming Up for Air: Consumer Culture in Historical Perspective." In *Consumption and the World of Goods,* edited by Jon Brewer and Roy Porter. New York: Routledge, 1993.

Allen, G. C. *A Short Economic History of Modern Japan, 1867–1937.* London: George Allen & Unwin, 1946.

Allison, Anne. *Permitted and Prohibited Desires: Mothers, Comics, and Censorship in Japan.* Berkeley: University of California Press, 1996.

Anderson, Joseph L., and Donald Richie, eds. *The Japanese Film: Art and Industry.* New York: Grove Press, 1959.

Anderson, Perry. "Modernity and Revolution." In *Marxism and the Interpretation of Culture,* edited by Cary Nelson and Lawrence Grossberg. Urbana: University of Illinois Press, 1988.

Appadurai, Arjun. *The Social Life of Things: Commodities in Cultural Perspective.* Cambridge: Cambridge University Press, 1986.

Aumont, Jacques. *Montage Eisenstein.* Bloomington: Indiana University Press, 1987.

Bailey, Peter. "Parasexuality and Glamour: The Victorian Barmaid as Cultural Prototype." *Gender and History* 2 (1990): 148–72.

Bakhtin, Mikhail. *Rabelais and His World.* Translated by Helene Iswolsky. Bloomington: Indiana University Press, 1984.

Bann, Stephen, ed. *The Tradition of Constructivism.* New York: Da Capo, 1974.

Banner, Lois. *American Beauty.* Chicago: University of Chicago Press, 1983.

Barron, Stephanie, and Maurice Tuchman, eds. *The Avant-Garde in Russia: 1910–1930.* Cambridge, MA: MIT Press, 1980.

Benjamin, Jessica. *The Bonds of Love: Psychoanalysis, Feminism, and the Problem of Domination.* New York: Pantheon Books, 1988.

Bennett, Tony. "A Thousand and One Troubles: Blackpool Pleasure Beach." In *Formations of Pleasure.* London: Routledge and Kegan Paul, 1983.

Bernheimer, Charles. *Figures of Ill Repute: Representing Prostitution in Nineteenth-*

Century France. Durham, NC: Duke University Press, 1997.

Bhabha, Homi K. *The Location of Culture*. New York: Routledge, 1994.

Bordwell, David. *Ozu and the Poetics of Cinema*. Princeton: Princeton University Press, 1988.

Bourdieu, Pierre. *Distinction: A Social Critique of the Judgement of Taste*. Translated by Richard Nice. Cambridge: Cambridge University Press, 1977.

———. *Outline of a Theory of Practice*. Translated by Richard Nice. Cambridge, MA: Harvard University Press, 1977.

Bowlby, Rachel. *Just Looking: Consumer Culture in Dreiser, Gissing, and Zola*. New York: Methuen, 1985.

Bradbury, Malcolm, and James McFarlane, eds. *Modernism, 1890–1930*. New York: Penguin Books, 1976.

Bryant, Taimie Lee Tysan. "Mediation of Divorce Disputes in the Japanese Family Court System: With Emphasis on the Tokyo Family Court." Ph.D. diss., University of California, Los Angeles, 1984.

Buckley, Sandra. *Broken Silence: Voices of Japanese Feminism*. Berkeley: University of California Press, 1997.

Buck-Morss, Susan. *The Dialectics of Seeing: Walter Benjamin and the Arcades Project*. Cambridge, MA: MIT Press, 1991.

Butler, Judith. *Gender Trouble: Feminism and the Subversion of Identity*. New York: Routledge, 1990.

Calinescu, Matei. *Five Faces of Modernity*. Durham, NC: Duke University Press, 1987.

Carby, Hazel. "It Just Be's Dat… Way Sometime: The Sexual Politics of Women's Blues." In *Unequal Sisters: A Multicultural Reader in U.S. Women's History,* edited by Ellen Carol DuBois and Vicki L. Ruiz. New York: Routledge, 1990.

Case, Sue-Ellen. "Toward a Butch-Femme Aesthetic." In *Making a Spectacle,* edited by Lynda Hart. Ann Arbor: University of Michigan Press, 1989.

Chaplin, Charles. *My Autobiography*. London: Penguin Books, 1992.

Choi, Chungmoo, ed. "The Comfort Women: Colonialism, War, and Sex." Special issue, *positions* 5, no. 1 (Spring 1997).

Clarke, T. J. *The Painting of Modern Life: Paris in the Art of Manet and His Followers.* Princeton, NJ: Princeton University Press, 1984.

Clifford, James. *The Predicament of Culture: Twentieth-Century Ethnography, Literature, and Art.* Cambridge, MA: Harvard University Press, 1988.

Coward, Rosalind. *Female Desires: How They Are Sought, Bought, and Packaged.* New York: Grove Press, 1985.

Davis, Angela Y. *Blues Legacies and Black Feminism: Gertrude "Ma" Rainey, Bessie Smith, and Billie Holiday.* New York: Pantheon Books, 1998.

Davis, Natalie Zemon. *Fiction in the Archives: Pardon Tales and Their Tellers in Sixteenth-Century France.* Stanford, CA: Stanford University Press, 1987.

——. *Society and Culture in Early Modern France: Eight Essays.* Stanford, CA: Stanford University Press, 1975.

De Becker, Joseph Ernest. *The Nightless City: Or, the History of the Yoshiwara Yukwaku.* Yokohama: Z. P. Maruya, 1899.

de Certeau, Michel. *The Practice of Everyday Life.* Translated by Steven Rendall. Berkeley: University of California Press, 1984.

Doane, Mary Ann. *Femmes Fatales: Feminism, Film Theory, Psychoanalysis.* New York: Routledge, Chapman, and Hall, 1991.

——. "Film and the Masquerade: Theorizing the Female Spectator." In *Issues in Feminist Film Criticism,* edited by Patricia Erens. Bloomington: Indiana University Press, 1990.

Dower, John W. *Japan in War and Peace: Selected Essays.* New York: New Press, 1993.

——. *War without Mercy: Race and Power in the Pacific War.* New York: Pantheon, 1986.

Duus, Peter. *The Rise of Modern Japan.* Boston: Houghton Mifflin, 1976.

Eisenstein, Sergei. *Film Form: Essays in Film Theory and the Film Sense.* Edited and translated by Jay Leyda. Cleveland: World Publishing Company, 1957.

Elliott, David. *New Worlds: Russian Art and Society, 1900–1937.* New York: Rizzoli, 1986.

Fass, Paula. *The Damned and the Beautiful*. New York: Oxford University Press, 1977.

Foucault, Michel. *The History of Sexuality, Volume 1: An Introduction*. Translated by Robert Hurley. New York: Vintage Books, 1978.

Franklyn, Julian. *The Cockney: A Survey of London Life and Language*. London: Deutsch, 1953.

Freud, Sigmund. "The 'Uncanny.'" *The Standard Edition of the Complete Psychological Works of Sigmund Freud*. Translated under the general editorship of James Strachey and assisted by Alix Strachey and Alan Tyson. London: Hogarth Press, 1955.

Frow, John. "What Was Post-Modernism." In *Past the Last Post: Theorizing Post-Colonialism and Post-Modernism,* edited by Ian Adam and Helen Tiffin. New York: Harvester Wheatsheaf, 1991.

Fujitani, Takashi. *Splendid Monarchy: Power and Pageantry in Modern Japan*. Berkeley: University of California Press, 1998.

Garon, Sheldon. *Molding Japanese Minds: The State in Everyday Life*. Princeton, NJ: Princeton University Press, 1997.

———. "Rethinking Modernization and Modernity in Japanese History: A Focus on State-Society Relations." *Journal of Asian Studies* 53 (1994): 346–66.

———. "The World's Oldest Debate? Prostitution and the State in Imperial Japan, 1900–1945." *American Historical Review* 98 (1993): 710–33.

Gelder, Ken, and Jane M. Jacobs, *Uncanny Australia: Sacredness and Identity in a Postcolonial Nation*. Carlton, Australia: Melbourne University Press, 1998.

Gluck, Carol. *Japan's Modern Myths: Ideology in the Late Meiji Period*. Princeton: Princeton University Press, 1985.

Goffman, Erving. *Gender Advertisements*. New York: Harper Torchbooks, 1979.

Gordon, Andrew. *Labor and Imperial Democracy in Prewar Japan*. Berkeley: University of California Press, 1991.

Grossman, Atina. "Girlkultur or Thoroughly Rationalized Female: A New Woman in Weimar Germany." In *Woman in Culture and Politics: A Century of Change,* edited by Judith Friedlander, Blanche Wiesen Cook, Alice Kessler-Harris, and

Carroll Smith-Rosenberg. Bloomington: Indiana University Press, 1986.

Gumperz, John J. *Discourse Strategies.* Cambridge: Cambridge University Press, 1982.

Hansen, Miriam. *Babel and Babylon: Spectatorship in American Silent Film.* Cambridge, MA: Harvard University Press, 1991.

Harootunian, Harry. *History's Disquiet: Modernity, Cultural Practice, and the Question of Everyday Life.* New York: Columbia University Press, 2000.

————. *Overcome by Modernity: History, Culture, and Community in Interwar Japan.* Princeton: Princeton University Press, 2000.

Harrison, Daphne Duval. *Black Pearls: Blues Queens of the 1920s.* New Brunswick, NJ: Rutgers University Press, 1998.

Harvey, David. *The Condition of Postmodernity.* Cambridge: Blackwell, 1989.

Hershatter, Gail. *Dangerous Pleasures: Prostitution and Modernity in Twentieth-Century Shanghai.* Berkeley: University of California Press, 1997.

High, Peter B. "The Dawn of Cinema in Japan." *Journal of Contemporary History* 1, no. 19 (January 1984): 23–57.

Hobsbawn, Eric. *The Age of Capital, 1848–1875.* London: Weidenfeld and Nicolson, 1975.

Hoston, Germaine. *Marxism and the Crisis of Development in Prewar Japan.* Princeton: Princeton University Press, 1986.

Hutcheon, Linda. *Irony's Edge: The Theory and Politics of Irony.* New York: Routledge, 1995.

————. *A Theory of Parody: The Teaching of Twentieth-Century Art Forms.* New York: Methuen, 1985.

Huyssen, Andreas. *After the Great Divide: Modernism, Mass Culture, Postmodernism.* Bloomington: Indiana University Press, 1986.

Ivy, Marilyn. *Discourses of the Vanishing: Modernity/Phantasm/Japan.* Chicago: University of Chicago Press, 1995.

Jackson, Earl, Jr. "Kabuki Narratives of Male Homoerotic Desire in Saikaku and Mishima." *Theater Journal* (December 1989): 459–77.

Kasza, Gregory. *The State and the Mass Media in Japan, 1918–1945.* Berkeley:

University of California Press, 1988.

Kato Shuichi. "Taisho Democracy as the Pre-Stage for Japanese Militarism." In *Japan in Crisis: Essays on Taisho Democracy,* edited by Bernard S. Silberman and H. D. Harootunian. Princeton, NJ: Princeton University Press, 1974.

Kenritsu Kindai Bijutsukan, ed. *Modern Boy Modern Girl: Modernity in Japanese Art, 1910-1935.* Kanagawa: Kenritsu Kindai Bijutsukan, 1998.

Laqueur, Thomas. *Making Sex: Body and Gender from the Greeks to Freud.* Cambridge, MA: Harvard University Press, 1990.

Lavin, Maud. *Cut with the Kitchen Knife: The Weimar Photomontages of Hannah Hoch.* New Haven, CT: Yale University Press, 1993.

Lears, T. J. Jackson. "From Salvation to Self-Realization: Advertising and the Therapeutic Roots of the Consumer Culture, 1880-1930." In *The Culture of Consumption,* edited by Richard Wightman Fox and T. J. Jackson Lears. New York: Pantheon, 1983.

Lévi-Strauss, Claude. *The Savage Mind.* Chicago: University of Chicago Press, 1966.

Lippit, Seiji. *Topographies of Japanese Modernism.* New York, Columbia University Press, 2002.

Lorde, Audre. "Uses of the Erotic: The Erotic as Power." In *Take Back the Night: Women on Pornography,* edited by Laura Lederer. New York: Morrow, 1980.

Maravall, Jose Antonio. *Culture of the Baroque: Analysis of a Historical Structure.* Minneapolis: University of Minnesota Press, 1986.

Marchand, Roland. *Advertising the American Dream: Making War for Modernity, 1920-1940.* Berkeley: University of California Press, 1985.

Marcus, George, and M. J. Fischer, eds. *Anthropology as Cultural Critique: An Experimental Moment in the Human Sciences.* Chicago: University of Chicago Press, 1986.

Maruyama Masao. "Patterns of Individuation and the Case of Japan: A Conceptual Scheme." In *Changing Japanese Attitudes toward Modernization,* edited by Marius Jansen. Princeton, NJ: Princeton University Press, 1965.

Matthews, William. *Cockney Past and Present: A Short History of the Dialect of*

London. New York: E. P. Dutton, 1938.

Mayne, Judith. *Cinema and Spectatorship.* New York: Routledge, 1993.

Milroy, Lesley, and Pieter Muysken, eds. *One Speaker, Two Languages: Cross-Disciplinary Perspectives on Code-Switching.* Cambridge: Cambridge University Press, 1995.

Mitchell, Timothy. "Everyday Metaphors of Power." *Theory and Society* 19, no. 5 (1990).

Miyake, Yoshiko. "Women, Work, Family, and the State in Japan, 1868–1990: Rewriting Modern Japanese Social History from a Feminist Perspective." Ph.D. diss., University of California, Santa Cruz, 1991.

Morris-Suzuki, Tessa. *Re-Inventing Japan: Time, Space, Nation.* Armonk, NY:

M. E. Sharpe, 1998. Nagy, Margit. "How Shall We Live?' Social Change, the Family Institution, and Feminism in Prewar Japan." Ph.D. diss., University of Washington, 1981.

———. "Middle-Class Working Women during the Interwar Years." In *Recreating Japanese Women, 1600–1945,* edited by Gail Lee Bernstein. Berkeley: University of California Press, 1991.

Naruse, Tatsuo. "Taylorism and Fordism in Japan." *International Journal of Political Economy* 21, no. 3 (Fall 1991): 32–48.

Nishikawa, Yuko. "The Changing Form of Dwellings and the Establishment of the Katei (Home) in Modern Japan." *U.S.-Japan Women's Journal,* English supplement, no. 8 (1995).

Nolte, Sharon. *Liberalism in Modern Japan.* Berkeley: University of California Press, 1987.

———. "Women's Rights and Society's Needs: Japan's 1931 Suffrage Bill." *Comparative Studies in Society and History* 28 (October 1986), 690.

Ooms, Herman. *Tokugawa Village Practice: Class Status, Power, Law.* Berkeley: University of California Press, 1996.

Orlove, Benjamin and Henry Rutz. *The Social Economy of Consumption.* Lanham, MD: University Press of America, 1989.

Peiss, Kathy. *Cheap Amusements: Working Women and Leisure in Turn-of-the-Century New York, 1880–1920.* Philadelphia: Temple University Press, 1985.

Perrot, Michelle, ed. *From the Fires of Revolution to the Great War.* Vol. 4 of *A History of Private Life.* Translated by Arthur Goldhammer. Cambridge, MA: Harvard University Press, 1990.

Pincus, Leslie. *Authenticating Culture in Imperial Japan.* Berkeley: University of California, 1996.

Porter, Theodore. *Trust in Numbers: The Pursuit of Objectivity in Science and Public Life.* Princeton, NJ: Princeton University Press, 1995.

Powers, Richard Gid, and Hidetoshi Kato. *Handbook of Japanese Popular Culture.* New York: Greenwood Press, 1989.

Prost, Antoine, and Gerard Vincent, eds. *Riddles of Identity in Modern Times.* Vol. 5 of *A History of Private Life.* Translated by Arthur Goldhammer. Cambridge, MA: Harvard University Press, 1991.

Rapp, Rayna, and Ellen Ross. "The 1920s: Feminism, Consumerism, and Political Backlash in the United States." In *Woman in Culture and Politics: A Century of Change,* edited by Judith Friedlander, Blanche Wiesen Cook, Alice Kessler-Harris, and Carroll Smith-Rosenberg. Bloomington: Indiana University Press, 1986.

Riley, Denise. *"Am I That Name?" Feminism and the Category of "Women" in History.* Minneapolis: University of Minnesota Press, 1988.

Robertson, Jennifer. *Takarazuka: Sexual Politics and Popular Culture in Modern Japan.* Berkeley: University of California Press, 1998.

Robinson, David. *Chaplin: His Life and Art.* New York: McGraw-Hill, 1985.

Roden, Donald. "Taisho Culture and the Problem of Gender Ambivalence." In *Culture and Identity: Japanese Intellectuals during the Interwar Years,* edited by J. Thomas Rimer. Princeton, NJ: Princeton University Press, 1990.

Rosen, Ruth. *The Lost Sisterhood: Prostitution in America, 1990–1918.* Baltimore: Johns Hopkins University Press, 1982.

Rubin, Gayle. "Thinking Sex." In *Pleasure and Danger: Exploring Female Sexuality,* edited by Carole Vance. Boston: Routledge & Kegan Paul, 1990.

Russell, John. "Race and Reflexivity: The Black Other in Contemporary Japanese Mass Culture." *Cultural Anthropology* 6 (February 1991): 3-25.

Russo, Mary J. *The Female Grotesque: Risk, Excess, and Modernity.* New York: Routledge, 1995.

Ryan, Mary. *Womanhood in America: From Colonial Times to the Present.* New York: Franklin Watts, 1983.

Sand, Jordan. "At Home in the Meiji Period: Inventing Japanese Domesticity." In Vlastos, *Mirror of Modernity.*

———. *House and Home in Modern Japan: Architecture, Domestic Space, and Bourgeois Culture, 1880-1930.* Cambridge, MA: Harvard University Press, 2003.

Sato, Barbara. *The New Japanese Woman: Modernity, Media, and Women in Interwar Japan.* Durham and London: Duke University Press, 2003.

Scott, Joan. *Gender and the Politics of History.* New York: Columbia University Press, 1988.

Scott, James C. *Domination and the Arts of Resistance: Hidden Transcripts.* New Haven, CT: Yale University Press, 1990.

Sedgwick, Eve Kosofsky. *Epistemology of the Closet.* Berkeley: University of California Press, 1990.

Seidensticker, Edward. *High City, Low City: Tokyo from Edo to the Earthquake.* Tokyo: Tuttle Books, 1983.

———. *Tokyo Rising: The City Since the Great Earthquake.* New York: Knopf, 1990.

Sievers, Sharon. *Flowers in Salt: The Beginnings of Feminist Consciousness in Modern Japan.* Stanford: Stanford University Press, 1983.

Silverberg, Miriam. "Advertising Every Body."In *Choreographing History,* edited by Susan Leigh Foster. Bloomington: Indiana University Press, 1995.

———. "The Café Waitress Serving Modern Japan." In Vlastos, *Mirror of Modernity.*

———. *Changing Song: The Marxist Manifestos of Nakano Shigeharu.* Princeton, NJ: Princeton University Press, 1990.

———. "Constructing a New Cultural History of Prewar Japan." *boundary 2* (1991): 61-89. Reprinted in *Japan in the World,* edited by Masao Miyoshi and H. D.

Harootunian. Durham, NC: Duke University Press, 1991.

———. "Forgetting Pearl Harbor, Remembering Charlie Chaplin, and the Case of the Disappearing Westerner." *positions* 1 (Spring 1993): 23–76. Reprinted in *Formations of Colonial Modernity in East Asia,* edited by Tani E. Barlow. Durham, NC: Duke University Press, 1997.

———. "The Massacre of Koreans after the Great Kanto Earthquake." MA thesis, Georgetown University, 1979.

———. "Osmanthus." *Manoa* 3 (Fall 1991): 187–90.

Song, Youn-ok. "Japanese Colonial Rule and State-Managed Prostitution: Korea's Licensed Prostitutes." *positions* 5, no. 1 (Spring 1997): 171–217.

Spivak, Gayatri. *In Other Worlds: Essays in Cultural Politics.* New York: Methuen, 1987.

Stallybrass, Peter, and Allon White. *The Politics and Poetics of "Transgression."* Ithaca, NY: Cornell University Press, 1986.

Stewart, Susan. *On Longing: Narratives of the Miniature, the Gigantic, the Souvenir, the Collection.* Durham, NC: Duke University Press, 1984, 1993.

Stott, William. *Documentary Expression and Thirties America.* London: Oxford University Press, 1973.

Tada, Michitaro. "Japanese Sensibility: An 'Imitation' of Yanagita." In *International Perspectives on Yanagita Kunio and Japanese Folklore Studies,* edited by J. Victor Koschmann, Oiwa Keibo, and Yamashita Shinji. Ithaca, NY: Cornell University Press, 1985.

Tamanoi, Mariko Asano. *Under the Shadow of Nationalism: Politics and Poetics of Rural Japanese Women.* Honolulu: University of Hawaii Press, 1998.

———. "Women's Voices: Their Critique of the Anthropology of Japan." *Annual Review of Anthropology* 19 (1990): 17–37.

Teitelbaum, Matthew, ed. *Montage and Modern Life.* Cambridge, MA: MIT Press, 1992.

Todorov, Tzvetan. *The Morals of History.* Trans. Alyson Waters. Minneapolis: University of Minnesota Press, 1995.

Tsivian, Yuri. *Early Cinema in Russia and Its Cultural Reception.* Edited by Richard Taylor and translated by Alan Bodger. New York: Routledge, 1994.

Tsurumi, E. Patricia. "Female Textile Workers and the Failure of Early Trade Unionism in Japan." *History Workshop* 18 (Fall 1984): 3–27.

Tsurumi, Shunsuke. *An Intellectual History of Wartime Japan.* London: KPI, distributed by Routledge & Kegan Paul, 1986.

Tsutsui, William M. *Manufacturing Ideology: Scientific Management in Twentieth-Century Japan.* Princeton, NJ: Princeton University Press, 1998.

Vlastos, Stephen, ed. *Mirror of Modernity: Invented Traditions of Modern Japan.* Berkeley: University of California Press, 1998.

White, Hayden. *The Content of the Form: Narrative Discourse and Historical Representation.* Baltimore: Johns Hopkins University Press, 1987.

————. *Metahistory: The Historical Imagination in Nineteenth-Century Europe.* Baltimore: Johns Hopkins University Press, 1973.

Williams, Linda. *Hard Core: Power, Pleasure, and the "Frenzy of the Visible."* Berkeley: University of California Press, 1989.

Williams, Raymond. *The Politics of Modernism.* London: Verso, 1989.

Willis, Ellen. "Feminism, Moralism, and Pornography." In *Powers of Desire: The Politics of Sexuality,* edited by Ann Snitow, Christine Stansell, and Sharon Thompson. New York: Monthly Review Press, 1983.

Wright, Peter. *Cockney Dialect and Slang.* London: Batsford, 1981.

Yoshimi, Yoshiaki. *Comfort Women: Sexual Slavery in the Japanese Military during World War II.* Translated by Suzanne O'Brien. New York: Columbia University Press, 2000.

Young, Louise. *Japan's Total Empire: Manchuria and the Culture of Imperialism.* Berkeley: University of California Press, 1998.

Young, Robert. *White Mythologies: Writing History and the West.* New York: Routledge, 1990.

찾아보기

옮긴이의 글

이 책은 2006년 캘리포니아대학교 출판부에서 나온 미리엄 실버버그의 『Erotic Grotesque Nonsense: The Mass Culture of Japanese Modern Times』를 우리말로 옮긴 것이다. 지은이는 이 책의 초고라 할 수 있는 「Constructing a New Cultural History of Prewar Japan」과 「The Modern Girl as Militant」를 1991년에 발표했다. 그 뒤로 이 한 권의 책이 나오기까지 15년의 세월이 걸렸다. 이 책은 긴 시간 동안 지은이가 1920년대와 1930년대 일본의 문화사에 대해 방대한 양의 사료 조사와 분석을 통해 면밀하고 섬세하게 연구하고 고민한 흔적이 고스란히 담겨 있다.

일반적으로 일본학자들이 일본의 만주침략부터 무조건항복에 이르는 시기를 15년 전쟁으로 설정하는 것과 달리, 저자는 간토대지진이 일어난 1923년부터 전쟁총동원령이 내려지는 1938년에 이르기까지의 15년을 설정하고 이 시기가 '에로틱 그로테스크 넌센스'의 시기이자 일본의 '모던 타임스'였음을 생생하게 보여준다. 그리고 이것이 1940년대까지 영향을 미치고 있었음을 이야기한다. "에로틱 그로테스크 넌센스"라는 말은

1930년대 초 일본의 잡지와 신문 등의 대중매체가 널리 퍼트린 용어였으나, 저자는 이를 단지 짧은 시기를 풍미한 데카당스로 치부하지 않고 15년에 걸친 시간 속에서 보여주고 있다.

간토대지진이라는 미증유의 재난 이후 곤 와지로를 비롯한 고현학자들은 폐허 속에서 복구되어가는 도쿄 시내를 거닐며 새롭게 만들어지고 있는 근대적 조형물들과 풍속들을 열렬히 기록했다. 이들의 '기록충동'은 당대의 대중매체가 만들어낸 시각문화에서 중요한 구성요소였다. 지은이는 당시의 대중매체들과 함께 이들이 남긴 자료들을 면밀하게 검토하면서 일본 근대에 대한 독자적인 의견을 펼친다. 더불어 지은이는 페미니스트 문화사가로서 근대 일본의 소비문화의 시각적 스펙터클에 매몰되지 않고 조선인 학살과 위안부 등에 관해서도 날카롭게 지적한다. 가령 곤 와지로가 간토대지진 이후 자행된 조선인 학살에 관해 의도적으로 간과하고 지진 후 발생한 폭력을 식민 관계 및 대중의 인종차별주의와 결부시키지 않았음을 언급한다.

지은이가 글의 포문을 여는 찰리 채플린의 방일과 이누카이 쓰요시 일본 수상의 암살 사건의 만남은 근대 세계와 근대 일본의 만남을 상징적으로 보여준다. 제1부에서 저자는 일본의 근대가 동시대 서구의 근대와 어떻게 동시적이면서도 다른지를 비교분석한다. 그리고 그러한 일본의 근대성 혹은 일본의 모던을 가장 잘 보여줄 수 있는 수단으로 '몽타주'를 채택한다. 여기서 몽타주는 "여러 가지 다른 그림 또는 그림의 부분들을 하나로 구성하거나 배열해 하나의 합성 그림을 만드는, 즉 하나의 그림에 다른 그림을 중첩시킴으로써 그림들이 서로 구별되면서도 혼합된 전체를 구성하는 과정 또는 그런 예술"로, 지은이는 이를 통해 "확연히 드러나는 부조화보다도 '혼합된 전체'와 여전히 서로 '구별'되는 중첩된 이미지들 사이에 빚어지는 긴장"에 초점을 맞춘다. 이에 따라 지은이는 '일본 근대의 현장'을 장별로 개진하고, 서로를 병치시키며, 그러한 요소들 간의 코드전환을 주목한다. 또한 몽타주는 하나의 의미만 생산하지 않는다는 점에서 독자들의 적극적인 개입과 해석의 공간을 마련한다. 지은이는 근대기의 기록들을 따라 "거리, 카페, 가정, 극장, 노동자들의 뒷골목"으로 독자들을 안내하고 일본의 모던 타임스를 몽타주하면서, 독자들 역시 나름의 몽타주를 통해 각자의 의미를 만들어내길 기대하고 있다.

따라서 책의 제2부는 일본 근대문화의 현장들을 (1) 거리를 활보하는 모던걸, (2) 카페 여급, (3) 잡지 《영화의 벗》, (4) 잡지 《주부의 벗》을 통해 살펴본다. 당대의 작가, 평론가와 대중매체는 거리를 활보하는 모던걸을 하나의 근대성의 지표로 보고 기록하는 데 매진했다. 노동계급으로 구현된 모던걸이라 할 수 있는 카페 여급 또한 마찬가지였다. 지은이는 이들을 일본 근대시기의 정치경제와 사회변화의 한 부분으로 파악하면서, 모던걸은 누구이며 무엇이 그녀들을 모던걸로 만들었는가라는 질문에 답한다. 또한 저자는 잡지 《영화의 벗》과 《주부의 벗》이 근대적인 것들을 독자들에게 어떻게 매개했는지와 더불어 전운이 감도는 제국의 정세 속에서 그 내용이 어떻게 바뀌어갔는지를 추적한다.

일본의 모던 타임스를 보여주는 또 하나의 중요한 현장은 이 책의 제3부에서 다루는 아사쿠사다. 아사쿠사는 본래 센소지라는 사찰로 유명한 곳이었지만, 간토대지진 이후 "밤낮을 가리지 않는 놀이문화로 가득 찬, 에로틱한 근대 유원지"가 되었다. 이곳은 단연 에로틱 그로테스크 넌센스의 현장이었다. 시각뿐만 아니라 미각, 촉각, 후각을 아우르는 감각적 쾌락의 에로틱이 넘쳐나고, 거지, 부랑자, 불량소년, 외국인을 포함한 기형들 등 밑바닥 삶의 그로테스크가 펼쳐지는 곳, 그리고 정치적 발화로서 넌센스를 만들어내는 장소가 바로 아사쿠사였다. 따라서 이 책의 제3부는 마치 몽타주 안의 또 다른 몽타주처럼 아사쿠사를 세 부분으로 나누어 살피고 있다. 첫 번째 장에서는 에로틱한 감각적 쾌락을 제공하는 장소로, 두 번째 장에서는 밑바닥으로 전락한('그로테스크'라 할 수 있는) 하층계급의 만남의 장으로, 세 번째 장에서는 대중극장에서 에로틱하고 그로테스크한 주변 분위기에 맞추되 비판을 가한 정치적 '넌센스'를 만들어내는 장소로 말이다.

신문, 잡지, 사진, 영화 등 당대의 대중매체가 남긴 수많은 자료들을 다루고 있는 이 책은 지은이의 소개처럼 결국 "하나의 몽타주로, 일련의 병치요, 시각이요, 관점이다. 전시 일본으로 넘어가고 그 시대를 관통하는 전환의 서사들을 다루는 중대한 노력을 할 때, 우리가 방향을 잃지 않게 다양한 방식으로 재정립될 수 있는 일련의 순간들과 이미지들"이다.

이 책이 다루고 있는 방대한 양의 자료들과 그에 따른 저자의 날카롭고 꼼꼼한 해석을 조금이라도 더 잘 옮기기 위해 옮긴이들 역시 많은 양의 자료를 조사했다. 일본어 자료에서 인용된 부분은 가능한 한 일본 원서를 참고해 이중번역으로 빚어질 수 있는 오류를 줄이고자 했으며, 한국어로 출간된 부분은 한국어 번역서도 참고해 함께 소개하고 이해를 높이고자 했다. 물론 시간과 자원의 한계로 찾지 못한 자료도 있었다. 번역을 진행하면 할수록 지은이가 이 책에 쏟은 15년의 시간이 참으로 존경스러웠고, 그 시간의 흔적이 고스란히 담긴 이 책을 마주할 수 있어 영광이었다. 최대한 지은이의 노고가 손상되지 않고 전해질 수 있도록 몇 번이고 다시 읽고 수정하는 과정을 거쳤지만, 여전히 아쉽고 부족한 부분이 있다. 독자들이 부디 너그럽게 이해해주길 바란다.

이 책이 번역되기까지 많은 분들의 도움이 있었다. 우선 이 책을 소개하고 번역을 독려해 주신 한국예술종합학교 김소영 교수님께 감사의 말씀을 전한다. 그리고 지난한 번역의 과정을 마치고 이 책이 출판될 수 있었던 것은 전적으로 현실문화연구 김수기 사장님과 문용우 편집자님을 비롯한 출판사 직원들의 노고 덕분이다. 책을 함께 번역하는 과정에서 서로 많은 공부와 토론을 했고 그것은 더할 바 없이 즐거운 경험이었다. 이 책에 담긴 저자의 통찰과 혜안이 독자들에게도 전해져 근대를 둘러싼 활발하고 다양한 담론들이 쏟아져 나오기를 바란다.

2014년 3월

강진석, 강현정, 서미석

지은이

미리엄 실버버그
캘리포니아 대학교 역사학 교수였으며 여성연구소 소장직을 맡기도 했다. 어린 시절을 도쿄에서 보내 일본 문화에 대한 이해가 깊었으며, 석사 논문의 주제로 1923년 간토대지진 이후의 도쿄에서의 조선인 학살을 다룬 이래로 근대 일본의 사상과 문화, 사회변화 등을 주된 관심사로 삼아 사회와 문화 이론, 비교역사학 분야를 연구했다. 1990년에 쓴 책 『Changing Song: The Marxist Manifestos of Nakano Shigeharu』로 존킹페어뱅크상을 받았다.

옮긴이

강진석
한국예술종합학교 영상이론과 예술전문사 과정을 졸업했다. '트랜스:아시아영상문화연구소'에서 영화사와 문화연구를 공부하면서 한국영화사총서 연구에 참여하고 있다. 쓴 글로 「박정희 정권기 지방흥행과 시리즈물 연구: "팔도" 시리즈를 중심으로」(한국예술종합학교 예술전문사 학위논문)가 있다.

강현정
한국 및 동아시아영화를 전공했다. '일본 근대와 젠더 세미나팀'에서 『확장하는 모더니티: 1920~30년대 근대 일본의 문화사』, 『근대 지의 성립: 1870~1910년대』, 『감성의 근대: 1870~1910년대 2』, 『내셔널리즘의 편성: 1920~1930년대』, 『냉전체제와 자본의 문화: 1955년 이후 1』을 공역했으며, 연구공간 L의 연구회원으로 활동하고 있다.

서미석
서울대 서어서문학과를 졸업했으며, 현재 전문번역가로 활동하고 있다. 『그리스 로마 신화』, 『북유럽 신화』, 『러시아 민화집』, 『칼레발라』, 『여자는 힘이 세다』, 『아이반호』, 『패션의 문화와 사회사』, 『십자군 전쟁』, 『호모 쿠아에렌스』, 『인간과 환경의 문명사』 등 인문학과 신화, 역사 관련 책들을 번역했다.

에로틱 그로테스크 넌센스
근대 일본의 대중문화

한국어판 ⓒ 강진석·강현정·서미석

첫 번째 찍은 날 2014년 4월 25일

지은이   미리엄 실버버그
옮긴이   강진석·강현정·서미석
펴낸이   김수기

편집   문용우, 김수현, 이용석, 허원
디자인   박미정
마케팅   임호
제작   이명혜

펴낸곳   현실문화연구
등록번호   제2013-000301호
등록일자   1999년 4월 23일
주소   서울특별시 마포구 포은로56, 2층(합정동)
전화   02-393-1125
팩스   02-393-1128
전자우편   hyunsilbook@daum.net
ISBN   978-89-6564-88-2 93910
가격은 뒤표지에 있습니다.

이 도서의 국립중앙도서관 출판시도서목록(CIP)은 서지정보유통지원시스템 홈페이지
(http://seoji.nl.go.kr)와 국가자료공동목록시스템(http://www.nl.go.kr/kolisnet)에
서 이용하실 수 있습니다.(CIP제어번호: CIP2014010742)